10天精通 Project 项目管理

从菜鸟到实战高手

张连永 ◎ 著

电子工业出版社
Publishing House of Electronics Industry
北京·BEIJING

内 容 简 介

本书的目标是让 Project 成为人人可以掌握的计划管理工具，将国内项目管理者使用 Project 的整体水平提高到一个全新的高度。

本书将 Project 软件的操作、背后的原理，以及笔者丰富的项目管理实战经验融为一体，旨在帮助读者彻底学会、学懂 Project，授人以渔。全书通过精心设计的案例，将 Project 在进度管理、资源管理和成本管理方面的功能淋漓尽致地展现出来，零基础的读者也可以通过对案例的学习快速掌握 Project。而对有一定软件使用基础的读者而言，学完本书，相信会有一种醍醐灌顶的感觉，同时也会惊叹：原来 Project 可以如此强大。

按照本书的方法和思路，读者可以轻松地掌握 Project 的原理和操作，使 Project 真正成为项目管理者得心应手的"神器"。

未经许可，不得以任何方式复制或抄袭本书之部分或全部内容。
版权所有，侵权必究。

图书在版编目（CIP）数据

10 天精通 Project 项目管理：从菜鸟到实战高手 / 张连永著. —北京：电子工业出版社，2018.8
ISBN 978-7-121-34485-5

Ⅰ. ①1… Ⅱ. ①张… Ⅲ. ①企业管理－项目管理－应用软件 Ⅳ. ①F272.7-39

中国版本图书馆 CIP 数据核字（2018）第 125849 号

责任编辑：李利健
印　　刷：北京捷迅佳彩印刷有限公司
装　　订：北京捷迅佳彩印刷有限公司
出版发行：电子工业出版社
　　　　　北京市海淀区万寿路 173 信箱　邮编：100036
开　　本：787×980　1/16　印张：26.25　字数：579.35 千字
版　　次：2018 年 8 月第 1 版
印　　次：2023 年 3 月第 15 次印刷
定　　价：78.00 元

凡所购买电子工业出版社图书有缺损问题，请向购买书店调换。若书店售缺，请与本社发行部联系，联系及邮购电话：(010) 88254888，88258888。
质量投诉请发邮件至 zlts@phei.com.cn，盗版侵权举报请发邮件至 dbqq@phei.com.cn。
本书咨询联系方式：(010) 51260888-819，faq@phei.com.cn。

推荐序

项目管理是每个人都需要适当掌握的一项技能，无论是在工作场合还是在生活中，当我们期望有条不紊地完成一件比较复杂的事情时，项目管理的技能尤其有用。对今天的各个行业和各个职能岗位来说，"项目"已经成了一个通用词汇，各种项目的规划和执行，几乎与每个人都密切相关，这就使得掌握项目管理的技能变得越来越重要。

设计精良的项目管理工具，可以十倍、百倍地提升我们的效率，而且更能恰如其分地体现项目管理背后的原理。Project 正是微软公司开发的一款专业的项目管理软件，它可以帮助我们更轻松地规划、跟踪和监控各种项目，在使用过程中细细体会，也有助于理解项目管理的相关理论。但是，恰恰因为其专业性，Project 入门容易，用好、发挥其强大的功能却并不容易。

张连永老师的这本《10 天精通 Project 项目管理：从菜鸟到实战高手》正是冲着这一难题而来。这是一本非常用心的书。作者有多年的培训经验，深知如何把一门知识与技能讲得通俗易懂、深入浅出，所以，书中专门开辟篇幅介绍项目进度和成本管理的思想和原理，同时，又将这些原理融合到案例和具体功能的介绍中。这本书设计了一个日常生活中常见的案例——装修，以其贯穿全文，同时，也采用了装修公司项目经理的视角，引入资源和成本管理；还有关于关键路径和视图等功能独到而透彻的讲解……

这本书的缘起，和网易云课堂有着密切的关系。张连永老师的 Project 视频课程于 2017 年 4 月在网易云课堂发布后，受到了极大的欢迎，让越来越多的人从新手变成了高手。受到在线教育的鼓舞后，张老师决定重新启动搁置几年的写书计划，他将 Project 软件、项目管理原理，以及自己丰富的项目管理实战经验相结合，写出了这本书。

张老师编写这本书的初心是帮助广大的项目管理从业者掌握 Project，提高项目管理的专业度，这和网易云课堂的主旨——"创造更有效的学习，让每一个学习者都能获得提升"，非常契合。无论是书籍还是视频课程，我们都希望诸位读者在 Project 进阶之旅中不走弯路，事半功倍。

网易教育　蒋忠波

自序
我为什么写这本书

初心

微软推出的 Project 软件是目前应用广泛、非常流行的项目管理软件，使用它可以极大地提高项目管理的效率和专业程度，然而目前大部分项目管理者的 Project 使用水平仍然停留在比较初级的阶段，这并不是说项目管理者有更好的替代工具，相反，Project 是普及程度非常高的项目管理软件。同时，Project 也是一个人人可以用得上、学得会的计划管理工具，在工作或生活中的一个个项目都可以借助该工具进行专业、高效的管理。相信有一天，Project 会成为每个职场人士都需要掌握的工具。

本书的初衷就是让大家真正学会、学懂 Project，掌握它的灵魂，领略 Project 之美，提高工作效率和专业程度，提升国内项目管理者使用 Project 的整体水平。

既然有那么多人在使用 Project，为什么国内用户的使用水平普遍不高呢？究其原因，主要是以下 3 点，而这 3 点正是本书要解决的痛点。

原因 1：不了解 Project 背后的项目管理思想和原理

Project 是微软公司基于美国项目管理协会（PMI）的项目管理知识体系开发的一款项目管理工具，它不是一款普通的办公软件。通过对本书的学习，大家会发现这款工具处处都有项目管理理论的根基和影子，而不了解这些原理，只了解它的"形"而无法掌握它的"神"，当然也就不能发挥它强大的功能。

本书将 Project 软件操作、背后的项目管理原理，以及笔者丰富的项目管理实战经验相结合，通过一个精心设计的项目案例去模拟现实中会出现的各种情形,把 Project 相关的原理和功能都融入这个案例中进行讲解,目的是让大家了解 Project 的那些功能是为了达到什么目的和需求而设计的。大家知其然并知其所以然,这是本书想要达到的目的。

软件的操作不难,难的是背后的原理,原理搞清楚了,一切都豁然开朗,操作也就得心应手了。

原因 2:不了解 Project 本身的一些计算原理和逻辑

Project 背后除了有一套系统的项目管理知识体系作为支撑,还有一些自己的算法。这个很容易理解,基于同一套理论开发的同类软件,不同开发团队都会有一些自己的逻辑和算法。本书中有很多内容会让大家重新认识 Project 软件,并且会颠覆很多人之前对 Project 的认识和理解。

原因 3:缺少一本能让大家真正学懂的 Project 教程

一本好的教程就好比一个导师,不只是将大家领进门,更应该让大家领悟精髓。本书希望帮大家打通任督二脉,解决以上两大痛点,真正掌握 Project 的灵魂,使其成为大家信手拈来的计划管理工具。

2017 年,笔者在网易云课堂发布了视频版的 Project 系统学习教程,受到了广大学员的喜欢和推崇,这重燃了笔者几年前要写一本全新的 Project 教程的想法,更加坚信有必要将多年来对 Project 进行研究的成果系统整理出来,让所有想学习 Project 的朋友都能找到捷径、掌握精髓、学到真正的 Project 实战本领。

写作思路

本书是以 Project 背后的项目管理原理和逻辑为中心,以案例为主线,以 Project 实战五部曲为辅线来安排内容的。所谓五部曲,就是制订计划、优化计划、设定基准、更新与监控、项目收尾。本书不会把软件的操作或者功能当作课程的主线,而是以案例为主线去考虑在项目不同阶段应该做哪些管理工作,然后思考在 Project 中如何实现这些管理需求。在讲解整个案例的过程中,Project 相应的功能也就一起讲完了,在介绍这些功能的过程中又重点为大家讲解其中的原理。

适用版本

Project 软件背后的项目管理原理以及算法在后续迭代的若干版本中都没有本质变化。因此,本书同时适用于 Project 2010/2013/2016/2019 等目前主流的版本。本书会介绍目前三个主流版本在功能上的区别(区别很小),从学习和工作的角度来说,大家使用以上版本均可。

学习进度建议

本书定名为《10天精通Project项目管理：从菜鸟到实战高手》是有根据的，根据本书的节奏每天坚持学习3~4小时，10天不仅可以系统学习Project项目管理的思路、原理与操作，还有时间进行有针对性的复习，真正做到让大家从菜鸟成长为实战高手。

对于初学者，在进行第一遍学习时，也可以暂时略过与资源和成本相关的章节，先重点学会进度管理的功能，等第二遍学习时再学习与资源和成本相关的章节。

第1天	第1~第3章，第4.1~第4.7节	第6天	第8.10~第8.18节
第2天	第4.8~第4.34节	第7天	第9.1~第9.6节
第3天	第5章	第8天	第9.7~第9.8节、第10章
第4天	第6章、第7章	第9天	复习
第5天	第8.1~第8.9节	第10天	复习

与作者联系

微信公众号：跟连永老师学Project。

网易云课堂：搜索"张连永"，或浏览http://study.163.com/series/1001401001.htm。

致谢

本书得以顺利出版，首先要感谢电子工业出版社的李利健编辑和吴倩雪编辑，由衷感谢他们及其团队在本书创作过程中给予的建议和付出的努力。

其次，要感谢网易云课堂的蒋总和钱如老师，以及课程团队的Jessica女士，课程能够帮到更多项目管理者，离不开网易云课堂平台和课程团队的辛勤工作。

最后，特别感谢以往所有的学员朋友们，是你们让笔者更了解项目管理者对项目管理软件的需求，也感谢大家提出的宝贵建议。感谢大家！

张连永

读者服务

轻松注册成为博文视点社区用户（www.broadview.com.cn），扫码直达本书页面。

★ **下载资源**：本书提供各章节所需的案例素材、相关的 Project 文件、Project 软件中英文语言包（不是软件本身，而是语言包），以及常用列中英文对照表，可在 <u>下载资源</u> 处下载。

★ **提交勘误**：您对书中内容的修改意见可在 <u>提交勘误</u> 处提交，若被采纳，将获赠博文视点社区积分（在您购买电子书时，积分可用来抵扣相应金额）。

★ **交流互动**：在页面下方 <u>读者评论</u> 处留下您的疑问或观点，与我们和其他读者一同学习交流。

页面入口：http://www.broadview.com.cn/34485

目录

第 1 章 Project 软件概述 1
1.1 Project 基本特点 1
1.2 Project 软件界面介绍 3
1.3 Project 功能介绍 4
1.4 Project 2010 / 2013 / 2016 / 2019 主流版本的主要区别 13
1.5 Project 与 Excel 的本质区别 15

第 2 章 Project 背后的项目管理原理及基本设置 17
2.1 Project 背后蕴含的项目进度管理以及成本管理思想 17
2.1.1 项目进度管理思想和原理 18
2.1.2 项目成本管理思想和原理 20
2.2 使用 Project 软件前的基本选项设置 21
2.2.1 将任务模式改为自动计划 22
2.2.2 将任务类型改为固定工期 23
2.3 Project 选项设置的常见问题 24
2.3.1 日期格式的设置 24
2.3.2 设置工期的显示形式 25
2.3.3 显示编辑栏 25
2.3.4 每周工时与每月工作日的真实含义 26
2.3.5 将单个命令加入快速访问工具栏 27
2.4 Project 中英文界面的切换 28

目录

第 3 章 项目启动 ·······31
- 3.1 项目概况 ·······31
- 3.2 对项目和项目管理的基本认识 ·······32
- 3.3 项目的范围 ·······33
- 3.4 项目的资源及资源费率 ·······36
- 3.5 项目的假设与成功要素 ·······37
- 3.6 关于本案例学习的建议 ·······38

第 4 章 制订项目计划 ·······39
- 4.1 设置项目信息及原理解释 ·······39
- 4.2 设置日历 ·······42
  - 4.2.1 在"标准"日历的基础上设置特定的假日和调休 ·······42
  - 4.2.2 6 天工作制、7 天工作制、全年 365 天无休日历 ·······49
  - 4.2.3 大小周（一周单休一周双休）交替日历的设置 ·······56
  - 4.2.4 检查日历设置是否正确 ·······60
  - 4.2.5 保存设置的日历永久使用、删除或重命名日历 ·······62
  - 4.2.6 设置项目日历以及让时间刻度的非工作时间显示项目日历 ·······64
- 4.3 创建工作分解结构 WBS ·······65
  - 4.3.1 创建任务清单 ·······65
  - 4.3.2 通过升级和降级设置任务之间的层级关系 ·······66
  - 4.3.3 通过大纲级别设置或者修改任务之间的层级关系 ·······68
  - 4.3.4 使用任务备注记录更多的任务信息 ·······69
- 4.4 设置任务之间的依赖关系（关联关系）·······71
  - 4.4.1 设置任务之间的依赖关系的目的 ·······71
  - 4.4.2 任务之间存在的 4 种依赖关系及其设置方法 ·······73
  - 4.4.3 巧用【后续任务】列 ·······76
  - 4.4.4 设置项目中依赖关系的思路与方法 ·······77
  - 4.4.5 设置任务依赖关系的注意事项和建议 ·······80
- 4.5 估算和设置任务的工期 ·······81
  - 4.5.1 估算工期的常用方法 ·······81
  - 4.5.2 输入并设置任务的工期 ·······83
  - 4.5.3 估算工期的建议：警惕帕金森定律 ·······84
  - 4.5.4 将任务的工期单位设置为周或者月 ·······85

10 天精通 Project 项目管理：从菜鸟到实战高手

- 4.5.5 查看整个项目的工期和时间 ··· 86
- 4.5.6 摘要任务的工期、开始时间、完成时间的计算原理 ··· 86
- 4.6 做进度计划时设置任务的工期而不是时间的原因 ··· 88
- 4.7 将 Excel 计划导入 Project 中 ··· 89
- 4.8 设置任务日历的两种方法 ··· 93
  - 4.8.1 在任务信息窗口中设置任务的特定日历 ··· 94
  - 4.8.2 插入【任务日历】列设置任务的特定日历 ··· 95
- 4.9 设置里程碑任务的 3 种方法 ··· 96
  - 4.9.1 工期为零的任务默认为里程碑任务 ··· 96
  - 4.9.2 在任务信息窗口中设置里程碑任务 ··· 97
  - 4.9.3 在【里程碑】列中设置里程碑任务 ··· 97
- 4.10 设置周期性任务及其注意事项 ··· 98
  - 4.10.1 设置周期性任务 ··· 98
  - 4.10.2 注意事项 ··· 100
- 4.11 拆分任务和取消任务拆分 ··· 100
  - 4.11.1 拆分任务 ··· 100
  - 4.11.2 取消任务拆分 ··· 101
- 4.12 修改列名称 ··· 102
- 4.13 插入自定义列显示任务更多信息 ··· 103
  - 4.13.1 插入文本列 ··· 103
  - 4.13.2 插入特定数据类型的列 ··· 105
- 4.14 制作下拉菜单 ··· 106
- 4.15 文本样式的设置 ··· 107
  - 4.15.1 对选定单元格设置文本样式 ··· 108
  - 4.15.2 批量设置某类文本的样式 ··· 108
  - 4.15.3 使用【已标记】列筛选任务并为已标记任务设置文本样式 ··· 110
  - 4.15.4 修改每次编辑所更改内容的文本样式 ··· 111
- 4.16 条形图（甘特图）样式的设置 ··· 112
  - 4.16.1 修改某个任务的条形图样式 ··· 112
  - 4.16.2 批量修改某类任务的条形图样式及注意事项 ··· 114
  - 4.16.3 修改条形图上的文本样式 ··· 116
  - 4.16.4 修改条形图上的日期格式 ··· 116
  - 4.16.5 不显示条形图上代表任务依赖关系的箭头 ··· 117

目录

4.17 时间刻度的设置 ··· 117
- 4.17.1 设置时间刻度及注意事项 ·· 117
- 4.17.2 快速显示所有任务的条形图 ··· 119
- 4.17.3 快速显示某个特定任务的条形图 ······································· 119
- 4.17.4 快速显示某些特定任务的条形图 ······································· 120
- 4.17.5 快速显示某个时间段内任务的条形图 ································· 120

4.18 网格线的设置 ·· 122
- 4.18.1 巧用网格线，避免将条形图和任务名称看串行 ···················· 122
- 4.18.2 在甘特图区域添加当前时间线或者状态日期线 ···················· 123
- 4.18.3 在甘特图区域显示时间刻度的竖线 ···································· 123

4.19 巧用甘特图区域的绘图功能 ··· 124

4.20 使整个计划只显示某个大纲层级的任务 ································· 126

4.21 打印设置 ·· 127
- 4.21.1 打印设置要点 ··· 127
- 4.21.2 把 Project 计划存为 PDF 文件 ··· 133
- 4.21.3 减少图例中的条形图种类 ··· 134
- 4.21.4 打印整个计划中的特定任务 ·· 134

4.22 批量修改多个任务的任务信息 ··· 136
- 4.22.1 在对应的列中修改任务的信息 ··· 136
- 4.22.2 在多任务信息窗口中修改选定任务的信息 ·························· 137
- 4.22.3 在多任务信息窗口中修改所有任务的信息 ·························· 137

4.23 用好有提示功能的【标记】列 ··· 138

4.24 日程表的设置与妙用 ·· 139

4.25 任务路径 ·· 143
- 4.25.1 查找某个任务的前置任务与后续任务 ································ 143
- 4.25.2 快速查找所有的前置任务链条与后续任务链条 ··················· 145
- 4.25.3 驱动前置任务与后续任务 ··· 145

4.26 筛选器 ··· 146
- 4.26.1 对列进行筛选 ··· 146
- 4.26.2 使用预置的筛选器 ··· 147
- 4.26.3 自定义筛选器并永久使用 ··· 148

4.27 突出显示 ·· 151
- 4.27.1 使用预置的突出显示 ·· 151

XI

4.27.2 自定义突出显示并永久使用 152
4.28 分组 153
4.28.1 使用预置的分组 154
4.28.2 自定义分组并永久使用 155
4.29 限制类型与限制条件 157
4.29.1 计划中"自动"出现限制条件的原因 158
4.29.2 限制类型及使用建议 161
4.29.3 删除某个任务或者多个任务的限制条件 168
4.29.4 限制条件对进度计算的影响 169
4.30 制订计划中的一些常见问题及解决方法 169
4.30.1 任务的开始时间不随前置任务变化 169
4.30.2 任务工期的天数不等于完成时间和开始时间的跨度 171
4.30.3 工期出现小数点的原因 173
4.30.4 使用手动计划的弊端 174
4.31 Project 常见 bug 及解决办法 178
4.31.1 通过右击新建 Project 文件后未出现默认时间 178
4.31.2 输入日期时提示"此域不支持您输入的日期" 178
4.31.3 打印预览只显示一行任务 179
4.32 不同 Project 版本生成的文件之间的保存 180
4.32.1 Project 各版本生成的文件之间的支持关系 180
4.32.2 保存为 Project 低版本支持的文件 181
4.32.3 将 Project 文件设置成默认保存为低版本 181
4.33 给 Project 文件加密 182
4.34 用 Project 生成和设置单代号网络图 182
4.34.1 网络图视图及基本设置 182
4.34.2 网络图中摘要任务的显示与隐藏 184
4.34.3 在网络图中显示任务之间的关联关系 185
4.34.4 使用折叠方框 185
4.34.5 自定义网络图中的方框样式 186
4.34.6 设置单个方框的样式 189
4.34.7 设置网络图计划的版式 191

目录

第 5 章　制订初始资源和成本计划 ...193
- 5.1 创建资源基本信息 ...193
  - 5.1.1 案例中项目直接成本的构成 ...193
  - 5.1.2 Project 中的 3 个资源类型 ...197
  - 5.1.3 在资源工作表中创建资源 ...198
  - 5.1.4 工时类资源需要设置的信息 ...199
  - 5.1.5 材料类资源需要设置的信息 ...201
  - 5.1.6 成本类资源需要和可以设置的信息 ...202
  - 5.1.7 不同类型的资源设置小结 ...203
- 5.2 设置资源可用性 ...204
- 5.3 分配资源 ...205
  - 5.3.1 任务类型的原理解释及使用建议 ...205
  - 5.3.2 统一更改当前文件中任务类型的两种方法 ...207
  - 5.3.3 分配资源的常用视图 ...208
  - 5.3.4 成本类资源的分配 ...210
  - 5.3.5 工时类资源的分配 ...214
  - 5.3.6 材料类资源的分配 ...216
  - 5.3.7 为摘要任务分配资源及其注意事项 ...218
- 5.4 查看资源的任务计划 ...218
  - 5.4.1 在【工作组规划器】视图中查看并调整资源的任务计划 ...218
  - 5.4.2 在【资源使用状况】视图中查看资源的任务计划 ...222
  - 5.4.3 自定义分组查看团队成员每周的任务计划 ...223
- 5.5 创建成本计划 ...225
  - 5.5.1 任务成本的构成 ...226
  - 5.5.2 设置任务的固定成本 ...226
  - 5.5.3 摘要任务和项目总成本的构成 ...227
- 5.6 预算类资源及设置项目预算 ...228
  - 5.6.1 预算类资源 ...229
  - 5.6.2 设置项目预算 ...231

第 6 章　优化项目计划 ...233
- 6.1 查看资源的负荷情况 ...233
  - 6.1.1 在【资源使用状况】视图中查看资源的负荷情况 ...234

10 天精通 Project 项目管理：从菜鸟到实战高手

  6.1.2 在【资源图表】视图中查看资源的负荷情况 ········· 236
  6.1.3 【资源图表】视图的其他用途 ············· 240
 6.2 资源冲突与调配 ················· 242
  6.2.1 资源出现冲突的原因 ··············· 242
  6.2.2 处理办法 1：检查任务工时的合理性并调整 ········ 242
  6.2.3 处理办法 2：增加资源供给 ············· 243
  6.2.4 处理办法 3：资源替换 ··············· 245
  6.2.5 处理办法 4：忽略轻微的冲突 ············ 247
  6.2.6 处理办法 5：资源调配 ··············· 248
 6.3 关键路径 ···················· 254
  6.3.1 关键路径的定义及计算原理 ············· 254
  6.3.2 对计划中的重要节点设置期限 ············ 257
  6.3.3 查找关键路径的常用方法 ·············· 259
  6.3.4 查看任务的拖延余地：最晚开始和最晚完成时间 ····· 262
  6.3.5 总浮动时间与自由浮动时间的区别 ·········· 262
 6.4 压缩工期 ···················· 263
  6.4.1 项目工期压缩到什么程度才能设定基准 ········ 264
  6.4.2 在 Project 中压缩工期的 3 种方法 ·········· 264
  6.4.3 压缩工期的注意事项和建议 ············· 268
 6.5 压缩成本 ···················· 268
  6.5.1 成本压缩到什么程度才能设定基准 ·········· 268
  6.5.2 压缩任务的成本 ················· 269
 6.6 计划做好后如何整体顺延 ·············· 270

第 7 章 设定项目基准ꞏꞏꞏꞏꞏꞏꞏꞏꞏꞏꞏꞏꞏꞏꞏꞏꞏꞏꞏꞏꞏꞏꞏꞏꞏꞏꞏꞏꞏꞏꞏꞏ 272

 7.1 基准的含义及设置基准的目的 ············· 272
 7.2 设置基准和清除基准 ················ 273
 7.3 设定基准所包含的信息 ··············· 277
 7.4 正确理解多个项目基准 ··············· 278
 7.5 基准与中期计划的区别 ··············· 279

第 8 章 项目更新与监控（仅含进度、不含成本）ꞏꞏꞏꞏꞏꞏꞏꞏꞏꞏꞏꞏꞏꞏꞏꞏꞏꞏꞏ 281

 8.1 更新计划的频率及状态日期 ············· 281

8.2 基准计划、当前计划和实际状态之间的关系 ··················· 282
8.3 更新实际状态与当前计划 ··················· 284
8.3.1 更新已开始并完成的任务 ··················· 285
8.3.2 更新已开始但未完成的任务 ··················· 286
8.3.3 检查当前计划与基准计划的差异并更新尚未开始的任务 ··················· 287
8.3.4 【完成百分比】与【实际完成百分比】的区别 ··················· 289
8.3.5 修改任务工期后，任务完成百分比会自动变化 ··················· 290
8.3.6 正确理解和使用【实际工期】 ··················· 290
8.3.7 更新进度计划需要注意的事项 ··················· 291
8.3.8 第二次更新计划 ··················· 293
8.4 对比当前计划与基准之间的差异 ··················· 294
8.4.1 完成时间差异、开始时间差异、工期差异等 ··················· 294
8.4.2 计算完成时间差异时用当前计划和基准比较的原因 ··················· 296
8.4.3 使用突出显示和筛选器查看进度落后的任务 ··················· 296
8.4.4 设置警示灯显示计划是否延迟 ··················· 297
8.5 更新计划后发现延迟的处理方法 ··················· 301
8.5.1 重新寻找关键路径 ··················· 301
8.5.2 已完成的任务不再计算为关键路径 ··················· 301
8.5.3 压缩工期 ··················· 302
8.6 正确理解【状态】列的含义及"延迟的任务" ··················· 302
8.7 定期手动更新每个任务 ··················· 304
8.8 用任务备注记录执行过程中的更多信息 ··················· 305
8.9 快速查询某个时间段要开展的任务 ··················· 306
8.10 创建自定义表格并快速从不同视角查看项目计划 ··················· 308
8.10.1 使用内置的表格并对其进行编辑 ··················· 308
8.10.2 创建自定义表格并保存为模板永久使用 ··················· 311
8.11 Project 中的视图 ··················· 314
8.11.1 常用视图 ··················· 315
8.11.2 任务类视图与资源类视图 ··················· 317
8.11.3 创建复合视图的 3 种方法 ··················· 317
8.11.4 创建新的自定义单一视图的两种方法 ··················· 320
8.11.5 修改 Project 默认的视图 ··················· 323
8.12 项目报表 ··················· 323

- 8.12.1 使用 Project 中的内置报表并编辑和保存 ········· 323
- 8.12.2 自定义报表 1：新建"任务的完成时间差异"报表 ········· 327
- 8.12.3 自定义报表 2：新建"关键路径清单"报表 ········· 330
- 8.13 项目范围变更管理 ········· 332
  - 8.13.1 计划执行过程中增加新任务 ········· 332
  - 8.13.2 增加新任务后需要注意的问题 ········· 334
  - 8.13.3 处理原来计划中已经无效的任务 ········· 335
- 8.14 计划暂停后重新启动如何更新 Project 计划 ········· 336
- 8.15 计划严重推迟时保存新的基准 ········· 339
- 8.16 计划严重推迟更新基准后再更新关键节点的期限 ········· 341
- 8.17 在甘特图区域显示新基准的条形图 ········· 341
- 8.18 对比当前计划与新基准之间的差异 ········· 342
  - 8.18.1 当前计划与新基准之间在完成时间、开始时间上的差异 ········· 342
  - 8.18.2 当前计划与新基准之间在工期和成本上的差异 ········· 346
  - 8.18.3 将自定义列保存到 Project 模板库中 ········· 349

第 9 章 项目更新与监控（进度+成本） ········· 350

- 9.1 更新实际已经完成的任务 ········· 350
  - 9.1.1 更新任务的实际开始和实际完成时间 ········· 353
  - 9.1.2 更新任务调用的工时类资源的实际工时和剩余工时 ········· 353
  - 9.1.3 更新任务分配的成本类资源的实际成本与剩余成本 ········· 360
  - 9.1.4 更新任务分配的材料类资源的实际工时与剩余工时 ········· 362
  - 9.1.5 更新摘要任务所分配资源的时间与成本 ········· 362
  - 9.1.6 更新任务的（实际）固定成本 ········· 363
- 9.2 更新实际已经开始但尚未完成的任务 ········· 363
  - 9.2.1 更新任务的实际开始时间和工期 ········· 365
  - 9.2.2 更新任务分配的工时类资源的实际工时与剩余工时 ········· 366
  - 9.2.3 更新任务分配的成本类资源的实际成本与剩余成本 ········· 366
  - 9.2.4 更新任务分配的材料类资源的实际工时与剩余工时 ········· 367
  - 9.2.5 更新任务的固定成本 ········· 367
  - 9.2.6 工时完成百分比与完成百分比 ········· 368
- 9.3 对比当前计划与基准之间的差异 ········· 369
  - 9.3.1 检查进度的完成时间差异 ········· 369

目录

9.3.2	检查成本差异	370
9.4	使用突出显示和筛选器查看成本超支的任务	371
9.5	设置警示灯显示成本超支的任务	372
9.6	对项目资源和成本进行分组统计	375
9.7	项目报表	377
9.7.1	使用 Project 内置报表：项目现金流量表	377
9.7.2	自定义报表 1：新建现金流量表	379
9.7.3	正确理解 Project 中的现金流量表	381
9.7.4	自定义报表 2：新建:工时报表	381
9.7.5	自定义报表 3：新建成本报表	382
9.8	Project 中的挣值分析	383
9.8.1	挣值分析基本解释	384
9.8.2	计划值 BCWS	384
9.8.3	挣值 BCWP	386
9.8.4	实际成本 ACWP	387
9.8.5	衡量进度绩效的指标：SV 和 SPI	387
9.8.6	衡量成本绩效的指标：CV 和 CPI	388
9.8.7	Project 中完工估算的两种方法	390
9.8.8	挣值分析在实际应用中的注意事项和建议	390

第 10 章 项目收尾及多项目管理 ··· 392

10.1	项目收尾	392
10.1.1	分析历史数据，总结经验教训	392
10.1.2	保存常用日历、筛选器、视图、报表等	393
10.2	共享资源库及多项目管理	393
10.2.1	创建共享资源库文件	393
10.2.2	其他项目文件调用共享资源库中的资源	394
10.2.3	查看共享资源的整体负荷情况	396
10.2.4	插入子项目并设置不同项目中任务的依赖关系	397
10.2.5	多项目管理中需要注意的问题	399

第 1 章

Project 软件概述

Project 项目管理软件是世界上最流行的项目管理软件之一，它已经成为项目管理者的通用语言和通用技能。使用 Project 管理真实的项目，可以大大提高项目管理的效率和专业度。

1.1 Project 基本特点

Project 是微软公司推出的一款专业的项目管理软件，它在各行业得到广泛应用，成为项目管理者的一大利器和不可或缺的基本技能。图 1-1 总结了为什么微软的 Project 软件能够成为世界上最主流的项目管理软件之一。

1. 用户最多

微软 Project 在全球有几千万名用户，可以称得上是最主流的项目管理软件。用户多必将产生马太效应，也会越来越有利于软件的推广。这就像微信支付一样，当身边越来越多的人用微信支付时，你就会潜移默化地被影响，从而绑定银行卡开始使用微信支付，一旦用的人多了，就形成了依赖，想摆脱都难。

所以，当 Project 逐渐变成项目管理同行的基本工具和技能后，我们就不得不去学习和使用它了。

10天精通Project项目管理：从菜鸟到实战高手

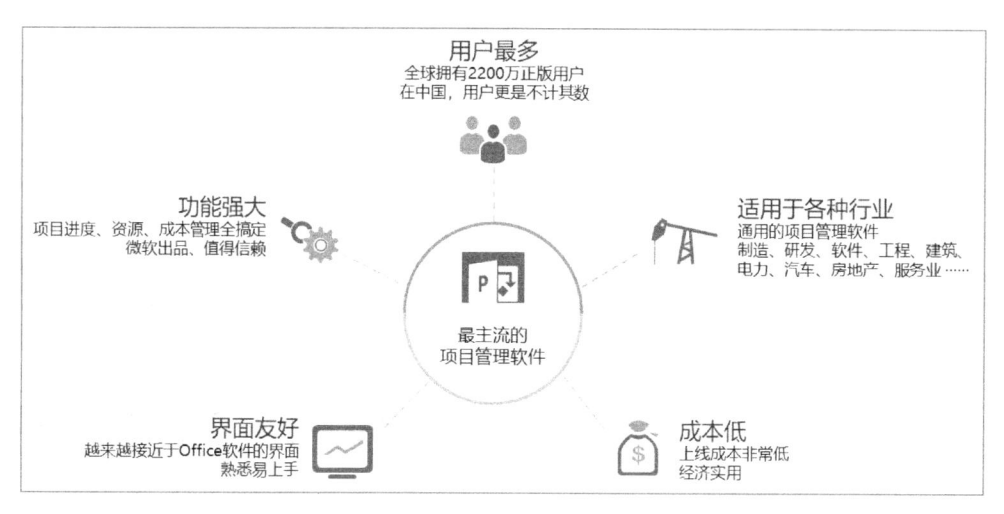

图1-1

2．功能强大

Project在项目管理三大核心功能上的表现非常好，可以非常便捷、专业地管理项目的进度、资源和成本，是一款不可多得的项目管理工具，而且仍在持续迭代改进中。

关于Project的功能，后面会详细介绍，看完那部分介绍后，相信大家会对Project的功能有一个更全面的认识和理解。

3．界面友好

打开Project软件，你会发现它的界面与Office其他软件非常类似，这大大降低了新用户对新软件的适应难度，非常容易上手，操作界面非常友好。反观一些其他的项目管理软件，首先会让大家觉得比较陌生，从而导致学习的兴趣直接下降。

4．成本低

Project软件能够普及得这么广的原因之一就是它的低成本，它的上线成本对于一般的企业甚至小企业来讲都能承担得起。作为一个相对轻量化的项目管理系统，它得到很多企业，尤其是中小企业的青睐。

5．适用于各个行业

Project是一款通用的项目管理软件，没有行业的限制，现在几乎在各行各业都能看到项目管理者在使用Project。相信随着项目管理模式在国内企业的重视程度日渐提高，将来会有越来越多的企业和行业会使用Project作为其项目管理软件。

1.2　Project 软件界面介绍

Project 目前只支持 Windows 操作系统，从 1995 年开始已经停止对 Mac 操作系统版本的支持。Project 2010 可以在 Windows XP 以及更高版本的操作系统上运行，而 Project 2013 和 Project 2016 需要 Windows 7 或更高版本的操作系统，Project 2019 则只支持 Windows 10 或更高版本的操作系统。

打开如图 1-2 所示的 Project 软件界面，首先有一种似曾相识的感觉，实际上，同为微软家族的 Project，其操作界面已经演化得与 Excel 等 Office 软件的界面非常相似，这就增加了用户对 Project 的亲切感。

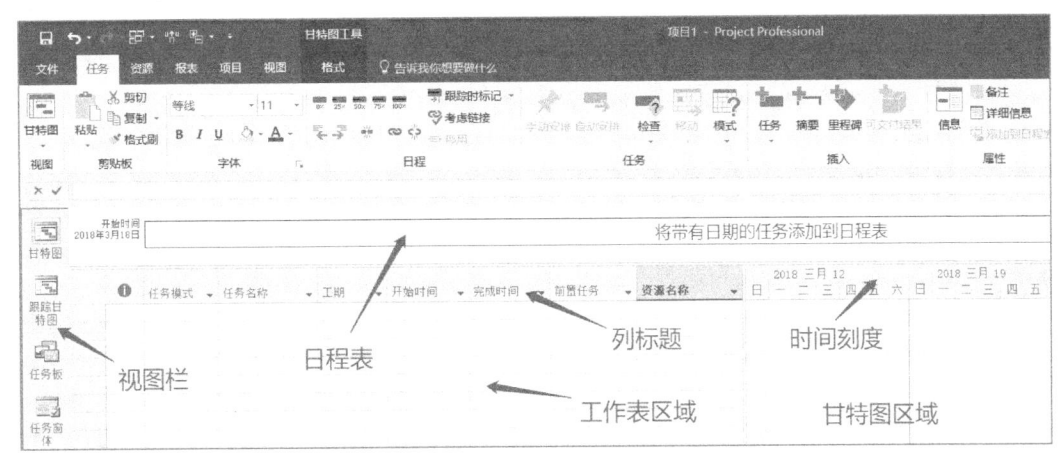

图 1-2

图 1-2 是 Project 2016 或 2019 的截图，它与 Project 2013 的界面几乎完全一样，只是色彩主题略有差异。在软件界面的上方是菜单选项，Project 2019、Project 2016 和 Project 2013 都有 6 个选项卡：任务、资源、报表、项目、视图、格式，而 Project 2010 则有 5 个选项卡，没有 "报表"。每个选项卡下方会有很多工具按钮，这些工具按钮的布局与 Office 软件非常类似。

图 1-2 显示的是一个【甘特图】视图，或者准确地说，这是一个【包含日程表的甘特图】视图。

在图 1-2 中间部分工具按钮的下方显示的是日程表，在【视图】选项卡→【拆分视图】中取消勾选【日程表】复选框后，就不会在中间位置显示日程表了。如果打开自己的 Project 软件后没有在默认的甘特图视图中显示日程表，也可以在【视图】选项卡→【拆分视图】中勾选【日程表】复选框，这样就会在甘特图视图的基础上显示日程表。

如图 1-2 所示，日程表的下方区域被分隔成了左、右两部分，左侧叫作【工作表区域】，右侧叫作【甘特图区域】。工作表区域看起来非常像 Excel，但是有本质的区别，后面会进行介绍。工作表区域有很多列，每一列都有列标题。甘特图区域是生成和显示任务的甘特图（或者叫横道图）

3

的地方，其上方是一个时间轴，在 Project 里面叫作【时间刻度】。

在图 1-2 的左侧有一个【视图栏】，如果软件界面中暂时没有显示出来，可以在工作表区域的最左侧部分右击，然后在弹出的快捷菜单的最下方单击"视图栏"，如图 1-3 所示，就可以像图 1-2 那样显示视图栏。

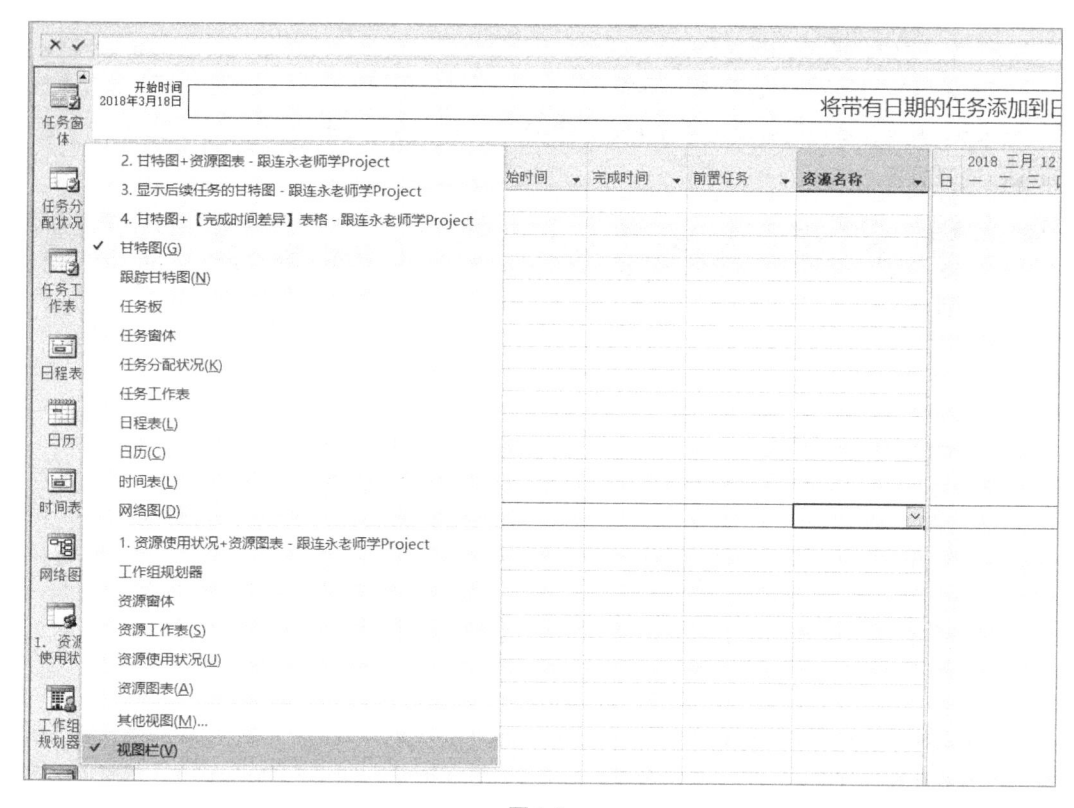

图 1-3

> **提示** 在本书中，如果提到某个选项卡，就是指 5 个选项卡：任务、资源、项目、视图、格式，在 Project 2013、Project 2016 和 Project 2019 中还多了一个选项卡，就是"报表"。当本书后续章节提到"工作表区域"时，就是指如图 1-2 中类似 Excel 单元格的那部分区域。

1.3 Project 功能介绍

Project 的功能非常之多，但归纳起来，Project 主要有三大项目管理的核心功能，分别是进度管理、资源管理和成本管理。图 1-4 是对 Project 的功能做的一个全面归纳。

第 1 章　Project 软件概述

- 成本进度完美融合
- 预算监控不再烦恼
- 挣值分析全新工具

- 工作分解结构WBS
- 简单明了的甘特图
- 工作日历灵活设置
- 关键路径自动计算
- 设置基准一键搞定
- 跟踪进度方便快捷
- 进度延迟预警提示
- 多个基准灵活切换
- 多种视图报表精彩

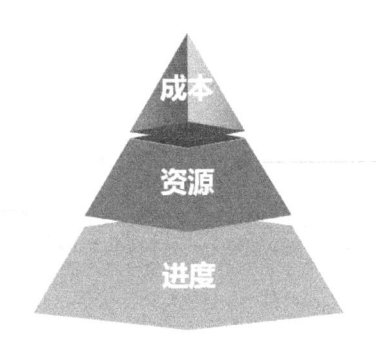

- 资源进度有效结合
- 分时段计费很简单
- 资源负荷一目了然
- 资源冲突提前预警
- 工作分配尽在掌握

图 1-4

之所以把这三个核心功能画成金字塔结构是有原因的，进度是一切的基础，资源和成本都是依附在进度之上的，不能脱离进度计划去用 Project 管理项目的资源和成本，但是可以只用 Project 来管理项目进度计划而不管理资源和成本，也可以同时用 Project 来管理进度和资源（而不管理成本）。

资源要依附在进度计划之上，这是因为我们的工作范围（任务）都体现在进度计划中，可以为任务分配资源，从而实现对资源的管理。同时，用 Project 进行资源管理的一个重要的目的，就是进行项目的成本管控。当然，即使不用 Project 去管控项目成本，也可以使用 Project 里面的资源管理功能去管理资源工作量或者团队工作负荷。

成本的管理必须同时依附在进度和资源之上才能实现。

通过图 1-4，希望大家能掌握这三个核心的项目管理功能之间的关系。下面将具体介绍 Project 的一些突出功能。关于这些功能，本节仅概括性地介绍，在本书后续章节会结合案例讲解如何使用这些功能以及如何服务于项目管理的实际需要。

1．功能篇之 WBS（见图 1-5）

在 Project 中设置任务之间的层级关系非常简单，通过简单的升级和降级操作就可以实现。而且，可以选中多个任务再批量设置任务之间的层级关系，一旦设置好后，通过勾选【格式】选项卡下的【大纲数字】，就可以自动在任务名称前加上任务对应的大纲数字了。设置好任务的层级关系后，母任务（在 Project 中称之为"摘要任务"）的开始时间、完成时间、工期、成本等就可以根据子任务的信息自动计算或汇总了。

10 天精通 Project 项目管理：从菜鸟到实战高手

		任务模式	任务名称	成本	工期	开始时间	完成时间
0			8.6 跟连永老师学Project	¥95,887.00	97.5 个工作日	2018年3月1日	2018年6月6日
1			▲ 1 新房装修项目	¥95,887.00	97.5 个工作日	2018年3月1日	2018年6月6日
2	✓		1.1 交房	¥0.00	1 个工作日	2018年3月1日	2018年3月1日
3	✓		▲ 1.2 装修设计	¥4,015.00	8 个工作日	2018年3月2日	2018年3月9日
4	✓		1.2.1 实地测量及现场协商装修方案	¥565.00	2 个工作日	2018年3月2日	2018年3月3日
5	✓		1.2.2 装修方案设计	¥2,025.00	4 个工作日	2018年3月4日	2018年3月7日
6	✓		1.2.3 装修方案确认、修改及定稿	¥1,425.00	2 个工作日	2018年3月8日	2018年3月9日
7			▲ 1.3 选材、购买	¥52,142.00	40 个工作日	2018年3月7日	2018年4月15日
8	✓		1.3.1 选购电线、水管、开关插座等	¥1,296.00	1 个工作日	2018年3月7日	2018年3月7日
9	✓		1.3.2 选购地砖、墙砖、过门石	¥3,286.00	1 个工作日	2018年3月9日	2018年3月9日
10	✓		1.3.3 选购卫生间、厨房吊顶	¥3,676.00	1 个工作日	2018年3月10日	2018年3月10日

图 1-5

2．功能篇之甘特图

很多人使用 Project 的初衷是使用它的甘特图功能，的确，甘特图是 Project 众多非常出色的功能之一。甘特图也叫横道图，这个工具已经在项目管理和计划管理领域广泛地使用。它之所以能如此流行，就是因为横道图计划非常直观，最上方是第一个时间轴，横道图的长度就代表该任务的工期长度，用横道图表示的进度计划简单明了，不用任何专业知识都能看懂，比网络图计划更加直观。

在 Project 中，其实甘特图是不需要"画"的，它是根据任务的信息自动生成的，当然也可以对甘特图继续进行更多的设置使其更加简捷、美观。对于 Project 中不同类型的任务，其甘特图是不同的，还可以根据这些不同的类型批量设置任务的甘特图样式。除了可以设置甘特图显示的形状、颜色等，还可以在甘特图的上、下、左、右、内部共 5 个位置显示不同的任务信息。

在设置好基准计划后，在【跟踪甘特图】视图中，每个任务对应两个条形图，如图 1-6 所示，上面的蓝色或红色条形图代表了当前计划和当前状态，当前计划是动态的，下方那个灰黑色条形图代表了基准计划，基准计划是静止的。通过对比甘特图就可以一眼看出当前计划相对于基准计划或者目标计划是提前的还是滞后的。

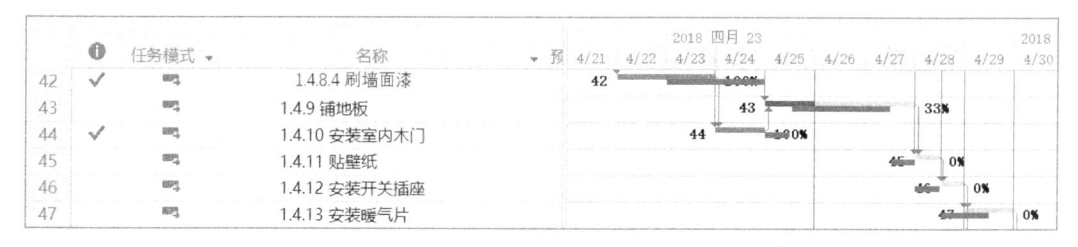

		任务模式	名称	预	4/21	4/22	4/23	4/24	4/25	4/26	4/27	4/28	4/29	4/30
42	✓		1.4.8.4 刷墙面漆			42		100%						
43			1.4.9 铺地板						43			33%		
44	✓		1.4.10 安装室内木门					44		100%				
45			1.4.11 贴壁纸									45	0%	
46			1.4.12 安装开关插座										0%	
47			1.4.13 安装暖气片											0%

图 1-6

3．功能篇之日历（见图 1-7）

在排定进度计划时，一个令人头疼的问题就是要考虑到各种假期、调休、不同的作息时间等，

第 1 章　Project 软件概述

在一个大型的计划中可能牵扯到不同的事业部且作息时间也不同，某些团队成员甚至还有休假或者出国计划，这些都会影响进度计划的排定，使其变得更加复杂。如果不借助工具，就很麻烦。

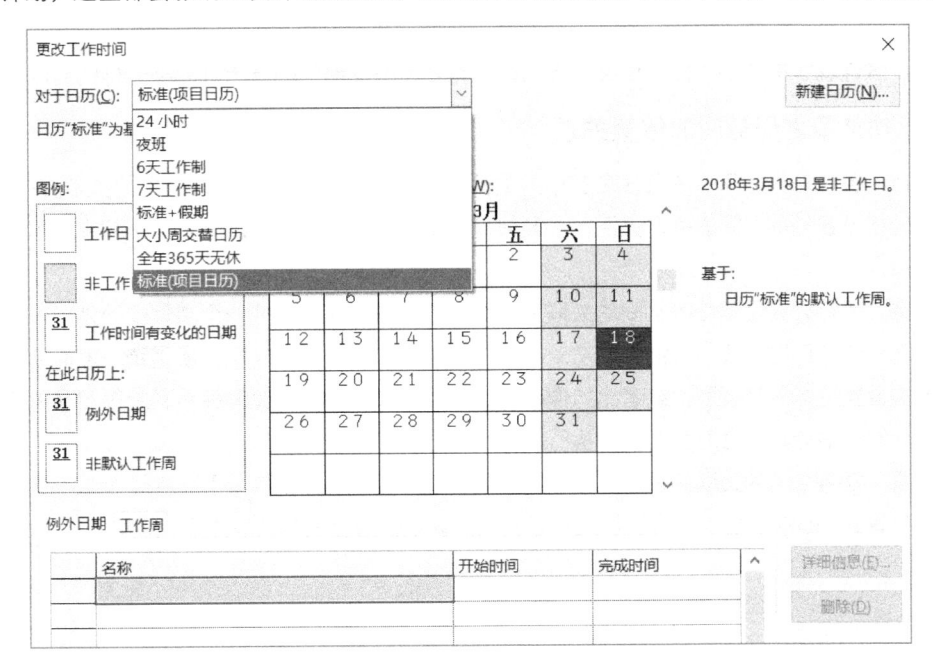

图 1-7

Project 非常完美地解决了这个问题，它的日历功能非常强大，有 Project 的辅助，再也不用掰着手指头看着日历本去排计划了。它在排计划时会自动计算（自定义）日历里面的工作时间，也会自动避开（自定义）日历里面的非工作时间。本书将为大家讲解三种典型的日历形式。

★ 在标准日历的基础上添加假期以及调休。所谓"标准"日历就是 Project 默认的日历，每周工作 5 天，每天工作 8 小时，但是现实中还要考虑法定假期或者公司特殊假期的影响，比如国庆节放 7 天假，但是同时也需要调休。

★ 六天工作制、七天工作制、全年无休日历。这三种日历的设置方法相同，所以我把它归结为一类。在这种日历下，可能星期六、星期天都要上班，甚至在全年无休日历下，连国家法定假日都要工作。

★ 大小周交替日历，一周单休一周双休。也有些公司采用这种作息时间。

通过对以上三种日历形式的讲解，基本上就把设置日历时会用到的技能、技巧都讲到了，而且对于每一种日历形式，设置的方法可能还不止一种。如果大家能掌握这三种日历的设置，那么基本上可以举一反三地处理现实中遇到的所有复杂日历了。

在 Project 中，日历一旦被设置好，还可以将其保存到"管理器"模板中，这样今后所有项目

7

都可以调用这些日历，并且，只要有一个人设置好，其他人都可以轻松地使用这些已经设置好的日历，一劳永逸！

还没有结束，在 Project 中，除了可以给整个项目设置一个通用的日历，还可以为每个任务设置日历，这样就解决了不同任务由不同部门来执行，但不同部门的日历可能不一样的问题。

4．功能篇之任务间的依赖关系

项目的各个任务之间往往有很多实际的逻辑关系，这些都会影响到进度计划的排定。在 Project 中可以轻松设置任务之间的关联关系，主要体现在【前置任务】和【后续任务】列中，这个设置非常简单。

那么，为什么要设置任务之间的关联关系？目的就是使任务变成一个整体的计划，如果某个任务出现变化或延迟，我们就能看到它对其他任务和整个项目的影响了，所谓牵一发而动全身。如果不去设置这些关联关系，或者比如像在 Excel 中无法设置这些关联关系，就很容易忽略某个关系而使制订的计划不合理甚至无法执行。

设置了任务之间的关联关系后，不仅在【前置任务】和【后续任务】列中能看到，还可以在甘特图中看到，Project 会以箭线的形式在甘特图上体现任务之间的关联关系，非常直观，如图 1-8 所示。

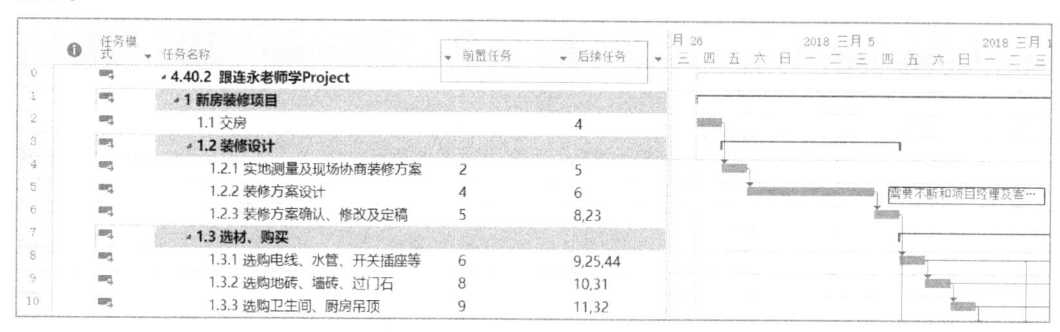

图 1-8

理论上，任务之间的关联关系有 4 种：完成开始（FS）、开始开始（SS）、完成完成（FF）、开始完成（SF）。但是由于每种关系还存在提前量和滞后量，这又会衍生出更多的形式，这部分内容在第 4.4 节会详细介绍。

5．功能篇之资源管理

在 Project 中既可以利用资源管理功能实现对团队成员工作量负荷的管理，还可以结合进度和资源去实现对项目成本的管控。图 1-9 显示了在【资源工作表】视图中创建的资源，图 1-10 显示了给任务分配资源以后在【资源图表】视图中自动生成的资源直方图。当然还有更多的视图可以展示资源工作量负荷情况的视图。

图 1-9

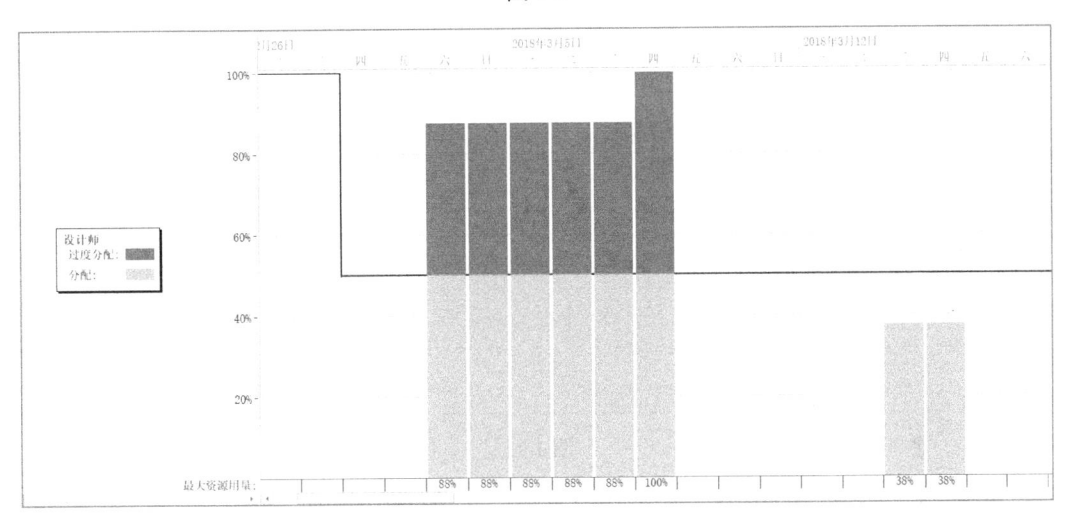

图 1-10

注意，现实中某个团队成员可能是在一个矩阵式的组织环境中，也可能同时服务于多个项目，那么投入到某个项目的工作时间不一定是恒定的，有可能这个月可以投入 100%的时间，下个月就只能投入 60%的时间了。这在 Project 中都是可以进行设置的，一旦设置了资源在不同时段的可用性，在图 1-10 中生成的资源直方图中，那条黑色的线将不再是水平的，就会变成阶梯状的。

另外，在现实中，某个部门的人力资源费率也可能会发生变化，比如工程师在本财年的工时费率是 100 元/工时，到下一个财年可能会调整为 120 元/工时，这种分时段费率在 Project 中是可以设置的。设置好之后，哪怕是跨年度的同一个任务，比如开始时间是 2017 年 12 月 20 日，完成时间是 2018 年 1 月 10 日，也会根据分时段费率计算任务的成本。

6．功能篇之成本

大家在现实的项目管理实践中，经常苦于没有合适的工具来辅助进行成本管控，Project 就是一个很好的解决方案，而且这一个工具就把进度、资源和成本同时涵盖了，不用再为成本管理而

10 天精通 Project 项目管理：从菜鸟到实战高手

切换到其他工具上。

我们不仅可以使用 Project 规划项目的成本，而且 Project 能更新成本的进展，以及随时查看成本偏差，实现预警。此外，当我们使用成本功能时，可能需要向领导汇报，此时只需使用 Project 里面的报表功能生成各种自己需要的报表，然后展示给管理层就可以了。如图 1-11 所示，这里只展示一个最简单的报表样式，在 Project 中，只要有数据就可以做出像 Excel 一样的、各种丰富的报表样式，这在后续章节将会详细介绍。

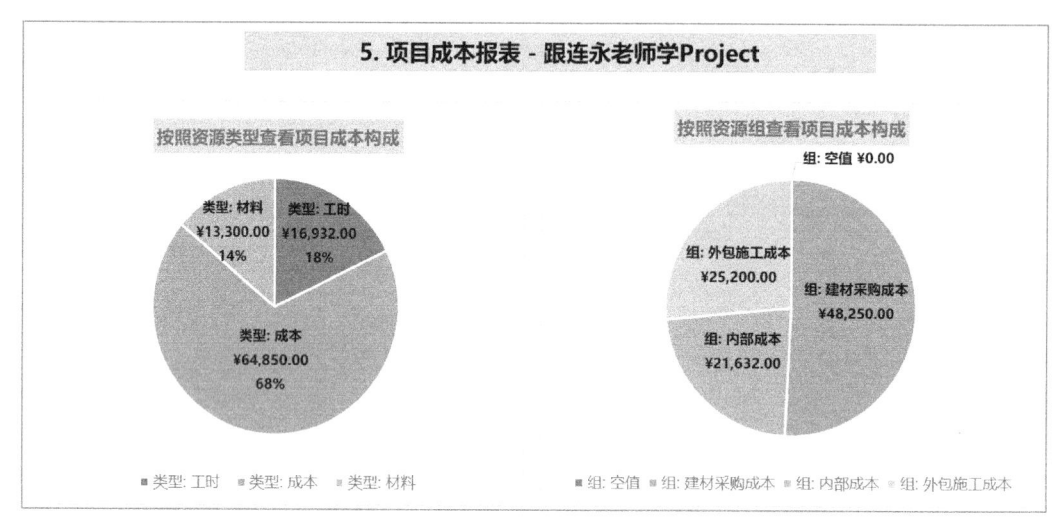

图 1-11

当然，在实践中，很多项目管理者对成本管控还缺少必要的知识和经验，有可能大部分的时间都花在项目进度、质量等其他方面了，成本管控可能还没有成为项目管理的重点。然而，项目按时交付只是项目管理的基本目标，能够控制住项目预算、实现项目预期的毛利率才应该是绝大部分项目最重要的目标。通过本书对 Project 成本管理的讲解，相信会让大家对现实中的项目成本管控有一个更直观、更深刻的认识和理解。

7. 功能篇之关键路径

进度管理中需要用到的工具、方法与技术有很多，但最重要的莫过于关键路径，这是我在过去多年的培训课程中经常强调的内容。做一个计划很容易，如何按照项目的目标去优化计划则要求项目管理者掌握更多的知识、经验和技能。比如我们经常遇到需要压缩项目工期的情况，压缩工期的方法可以有多种，比如加班、增加资源、快速跟进、更改任务日历和资源日历等，但最重要的前提是，首先要找到关键路径。那么如何找出关键路径呢？如果我们使用 Excel 做计划，那么找关键路径只能凭经验了，而当任务的数量比较多时，仅凭经验就无法找出关键路径了，尤其是关键路径可能有多条，甚至是交叉的。Project 就是一个完美的解决方案，掌握了 Project 关键路径的计算原理后，无论项目多复杂，我们都可以轻松在 Project 中找出它的关键路径，而且可以分析出它形成的原因。在 Project 中显示关键路径的方法也有很多种，本书至少要讲到常用的六种，图 1-12 就是通过分组的方式将整个计划中的关键路径和非关键路径分成两组，这样就很直观了。

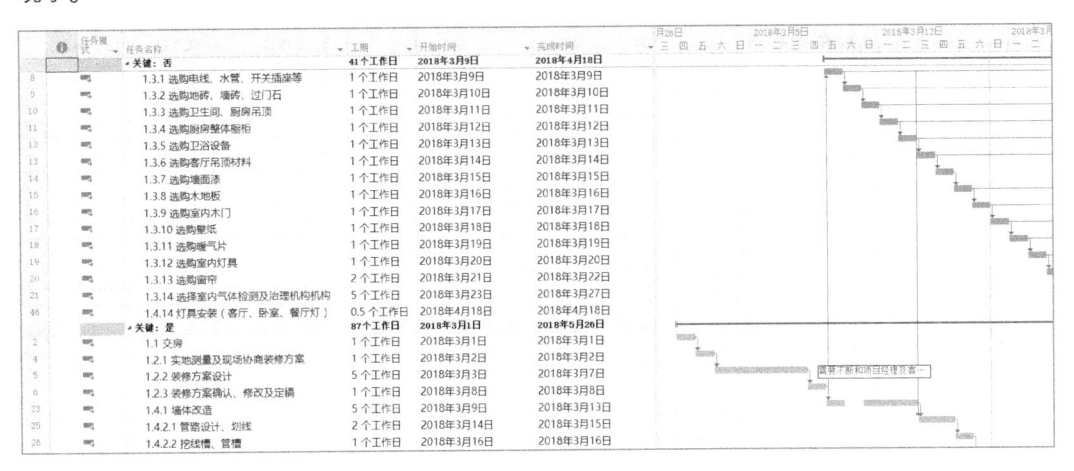

图 1-12

同时我想强调的是，在大多数的项目管理理论书籍和培训中，只会讲到关键路径的最简单形式，就是只和最长的路径（其实准确地说，应该是"最晚的路径"）比较，然而，现实中有许多更复杂的形式，比如某些关键任务节点的完成时间对关键路径的影响，本书的后续章节会详细为大家讲解。

8. 功能篇之设置基准与跟踪计划

为了让项目能够按照预期的时间和成本来完成，我们通常会设定一个目标计划或者基准计划，将其作为整个项目在执行过程中的控制依据，这在 Project 中叫作基准计划。基准是测量进度绩效和成本绩效的依据，通过对比当前计划与基准计划之间的差异，我们可以随时发现进度偏差和成本偏差，从而可以及早地进行干预、控制和改善。

当用 Excel 做进度计划时，设置基准计划以及跟踪计划非常困难，不便于随时监控进度和成本的偏差，但在 Project 中设置基准计划几乎是一键操作，特别简单，而且进度和成本实际上是一起设置的，不需要分别设置。当有了基准计划后，就可以随时监控项目是否是按照目标来推进的。如图 1-13 所示，在甘特图上可以看到，当前计划的甘特图和基准计划的甘特图都在什么位置，从而判断任务是否有延迟。也可以在工作表区域定量地查看进度差异（完成时间差异、开始时间差异、工期差异等）和成本差异。

>> **10 天精通 Project 项目管理：从菜鸟到实战高手**

图 1-13

在图 1-13 中能看到，还可以在 Project 中设置警示灯，便于我们更快地识别项目的状态，比如延迟 5 天以上的用红灯来显示，按时或提前完成的用绿灯来显示，延迟 5 天以内的任务用黄灯来显示，这样跟踪计划就更加直观、高效了。

9. 功能篇之视图

使用过 Project 的读者可能会发现，Project 中的视图非常多，但实际上，这里需要给大家解释一下，常用的视图就那么几个，其余的视图实际上是 Project 基于项目计划中的数据自动加工，以不同视图的形式展示出来的，之所以有这么多视图，是想让大家从不同的角度去查看和分析项目计划。所以，并不是每个视图都需要设置，很多视图是基于计划中的数据自动生成的，无须额外设置或编辑。

在 Project 中至少有 27 个自带的视图，如图 1-14 所示，后续章节将详细讲解 Project 中的视图。

甘特图视图	跟踪甘特图视图	资源工作表视图	任务分配状况视图	资源图表视图
日历视图	日程表视图	资源使用状况视图	任务数据编辑视图	其他视图……

图 1-14

1.4　Project 2010 / 2013 / 2016 / 2019 主流版本的主要区别

Project 单机版软件分为 Project 专业版（Professional）和 Project 标准版（Standard），绝大部分用户使用的是 Project 专业版。两者在单机版上的功能几乎没有什么区别，只是有极少数功能在 Project 标准版中是没有的，比如任务停用功能（见第 8.13.3 节）。另外，Project 标准版也无法与 Project Server 进行网络协作，由于本书不涉及与 Project Server 版本的功能，所以本书同时适用于 Project 专业版和标准版。

Project 专业版目前最流行的版本是 Project 2010、Project 2013、Project 2016、Project 2019，也有少量用户仍然在使用 Project 2007，不论哪个版本，在本质上都无实质性变化，只是软件的操作界面越来越人性化，也和 Office 其他软件的界面越来越相似。当然，每个新版本都会增加一些小的贴心功能。

目前 Project 版本的发布进度与微软 Office 软件基本同步。也就是说，当发布新一版的 Office 软件时，微软公司会同时发布该版本的 Project 软件。

表 1-1 总结了 Project 各主流版本在功能上的主要区别。

表 1-1

	Project 2010	Project 2013	Project 2016	Project 2019
【报表】菜单	没有	有	有	有
报表功能	只在【项目】菜单下有一些简单的预置报表	★ 增加了专门的【报表】菜单 ★ 增加了丰富的预置报表，可以直接调用，还可以新建自定义报表 ★ 报表的功能可以与 Excel 的报表相媲美 ★ 报表的编辑与 Excel 的操作相似，简单易用 ★ 报表还可以复制到 PPT、Excel、Word、Outlook 中继续进行编辑，与 Office 软件融合得非常好	★ 增加了专门的【报表】菜单 ★ 增加了丰富的预置报表，可以直接调用，还可以新建自定义报表 ★ 报表的功能可以与 Excel 的报表相媲美 ★ 报表的编辑与 Excel 的操作相似，简单易用 ★ 报表还可以复制到 PPT、Excel、Word、Outlook 中继续进行编辑，与 Office 软件融合得非常好	★ 增加了专门的【报表】菜单 ★ 增加了丰富的预置报表，可以直接调用，还可以新建自定义报表 ★ 报表的功能可以与 Excel 的报表相媲美 ★ 报表的编辑与 Excel 的操作相似，简单易用 ★ 报表还可以复制到 PPT、Excel、Word、Outlook 中继续进行编辑，与 Office 软件融合得非常好
查看任务路径	没有	可以让任何一个任务的所有前置任务或者后续任务都突出显示出来，而且还可以显示"驱动"前置任务	可以让任何一个任务的所有前置任务或者后续任务都突出显示出来，而且还可以显示"驱动"前置任务	可以让任何一个任务的所有前置任务或者后续任务都突出显示出来，而且还可以显示"驱动"前置任务

10 天精通 Project 项目管理：从菜鸟到实战高手

续表

	Project 2010	Project 2013	Project 2016	Project 2019
最大日期格式	2049-12-31	2149-12-31	2149-12-31	2149-12-31
*操作说明搜索	没有	没有	★ 在主菜单（任务、资源、报表、项目、视图、格式）旁增加了一个"操作说明搜索"框，比如想不起来"基线"按钮在哪里了，可以在"操作说明搜索"框中直接输入"基线"	★ 在主菜单（任务、资源、报表、项目、视图、格式）旁增加了一个"操作说明搜索"框，比如想不起来"基线"按钮在哪里了，可以在"操作说明搜索"框中直接输入"基线"
*设置前置任务	可以在【前置任务】列中输入前置任务的 ID 号	可以在【前置任务】列中输入前置任务的 ID 号	可以在【前置任务】列中输入前置任务的 ID 号	不仅可以在【前置任务】列中输入前置任务的 ID 号，还在前置任务列的单元格中增加了下拉菜单，计划中的所有任务将会以 WBS 的树状结构显示出来，可以在下拉菜单中更简单地勾选前置任务，也可以多选
*日程表	★ 只允许有一个日程表 ★ 日程表的日期范围不可更改	★ 只允许有一个日程表 ★ 日程表的日期范围不可更改	★ 在一个项目文件中允许创建多个日程表 ★ 每个日程表的日期范围都可以调整	★ 在一个项目文件中允许创建多个日程表 ★ 每个日程表的日期范围都可以调整 ★ 每个日程表都可以设置标签名称 ★ 任务的完成进度（完成百分比）可以直接显示在日程表的条形图上
*任务摘要名称字段				★ 增加了【任务摘要名称】这个新的列，通过插入这一列可以直接看到当前任务上一级任务的名称
*敏捷项目管理				★ 增加了敏捷项目管理的模块，支持 Scrum、看板或任务板，并一直在优化敏捷功能

在表 1-1 中，第一列中有些是标注*号的，比如，"设置前置任务"或"日程表"等，通过 Project 2016 零售版的自动更新功能，可以获得这些标注*号的功能，使其具有与 Project 2019 相同的功能。

以上版本最大的区别应该是报表功能在 Project 2013 及更高版本中得到了极大的改善，从此以后再也不必先把 Project 中的数据复制到 Excel 中再生成报表了，完全可以在 Project 中直接生成漂亮的报表。

所以，在此建议大家尽量使用 Project 2013 或更高的版本，因为它的报表功能的确非常好用，如果不用报表的功能的话，Project 2010 也基本能满足日常项目管理的需要。至于 Project 2016 或更高版本增加的其他小功能，日常使用频率也不高，大家不必纠结。

表 1-1 中提到的"查看任务路径"和"设置前置任务"，这些都是在 Project 2013 及更高的版本中增加的新功能，这些小功能确实给项目管理工作带来了不少便利。另外，Project 2016（自动更新后）及更高版本中增加了敏捷项目管理的部分功能，本书不涉及这部分内容。另外，表 1-1 中提到的"最大日期格式"，虽然在 Project 2013 及更高的版本中增加了 100 年，但是实际上一个计划也就是跨度几年而已，很少有跨度超过 10 年的。因此，这个功能上的变化对用户来讲，几乎没有影响和帮助。

提示　本书所讲的内容同时适用于 Project 2010 / 2013 / 2016 / 2019，如果是这些版本都有的功能，在截图时将采用 Project 2016 及 Project 2019 的界面，如果部分内容不适用于 Project 2010 或 Project 2013 版本，会有相应说明。

1.5　Project 与 Excel 的本质区别

Project 甘特图视图的左侧就是一个工作表区域，看起来非常像 Excel，同时，很多人在使用 Project 之前是使用 Excel 做项目计划的，因此会用操作 Excel 时的一些固有习惯和固有思维来使用 Project，结果就会出现很多困惑。本节将介绍这两者的本质区别，讲到这里，也就必然要讲清楚如何正确理解 Project 里面的列。

【阅读建议】：关于 Project 与 Excel 的本质，不论是对 Project 初学者还是资深用户，这部分内容对今后用好 Project 都大有裨益，想深入研究的读者请认真阅读和理解。

首先，从功能上来看，Project 和 Excel 本来就不是为了相同的目的而开发的工具，所以在功能上自然就有本质的区别。Project 是一款专业的项目管理软件，侧重于管理项目的进度、资源和成本。而 Excel 是一款专业的数据处理软件，在数据处理方面的功能非常强大。

其次，来看一下如何正确理解 Project 的列，将列理解透了，就能看出 Project 和 Excel 完全不是一回事儿。表 1-2 归纳和总结了 Project 与 Excel 的列的不同点。

表 1-2

	Project 的列	Excel 的列
1	每一列所能接收和识别的数据类型已经是预设好的、固定下来的	每一列都是空白的，用户可以任意定义其数据类型
2	大部分列的用途已经预设好了，叫作预置列；剩余只有 140 个列是自定义列	每一列都可以任意自定义它的用途
3	不可以为预置列设置公式	可以为任意一个单元格设置公式
4	140 个自定义列是可以设置公式的，但是每一列的公式只有一个，不能单独为某个单元格设置公式	可以为任意一个单元格设置公式
5	Project 中的列都是设计好的，用户不能删除任何一列，只能隐藏列	可以删除任何一列，也可以隐藏

10 天精通 Project 项目管理：从菜鸟到实战高手

- ★ Project 的列有 400 多个，但是每个列所能接收和识别的数据类型已经固定下来了，比如【名称】这一列，它是一个文本列，可以接收任何输入；但是比如【开始时间】这一列，它就是一个日期列，只能输入日期，不能输入其他类型的数据。而恰恰是这一点使得 Project 每一列的数据类型更加统一，更便于后期生成报表。这和 Excel 的区别相当大，Excel 的每个单元格、每个列可以接受的数据类型都是不固定的。
- ★ Project 有 400 多列，分成两类，预置列和自定义列，如图 1-15 所示。预置列就是说这些列的数据类型和用途已经被 Project 设置好了，不能再修改，这和 Excel 就严重不同了，Project 的大部分列都是预置列，正是因为有这么多的预置列，才使得 Project 的项目管理功能更加系统化、标准化和简单化。而自定义列则是只规定了其数据类型，比如文本、日期、数字、成本等，用户可以根据自己的需要去使用这些自定义列，Project 一共有 9 种类型，共计 140 个自定义列。

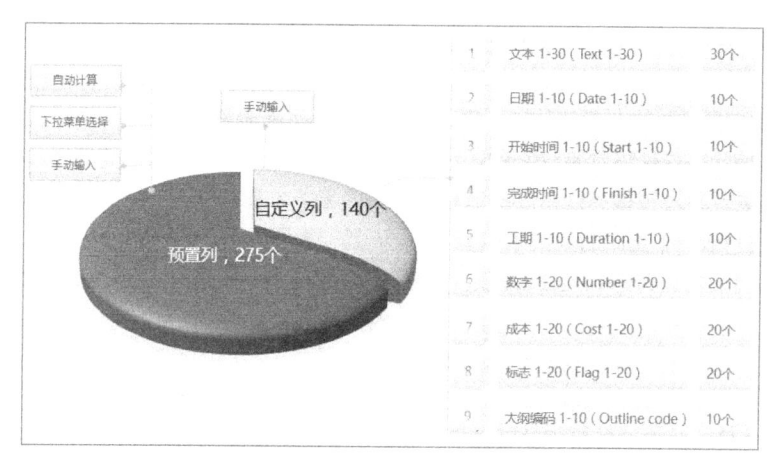

图 1-15

- ★ 使是自定义列，也只能为某一列设置一个统一的公式，不能为某个单元格设置公式，这和 Excel 也有本质的区别。

总之，我们不能拿 Project 和 Excel 进行比较，也千万不要把在 Excel 中做计划的思路带到 Project，否则会出现各种各样的问题，更关键的是，如果用 Excel 的思路来使用 Project，也就只能发挥它的一小部分功能，比如横道图，而 Project 在项目管理方面的其他更强大的功能则完全体现不出来了。

第 2 章

Project 背后的项目管理原理及基本设置

本章主要为大家讲解 Project 软件背后所蕴含的项目进度管理和成本管理的思想、原理，以及在使用前的一些基本设置。

2.1 Project 背后蕴含的项目进度管理以及成本管理思想

【阅读建议】：本章所讲的内容是首次在 Project 书籍中系统为大家讲解这些进度管理和成本管理的原理及思想，对初学者来讲可能感觉比较陌生，建议在系统地学习完本书后再返回本章细细品味。对于有一定基础的 Project 用户，建议仔细阅读和体会本章所讲的内容，希望会让你对 Project 的认识得到升华。

笔者不断强调 Project 的原理，就是为了让大家知其然并且知其所以然，并引导大家去思考这些原理与实际项目的结合。关于这些原理将抽丝剥茧地体现在后续章节对案例的深入讲解中，本章首先为大家铺垫一些预备知识，大家也可以直接路过本章，从第 3 章开始学习，最后再回顾本章的内容。

2.1.1 项目进度管理思想和原理

1. 所有任务越早开始越好

进度管理的第一原则就是今天能做的事情绝不推到第二天，拒绝拖延症，拒绝"学生综合征"，体现在进度排定过程中就是尽量让所有任务越早开始从而越早结束。这其实是一种风险管理的思维，不要把任务推到明天，因为明天还有明天的事情，而且明天可能突然出现更紧迫的任务而打乱原来的计划。

在 Project 中处处体现了这种思维，但是可能绝大多数用户并没有意识到，比如在项目信息窗口中就有"所有任务越快开始越好"的提示，如图 2-1 所示。如果所有任务都遵循这个原则，实际上做一个进度计划只需要输入一个项目的开始时间和工期就能把进度计划做出来了。而如果不遵循这个原则，直接输入任务的开始时间或者完成时间，Project 就会默认为你可能有一些难言之隐无法遵从这个原则，因此 Project 会显示这些任务有"不得早于……开始"或者"不得早于……完成"的限制条件。

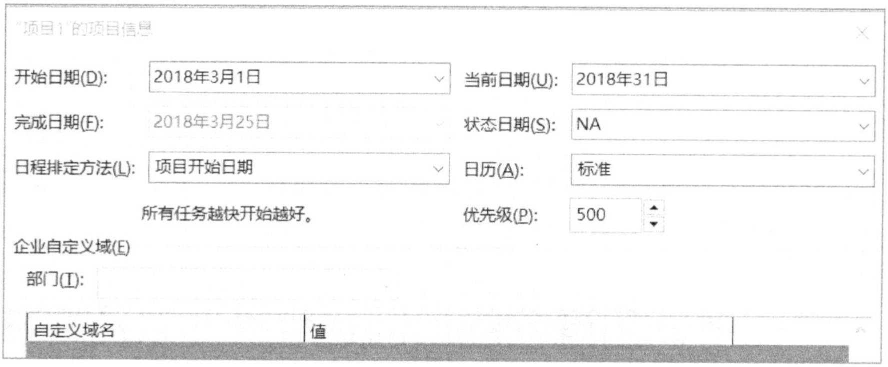

图 2-1

这个"任务越早开始越好"的原则还会影响到什么呢？就是总浮动时间和关键路径的计算。如果按照"任务越早开始越好"的原则来排计划，那么任务的总浮动时间是最大的，而一旦没有这样做，就会导致 Project 出现了限制条件，通常都会使总浮动时间缩短。

2. 基准

"凡事预则立，不预则废"，这是项目管理的基本理念，就是做什么事情首先要有个计划，有个目标，然后才有实现的可能，如果没有方向，项目一开工就稀里糊涂地直接干活，项目注定会失败。基准就是项目的目标，也是测量进度绩效和成本绩效的依据和标尺。

在 Project 中，可以轻松地一键设置进度和成本基准，有了基准后，就使跟踪和监控计划变得有的放矢。

第2章 Project 背后的项目管理原理及基本设置

3. 关键路径

在进度管理的工具与技术中，关键路径是最重要、最需要掌握的方法。

当我们需要压缩工期时，首先要去找关键路径，然后再想办法在关键路径上压缩工期。如果在非关键路径上压缩工期，则是在做无用功。影响关键路径计算的根本参数是总浮动时间，总浮动时间小于等于零的路径就是关键路径，这是比较学术的定义，如果用通俗的话说，如果某条路径延迟，必然会引起整个项目完成时间的延长或者导致关键节点完成时间的延迟，那么这条路径就被认为是关键路径。影响总浮动时间的两个重要条件是：第一，项目中最晚的路径；第二，关键节点/里程碑的完成时间要求，如果还有一个条件的话，那就是限制条件。后续章节将会详细讲解这部分内容。

Project 软件里面的关键路径功能是非常完善的，建议读者认真学习和领悟这部分内容。

4. 关键节点/里程碑的完成时间要求（期限）对关键路径的影响

在一般的项目管理书籍和培训中，往往只讲关键路径的最简单形式，就是只考虑整个项目中最长的路径（准确地说，是"最晚的路径"），而现实中还需要考虑某些关键节点及里程碑节点可能也有完成时间的强制要求，这也会影响关键路径的计算。Project 在计算关键路径或者总浮动时间时，已经将这一点考虑在内了，从这一点上讲，Project 也是众多项目管理软件中做得比较完善的。

关于如何让关键节点或里程碑的强制完成时间去影响总浮动时间及关键路径的计算，后续章节将结合案例为大家详细讲解。

5. 甘特图/横道图

甘特图也叫作横道图，已经是一个非常有历史的工具，它是 1917 年由亨利·甘特先生提出来的，因此被称为甘特图，在各行各业的项目管理中都有非常广泛的使用。Project 里面的甘特图基本上是根据任务的信息自动生成的，当然还可以进行个性化的设置让甘特图显示得更为漂亮、直观。

6. 进度计划要考虑到资源的可用性

任务都是由团队或者某个团队成员完成的，那么假如这个成员在某个时间段不可用或者安排的工作量太多，就会影响到任务的按时完成。这在 Project 中主要通过两种方式体现：第一，资源日历，可以设置这个团队成员在某个时间段完全不可用，从而提醒你不能在这个时间段安排任务；第二，资源在不同时间段能够贡献的工时数量，这个可以在【资源信息】→【资源可用性】中进行设置。

7. 任务工期受资源配置数量的影响

在一般情况下，资源越多，越有可能使工期变短，但也不绝对。在 Project 中，可通过设置任务类型（固定单位、固定工期、固定工时）来体现任务工期与（工时类）资源数量之间的关系。

但是这不意味着 Project 把任务类型默认为固定单位就是合理的,因为【固定单位】就是假设当把(工时类)资源的数量增加到 2 倍时,工期就会缩短为原来的 1/2,也就是说【固定单位】这种任务类型是假定任务,工期与配置的(工时类)资源数量呈严格的反比例关系。但是,需要特别提醒大家的是,这种严格的反比例关系在现实中几乎是不存在的,人员增加一倍工期就一定缩短一半吗?很少有这样的情况,一般的情形是,人员增加,工期非常有可能缩短,但不见得是按照反比例关系来缩短。所以,建议大家采用【固定工期】作为默认的任务类型,当工时类资源的数量调整时,我们人为地控制工期的变化。

但无论如何,Project 已经考虑到了任务工期受配置资源数量的影响,而且基于两者的关系,Project 也给用户提供了选择的机会。表 2-1 首先给读者一个初步的认识,让读者了解在不同任务类型下工期与资源数量之间的关系。

表 2-1

任务类型	把任务工期修改成原来的 2 倍	把资源单位修改成原来的 2 倍
固定单位 fixed units	资源单位不变	任务工期变成原来的 1/2
固定工时 fixed work	资源单位变成原来的 1/2	任务工期变成原来的 1/2
固定工期 fixed duration	资源单位不变	任务工期不变

8. 做计划要留有余量(风险思维)

"取法乎上,仅得乎中",这就告诫我们做事一定要留有余地,如果想让项目在年底的 12 月 31 日前完成,那么定目标时就应该把时间稍微提前一些,比如 12 月 15 日或者更早。这主要是为了应对风险,尤其是未知风险。这一点不只体现在进度管理上,还体现在成本管理上,在 Project 中不仅有成本基准,还有一个【预算成本】的功能,通常预算成本要大于成本基准(或者叫基准成本,也叫基线成本),这也体现了安排计划时要留有余地的风险思维。

2.1.2 项目成本管理思想和原理

【阅读建议】:初学者对于本节的内容可能感觉比较陌生,建议在学习完本书后再返回本节细细品味。对于有一定基础的 Project 用户,建议仔细阅读和体会本节所讲的内容,希望会让你对 Project 的认识得到升华。

1. 项目直接成本划分成三类:工时、材料、其他一次性费用

一般情况下,项目管理主要关注项目的直接成本,而不去关注那些间接或者分摊的费用,因此项目成本管理更关注项目的毛利率,而非净利率。项目的直接成本一般划分成三类:工时类成本、材料类成本、其他一次性费用。

在 Project 中,成本是通过分配到任务上的资源来实现的,而资源被看作项目直接成本的构成

要素，因此把资源划分成三个类型：工时类、材料类、成本类。这里说的成本类就是项目上所发生的一次性费用。

2. 项目成本管控要有目标或者基准

与进度管理的原理一样，项目成本管理首先要有目标成本或者基准成本，Project 在设置基准的同时就保存了进度和成本基准。通过对比实时变化的当前成本与静止的基准成本，就可以时刻监控项目成本的偏差情况，如果 Project 发现了偏差或者潜在可能的偏差，就会提醒我们及时采取一些措施控制项目的成本开支。

3. 成本估算采用自下而上的方式

在 Project 中，项目的总成本是逐级汇总各个任务而生成的，同理，母任务（摘要任务）的成本也是根据子任务逐级向上汇总而成的。图 2-2 比较清晰地展示了成本自下而上汇总的逻辑，需要说明的是，这里提到的资源成本就是，该任务所调用或者分配的工时类资源、材料类资源、成本类资源各自所产生的成本之和，固定成本将在后续章节中讲解。

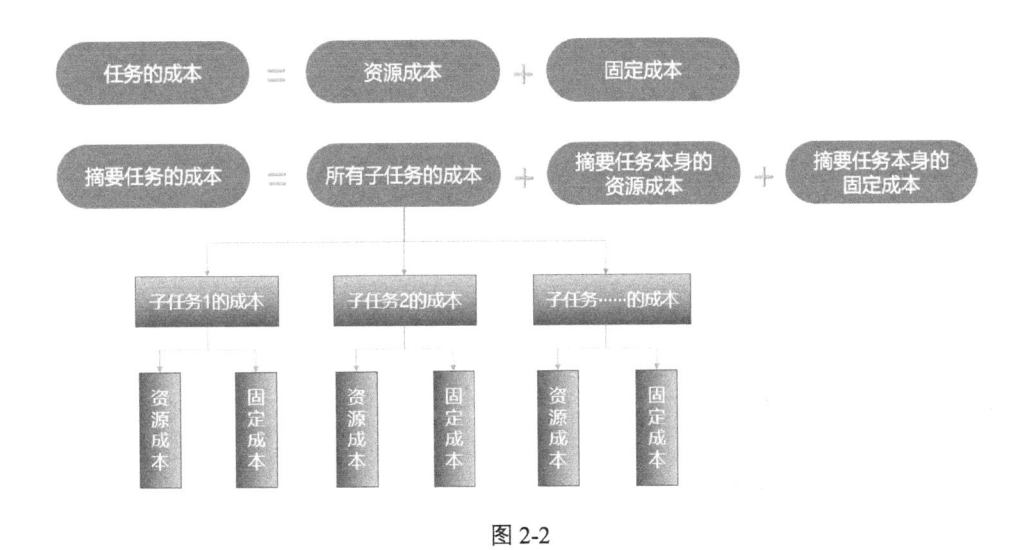

图 2-2

2.2 使用 Project 软件前的基本选项设置

单击【文件】→【选项】，就会出现如图 2-3 所示的【Project 选项】设置窗口，这个操作和 Office 其他软件的非常类似。Project 要进行的所有软件设置都在这个窗口中，当然，其实绝大部分的默认设置是可以直接用的，无须进行特别的设置。

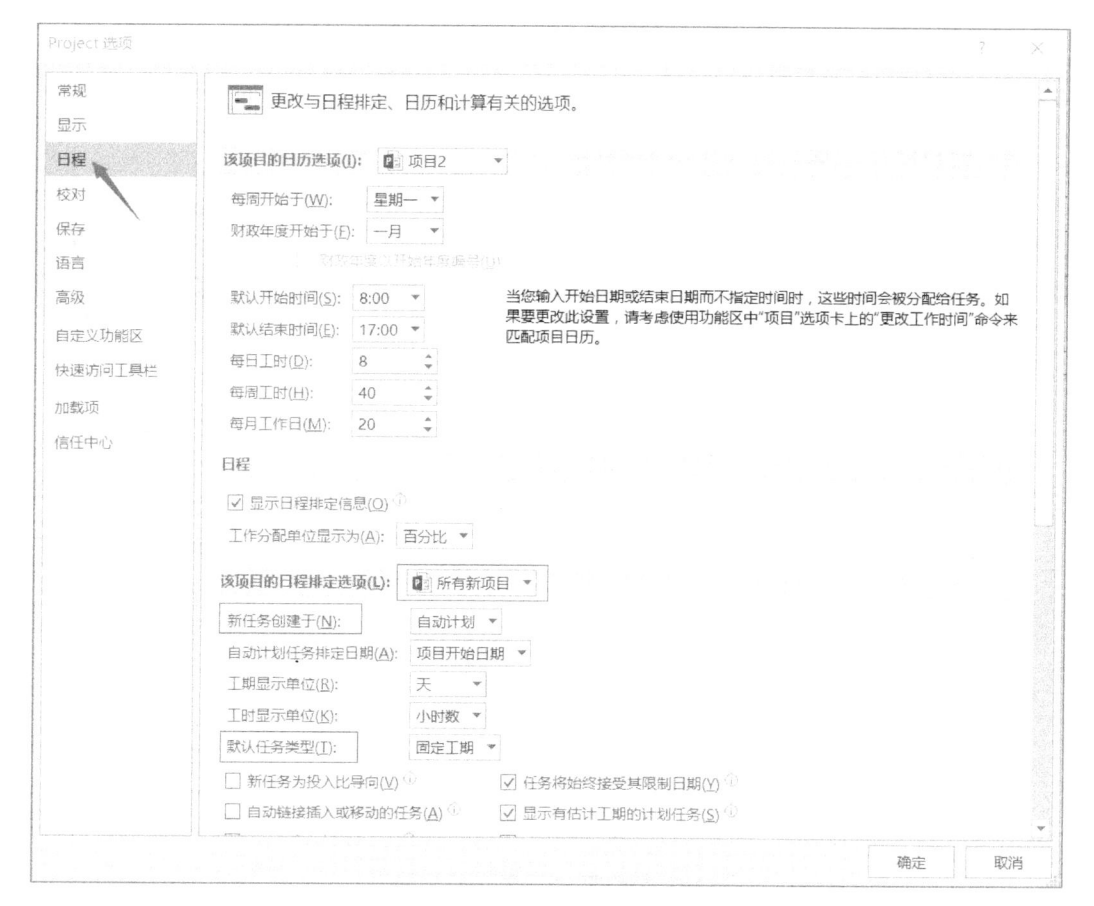

>> 10 天精通 Project 项目管理：从菜鸟到实战高手

图 2-3

但是，有两个选项是笔者建议大家更改的：一个是默认的任务模式；另一个是默认的任务类型。

2.2.1 将任务模式改为自动计划

如图 2-3 所示，在"该项目的日程排定选项"的后面，选择"所有新项目"，而不是"仅针对当前文件"。然后，把"新任务创建于"从"手动计划"改成"自动计划"，把"默认任务类型"从"固定单位"改成"固定工期"。通过这样的设置后，关闭本文件，再打开新的文件时，任务模式就默认为自动计划，任务类型就默认为固定工期了。注意，一定要再打开新项目文件才有效。

第 2 章　Project 背后的项目管理原理及基本设置

> **建议与提醒**　在选项中修改设置时，很多人觉得已经修改过了为什么还不生效呢？这里需要特别提醒大家一定要注意两点。
>
> ★ 在选项中修改设置时，一定要注意选择的是"仅针对当前文件"还是针对"所有新项目"。如果选择的是当前文件，那在选项里面做的修改只适用于当前文件，而不适用于以后再创建的 Project 文件；如果选择的是"所有新项目"，那一定要注意，这个时候所做的设置只适用于今后再新建的 Project 文件，而不适用于当前文件。
>
> ★ 如果有必要修改选项设置，请一定要在刚打开空白项目时就开始设置选项，如果已经创建了一些任务后再打开选项进行修改，很多设置对于已经创建的任务是无效的，仅对新创建的任务有效。举个例子，默认的任务模式是手动计划，如果刚开始没有修改选项设置，创建了 10 个任务后又想起来在选项里面把【任务模式】从手动计划改成自动计划，那么此时只有新任务的任务模式是自动计划，而以前的那 10 个任务的任务模式还是手动计划。那要怎么解决呢？可以在工作表区域右击，在弹出的快捷菜单中选择插入【任务模式】列，然后手动对之前的 10 个任务进行修改。

为什么要把任务模式改成自动计划而不用默认的手动计划呢？

在 Project 2007 以及更早的版本中是没有任务模式这个选项的，从 Project 2010 开始增加了这个新功能，为了让用户看到这个新功能，微软 Project 团队直接把【任务模式】这一列显示在了甘特图视图中，并且把默认的任务模式直接默认为"手动计划"。Project 2007 没有任务模式这个选项，实际上所有任务的任务模式都是"自动计划"。

那么"手动计划"到底有什么作用呢？它的本意是，我们开始做计划时可能对有些任务的了解还不够多，比如工期、时间等都无法确定，但是又想体现在计划中，等任务信息明确了以后再更新这个任务。"手动计划"就是给那些任务信息暂时还不充分的任务做个标记，可以通过筛选"手动任务"把这些任务都找出来，以便后期进行补充和更新。等任务信息明确了以后，还是需要把这些任务再改成"自动计划"模式。所以，这个操作的本意其实并不是让大家使用"手动计划"，而是可以选择使用"手动计划"为一些暂时不明确的任务做标记，这体现了项目"渐进明细"的特点。

但是，使用"手动计划"会有一些弊端。比如可能会造成摘要任务的时间和子任务不匹配而不易令人察觉，甚至在使用手动计划时，一些不当的设置会对关键路径的计算造成干扰从而使用户造成错误的结论，这在第 4.30.4 节将进行详细的讲解。

2.2.2　将任务类型改为固定工期

Project 中有三种任务类型，分别是固定单位、固定工时、固定工期。任务类型的本意是为了体现任务的工期与投入的（工时类）资源数量之间的关系，在第 5.3.1 节中将详细讲解三者的区别以及影响。

在这里,笔者建议大家首先在选型中把默认的任务类型从固定单位改为固定工期,设置方法请参照上一小节和图 2-3。

2.3 Project 选项设置的常见问题

> **建议与提醒** 本节的内容对初学者来讲可能还用不到,可以快速浏览本节在大脑中留个印象,等需要使用这些功能时再返回本节继续寻找答案。

在选项中可以对很多默认设置进行修改,通常情况下默认设置是有道理的,除了上文中提到的【任务模式】和【任务类型】。此外,还有几个关于选项设置的问题是很多 Project 用户可能会遇到的。

2.3.1 日期格式的设置

在 Project 中做进度计划就离不开日期,每个用户偏好的日期格式可能不同,有些人习惯将日期显示为 2017 年 11 月 9 日,有些人则习惯显示为 2017/11/9,那该怎么设置日期的格式呢?

在【Project 选项】→【常规】中可以看到修改日期格式的位置,如图 2-4 所示,在此就可以从下拉菜单中选择自己喜欢的日期格式。

图 2-4

2.3.2 设置工期的显示形式

在编制计划时，大家会发现 Project 中文版默认的工期显示单位是"个工作日"，有些用户想让它显示为英文的 day 该怎么办呢？在【Project 选项】→【高级】里面也可以设置，如图 2-5 所示。

图 2-5

【知识点】：Project 中的工期都是工作日，那什么是工作日呢？工作日是与日历天或者自然天对应的概念，如果是日历天，就是每一天都算进去，如果是工作日就不一定了，这与 Project 里面的日历设置有关系，在默认的"标准"日历下，星期六和星期日都不算工作日，假如在日历中把星期六也设置成工作时间，那么在计算任务时间时，也会把星期六作为工作日。这个概念将在后续章节结合实例进行深入讲解。

2.3.3 显示编辑栏

如图 2-6 所示，当我们在 Project 的工作表区域单击某个单元格时，上方就会显示一个类似 Excel 界面的"编辑栏"，对单元格进行修改或者编辑时比较方便。如果读者的 Project 软件界面没有显示这个，也没有关系，可以在【Project 选项】里进行设置。

如图 2-7 所示，可以在【Project 选项】→【显示】里可以勾选【数据编辑栏】，这样的话在编辑工作表区域的单元格时就会像图 2-6 那样显示一个编辑栏了。

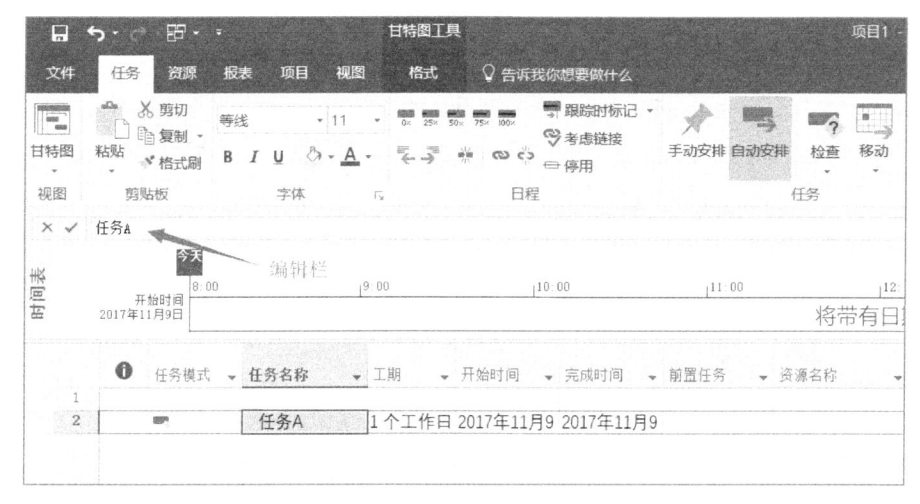

图 2-6

图 2-7

2.3.4　每周工时与每月工作日的真实含义

在编制进度计划时，会用到日历的概念，比如每星期工作 6 天等，很多不太熟悉 Project 的人可能会认为应该在【Project 选项】里面设置，如图 2-8 所示，很多人都误以为这里是设置每周工作时间的地方。其实不然，设置每周工作作息时间属于日历的设置，应该在【更改工作时间】窗口进行设置。

第 2 章 Project 背后的项目管理原理及基本设置

图 2-8

如图 2-8 所示，在【Project 选项】中的每周工时和每月工作日有什么含义呢？工期的默认单位是"工作日"，比如在【工期】列中输入 5，代表了 5 个工作日，实际上【工期】列也可以按照周或者月来输入，比如说在【工期】列的某个单元格中输入 5w、5wk 或者 5week 时，它代表多长时间呢？这就和【Project 选项】里面的每周工时有关系。即使我们设置的工作日历是 7 天工作制（星期一到星期日都上班），假如你在【工期】列中输入 5w，那么它仍然按照选项里面的设置（图 2-8）来计算，5 周= 5 周×40 工时/周=200 个工时，除非你在选项里面手动修改了默认设置，另外需要注意 Project 实际上都是按照工期换算出来的小时数计算进度的，而不是按照天数来计算。

所以，这里就给大家澄清一个绝大部分用户的理解误区，【Project 选项】里面的每周工时和每月工作日，是只有当用户在【工期】列中输入的单位带周（比如 w、wk、week、周工时）或者带月（比如 mon、month、月工时）时才有用，与工作日历没有任何关系。

提醒 当在【工期】列中输入的单位是 m 时，比如输入 "1m"，意味着 1 分钟而不是 1 个月（工时），因为 Project 会自动将工期单位中的 m 识别为分钟（minute），此时可以输入 "1mon" "1month"，或者 "1 月工时"（注意不要输入"1 月"，因为 "月" 是自然月的意思，这样 Project 在计算进度时就不能按照日历自动避开非工作时间了）。

2.3.5 将单个命令加入快速访问工具栏

如图 2-9 所示，Project 软件界面的左上角位置有快速访问工具栏，如果想把某个命令加在这里应该如何设置呢？单击【Project 选项】→【快速访问工具栏】，如图 2-10 所示，就可以把左侧的某个命令或者多个命令选中，然后单击中间的【添加（A）>>】按钮，就可以把这些命令添加到快速访问工具栏。

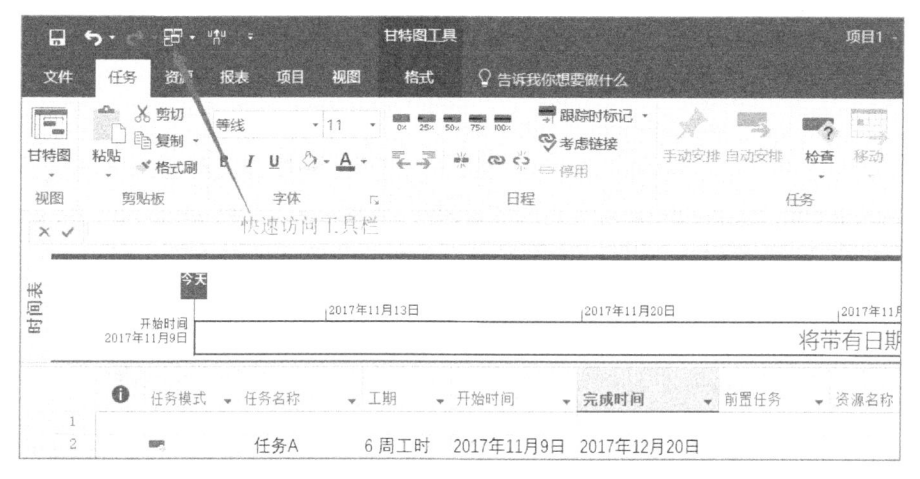

图 2-9

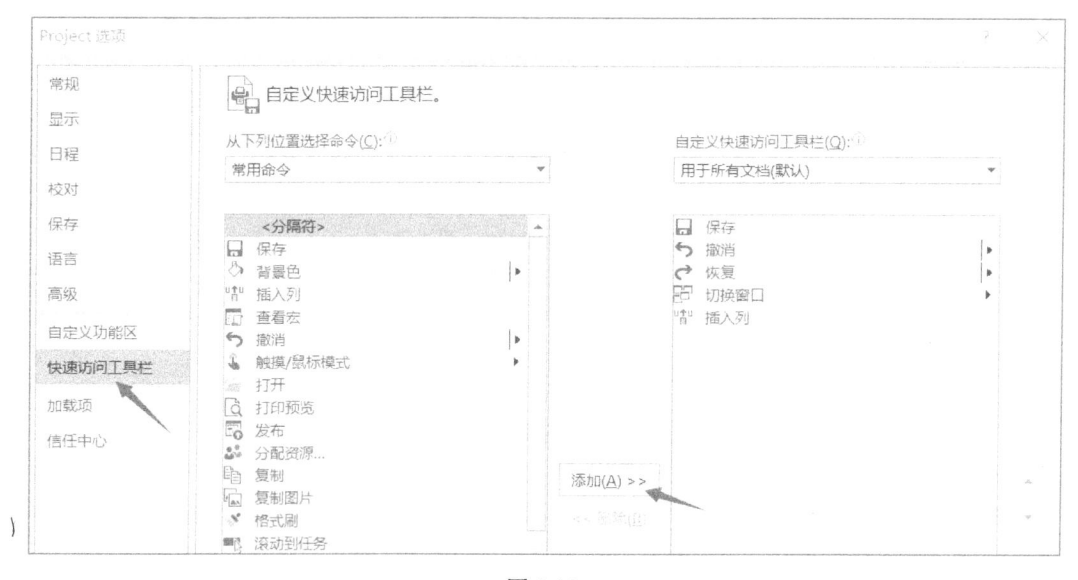

图 2-10

2.4　Project 中英文界面的切换

只要按照本书的讲解，掌握了 Project 的原理和操作技巧，使用 Project 中文版或者英文版都

第 2 章　Project 背后的项目管理原理及基本设置

会很熟练。如果当前使用的是 Project 中文版，下载安装英文语言包后就可以让软件在中英文界面之间自由切换，如果当前使用的是 Project 英文版，也可以下载中文语言包。

在本书背面（封底）的下载地址中，提供了 Project 软件中英文语言包（注意不是软件本身，而是语言包）以及安装说明，并且提供了 Project 常用列的中英文对照表。此外，大家也可以去微软的官方网站上（support.office.com）搜索"Office 语言配件包"，自行下载中英文语言包。

假如已经在 Project 中文版中安装了英文语言包，想让软件界面变成英文的，需先打开 Project 中文版软件，如图 2-11 所示，单击【文件】→【选项】→【语言】，在【选择显示语言】中单击【英语】，然后单击【设为默认值】按钮，最后单击【确定】按钮即可。此时 Project 会提示你重新启动，当再次打开后，Project 软件的界面内容就以英文显示了。

图 2-11

同理，如果想从 Project 英文版界面切换回中文版，则参照图 2-12，单击【File】→【Options】→【Language】，在【Choose Display Language】中单击【Chinese】，然后单击【Set as Default】按钮，最后单击【OK】按钮即可。

>> **10 天精通 Project 项目管理：从菜鸟到实战高手**

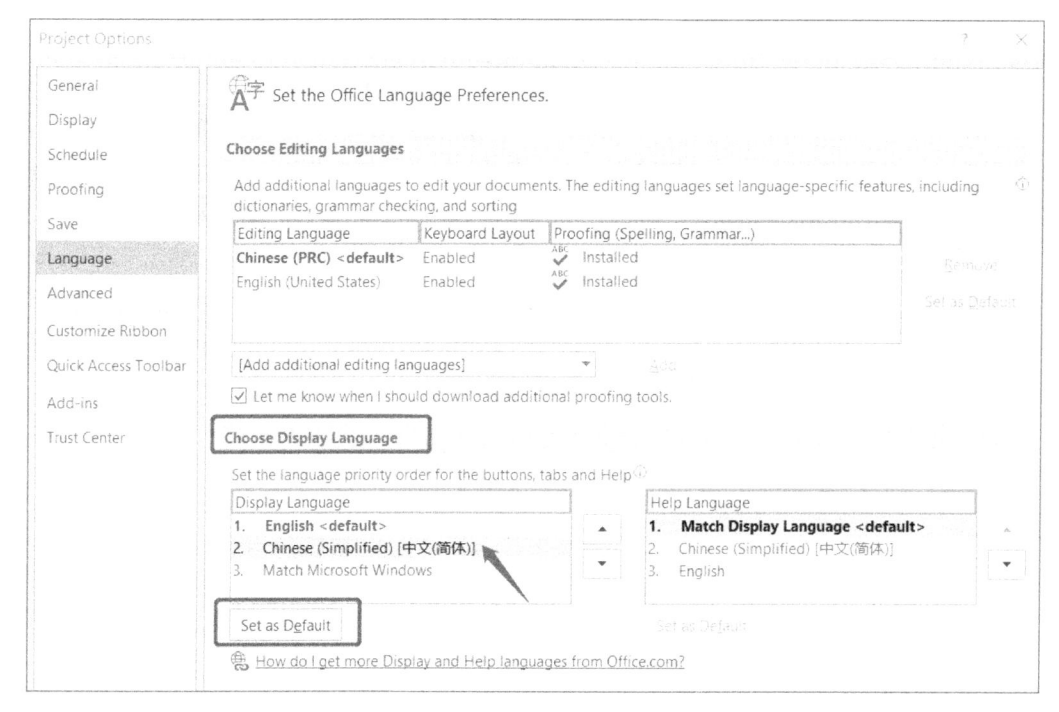

图 2-12

第 3 章 项目启动

自序中曾提到本书的讲授特点：以原理为中心，以案例为主线，以 Project 项目管理实战五部曲（制订计划、优化计划、设定基准、更新与监控、项目收尾）为辅线。本书将围绕一个案例从头贯穿到尾，让大家了解在项目不同的生命阶段应该去管理哪些问题，用 Project 又可以帮项目经理做什么。本章重点讲解案例本身，在随后的章节中希望大家带着问题去学习。

在选择案例时，本书特意选择了一个装修的案例，因为这样的案例既通俗易懂，同时又是典型的项目，不论从事哪个行业的读者都对此不陌生，凭常识就能大概理解本书介绍的内容、任务之间的逻辑关系等，这样学习起来更有代入感。同时为了模拟公司项目管理的环境，本书介绍的装修案例并不是为自己的新房装修，而是假设你是一个装修公司的项目经理，去为客户装修房子，这样设置主要是为了让读者理解在项目管理中，在调用公司内的资源时是如何产生或者计提项目成本的。但是，本书只是以这个装修案例来讲解 Project 项目管理实战的原理和方法，所以，重要的不是案例本身，而是本书一直强调的原理和方法。相信通过本书的学习，读者一定能熟练运用 Project 管理工作和学习中的真实项目。

3.1 项目概况

小王是某装修公司的一名项目经理，他有多年的项目管理经验，管理项目时有成熟的思路，并且善于使用新的工具去辅助提高项目管理的效率，深得领导信任。最近公司签订了一个新的客户,将装修一套新房,领导对小王比较放心,决定让小王担任该项目的项目经理。在对项目进行了必要的了解之后,小王开始着手准备启动和规划这个项目了。

在小王所在的公司中,基本是按照项目制来进行管理和运营的,公司有专职的项目经理,每个项目都会指派一个项目经理全程负责项目的实施和交付。项目经理为项目的最终交付结果负责,参与和支持项目的部门主要有设计部、采购部、质检部、财务部成本核算科。公司采取平台化管理,不管哪个项目,只要调用公司内部资源都是要内部计提成本的,比如项目经理需要让某个设计师为项目工作,那么设计师参与到本项目的工时是需要收费并计提到项目成本中的。

3.2 对项目和项目管理的基本认识

我们工作中、生活中的很多事情都是项目,比如为领导写一份报告、为公司组织一次聚会活动、为客户交付一个具体的合同等,这些都是项目。可以说,我们身处各种项目组合的环境中。那么项目到底是什么呢?

项目是为创造一个独特的产品、服务或者输出(结果)而进行的临时性工作。这是一个全世界所公认的关于项目的定义。由此可见,项目可以说是无处不在,小到为自己的新房装修,大到国家工程(比如三峡水电站),都算是项目。

我们知道了项目的定义,那什么是项目管理呢?美国项目管理协会(PMI)给出的定义是,项目管理是指在项目活动中运用专门的知识、技能、工具和方法,使项目能够在有限的资源限定条件下,实现设定的需求和期望的过程。简单来说,项目就是一个实现需求的过程,或者说是一个把需求转换成可交付成果的过程。那要如何去实现呢?这可能要用到一些专业的知识和技能,以及工具和方法。其实,除此之外,由于我们绝大部分的项目是依靠团队来完成的,因此,项目管理者还需要有对团队的管理能力,尤其是项目经理可能只是因某个项目而被临时授权的领导和负责人,并不是团队成员的直接领导,而是间接领导,这更需要项目经理或者项目负责人具有很强的组织协调能力和领导力。

项目管理自2000年后在中国可以说是蓬勃发展,这种理念、体系和方法从早期的理论导入,到后来的摸索实践和发展升华,目前已经在无数的组织中得到应用和普及。而项目管理要落地,还需要一些更接地气的工具和方法。前两章已经介绍到,微软开发的Project项目管理软件,正是一个非常好的、可以帮助项目经理进行专业化管理的工具。小王将在后续的项目管理工作中借助Project对他新接手的项目进行一步步的规划、实施和监控,在这个过程中,我们也将逐渐看到Project的功能与魅力。

第 3 章 项目启动

3.3 项目的范围

通俗地讲，对于一个项目，该做什么，不该做什么，这就是项目的范围。什么决定了项目的范围呢？是需求！需求是项目产生的根本原因，项目的需求范围实际上决定了项目的范围，包括可交付成果的范围、产品的范围和工作的范围等。

对于小王的新项目来说，项目的需求就是为客户装修好房子并使其满意，当然还有其他干系人的需求，比如，小王所在公司的领导还希望小王能控制住项目的预算，如果实现了这些主要需求，项目基本就是成功的。所以，在项目的启动和规划过程中，一个很重要的工作就是确定好项目的范围，而这又要从启发、识别需求并确定需求范围开始。可交付成果和工作范围都是围绕项目需求范围展开的。

该项目的起点是交房，然后是装修方案的设计及确定、包含轻工辅料在内的施工，以及客户的特定需求——装修气体检测，这些都在小王的项目范围中，其中，一些主要装修材料的采购也在小王的项目范围内，客户则只负责家具、家电的选购。图 3-1 大致展示和划定了项目的范围和边界。

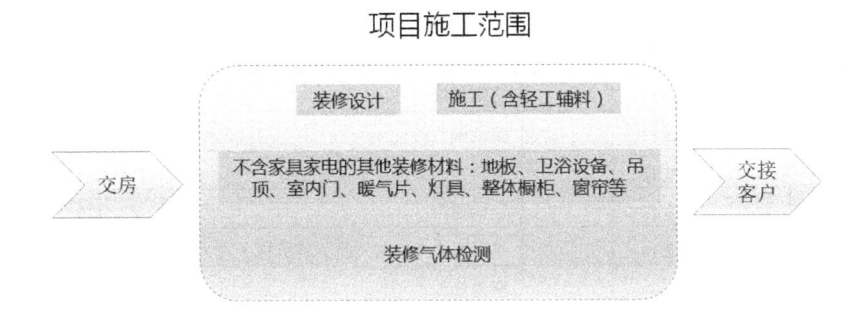

图 3-1

项目的启动和规划过程是非常重要的，项目管理的一个重要理念也是规划比执行（埋头苦干）更重要。小王的项目管理经验较为丰富，他相信，好的开始是成功的一半，因此他带领项目团队进行了全面规划。

为实现项目的需求，小王带领项目团队对工作范围进行了分解，确定了项目的工作范围和工作任务清单，如表 3-1 所示，同时根据以往管理项目的经验，小王带领团队对每个任务或者活动估算了工期。为使工作范围更加直观，小王的团队还制作了一个该项目的工作分解结构（WBS），如图 3-2 所示。

范围可能会在项目执行过程中发生变化，表 3-1 和图 3-2 展示了在项目初期确定的工作范围。

表 3-1

序号	WBS 编码（任务级别）				任务名称	预估的工期（天）
1	1				新房装修项目	
2		1.1			交房	1
3		1.2			装修设计	
4			1.2.1		实地测量及现场协商装修方案	1
5			1.2.2		装修方案设计	5
6			1.2.3		装修方案确认、修改及定稿	1
7		1.3			选材、购买	
8			1.3.1		选购电线、水管、开关插座等	1
9			1.3.2		选购地砖、墙砖、过门石	1
10			1.3.3		选购卫生间、厨房吊顶	1
11			1.3.4		选购厨房整体橱柜	1
12			1.3.5		选购卫浴设备	1
13			1.3.6		选购客厅吊顶材料	1
14			1.3.7		选购墙面漆	1
15			1.3.8		选购木地板	1
16			1.3.9		选购室内木门	1
17			1.3.10		选购壁纸	1
18			1.3.11		选购暖气片	1
19			1.3.12		选购室内灯具	1
20			1.3.13		选购窗帘	2
21			1.3.14		选择室内气体检测及治理机构	5
22		1.4			室内施工	
23			1.4.1		墙体改造	5
24			1.4.2		水电改造	
25				1.4.2.1	管路设计、画线	2
26				1.4.2.2	挖线槽、管槽	1
27				1.4.2.3	布线布管	1
28				1.4.2.4	试水打压	1
29				1.4.2.5	线槽、水管槽填补平整	1
30				1.4.2.6	防水层施工	2
31			1.4.3		贴地砖墙砖（阳台、卫生间及厨房）、过门石	3
32			1.4.4		卫生间、厨房吊顶	1
33			1.4.5		安装厨房整体橱柜	1
34			1.4.6		安装卫生间设备（坐便器、淋浴间、挂件等）	1

第 3 章　项目启动

续表

序号	WBS 编码（任务级别）			任务名称	预估的工期（天）
35		1.4.7		客厅吊顶施工	5
36		1.4.8		墙面处理及刷漆	
37			1.4.8.1	第一遍刮腻子、打磨	2
38			1.4.8.2	第二遍刮腻子、打磨	2
39			1.4.8.3	第三遍刮腻子、打磨	2
40			1.4.8.4	刷墙面漆	2
41		1.4.9		铺地板	2
42		1.4.10		安装室内木门	0.5
43		1.4.11		贴壁纸	0.5
44		1.4.12		安装开关插座	0.5
45		1.4.13		安装暖气片	1
46		1.4.14		灯具安装（客厅、卧室、餐厅灯）	0.5
47		1.4.15		安装窗帘	0.5
48		1.4.16		家具家电入场前清扫清洁	2
49	1.5			业主验收	2
50	1.6			晾晒	30
51	1.7			检测室内空气是否达标	3
52	1.8			具备入住条件	0

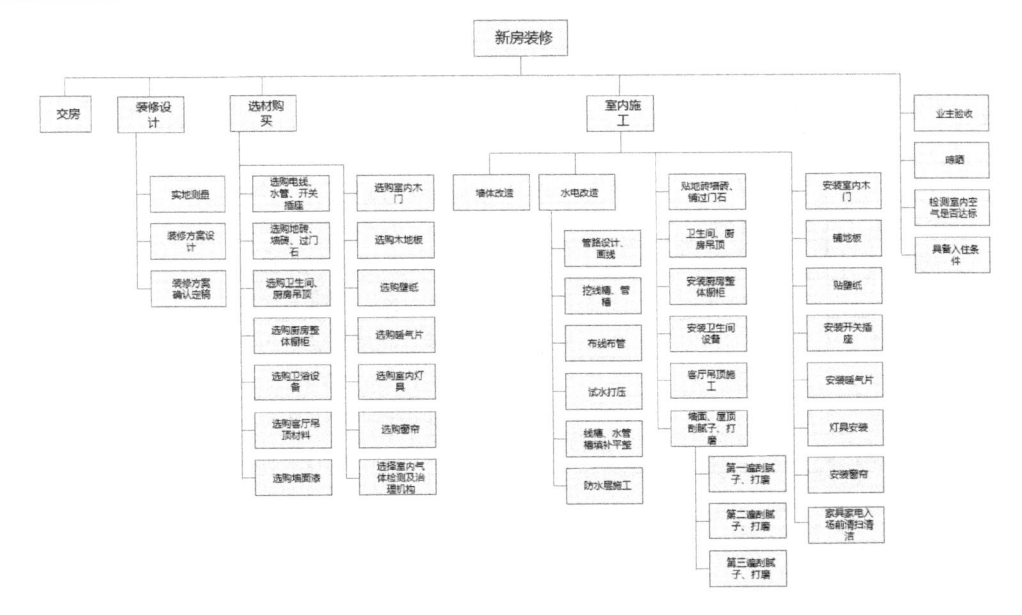

图 3-2

3.4 项目的资源及资源费率

要完成该项目,除了要调用公司内部各部门的资源,还需要大量的外部资源,比如,需要从建材市场采购辅料、建材,从人才市场雇具有各种技能的装修工人等。前文已经讲过,小王所在的公司实行较为正规的项目成本管控,只要调用公司内部的资源,都要将相应费用计提在该项目的成本中。

小王的团队经过分析,认为可能会用到如表 3-2 所示的资源。除此之外,可能还有一些其他费用,比如,打车费用等一次性项目支出。

表 3-2

序号	资源种类	资源名称	备注
1	内部资源	项目经理	根据公司的预算,该资源的标准费率如下: 2018 年的标准费率是 50 元/工时 2019 年的标准费率是 55 元/工时
2	内部资源	设计师	根据公司的预算,该资源的标准费率如下: 2018 年的标准费率是 45 元/工时 2019 年的标准费率是 50 元/工时
3	内部资源	采购员	根据公司的预算,该资源的标准费率如下: 2018 年的标准费率是 42 元/工时 2019 年的标准费率是 45 元/工时
4	外部资源	电线、水管、开关插座等	从建材市场购买,预估的费用是 1000 元
5	外部资源	地转、墙砖、过门石	从建材市场购买,预估的费用是 3000 元
6	外部资源	卫生间吊顶	从建材市场购买,预估的费用是 2000 元
7	外部资源	厨房吊顶	从建材市场购买,预估的费用是 1000 元
8	外部资源	厨房整体橱柜	从建材市场购买,预估的费用是 6000 元
9	外部资源	卫浴设备	从建材市场购买,预估的费用是 5000 元
10	外部资源	客厅吊顶材料	从建材市场购买,预估的费用是 2000 元
11	外部资源	墙面漆	从建材市场购买,预估的费用是 1000 元
12	外部资源	室内木门	从建材市场购买,预估的费用是 5000 元
13	外部资源	木地板	从建材市场购买,预估的费用是 10000 元
14	外部资源	壁纸	从建材市场购买,预估的费用是 800 元
15	外部资源	暖气片	从建材市场购买,预估的费用是 1000 元
16	外部资源	室内灯具	从建材市场购买,预估的费用是 3000 元
17	外部资源	窗帘	从建材市场购买,预估的费用是 5000 元
18	外部资源	砌墙费,含泥沙砖等材料	从建材市场购买,预估的费用是 2500 元

续表

序号	资源种类	资源名称	备注
19	外部资源	水电改造费	从外部雇用装修工人或者委外施工，预估费用为 5000 元
20	外部资源	客厅吊顶施工费	从外部雇用装修工人或者委外施工，预估费用为 2000 元
21	外部资源	贴砖工时费	从外部雇用装修工人或者委外施工，按面积结算，60 元/平方米
22	外部资源	刮腻子工时费	从外部雇用装修工人或者委外施工，按面积结算，30 元/平方米
23	外部资源	铺地板工时费	从外部雇用装修工人或者委外施工，按面积结算，40 元/平方米
24	外部资源	家政服务费	从外部雇用家政服务人员
25	外部资源	气体检测费	从外部聘请专业气体检测治理机构，预估费用为 5000 元
26	外部资源	安装灯具费	从外部雇用人员，预估费用为 400 元

3.5 项目的假设与成功要素

每个项目在立项时都有一些假设和前提，在项目启动后要持续地管理这些假设与前提，因为这些条件可能会发生变化，从而带来风险。

1．项目开始日期

在小王的项目中，预计业主的交房时间大概在 2018 年 3 月 1 日，也就是说，项目工作范围的起始时间是 2018 年 3 月 1 日。注意，可能该项目的启动时间要早于这个日期，但是本案例讲解时将以工作范围中最早的任务"交房"作为项目的开始时间。

2．项目工作日历

考虑到装修行业的特点，在该项目中，我们采用"全年无休"的工作日历，也就是说，在该项目的整个期间，没有周末，也没有节假日，每一天都是工作时间。

3．项目里程碑节点要求

根据客户的要求和最终协商结果，该项目有两个主要的时间节点必须保证：第一，在装修施工完毕后有个业主验收的环节，这个节点要求不晚于 2018 年 4 月 20 日；第二，具备入住条件，也就是整个项目的完工时间不晚于 2018 年 5 月 31 日。

4．项目的成本预算

该项目在公司内部的成本预算是 10 万元，所以小王的目标之一就是控制项目的总成本不超过 10 万元。

3.6 关于本案例学习的建议

本书的目的是借助一个真实的案例来讲解用 Project 管理项目的原理、思路和技能，在编写时首先考虑能否借助该案例把 Project 的原理和知识点融合进去，这是案例的最大目的，至于案例中的时间、任务的工期或者依赖关系是否合理，大家不必为此纠结。大家也可以将案例中的时间改成其他时间，比如将项目开始日期改为 2019 年的某一天。

为什么选择装修的案例呢？首先，它是一个典型的项目，其次，装修的案例和我们的实际生活很贴近，即使没有装修经验，凭常识也可以参与项目，大家对这样的案例不会感到很陌生，更有代入感。另外，为了让大家学会 Project 中的资源和成本相关知识，本书将案例模拟成一个装修公司的项目，而不是给自己的新房装修，主要是为了体现调用公司内部资源时计提项目成本。

第 4 章

制订项目计划

前面讲过，做项目管理时，规划比埋头苦干更重要。了解了案例以后，接下来要做的就是制订一个初始的进度和成本计划，这是规划过程中的一部分。本书把制订初始计划分成两章来讲解，第 4 章讲解如何制订一个初始的进度计划，第 5 章讲解如何在进度计划的基础上制订资源和成本计划。当然，制订的初始计划未必能符合项目的预期，可能还需要优化计划，这将是第 6 章的内容。

4.1 设置项目信息及原理解释

在 Project 中开始一个新的计划，第一步是设置项目的基本信息，比如整个项目的开始时间、项目选用的日历等。很多 Project 用户一上来就开始创建具体的任务，这是不对的。

注意 新建一个 Project 文档时，请大家双击 Project 软件的图标，打开一个空白的 Project 文件，而不要在计算机桌面上或者计算机的某个文件夹内，通过右击打开快捷菜单，选择"新建 Microsoft Project 文档"命令建立新项目文件，至于其原因，将在第 4.30.2 节详细讲解。

打开【项目】选项卡，单击【项目信息】按钮，就会出现如图 4-1 所示的窗口，需要设置的内容非常简单，主要有两个：设置整个项目的开始日期，设置整个项目采用的日历。

【开始日期】：在第 3 章已介绍了，本项目的开始时间以"交房"时间作为起点，也就是 2018 年 3 月 1 日，我们直接在图 4-1 所示的窗口中输入开始日期为 2018 年 3 月 1 日。一旦设置了【开始日期】后，在【任务模式】都是"自动计划"的情况下（在第 2 章中已经建议把默认的任务模式都改成"自动计划"），所有任务（在没有前置任务的条件下）的默认开始时间就会是项目开始日期——2018 年 3 月 1 日，当然还可以把任务的默认开始时间从默认的【项目开始日期】修改成【当前日期】。

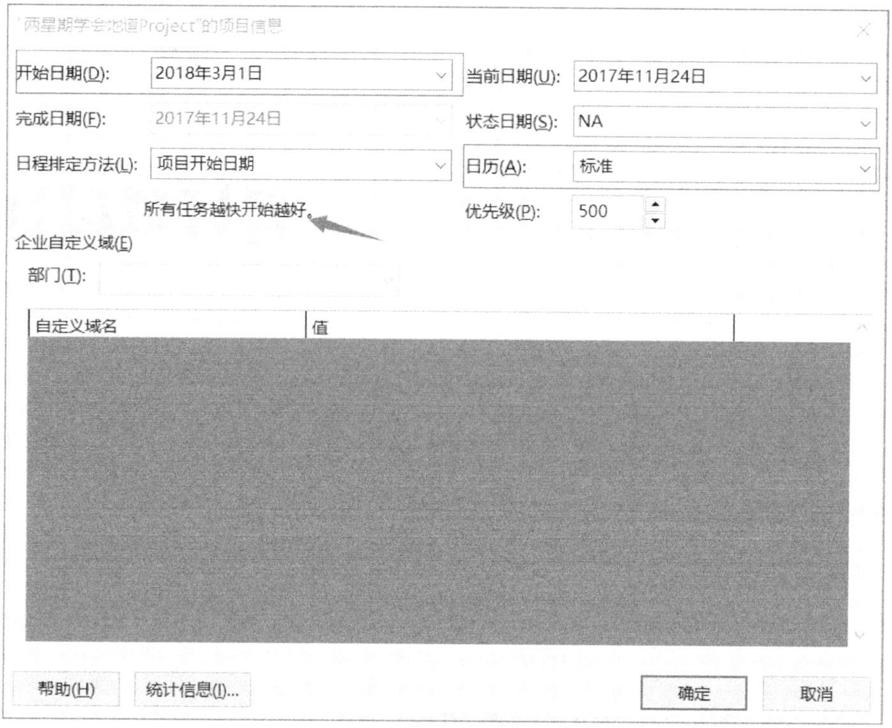

图 4-1

【日历】：在案例介绍中提到了本项目将采用"全年无休"的日历，但是 Project 默认的日历只有 3 个：标准、夜班、24 小时。所谓标准日历，就是 5 天 8 小时，周一到周五上班，每天上班时间为 8:00—12:00、13:00—17:00。所以，Project 中并没有我们想要的"全年无休"日历，这就需要我们自己创建一个"全年无休"的日历，相关内容在第 4.2 节会讲到。

关于项目日历，一旦在如图 4-1 所示的窗口中设置了整个项目的通用日历后，所有任务的默认日历就是项目日历，当然还可以为某些任务设置其特定的任务日历，这些在第 4.8 节都会讲到。

【优先级】：后面讲到资源调配时会讲解优先级的作用，默认所有任务的优先级都是 500，实际上如果将所有任务的优先级都设置成 400 或者 600，效果是一样的。关于【优先级】的使用，会在第 6.2.6.4 节讲解资源调配时讲到。

【日程排定方法】：在图 4-1 中的【日程排定方法】里面有两个选项，项目开始日期、项目完

第 4 章 制订项目计划

成日期,对应的是我们平时所说的正排计划和倒排计划。如果选择"项目开始日期",就是正排计划,需要选择【开始日期】,排出计划后能看到项目将在什么时间结束。如果选择"项目完成日期",那就是倒排计划,需要选择【完成日期】,然后往前推算项目应该在什么时间启动或开始。注意,在本书中,将以正排计划来展开讲解,也建议大家都使用正排计划的排定方式,因为这真正遵循了"所有任务越早开始越好"的原则。

【当前日期】就是打开该文件时的日期,【状态日期】是指更新项目计划时使用的数据代表哪一天的状态,这两个日期暂时都不需要输入。

在项目信息窗口中有一句话非常重要——"所有任务越快开始越好",但是绝大部分用户并不明白它的意思而直接忽略了。其实它的本意是"所有任务越早开始越好",在第 2.1.1 节中已经提及了这个进度管理的基本原理。项目进度管理的第一原则就是今天能做的事情就今天做,绝不推迟到第二天,拒绝拖延症。这本质上是一种风险意识和思维的体现,只要现在有条件开展这个工作就一定不要安排在第二天,因为你不知道第二天会发生什么其他事情而打乱原有的计划,所以我们在做项目的进度管理时,首先要建立一种"现在就做,绝不拖延"的意识和习惯。关于这个原则,我们在后面还将反复提及,比如在排定进度计划时为什么不需要输入任务的开始时间和完成时间,而是输入任务的工期(这在第 4.6 节会讲到)。

Project 是一个系统的项目管理软件,它的很多操作其实是有背后的原理支撑的,与一般的办公软件差异很大。Project 步步为营,前期的很多操作将直接影响项目后期的其他操作,所以,这也是笔者强调一定要按照正确的思路和套路去使用 Project 管理项目的原因,如果不了解这些原理,你将犯很多错误而不自知,也必然会导致更多的困惑。

> **建议和提醒** 在 Project 中,创建一个新项目计划的第一步是设置项目信息,主要是设置项目的开始日期和项目日历,但是很多 Project 用户没有意识到这个问题,也不知道设置项目信息会有什么用处。为了让大家形成良好的思路和习惯,笔者建议大家按照图 4-2 的提示,在【Project 选项】→【高级】中勾选【创建新项目时提示项目信息】,这样当今后打开一个 Project 空白文件时,就会自动弹出项目信息窗口,可以强迫大家逐渐养成首先设置项目信息的好习惯。

※ 小结与要点回顾

1. 在做一个新项目计划时,第一步的操作是设置项目信息,而不是创建任务!

2. 设置项目信息时,最初只需要设置两个内容:第一是项目的【开始日期】,第二是项目的【日历】。如果日历列表中没有需要的日历形式,请进入下一节学习如何设置日历。

3. 请读者尽量选择使用正排计划,也就是【日程排定方法】默认的"项目开始日期"。

4. 尝试理解什么是"所有任务越快开始越好",也可以先带着这个问题继续本书的学习。

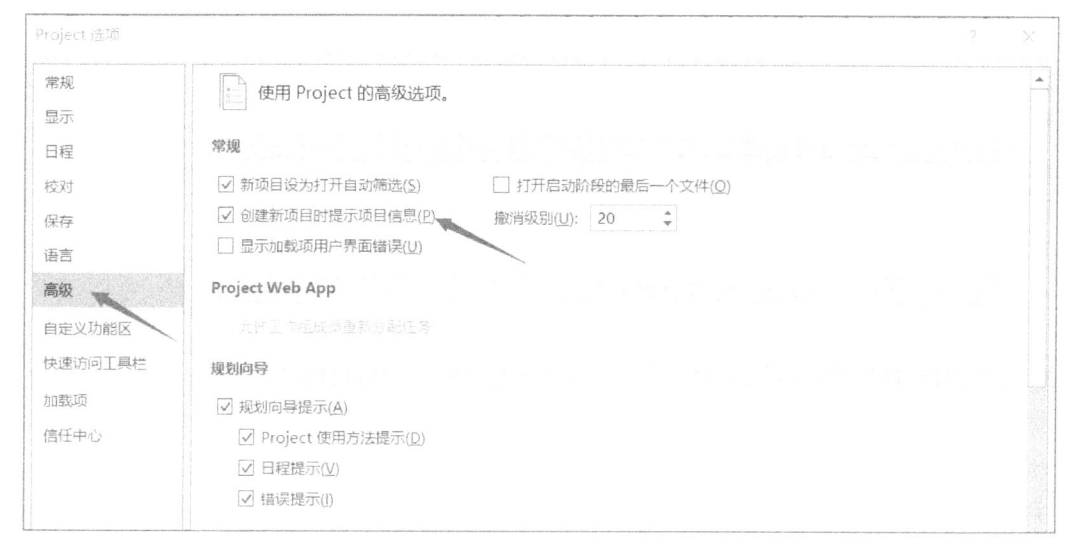

图 4-2

4.2 设置日历

Project 日历功能之强大，可能只有在你了解之后才能感受到。工作中能用到的各种复杂的日历在 Project 中都可以进行设置，这样在排定进度计划时，Project 就会根据日历的设置自动计算所有的工作时间而跳过所有的非工作时间，再也不用掰着手指头或是拿着日历本去排计划了，工作效率将大大提升。同时，虽然所有的任务日历在默认情况下就是项目日历，但是也可以为特定任务设置特定的日历，就是说在一个项目计划中，不同的任务由于是由不同部门、不同负责人完成的，可能会选择不同的日历，这在 Project 中是完全可以做到的。

在本书中我们选择了 3 种不同的日历形式来讲解日历的设置，这 3 种日历是最典型的、最有代表性的，同时，读者通过设置这 3 种类型日历就能学会设置日历能用到的所有技能，这样就可以做到举一反三了。如图 4-3 所示，这 3 种日历类型分别是：

★ 在"标准"日历的基础上设置特定的假日和调休。
★ 6 天工作制、7 天工作制、全年 365 天无休日历，这 3 种日历形式在本质上是类似的。
★ 大小周交替日历，即一周单休一周双休的日历。

4.2.1 在"标准"日历的基础上设置特定的假日和调休

"标准"日历是 Project 自带的一个默认日历，意思是每周的星期一到星期五工作，每天的工作时间是 8:00—12:00、13:00—17:00。然而这是一个非常理想的日历，对于很多公司和组织来讲，这简直是一个"奢侈"的工作日历，更何况每个国家都有一些法定假日，像我们国家除了法定假日外还有调休，所以，在现实中直接使用"标准"日历的情形可能比较少。最常用的可能就是在标准日历的基础上设置国家的法定假日和调休。

❶ January 1 在"标准"日历基础上设置特定的假日和调休

❷ April 9 6天工作制 7天工作制 全年365天无休日历

❸ October 23 大小周交替（一周单休一周双休）

图 4-3

表 4-1 罗列了 2018 年的法定假日和调休时间，可能会和国家的正式放假安排略有不同，但是没关系，我们的目的是学会如何在 Project 中创建一个日历，从而体现放假和调休时间。大家在学习时也可以按照 2018 年实际的放假时间进行练习或将表 4-1 换成 2019 年、2020 年等其他年份的放假计划。

表 4-1

2018 年假期	放假时间	调休时间
元旦	2018 年 1 月 1 日 （2017 年 12 月 30 日和 31 日是周末，与元旦一起连休 3 天）	假定无调休
春节	2018 年 2 月 15 日 — 2018 年 2 月 21 日	假定无调休
清明节	2018 年 4 月 5 日 — 2018 年 4 月 7 日 （2018 年 4 月 5 日是清明节、星期四）	2018 年 4 月 8 日（星期日）上班
劳动节	2018 年 4 月 29 日 — 2018 年 5 月 1 日 （2018 年 4 月 29 日是星期日，与 4 月 30 日和劳动节一起连休 3 天）	2018 年 4 月 28 日（星期六）上班
端午节	2018 年 6 月 16 日 — 2018 年 6 月 18 日 （2018 年 6 月 16 日和 6 月 17 日是周末，与端午节一起连休 3 天）	假定无调休
中秋节	2018 年 9 月 22 日 — 2018 年 9 月 24 日 （2018 年 9 月 22 日和 9 月 23 日是周末，与中秋节一起连休 3 天）	假定无调休
国庆节	2018 年 10 月 1 日 — 2018 年 10 月 7 日	2018 年 9 月 29 日（星期六）和 9 月 30 日（星期日）上班

10 天精通 Project 项目管理：从菜鸟到实战高手

在 Project 软件的【项目】选项卡中单击【更改工作时间】按钮，就会弹出【更改工作时间】窗口，如图 4-4 所示。

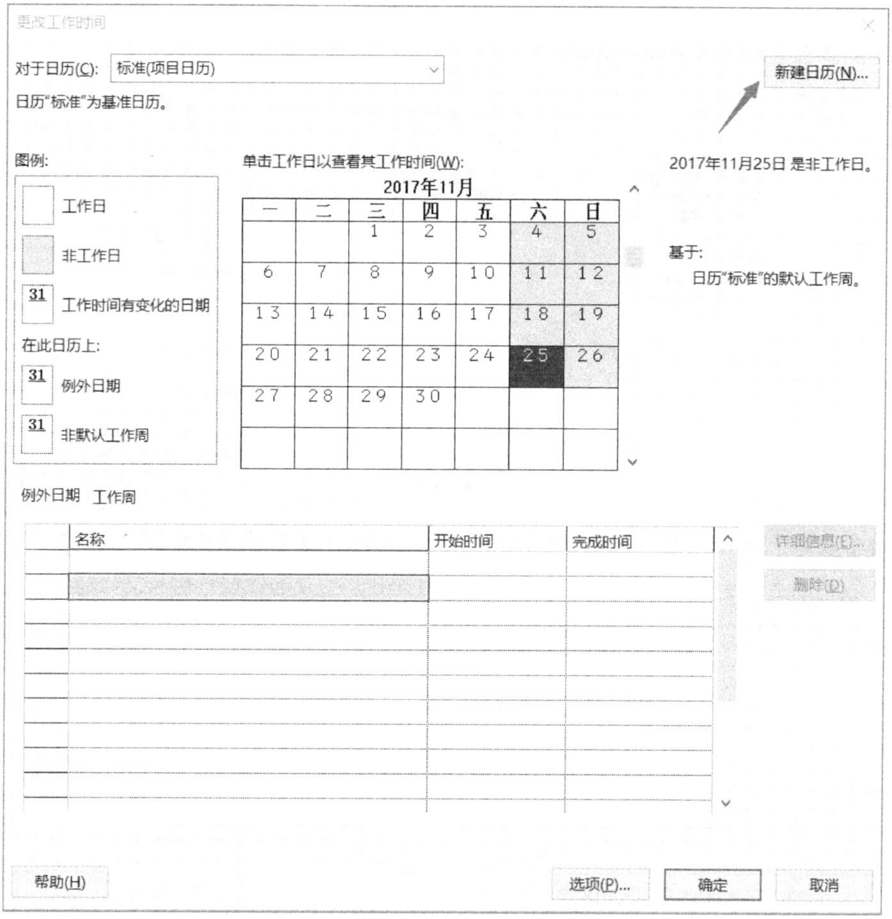

图 4-4

在【更改工作时间】窗口中，既可以直接在标准日历上设置假期和调休，也可以单独建立一个新的日历。这里笔者打算教大家新建一个日历，单击图 4-4 右上角的【新建日历】按钮，就会弹出【新建基准日历】窗口，下面有两个选项：一个是"新建基准日历"，另一个是"复制 标准 日历"。在当前这步操作中，选择其中任何一个都可以，选择"新建基准日历"的意思就是以标准日历为基础进行设置，选择"复制 标准 日历"也是在标准日历的基础上开始设置。当然还可以在下拉菜单中选择以"夜班"或者"24 小时日历"为基础进行设置。在此窗口中，我们给新的日历取个名字，比如"标准+假期"，在名称处直接输入即可。重新命名后，单击【确定】按钮就会回到【更改工作时间】窗口，如图 4-5 所示，但相对于图 4-4 而言，已经有了变化，在该窗口左上角的【对于日历】处，已经从刚才的"标准（项目日历）"变成了"标准+假期"。

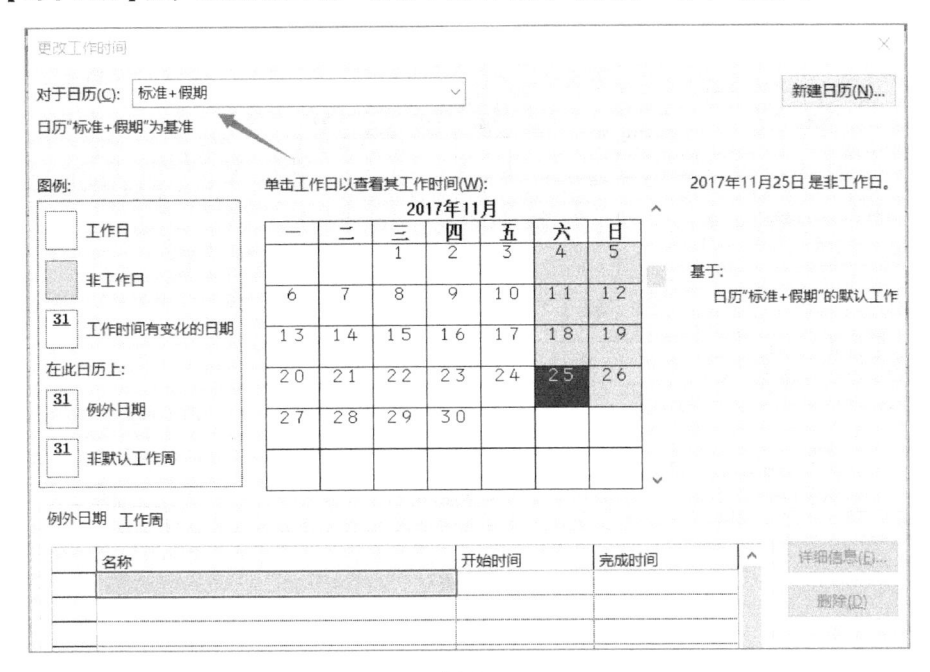

图 4-5

接下来需要设置假期了，第一个假期是 2018 年元旦。在图 4-5 所示的窗口左下方有两个选项：【例外日期】和【工作周】。如图 4-6 所示，单击【例外日期】，在下方表格的【名称】中输入"2018 年元旦"。在【名称】中输入什么内容并不重要，只要自己或者自己的团队能看明白就可以，然后在【开始时间】和【完成时间】中输入该假期的起止日期即可。根据表 4-1，元旦放假的开始时间是 2017 年 12 月 30 日，完成时间是 2018 年 1 月 1 日，如图 4-6 所示。

注意 由于 2017 年 12 月 30 日和 12 月 31 日本来就是周末（不上班），所以，这里的开始日期直接设为 2018 年 1 月 1 日也是可以的。

按照同样的方法，我们在【例外日期】下一行中输入【名称】为"2018 年春节"，然后根据表 4-1 设置春节放假的【开始时间】是 2018 年 2 月 15 日，【完成时间】是 2018 年 2 月 21 日，如图 4-6 所示。

讲到这里，如果你认为设置假期原来就这么简单，那就有些想当然了。下一个假期是清明节，因为有调休，所以设置方法就不同了。如图 4-7 所示，我们在第 3 行输入【名称】为"2018 年清明节"，输入【开始时间】为 2018 年 4 月 5 日，【完成时间】为 2018 年 4 月 7 日。

45

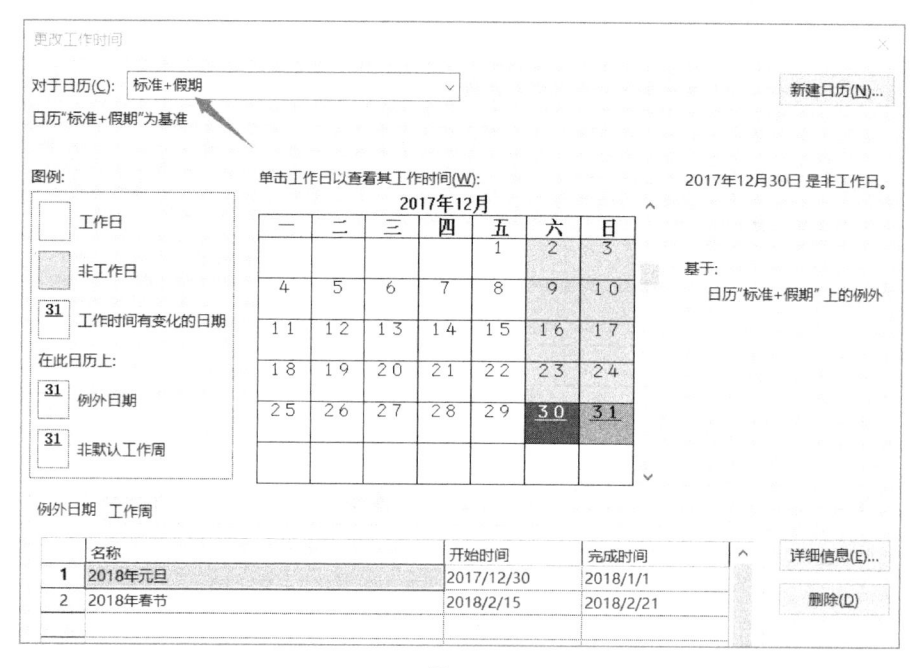

>> **10 天精通 Project 项目管理：从菜鸟到实战高手**

图 4-6

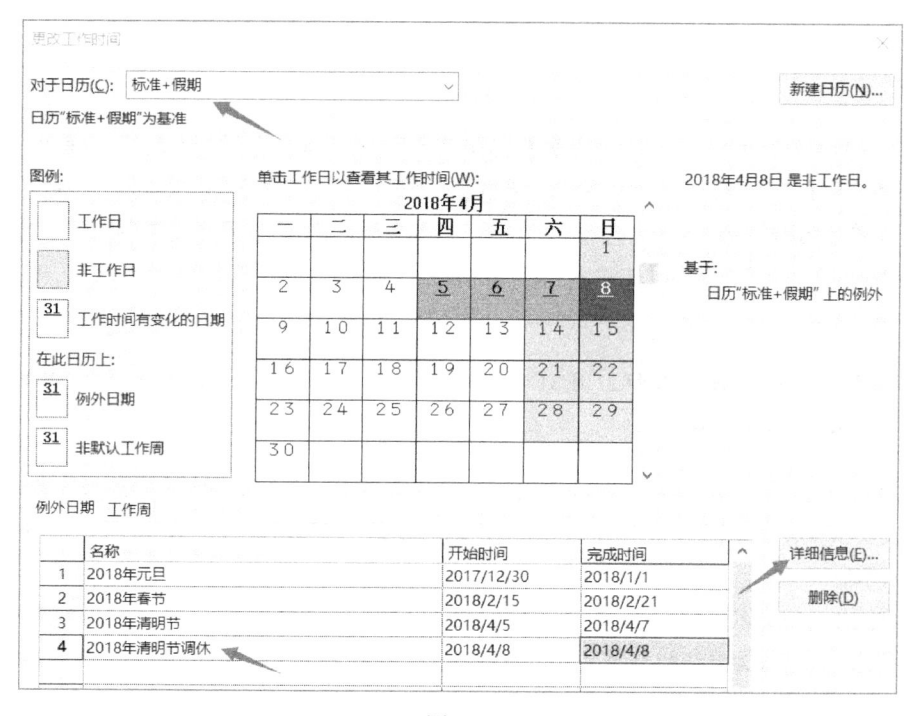

图 4-7

第 4 章　制订项目计划

这还不够，我们再在第 4 行中输入【名称】为"2018 年清明节调休"，【开始时间】为 2018 年 4 月 8 日，【完成时间】也是 2018 年 4 月 8 日，然后注意，单击第 4 行"2018 年清明节调休"，再单击右侧的【详细信息】按钮，就会弹出如图 4-8 所示的窗口。

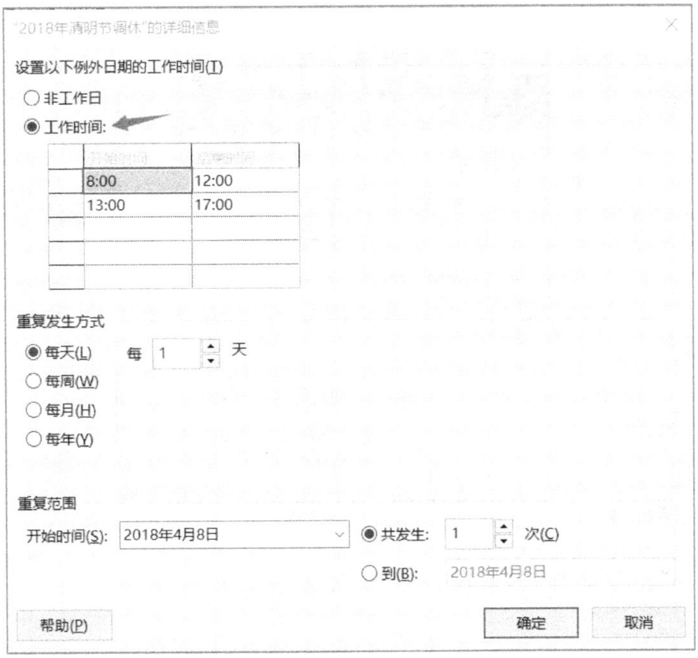

图 4-8

在图 4-8 所示的窗口中，我们需要进行一个操作，在左上方勾选【工作时间】单选项，然后下方表格中会自动显示默认的工作时间：8:00—12:00、13:00—17:00。此时单击【确定】按钮就可以了，这样 2018 年清明节放假和调休才算设置完毕。

注意，对于图 4-8 所示的工作时间，有些用户可能会想：如果是我们公司调休，工作时间可能不是早 8 点至晚 5 点，是不是需要输入早上 9 点上班呢？其实，只要我们的任务进度控制还是以"天"为单位而不是精确到几点几分的话，这里不用过于计较，可以直接使用默认的工作时间：8:00—12:00、13:00—17:00。如果不使用默认的工作时间，项目计划中可能会出现工期中包含小数点或者任务的时间不对劲的情况。相关内容在第 4.30.3 节会单独讲解。

那在刚才的操作中为什么单独设置一下调休呢？因为在【例外日期】中输入一个时间段后，Project 是算作"非工作时间"的，如果是把原来的非工作时间（比如周末）变成工作时间，还需要单击右侧的【详细信息】按钮进行上述操作。

按照同样的方法，我们可以根据表 4-1 设置 2018 年其他假期和调休，如图 4-9 所示。设置完毕后，一定不要忘了单击【更改工作时间】窗口右下角的【确定】按钮！

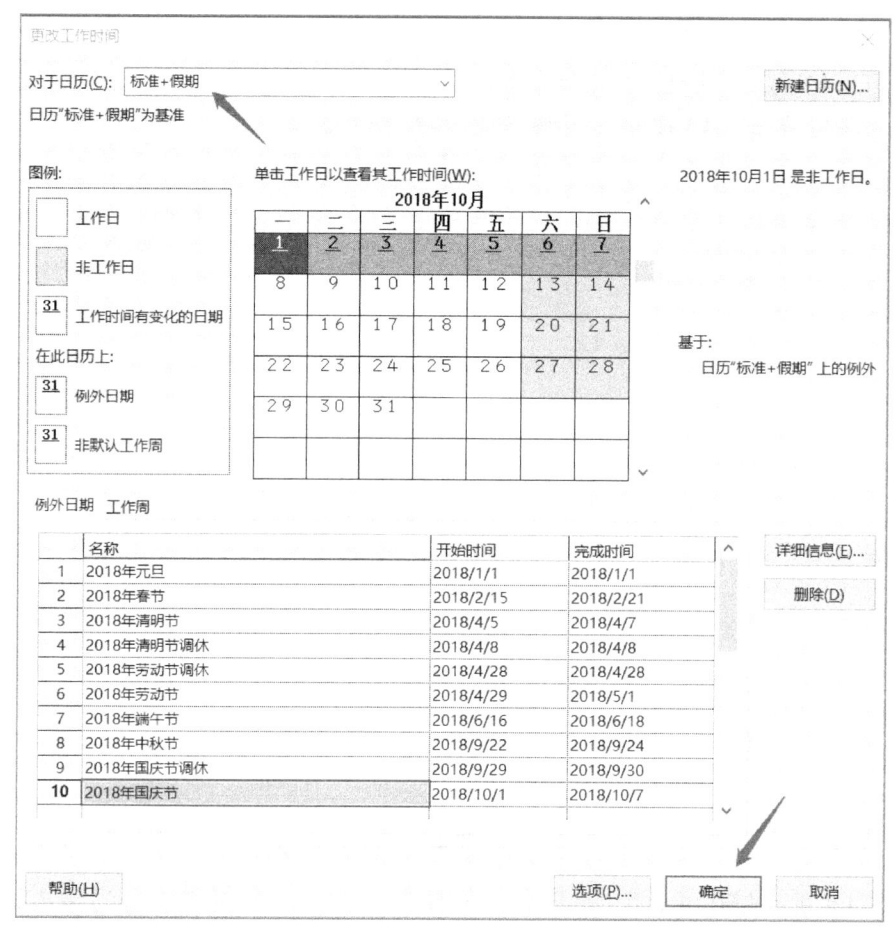

>> **10 天精通 Project 项目管理：从菜鸟到实战高手**

图 4-9

※ 小结与要点回顾

1．有关日历的设置都在【更改工作时间】窗口中。

2．设置某天放假或者调休，是在【更改工作时间】窗口中的【例外日期】中进行操作，而不是在【工作周】中。

3．如果要把某些日期设置成"非工作时间"，那么直接在【例外日期】中输入开始时间和完成时间即可。哪怕这个日期原来就是非工作时间（比如周末），在【例外日期】中重复设置也没有关系。

4．如果是把某些日期从原来的"非工作时间"变成"工作时间"，除了在【例外日期】中输入时间段，还需要单击右侧的【详细信息】，勾选【工作时间】，如图 4-10 所示。注意尽量不要去改默认的工作时间（8:00—12:00、13:00—17:00），改是可以的，只是可能会造成工期有小数点或者任务时间不对的情况。

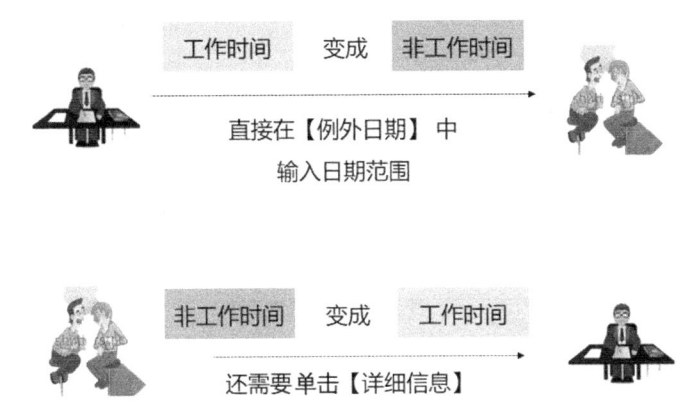

图 4-10

5．参见第 4 条，把原来的"非工作时间"（比如周末）变成"工作时间"时，比如国庆节的调休，很多用户在操作时不知道或者忘记在详细信息窗口中勾选【工作时间】，这是一个常见的问题，请读者们多加留意！

4.2.2 6 天工作制、7 天工作制、全年 365 天无休日历

4.2.2.1 6 天工作制日历的设置

基于公司特点或者行业特点等原因，某些公司或者公司的某些部门会采用每周工作 6 天甚至 7 天的日历，只保证国家法定假日的正常放假。更有甚者，还会出现全年无休的日历，就是连国家法定假日都需要上班的。在 Project 中设置这些日历也很简单，下面先来创建一个 6 天工作制的日历，同时假设尽管平时的星期六需要上班，但是碰到国家法定假日时还是需要放假和调休的。

打开【更改工作时间】窗口，单击该窗口右上角的【新建日历】，会弹出一个新的窗口，如图 4-11 所示。这个小窗口中有两个选项：一个是【新建基准日历】，实际就是在标准日历的基础上进行设置；另一个是【复制 标准 日历】，这个选项允许在现有的任何一个日历的基础上进行修改。其实，此时选择哪个选项都可以，只不过由于前面讲的，要创建的这个 6 天工作制日历需要按照国家规定去放假和调休，因此从第二个选项的日历列表中选择【标准+假期】日历（在第 4.2.1 节中刚刚创建的）更为明智，因为这样就不用再去设置国家法定假日和调休了，而如果选择第一个选项【新建基准日历】，或者选择在"标准"日历的基础上去设置，则需要重新把表 4-1 中的假期和调休再从头设置一遍。

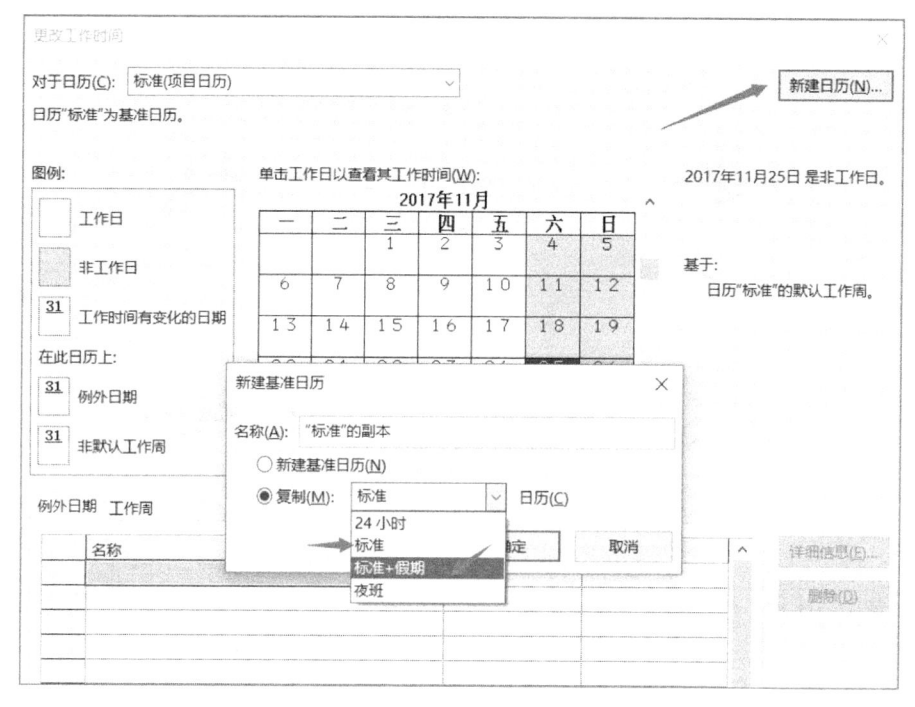

图 4-11

在图 4-11 所示的【新建基准日历】小窗口中，选择第二个选项【复制 标准+假期 日历】后，对【名称】进行重命名，比如"6 天工作制"，然后单击【确定】按钮，就进入如图 4-12 所示的窗口了。这时就会发现窗口左上角的【对于日历】那里已经切换到了"6 天工作制"，而且在该窗口下方的【例外日期】中，就会看到在"标准+假期"日历中创建好的假期和调休。

在如图 4-12 所示的窗口中，单击【例外日期】右侧的【工作周】，然后选中第一行的【默认】，再单击右侧的【详细信息】，就会出现第二个小窗口，如图 4-13 所示。在左侧单击【星期六】，然后在右侧选择第三个选项【对所列日期设置以下特定工作时间】，这时下面的工作时间是空白的，需要手动输入。就像前面讲的设置法定假日的调休一样，如果我们基本上还是以"天"为单位控制任务或项目进度，那么即使星期六的工作时间略有差异，也不用去计较，可以直接按照默认的工作时间输入，即 8:00—12:00、13:00—17:00，如图 4-13 所示，分两行输入即可。单击详细信息小窗口中的【确定】按钮后，再单击【更改工作时间】窗口下方的【确定】按钮，6 天工作制日历就创建好了。

注意 如果星期六上班时间少一个小时，即 9:00—12:00、13:00—17:00，那可不可以这样在 Project 中输入呢？当然是可以的，只不过当每天的工作时间或者工作小时数不统一时，会导致任务工期出现小数点或者任务时间和预想的不一样，所以笔者一直建议，如果仍是按照"天"来控制任务进度，就

第 4 章 制订项目计划

不必非要体现星期六少工作那 1 个小时的差异了，可以按照 Project 默认的工作时间（8:00—12:00、13:00—17:00）输入。

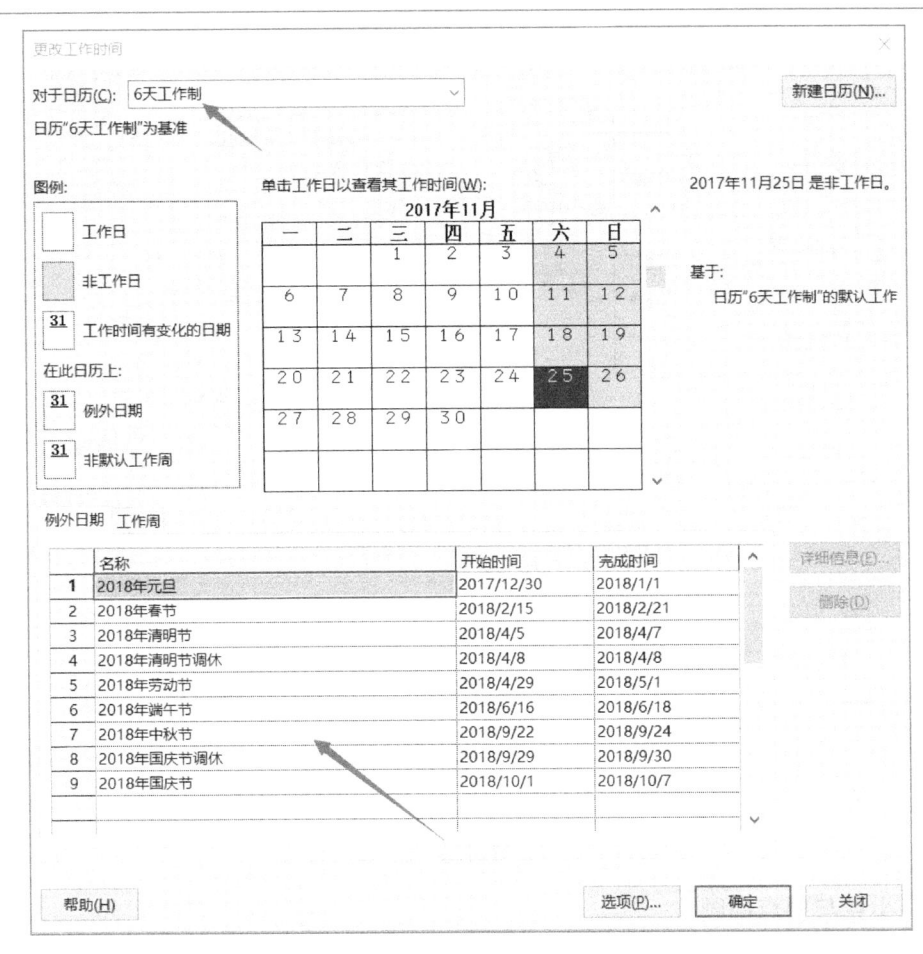

图 4-12

另外，即使按照默认工作时间输入，也一定要分两行输入，8:00—12:00、13:00—17:00，而不要直接在一行中输入开始时间 8:00、完成时间 17:00。为什么呢？因为如果在一行中输入，Project 就会认为这一天从 8:00 到 17:00 都是工作时间，相当于这一天有 9 个工作小时，而不像星期一到星期五那样每天 8 个小时了！这样也会造成任务工期出现小数点或者时间不对，这在第 4.30.3 节会详细讲解。

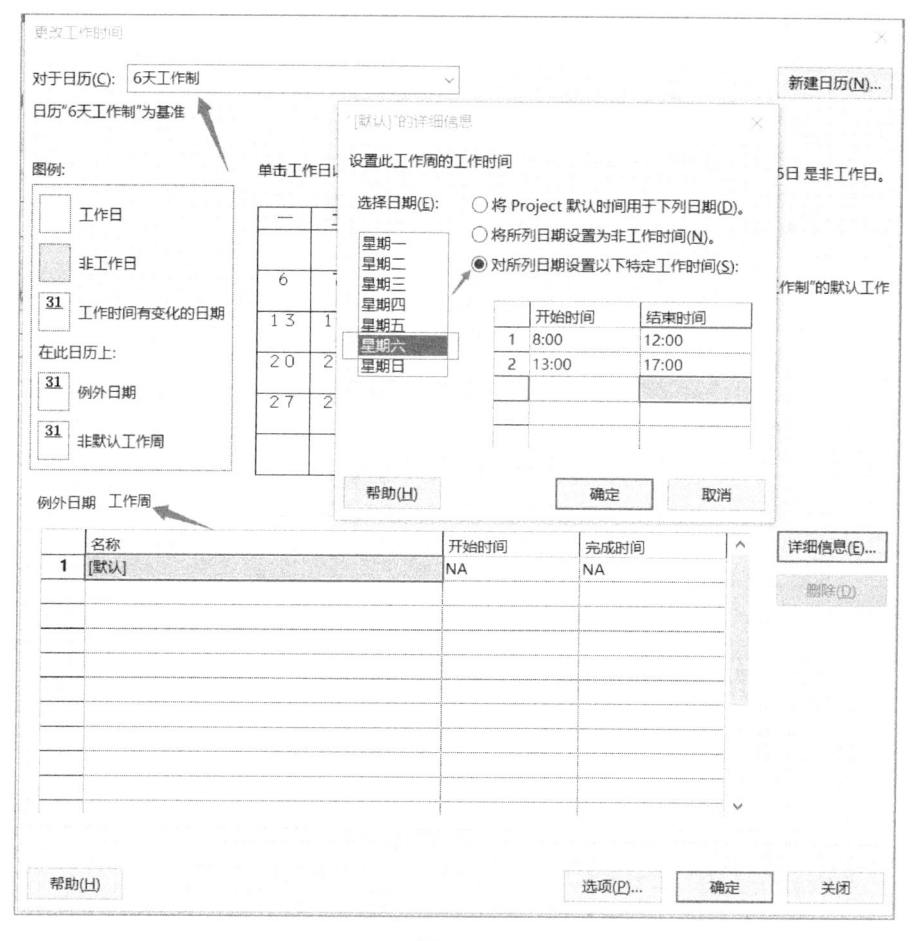

图 4-13

※ 小结与要点回顾

1．如果要创建 6 天工作制的日历，既可以选择在"基准日历"的基础上设置，也可以选择在任何一个已存在的日历的基础上进行设置。如果选择后者，那么原来日历中做的一些设置将自动复制到新日历中，比如原来在【例外日期】中设置的假期调休等。

2．如果把所有的星期六都设置成工作时间，那需要用到【更改工作时间】窗口中的【工作周】。

3．设置星期六的工作时间时，尽量将默认的 8:00—12:00、13:00—17:00 分开输入，千万不要直接输入 8:00—17:00。

4.2.2.2　7 天工作制日历的设置

与前面设置 6 天工作制日历的方法几乎一样，首先单击【更改工作时间】窗口中的【新建日历】，在弹出的【新建基准日历】窗口中有两个选项（可参见图 4-11），可以选择第一个选项在"基准日历"的基础上进行设置，也可以选择第二个选项，从已有的日历列表中选择一个日历，在此基础上进行设置，选择哪一个都可以。如果在 7 天工作制下，碰到国家法定假日时仍然按照国家规定正常放假和调休，那么可以选择第二个选项中的【标准+假期】日历或者【6 天工作制】日历，然后对【名称】进行重命名，比如"7 天工作制"，单击【确定】按钮。

进入新的【更改工作时间】窗口，如图 4-14 所示，左上角的【对于日历】已经切换到了"7 天工作制"。然后单击【工作周】下面的第一行【默认】，再单击右侧的【详细信息】，出现小窗口后，可以按住 Ctrl 键同时选中"星期六"和"星期日"，然后在右侧选择第三个选项【对所列日期设置以下特定工作时间】，分两行输入 8:00—12:00、13:00—17:00，单击小窗口的【确定】按钮后，再单击【更改工作时间】窗口右下方的【确定】按钮，这样 7 天工作制日历就设置好了。

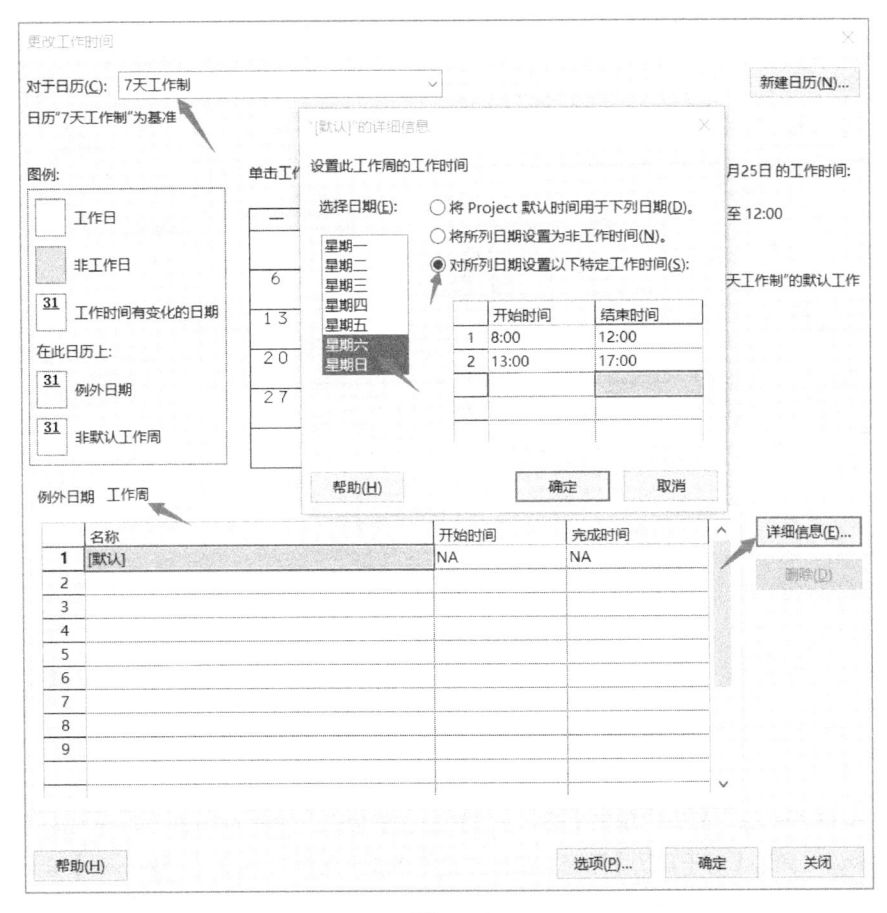

图 4-14

※ 小结与要点回顾

1．创建 7 天工作制日历的方法与上一节讲的创建 6 天工作制日历的基本一样。

2．需要提醒的是，在【详细信息】窗口中，可以按住 Ctrl 键，使用鼠标同时选中"星期六"和"星期日"，这算是个小技巧。

4.2.2.3 全年 365 天无休日历的设置

设置全年 360 天无休日历的方法与前面设置 6 天工作制日历和 7 天工作制日历几乎一样，但仍有需要注意的地方，既然是全年 365 天无休，那么就不需要那些国家法定假日和调休了。图 4-15 展示了【更改工作时间】窗口，单击【新建日历】，这时可以选择第一个选项【新建基准日历】，或者选择第二个选项，在"标准"（不带假期调休的）日历的基础上进行设置，然后对【名称】进行重命名，比如"全年 365 天无休"，然后单击【确定】按钮。

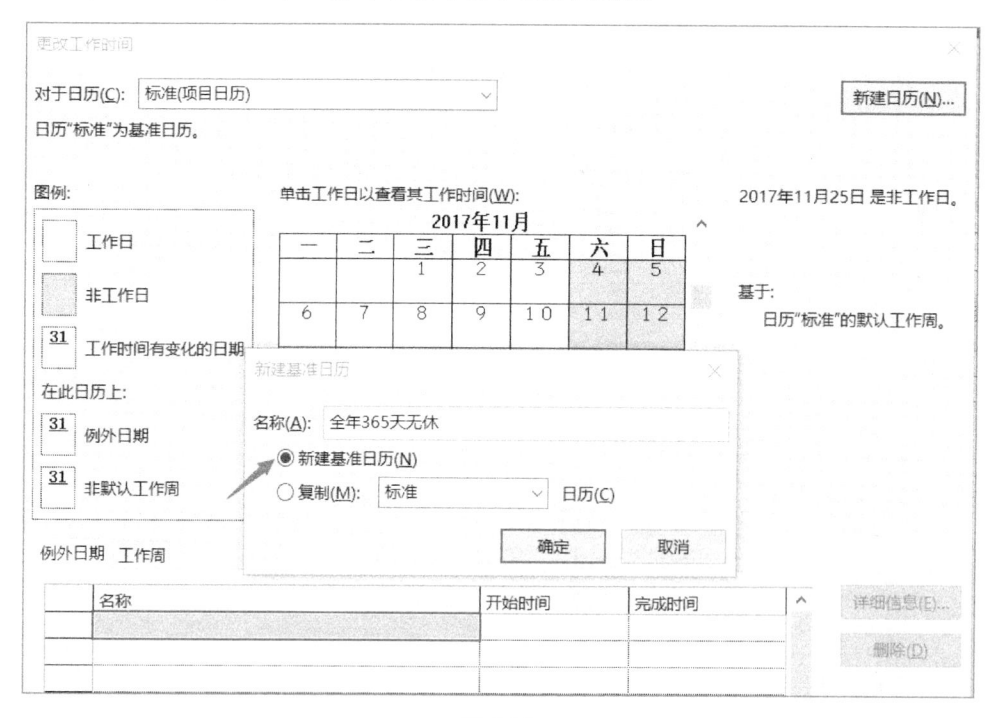

图 4-15

在图 4-15 所示的小窗口中单击【确定】按钮后，就会进入如图 4-16 所示的【更改工作时间】窗口。这时左上角的【对于日历】已经切换成"全年 365 天无休"，另外【例外日期】里面是空的，因为我们是在一个标准日历的基础上进行设置的。单击【工作周】下面的第一行【默认】，再单击其右侧的【详细信息】，按住 Ctrl 键同时选中星期六和星期日，然后选择右侧第三个选项【对所列

第 4 章　制订项目计划

日期设置以下特定工作时间】，分两行输入默认的工作时间 8:00—12:00、13:00—17:00，单击小窗口的【确定】按钮，再单击【更改工作时间】大窗口下方的【确定】按钮后，全年 365 天无休日历就创建好了。

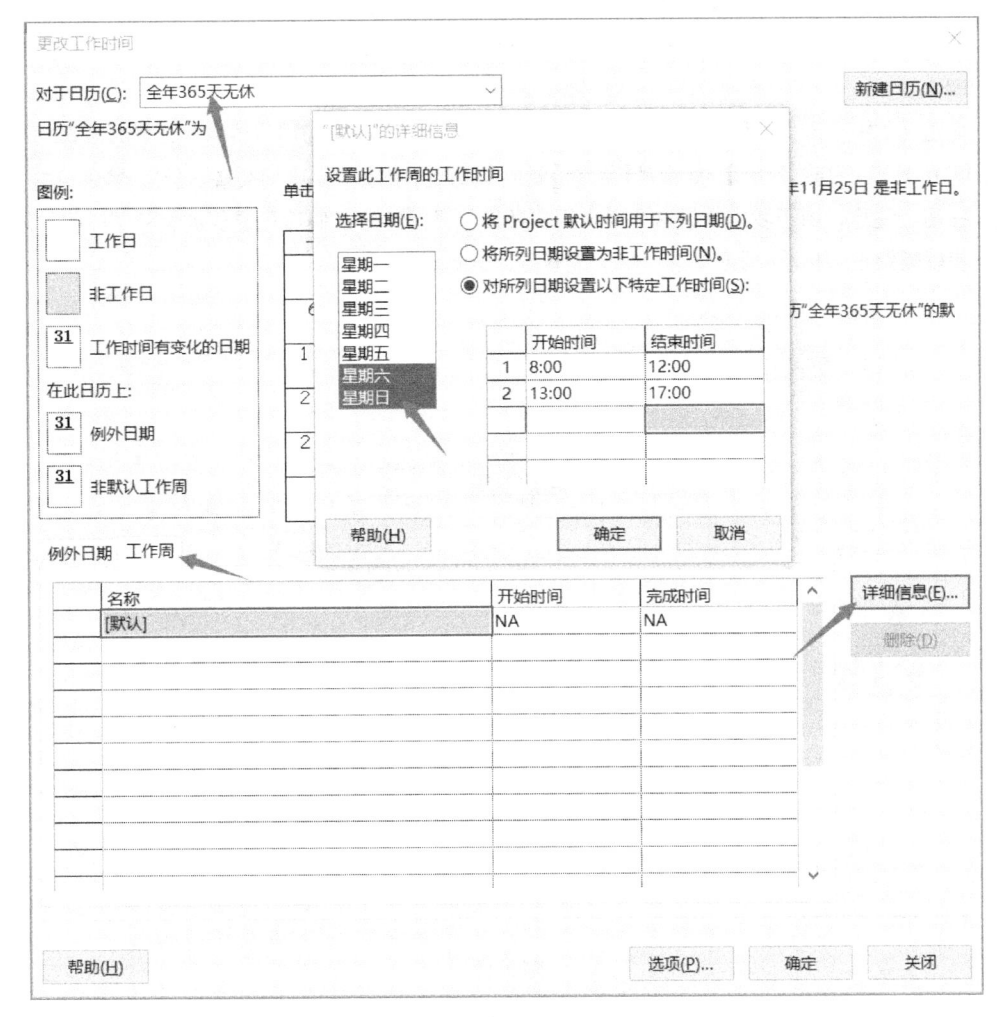

图 4-16

※ 小结与要点回顾

1．创建全年 365 天无休日历的方法与创建 6 天工作制、7 天工作制日历的基本一样。

2．需要注意的是，既然是全年无休日历，那么就不需要那些假期和调休了，新建日历需要选择在一个"标准"日历的基础上进行设置。

4.2.3 大小周（一周单休一周双休）交替日历的设置

相对于前面两节讲的日历形式而言，大小周交替日历没有那么常见，但是有些公司的作息日历的确是这样的，另外，之所以单独把这种日历拿出来讲解，也是为了让大家学会设置一些比较复杂的日历形式。首先还是假设这个大小周交替的日历碰到国家法定假日时按照国家规定进行放假和调休。

如图 4-17 所示，在【更改工作时间】窗口中，单击【新建日历】，在小窗口中选择第二个选项【复制 标准+假期 日历】，接着对【名称】进行重命名，比如"大小周交替日历"，然后单击【确定】按钮。注意，由于我们假设这个大小周交替日历逢国家法定假日还是要放假和调休的，所以这一步就需要在"标准+假期"这个日历的基础上进行设置了。

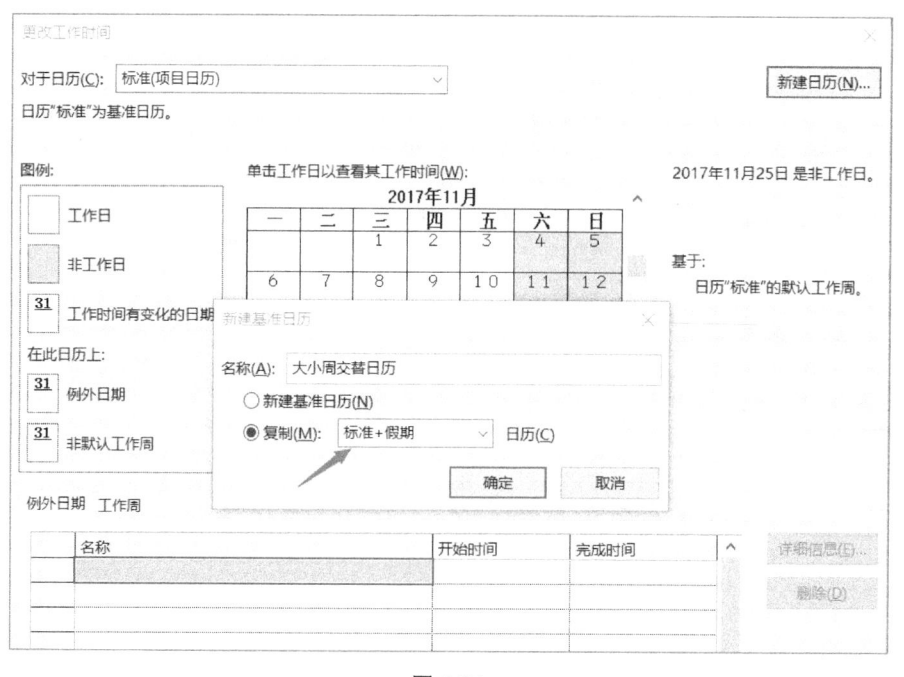

图 4-17

在图 4-17 所示的小窗口中单击【确定】按钮后，【更改工作时间】窗口左上方的【对于日历】就自动切换成"大小周交替日历"，如图 4-18 所示。在【例外日期】中可以看到，之前在"标准+假期"日历中设置的放假和调休都自动复制过来了。在【例外日期】下方的表格中新建一行，将【名称】命名为"2017 年开始大小周交替"，这个名称并不重要，读者可以取个更好的名字。然后在【开始时间】中随便输入一个星期六的日期，只要这个日期足够早并且这个星期六是上班的就行（相当于大小周里面的小周），比如笔者随便输入了 2017 年 1 月 7 日（星期六），【完成时间】

第 4 章　制订项目计划

可以暂时不用管。单击右侧的【详细信息】,如图 4-18 所示,勾选【工作时间】并确认表格中的工作时间是 8:00—12:00、13:00—17:00。

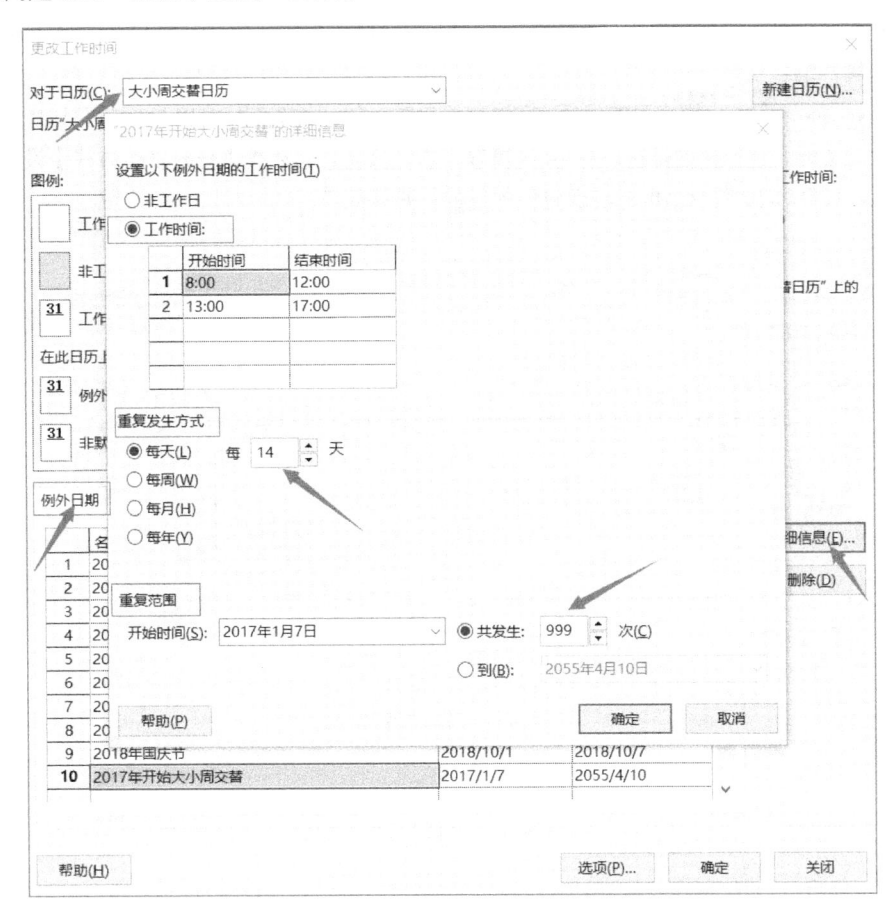

图 4-18

再往下有个【重复发生方式】,就是说我们把 2017 年 1 月 7 日这个星期六从休息时间变成了工作时间,需要每隔多少天重复一次呢?如果是一周单休一周双休的话,每隔一次是 14 天,所以这里就输入【每 14 天】。在【重复范围】里面,已经输入了开始时间,不过还有机会在这里更改。重复范围有两种方式可供选择:一种是可以让它重复发生多少次,另一种是确定一个重复范围的结束时间。选择两者中的任何一个都可以,比如输入【共发生 999 次】,那这代表了什么意思呢?就是说从 2017 年 1 月 7 日开始,每隔 14 天的星期六都上班,重复发生 999 次((999−1)×14 天 =13972 天),一直到 2055 年 4 月 10 日。单击【确定】按钮后,再单击【更改工作时间】大窗口右下方的【确定】按钮,这个"大小周交替日历"就设置好了。

57

注意，有人可能会说，我们公司实行大小周交替日历是没有终点的，像前面讲的在【重复范围】中输入【共发生 999 次】不合理！其实，不必纠结这个问题，一般一个项目计划的跨度最多也就几年时间，这里已经设置到 2055 年了，足够我们使用了。在 Project 软件中，这个重复范围是一定要输入的。

其实，设置这个大小周交替的日历，方法也不是唯一的，比如在图 4-18 所示的窗口中设置【重复发生方式】时，我们用的是按照每 14 天重复一次，其实也可以把【重复发生方式】设置成每 2 周的周六，如图 4-19 所示，也能实现我们的目的，殊途同归。

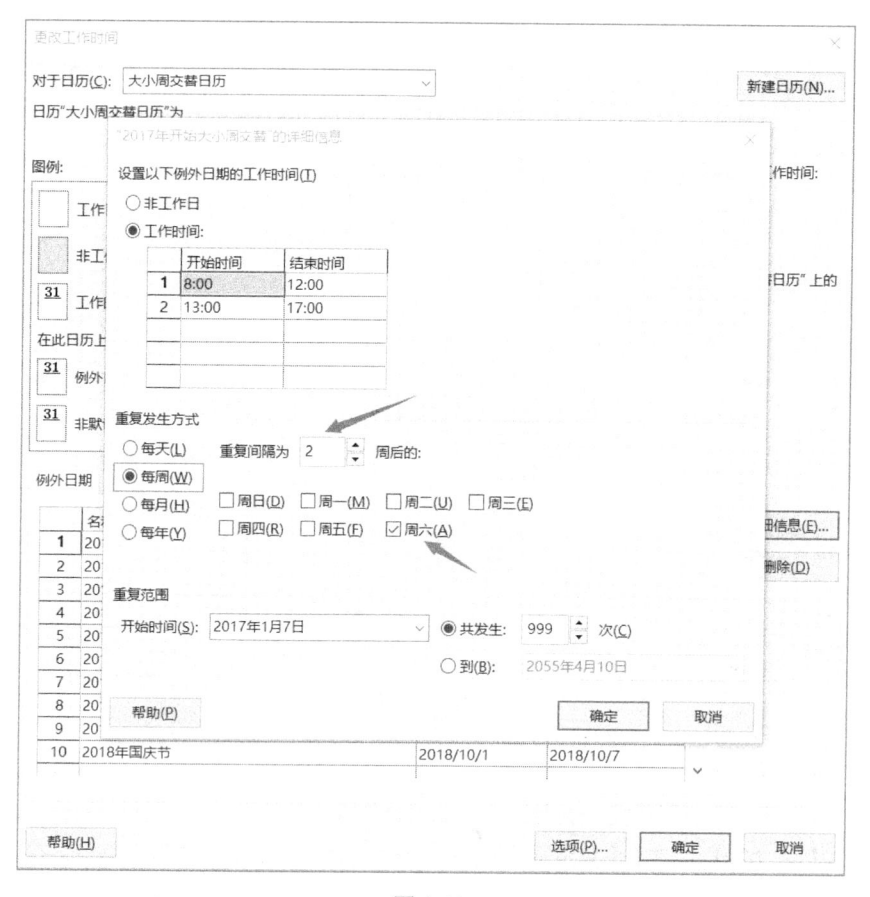

图 4-19

再给大家拓展一下思路，前面讲的设置"大小周交替日历"，是通过在"标准+假期"的日历基础上设置一个每隔 14 天的星期六都要上班的"例外日期"来实现的，如图 4-20 所展示的那样。其实，也可以通过在一个"6 天工作制（+假期）"的日历基础上，设置一个每隔 14 天的星期六都要休息的"例外日期"来实现，如图 4-21 所示，这个可以作为一个思考题留给读者。

第 4 章　制订项目计划

图 4-20

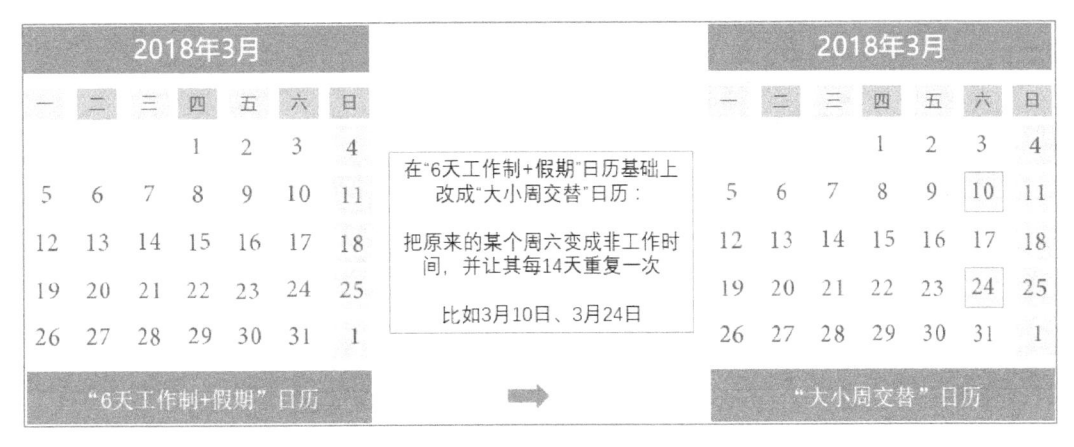

图 4-21

※ 小结与要点回顾

1．本书一再强调希望给读者讲透原理，也试图告诉读者，方法不是唯一的。比如在设置"大小周交替日历"时，我们就介绍了不同的思路和方法。

2．可以将一个"标准+假期"日历修改成"大小周交替"日历，方法是设置一个每隔 14 天的星期六都要上班的"例外日期"；也可以将一个"6 天工作制（+假期）"日历修改成"大小周交替"日历，方法是设置一个每隔 14 天的星期六都要休息的"例外日期"。

3．设置【重复发生方式】时，既可以使用每隔 14 天重复一次，也可以设置成每隔 2 周重复一次。

4．设置【重复范围】时，选定了【开始时间】后，既可以选择【共发生多少次】来确定结束时间，也可以直接选择【到哪一天】结束。

59

4.2.4 检查日历设置是否正确

前面三个小节给大家系统讲解了三种日历类型的设置方法，那么有些读者可能不确定自己设置的日历到底对不对，下面给大家介绍两个方法，可以用来验证日历是否已设置正确。

1. 通过巧妙地设置任务的时间和工期来检查

比如我们刚刚按照第 4.2.1 节的方法创建了"标准+假期"日历，怎么验证它设置得对不对呢？首先打开 Project 程序新建一个空白文件，在【项目】选项卡中单击【项目信息】，将项目日历改成【标准+假期】，如图 4-22 所示。

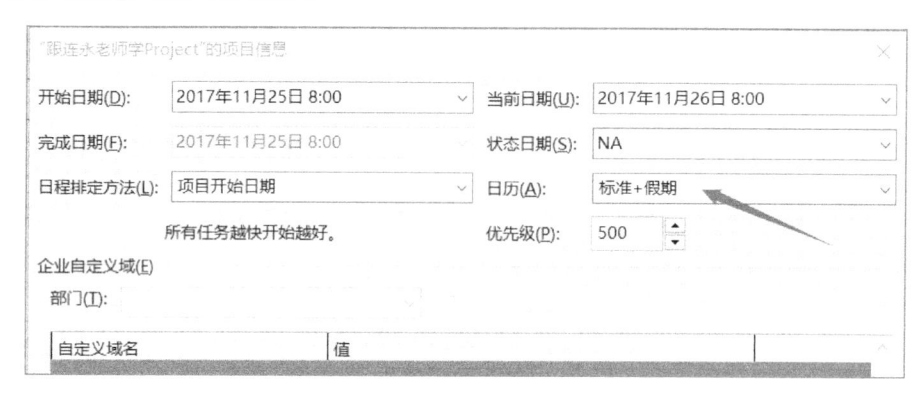

图 4-22

> **注意**
> 1. 很多用户在操作时会忘记修改项目信息中的项目日历，请大家一定多留意这步操作！
> 2. 创建一个新的 Project 文件时，一定要使用打开 Project 程序新建空白文档的方法，千万不要在桌面上或者"我的电脑"文件夹中通过右击鼠标打开快捷菜单，选择"新建 Microsoft Project 文档"命令的方法来建立新的项目计划，关于原因和原理，在第 4.30.2 节将会讲到，在此先提醒一下。

随便创建一个任务，比如任务 A，我们把它的开始时间故意设置在某个假期前的一天。比如 2018 年国庆节放假是从 10 月 1 日开始，9 月 29 日和 9 月 30 日虽然是周末，但却要调休上班。我们将任务 A 的【开始时间】设置成 2018 年 9 月 28 日（星期五），工期设置成 2 天，如图 4-23 所示。发现任务 A 的完成时间是 2018 年 9 月 29 日（星期六），Project 现在已经将这一天算到工作时间里面了。

图 4-23

第 4 章 制订项目计划

可以继续检验一下，把任务 A 的工期从 2 改成 4，发现任务 A 的完成时间变成了 2018 年 10 月 8 日，如图 4-24 所示。为什么呢？因为该任务需要的 4 个工作日，需要在这 4 天完成：2018 年 9 月 28 日（星期五）、2018 年 9 月 29 日（星期六、调休）、2018 年 9 月 30 日（星期日、调休）、2018 年 10 月 8 日（星期一），而中间自动跳过了 2018 年 10 月 1 日至 2018 年 10 月 7 日这 7 天的假期。由此可见，我们的日历设置是成功的，至少这个国庆节的假期设置是没有问题的！

图 4-24

2．通过在【时间刻度】的【非工作时间】中设置相应的日历来检查

这种方法不需要修改项目信息，也不需要创建任务。在甘特图区域双击时间刻度，会弹出【时间刻度】窗口，如图 4-25 所示。单击【非工作时间】，然后在【日历】列表中随便选择一个，比如【标准+假期】。另外，为了让非工作时间显示得更明显，可以在该窗口中选择一个比较明显的颜色，最后单击【确定】按钮。

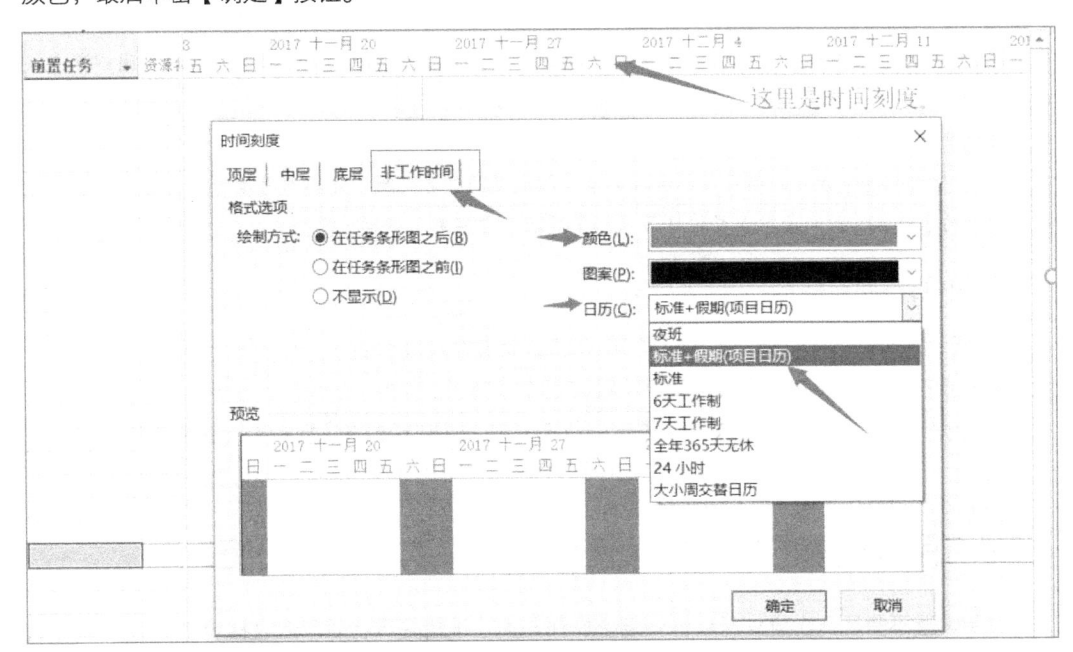

图 4-25

接下来在甘特图区域拖动下方的滚动条，前往 2018 年国庆节前后这个时间段，如图 4-26 所示。我们看到，9 月 22 日（星期六）、9 月 23 日（星期日）、9 月 24 日（星期一）这三天都是灰

色的（非工作时间），这是因为设置了 2018 年中秋节。9 月 29 日（星期六）和 9 月 30 日（星期日）这两天是白色的，说明是工作时间，这是因为设置了 2018 年国庆节调休。10 月 1 日（星期一）到 10 月 7 日（星期日）是灰色的（非工作时间），这是因为设置了 2018 年国庆节。所以，在时间刻度上也可以看出我们设置的日历是否成功。

图 4-26

注意

1．【时间刻度】中【非工作时间】的日历和项目信息窗口中的项目日历不是自动同步的，在时间刻度中可以自由选择显示任何一个日历。很多用户设置了项目日历后，发现在甘特图区域的时间刻度上显示的非工作时间和项目日历设置的不一样，就以为日历设置有问题。其实项目日历和在时间刻度上显示的日历没有必然联系。

2．只有在项目信息中设置的项目日历和在第 4.8 节设置的任务日历，才参与进度计划的计算。在【时间刻度】的【非工作时间】中设置的日历只用于显示，它不参与进度计算。

※ **小结与要点回顾**

1．按照第 4.2.2.1 节、第 4.2.2.2 节、第 4.2.2.3 节去设置日历的话，如果每一步操作都是对的，就没有必要按照第本节的方法去检查日历设置是否成功了。

2．但是这些检查方法也不失一种安全的纠错方式。两种方法的注意事项已在上文中提醒大家了。

4.2.5　保存设置的日历永久使用、删除或重命名日历

日历设置不需要每次建立新项目计划都操作一遍，设置好日历后可以直接将其保存到 Project 模板库中，这样就可以永久使用了，一劳永逸。而且，如果同事把日历设置好了，我们也可以直接把他们的日历保存到自己的 Project 软件中永久使用。

在 Project 软件中，【管理器】是保存所有模板的地方，包括日历模板、报表模板、表格模板等。在哪里找到管理器呢？单击【文件】→【信息】→【管理器】，如图 4-27 所示，Project 2010

第 4 章　制订项目计划

的这个界面与其他版本的有一点点差异。

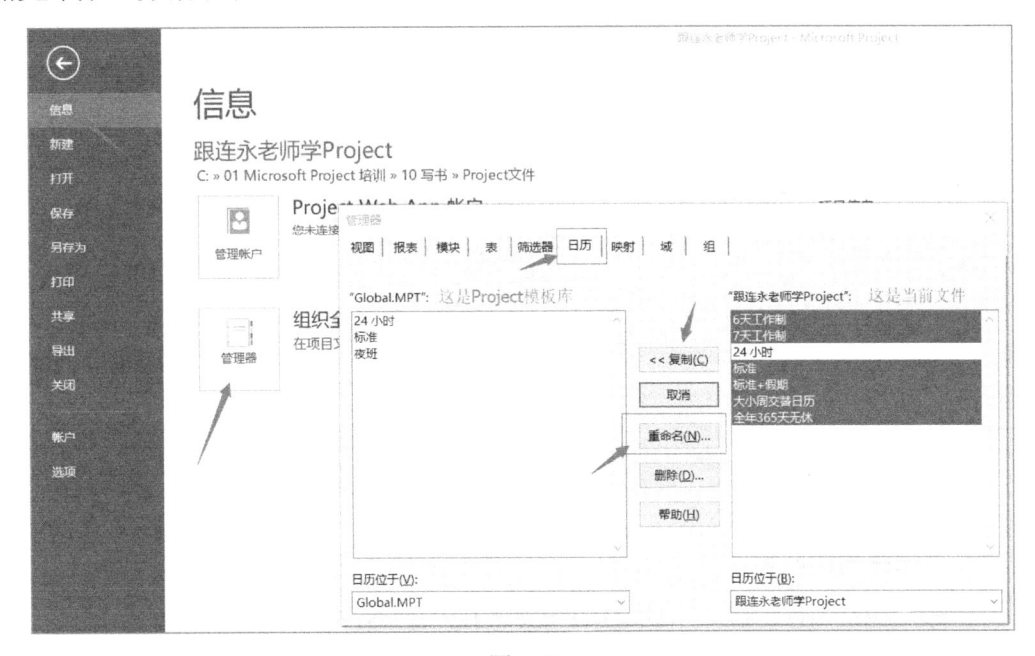

图 4-27

要想保存日历，先单击【管理器】中的【日历】选项，如图 4-27 所示，这个窗口清晰地分成左、右两个部分，左边是 Project 模板库，右边是当前文件，中间是几个操作按钮。在右侧的当前文件日历列表中，按住 **Ctrl** 键并依次选中想要保存到 Project 模板库中的日历名称，然后单击中间的【复制】按钮，那么在右侧当前文件中选中的日历就会保存到模板库中了。

如果有日历名称重复的情况，Project 会自动提醒你是否需要覆盖和替换，如图 4-28 所示。比如当前文件和模板库中都有一个叫作"标准"的日历，虽然名字一样，但是里面的日历设置可能不一样，如果想用当前文件中的"标准"日历覆盖模板库中的"标准"日历，就单击【是】按钮，不想覆盖或替换，单击【否】按钮。

创建的日历在【管理器】中保存到 Project 模板库中以后，如果要修改某个日历，可以在当前文件的【更改工作时间】窗口中对日历再次进行编辑、修改，然后打开【管理器】，将当前文件中的日历复制到 Project 模板库中，相当于覆盖了 Project 模板库中的同名日历。

另外，如果在当前文件中设置了日历后想要删除或者对其重新命名，都是在【管理器】中进行操作的。如果自己创建完了日历，如何让其他同事使用呢？可以按照第 4.8 节的方法创建几个任务，让这些任务分别调用自己创建的不同日历，然后把该文件发给其他同事，别人在他自己的计算机上打开该文件后，就可以把该文件中的日历保存到自己计算机上的 Project【管理器】中，这样在公司中只需要一个人设置好日历，其他人都可以坐享其成。

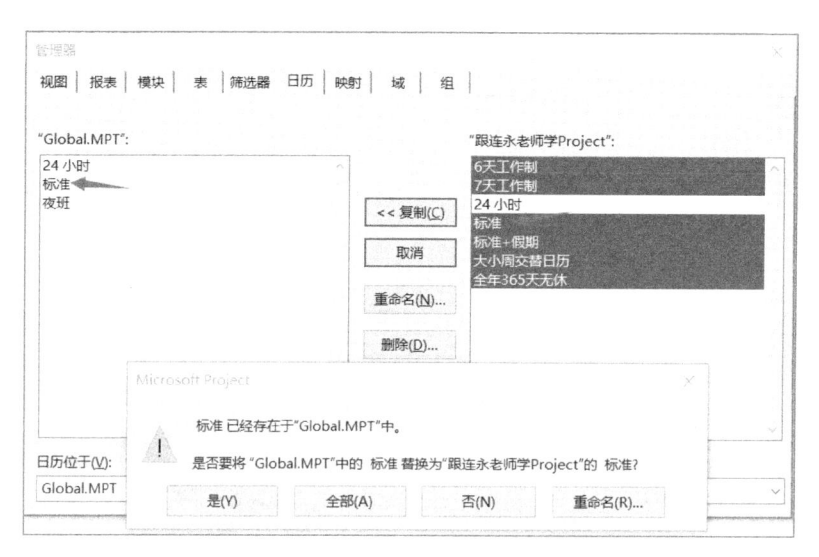

图 4-28

※ 小结与要点回顾

1．删除日历、对日历重命名，都是在【管理器】中进行操作的。

2．如果想把设置好的日历保存起来永久使用，也是在【管理器】中操作的。其他人设置好的日历，一样可以采用"拿来主义"保存到自己的 Project 模板库中。

4.2.6 设置项目日历以及让时间刻度的非工作时间显示项目日历

在小王的装修项目中，要用"全年 365 天无休日历"作为整个项目的默认日历。在 4.1 节设置项目信息时还没有这样的日历，现在按照前面章节中讲解的方法创建好日历后，需要再次打开【项目】选项卡下的项目信息窗口，然后将项目日历设置成"全年 365 天无休日历"，如图 4-29 所示，同时注意本项目的开始日期为 2018 年 3 月 1 日。

图 4-29

第 4 章 制订项目计划

> **建议与提醒** 本案例假设的项目开始日期是 2018 年 3 月 1 日，读者在阅读本书时可能已经晚于这个日期了，但是本书中的案例有效性并不会过期，大家可以根据本书讲解的思路和方法随意设置项目开始日期以及对应年度的假期（表 4-1）。在项目信息中设置的项目日历和时间刻度上显示的日历并不是同步的，时间刻度上默认显示"标准"日历，如果想让时间刻度显示为项目日历，请参照第 4.2.4 节的方法 2 进行设置。

4.3 创建工作分解结构 WBS

在 Project 中设置了必要的日历以及项目信息后，接下来就要创建具体的任务内容或者工作内容。前文曾提到，一个项目该做什么、不该做什么，叫作项目的范围，而项目范围是由什么决定的呢？是从需求出发的。从本质上讲，是需求范围最终决定了工作范围。

在 Project 中，创建一个初始的进度计划大致分成三步，如图 4-30 所示。

★ 创建工作分解结构（WBS）。
★ 设置任务之间的依赖关系。
★ 估算工期。

创建一个初始的进度计划分成三步

❶ 创建工作分解结构   ❸ 估算工期

01   02   03

❷ 设置任务之间的依赖关系

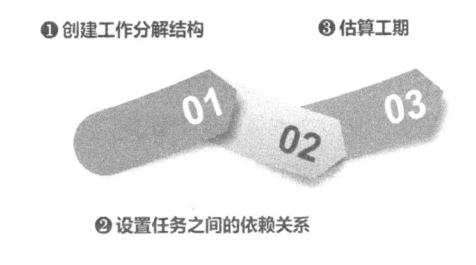

图 4-30

学过 PMP 的读者可能会发现这和 PMP 讲的原则差不多，但是很少有人深入思考过，既然要做一个进度计划，肯定有任务的起始时间（就像在 Excel 中做进度计划一样，一般要输入任务的开始时间和完成时间），而这三步中却都没有提到要设置任务的开始时间和完成时间！这里先给读者埋个伏笔，引发一下大家的思考，第 4.6 节将对此进行解释。

4.3.1 创建任务清单

在第 3 章的案例介绍中，小王已经带领项目团队确定了项目的工作范围，并创建了任务清单和 WBS，如表 3-1 所示，现在的工作是根据表 3-1 在 Project 中创建任务清单和 WBS。表 3-1 的任务名称列中完整地列出了项目的任务清单，WBS 编码（任务级别）列中则清晰地划定了任务之间的层级结构。第一步，首先在 Project 中把任务清单创建出来，操作很简单，可以直接把表 3-1 中任务名称列的第一个任务"新房装修项目"到最后一个任务"具备入住条件"全部选中，复制并粘贴到 Project 中的【名称】列，如图 4-31 所示（笔者对截图进行了裁剪）。注意，如果没有像表 3-1 那样现成的任务清单，需要在 Project 的【名称】列中直接输入任务名称，创建任务清单。

图 4-31

4.3.2 通过升级和降级设置任务之间的层级关系

在 Project 中创建了任务清单后，接下来就需要设置任务之间的层级关系了。这一步操作非常简单，只需要用到一个"升级"按钮和一个"降级"按钮。比如我们看到表 3-1 中，第一个任务"新房装修项目"的任务级别是 1，而其他任务都是它的子任务，说明这个任务是一个最高级的（摘要）任务。这时可以在 Project 中选中任务 2 到最后一个任务，然后单击【任务】选项卡下的【降级】按钮，如图 4-32 所示，这样任务 2 到最后一个任务就都变成任务 1 的子任务了。

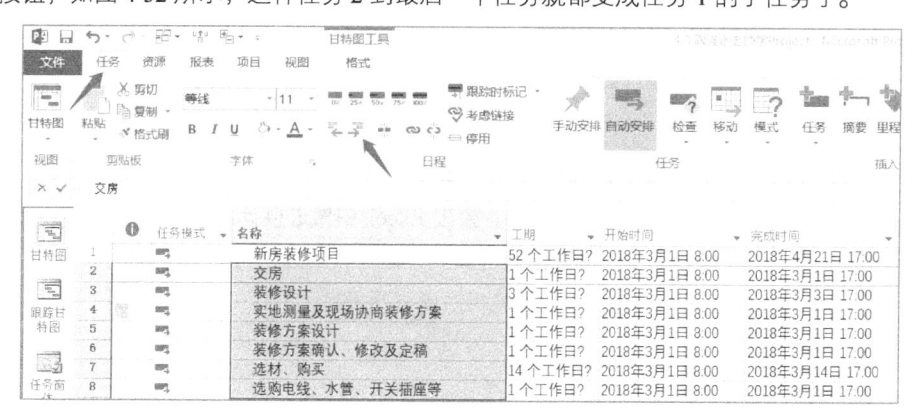

图 4-32

第 4 章 制订项目计划

在【格式】选项卡下，勾选最右侧的【大纲数字】，如图 4-33 所示，这样所有任务的名称前就自动加上了代表任务层级的大纲数字。注意这个大纲数字是自动显示在【名称】列中的，但在选中某个任务时，编辑栏中只显示任务名称，不能编辑它的大纲数字。这里要提醒读者们，大纲数字是根据任务的层级关系自动生成的，不可编辑。

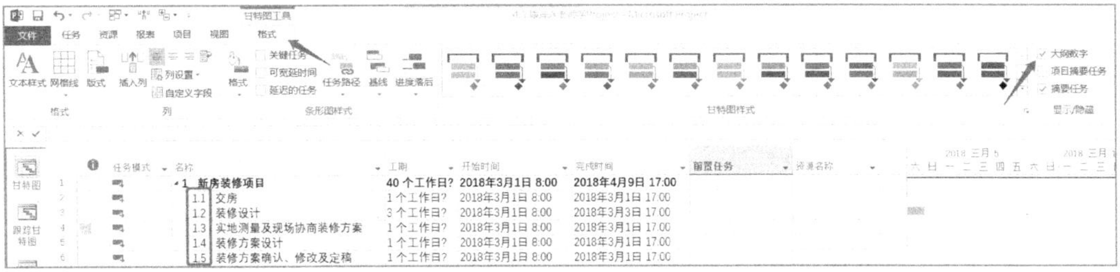

图 4-33

在表 3-1 中，任务 3 "装修设计" 还包含 3 个子任务：任务 4、任务 5、任务 6。首先在 Project 中选中任务 4、5、6，然后单击【任务】选项卡下的"降级"按钮，就把任务 3、4、5、6 之间的层级关系设置好了。

注意 如果在把任务 4、5、6 降级时，不慎将任务 7 "选材、购买" 也一起选中，设置成了任务 3 "装修设计" 的子任务，怎么办呢？很简单，只需选中任务 7，再单击【任务】选项卡下的"升级"按钮就可以了。

在表 3-1 中，任务 8 到任务 21 都是任务 7 "选材、购买" 的子任务，那么就选中任务 8 到任务 21，单击"降级"按钮，将它们都设置成任务 7 的子任务。

任务 23 到任务 48 都是任务 22 "室内施工" 的子任务，在 Project 中选中任务 23 到 48，单击"降级"按钮，它们就变成任务 22 的子任务了。

任务 25 到 30 是任务 24 "水电改造" 的子任务，那么选中任务 25 到 30，单击"降级"按钮，它们就成了任务 24 的子任务了。

任务 37 到任务 40 是任务 36 "墙面处理及刷漆" 的子任务，对任务 37 到 40 也做降级处理。

至此，通过升级和降级的操作，我们已经轻松地把表 3-1 中 52 个任务之间的层级关系很快设置完了，如图 4-34 所示（笔者对截图进行了裁剪），自动显示出来的大纲数字清晰地展示了任务的层级关系。读者在操作时可以仔细对比一下，在 Project 中显示的大纲数字与表 3-1 中的 WBS 编码（任务级别）是否完全一致，如果不一致，还需通过升级和降级这两个操作进行调整。

在 Project 中包含下一级任务的（母）任务叫作"摘要任务"，对应于 PMP 知识体系中的"工作包"。而处于最底层不包含下一级任务的任务，在 Project 中就叫作"任务"。本书在写作时为了区分任务与摘要任务，有时将"任务"称为子任务，对应于 PMP 知识体系中的"活动"。

10天精通 Project 项目管理：从菜鸟到实战高手

	任务模式	名称	工期	开始时间	完成时间	前置任务
1		▲1 新房装修项目	1个工作日?	2018年3月1日 8:00	2018年3月1日 17:00	
2		1.1 交房	1个工作日?	2018年3月1日 8:00	2018年3月1日 17:00	
3		▲1.2 装修设计	1个工作日?	2018年3月1日 8:00	2018年3月1日 17:00	
4		1.2.1 实地测量及现场协商装修方案	1个工作日?	2018年3月1日 8:00	2018年3月1日 17:00	
5		1.2.2 装修方案设计	1个工作日?	2018年3月1日 8:00	2018年3月1日 17:00	
6		1.2.3 装修方案确认、修改及定稿	1个工作日?	2018年3月1日 8:00	2018年3月1日 17:00	
7		▲1.3 选材、购买	1个工作日?	2018年3月1日 8:00	2018年3月1日 17:00	
8		1.3.1 选购电线、水管、开关插座等	1个工作日?	2018年3月1日 8:00	2018年3月1日 17:00	
9		1.3.2 选购地砖、墙砖、过门石	1个工作日?	2018年3月1日 8:00	2018年3月1日 17:00	
10		1.3.3 选购卫生间、厨房吊顶	1个工作日?	2018年3月1日 8:00	2018年3月1日 17:00	
11		1.3.4 选购厨房整体橱柜	1个工作日?	2018年3月1日 8:00	2018年3月1日 17:00	
12		1.3.5 选购卫浴设备	1个工作日?	2018年3月1日 8:00	2018年3月1日 17:00	
13		1.3.6 选购客厅吊顶材料	1个工作日?	2018年3月1日 8:00	2018年3月1日 17:00	
14		1.3.7 选购墙面漆	1个工作日?	2018年3月1日 8:00	2018年3月1日 17:00	
15		1.3.8 选购木地板	1个工作日?	2018年3月1日 8:00	2018年3月1日 17:00	
16		1.3.9 选购室内木门	1个工作日?	2018年3月1日 8:00	2018年3月1日 17:00	
17		1.3.10 选购壁纸	1个工作日?	2018年3月1日 8:00	2018年3月1日 17:00	
18		1.3.11 选购暖气片	1个工作日?	2018年3月1日 8:00	2018年3月1日 17:00	
19		1.3.12 选购室内灯具	1个工作日?	2018年3月1日 8:00	2018年3月1日 17:00	
20		1.3.13 选购窗帘	1个工作日?	2018年3月1日 8:00	2018年3月1日 17:00	
21		1.3.14 选择室内气体检测及治理机构机构	1个工作日?	2018年3月1日 8:00	2018年3月1日 17:00	
22		▲1.4 室内施工	1个工作日?	2018年3月1日 8:00	2018年3月1日 17:00	
23		1.4.1 墙体改造	1个工作日?	2018年3月1日 8:00	2018年3月1日 17:00	
24		▲1.4.2 水电改造	1个工作日?	2018年3月1日 8:00	2018年3月1日 17:00	
25		1.4.2.1 管路设计、划线	1个工作日?	2018年3月1日 8:00	2018年3月1日 17:00	
26		1.4.2.2 挖线槽、管槽	1个工作日?	2018年3月1日 8:00	2018年3月1日 17:00	
27		1.4.2.3 布线布管	1个工作日?	2018年3月1日 8:00	2018年3月1日 17:00	
28		1.4.2.4 试水打压	1个工作日?	2018年3月1日 8:00	2018年3月1日 17:00	
29		1.4.2.5 线槽、水管槽填补平整	1个工作日?	2018年3月1日 8:00	2018年3月1日 17:00	
30		1.4.2.6 防水层施工	1个工作日?	2018年3月1日 8:00	2018年3月1日 17:00	
31		1.4.3 贴地砖墙砖（阳台、卫生间及厨房）	1个工作日?	2018年3月1日 8:00	2018年3月1日 17:00	

图 4-34

※ 小结与要点回顾

1．在 Project 中创建一个项目计划的第一步是设置项目信息。

2．创建 WBS 时，先在【名称】列中创建任务清单，然后通过升级和降级两个操作设置任务之间的层级关系。

3．在【格式】选项卡下勾选【大纲数字】可以使任务名称自动显示大纲数字，大纲数字是根据任务之间的实际层级关系自动计算出来的，不能编辑。

4．当出现误操作，或者想变更任务的层级关系时，还是通过升级和降级两个操作调整。

4.3.3 通过大纲级别设置或者修改任务之间的层级关系

除了通过升级和降级设置任务之间的层级关系，还可以通过修改【大纲级别】来实现。比如在图 4-34 中，要将任务 6 "装修方案确认、修改及定稿" 从 3 级任务变成 2 级任务，第一种方式是选中任务 6，然后单击 "升级" 按钮使其升高一级。

第二种方式则是在工作表区域中右击任意一列，然后在弹出的快捷菜单中选择【插入列】，在出现的下拉菜单中选择【大纲级别】，如图 4-35 所示。下拉菜单中的所有列是按照列名称的首字母顺序依次排列的，将来大家操作熟练了之后，可以直接在插入列后输入列名称"大纲级别"。

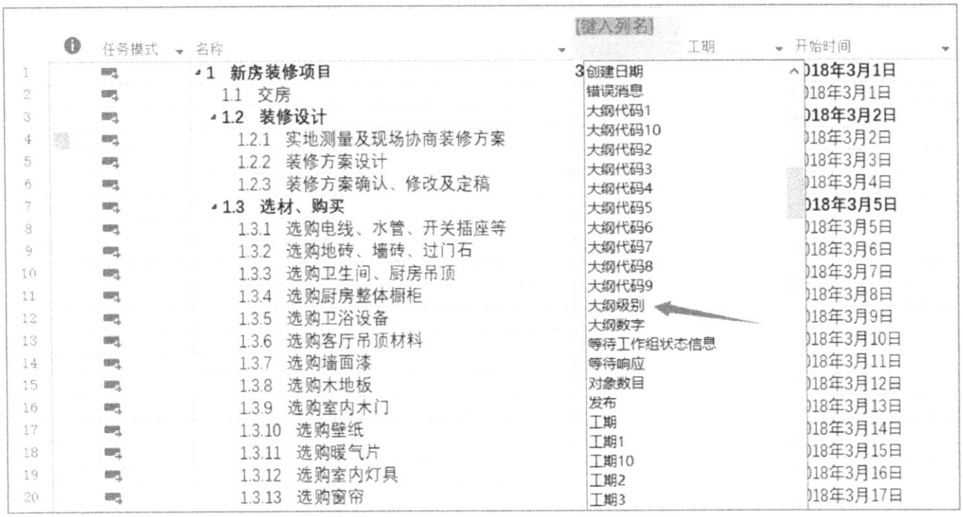

图 4-35

将任务 6 的大纲级别从 3 改成 2 后，它就等于升了一级，如图 4-36 所示。本节只是给大家介绍一种新的方式去设置任务之间的层级关系，并不是真要给任务 6 升级，现在再把它的大纲级别手动改成 3，或者单击这个任务后再单击【降级】，任务就又变回原来的层级了。

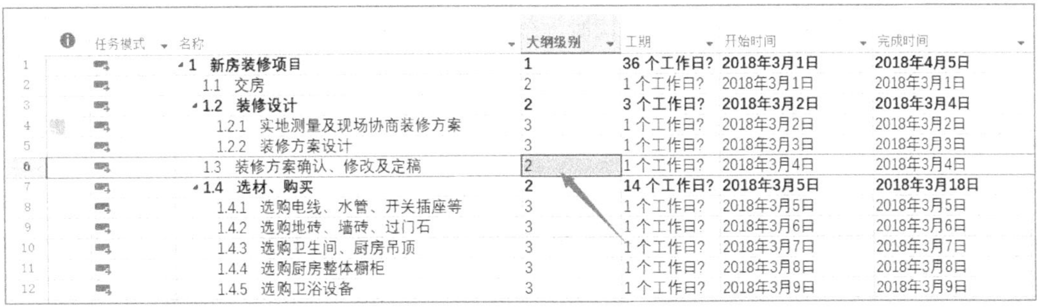

图 4-36

4.3.4　使用任务备注记录更多的任务信息

在【名称】中一般只输入任务的简要名称，因为不便于输入大量文字信息，我们可以使用任务的【备注】功能记录更多的任务信息。双击某个任务，就会弹出【任务信息】窗口，再单击【备注】选项，就会看到如图 4-37 所示的界面。在备注中不仅可以输入文字信息，还可以插入"对象"，这里的"对象"与 Office 其他软件中可以插入的"对象"是一样的，可以是任何文件。

69

>> **10天精通Project项目管理：从菜鸟到实战高手**

图 4-37

那这个备注信息该怎么使用呢？本书的建议是，在创建任务之初，可以用它来更详细地描述任务，在更新计划时可以记录该任务所发生的一切问题、风险、故事等，越详细地记录任务的更多信息，就越容易让看计划的人理解。同时，在项目阶段性总结或者项目收尾总结时，这些备注信息将提供宝贵的信息供项目团队分析、讨论和总结。有些项目工期跨度很大，等项目结束时，可能很多团队成员已经离开了该项目，那么要进行系统的总结就很难了，而如果用好任务备注，很多信息就会被保留下来供将来分析。

如果回到甘特图视图，还可以在工作表区域右击任意一列，然后在弹出的快捷菜单中选择【插入列】，从列表中找到【备注】，那么备注里面的内容就显示出来了，如图4-38所示。其实，也可以直接在【备注】列中进行编辑。

如果备注列的文字内容很多，可能无法全部显示出来，这时可以如图4-38所示，单击【格式】选项卡下的【自动换行】按钮，使内容实现自动换行。

※ **小结与要点回顾**

1．可以通过任务备注记录更多的任务信息，建议读者多使用【备注】列，在整个项目执行过程中不断记录任务的一些信息，这样便于后期总结、分析。

2．可以通过【任务信息】窗口中的【备注】选项给任务添加备注内容，也可以通过在工作表区域插入【备注】列来直接输入。

第 4 章　制订项目计划

3．在进行插入列操作时，列名称是按照其首字母顺序依次往下排列的，如果能准确记住列名称，可以通过输入第一个汉字或者前两个汉字来减小检索的范围，快速插入要显示的列。

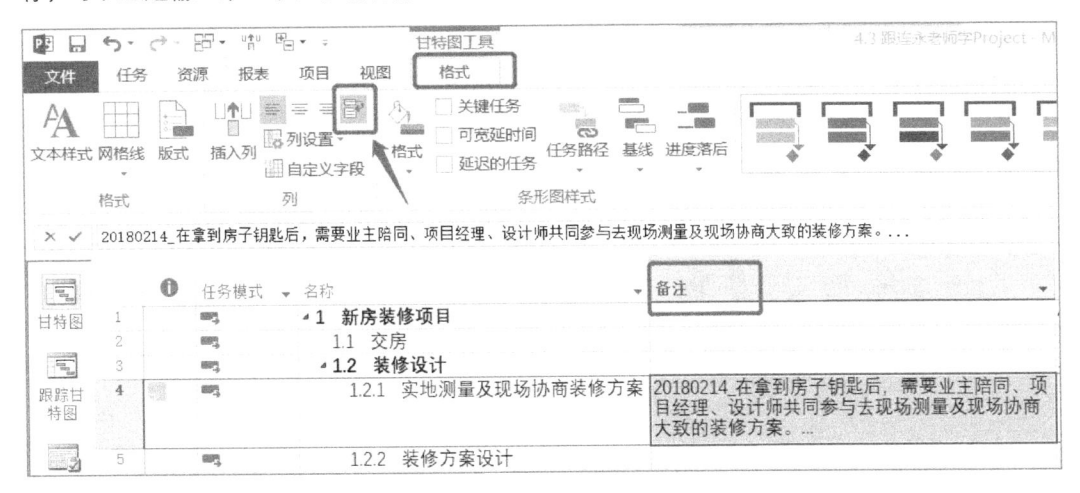

图 4-38

4.4　设置任务之间的依赖关系（关联关系）

第 4.3 节已经介绍了，创建一个初始的项目进度计划大致有三步，按照前面介绍的方法创建了工作分解结构 WBS 后，接下来就需要设置任务之间的依赖关系了。

4.4.1　设置任务之间的依赖关系的目的

首先，先解释一下为什么要设置任务之间的依赖关系（或者叫作"关联关系"）。在 Excel 中做进度计划时可能很少设置任务之间的依赖关系，但实际上很多任务之间是存在各种逻辑关系的，比如有个任务 X，它可能需要在任务 A、B、C、D、E 这 5 个任务都完成的情况下才能开始，这是一种强限制关系，就是说如果这 5 个任务没完成，任务 X 就无法开始。那么任务 A、B、C、D、E 就叫作任务 X 的紧前任务，任务 X 就叫作就任务 A、B、C、D、E 的紧后任务。

因为计划是需要定期更新的，假如一开始我们没有设置这种依赖关系，在下次更新计划时，假如 A、B、C、D、E 这 5 个任务中有一个或者多个出现延迟了，我们可能就会不小心忽略掉这对任务 X 的影响。尤其是一个计划中这种依赖关系可能有很多，如果我们完全靠经验提醒自己不要忘掉这些依赖关系的话，第一容易出现纰漏，第二效率太低。而在 Project 中，我们倡导在开始做计划时就设置好这些依赖关系，这样紧前任务如果出现"风吹草动"，不管是提前了还是拖后了，都能直观地看到对其他任务的影响。

如图 4-39 所示,当我们给任务之间设置了依赖关系之后,那些独立的任务就变成了一个有机的整体,整个项目计划就是一盘棋,如果有某个任务出现变化,则牵一发而动全身。这样的话我们不仅能提醒项目经理注意某个任务变动对其他任务及整个项目的影响,更能让项目团队的每个负责人看到他的任务对其他任务以及整体项目的影响,让大家更有团队协作的意识。

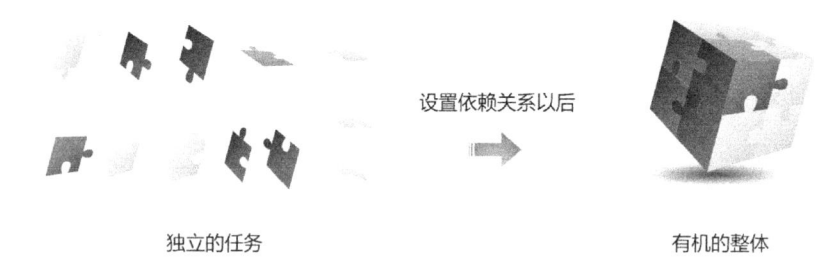

图 4-39

如图 4-40 所示,当任务 1 的开始时间相较于原计划延后了一段时间 Δd 后,在任务的工期和依赖关系不变的情况下,我们会看到任务 1 的后续任务 2 和任务 3 也必然相应地顺延,最后导致整个项目计划延迟了 Δd。这就是设置任务之间依赖关系的好处。

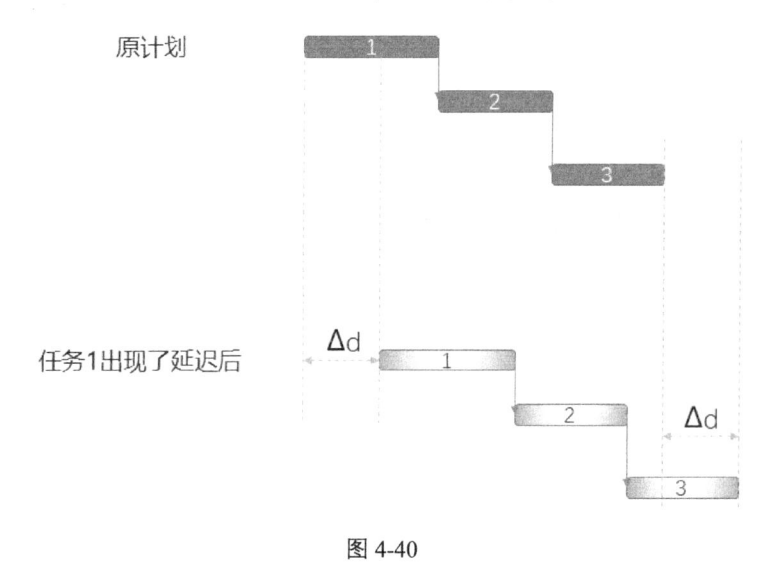

图 4-40

> **注意** 笔者只是提倡在 Project 计划中设置任务之间的依赖关系,这取决于在现实中这些任务之间是否有实际的逻辑关联关系,有则设置,没有则不需要设置,并非一定要对所有任务都设置依赖关系把它们"捆绑"起来。

4.4.2 任务之间存在的 4 种依赖关系及其设置方法

在 Project 中，任务之间理论上存在 4 种依赖关系，分别是完成开始（FS）、开始开始（SS）、完成完成（FF）、开始完成（SF），由于还存在提前量和滞后量，因此总共可以有 12 种不同的变形。

4.4.2.1 完成开始

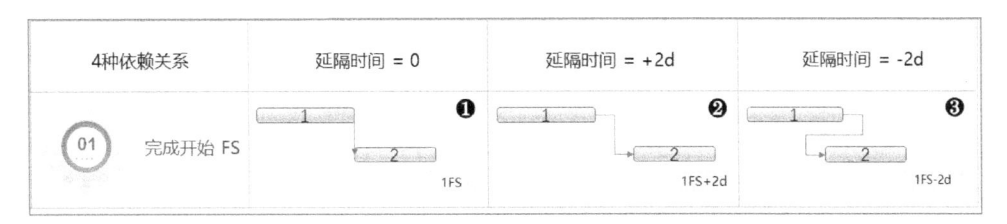

完成开始的意思是，前一个任务完成后，当前任务开始。如图 4-41 所示，任务 2 在任务 1 完成后开始。❶ 显示的是任务 1 完成后，任务 2 马上开始；❷ 显示的是任务 1 完成 2 天后，任务 2 开始；❸ 显示的是任务 1 完成前 2 天，任务 2 就开始。（注意，Project 里面的工期单位"天"都是"工作日"，也就是日历里面的工作日。）

图 4-41

那要怎么在 Project 中设置任务之间的依赖关系呢？在 Project 中设置依赖关系的方法比较多，这里先给大家介绍两种常用的方法。

1. 直接在【前置任务】列输入前置任务的 ID 号

如图 4-42 所示，如果任务 B 需要在任务 A 完成后开始，那么在任务 B 的【前置任务】列中直接输入任务 A 的 ID 号"1"，Project 就默认任务 A 和任务 B 之间的关系是完成开始（FS）。

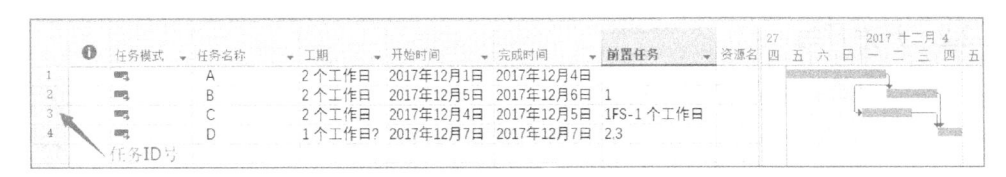

图 4-42

如果任务 C 需要在任务 A 完成前的 1 天就开始，可以直接在任务 C 的【前置任务】列中输入"1FS−1"，后面的"个工作日"会自动弹出来。

同理，如果任务 C 需要在任务 A 完成 1 天后再开始，可以直接在任务 C 的【前置任务】列中输入"1FS+1"。

如果任务有多个前置任务该怎么办呢？比如任务 D，需要在任务 B 和 C 同时完成的情况下才能开始，就需要在任务 D 的【前置任务】列中输入"2,3"，在两个前置任务的 ID 号之间加个英文逗号即可，当然也有可能是"2FS+1,3FS+2"等类似的变形形式。

2．双击任务，在【任务信息】窗口的【前置任务】选项中设置

如图 4-43 所示，比如双击任务 D，就会弹出【任务信息】窗口，然后单击【前置任务】选项，在这里可以更直观地设置。标识号就是任务的 ID 号，也可以在【任务名称】列的下拉菜单中选择某个任务作为前置任务，在【类型】的下拉菜单中则可以随意变换依赖关系的类型，延隔时间也可以根据需要随意设置。

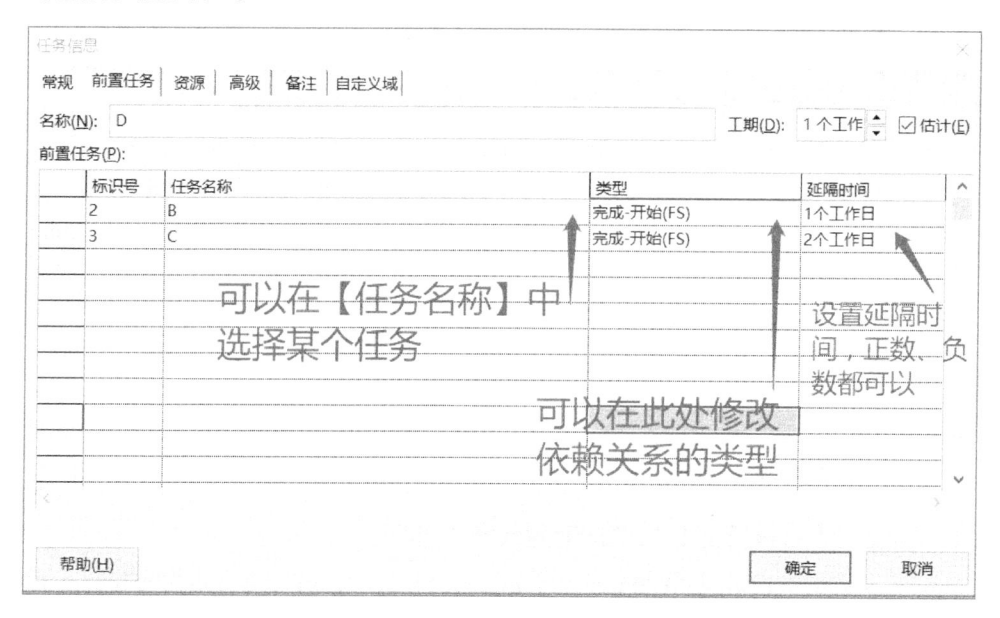

图 4-43

4.4.2.2 开始开始

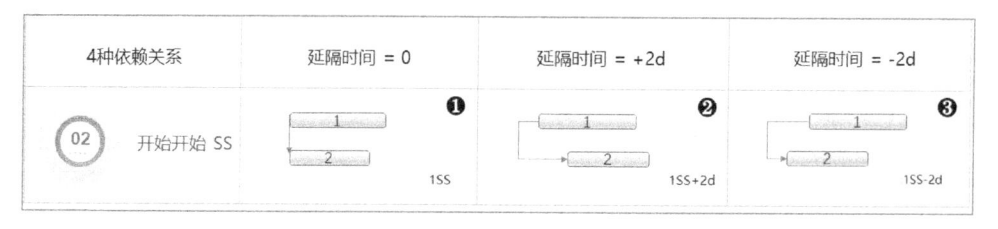

开始开始的意思是前一个任务开始时，当前任务也开始。如图 4-44 所示，任务 2 在任务 1 开始时也开始。❶ 显示的是任务 1 开始时，任务 2 马上开始；❷ 显示的是，任务 1 开始 2 天后，任务 2 开始；❸ 显示的是任务 1 开始的前 2 天，任务 2 就开始。

图 4-44

在 Project 中设置依赖关系的两种方法在前文已经讲过了，这里不再赘述。如图 4-45 所示，假如任务 B 需要在任务 A 开始时也开始，那么可以在任务 B 的【前置任务】列中输入"1SS"；假如任务 B 需要在任务 A 开始 1 天后开始，可以在任务 C 的【前置任务】列中输入"1SS+1"，后面的"个工作日"会自动显示。如果任务有两个前置任务，那么在前置任务列中输入时，用英文逗号隔开即可。

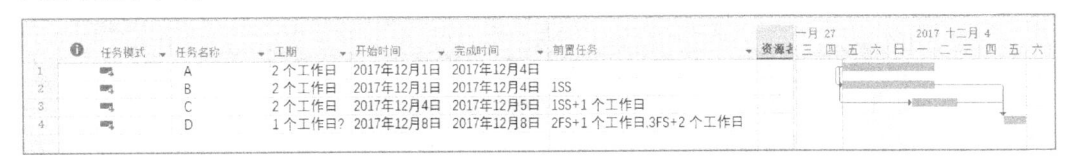

	任务模式	任务名称	工期	开始时间	完成时间	前置任务
1		A	2 个工作日	2017年12月1日	2017年12月4日	
2		B	2 个工作日	2017年12月4日	2017年12月5日	1SS
3		C	2 个工作日	2017年12月4日	2017年12月5日	1SS+1 个工作日
4		D	1 个工作日?	2017年12月8日	2017年12月8日	2FS+1 个工作日,3FS+2 个工作日

图 4-45

4.4.2.3 完成完成

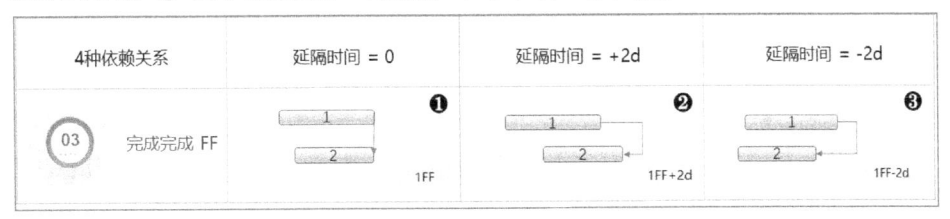

完成完成的意思是前一个任务完成时，当前任务也要完成。如图 4-46 所示，任务 2 在任务 1 完成时也完成了。❶ 显示的是任务 1 完成时，任务 2 马上完成；❷ 显示的是，任务 1 完成 2 天后，任务 2 完成；❸ 显示的是任务 1 完成前 2 天，任务 2 就完成。

图 4-46

在 Project 中进行有关设置的方法这里不再详述，可参见前文。

4.4.2.4 开始完成

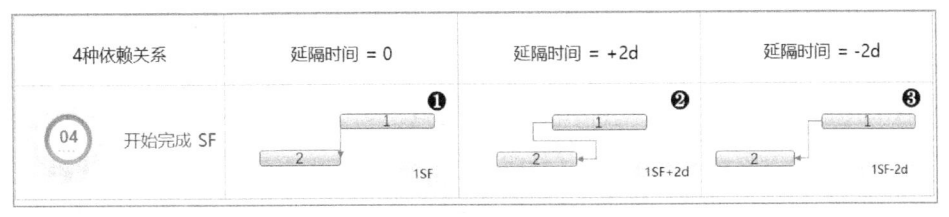

开始完成的意思是前一个任务开始时，当前任务就要完成。如图 4-47 所示，任务 2 在任务 1 开始时就完成。❶ 显示的是任务 1 开始时，任务 2 马上完成；❷ 显示的是，任务 1 开始 2 天后，任务 2 完成；❸ 显示的是任务 1 开始前 2 天，任务 2 就完成。

图 4-47

在 Project 中进行有关设置的方法这里不再详述，可参见前文。

建议和提醒 上文讲到的 4 种依赖关系理论上都可以使用,但在实际应用中,建议大家尽量多使用完成开始(FS)和开始开始(SS)这两种类型,而尽量少用完成完成(FF)和开始完成(SF)这两种类型,因为在 FF 和 SF 这两种情况下计算出来的任务"总浮动时间(可宽延的总时间)"可能会对大家造成困扰,所以建议大家尽量少用。

※ 小结与要点回顾

1.任务间的依赖关系理论上有 4 种:完成开始、开始开始、完成完成、开始完成,但是由于还可能存在提前量与滞后量,所以会衍生出 12 种变形。

2.在 Project 中设置依赖关系的方法其实有很多种,本节只讲了常用的两种方法,也可以在【任务数据编辑】视图(第 8.11.3 节会提到)中进行操作,或者按照第 10.2.4 节中讲解的方法进行设置。

3.任务的前置任务可以有多个。

4.建议尽量多使用完成开始(FS)和开始开始(SS)这两种以 S 结尾的类型,尽量少用其他两种以 F 结尾的类型:完成完成(FF)和开始完成(SF)。

4.4.3 巧用【后续任务】列

在设置任务的依赖关系时,常用的方式是在【前置任务】列中进行设置。其实 Project 还有一列叫作【后续任务】,它是和【前置任务】对应的概念。比如任务 1 是任务 2 的前置任务,那么任务 2 就是任务 1 的后续任务。如图 4-48 所示,任务 4 的前置任务是任务 2 和任务 3,那么任务 2 和任务 3 的后续任务中都有任务 4。

图 4-48

那要怎么在 Project 中显示出【后续任务】这一列呢?在工作表区域的任意一列右击,然后在弹出的快捷菜单中选择【插入列】,这时 Project 中所有的列都将显示在下拉菜单中,这些列是按照中文名字的拼音首字母排列的,我们可以很快找到【后续任务】这一列,也可以直接输入"后续任务",或者输入"后",这样就缩小了搜索范围,能更快地显示想要插入的列。

当我们设置了任务的前置任务后,【后续任务】列将自动计算出相应的关系,不需要重复设置。如图 4-48 所示,如果任务 4 的前置任务是任务 2 和任务 3,那么可以不设置任务 4 的前置任务,直接在任务 2 和任务 3 的【后续任务】中输入"4",那任务 4 的【前置任务】列中也将自动计算

第 4 章　制订项目计划

并显示出"2,3"。所以,设置任务之间的依赖关系时,既可以设置【前置任务】列,也可以设置【后续任务】列。

同时,【后续任务】列还有一个用处,就是可以通过该列去帮助检查是否有遗漏的依赖关系没有被设置。比如某个任务的【后续任务】列中是空的,有可能就是忘记了设置某个关系,也有可能该任务确实没有后续任务,但不失为一种查漏补缺的方式。

※ 小结与要点回顾

1．在设置任务的依赖关系时,既可以设置前置任务,也可以设置后续任务。
2．前置任务和后续任务是相互对应的,它们互相自动计算,无须重复设置。
3．【后续任务】列可以作为一种查漏补缺的方式,用于检查是否有遗漏的依赖关系。

4.4.4　设置项目中依赖关系的思路与方法

第 3 章中的表 3-1 和图 3-2 展示了整个项目的工作范围,而且估算了每个任务的工期,任务工期相同,但是任务顺序和关系不同,也可能会造成项目的总工期不同,不合理的计划会让项目工期不必要地延长。要统筹安排一个项目进度计划,需要项目负责人具有很多的经验并与其团队相互配合,在 Project 中设置起来并不难,难的是如何厘清任务之间的关系并把任务安排在更合理的时间段,Project 可以通过甘特图等视图帮助大家梳理这种关系。

在本案例项目中,大致的工作顺序是,交房→设计→选材购买→室内施工→业主验收等。但是装修一个房子需要购买的建材等材料是非常多的,并且选择买哪一种材料时可能都要去建材市场或者网上选购半天,如果等到把所有的材料买齐了再施工,如图 4-49 所示,那么整个项目的工期必然就比较长。如果我们换个思路,先根据装修方案来判断施工的顺序,再根据施工的顺序去选购建材,那么就可以先选购施工前期需要用到的材料,然后再边施工边采购下一步施工会用到的材料,如图 4-49 所示,这样整个计划就基本能实现统筹安排,整个项目的工期就缩短了。

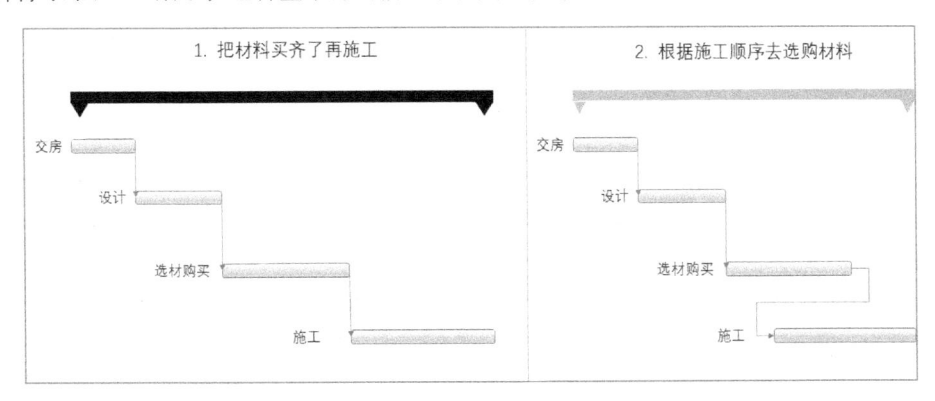

图 4-49

10 天精通 Project 项目管理：从菜鸟到实战高手

当然，一些人可能认为也可以边设计边选购材料，这当然是可以的，本节只是让大家学会思考如何更合理地制订进度计划，将不再对案例本身任务的逻辑关系深入地研究和讨论。

基于上述思路，小王和他的项目团队一起研究制订了任务之间的依赖关系，如表 4-2 所示。

表 4-2

序号 （任务 ID）	WBS 编码 （任务级别）	任务名称	前置任务 （数字代表的是任务 ID）
1	1	**新房装修项目**	
2	1.1	交房	
3	1.2	装修设计	
4	1.2.1	实地测量及现场协商装修方案	2
5	1.2.3	装修方案设计	4
6	1.2.4	装修方案确认、修改及定稿	5
7	1.3	选材、购买	
8	1.3.1	选购电线、水管、开关插座等	6
9	1.3.2	选购地砖、墙砖、过门石	8
10	1.3.3	选购卫生间、厨房吊顶	9
11	1.3.4	选购厨房整体橱柜	10
12	1.3.5	选购卫浴设备	11
13	1.3.6	选购客厅吊顶材料	12
14	1.3.7	选购墙面漆	13
15	1.3.8	选购木地板	14
16	1.3.9	选购室内木门	15
17	1.3.10	选购壁纸	16
18	1.3.11	选购暖气片	17
19	1.3.12	选购室内灯具	18
20	1.3.13	选购窗帘	19
21	1.3.14	选择室内气体检测及治理机构	20
22	1.4	室内施工	
23	1.4.1	墙体改造	6
24	1.4.2	水电改造	
25	1.4.2.1	管路设计、画线	23,8
26	1.4.2.2	挖线槽、管槽	25
27	1.4.2.3	布线布管	26
28	1.4.2.4	试水打压	27
29	1.4.2.5	线槽、水管槽填补平整	28
30	1.4.2.6	防水层施工	29

第 4 章　制订项目计划

续表

序号 （任务 ID）	WBS 编码 （任务级别）	任务名称	前置任务 （数字代表的是任务 ID）
31	1.4.3	贴地砖墙砖（阳台、卫生间及厨房）、过门石	30,9
32	1.4.4	卫生间、厨房吊顶	31,10
33	1.4.5	安装厨房整体橱柜	32,11
34	1.4.6	安装卫生间设备（坐便器、淋浴间、挂件等）	32,12
35	1.4.7	客厅吊顶施工	33,34,13
36	1.4.8	墙面处理及刷漆	
37	1.4.8.1	第一遍刮腻子、打磨	35
38	1.4.8.2	第二遍刮腻子、打磨	37FS+2 个工作日
39	1.4.8.3	第三遍刮腻子、打磨	38FS+2 个工作日
40	1.4.8.4	刷墙面漆	39FS+2 个工作日
41	1.4.9	铺地板	42,16
42	1.4.10	安装室内木门	40,15
43	1.4.11	贴壁纸	17,41
44	1.4.12	安装开关插座	43,8
45	1.4.13	安装暖气片	44,18
46	1.4.14	灯具安装（客厅、卧室、餐厅灯）	44,19
47	1.4.15	安装窗帘	45,46,20
48	1.4.16	家具家电入场前清扫清洁	47
49	1.5	业主验收	48
50	1.6	晾晒	49
51	1.7	检测室内空气是否达标	50,21
52	1.8	具备入住条件	51

小王的团队在确定任务间的依赖关系时，考虑到"刮腻子"这项工作有其特殊性，每遍刮腻子之后要干燥 2 天才能进行下一遍刮腻子或者刷漆，于是在设置任务 38、任务 39 和任务 40 的前置任务时体现了这种依赖关系，采用了 2 天的延隔时间。

接下来，根据第 4.4.2 节和第 4.4.3 节中所讲的方法，把表 4-2 中的依赖关系在 Project 中设置一下。

※ 小结与要点回顾

1．"工夫在诗外"，设置任务之间的依赖关系，在 Project 中操作并不难，最主要的是项目团队对任务之间的实际逻辑关系的理解程度，这需要经验的积累。

2．合理地安排任务之间的依赖关系，将使项目的工期最优，也会使资源利用效率最高。

4.4.5 设置任务依赖关系的注意事项和建议

1. 不要把摘要任务设置成其子任务的前置任务，也不要把子任务设置成其摘要任务的前置任务

首先，摘要任务是由它自己的子任务组成的，它们是一种包含与被包含的关系，因此不能互相作为彼此的前置任务。如图 4-50 所示，任务 36 "墙面处理及刷漆"是任务 37、任务 38、任务 39、任务 40 的摘要任务，也就是说任务 36 包含任务 37、任务 38、任务 39、任务 40，假如在任务 36 的【前置任务】列中输入 "37"，或者在任务 37 的【前置任务】列中输入 "36"，都会出现如图 4-51 所示的提示窗口，意思就是在摘要任务和它自己的子任务之间不能互相设置依赖关系。

图 4-50

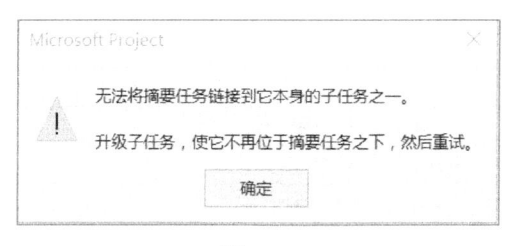

图 4-51

2. 尽量不要把摘要任务作为其他任务的前置任务，也尽量不要给摘要任务本身设置前置任务

如图 4-52 所示，任务 8 "选购电线、水管、开关插座等"应该在任务 3 "装修设计"结束后才能开始，理论上讲，可以把任务 3 作为任务 8 的前置任务，但由于任务 3 是个摘要任务，在此建议把任务 3 这个摘要任务中最晚的子任务（任务 6）设置成任务 8 的前置任务，就是尽量不要把一个摘要任务当作其他任务的前置任务。同样，任务 7 "选材、购买"这个摘要任务应该在任务 3 "装修设计"或者任务 6 "装修方案确认、修改及定稿"结束后才能开始，但是笔者同样不建议给任务 7 这种摘要任务设置前置任务，而是给它的子任务（任务 8）设置前置任务。

为什么要给大家这样的建议呢？因为在第 4.28 节讲到分组功能时，会谈到分组后将只显示子任务而不显示摘要任务，如果把摘要任务设置成前置任务，那么分组后就无法看到任务之间的依赖关系了。在第 6.3.3 节中将使用分组功能查看计划的关键路径，这条建议就更为重要了。

第 4 章　制订项目计划

	任务模式	名称	工期	开始时间	完成时间	前置任务
1		⊿ 1 新房装修项目	36 个工作日?	2018年3月1日	2018年4月5日	
2		1.1 交房	1 个工作日?	2018年3月1日	2018年3月1日	
3		⊿ 1.2 装修设计	3 个工作日?	2018年3月2日	2018年3月4日	
4		1.2.1 实地测量及现场协商装修方案	1 个工作日?	2018年3月2日	2018年3月2日	2
5		1.2.2 装修方案设计	1 个工作日?	2018年3月3日	2018年3月3日	4
6		1.2.3 装修方案确认、修改及定稿	1 个工作日?	2018年3月4日	2018年3月4日	5
7		⊿ 1.3 选材、购买	14 个工作日?	2018年3月5日	2018年3月18日	
8		1.3.1 选购电线、水管、开关插座等	1 个工作日?	2018年3月5日	2018年3月5日	6
9		1.3.2 选购地砖、墙砖、过门石	1 个工作日?	2018年3月6日	2018年3月6日	8
10		1.3.3 选购卫生间、厨房吊顶	1 个工作日?	2018年3月7日	2018年3月7日	9
11		1.3.4 选购厨房整体橱柜	1 个工作日?	2018年3月8日	2018年3月8日	10

图 4-52

4.5　估算和设置任务的工期

当我们在 Project 中创建了工作分解结构，并且设置了任务之间的依赖关系后，就需要针对任务估算并设置它的工期。在实际应用中，第二步和第三步有可能会交叉进行，这也是可以的。当把这三步做完后，进度计划的雏形就已经展现出来了，你会看到每个任务的计划起始时间和结束时间，整个项目的起始时间和结束时间也都自动计算出来了。

注意，我们需要估算的是子任务的工期，而不需要估算摘要任务的工期，因为摘要任务的工期是根据子任务的工期自动计算的，下面将讲解其中的计算原理。

4.5.1　估算工期的常用方法

在 Project 中设置工期相对比较简单，重要的是如何比较准确地估算任务的工期，有效地估算工期会提高项目的成功率。下面是一些常用的估算工期的方法。

- ★ 专家判断。这个词听起来似乎很专业，但其实是我们使用最多的一种方式。专家的估算一般比较可靠，那么谁是专家呢？项目团队或者组织中对此类任务比较有经验的成员就可以理解为这里所说的专家，因为他们往往拥有比较丰富的经验和相关知识，对任务工期做出的判断相对于其他人来讲更为可靠。所以，这也再次提醒项目经理，一个好的计划不是项目经理一个人就能完成的，他必须想办法利用团队的集体智慧，并懂得动员组织内的有用资源都去服务于项目目标的实现。
- ★ 类比估算。通俗地讲，如果以前做过类似的项目，那么可以根据以往类似项目的历史数据对本项目进行预测，同类项目或者任务的工期具有很好的借鉴性，这在项目管理的知识体系中也称之为组织过程资产的一部分。
- ★ 根据工作量估算。比如先核算出任务的总工时，然后根据可调用的资源数量及其效率水平，也可以大致估算出任务所需的工期。笔者经常举的一个例子就是搬砖，假如有一万块砖需

81

要从 A 点搬到 B 点，我们知道手头有 5 个人可以用，每个人每小时能搬 500 块砖，基于此也可以大致估算出搬完所有的砖所需要的工期，这就是一个根据工作量估算工期的简单例子。

★ 三点估算。这是计划评审技术中的一种方式，首先估算出任务的最乐观工期 t_O、最可能工期 t_M、最悲观工期 t_P，然后假定任务的工期在三种估算区间内服从贝塔分布，则分别赋予它们 1:4:1 的权重，从而计算出期望工期 t_E，如下面的公式所示。

$$t_E = \frac{t_O + 4t_M + t_P}{6}$$

另外一种常用的方式是假定任务工期在三种估算区间内服从三角分布，则更为简单，期望工期 t_E 的计算公式如下所示。

$$t_E = \frac{t_O + t_M + t_P}{3}$$

在 Project 2007 及之前的版本中，有三点估算这个工具，叫作 PERT，如图 4-53 所示。可以分别输入任务的乐观工期、预期（最可能）工期、悲观工期，而且还可以修改三者默认的权重，从而最后由 Project 计算出该任务的期望工期。但是 Project 2010、Project 2013、Project 2016 和 Project 2019 版本已经不再有 PERT 这个功能，所以用户在这些版本中无法找到三点估算的设置。

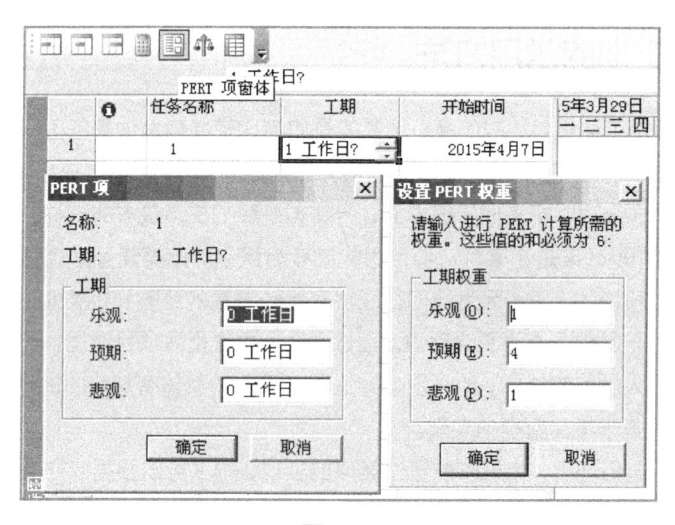

图 4-53

小王带领他的项目团队综合以上方法对各个任务的工期进行了估算，如表 3-1 所示。Project 可以辅助测算或者估算整个项目或者某个阶段的总工期，但是单个任务的工期还需要项目团队独立于软件之外去完成。

※ 小结与要点回顾

1．在 Project 中只需要估算子任务的工期，Project 会自动计算摘要任务的工期，接下来马上就讲到计算原理。

2．估算工期的工作大部分是软件外的工作，Project 软件是机器，它没有经验也没有知识，只会计算。"工夫在诗外"，估算工期离不开项目团队的集体参与和智慧，项目经理要发挥领导者的作用。

4.5.2 输入并设置任务的工期

Project 的工期都是工作日而不是自然天，那什么是工作日呢？就是指项目日历或者任务日历中的工作时间，比如"6 天工作制"日历中的星期日就不算工作日了，除非某个星期日是假期的调休时间。

在 Project 中默认的工期通常显示为"1 个工作日？"，这传达了以下这三条信息。

★ 默认的工期单位是"工作日"，也就是说工期是以天为单位的，而且是日历里面的工作日。

★ 默认的工期数量是 1 个工作日。

★ 工期之所以带问号是提示用户，工期是要输入的。哪怕某个任务的工期确实就是 1 个工作日，也建议大家在【工期】列中输入 1，这样问号就消失了。如果不想让默认的工期显示问号，那么可以在【Project 选项】中按照图 4-54 所示，把"有估计工期的新计划任务"前面的勾选标记去掉。

图 4-54

当对各个任务的工期有了估算之后，就可以直接把工期天数输入 Project 计划的【工期】列中了，这一步操作非常简单，注意只需输入子任务的工期，不要输入摘要任务的工期。然后一个初始项目计划的雏形就有了，如图 4-55 所示（仅对部分任务进行了截图），每个任务（包括摘要任务）都有它的工期、开始时间和完成时间了，整个项目历时 87 个工作日，将在 2018 年 5 月 26 日完工，看起来已经像是一个进度计划了。

※ 小结与要点回顾

1．想在 Project 中设置任务的工期，直接在【工期】列输入天数即可。

2．只需要输入子任务的工期，摘要任务的工期和时间是不需要输入的。

3．Project 中的工期都是“工作日”，就是日历里面的工作时间，和自然天是不同的。

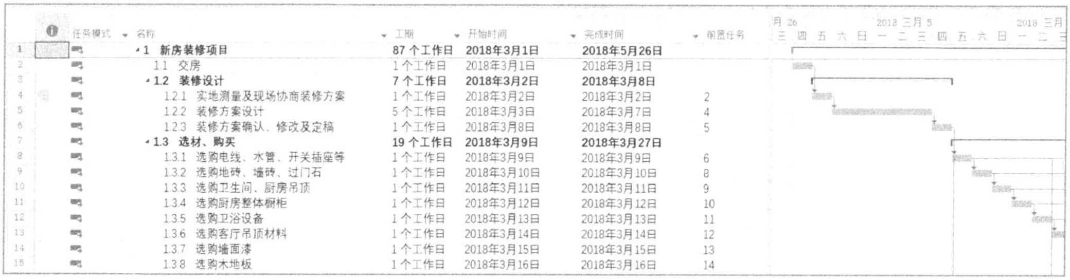

	任务模式	名称	工期	开始时间	完成时间	前置任务
1		**1 新房装修项目**	**87 个工作日**	**2018年3月1日**	**2018年5月26日**	
2		1.1 交房	1 个工作日	2018年3月1日	2018年3月1日	
3		**1.2 装修设计**	**7 个工作日**	**2018年3月2日**	**2018年3月8日**	
4		1.2.1 实地测量及现场协商装修方案	1 个工作日	2018年3月2日	2018年3月2日	2
5		1.2.2 装修方案设计	5 个工作日	2018年3月3日	2018年3月7日	4
6		1.2.3 装修方案确认、修改及定稿	1 个工作日	2018年3月8日	2018年3月8日	5
7		**1.3 选材、购买**	**19 个工作日**	**2018年3月9日**	**2018年3月27日**	
8		1.3.1 选购电线、水管、开关插座等	1 个工作日	2018年3月9日	2018年3月9日	6
9		1.3.2 选购地砖、墙砖、过门石	1 个工作日	2018年3月10日	2018年3月10日	8
10		1.3.3 选购卫生间、厨房吊顶	1 个工作日	2018年3月11日	2018年3月11日	9
11		1.3.4 选购厨房整体橱柜	1 个工作日	2018年3月12日	2018年3月12日	10
12		1.3.5 选购卫浴设备	1 个工作日	2018年3月13日	2018年3月13日	11
13		1.3.6 选购客厅吊顶材料	1 个工作日	2018年3月14日	2018年3月14日	12
14		1.3.7 选购墙面漆	1 个工作日	2018年3月15日	2018年3月15日	13
15		1.3.8 选购木地板	1 个工作日	2018年3月16日	2018年3月16日	14

图 4-55

4.5.3 估算工期的建议：警惕帕金森定律

在进行项目进度管理时，一定要有风险意识和风险思维。在估算单个任务的工期时，要适度紧张，从而把进度的余量留给整个项目，在项目后期再考虑使用。即使觉得当前项目还有余量或者缓冲的时间，也尽量不要在项目早期使用，项目进度的余量只有在项目后期随着风险越来越低时，才可以考虑使用。如果在项目前期过早地动用了项目的余量，那么项目执行起来，压力就会越来越大，因为项目工期的余量已经用完了，后面的任务必须一天都不能延误才能勉强按时完成项目，而哪怕任何一个风险或意外事件发生，都将导致项目不能按时交付。

这就提醒我们，在估算单个任务的工期时，要适度紧张，不能觉得项目进度尚有宽限的余地就给单个任务留足了工期，这样项目后期必然越来越吃紧，从而使延期交付的风险加大。

另外，帕金森定律已经告诉我们，不管给任务留足多少工期，任务都会自动填满整个工期而绝不会提前完成。举个例子，一个任务大概需要 10 天完成，如果你给该任务安排 20 天的工期，那么任务一定会磨磨蹭蹭到第 20 天才完成，而不会在第 10 天就完成。大家可以深入了解一下帕金森定律，这是一条普遍适用的规律，也是人性使然。所以，项目管理者在做计划时要特别注意，单个任务的工期不能留太多余量，适度紧张一些更好，把时间节省出来留给整个项目后期使用才是上策。

4.5.4 将任务的工期单位设置为周或者月

Project 默认的工期单位是"天"（工作日），如果想把默认的工期单位改成"周"或者"月"，可以在【Project 选项】中按照如图 4-56 所示的方式修改默认的工期单位（注意第 2.2.1 节中的"建议与提醒"，在修改选项设置时要记得选择是对"当前文件"修改还是对"所有新项目"修改）。

如果大部分任务的工期单位是天，而某个任务的工期想设置成周或者月也是可以的，在【工期】列中可以直接输入"1w"或"1week"（不要输入"1 周"，但可以输入"1 周工时"），Project 都会自动识别成 1 个星期然后显示为"1 周工时"。

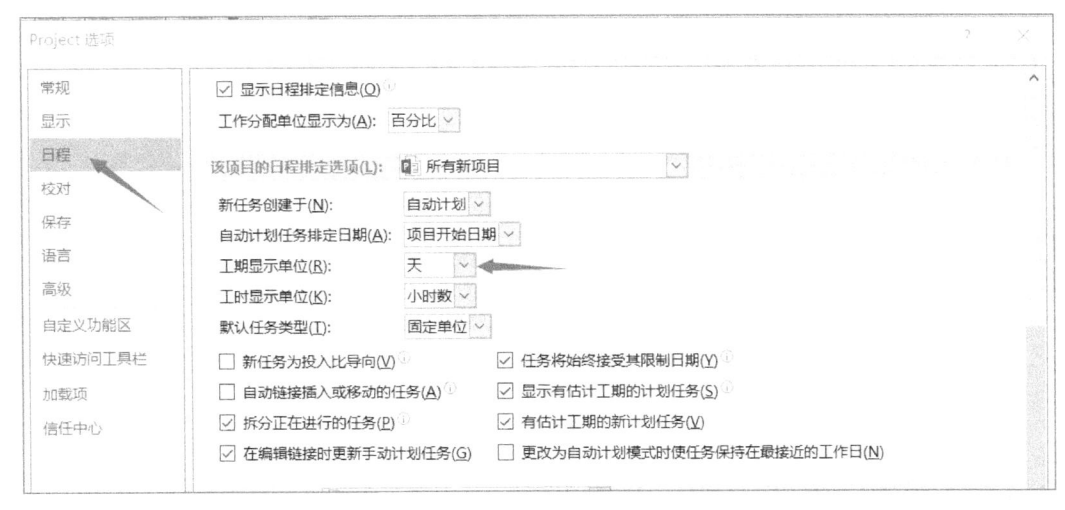

图 4-56

需要注意的是，这里的 1 周工时到底是多少小时或者多少天呢？这不取决于日历，而取决于选项中的设置，这在第 2.3.4 节已经做了铺垫。假如在工期中输入 1w，显示为"1 周工时"后，它代表的是 1w=40 个工时，即使当前项目日历使用的是全年无休，1w 仍然是 40 个工作小时的意思。为什么呢？这与第 2.3.4 节图 2-8 中显示的选项中每周工时为 40 个工时和每日工时为 8 个工时有关系。

同理，当我们在【工期】列中输入"1mon"或者"1month"后（不要输入"1m"，因为 Project 会识别成 1 分钟，分钟的英文是 minute，也是 m 开头的），将显示为"1 月工时"，就相当于 1 mon = 20 个工作日×8 工时/个工作日=160 个工时，哪怕项目日历是全年无休日历，输入"1mon"仍然只是 160 个工作小时。关于这部分内容，请大家好好理解并记住，绝大部分用户在没有看本书讲解前都有误解。

※ 小结与要点回顾

1．工期单位默认为天，但可以在选项中修改成其他单位，比如周或者月。

2．在为某个任务的工期输入"1w"或者"1mon"时，不能理解为1周等于7天或者1月等于30天或22天，Project会根据【Project选项】中设置的每周工时和每月工作日换算出工期对应的工作小时数再进行计算。

4.5.5 查看整个项目的工期和时间

要查看整个项目的工期和时间，可以在【格式】选项卡中勾选最右侧的【项目摘要任务】，如图4-57所示，这样项目计划中就会出现一个任务ID号为0的项目摘要任务，其名称默认为文件名称，可以修改，但是它的工期和时间都是无法编辑和更改的。关于项目摘要任务，在第5.6节讲项目预算时还会用到这个概念。

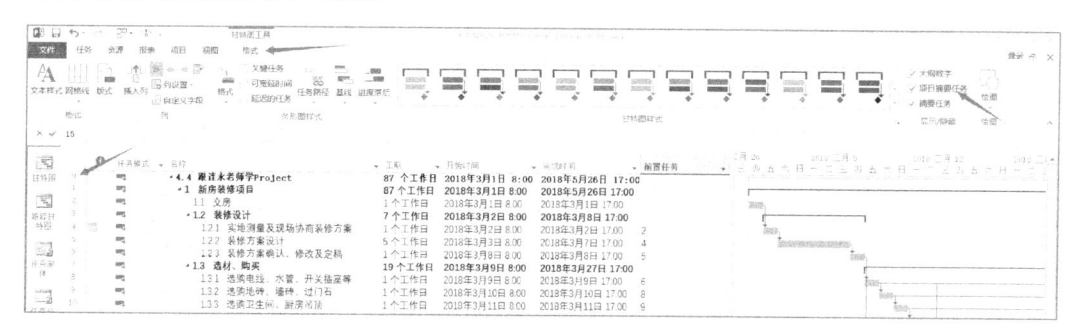

图 4-57

4.5.6 摘要任务的工期、开始时间、完成时间的计算原理

通过设置项目信息中的项目开始日期及项目日历，创建工作分解结构，设置任务间的依赖关系、估算，设置任务的工期，一个初始的项目计划就生成了。期间我们一再强调不需要输入摘要任务的工期，但摘要任务的工期和时间实际上都自动计算出来了。如图4-58所示，任务36"墙面处理及刷漆"包含任务37、任务38、任务39、任务40，我们输入了子任务的工期后，摘要任务的工期和时间就自动计算出来了，而且，并不是子任务的工期之和，那么，摘要任务的工期和时间到底是如何计算的呢？下面就来讲解。

图 4-58

第 4 章　制订项目计划

如图 4-59 所示，如果【任务模式】是自动计划，摘要任务计算工期的过程将如下所示。

★ 子任务中最早的开始时间就是摘要任务的开始时间。

★ 子任务中最晚的完成时间就是摘要任务的完成时间。

★ 摘要任务的工期等于，它的开始时间到完成时间在任务日历下的工作日天数。

所以，摘要任务的工期、开始时间、完成时间根本不需要我们输入，Project 会根据上述规则自动计算出来。而一旦手动输入了摘要任务的工期或者时间，那么就它的任务模式就变成手动计划了，而在手动计划模式下就会出现一些弊端，第 4.30.4 节会详细讲解该问题。

```
                （子）任务的工期是手动输入的
                摘要任务的工期是自动计算的

                        摘要任务
        ▼━━━━━━━━━━━━━━━━━━━━━━━━━━━━▼
                          工期
                           =
                   任务日历下，开始时间到完成时
                     间的工作日天数①
        开始时间                              完成时间
           =                                    =
        子任务中最早的开始时间                子任务中最晚的完成时间

①准确地说，摘要任务的工期应该是，开始时间到完成时间在其日历下的工时数除以8换算出来的天数
```

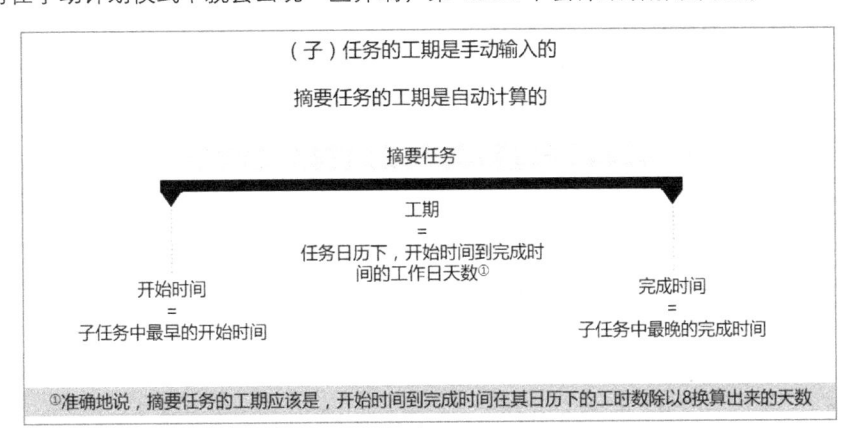

图 4-59

本书一再强调要将任务模式改成自动计划，如果仍然使用手动计划，那么当有意或者不小心修改了摘要任务的工期或者时间后，摘要任务的时间可能就与子任务不匹配，而且不易被察觉，后果将有三个：第一，造成计划不合理；第二，对关键路径造成错误的干扰；第三，让看计划的人困惑，详见第 4.30.4 节。

※ 小结与要点回顾

1．在 Project 中做进度计划时，我们只需要输入和设置子任务的工期，而不需要（也不要）设置摘要任务的工期。

2．摘要任务的工期和时间都是根据子任务的信息自动计算出来的。

3．一旦修改了摘要任务的工期或者时间，它的任务模式就会从自动计划变成手动计划，这时也将出现摘要任务和子任务的时间无法对应的情况。而如果从一开始就在使用手动计划，那么偶尔对摘要任务进行误操作后，用户将无法察觉，从而造成计划混乱，所以，请读者一定要将任务模式改成自动计划。

4.6 做进度计划时设置任务的工期而不是时间的原因

经过前面的操作，一个进度计划的雏形已经展现在眼前了，我们只是设置了项目信息（项目开始日和项目日历）、创建了工作分解结构 WBS、设置了任务之间的依赖关系、估算并设置了（子）任务的工期，并没有输入任何任务的开始时间或者完成时间，而每个任务都有起止时间，一个进度计划所需要的基本要素都有了。

那么这些任务的时间是怎么计算出来的？背后又隐含了什么原理呢？下面就来详细讲解。

当在项目信息中设置了项目开始日期为 2018 年 3 月 1 日后，所有任务的默认开始时间就是项目的开始日期，如果有些任务设置了前置任务，那么，这些任务的开始时间就是根据项目开始日期加上前置任务共同计算出来的。

如图 4-55 中，任务 2 "交房"就没有前置任务，那它的开始时间就是项目的开始日期——2018 年 3 月 1 日。而任务 4 "实地测量及现场协商装修方案"的开始日期 2018 年 3 月 2 日，则是根据项目开始日期和其前置任务共同计算出来的结果。

如果不给具体的任务输入任何开始时间或完成时间，只设置它的工期，它的开始时间和完成时间就按照上述原则来计算，如图 4-60 所示。在这种情况下，就完全遵循了前文提到的进度管理的第一原则——"任务越早开始越好"，只要项目一启动，有条件开始的任务会立即开始做，没有任何拖延，而最早是什么时候可以开始呢？理论上就是在项目信息中设置的项目开始日期。哪怕任务暂时不那么紧急，只要现在有条件开始做的就马上做，这是一种风险管理的思维，因为你永远不知道明天会有什么其他事情打乱你的计划，可能领导第二天会给你安排更加紧迫的事情去处理，所以项目进度管理的原则就是，今天能做的事绝不推到第二天。同时请读者们注意，这里讲的这个原则是针对进度管理而言的，假如执行某项任务还需要花费项目成本，而且有实际的现金流出，那可能还要综合考虑项目现金流再去统筹安排任务。

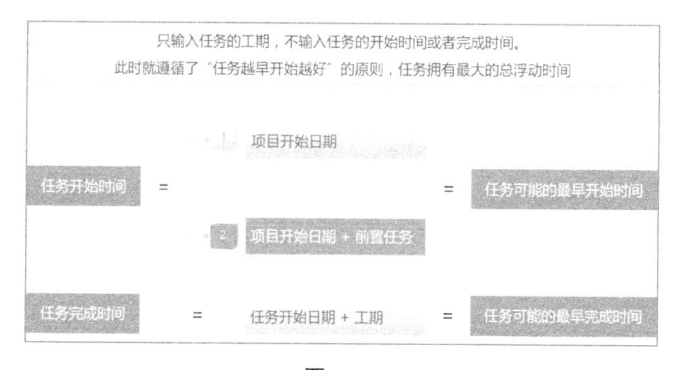

图 4-60

因此所有任务的开始时间都是该项目下任务可能的最早开始时间，同样，完成时间也是该项目下可能的最早完成时间，此时，任务拥有最大的总浮动时间（可宽延的总时间），也就是安全余量是最大的。当然，项目经理在做进度计划时是需要和职能部门的资源不断沟通和“谈判”的，如果沟通下来某些任务确实不能按照这个最早的开始时间启动，那么也可以为个别的任务手动输入新的开始时间，甚至在 Project 中输入的时间早于项目开始日期也是可以的。但这样做就相当于没有遵循“任务越早开始越好”的原则，等于吃掉了一部分总浮动时间或者安全余量，针对这种情况，Project 自动为任务设置了“限制类型”，将在第 4.29 节为大家详细讲解。

4.7　将 Excel 计划导入 Project 中

本节将介绍如何把做好的 Excel 计划导入 Project 当中，比如小王的案例，假如他已经在 Excel 中做好了表 3-1 的内容，甚至是一个较为完整的计划，如图 4-61 所示，可不可以直接导入到 Project 中呢？是可以的，这就是本节的重点。有兴趣的读者可以学习一下，也可直接略过本节继续学习后面的内容。这是为什么呢？因为如果要把 Excel 计划导入 Project 中，复制、粘贴可能是最快、最不容易犯错的方式，比如任务名称可以一次性复制并粘贴到 Project 中，也可以把工期一次性复制并粘贴过去，不见得比从 Excel 直接导入 Project 慢。

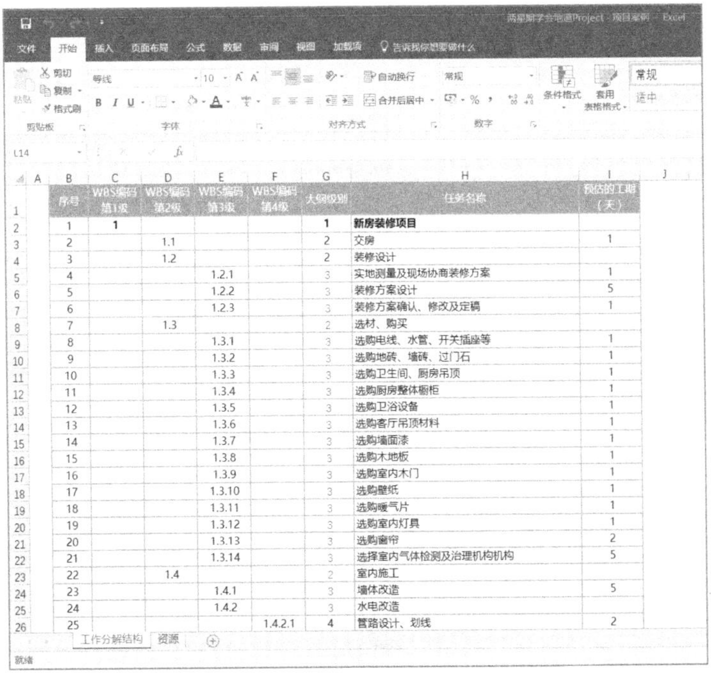

序号	WBS编码第1级	WBS编码第2级	WBS编码第3级	WBS编码第4级	大纲级别	任务名称	预估的工期（天）
1	1				1	**新房装修项目**	
2		1.1			2	交房	1
3		1.2			2	装修设计	
4			1.2.1		3	实地测量及现场协商装修方案	1
5			1.2.2		3	装修方案设计	5
6			1.2.3		3	装修方案确认、修改及定稿	1
7		1.3			2	选材、购买	
8			1.3.1		3	选购电线、水管、开关插座等	1
9			1.3.2		3	选购地砖、墙砖、过门石	1
10			1.3.3		3	选购卫生间、厨房吊顶	1
11			1.3.4		3	选购厨房整体橱柜	1
12			1.3.5		3	选购卫浴设备	1
13			1.3.6		3	选购客厅吊顶材料	1
14			1.3.7		3	选购墙面漆	1
15			1.3.8		3	选购木地板	1
16			1.3.9		3	选购室内木门	1
17			1.3.10		3	选购壁纸	1
18			1.3.11		3	选购暖气片	1
19			1.3.12		3	选购室内灯具	1
20			1.3.13		3	选购窗帘	2
21			1.3.14		3	选择室内气体检测及治理机构机构	5
22		1.4			2	室内施工	
23			1.4.1		3	墙体改造	5
24			1.4.2		3	水电改造	
25				1.4.2.1	4	管路设计、划线	2

图 4-61

10 天精通 Project 项目管理：从菜鸟到实战高手

建议与提醒 在图 4-61 中，大家会看到笔者还创建了一列【大纲级别】，这是什么意思呢？就是任务所在的层级，也可以这样理解，其 WBS 编码是 1 位数的，大纲级别就是 1，WBS 编码是 2 位数的，大纲级别就是 2，以此类推。在源 Excel 文件中建立【大纲级别】列的目的是便于导入 Project 中，可以自动设置任务的层级关系而无须再进行升级、降级的操作。

打开 Project 2013、Project 2016 或 Project 2019，就会出现如图 4-62 所示的窗口，可以单击【空白项目】，也可以单击【根据 Excel 工作簿新建】，或者在 Project 2010 中，单击【文件】→【新建】→【根据 Excel 工作簿新建】，都可以出现如图 4-63 所示的窗口。

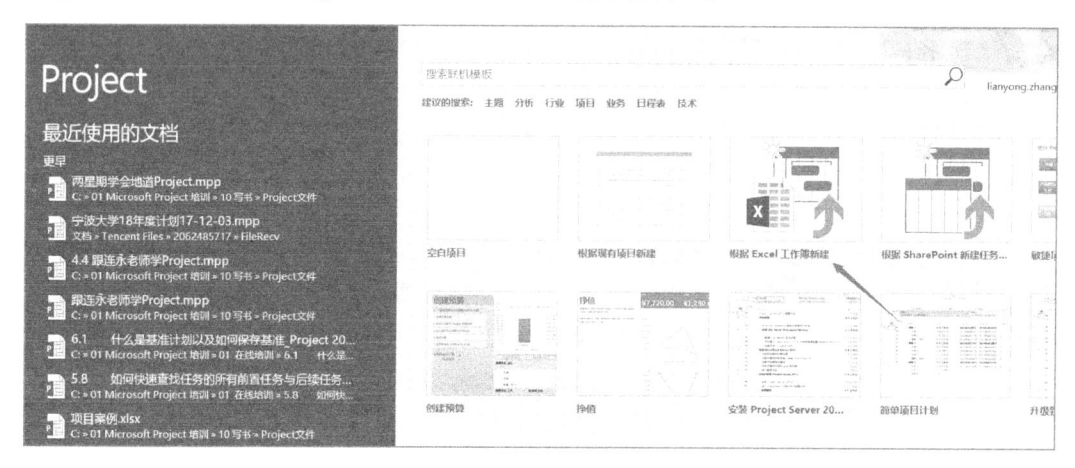

图 4-62

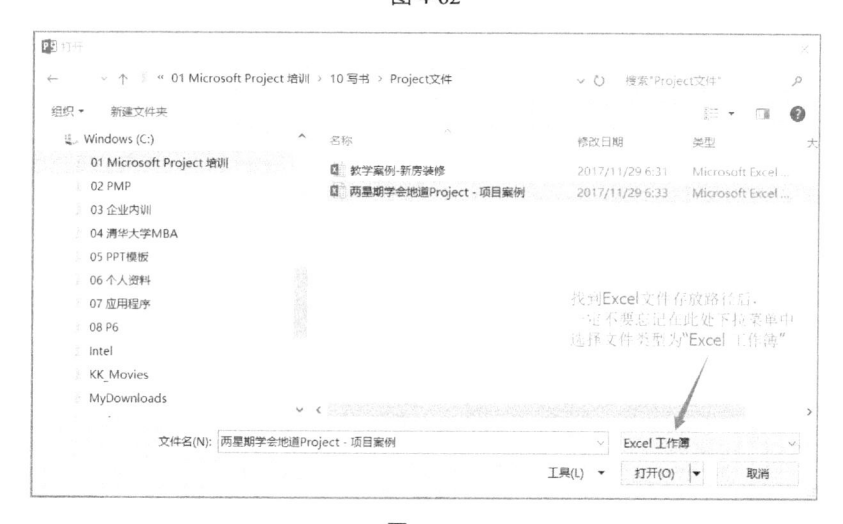

图 4-63

在图 4-63 所示的窗口中，首先找到要导入的 Excel 文件的地址，然后在右下角选择文件格式

第 4 章 制订项目计划

为"Excel 工作簿",这样目标文件就显示出来了,单击右下角的【打开】按钮。接下来会出现三个窗口,在每个窗口中都单击【下一步】即可。

在如图 4-64 所示的窗口中,勾选【任务】,再单击【下一步】按钮,就会出现图 4-65 所示的窗口。

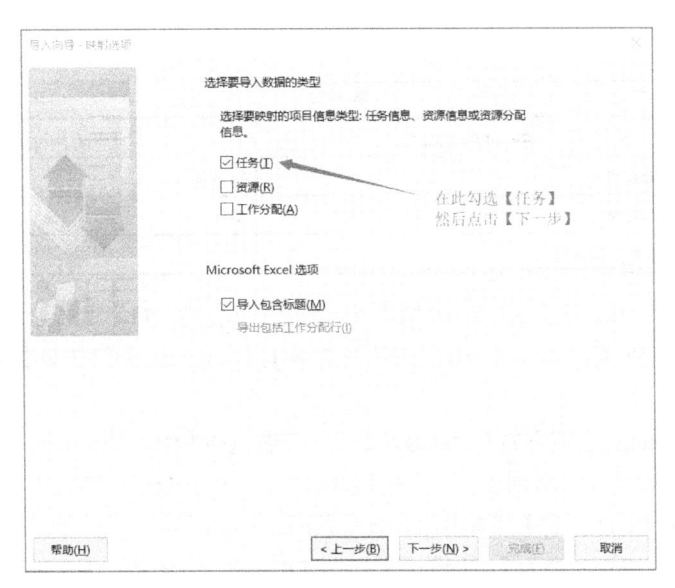

图 4-64

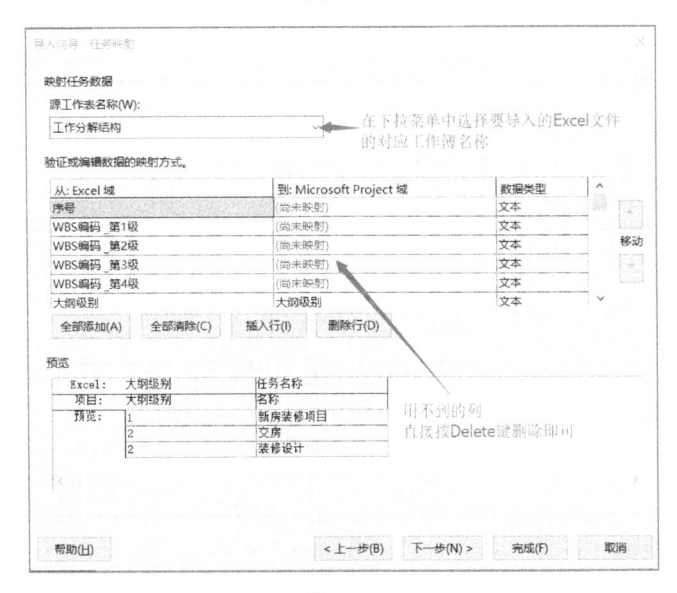

图 4-65

在如图 4-65 所示的窗口中，在【源工作表名称】中选择要导入的 Excel 工作簿，这是一个下拉菜单，从里面直接选择就行，不用输入名称。

接下来就需要设置映射关系了，在这一步中最重要的是设置好 Excel 和 Project 的列对应关系，Project 里面的列是固定的，但是 Excel 里的列是我们自己命名的，对照图 4-61，需要用到 3 列，其名称在 Excel 和 Project 中的对应关系如表 4-3 所示。

表 4-3

	Excel 的名称	对应的 Project 列名称
1	大纲级别	大纲级别
2	任务名称	名称
3	预估的工期（天）	工期

在图 4-65 的窗口中，在【从：Excel 域】下方选中第一个单元格【序号】，然后按 Delete 键删除，并将【WBS 编码_第 1 级】、【WBS 编码_第 2 级】、【WBS 编码_第 3 级】、【WBS 编码_第 4 级】全部删除。

选中【从：Excel 域】下方的【大纲级别】后，在右侧的【到：Microsoft Project 域】中就会自动对应 Project 中的【大纲级别】列了，如果没有对应上，可以从下拉菜单中选择大纲级别。按照同样的方法，将 Excel 中的【任务名称】列与 Project 中的【名称】列对应，Excel 中的【预估的工期（天）】列与 Project 中的【工期】列对应，最终的显示结果将如图 4-66 所示。

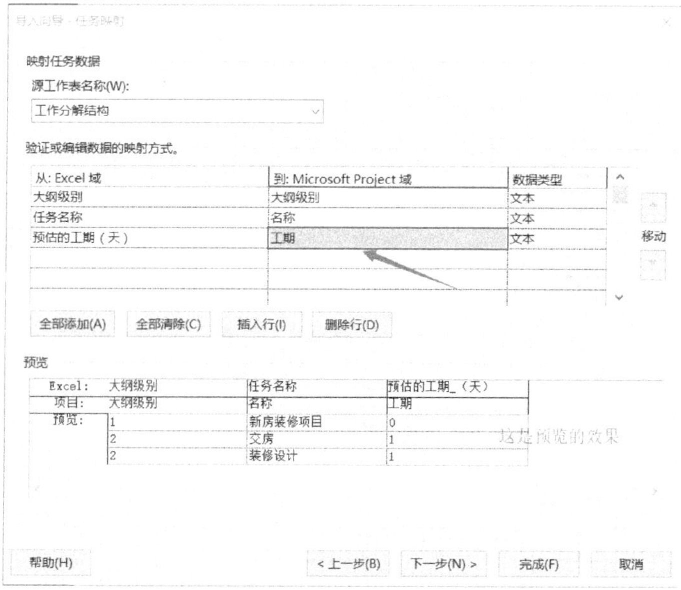

图 4-66

第 4 章　制订项目计划

完成以上操作后，单击图 4-66 窗口中的"完成"按钮，就大功告成了，导入的结果将如图 4-67 所示（截图已裁剪）。可以看到，不仅将名称列、工期列全部复制过来了，而且任务层级全部都自动设置好了，是不是很神奇呢？

	任务模式	任务名称	工期	开始时间	完成时间
1		新房装修项目	30 个工作日	2018年3月31日	2018年5月11日
2		交房	1 个工作日	2018年4月2日	2018年4月2日
3		装修设计	5 个工作日	2018年4月2日	2018年4月6日
4		实地测量及现场协商装修方案	1 个工作日	2018年4月2日	2018年4月2日
5		装修方案设计	5 个工作日	2018年4月2日	2018年4月6日
6		装修方案确认定稿	1 个工作日	2018年4月2日	2018年4月2日
7		选材、购买	5 个工作日	2018年4月2日	2018年4月6日
8		选购电线、水管、开关插座等	1 个工作日	2018年4月2日	2018年4月2日
9		选购地砖、墙砖、过门石	1 个工作日	2018年4月2日	2018年4月2日
10		选购卫生间、厨房吊顶	1 个工作日	2018年4月2日	2018年4月2日
11		选购厨房整体橱柜	1 个工作日	2018年4月2日	2018年4月2日
12		选购卫浴设备	1 个工作日	2018年4月2日	2018年4月2日
13		选购客厅吊顶材料	1 个工作日	2018年4月2日	2018年4月2日
14		选购墙面漆	1 个工作日	2018年4月2日	2018年4月2日
15		选购木地板	1 个工作日	2018年4月2日	2018年4月2日
16		选购室内木门	1 个工作日	2018年4月2日	2018年4月2日
17		选购壁纸	1 个工作日	2018年4月2日	2018年4月2日
18		选购暖气片	1 个工作日	2018年4月2日	2018年4月2日
19		选购室内灯具	1 个工作日	2018年4月2日	2018年4月2日
20		选购窗帘	2 个工作日	2018年4月2日	2018年4月3日

图 4-67

注意事项　上面讲的方法就是映射，需要注意的是，尽量要让导入的 Excel 源文件中工作簿的名称都是中文，如果工作簿名称中有特殊字符或者英文，那么在使用映射功能时可能无法识别相应的工作簿。如果出现这样的情况，建议先把工作簿名称改成纯中文的文字。

※ 小结与要点回顾

1．使用映射功能将 Excel 计划导入到 Project 中时，最重要的是设置好列的对应关系，如表 4-3 所示。Excel 中的列名称怎么命名无所谓，关键是要对应到正确的 Project 列中。

2．请尽量让 Excel 源文件的工作簿名称都使用中文文字，否则在映射时可能出现无法识别的问题。

4.8　设置任务日历的两种方法

在第 4.1 节介绍了制订一个 Project 项目计划时，一开始不要着急去创建任务，而是应该先设置项目信息，而在设置项目信息时主要设置项目的开工日期和项目日历。

一旦设置了项目日历后,所有任务在计算进度时使用的日历就是项目日历,本案例中采用的项目日历是"全年 365 天无休",因此所有任务将默认使用这个日历。

比如任务 5 "装修方案设计",如图 4-68 所示,它的工期是 5 天,当前计划是从 2018 年 3 月 3 日开始,到 2018 年 3 月 7 日完成。如果这个任务主要是由设计师来完成的,而他们部门的日历不是采用"全年 365 天无休的",而是采用"标准+假期"日历。在这种情况下,一个项目计划中会出现不同的任务日历,而此时同样长度的工期由于任务日历不同,其完成时间可能就不同了,这在 Project 中处理起来非常容易。

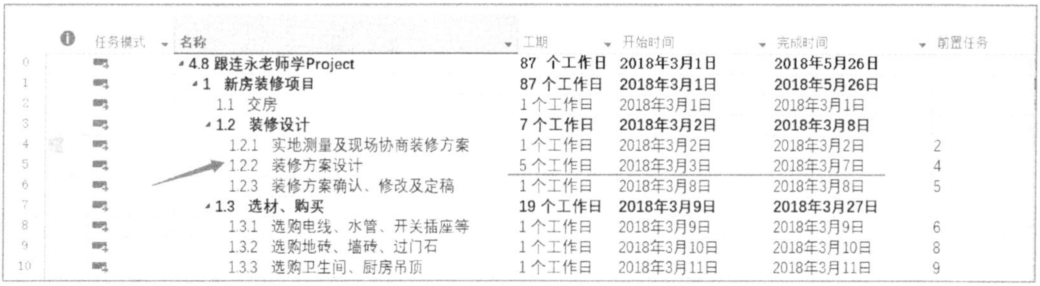

图 4-68

设置任务日历的常用方式有两种,第一是在【任务信息】窗口中设置,第二是在【任务日历】列中设置。本节为了演示设置日历的方法,随机举例,对任务 5 的日历进行修改,按照如下方法修改了该任务的日历后,可再将其改回"全年 365 天无休"日历。

除了这两种常用的方法外,在第 4.22 节中还会讲到新的批量修改多个任务日历的方式,大家可以慢慢学习。

4.8.1 在任务信息窗口中设置任务的特定日历

双击某个任务,比如任务 5 "装修方案设计",在弹出的【任务信息】窗口中单击【高级】选项,如图 4-69 所示,在【日历】中即可为该任务设置其专属的日历。默认情况下,任务日历显示为"无",它的意思是采用项目日历,现在在下拉菜单中选择"标准+假期",单击【确定】按钮。

这时会发现任务 5 "装修方案设计"在【标记】列(任务 ID 与任务模式之间的那一列)显示了一个图标,如图 4-70 所示,鼠标移动到这个图标上就会提示:日历"标准+假期"已经分配给任务。而且任务 5 的开始时间从 2018 年 3 月 3 日(星期六)变成了 3 月 5 日(星期一),因为它的前置任务(任务 4 "实地测量及现场协商装修方案")是在 3 月 2 日(星期五)完成,如果任务 5 采用"全年 365 天无休"日历,它就应该在 3 月 3 日(星期六)开始;而现在任务 5 采用了新日历"标准+假期",虽然前置任务是在 3 月 2 日(星期五)完成了,但是 3 月 3 日(星期六)和 3 月 4 日(星期日)在"标准+假期"日历中是非工作时间,所以任务 5 的开始时间顺延到了 3 月

5 日（星期一）。我们并没有修改任务 5 的工期，仍然是 5 天，但是任务 5 的完成时间就变成了 3 月 9 日（星期五）。

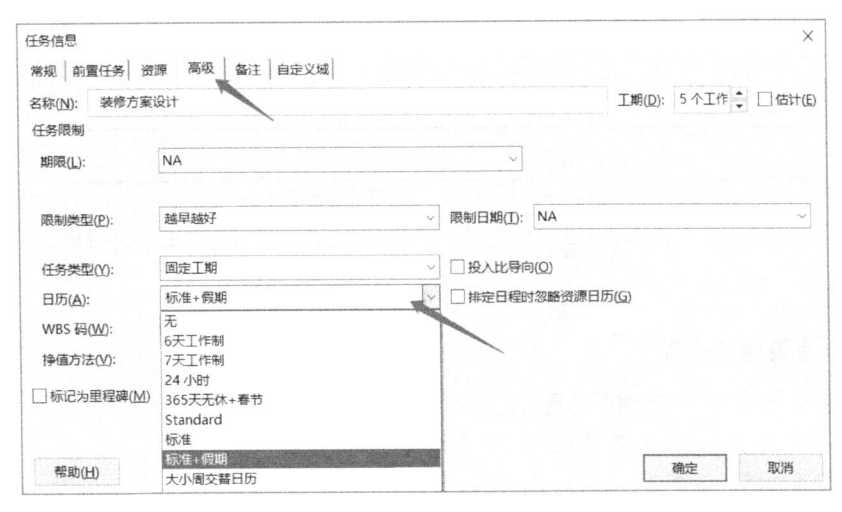

图 4-69

图 4-70

4.8.2 插入【任务日历】列设置任务的特定日历

设置任务日历的第二种方法是，直接在工作表区域任意右击一列，然后在弹出的快捷菜单中选择插入【任务日历】列，如图 4-71 所示。任务日历显示为"无"代表采用项目日历，然后在任务 5 的【任务日历】下拉菜单中选择"标准+假期"即可。

如果要为多个任务设置特定的日历，第二种方法的效率比第一种方法的更高一些。

当不需要显示【任务日历】列时，可以右击该列，然后在弹出的快捷菜单中选择【隐藏列】即可，或者单击该列，然后按键盘上的 Delete 键也可以将其隐藏。需要显示时再按照上述插入列的方式进行操作，所有的列都可以随时隐藏，随时重新显示，而数据并不会丢失。

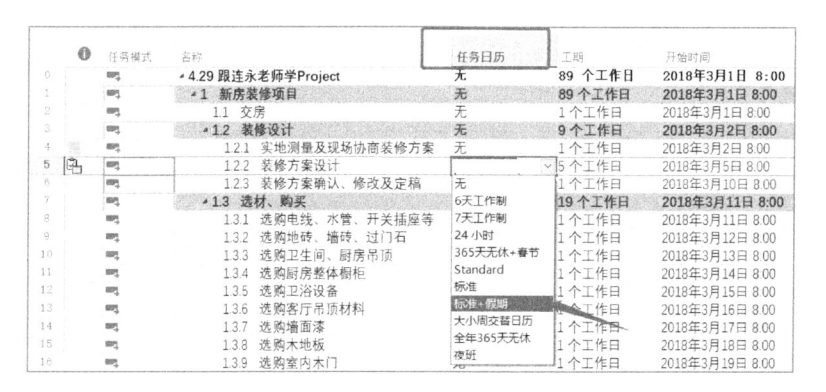

图 4-71

※ 小结与要点回顾

1．在默认情况下，任务使用的是项目日历，但是也可以为任务设置特殊的日历，可以在【任务信息】窗口中设置，也可以在【任务日历】列中设置。

2．用户可以随时设置任务日历，本节只是以任务 5 为例讲解如何修改任务日历，现在需将该任务的日历改回"全年 365 天无休"日历（项目日历）。

4.9 设置里程碑任务的 3 种方法

里程碑任务通常是项目计划中的一些关键节点或者事件，尤其是给客户或者领导呈报计划时，里程碑任务可能是他们关注的重点。在一个项目计划中哪些任务是里程碑，完全靠项目团队自己去判断，在 Project 中设置里程碑任务比较简单，有三种方法，本节将逐一讲解。

4.9.1 工期为零的任务默认为里程碑任务

如果一个任务的工期为零，Project 理解为它仅仅代表一个节点而不是一个持续性的活动，因此自动将工期为零的任务视为里程碑。如图 4-72 所示，当把任务 52 "具备入住条件" 的工期设置成 0 后，该任务就已被默认为是一个里程碑任务了，在默认情况下，里程碑任务的条形图显示为一个黑色的菱形符号，当然，所有任务的条形图都是可以修改的。

图 4-72

假如有些任务的工期不是零，也想设置成里程碑任务，那么可以采用后面这两种方法。

4.9.2 在任务信息窗口中设置里程碑任务

任务 49"业主验收"的工期是 2 个工作日，如果想把它设置为里程碑，可以双击该任务，在弹出的【任务信息】窗口中单击【高级】选项，如图 4-73 所示，然后在该窗口最下方勾选"标记为里程碑"。单击【确定】按钮后，该任务也被设置成了里程碑任务，其条形图就会变成一个黑色小菱形了。

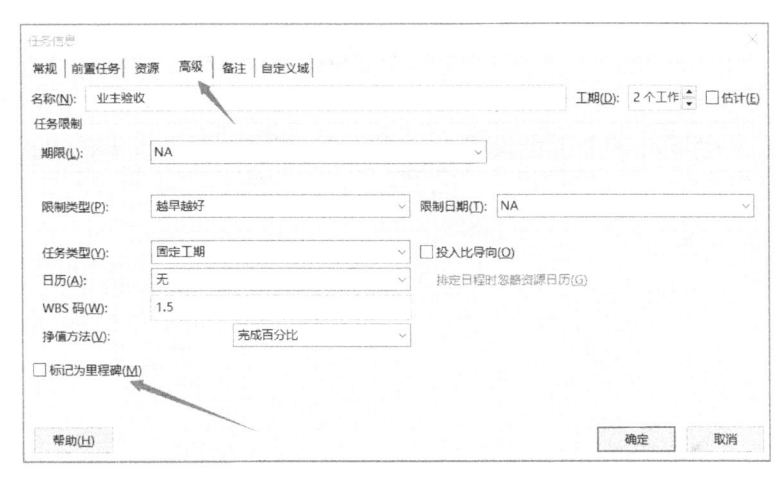

图 4-73

4.9.3 在【里程碑】列中设置里程碑任务

右击工作表区域的任意一列，然后在弹出的快捷菜单中选择【插入列】，在下拉菜单中选择【里程碑】或者准确地输入"里程碑"，这样【里程碑】这一列就显示出来了，如图 4-74 所示。对于任务 49"业主验收"，在【里程碑】列中选择"是"，该任务就被设置为里程碑任务了，条形图也自动变成了黑色小菱形。

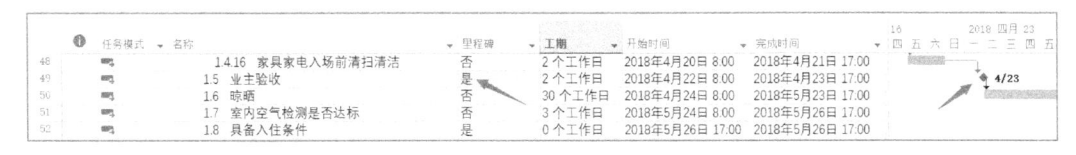

图 4-74

※ 小结与要点回顾

1．在一个项目计划中，哪些任务是里程碑任务，需要靠项目团队自己去判断和设置。如果觉得自己的计划不需要设置里程碑，则可以不设置。

2．设置里程碑任务有三种方法，选择哪一种都可以。

4.10 设置周期性任务及其注意事项

4.10.1 设置周期性任务

在项目计划中有些任务安排（比如项目周例会）可能是在固定的时间重复发生的，比如每周一的上午，可以在 Project 中将这类任务设置为周期性任务。

如图 4-75 所示，单击要插入周期性任务的行，然后单击【任务】选项卡下的【插入】→【任务】，在下面的箭头里有 4 个选项，选择第 2 个 "任务周期"，就会弹出如图 4-76 的窗口。

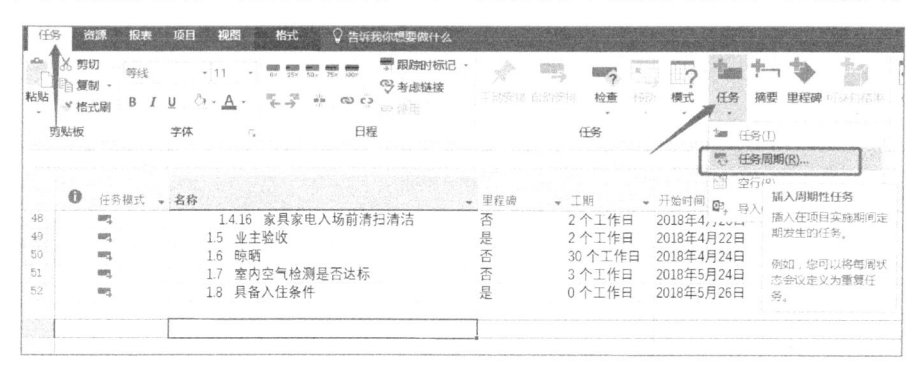

图 4-75

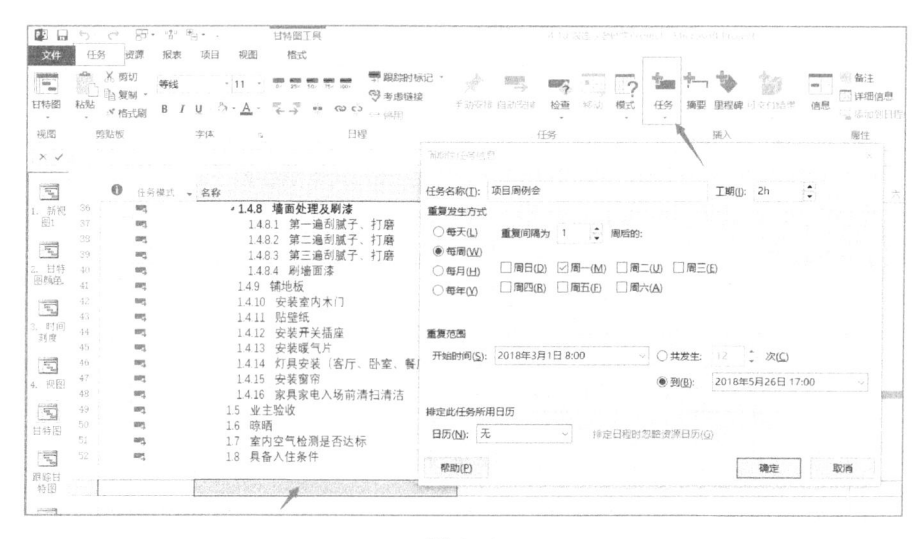

图 4-76

在弹出的【周期性任务信息】窗口中，如图 4-76 所示，可以输入任务名称 "项目周例会"，工期的默认单位是 1d（1 个工作日），这里可以根据实际情况输入 "2h"（2 个小时）或者其他时

第 4 章 制订项目计划

间。在【重复发生方式】这里,如果是每周一的上午 10:00 都有例会,可以勾选【每周】的【周一】,假如是每 2 周的周一上午 10:00 开会,则可以在【重复间隔为 1 周后的:】处把 1 改成 2。在【重复范围】这里,默认为从整个项目的开始日期到完成日期都会有这个周期性任务,也可以自己修改时间范围。最后,如果是上午 10:00 开会,可以手动把 8:00 改成 10:00,如果读者的操作界面中只有日期没有 8:00,请按照第 2.3.1 节修改一下日期格式。最后单击【确定】按钮,界面将如图 4-77 所示。

图 4-77

如图 4-77 所示,我们已经成功创建了一个周期性任务,实际上它是一个摘要任务(任务 54 "项目周例会"),包含 12 个子任务,每个子任务就是一周一次的项目例会,每次会议的时间都是从上午 10:00 到 12:00。任务 54 "项目周例会"的工期为什么是 77.25 而不是一个整数呢?在第 4.5.6 节已经讲到了摘要任务工期的计算方法,在第 4.30.3 节还将进行详细解释为什么会出现小数点。

此时在视图栏单击【日历】视图,或者在如图 4-78 所示的【任务】选项卡下最左侧,单击【甘特图】下面的小三角形,就会出现视图的菜单,单击【日历】视图,进入如图 4-79 所示的界面。

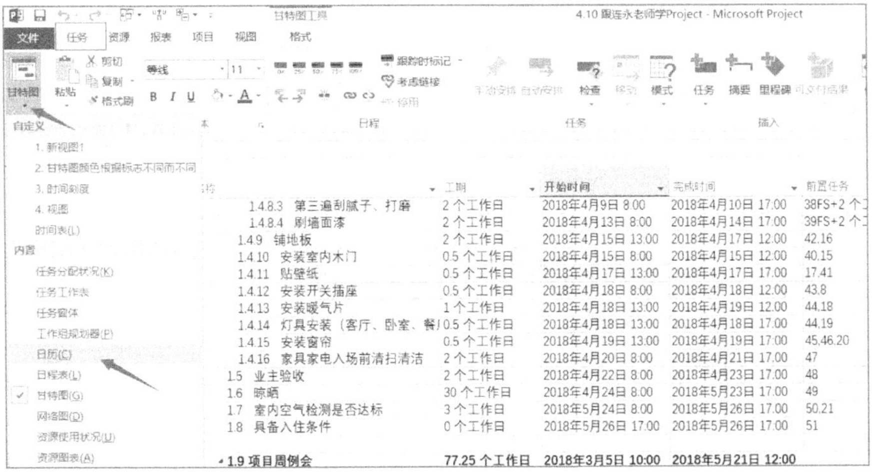

图 4-78

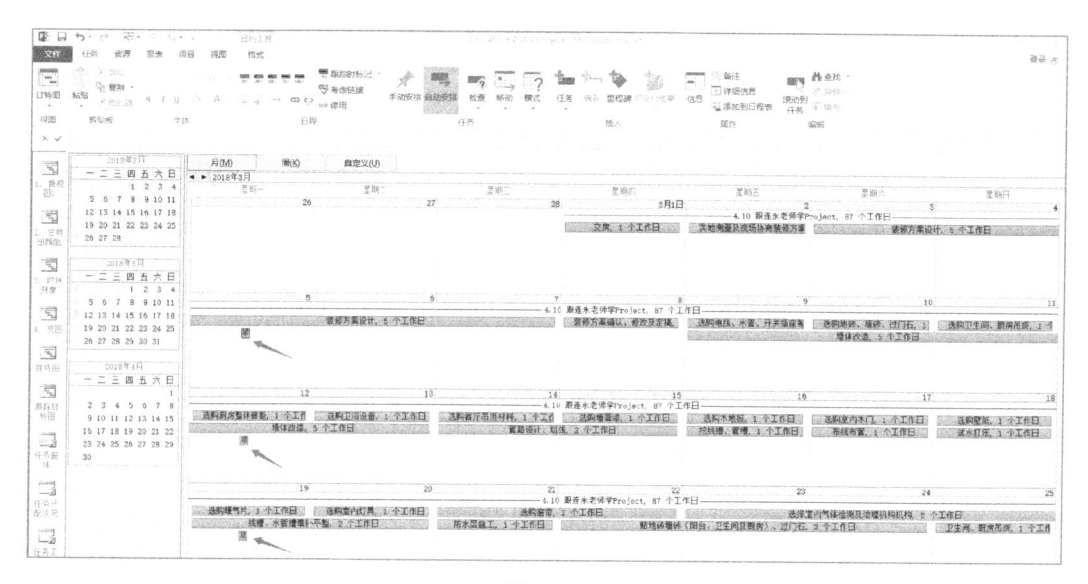

图 4-79

在日历视图中，可以看到每周一都会有一个"项目周例会"的任务。这时视图与 Outlook 的日历视图非常相似，可以看到每天安排的任务，还可以根据自己的需要按周或者按月显示。

4.10.2 注意事项

在设置周期性任务时，一定要合理地设置【重复范围】。如果设置的时间范围大于原来的项目起止时间，那么这个周期性任务很可能就变成了关键路径，甚至会使其他任务都不是关键路径从而导致整个项目看起来好像没有关键路径一样。因为计算关键路径的条件之一就是项目中的最晚路径，假如不小心使周期性任务的完成时间比其他所有任务的还要晚，那么它本身就成了最晚路径，也就变成了关键路径，甚至可能导致其他所有任务都不是关键路径了，这样就不合理了。

因此，要谨慎使用周期性任务，如果真的要使用，尽量不要修改默认的【重复范围】，当然，把【重复范围】的时间段缩短是没有问题的。

4.11 拆分任务和取消任务拆分

4.11.1 拆分任务

如果某个任务并不是连续工作的，而是中间有间歇性的停工，此时可以考虑使用 Project 里的任务拆分功能来体现。

第 4 章 制订项目计划

任务 5 "装修方案设计"的工期是 5 天，假如它干一天停一天，那最终的完成时间就会比现在的计划晚了。如图 4-80 所示，单击该任务，在【任务】选项卡下的【日程】里面有个类似断开的链条一样形状的工具条，这就是拆分任务。单击这个按钮，将鼠标挪动到任务 5 的条形图上，然后移动到第一天和第二天的中间位置后，向右拖动到想停下的时间点即可，比如拖动到第二天与第三天的中间位置。反复操作后，最终就如图 4-80 所示，任务 5 的条形图会显示这个任务干一天停一天，原本的工期是 5 天，现在需要 9 天才能完成。

图 4-80

> **注意** 将任务 5 进行拆分后，其工期从 5 天变成了 9 天，而实际工作的天数依然是 5 天，之所以显示为 9 天，是指该任务的时间跨度是 9 天，含义与第 4.5.6 节讲的摘要任务的工期差不多。

将任务进行拆分后，【工期】列中显示的数值有时会出现变化，有时不会出现变化，这与设置的【任务类型】有一定的关系，读者不必介意，这不会影响整个计划的进度计算。如果任务的工期是固定的，那么拆分后其显示的工期应该会延长。

4.11.2 取消任务拆分

我们的本意并不是真的要对任务 5 进行拆分，而是以此举例。如果要取消拆分该怎么办呢？有以下两种方法供大家参考。

1. 用鼠标拖动条形图，使其粘贴在一起

将鼠标移动到某一段拆分的条形图上，然后向左拖动，与前面的一段条形图相遇时，两段条形图就黏合在一起了，这样就相当于取消了任务的拆分，如此反复，将 5 段条形图都黏合在一起，任务 5 的工期就从 9 天变成 5 天了。

2. 修改工期

将任务 5 进行拆分后，发现它的工期变成了 9 天。如果要取消拆分，可以将它的工期先修改成 0，按 Enter 键确认后，再将其工期从 0 修改成 5，这样任务 5 的拆分就不见了，在条形图上显示为一段连续的任务。

101

4.12 修改列名称

对于 Project 中的列名称，不管是预置列还是自定义列，都可以修改它的任务名称。比如用 Project 中文版做了一个计划，任务内容都是英文的，但是标题栏却是中文的，如果将这个计划转换成 PDF 文件发给国外的客户，可客户看不明白标题栏中的中文，这该怎么办呢？这时可以考虑将标题栏的名称改成英文的。

> **注意** 如果是用 Project 中文版做的项目计划，直接把 Project 生成的 mpp 文件发给别人，别人用 Project 英文版打开这个 mpp 文件，是没有任何问题的，它会自动匹配到英文版界面中。另外，也可以在 Project 中文版软件的基础上安装英文语言包，或者在 Project 英文版软件的基础上安装中文语言包，这样就可以随时让 Project 软件的界面语言在中英文之间进行切换，详见第 2.4 节。

比如想把【名称】列改成【任务名称】或者【Task Name】，那么直接右击该列，在弹出的快捷菜单中选择【域设定】，就会出现如图 4-81 所示的【字段设置】窗口。【域名称】是 Project 所有列的原始名字，是无法更改的，但是可以修改【标题】，在此处可以输入任何字符，比如"Task Name"。【对齐标题】的意思是，让标题名称靠左对齐、居中对齐还是靠右对齐。【对齐数据】的意思是，这一列中输入的数据，比如所有的任务名称，要靠左对齐、居中对齐还是靠右对齐。另外，在该窗口的下方，还可以设置该列的宽度，以及可以勾选【标题文字换行】，就是当标题名字比较长时会自动换行显示。最后单击【确定】按钮后，工作表中【名称】列将显示为【Task Name】列，如图 4-82 所示。

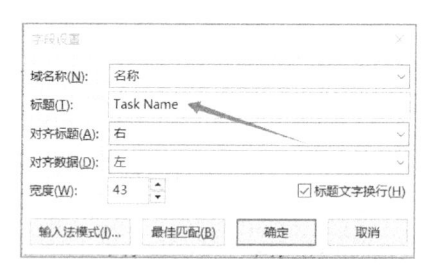

图 4-81

图 4-82

> **注意** 当修改了预置列的名称后,仅仅改变了它显示的名称,并没有改变该列的用途,也没有改变它的数据类型,当我们在工作表区域进行【插入列】的操作时,在列菜单中该列显示的依然是它的原始列名称。

4.13 插入自定义列显示任务更多信息

虽然 Project 中的列大部分是预置列,但也可以随意插入新列,既可以插入文本列,也可以插入特定数据类型的列。

4.13.1 插入文本列

比如想再插入一列,以此显示每个任务的输出成果,可以在工作表区域右击任意一列,在弹出的快捷菜单中选择【插入列】,即可出现如图 4-83 所示的界面。此时可以直接输入列名称,比如"输出成果",然后按 Enter 键即可。

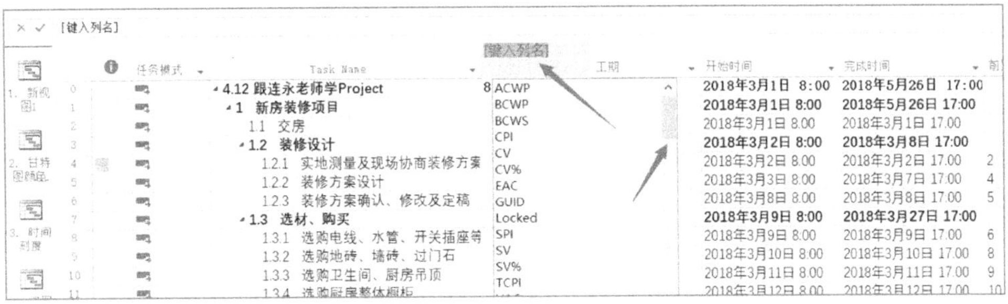

图 4-83

插入了【输出成果】列后,如图 4-84 所示,就可以在该列中对每个任务输入信息了,这实际上是一个文本列,也就是说可以随意输入任何数据类型。按照这种方法,在 Project 中可以随意插入新的列满足自己的需要。

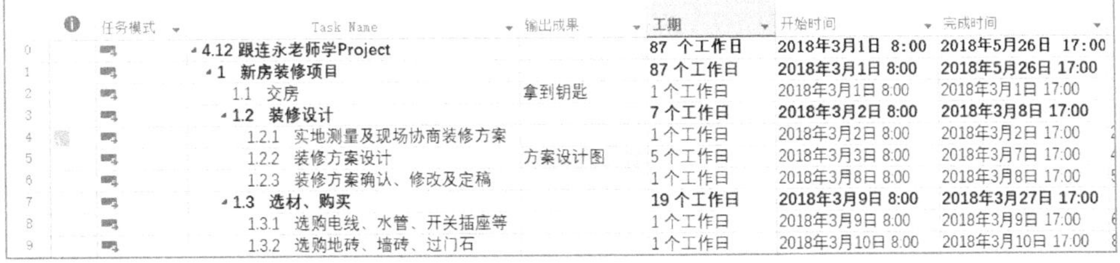

图 4-84

>> **10 天精通 Project 项目管理：从菜鸟到实战高手**

实际上当我们采用上述方式插入列并手动输入了列名称后，Project 实际上是调用了一个自定义列【文本 1】，当再次进行这样的操作，插入新的列，比如【责任部门】后，Project 实际上是再次调用了一个自定义列【文本 2】。当把鼠标移动到【输出成果】列处，Project 会自动提示对该列的解释信息，同时会看到该列实际上是【文本 1】列，如图 4-85 所示。

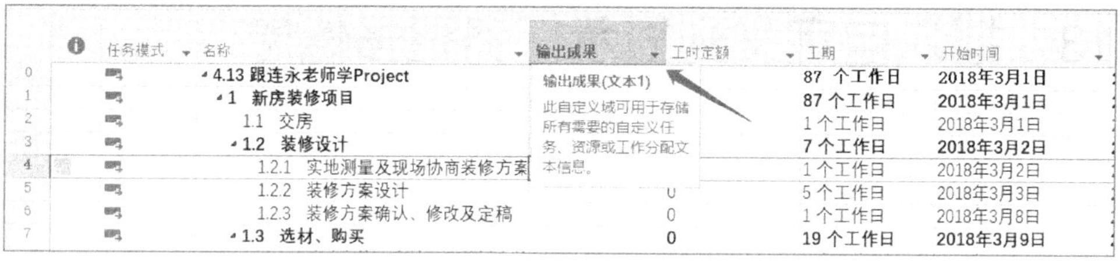

图 4-85

我们可以任意右击某一列（比如【工期】列），在弹出的快捷菜单中选择【自定义字段】，然后进入如图 4-86 所示的新窗口【自定义域】。注意，当我们说到自定义列、自定义域或者自定义字段时，是指同一个意思，只是在软件的不同位置，其中文翻译略有不同。

图 4-86

104

第 4 章 制订项目计划

在【自定义域】中，总共有 9 种不同的类型：文本、日期、工期、完成时间、标志、数字、开始时间、文本、大纲代码。所有的自定义列，其名称都带有数字，比如文本 1、文本 2……文本 30 等。在【自定义域】窗口中，默认显示的域类型就是【文本】，可以发现，【文本 1】已经有了新名字"输出成果"，而其他列却没有新名称，为什么呢？就是因为刚才在插入列时手动输入了列的名称后，就自动占用了【文本 1】这个自定义列。如果在这个窗口中，单击【输出成果(文本 1)】，然后单击下面的【重命名】，再给该列取个新名字，单击【确定】按钮后，原来的【输出成果】列就会显示新名字了。

4.13.2 插入特定数据类型的列

假如要插入一个新的【工时定额】列，并使这一列只能接受数字，这样设置的目的是便于进行其他的计算，这时可以使用 Project 中的自定义数字列。

右击工作表区域的任意一列，在弹出的快捷菜单中选择【自定义字段】，就会弹出如图 4-86 所示的窗口，在该窗口中，首先选择【类型】为【数字】，然后选中【数字 1】，单击下方的【重命名】，将其命名为"工时定额"，最后单击【确定】按钮。

刚才已经对【数字 1】列进行了自定义，将它的名字重命名为"工时定额"，那么如何将这一列显示在工作表区域呢？右击工作表区域的任意一列，在弹出的快捷菜单中选择【插入列】，然后在下拉菜单中找到【数字 1】(或者【工时定额】也可以)，准确地输入名字"数字 1"或者"工时定额"，如图 4-87 所示。

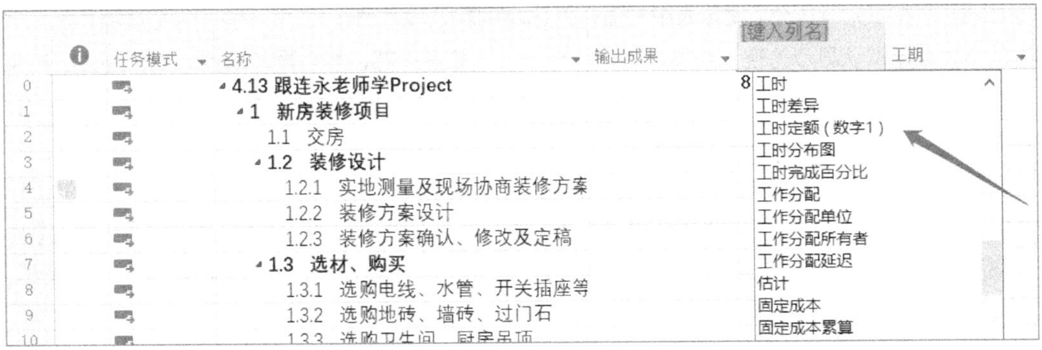

图 4-87

在工作表区域插入了【工时定额】列后，如图 4-88 所示，该列的数据默认都是 0，因为这一列是数字列，只能识别数字类型。如果在该列随便输入其他的文本内容，就会出现一个提示窗口"此域只支持数字"。

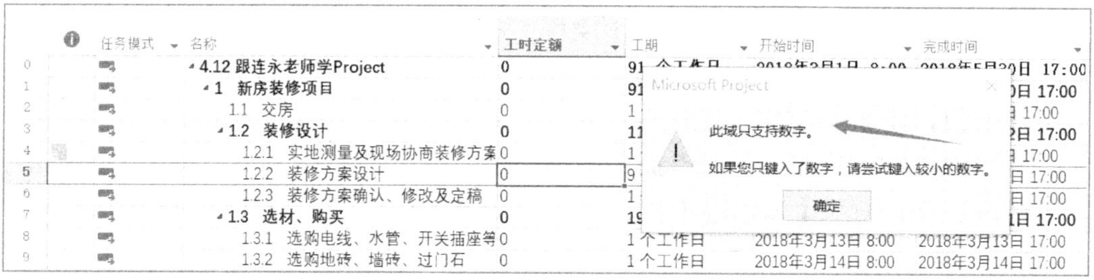

图 4-88

4.14 制作下拉菜单

如果某一列的数据是固定的几个选项，在 Excel 中我们可能会做一个下拉菜单，从而不必每次都输入数据，直接从下拉菜单中选择就可以了。在 Project 中也可以制作这样的下拉菜单。

比如插入【责任部门】列，通常会有设计部、采购部、质检部、财务部等部门，在 Project 中可以做一个下拉菜单，从列表中的选项进行选择。右击工作表区域的任意一列，在弹出的快捷菜单中选择【自定义字段】，就会弹出【自定义域】窗口，我们需要选择域类型为【文本】，由于【文本 1】列已经被使用了，可以选择【文本 2】，将其命名为"责任部门"。然后在【自定义属性】中勾选【查阅】，单击【查阅】按钮就会出现如图 4-89 所示的窗口。

在【编辑"责任部门"的查阅表格】窗口中，可以依次输入"设计部""采购部""质检部""财务部"。在下方有一个【使用表中的值作为该域的默认输入值】，如果不勾选这个选项，那么创建的下拉菜单默认显示为空；如果选中某个部门，比如设计部，然后再勾选该选项，那么下拉菜单中的值将默认显示为"设计部"，除非再从下拉菜单中选择其他选项。最后单击【关闭】按钮，再单击【自定义域】窗口的【确定】按钮，这样【责任部门】这一列的下拉菜单就创建好了。

如果要将创建的【责任部门】列显示在工作表区域中，方法与第 4.13.2 节中一样，右击工作表区域的任意一列，在弹出的快捷菜单中选择【插入列】，然后从列表中找到【文本 2】列或者【责任部门】列即可。插入该列后，单击该列的任何一个单元格，都会出现如图 4-90 所示的下拉菜单，效果与 Excel 中的下拉菜单非常类似。

注意 如果要创建自定义的下拉菜单，只能从 140 个自定义列（第 1.5 节图 1-15）进行选择和设置，而在预置列（比如【工期】列等）中是无法设置下拉菜单的。

第 4 章 制订项目计划

图 4-89

图 4-90

4.15 文本样式的设置

在 Project 中既可以为特定单元格或选定单元格设置特殊的文本样式，比如字体、字体颜色、背景填充色等，也可以对某一种类型的文本进行批量设置，这是 Project 比较特殊也是比较实用的一个功能。

> **注意** 本节所讲的文本样式，是以【甘特图】视图为例来讲解的，对于其他视图的文本样式，则需要按照本节所讲的方法对每个视图单独进行设置。

4.15.1 对选定单元格设置文本样式

如果是对某个单元格设置文本样式，单击该单元格后，【任务】选项卡下的【字体】工具条分组将如图 4-91 所示，然后就可以对字体、字号、粗体、文字倾斜、单元格背景色、字体颜色等进行设置。如果是对多个单元格的文本进行同样的设置，那么可以在按住 Ctrl 键的同时选择多个单元格，然后设置文本样式。

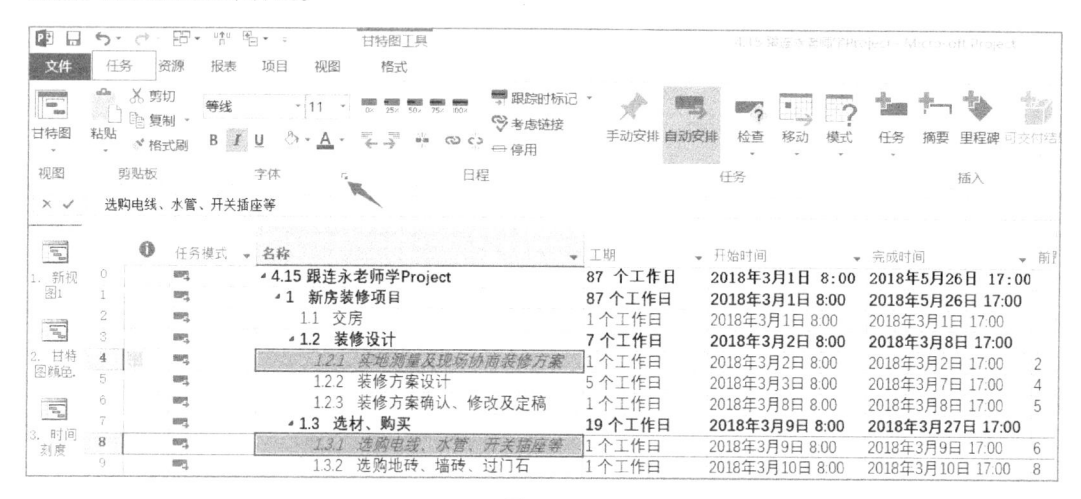

图 4-91

另外，还可以如图 4-91 中的箭头所示，单击【任务】选项卡下【字体】工具条分组右下角的箭头，就会弹出【字体】窗口。在该窗口中，还可以设置下画线、删除线、（单元格）背景图案等内容。

如果要对当前视图中的所有文字设置文本样式，可以选中所有单元格。在 Project 中不能使用 Ctrl+A 组合键进行全选，可以单击单元格区域左上角，如图 4-92 的箭头所示，这样就可以选中所有的单元格了，然后就可以统一设置文本样式，比如把字体都改成"微软雅黑"等。

4.15.2 批量设置某类文本的样式

如果要将计划中的所有摘要任务都设置成统一的文本样式，按住 Ctrl 键一个个选择摘要任务会比较慢，尤其是在任务数量比较多的情况下，效率很低。其实在 Project 中可以批量修改某一类文本的样式。

第 4 章　制订项目计划

图 4-92

单击【格式】选项卡下最左侧的【文本样式】按钮，就会弹出如图 4-93 所示的【文本样式】窗口，在【要更改的项】后面显示的是【全部】，指的是对所有文本都进行统一的设置。我们可以单击【全部】处的下拉菜单，从中选择【摘要任务】，然后将背景色设置成灰色，将字体颜色设置成深蓝色，单击【确定】按钮，就会看到在工作表区域中所有摘要任务的文本已经设置成统一的样式了。

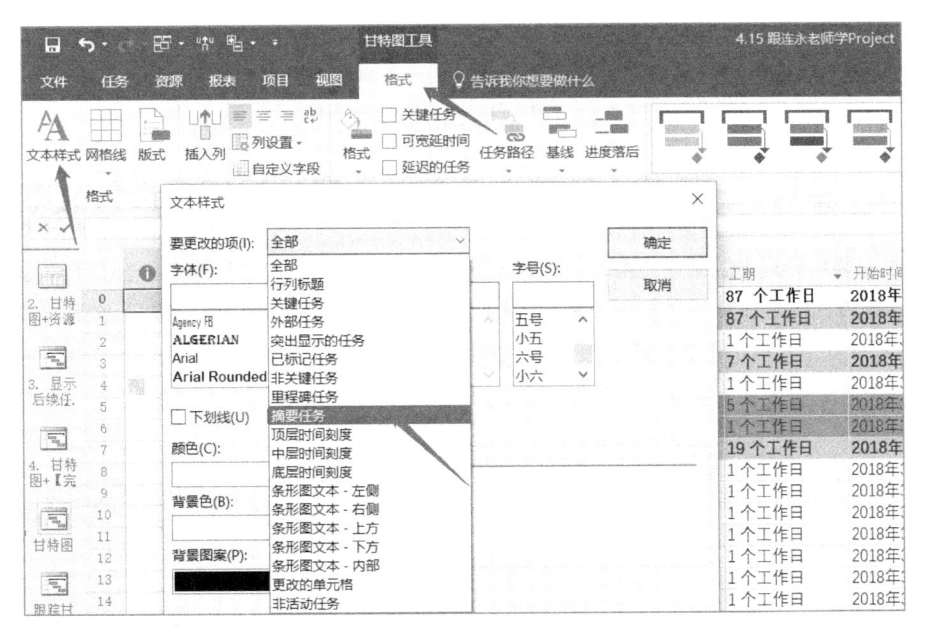

图 4-93

109

在 Project 中可以批量设置哪些类型的文本样式呢？在图 4-93 的【文本样式】窗口中，【要更改的项】就代表不同类型的文本，包括下面这些选项。

★ 行列标题。比如列名称和左侧的任务 ID 号（行号）。需要注意的是，对这类文本设置了字体颜色后，回到甘特图视图可能会发现行标题、列标题并未发生变化，但是在打印时或者在打印预览中就可以看到行标题、列标题已经变化了。

★ 关键任务、非关键任务。在第 6.3 节会讲解什么是关键任务，在【文本样式】窗口中可以对所有的关键任务设置统一的文本样式，从而区分关键与非关键任务。

★ 外部任务。外部任务指的是“子项目”中的任务，也就是指不是当前项目中的任务，在后续第 10 章讲到多项目管理时会进行解释。

★ 突出显示的任务。第 4.27 节将讲解“突出显示”这个功能。在【文本样式】窗口中可以对执行了突出显示的任务设置统一的文本样式。

★ 已标记任务。就是在【已标记】列中设置为“是”的任务，在第 4.15.3 节中会讲解该功能。

★ 里程碑任务。第 4.9 节讲到了如何设置里程碑任务，用户可以对所有里程碑任务的文本进行统一设置。

★ 摘要任务。上文已经讲了如何将所有的摘要任务设置为统一的文本样式。

★ 顶层时间刻度、中层时间刻度、底层时间刻度。在第 4.17 节中将讲解如何设置时间刻度，届时读者将理解顶层时间刻度等知识点。

★ 条形图文本（左侧、右侧、上方、下方、内部）。在第 4.16 节中讲到条形图样式的设置时，大家就会明白什么叫作条形图文本了。

★ 更改的单元格。第 4.15.4 节将讲解什么是更改的单元格。

★ 非活动任务。第 8.13.3 节将讲解什么是活动与非活动任务。

4.15.3 使用【已标记】列筛选任务并为已标记任务设置文本样式

如果需要将计划中的某些任务单独标记出来，可以使用【已标记】列。右击工作表区域的任意一列，在弹出的快捷菜单中选择【插入列】，在菜单中选择【已标记】或者输入准确的名字“已标记”，都能让【已标记】列显示出来，该列的默认值是“否”，如图 4-94 所示。然后随便挑选两个任务，比如任务 5 和任务 6，在【已标记】列中将这两个任务的值改为“是”。

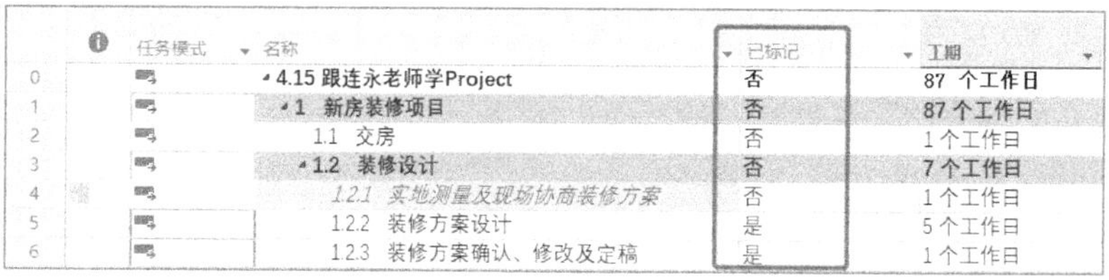

	任务模式	名称	已标记	工期
0		4.15 跟连永老师学Project	否	87 个工作日
1		1 新房装修项目	否	87 个工作日
2		1.1 交房	否	1 个工作日
3		1.2 装修设计	否	7 个工作日
4		1.2.1 实地测量及现场协商装修方案	否	1 个工作日
5		1.2.2 装修方案设计	是	5 个工作日
6		1.2.3 装修方案确认、修改及定稿	是	1 个工作日

图 4-94

【已标记】列的使用场景非常多，使用【已标记】列的目的是将某些任务与其他任务区分开来，读者可以自行挖掘这一列的用途，比如这些任务同属于某一个责任部门等。如果要对已标记的任务统一设置文本样式，那么可以单击【格式】选项卡下的【文本样式】按钮，如图 4-93 所示，然后在【要更改的项】中选择【已标记任务】，再设置文本样式，比如字体都是深蓝色，背景色都是绿色，单击【确定】按钮后，所有已标记的任务（任务 5 和任务 6）就显示为绿色背景、深蓝色字体了。

4.15.4 修改每次编辑所更改内容的文本样式

大家可能会发现，我们每次在工作表区域做一次编辑后，有些单元格的背景色就自动变成了浅蓝色。如图 4-95 所示，假如我们把任务 10 的工期从 1 天修改成 2 天后，就发现有些单元格的背景颜色发生了变化，哪些单元格会变化呢？就是刚刚那一步操作（将任务 10 的工期从 1 天变成 2 天）对整个计划所造成的变化，所有受这一操作所影响的单元格的背景颜色都会变成浅蓝色。任务 10 的工期改变后，不仅任务 10 的工期、完成时间会变化，和它有关联关系的任务，比如它的后续任务等，很多数据都会发生变化，只要任务发生了相应的变化，Project 就自动将其单元格背景色显示为浅蓝色，从而提示用户当前编辑操作对整个计划的影响。

	任务模式	名称	已标记	工期	开始时间
9		1.3.2 选购地砖、墙砖、过门石	否	1 个工作日	2018年3月10日 8:00
10		1.3.3 选购卫生间、厨房吊顶	否	2 个工作日	2018年3月11日 8:00
11		1.3.4 选购厨房整体橱柜	否	1 个工作日	2018年3月13日 8:00
12		1.3.5 选购卫浴设备	否	1 个工作日	2018年3月14日 8:00
13		1.3.6 选购客厅吊顶材料	否	1 个工作日	2018年3月15日 8:00
14		1.3.7 选购墙面漆	否	1 个工作日	2018年3月16日 8:00
15		1.3.8 选购木地板	否	1 个工作日	2018年3月17日 8:00
16		1.3.9 选购室内木门	否	1 个工作日	2018年3月18日 8:00

图 4-95

如果读者觉得这个浅蓝色的提示不明显，也可以设置更为明显的提示颜色。在【格式】选项卡下单击【文本样式】按钮，如图 4-93 所示，在【要更改的项】中选择【更改的单元格】，然后把背景色设置成橙色，把字体颜色设置成白色，单击【确定】按钮。然后再将任务 10 的工期从 2 天改为 1 天，如图 4-96 所示，大家会发现很多单元格的背景色就显示为橙色、字体为白色了。所有受刚才那一步操作影响的单元格都会这样变化，这样每一步操作对整个计划带来的影响会以更加直观的方式展现出来。

	任务模式	名称	已标记	工期	开始时间
9		1.3.2 选购地砖、墙砖、过门石	否	1 个工作日	2018年3月10日 8:00
10		1.3.3 选购卫生间、厨房吊顶	否	1 个工作日	2018年3月11日 8:00
11		1.3.4 选购厨房整体橱柜	否	1 个工作日	2018年3月12日 8:00
12		1.3.5 选购卫浴设备	否	1 个工作日	2018年3月13日 8:00
13		1.3.6 选购客厅吊顶材料	否	1 个工作日	2018年3月14日 8:00
14		1.3.7 选购墙面漆	否	1 个工作日	2018年3月15日 8:00
15		1.3.8 选购木地板	否	1 个工作日	2018年3月16日 8:00
16		1.3.9 选购室内木门	否	1 个工作日	2018年3月17日 8:00

图 4-96

4.16 条形图（甘特图）样式的设置

Project 可以根据任务信息自动生成横道图计划，横道图在 Project 中也叫作甘特图或者条形图。在 Project 中，不仅可以对单个条形图进行个性化的设置，还可以批量对某种类型的条形图进行统一设置。

4.16.1 修改某个任务的条形图样式

比如我们想让任务 5 "装修方案设计"的条形图左侧显示它的名称，右侧显示它的完成时间。可以将鼠标移动到任务 5 的条形图上，双击该条形图，或者右击该条形图，在弹出的快捷菜单中选择【设置条形图样式】，如图 4-97 所示，就会出现【设置条形图样式】窗口，如图 4-98 所示。

图 4-97

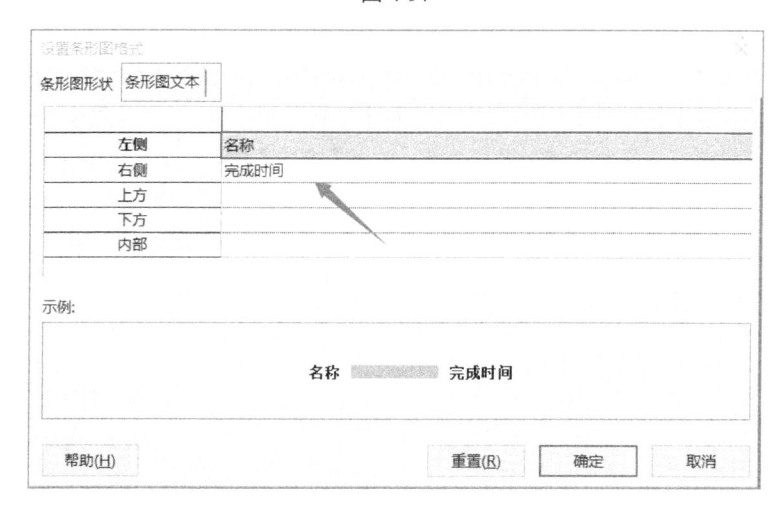

图 4-98

第 4 章　制订项目计划

在【设置条形图样式】窗口中，有两个选项:【条形图形状】【条形图文本】。如果要修改条形图的形状、颜色，那么就需要在【条形图形状】选项里面设置。现在单击【条形图文本】，然后在【左侧】后面的单元格中手动输入"名称"，或者从下拉菜单中选择【名称】(此处的下拉菜单中有多达几百列可供使用)，在【右侧】后面的单元格中手动输入"完成时间"，或者从下拉菜单中选择【完成时间】，在手动输入时只要确保能输入准确的列名称就行，或者从下拉菜单中选择就不会出错了，最后单击【确定】按钮。

此时会发现任务 5 的条形图已经按照之前的设置在左侧显示了任务的名称，在右侧显示了任务的完成时间，如图 4-99 所示。

图 4-99

在【设置条形图样式】窗口中，我们看到，可以在条形图的左侧、右侧、上方、下方和内部一共 5 个位置分别显示文本内容，文本内容不能随意输入，而是要调用 Project 某个列的数据，比如刚才任务 5 的条形图就调用了它在【(任务)名称】列和【完成时间】列中的数据和信息。

假如想在任务 5 的条形图右侧显示某些特定的文字或者一段话——"此任务不能拖延"，该怎么操作呢? 这里介绍两个方法，供大家参考。

第一种方法是在任务的【备注】中输入想要显示的文本内容，比如"此任务不能拖延"，详见第 4.3.4 节。然后在【设置条形图格式】窗口中选择【条形图文本】选项，在【右侧】后面的单元格中输入"备注"或者从下拉菜单中选择【备注】，如图 4-100 所示。

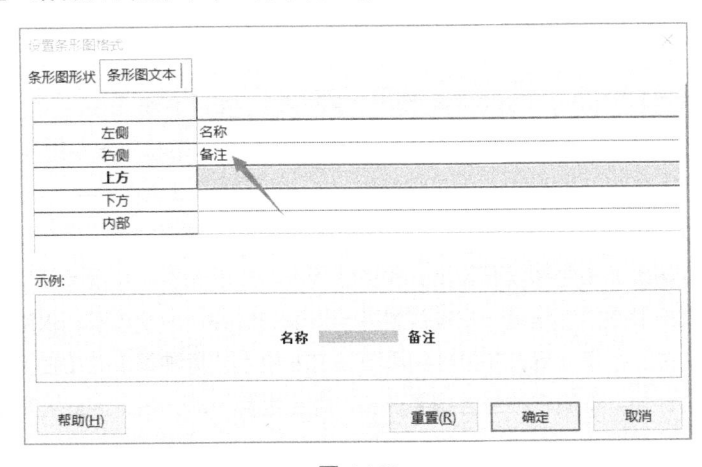

图 4-100

第二种方式是在任务 5 的条形图右侧插入一个【文本框】，具体方法将在第 4.19 节中详细讲解。

4.16.2 批量修改某类任务的条形图样式及注意事项

假如我们想让所有条形图的右侧都显示任务的完成时间，那么如果按照上一节的办法就太慢了，这时可以批量设置条形图样式。

在甘特图区域右击，然后在弹出的快捷菜单中选择【条形图样式】，或者单击【格式】选项卡下的【格式】→【条形图样式】，都可以打开【条形图样式】窗口，如图 4-101 所示。

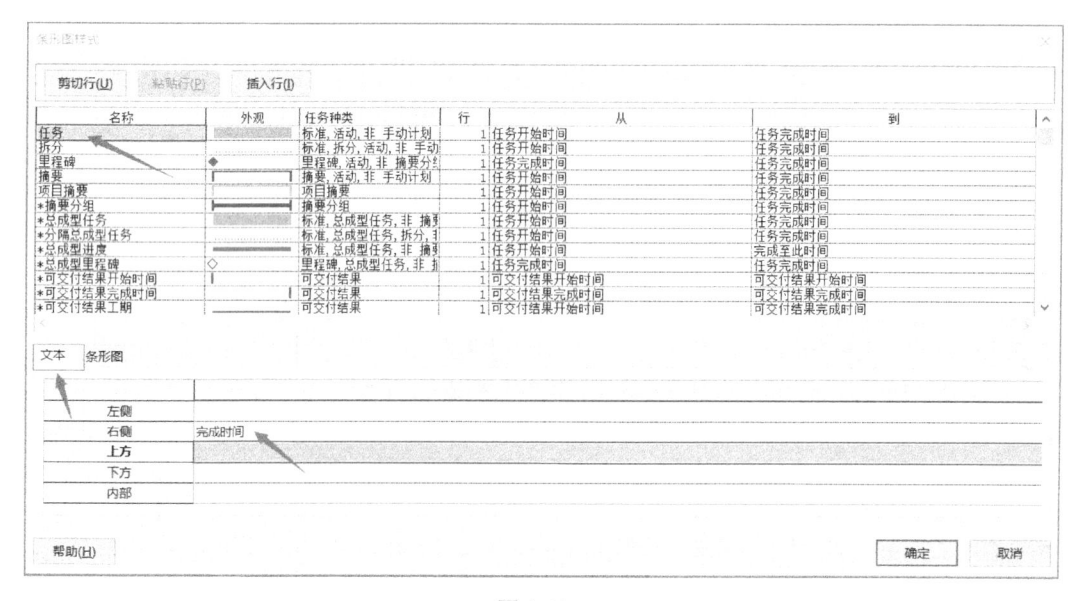

图 4-101

在【条形图样式】窗口中，可以看到不同类型的任务，选择【任务】，然后单击窗口下方的【文本】选项卡，在【右侧】右边的单元格中输入"完成时间"或从下拉菜单中选择【完成时间】，单击【确定】按钮。

这时我们在甘特图视图中看到，绝大部分任务的条形图右侧都显示了完成时间，如图 4-102 所示。但有些任务的条形图仍然没有显示，哪些任务没有显示呢？比如摘要任务、手动任务等。上面讲的批量设置条形图的办法是一次性设置某一类型的任务，而刚才我们仅对【条形图样式】窗口中的【任务】做了批量设置，如果仔细看图 4-101 中【任务种类】对【任务】的解释是：标准，活动，非手动计划。说明它不包含摘要任务，也不包含手动计划，因此还需要分别对摘要任务和手动计划进行批量设置。

第 4 章 制订项目计划

图 4-102

再次打开【条形图样式】窗口，如图 4-103 所示，这次选择【摘要】，单击窗口下方的【文本】选项卡，在【右侧】右边的单元格中输入"完成时间"或从下拉菜单中选择【完成时间】，最后单击【确定】按钮，这样所有摘要任务的条形图右侧也将显示任务的完成时间了。按照同样的方法，可以再将手动任务的条形图统一设置一下。

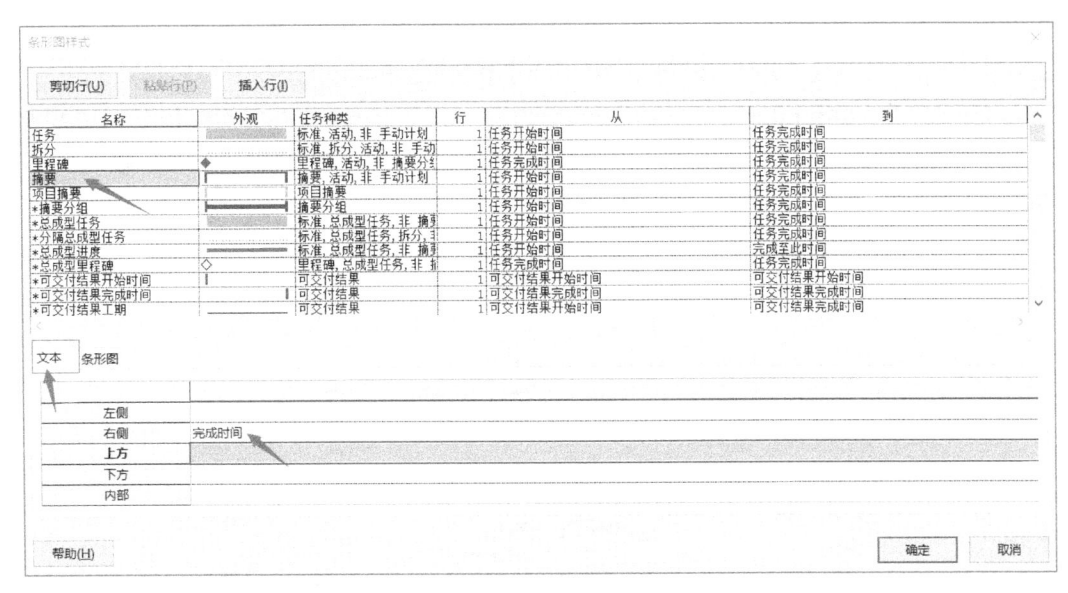

图 4-103

注意　在批量设置条形图样式时，每次设置都是针对某一种类型的条形图所做的设置，如果想统一修改所有的条形图，需要分别对不同类型的条形图进行设置，例如上文讲到的，首先在【条形图样式】窗口设置了【任务】的条形图，然后又设置了【摘要】的条形图，如果有需要，可能还要设置【手动任务】的条形图。

删除条形图文本的方法与设置条形图文本的方法类似，在此不再赘述，读者可以根据本节讲到的方法自己尝试一下。

4.16.3　修改条形图上的文本样式

现在所有条形图的右侧都显示了完成时间，如果想把所有完成时间都显示为红色，可以批量修改条形图上的文本的样式，此时可以参照第 4.15.2 节讲到的方法。

单击【格式】选项卡下的【文本样式】按钮，在弹出的【文本样式】窗口中，可参见第 4.15.2 节的图 4-93，在【要更改的项】中选择【条形图文本 - 右侧】，然后在下方将颜色设置为红色，单击【确定】按钮后，条形图右侧的文本内容都将以红色字体展现出来。

同理，如果要修改条形图左侧的文本样式，也要按照同样的方法进行设置。

4.16.4　修改条形图上的日期格式

第 4.16.2 节中通过设置条形图样式使条形图右侧显示了完成时间，如图 4-102 所示。但在条形图上显示的日期格式与工作表区域中【开始时间】、【完成时间】的日期格式不同，很明显，在选项中设置的日期格式（见第 2.3.1 节）并不适用于条形图的日期格式。

如果要修改条形图上的日期格式，让它显示为年、月、日的格式，需要单击【格式】选项卡下的【版式】按钮，在弹出的【版式】窗口【日期格式】的下拉菜单中选择想要的日期格式，如图 4-104 所示。

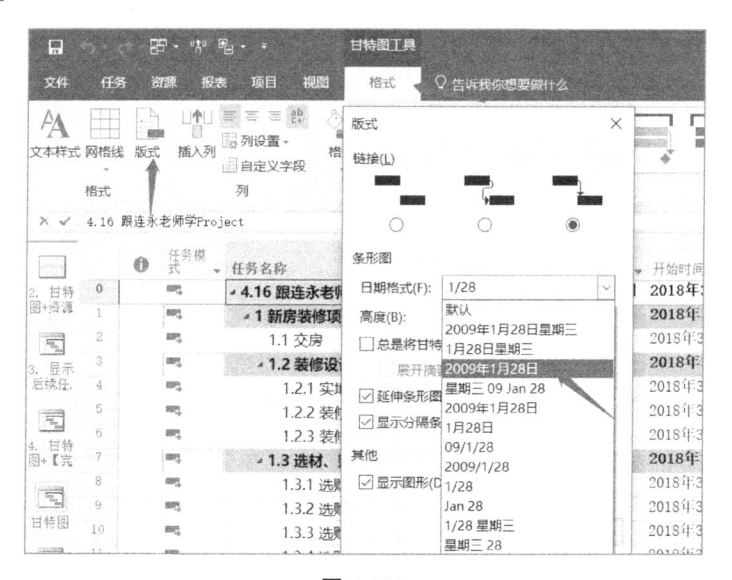

图 4-104

4.16.5　不显示条形图上代表任务依赖关系的箭头

照着第 4.4 节设置了任务之间的依赖关系后,任务的条形图上就会自动用箭头表示出任务的关系,这样通过条形图也能看出任务之间的依赖关系或者关联关系。有些 Project 用户在打印时不想打印这些箭头,那也是可以的。如图 4-104 所示,在【版式】的设置窗口中,第一个选项就是【链接】,有 3 个箭头形式可供选择,默认是第 3 个,如果勾选第 1 个,任务的条形图中就不再用箭头显示任务之间的关系了。

> **注意**　这里并不推荐大家这样操作,因为如果条形图上不显示箭头,可能会让看计划的人误以为任务之间没有关联关系,从而造成误解,就像条形图的颜色一样,一些大家已经习惯的表示方法,尽量不要修改,否则可能引起理解上的分歧。本建议仅供大家参考。

4.17　时间刻度的设置

Project 受项目管理者青睐的原因之一是它的横道图计划,看起来非常简单直观,原因就是横道图上方的横轴显示的是时间刻度,而条形图(横道图)的长度恰好代表任务的工期长度,所以特别容易理解。Project 里面的时间刻度可以根据实际的需要灵活设置和修改。

4.17.1　设置时间刻度及注意事项

在第 4.2.4 节中已经提到了时间刻度,利用时间刻度上日历显示的非工作时间来检查创建的日历是否正确。

在甘特图区域上方显示的就是时间刻度,如图 4-105 所示,双击时间刻度区域就可以弹出【时间刻度】的窗口。

第一步需要设置的是【时间刻度选项】,也就是将时间刻度显示为几层,可以选择显示一层、两层或者三层。

选择显示几层后,在后面的【大小】处还可以设置显示的比例,就是说选择同样的时间刻度单位后,还可以调整其显示的百分比。

如果在【时间刻度选项】处选择显示两层,那么【时间刻度】窗口上方的【顶层】选项卡就是不能编辑的了。在【中层】选项卡中可以选择要显示的时间单位,小至分钟,大至年,都可以根据自己的需要而设置。在【标签】处,则可以选择如何显示前面的【单位】,在【标签】的下拉菜单中有很多时间单位的形式可供选择,大部分都比较好理解,唯一需要特别提醒大家的是,在【标签】下拉菜单中,有些选项带有"(从开始)"或者"(从结束)","从开始"就是从项目开始日期往后算起,"从结束"就是从项目结束日期往前算。

图 4-105

选定了时间单位后,比如"周",如图 4-105 所示,下面还有个【计数】,意思是在时间刻度上是将 1 周显示 1 段还是 2 周显示为 1 段,大家可以自行尝试操作。【对齐】就是标签是靠左对齐、居中显示还是靠右对齐。

每一层的设置方法基本都是一样的。

注意事项 时间刻度的设置并不难,但大家在自己操作时可能会出现报错的提示。需要注意一点,"上一层的时间单位×计数"要大于"下一层的时间单位×计数",举个例子,如果中层的时间单位是月,计数是 1,底层的时间是周,那底层的计数就不能超过 4,因为它的上一层显示为 1 个月,而 1 个月最多有 4 周,如果超过了,比如在底层的【计数】中输入"5",然后单击【确定】按钮时,就会出现如图 4-106 所示的提示窗口。

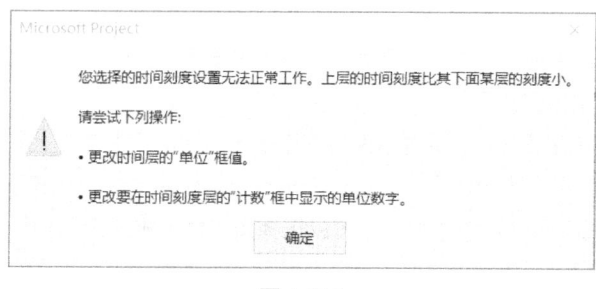

图 4-106

4.17.2 快速显示所有任务的条形图

上一节介绍了如何定量地设置时间刻度的显示，因此可以精准地让甘特图按照自己的意图来显示。那么有没有办法可以让所有任务的条形图快速显示出来呢？

★ 单击【视图】选项卡下的【完整项目】按钮，这样所有任务的条形图将全部显示在甘特图区域。当然，这样操作的话，时间刻度就会自动调整从而让所有的条形图都显示出来。

★ 其实可以用鼠标在甘特图区域单击一下，然后按住 Ctrl 键，滚动鼠标滑轮，这样也可以自由调整时间刻度的显示单位和大小。这个方法与在甘特图区域最下方单击放大和缩小的按钮异曲同工，如图 4-107 所示。

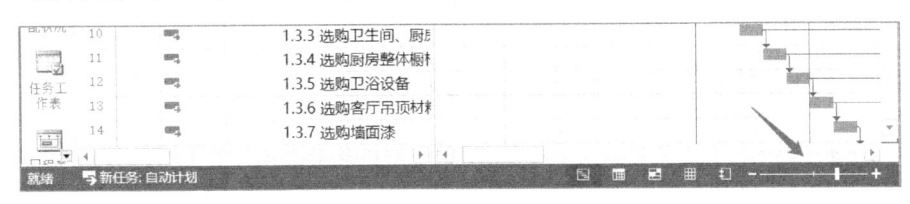

图 4-107

4.17.3 快速显示某个特定任务的条形图

在 Project 中除了可以快速显示所有任务的条形图，还可以重点查看某个特定任务的条形图，这让查看任务的进度计划变得更为方便。

当我们查看整个计划中某些比较靠后的任务时，它的条形图可能就不显示了，当然，可以通过拖动甘特图区域下方的左右进度条来调整，但其实还有更高效的方法。

★ 首先在工作表区域单击要查看的任务，比如任务 50 "晾晒"，然后单击【视图】选项卡下的【显示比例】→【所选任务】按钮，这样任务 50 的条形图就立即完整地显示在甘特图区域了，如图 4-108 所示。其上方的时间刻度也根据该任务的条形图长度自动调整了，如果任务工期长，那么时间刻度可能比原来放大了；如果任务工期短，那么时间刻度可能就自动缩小了。

★ 在 Project 软件中单击 F5 键（或者 Fn+F5 组合键，这取决于键盘），就会弹出【定位】窗口，在【定位】窗口中可以直接输入想要查看的任务的 ID 号，比如输入 5，单击【确定】按钮后，会自动跳到任务 5 "装修方案设计"这个任务的条形图上去。利用这个方法能快速显示某个任务的条形图，无须单击这个任务，直接按 F5 键（或者 Fn+F5 组合键）即可，而且时间刻度的显示并不会发生改变，也就是说，时间刻度不会像上一个方法那样自动调整大小，这个方法是非常实用的，读者可以在学习或工作中尝试使用。

图 4-108

4.17.4 快速显示某些特定任务的条形图

在 Project 中，如果只想查看某几个任务所在时间段的条形图，也是可以实现的。

首先随机选中几个任务，假如只想重点查看这几个任务所在时间段的条形图，可以按 Ctrl 键同时选中这几个任务，然后单击【视图】选项卡下的【显示比例】→【所选任务】按钮，这样这几个任务所在时间段内的条形图就过滤出来了，如图 4-109 所示，可以发现 Project 会根据这几个任务中最早的时间（任务 26）和最晚的时间（任务 35）自动调整右侧甘特图区域的时间范围。这与第 4.17.3 节中的方法一类似，时间刻度会自动调整从而完整显示所选任务的条形图。

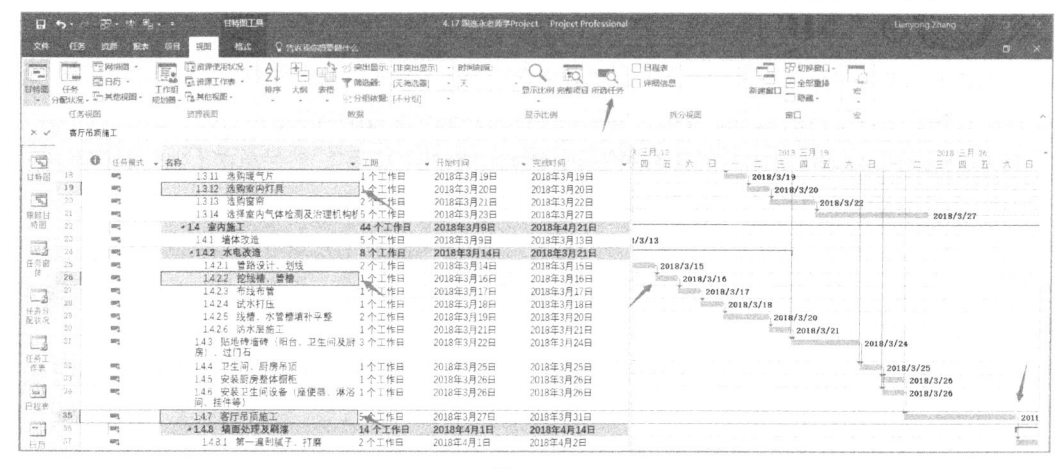

图 4-109

4.17.5 快速显示某个时间段内任务的条形图

在 Project 中，还可以让甘特图区域快速显示某个特定时间段内的条形图。

第 4 章 制订项目计划

假如只想显示 2018 年 4 月 1 日到 4 月 30 日之间的条形图,首先要拖动甘特图下方的滑动条,使时间刻度从 2018 年 4 月 1 日左右开始显示,如图 4-110 所示。

图 4-110

然后单击【视图】选项卡下的【显示比例】按钮,会出现 3 个选项:【缩小】、【放大】、【显示比例】。单击第 3 个选项【显示比例】,就会弹出【显示比例】窗口,如图 4-111 所示,然后在【自定义】处输入 30,后面的时间单位默认是"日",最后单击【确定】按钮,这样可以看到在图 4-111 所示的窗口中,甘特图区域就只显示 2018 年 4 月这一个月之内的条形图。

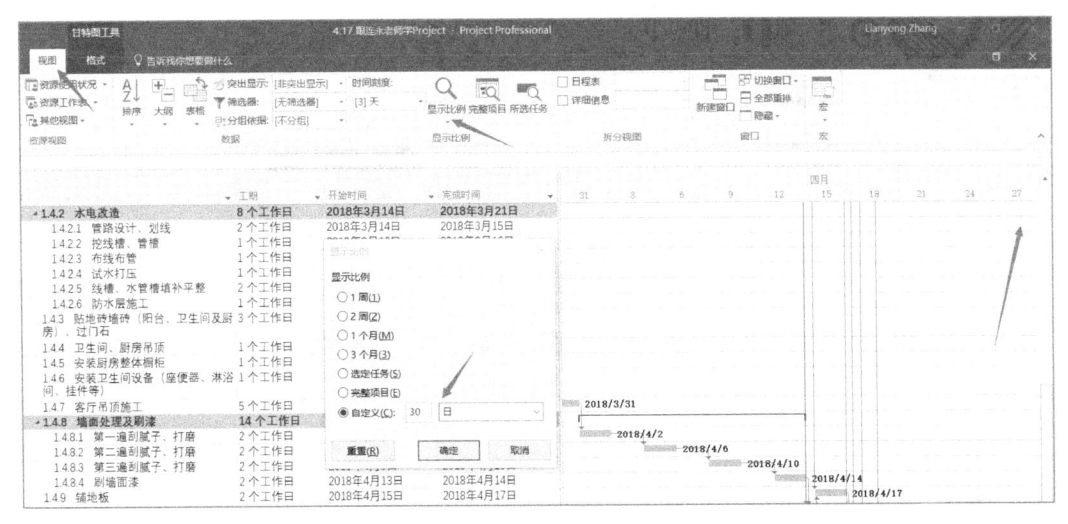

图 4-111

4.18 网格线的设置

在 Project 的甘特图区域还可以设置一些网格线，使横道图计划更为直观。

4.18.1 巧用网格线，避免将条形图和任务名称看串行

在甘特图视图中，整个页面分成左右两个部分，左侧是工作表区域，对应的是各个任务的信息，右侧是甘特图区域，每个任务都对应有条形图。但在任务多、时间跨度大时，可能会将左侧工作表区域的任务名称和右侧的甘特图看串行，该怎么解决这个问题呢？其实添加一个网格线就可以轻松解决了。

在甘特图区域右击，在弹出的快捷菜单中选择【网格】，就会出现图 4-112 所示的【网格】窗口，或者单击【格式】选项卡下方的【网格线】→【网络】按钮也可以。在左侧【要更改的线条】中选择【甘特图行】，在右侧（线）类型处选择一条实线，然后再为线条选择一种颜色，比如灰色，单击【确定】按钮。

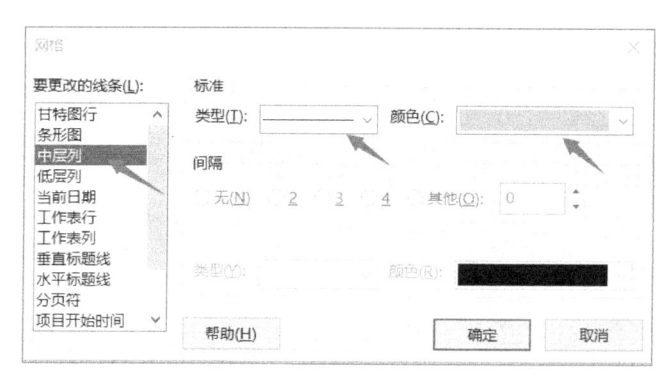

图 4-112

此时我们发现在甘特图区域就多了"甘特图行"的横线，如图 4-113 所示，这些横线与左侧工作表的任务行是对应的，这就避免了发生看串行的情况。

图 4-113

4.18.2 在甘特图区域添加当前时间线或者状态日期线

在甘特图区域我们还可以添加一条【当前日期】或者【状态日期】的竖线，这样就能在横道图计划中比较直观地看到当前项目执行到哪一天了。

在甘特图区域通过右击打开快捷菜单，然后选择【网格】，就会弹出【网格】窗口，在【要更改的线条】中选择【当前日期】，可参见图 4-112 然后在右侧的线条类型处选择一条实线，将颜色设置为红色，单击【确定】按钮。

此时我们发现在甘特图区域显示了一条竖线，如图 4-114 所示。这条线就代表了当前日期，在默认情况下就是打开文件的那一天，所以这条竖线是随着打开文件的日期不同而自动往后推移的。

同样，如果我们想在甘特图区域添加一条【状态日期】的竖线，操作方法也完全一样。

图 4-114

4.18.3 在甘特图区域显示时间刻度的竖线

在第 4.18.1 节中，我们讲解了如何在甘特图区域添加与工作表行水平对齐的线条，同理，也可以利用网格线的功能添加与时间刻度垂直对齐的竖线。

打开【网格】窗口，在【要更改的线条】下拉菜单中，选择【中层列】，在右侧设置好线条类型和线条颜色后，单击【确定】按钮。

此时就会看到效果，如图 4-115 所示，甘特图区域就会显示与时间刻度的中层列垂直对齐的竖线。同理，也可以根据自己的需要在【要更改的线条】中设置【低层列】和【顶层列】。

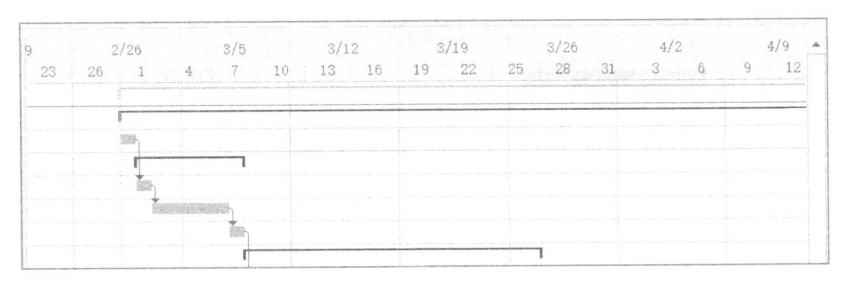

图 4-115

4.19 巧用甘特图区域的绘图功能

在前面介绍了在甘特图区域设置条形图、时间刻度和网格线的功能，其实还可以在甘特图区域插入一些文本框或者图形，从而在计划中表达更丰富的内容和形式，这就用到 Project 里面的绘图功能。

比如，我们想在任务 5 "装修方案设计"的条形图后面加一个文本框，可以单击【格式】选项卡下的【绘图】→【文本框】，如图 4-116 所示，然后在任务 5 的条形图后面插入这个文本框，随后可以输入想要显示的文本内容。右击文本框，然后在弹出的快捷菜单中选择【字体】，就可以设置文本框的字体、字体颜色、下画线等。

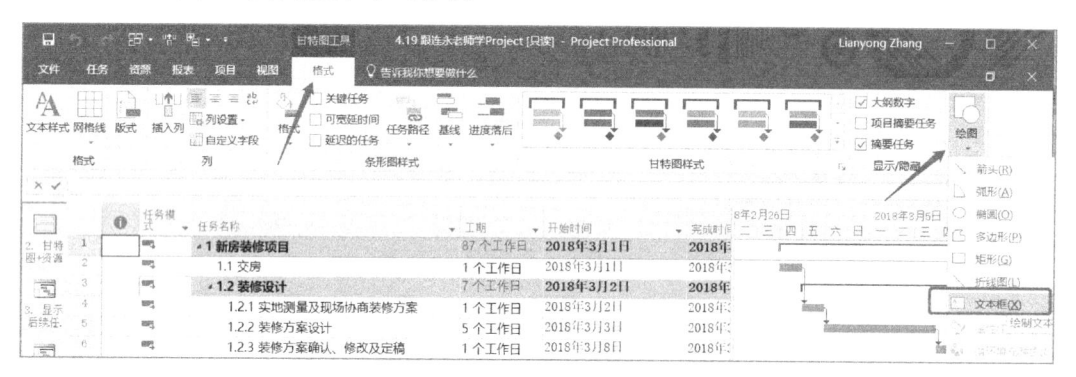

图 4-116

然后右击这个文本框，在弹出的快捷菜单中选择【属性】，就会出现【设置绘图对象格式】的窗口，如图 4-117 所示，在【线条与填充】中可以设置文本框是否显示线条、线条颜色、线条类型以及填充样式等。

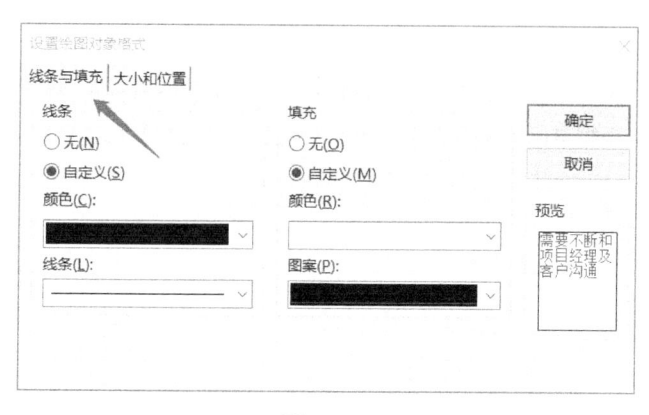

图 4-117

第 4 章 制订项目计划

如果在【设置绘图对象格式】窗口中单击【大小和位置】，如图 4-118 所示，则可以设置文本框的位置和大小。关于设置文本框的大小，大家设置其高度值和宽度值就可以了，很简单。关于文本框的位置，是一个很有意思的功能，我们详细讲解一下。

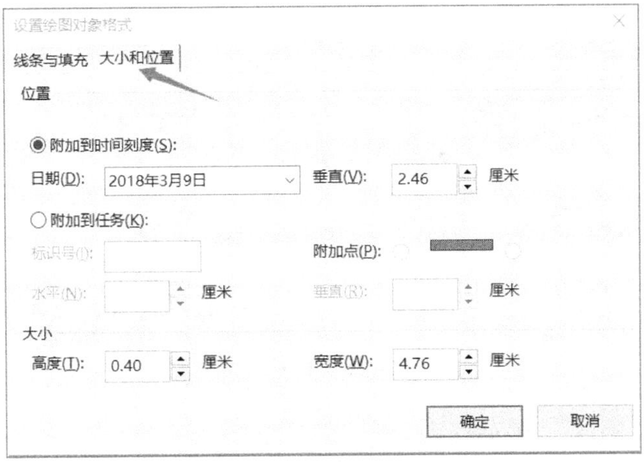

图 4-118

在默认情况下，【附加到时间刻度】是被勾选的，如图 4-118 所示，在这里可以设置好日期，比如 2018 年 3 月 9 日，这样在水平方向，该文本框的左侧就固定在时间刻度上 3 月 9 日的位置。后面还有一个【垂直】的设置，可以手动输入一个数值，比如 5 厘米，这样在垂直方向，该文本框就显示在时间刻度下方 5 厘米处。

如果勾选【附加到任务】，如图 4-119 所示，那么该文本框的位置就与某个任务的条形图位置关联起来了。【标识号】的意思就是任务的 ID 号，如果在【标识号】位置输入"5"，那么该文本框的位置就与任务 5 的条形图有关系了。【附加点】是指文本框显示在任务条形图的左侧还是右侧，可以自己选择，但是推荐显示在右侧，因为如果显示在左侧就和任务的条形图重合了。【水平】则是指该文本框在水平方向离任务条形图有多远的距离，可以自己选择。【垂直】指的是该文本框在垂直方向离任务条形图有多远的距离，此处建议输入 0 或者很小的数值，如果该数值太大，就和选定任务的条形图在垂直方向无法对应起来，甚至会显示到其他任务的条形图后面了。

如果将该文本框的位置附加到任务 5 上，并且按照图 4-119 进行了设置。当我们把任务 5 的工期从 5 天变成 15 天后，任务的条形图会延长，并且该文本框也会随着任务 5 的条形图而往后移动，如图 4-120 所示。演示完毕后，我们再把任务 5 的工期改回 5 天。

不论是把文本框的位置与时间刻度关联还是与某个任务的条形图关联，都各有用处，可能与任务条形图关联更实用一些。

按照同样的方法，我们还可以利用绘图功能在甘特图区域插入形状等。

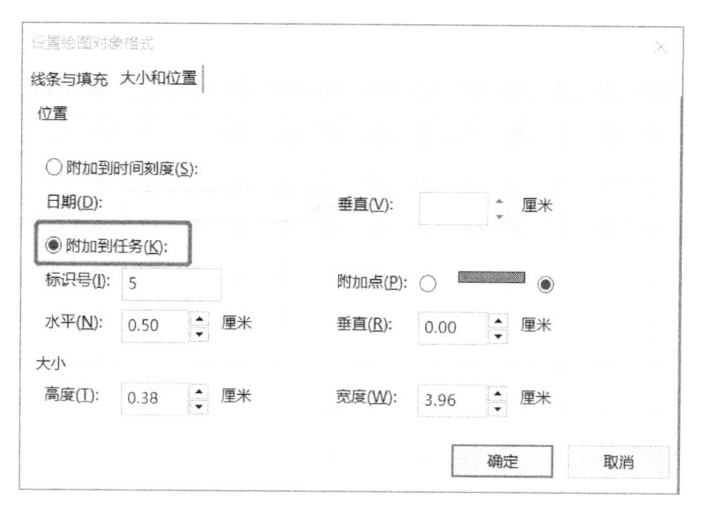

10 天精通 Project 项目管理：从菜鸟到实战高手

图 4-119

图 4-120

4.20 使整个计划只显示某个大纲层级的任务

有时我们不需要将项目计划中的所有任务全部显示出来或者打印出来，可能只是希望显示到某个层级就可以了，比如只显示到第二级任务，在 Project 中可以快速实现这一点。

首先单击【视图】选项卡下的【大纲】，此时可以单击任意一个层级，比如级别 2，如图 4-121 所示，然后整个项目计划将只显示第一、第二级别的所有任务，而第二级别以下的任务将自动收起。

如果想显示所有的子任务，则可以单击【视图】选项卡下的【大纲】，然后选择【显示子任务】，如图 4-121 所示，这样整个计划将把所有的子任务全部展开显示。

不仅在平时查看计划时可以使用上述功能，在打印时，如果只想打印到特定的层级，也可以先执行这个操作。

第 4 章 制订项目计划

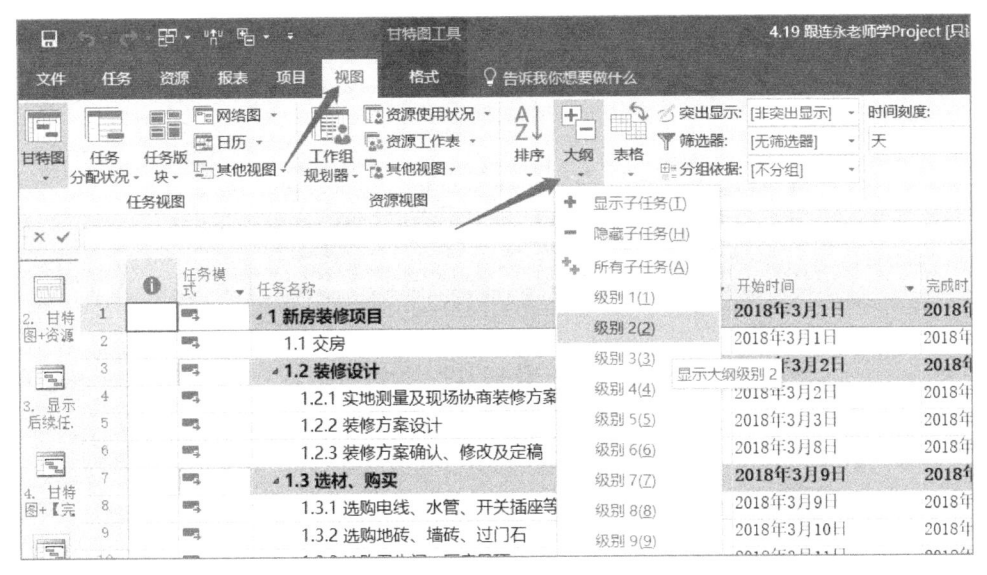

图 4-121

4.21 打印设置

在 Project 甘特图视图或者跟踪甘特图视图中，左侧是工作表区域，右侧是甘特图区域的条形图，在打印时需要同时考虑好这两个区域应如何显示，所以 Project 的打印设置可能比 Word、Excel 的略微复杂一些，但只要掌握本节介绍的方法，其实可以非常轻松地打印 Project 中的内容。

4.21.1 打印设置要点

如果能掌握以下 7 条要点，不管多么复杂的 Project 项目计划都可以被完美地打印出来。

1. 设置好要打印的工作表列

在甘特图或者跟踪甘特图视图中，左侧是工作表区域，右侧是甘特图区域，中间有条分隔线。首先要明确想打印工作表区域的哪些列，然后把这些列移动并显示在分隔线的左侧，或者将不需要打印的列暂时隐藏。

移动列的操作是很简单的，把鼠标移动到该列，出现十字架的图标时即可随意拖动该列到其他位置。

比如现在要打印这些列：任务模式、名称、工期、开始时间、完成时间、前置任务。那么在单击【打印】按钮之前就要让这些列都显示在甘特图视图中间分隔线的左侧，并且完整地显示出来，如图 4-122 所示，这样在单击【打印】按钮后，在打印预览中就可以看到这些列，如图 4-123 所示。

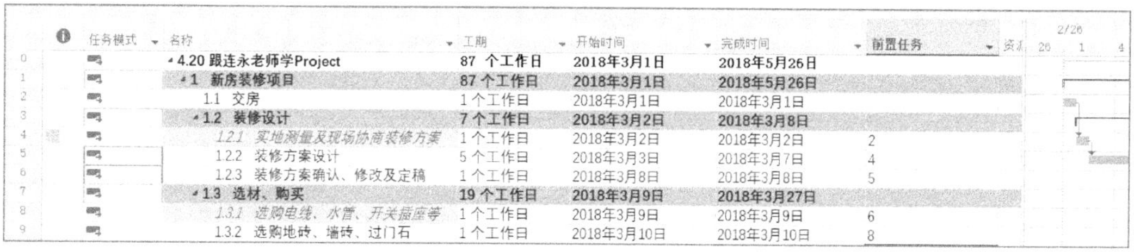

	任务模式	名称	工期	开始时间	完成时间	前置任务
0		4.20 跟连永老师学Project	87 个工作日	2018年3月1日	2018年5月26日	
1		1 新房装修项目	87 个工作日	2018年3月1日	2018年5月26日	
2		1.1 交房	1 个工作日	2018年3月1日	2018年3月1日	
3		1.2 装修设计	7 个工作日	2018年3月2日	2018年3月8日	
4		1.2.1 实地测量及现场协商装修方案	1 个工作日	2018年3月2日	2018年3月2日	2
5		1.2.2 装修方案设计	5 个工作日	2018年3月3日	2018年3月7日	4
6		1.2.3 装修方案确认、修改及定稿	1 个工作日	2018年3月8日	2018年3月8日	5
7		1.3 选材、购买	19 个工作日	2018年3月9日	2018年3月27日	
8		1.3.1 选购电线、水管、开关插座等	1 个工作日	2018年3月9日	2018年3月9日	6
9		1.3.2 选购地砖、墙砖、过门石	1 个工作日	2018年3月10日	2018年3月10日	8

图 4-122

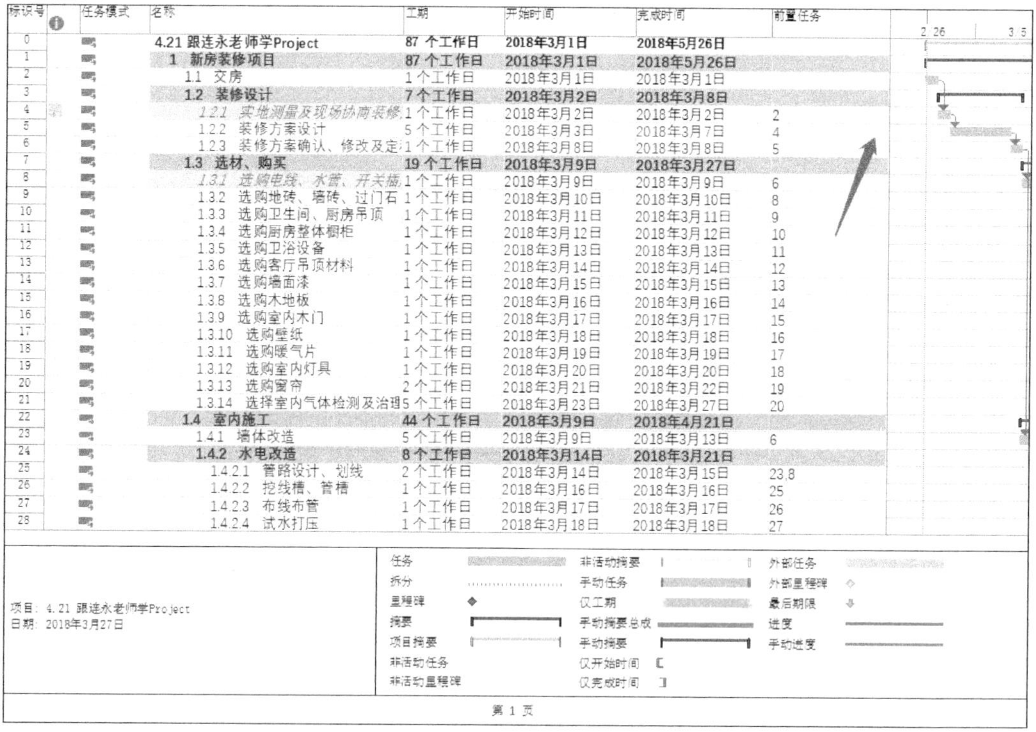

标识号	任务模式	名称	工期	开始时间	完成时间	前置任务
0		4.21 跟连永老师学Project	87 个工作日	2018年3月1日	2018年5月26日	
1		1 新房装修项目	87 个工作日	2018年3月1日	2018年5月26日	
2		1.1 交房	1 个工作日	2018年3月1日	2018年3月1日	
3		1.2 装修设计	7 个工作日	2018年3月2日	2018年3月8日	
4		1.2.1 实地测量及现场协商装修	1 个工作日	2018年3月2日	2018年3月2日	2
5		1.2.2 装修方案设计	5 个工作日	2018年3月3日	2018年3月7日	4
6		1.2.3 装修方案确认、修改及定	1 个工作日	2018年3月8日	2018年3月8日	5
7		1.3 选材、购买	19 个工作日	2018年3月9日	2018年3月27日	
8		1.3.1 选购电线、水管、开关插	1 个工作日	2018年3月9日	2018年3月9日	6
9		1.3.2 选购地砖、墙砖、过门石	1 个工作日	2018年3月10日	2018年3月10日	8
10		1.3.3 选购卫生间、厨房吊顶	1 个工作日	2018年3月11日	2018年3月11日	9
11		1.3.4 选购厨房整体橱柜	1 个工作日	2018年3月12日	2018年3月12日	10
12		1.3.5 选购卫浴设备	1 个工作日	2018年3月13日	2018年3月13日	11
13		1.3.6 选购客厅吊顶材料	1 个工作日	2018年3月14日	2018年3月14日	12
14		1.3.7 选购墙面漆	1 个工作日	2018年3月15日	2018年3月15日	13
15		1.3.8 选购木地板	1 个工作日	2018年3月16日	2018年3月16日	14
16		1.3.9 选购室内木门	1 个工作日	2018年3月17日	2018年3月17日	15
17		1.3.10 选购壁纸	1 个工作日	2018年3月18日	2018年3月18日	16
18		1.3.11 选购暖气片	1 个工作日	2018年3月19日	2018年3月19日	17
19		1.3.12 选购室内灯具	1 个工作日	2018年3月20日	2018年3月20日	18
20		1.3.13 选购窗帘	2 个工作日	2018年3月21日	2018年3月22日	19
21		1.3.14 选择室内气体检测及治理	5 个工作日	2018年3月23日	2018年3月27日	20
22		1.4 室内施工	44 个工作日	2018年3月9日	2018年4月21日	
23		1.4.1 墙体改造	5 个工作日	2018年3月9日	2018年3月13日	6
24		1.4.2 水电改造	8 个工作日	2018年3月14日	2018年3月21日	
25		1.4.2.1 管路设计、划线	2 个工作日	2018年3月14日	2018年3月15日	23,8
26		1.4.2.2 挖线槽、管槽	1 个工作日	2018年3月16日	2018年3月16日	25
27		1.4.2.3 布线布管	1 个工作日	2018年3月17日	2018年3月17日	26
28		1.4.2.4 试水打压	1 个工作日	2018年3月18日	2018年3月18日	27

图 4-123

在图 4-123 中可以看到，虽然想要打印的列都显示出来了，但是甘特图区域比较小，很不直观，而且需要打印 6 页才能全部打印完。这就需要进行后续的几点设置。

2．纸张选择要合适：横向还是纵向

打印 Project 计划往往需要打印打它的条形图，因此打印在 A3 纸上肯定比打印在 A4 纸上更合适。另外，根据计划的任务数量以及工期跨度（决定了时间刻度的长度），可以选择横向打印或者纵向打印。

单击【文件】→【打印】按钮，会出现如图4-124所示的界面，我们可以设置打印的纸张大小，比如A3，同时可以选择横向打印或者纵向打印，这里选择横向打印，整个计划会变成2页。注意，读者在设置时可以根据自己的需要，如果想打印在A4纸上也是完全可以的。

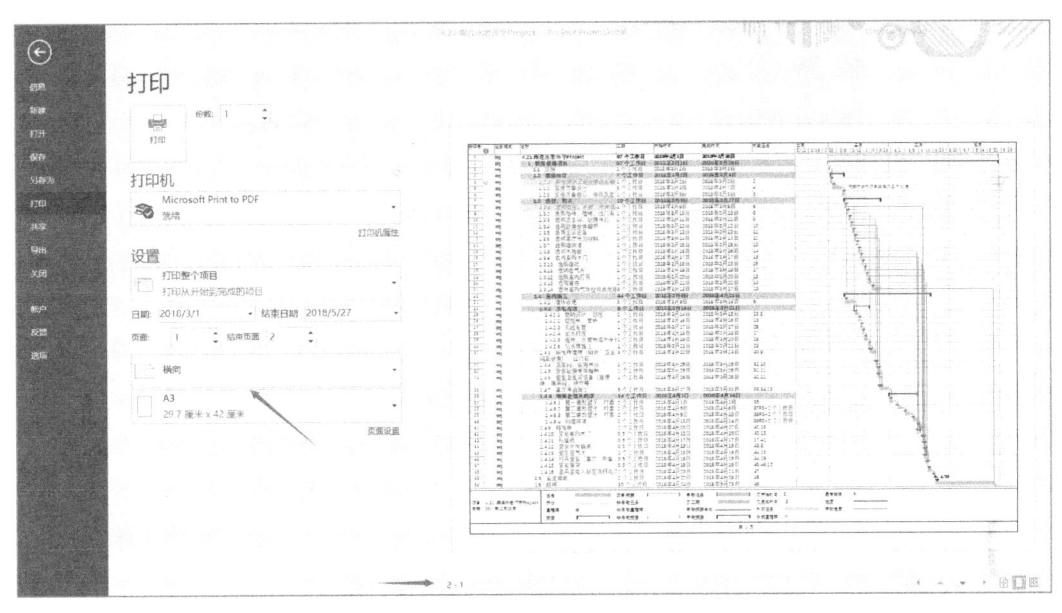

图 4-124

另外，如果大家在自己操作时显示的结果与图4-124不同，这是正常的，因为需要把第4.21.1节全部阅读完毕才能知道如何进行合理的设置。

3. 可以调整甘特图区域要打印的时间范围

在图4-124所示的界面中，在打印机下方的设置中默认【打印整个项目】，整个项目指的是甘特图区域，而不是工作表区域。

如果项目的跨度周期比较长，把完整的甘特图打印出来反而不一定直观，因此可以选择只打印特定时间段内的甘特图，比如对于案例项目，假如只打印项目开工1个月内的甘特图，也就是从2018年3月1日到4月1日。如图4-125所示，把【结束日期】设置成2018年4月1日后，在打印预览中就会发现，时间刻度将只显示1个月的跨度，那么相应地每个条形图就显示得更大一些了。

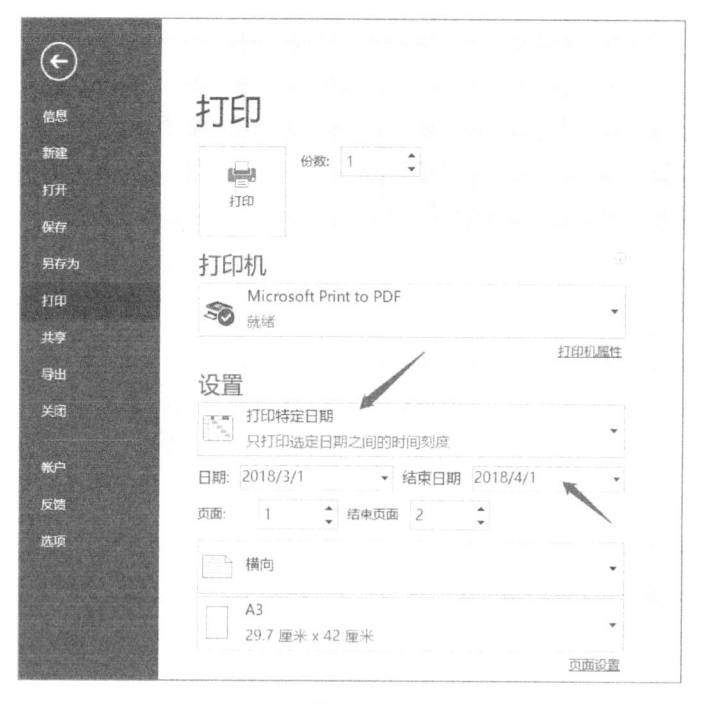

图 4-125

每次打印都可以根据自己的需要重新设置要打印的甘特图时间范围，再次提醒读者，这里的时间范围调整并不影响打印的任务数量，而是甘特图区域的时间范围。

4. 时间刻度选择的时间单位要合理

在图 4-124 中，选择的是打印整个项目的甘特图。目前项目的整个时间跨度是 3 个月左右，可以考虑将时间刻度中层的时间单位设置为月，底层的时间单位设置为周，这样就基本上可以比较完整地打印出所有任务的甘特图。

如果在时间刻度中选择的时间单位是天，那么对于 3 个月的项目周期来讲，时间刻度会比较长，在打印预览中会把甘特图区域拆分成很多页来打印，这时需要 8 页才能把整个计划打印出来，而且后面的页码中将只显示条形图而没有对应的任务，这样既不直观也不合理。此时可以考虑把时间刻度的时间单位从天改成周，或者按照要点 3 选择只打印特定时间段内的甘特图。

5. 可调整时间刻度的显示比例

除了要在时间刻度中选择合适的时间单位，还可以修改时间刻度的显示比例。如图 4-126 所示，在打印时可以选择将时间刻度的显示比例放大或者缩小。这个操作也会让打印预览中时间刻度区域的显示更为合理和灵活。

第 4 章 制订项目计划

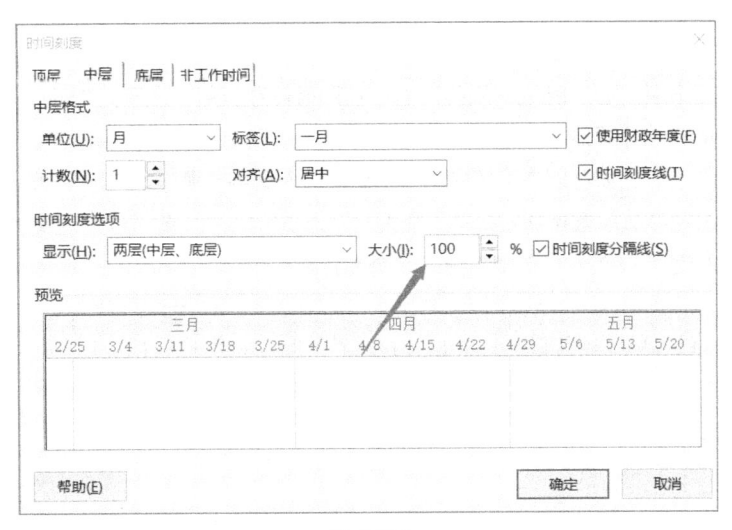

图 4-126

6．可以在页面设置中调整缩放比例

单击【文件】→【打印】后，在纸张选择的下方有个【页面设置】，单击该按钮，就会出现如图 4-127 所示的窗口。在页面设置的窗口中，可以选择缩放的比例，默认是 100%，但可以根据自己的需要进行调整，同时如果页面合适，可以调整为 1 页宽 1 页高，或者 1 页宽 2 页高。其实这个【页面设置】的功能与 Office 其他软件的【页面设置】基本一样。

图 4-127

7. 页眉、页脚、图例

与 Office 其他软件类似，Project 同样可以在打印时设置页眉、页脚及 Project 独有的图例。在页面设置窗口中，单击【页眉】选项，如图 4-128 所示，可以选择在页眉的左、中、右三个位置分别设置不同的内容，比如可以在【居中】的位置中输入文字"跟连永老师学 Project"，选中这些文字后，单击下方的字体设置按钮（就是一个大写字母 A 的按钮）就可以设置文本的字体、大小、颜色等形式。比如还可以在【右】侧中插入一个图片。

图 4-128

页眉和页脚的设置方法是一样的，可以在左、中、右三个位置输入一些内容，除了可以手动输入文本信息，还可以直接插入一些 Project 软件预置的信息。如图 4-129 所示，中间的文本框下方有 7 个按钮。

使用第 1 个按钮可以设置字体，需要先选中文本框内的内容，再单击第 1 个按钮对字体进行设置。

使用第 2 个按钮可以设置当前的页码，使用第 3 个按钮可以设置文件的总页码数，在实际应用中可以混合使用，比如先单击第 2 个按钮插入页码，再手动输入"/"，然后单击第 3 个按钮插入总页码，最终可以显示为"1/2""2/2"。这个可以根据自己的习惯灵活去使用，比如还可以显示为"第 1 页 共 2 页"等。

使用第 4 个按钮可以插入当前日期，使用第 5 个按钮可以插入当前的时间，比如几点几分。

使用第 6 个按钮可以直接插入当前文件的名称。

使用第 7 个按钮可以插入图片，在插入图片时一定要选择大小合适的图片。

第 4 章 制订项目计划

图 4-129

页脚与页眉的设置方法相同，这里不再赘述了。

在图 4-123 中，打印预览的底部方框内显示的内容就是图例，图例区域又分成左、右两个方框，左边的方框可以显示一些文字信息，右边的方框显示的是条形图名称与解释，这是 Project 独有的一个图例位置。

在页面设置的窗口中，单击【图例】选项，如图 4-130 所示，在【左】侧默认显示项目文件名称和日期，也可以手动输入。在手动输入时需要注意，这里只能输入 3 行文字。另外如果在打印预览中发现左侧的文字没有完整显示出来，可以在如图 4-130 所示的窗口中将【宽度】的值设置得稍微大一些，最大为 10 厘米。虽然还有【居中】和【右】侧两个位置可以输入内容，但是受图例左侧方框的宽度限制，【居中】和【右】侧位置的用途并不大，也建议读者尽量把文字信息放在【左】侧。

【图例位置】有 3 个选项，【每页】的意思就是不论项目文件打印成几页，每一页的底部都会显示图例；【图例页】的意思是，Project 不会在每一页底部都显示图例，而是在打印的最后一页单独打印图例；【无】则代表不显示、不打印图例页。

4.21.2 把 Project 计划存为 PDF 文件

在 Project 软件中，其本身是可以将项目文件另存为 PDF 文件的，但是用这种操作方法导出 PDF 后的效果可能和打印预览不同，因此给很多 Project 用户造成了困扰。建议读者们安装 PDF 虚拟打印机，这是一个很小的插件，在网上很容易搜到。这样在想把 Project 项目计划转换成 PDF

文件时，不要另存为 PDF 文件，而是像打印一样，先调整好打印设置，然后用 PDF 虚拟打印机把项目计划打印成 PDF 文件，用这种方式输出的 PDF 文件和打印预览时看到的将完全一样。

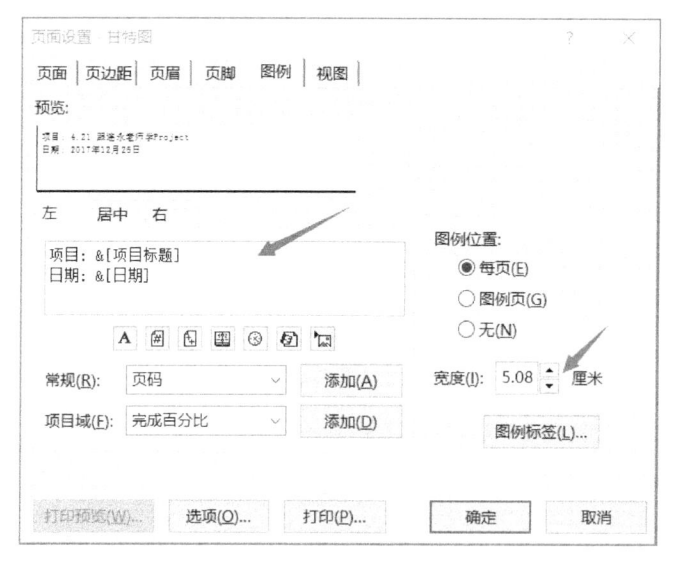

图 4-130

4.21.3　减少图例中的条形图种类

在打印预览中，我们发现在图例页会显示非常多的条形图名称和解释，可能会占用比较多的页面。如果不想在图例中显示那么多的条形图名称和解释，需要在【条形图样式】窗口中删除部分条形图。注意尽量不要将一些比较重要的条形图删掉，比如【任务】、【关键】、【摘要】、【里程碑】、【进度】等。如果不小心在【条形图样式】窗口中删掉了【任务】条形图，在甘特图视图的时间刻度下将不再显示子任务的条形图。

4.21.4　打印整个计划中的特定任务

在第 4.20 节中讲解了如何将整个计划只显示到某个大纲层级，这点在打印设置时也会用到，是一个比较实用的功能。但是假如同样都是第三级的任务，有些我们想打印出来，有些不想打印出来，那该怎么办呢？在 Project 中，列是可以随便隐藏和重复插入的，但却无法隐藏行，我们可以借助筛选的功能只打印同一层级中的部分任务。

按照第 4.13 节中的方法，随便插入一列并手动输入列名称为"打印"，如图 4-131 所示，接着在该列中对不想打印的任务做出标记，比如任务 9、任务 10、任务 11，然后在【打印】列的单元格中输入"不打印"。

图 4-131

【打印】列标题名称右下方有自动筛选的小三角形，这一列的值只有两个类别：空、不打印，如图 131 所示。取消勾选【不打印】复选框，这样刚才做标记的任务 9、任务 10、任务 11 就相当于被隐藏了，在这个筛选的条件下，再进行打印设置就不会打印出任务 9、任务 10、任务 11 了。

对于有些 Project 用户，可能会发现自己的 Project 软件中的列标题没有自动筛选，可以单击【视图】选项卡下【筛选器】右侧的下拉菜单，如图 4-132 所示，在下拉菜单中单击【显示自动筛选】，这样所有的列标题就会显示出自动筛选的小三角图标了。

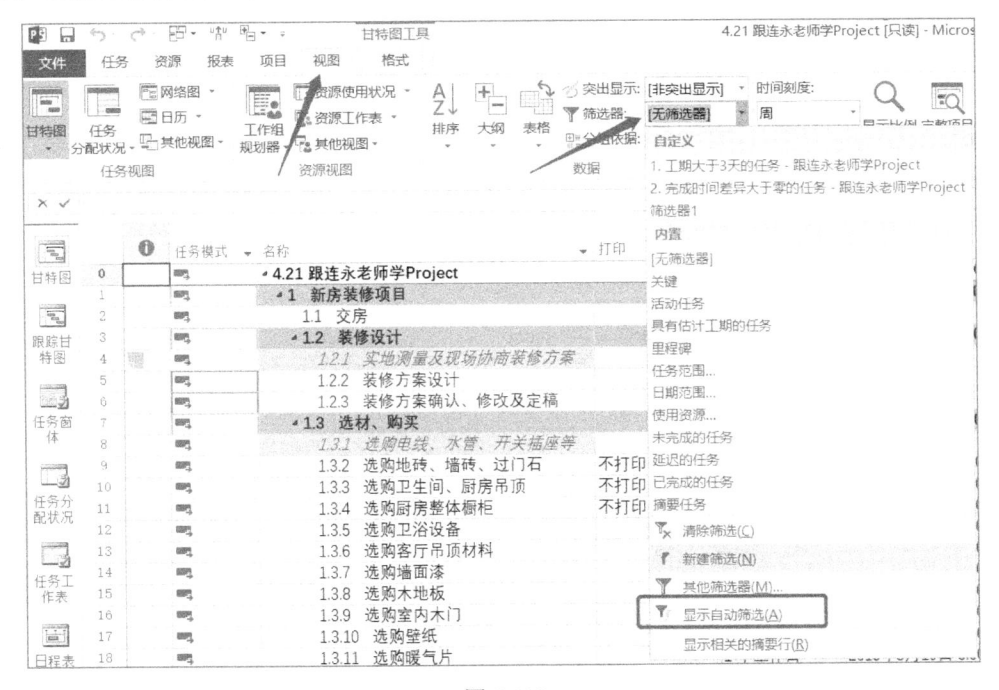

图 4-132

4.22 批量修改多个任务的任务信息

如果要修改单个任务的某些信息，比如任务日历、任务模式等，可以直接双击该任务，在弹出的【任务信息】窗口中修改，如果要同时对多个任务进行批量修改，有没有更快捷的方法呢？本节将讲解两种快捷、高效的方法。

4.22.1 在对应的列中修改任务的信息

其实，双击某个任务后弹出的【任务信息】窗口中的很多选项设置，都有其对应的列，并可以在对应的列中直接编辑修改，比如任务模式、优先级、未激活（对应的列名称是【活动】）、隐藏条形图、总成型任务、估计、最后期限、限制类型、限制日期、任务类型（对应的列名称是【类型】）、任务日历、WBS 码（对应的列名称是【WBS】）、挣值方法、标记为里程碑（对应的列名称是【里程碑】）、备注等。

如果要修改多个任务的某种信息，可以直接插入这些列进行批量修改，而不必双击每个任务，然后在弹出的【任务信息】窗口中设置。比如要批量修改多个任务的日历，就可以按照第 4.8.2 节中的方法直接插入【任务日历】列进行修改。如果要把多个任务设置为里程碑，也可以按照第 4.9.3 节中的方法直接插入【里程碑】列进行修改。同理，如果要修改其他任务信息，也可以尝试通过插入对应的列，进行批量设置和修改，省时、高效。

另外，当我们通过插入列批量修改任务信息时，假如要将任务 4、任务 5、任务 6 三个连续的任务都修改为相同的日历，那么可以在修改完任务 4 的日历后，把鼠标移动到该任务【任务日历】单元格的右下角，如图 4-133 所示，当鼠标光标呈十字架后可以往下一直拖动到任务 6，就可以把 3 个连续任务的日历全部修改过来了，这个操作也很便捷，其实在 Excel 中也有这样的操作。

	ⓘ	任务模式	名称	任务日历	工期
0			▲ 4.22 跟连永老师学Project	无	87 个工作日
1			▲ 1 新房装修项目	无	87 个工作日
2			1.1 交房	无	1 个工作日
3			▲ 1.2 装修设计	无	7 个工作日
4			1.2.1 实地测量及现场商装修方案	6天工作制	1 个工作日
5			1.2.2 装修方案设计	无	5 个工作日
6			1.2.3 装修方案确认、修改及定稿	无	1 个工作日
7			▲ 1.3 选材、购买	无	19 个工作日

图 4-133

本节只是随机选几个任务演示修改任务日历的方法，演示完毕后，笔者会把这些任务的日历改成"无"。

4.22.2 在多任务信息窗口中修改选定任务的信息

除了上一节所讲的方法，还可以利用【多任务信息】窗口批量修改多个任务的信息。

要是想修改任务 2、任务 5、任务 10 三个任务的日历，可以按住 Ctrl 键同时选中这三个任务，然后单击【任务】选项卡下的【信息】按钮，如图 4-134 所示，就会弹出【多任务信息】窗口。这个窗口与【任务信息】窗口基本是一样的，不同之处是可以一次性修改所选的多个任务的信息。在该窗口的【高级】选项中，修改日历后单击【确定】按钮，这 3 个任务的日历就一次性改完了。熟练使用【多任务信息】窗口会使工作非常便捷、高效，希望读者能掌握。

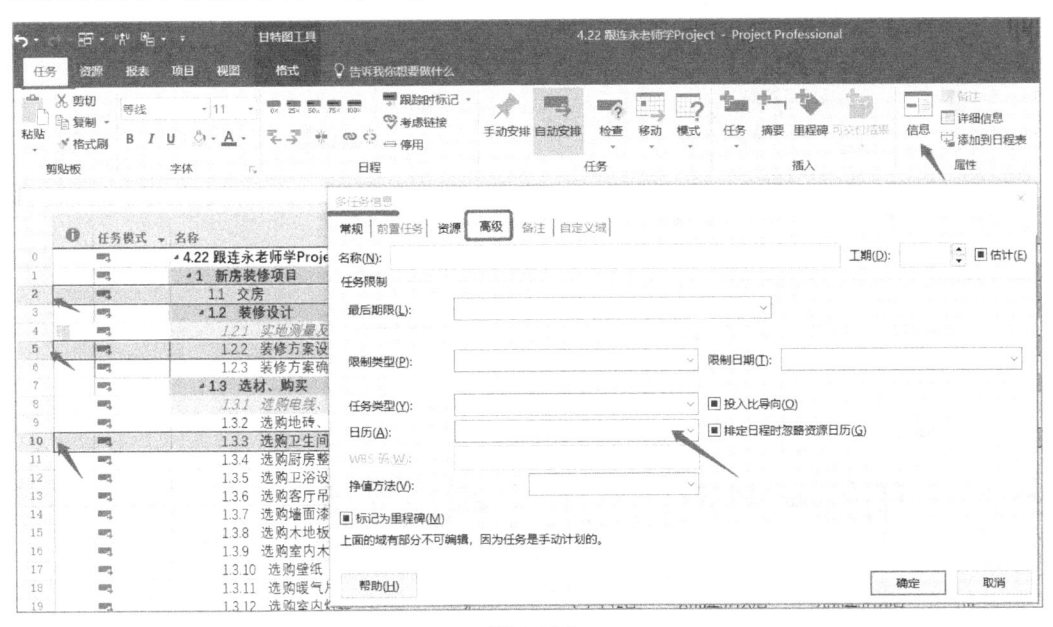

图 4-134

4.22.3 在多任务信息窗口中修改所有任务的信息

假如想把所有任务的任务模式从自动模式改为手动模式，可以先按照第 4.20 节的方法，在【视图】选项卡下单击【大纲】→【所有子任务】，然后再单击工作表左上角的位置（此操作相当于全选任务），如图 4-135 所示，单击【任务】选项卡下的【信息】按钮，然后在弹出的【多任务信息】窗口中将任务模式一次性全部修改成手动计划。需要注意的是使用【多任务信息】窗口修改所有任务的信息时，在大纲级别里面折叠起来的任务（见第 4.20 节），以及通过列筛选被隐藏掉的任务（见第 4.21.4 节），都不能在【多任务信息】窗口中修改其任务信息，因此如果要使用【多任务信息】窗口修改所有任务的某种信息，需要先显示所有子任务并且取消筛选，请读者一定留意。

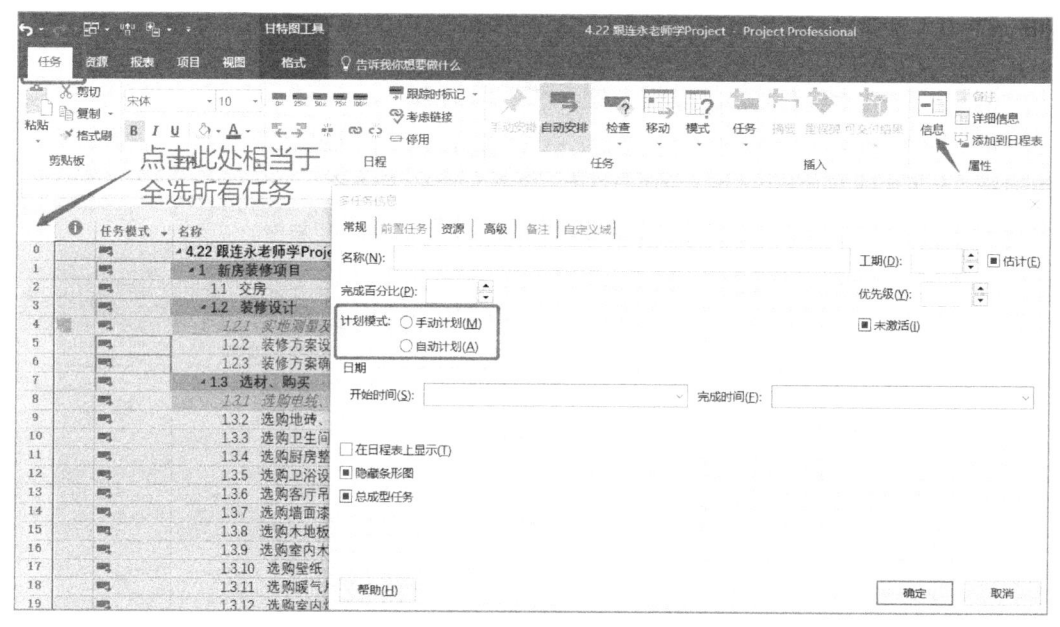

图 4-135

4.23 用好有提示功能的【标记】列

在 Project 默认的甘特图视图中，工作表区域的第一列没有显示为任务名称而是显示为一个图标，图标是圆圈中间有一个叹号，这一列是【标记】列，在 Project 英文版中这一列叫作【Indicators】，Project 中文版翻译为【标记】。其实这一列根据其英文原意翻译为"指示器"似乎更为合理，因为这一列的目的就是给读者提供一个提示或警示的功能，而且翻译为【标记】很容易和另外一列【已标记】（在 Project 英文版里叫作【Marked】）混淆。

【标记】列可以传达很多重要的任务信息，很多 Project 用户不知道这一列的用途，因此直接把它隐藏了，建议大家不要隐藏这一列，而是永远让它显示出来，因为这一列会给计划的阅读者传达很多信息。在表 4-4 中列举了一些在【标记】列中常见的图标以及这些图标的含义，其中，图标 2、图标 3、图标 5、图标 6、图标 7 比较重要。

从表 4-4 中也可以看到，【标记】列是非常重要的，最好不要将该列隐藏。在第 4.30.4 节还会讲到手动计划的弊端，从而建议大家都使用自动计划，同时也建议不要隐藏【任务模式】列。总结起来，最好让【标记】列和【任务模式】列都显示在计划中而不要将其隐藏，因为在出现一些异常情况时，这两列可以提供很多非常重要的信息和线索。

表 4-4

	标记图标	说明
1	或	任务有备注信息，左侧图标是 Project 2010，右侧图标是 Project 2013/2016
2		该任务有限制类型，比如手动输入过任务的开始时间或者完成时间等
3		该任务分配有特殊的任务日历
4		该任务是周期性任务
5		资源出现过度分配
6		该任务的（计划）完成时间晚于期限日期
7		该任务已经完成，完成百分比为100%，有实际完成时间
8		该任务有超链接

4.24 日程表的设置与妙用

当项目经理给领导进行项目汇报时，如果觉得展示甘特图计划过于详细了，可以考虑使用 Project 中的日程表功能。该功能是从 Project 2010 才开始出现的，Project 2016 和 Project 2019 中又对日程表增加了一些小功能。在 Project 2010 中日程表有时叫作【时间表】，有时叫作【日程表】，其实都是一个意思，在 Project 英文版里一直叫作【Timeline】，请读者留意。

如果要切换视图，或者说切换到日程表视图，可以使用下面这两种常用的方法：

★ 在【视图栏】中直接单击【日程表】视图。如果忘记了如何显示【视图栏】，可以参考第 1.2 节的图 1-3。

★ 如图 4-136 所示，在【任务】选项卡下单击最左侧【甘特图】下方的小三角，在出现的下拉菜单中单击【日程表】视图。

切换到【日程表】视图后单击【格式】选项卡，就可以看到如图 4-137 所示的界面。在该视图中，日程表的左侧默认显示整个项目的开始时间（2018 年 3 月 1 日），右侧显示整个项目的完成时间（2018 年 5 月 26 日），当然，读者在自己练习时，只要任何一个操作与本书不同，都有可能导致项目的完成时间不是 2018 年 5 月 26 日，大家不必对此介意，重要的是掌握一些 Project 功能的原理和操作就行了。

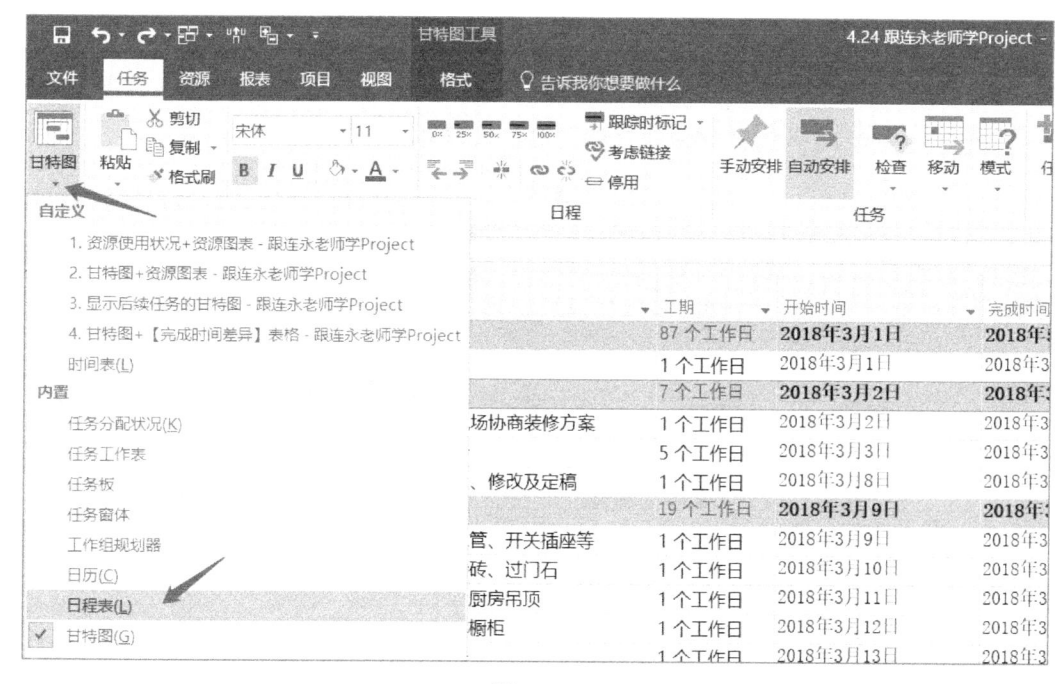

>> **10 天精通 Project 项目管理：从菜鸟到实战高手**

图 4-136

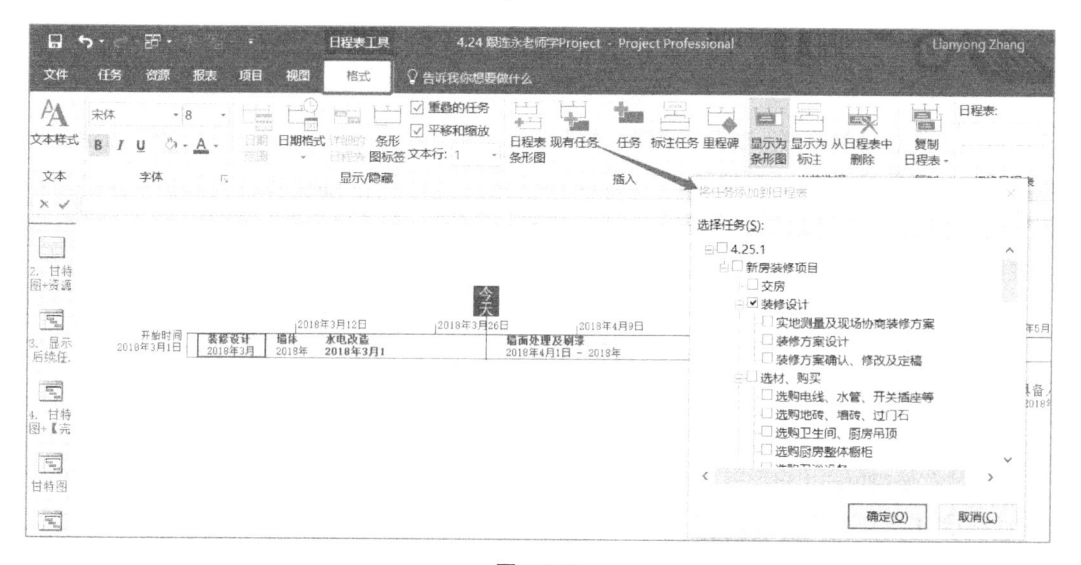

图 4-137

如图 4-137 所示，在【格式】选项卡下单击【现有任务】按钮，就会弹出【将任务添加到日程表】窗口，我们会发现，整个计划中的任务（包括子任务和摘要任务）都以一个树状结构的形

第 4 章　制订项目计划

式被呈现出来了。如果想把哪个任务添加到日程表上，直接勾选即可，勾选后单击【确定】按钮就会发现在日程表上出现了一些条形图。

如果所有添加在日程表上的任务都显示在一排中，当然就不太直观。此时，可以单击某个任务然后往下拖曳，还能依次对多个任务执行此操作，就会出现如图 4-138 所示的效果。另外，还可以修改日程表上每个条形图的颜色，单击某个任务后，再单击【格式】里面的填充按钮就（图 4-138 左上角箭头所指的位置）可以为该任务的条形图选择填充颜色。

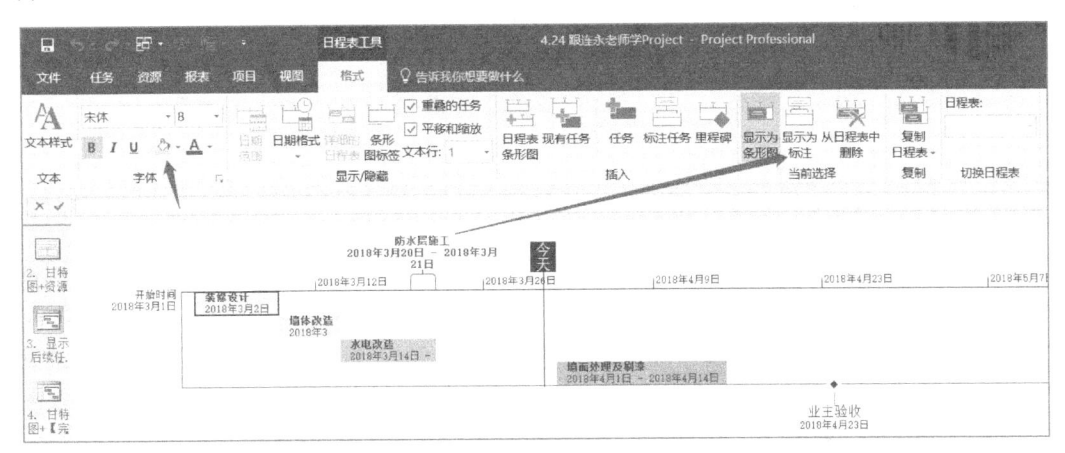

图 4-138

此外，在日程表上，每个条形图的长度依然代表了工期的长度，如果有些任务的工期很短，把它添加到日程表上后可能根本无法显示完整。这时可以考虑用【标注】的功能，首先单击这个任务，然后单击【格式】选项卡下的【显示为标注】（图 4-138 右边箭头所指的位置），这样该任务就不会显示成条形图了，而是在日程表边框上显示为一个文本框。还可以单击这个文本框，在【格式】选项卡下修改文本框的字体颜色。

相对于甘特图计划来讲，日程表更简单扼要，把一些关键节点、阶段或重要任务显示在日程表上给领导看就可以了。而且，日程表可以拷贝到 PPT、Outlook、Word 中继续修改编辑。在图 4-138 中，单击【格式】选项卡下的【复制日程表】→【用于演示文稿】，实际上就已经把日程表的内容复制下来了。

然后打开空白的 PPT 文件，按 Ctrl+V 组合键，就可以把日程表复制到 PPT 中，如图 4-139 所示，而且从图中可以看到，复制过来的日程表还是可以继续编辑的，比如颜色、字体等。按照同样的方式，也可以把日程表复制到 Outlook 的邮件中。

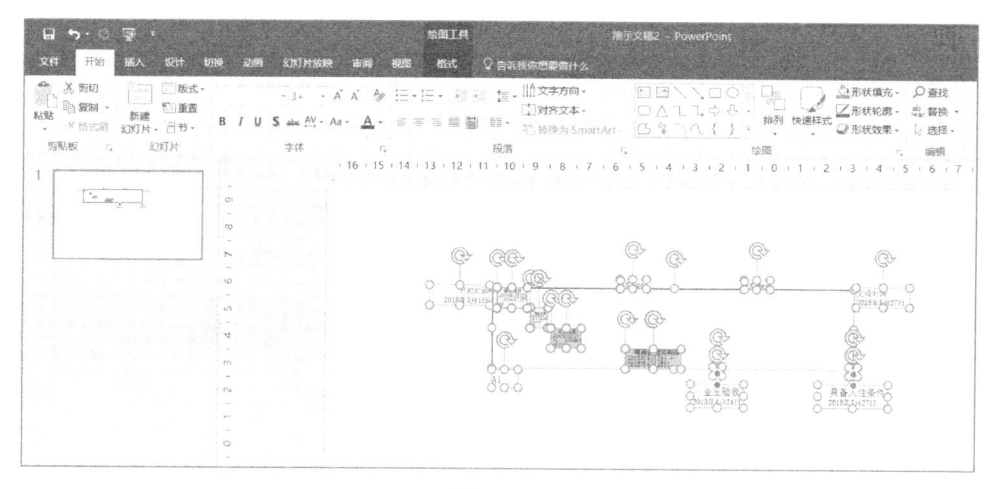

>> **10 天精通 Project 项目管理：从菜鸟到实战高手**

图 4-139

关于日程表的功能，在 Project 2016 和 Project 2019 中增加了一些 Project 2010 和 Project 2013 没有的新功能，总结如下：

★ 在日程表视图中允许有多个日程表。如图 4-140 所示，在 Project 2016 和 Project 2019 的日程表视图【格式】选项卡下增加了一个【日程表条形图】的功能，可以使用它在当前视图中插入多个日程表。

★ 由于允许有多个日程表，因此在 Project 2019（或 Project 2016 自动更新后的版本）可以给每个日程表添加名称标签。如图 4-140 所示，单击【条形图标签】就可以为每个日程表取名字了。

★ 可以为每个日程表设定日期范围。单击某个日程表后，再单击【格式】选项卡下的【日期范围】，如图 4-140 所示，就可以为每个日程表单独设置一个日期范围。如果为该日程表添加了任务，那么超出这个日期范围的任务条形图就不会再显示了。

★ 在 Project 2019（或 Project 2016 自动更新后的版本）中，任务的完成进度（完成百分比）会通过颜色的深浅直接显示在日程表的条形图上。

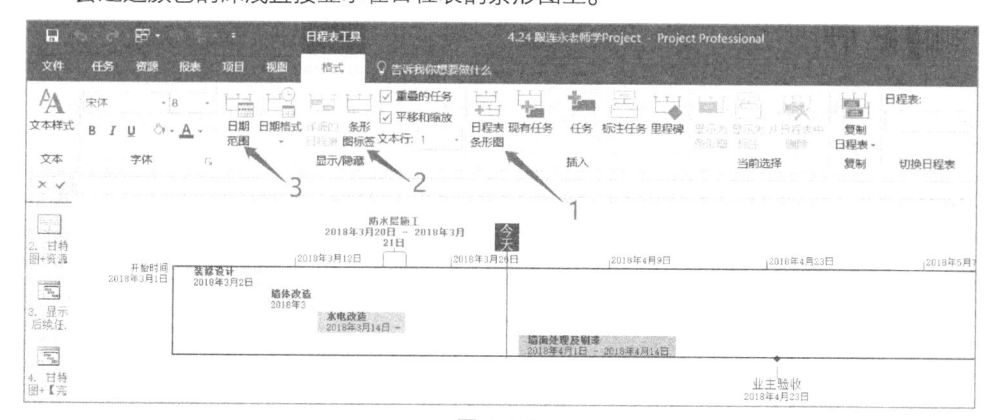

图 4-140

上文讲解的是如何使用日程表的功能，如果要从日程表视图切换回甘特图视图或者其他视图，可以参见图 4-136。

4.25 任务路径

如果要查看某个任务的前置任务和后续任务，比较简单，但是，从 Project 2013 开始，还增加了任务路径的功能，可以查看某个任务的所有前置任务，包括前置任务的前置任务，可以查看该任务完整的前置任务链条以及后续任务链条。

4.25.1 查找某个任务的前置任务与后续任务

如果只是查询某个任务的前置任务和后续任务，可以按照第 4.4.3 节讲解的方法，直接插入【前置任务】列和【后续任务】列来查看。除此之外，再介绍两种可以查看某个任务的前置任务和后续任务的方法。

1. 创建一个"甘特图+任务窗体"的复合视图或者使用【任务数据编辑】视图

如图 4-141 所示，在【视图】选项卡下勾选【详细信息】，在其右侧选择【任务窗体】视图，这样就相当于创建了一个复合视图。上面是甘特图视图，下面是【任务窗体】视图，在下方的【任务窗体】视图中右击后会出现不同的显示方式：前置与后续任务、资源与前置任务、资源与后续任务等。比如选择【前置与后续任务】，那么就像图 4-141 下方的视图一样，显示的是某个任务的前置任务与后续任务，可以使用鼠标将上方的甘特图视图切换到不同的任务以进行查看。

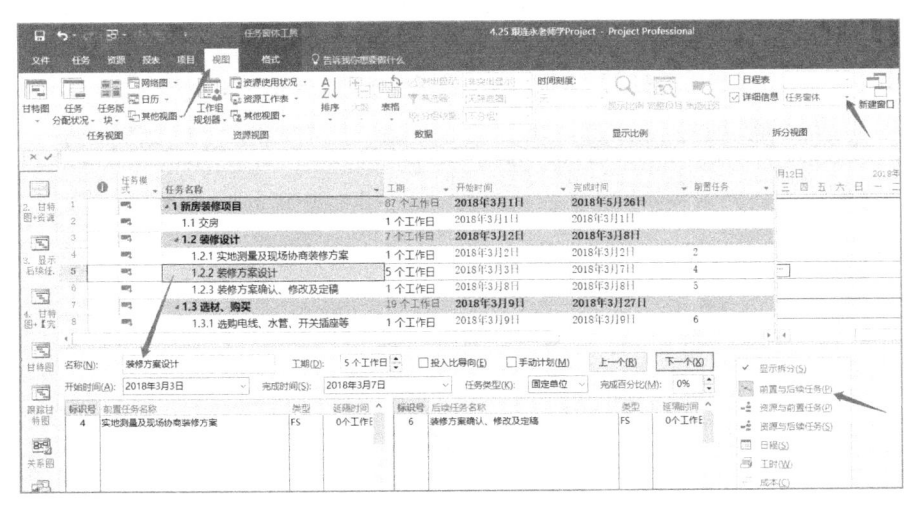

图 4-141

10 天精通 Project 项目管理：从菜鸟到实战高手

不仅可以用作查看任务路径，即使是进行计划的编制也可以使用这个复合视图。不想显示下方的第二个视图时，直接在【视图】选项卡下把【详细信息】前面的勾选去掉即可。

其实，上面创建的复合视图就是 Project 自带的 27 个视图中的一个，叫作【任务数据编辑】视图，在 Project 英文版中叫作【Task Entry】。要怎样在视图中找到这个视图呢？在多个入口都可以找到【其他视图】的窗口，比如在【视图】选项卡下单击【其他视图】就可以找到，如图 4-142 所示。在【其他视图】窗口中可以找到【任务数据编辑】这个视图，然后单击【应用】按钮就会出现和图 4-141 所示的一模一样的复合视图。

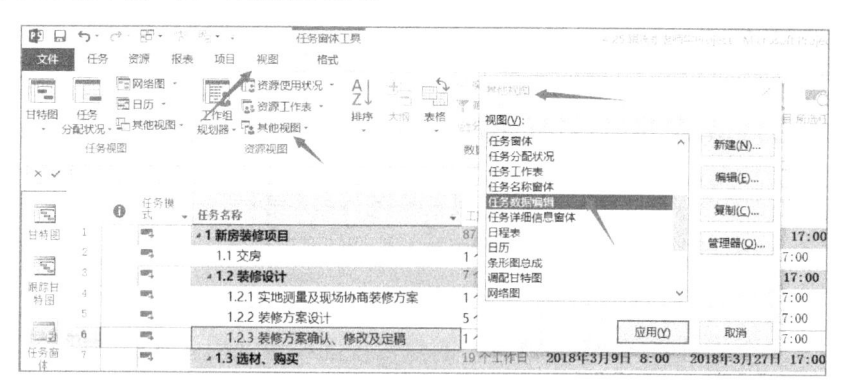

图 4-142

2．创建一个复合视图：甘特图+关系图

如果只是查看某个任务的前置任务和后续任务，关系图也是一个不错的工具。Project 中也有一个单独的视图，叫作【关系图】，但是单独使用这个单一的视图没有什么效果，如果结合甘特图视图，效果较为明显。按照方法一中所讲的创建复合视图的方法，我们来创建一个"甘特图+关系图"的复合视图，如图 4-143 所示，注意在创建第二个视图时，如果在【视图】选项卡下的【详细信息】右侧没有显示出关系图，那么可以在下拉菜单中的【其他视图】中找到。

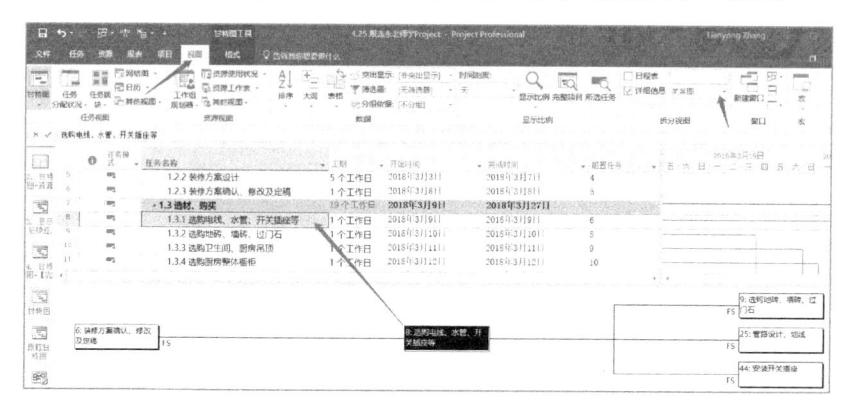

图 4-143

在这个复合视图中,如果在上方的甘特图中随便单击一个任务,那么在下方的关系图视图中,就可以看到它的前置任务和后续任务,该任务本身位于关系图的中间,前面是其前置任务,后面是其后续任务,也是比较直观的。在下方的关系图视图中不能对任务进行编辑。

4.25.2 快速查找所有的前置任务链条与后续任务链条

除了可以查看某个任务的前置任务、后续任务,Project 从 2013 版开始增加了一个全新的功能,就是可以查看某个任务之前的所有前置任务,包括前置任务的前置任务,即一个完整的前置任务链条。

随便单击某个任务,比如任务 32,然后单击【格式】选项卡下的【任务路径】→【前置任务】,这时在甘特图区域就会看到任务 32 所有前置任务的条形图都被特殊的颜色标注了,这里显示的就是任务 32 完整的前置任务链条。

如果想取消这个操作,单击【任务路径】→【删除突出显示的内容】即可,所有前置任务的条形图就恢复为原来的颜色了。同理,如果想显示任务 32 的所有后续任务,单击【任务路径】→【后续任务】就可以了。

4.25.3 驱动前置任务与后续任务

在第 4.25.2 节中,在【任务路径】下面除了可以显示某个任务的所有前置任务或者后续任务,还有两个选项:驱动前置任务、驱动后续任务。下面以一个简单的示例来解释它们。

如图 4-144 所示,对于任务 C 而言,它同时有两个前置任务:A 和 B。但是从甘特图上能看出来,决定任务 C 开始时间的并不是任务 B 而是任务 A,所以尽管 A 和 B 都是任务 C 的前置任务,但是只有任务 A 是任务 C 的驱动前置任务。当选中任务 C,再单击【任务路径】→【驱动前置任务】时,只有任务 A 的条形图会以特殊的颜色显示出来。

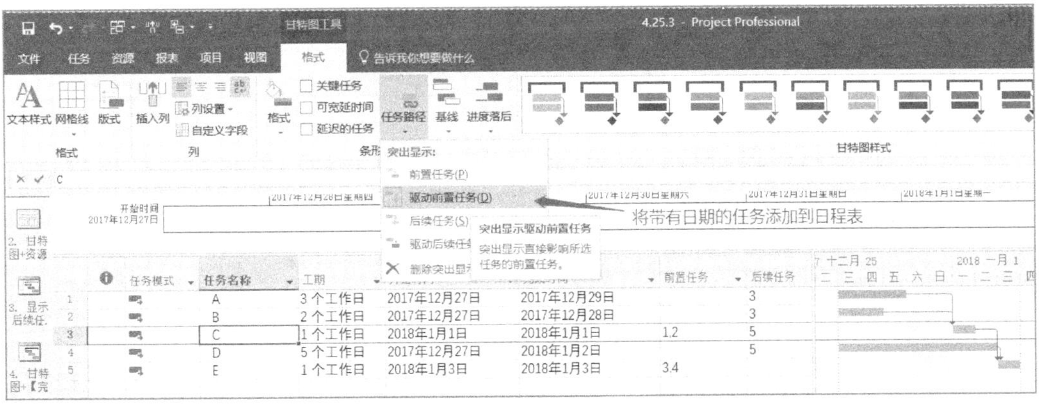

图 4-144

对于任务 B 来讲，它虽然有一个后续任务 C，但是决定任务 C 开始时间的也不是任务 B，而是任务 A，所以任务 C 虽然是任务 B 的后续任务，但并不是任务 B 的驱动后续任务。当选中任务 B，再单击【任务路径】→【驱动后续任务】时，会发现所有任务的条形图没有任何变化，因为任务 B 没有驱动后续任务。

4.26 筛选器

和 Excel 类似，Project 也可以对列进行筛选，在第 4.21.4 节已经通过筛选的功能实现了对特定任务的打印。但是与 Excel 不同的是，Project 有一些预置的筛选设置可以直接调用，而且还可以自己创建筛选条件并将其保存起来永久使用。

4.26.1 对列进行筛选

如图 4-145 所示，Project 工作表中的任何一列都显示有自动筛选的小三角形，如果发现自己的软件上没有自动筛选，可以按照第 4.21.4 节的方法调出自动筛选。比如单击【开始时间】列标题右下角的小三角，会看到可以对时间进行筛选，如果不想显示某些日期，把日期前的勾选去掉就行了，这些操作都比较基础，而且与 Excel 里的常规操作非常类似。除此之外，还可以单击【筛选器】右侧的小三角，有一些 Project 自带的筛选条件都可以使用，比如要筛选出从下周开始的任务，单击【筛选器】→【下周】就可以了。

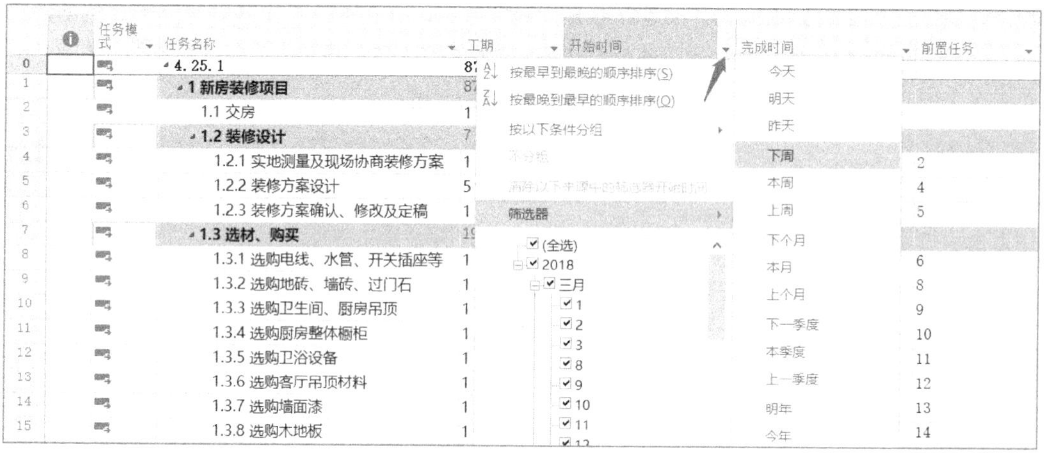

图 4-145

4.26.2 使用预置的筛选器

在【视图】选项卡下还有一个专门的【筛选器】工具，如图 4-146 所示，单击后会出现一个下拉菜单，在里面可以直接调用一些 Project 自带的筛选器，比如单击【关键】就会把整个项目计划中的关键任务都筛选出来。关于什么是关键任务，将在第 6.3 节进行讲解。

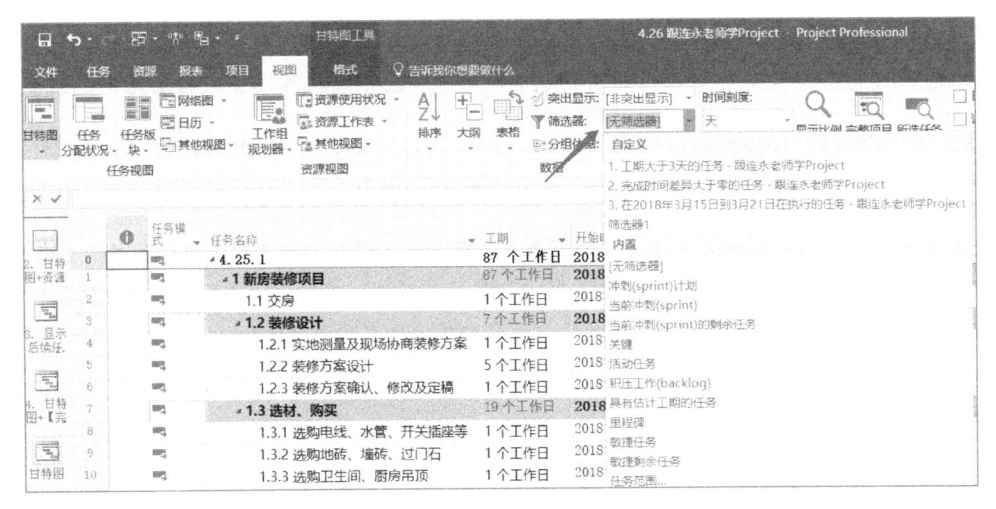

图 4-146

预置的筛选器还有以下这几个。

★【活动任务】：这是相对于【未激活】任务而言的，在第 8.13.3 节将讲解什么是未激活任务。目前案例项目中的任务都是活动任务。

★【具有估计工期的任务】：如果没有手动输入工期，那么工期将显示为问号，这在第 4.5.2 节中已经讲解过。如果单击这个筛选器，那么所有工期带问号的任务就会被筛选出来。

★【里程碑】：筛选出所有的里程碑任务，第 4.9 节已经讲解了什么是里程碑任务以及如何设置里程碑，这里不再赘述。

★【任务范围…】：使用该筛选器可以根据任务 ID 号筛选出某个 ID 号范围内的任务，比如只显示任务 ID 号从 11 到 20 之间的任务。该筛选器名称后面的省略号代表需要设置一个范围。

★【日期范围…】：使用该筛选器可以筛选出在某个时间段内开始或者完成的任务。该筛选器名称后面的省略号同样表示需要设置一个范围。

★【使用资源…】：使用该筛选器可以筛选出调用了某个资源的任务。名称后面的省略号表示在使用该筛选器时需要设置资源的名称。

★【未完成的任务】：从字面上就可以理解，它是筛选出所有尚未完成的任务，所谓尚未完成，是指完成百分比小于 100%或者没有【实际完成时间】的任务，这将在第 8 章中详细讲解。
- ★【延迟的任务】：这个需要 Project 用户特别注意，这里的"延迟"并不是指相对于项目基准计划的延迟，第 8.6 节会介绍"延迟"的准确含义。
- ★【已完成的任务】：从字面就能理解，该筛选器只筛选出任务已经实际完成的任务，也就是完成百分比是 100%或者已经有【实际完成时间】的任务。
- ★【摘要任务】：顾名思义，只筛选出摘要任务而不显示最底层的、不包含子任务的任务。

当使用了这些预置筛选器后，如果要取消，可以单击【清除筛选】或者【无筛选器】。

> **注意** 当我们应用了某个筛选器，再想使用新筛选器之前，一定要先清除原来的筛选器，再进行使用新筛选器的操作，请读者特别留意。

在进行如图 4-146 所示的操作时，会看到在【视图】下面的【筛选器】下拉菜单最下面有一个【显示相关的摘要行】，这是什么意思呢？下面借助一个实例来解释一下。单击【筛选器】下拉菜单中的【里程碑】后，如图 4-147 所示，所有的里程碑任务就被筛选出来了。

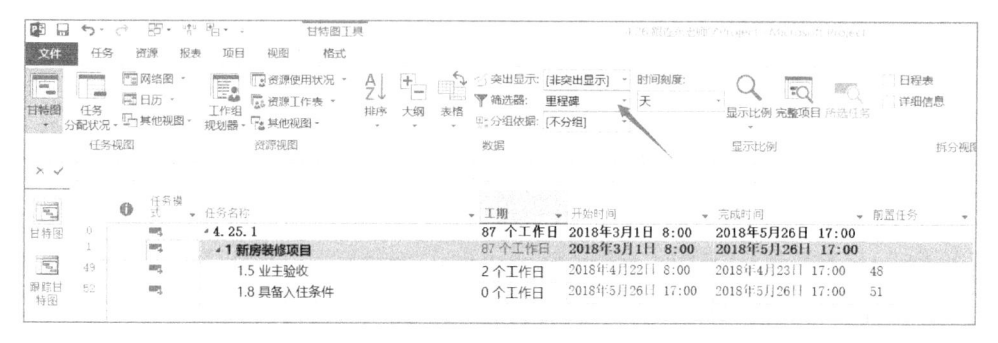

图 4-147

但其实只有任务 49 和任务 52 是真正的里程碑任务，这是在第 4.9 节中设置的，那为什么任务 1 和任务 0 也显示出来了呢？因为在筛选时，默认会显示这些任务对应的摘要任务。单击【筛选器】的下拉菜单，可以看到最下方的【显示相关的摘要行】已勾选，再单击一下该选项，筛选出来的里程碑任务对应的摘要任务就不再显示了。

4.26.3 自定义筛选器并永久使用

在 Project 中除了可以使用预置的筛选器，还可以根据自己的需要自定义筛选器，而且能保存起来永久使用。

假如现在要筛选计划中所有工期超过 3 天的任务，最简单的方式是按照第 4.26.1 节中的方法，直接在【工期】列中对数值进行筛选。但是这样的话在每次使用时都要重新筛选一遍，有没有一劳永逸的办法呢？

第 4 章　制订项目计划

单击【筛选器】下拉菜单底部的【新建筛选】，就会弹出如图 4-148 所示的窗口。首先输入该筛选器的名称，比如 "1. 工期大于 3 天的任务 - 跟连永老师学 Project"。在其右侧默认勾选了【显示在菜单中】，表示该筛选器今后将自动显示在图 4-146 中【视图】选项卡下的【筛选器】菜单中。接下来就需要输入筛选的条件了：工期大于 3。如图 4-148 所示，在【域名】处需要从下拉菜单中选择列名称或者直接准确地输入列名称，在【域名】处选择【工期】、【条件】和【值】都比较好理解。在该窗口左下方有一个【显示相关的摘要行】，如果勾选，表示在应用该筛选器后除了显示符合工期大于 3 的任务，还会显示它们的摘要任务，当然，这里仅仅是给读者解释这个选项的含义，实际上如果按照工期来筛选，子任务工期大于 3，其摘要任务也肯定大于 3。最后单击【应用】按钮，结果如图 4-149 所示。

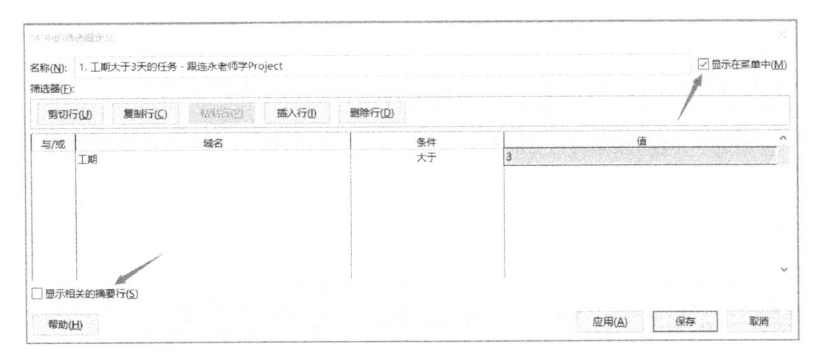

图 4-148

图 4-149

应用了刚刚创建的筛选器后，再单击【视图】选项卡下的【筛选器】下拉菜单，就多了一个自定义筛选的分类了，而且在【自定义】下方已经自动显示了刚刚创建的筛选器【1. 工期大于 3 天的任务 - 跟连永老师学 Project】。这些新建的筛选器将同时自动保存到【管理器】中，如图 4-150

所示，在第 4.2.5 节中已经讲过了如何找到【管理器】窗口。

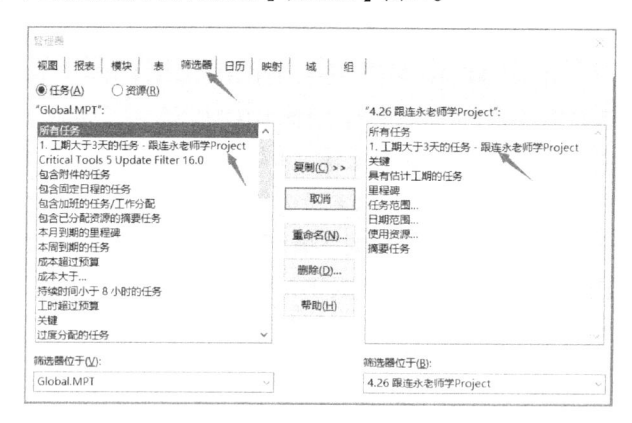

图 4-150

那么为什么新建的日历需要手动将其保存到 Project 管理器中，而新建的筛选器却自动保存到管理中了呢？这是因为在 Project【选项】-【高级】选项的设置中，默认将新建的视图、表格、筛选器和组自动添加到全局（管理器）中，如图 4-151 所示。如果将该选项前面默认的勾选去掉，那么将来新建的筛选器（以及视图、表格、组）就不会自动保存到管理器中了。当新建的筛选器保存到管理器后，今后新建一个 Project 文件时，就可以随时调用这个筛选器了。如果要删除该筛选器，同样需要进入【管理器】窗口，在 Project 模板库中将其删除，操作方法与在第 4.2.5 节中删除日历的方法类似。

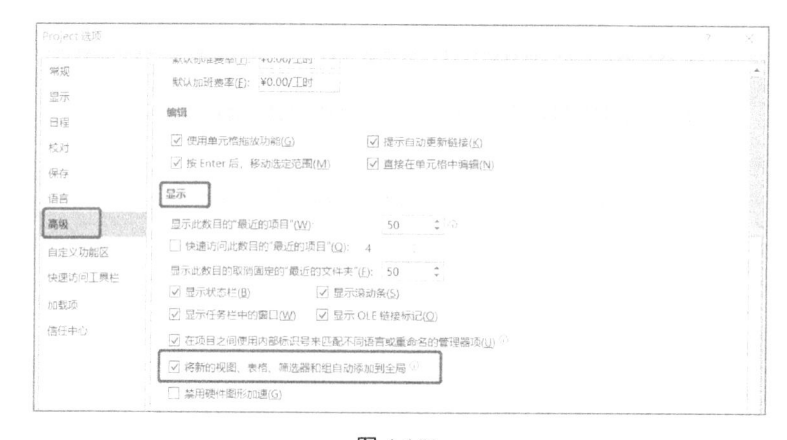

图 4-151

那么，新的问题来了，对于刚刚创建的筛选器【1. 工期大于 3 天的任务 - 跟连永老师学 Project】，如果想修改它的筛选条件该怎么操作呢？可以在【视图】选项卡下的【筛选器】下拉菜单中单击【其他筛选器】，就会弹出【其他筛选器】窗口，在里面找到要修改的筛选器名称，然后

第 4 章 制订项目计划

单击右侧的【编辑】,就会弹出如图 4-152 所示的窗口,在此窗口中可以对筛选器的筛选条件进行修改,最后单击【保存】按钮即可。

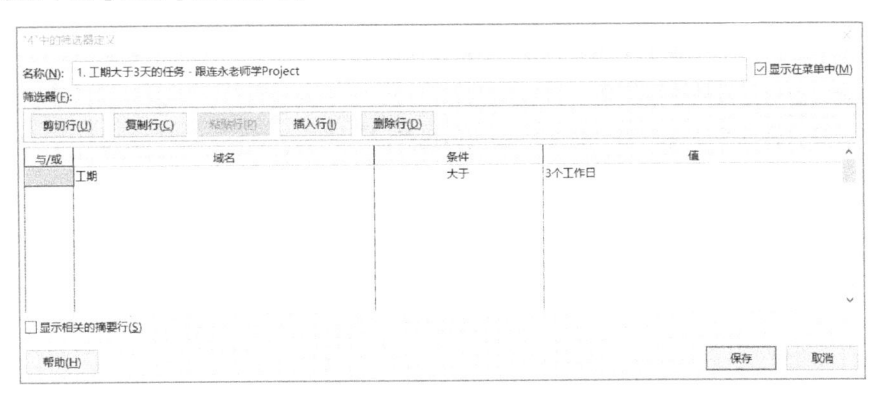

图 4-152

需要注意的是,当按上述方法修改了筛选条件后,会出现一个问题,实际上,当前文件的筛选器【1. 工期大于 3 天的任务 - 跟连永老师学 Project】和管理器中同名筛选器的筛选条件已经不同了。如果想同步更新【管理器】中的同名筛选器,需要打开【管理器】,左侧的筛选器列表是 Project 软件模板库中的,右侧的是当前文件中的,在右侧列表中单击筛选器【1. 工期大于 3 天的任务 - 跟连永老师学 Project】,然后单击中间的【复制】按钮。由于在左侧 Project 模板库中存在一个名称完全相同的筛选器,单击【复制】后将会出现一个提示窗口,提示是否要将当前文件中的筛选器覆盖 Project 模板库中的同名筛选器,单击【是】就可以了。

4.27 突出显示

突出显示就是根据设定的条件将符合条件的任务用黄色高亮背景突出显示出来,效果非常直观。从本质上讲,突出显示也是筛选器的一种,不同之处在于,突出显示不会将不符合条件的任务暂时隐藏,而只是把符合条件的任务用带有颜色的背景标注出来。

4.27.1 使用预置的突出显示

在【视图】选项卡下单击【突出显示】下拉菜单,如图 4-153 所示,会看到有一些 Project 自带的筛选和突出显示。比如单击【摘要任务】后,工作表区域的摘要任务都会用黄色背景单独标注出来。使用突出显示功能筛选出来的单元格在默认情况下会用黄色背景色显示,如果不喜欢黄色背景,也可以根据第 4.15.2 节所讲解的方法在【文本样式】窗口中修改【突出显示的任务】。

> **10 天精通 Project 项目管理：从菜鸟到实战高手**

> **注意** 如果要取消突出显示，与取消筛选器的操作是类似的，可以单击【视图】选项卡下【突出显示】下拉菜单中的【非突出显示】或者【清除突出显示】。

无论是【筛选器】还是【突出显示】，或者是后续章节要讲的【分组】，在后面将有更加实用的应用场景，目前还没有讲到资源、关键路径和监控计划等其他章节，所以现在只是初步讲解一些功能，本书的后续章节将介绍一些实用的使用场景。

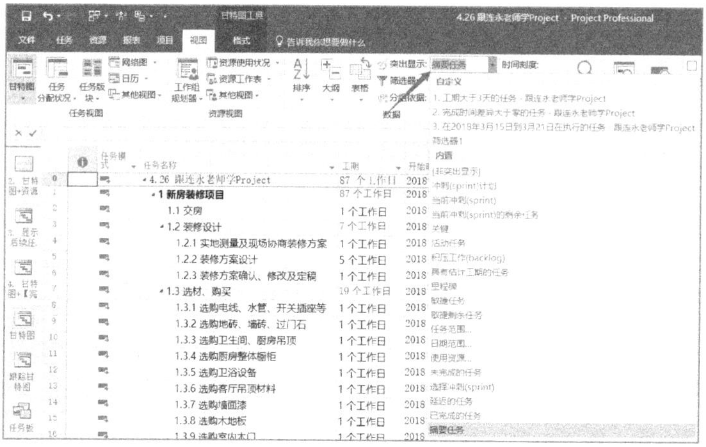

图 4-153

4.27.2 自定义突出显示并永久使用

从图 4-153 中可以看到，在第 4.26.3 节创建的自定义筛选器【1. 工期大于 3 天的任务 - 跟连永老师学 Project】同时也出现在了【突出显示】中，如图 4-154 所示，单击它时，就会发现所有工期大于 3 天的任务都以黄色背景标注出来了，注意在应用本突出显示前，要先把其他的突出显示或者筛选器清除。

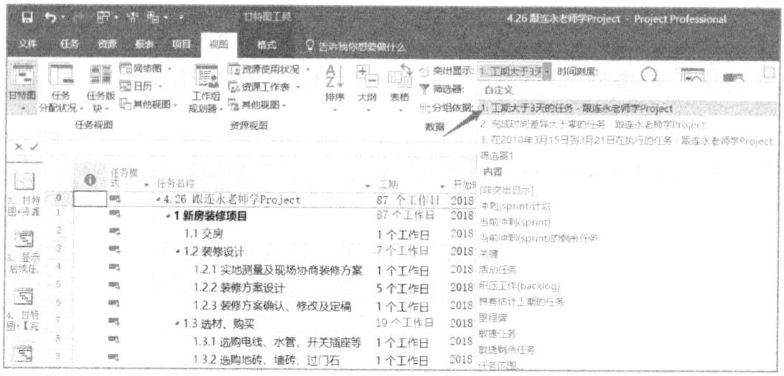

图 4-154

第 4 章　制订项目计划

因此，正如在第 4.27 节前言中给大家解释的，其实突出显示本质上也是一种变形的筛选器。

如果要创建自定义的突出显示条件从而永久使用的话，操作方法与第 4.26.3 节非常类似。比如在项目监控中，需要不断对比当前计划与基准之间的差异，发现偏差就要及时纠正，Project 中的【完成时间差异】是一个很重要的考核指标，关于这部分的概念将在第 8.4 节中进行讲解，本节仅以此为例讲解一下制作自定义突出显示的功能。现在想将【完成时间差异】大于 0 的所有任务都用突出显示的功能标注出来，该怎么操作呢？

在【视图】选项卡下单击【突出显示】的下拉菜单，单击底部的【新建突出显示筛选】，就会出现如图 4-155 所示的窗口。在该窗口中输入名称"2. 完成时间差异大于零的任务 - 跟连永老师学 Project"，右侧勾选【显示在菜单中】。接下来需要输入筛选条件，在【域名】中选择列名称【完成时间差异】，条件是大于 0。单击【保存】按钮即可，因为目前项目计划中还没有基准，也没有更新过计划，所以【完成时间差异】现在还派不上用场，在第 8.4.3 节中将用到本节创建的这个突出显示。

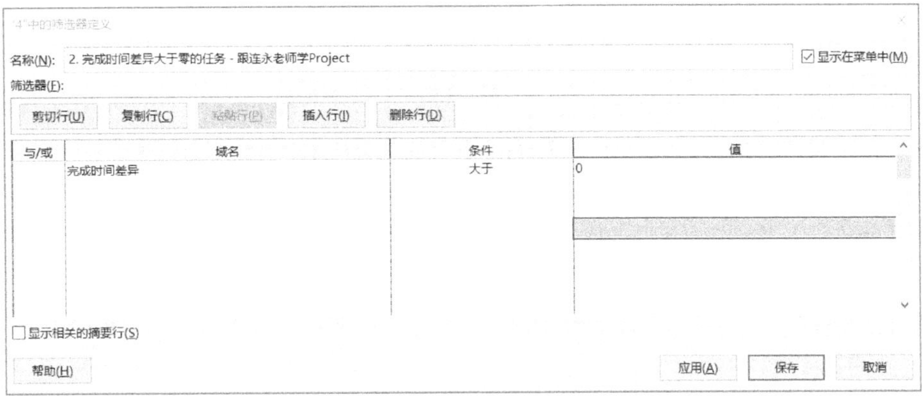

图 4-155

此时在【视图】选项卡下单击【突出显示】的下拉菜单，在【自定义】中又多了一个筛选器的名称，就是刚刚创建的那一个。同时在【视图】选项卡下的【筛选器】下拉菜单中同样可以看到这个新创建的筛选器。另外，单击【文件】→【信息】→【管理器】，也会发现刚刚创建的这个筛选器或者突出显示已经保存到 Project 模板中了，可以被今后新建的项目计划随意调用。

4.28　分组

在 Project 中可以对任务或者资源进行分组显示，这也是非常实用的功能。与筛选器、突出显示类似，既可以使用 Project 软件预置的分组功能，也可以自己创建自定义分组从而永久使用。

4.28.1 使用预置的分组

如图 4-156 所示，在【视图】选项卡下单击【分组依据】的下拉菜单就可以看到一些预置的分组条件。比如单击【里程碑】，那么所有任务将自动分成两组来显示，一组是里程碑任务，另外一组是非里程碑任务，如图 4-156 所示。

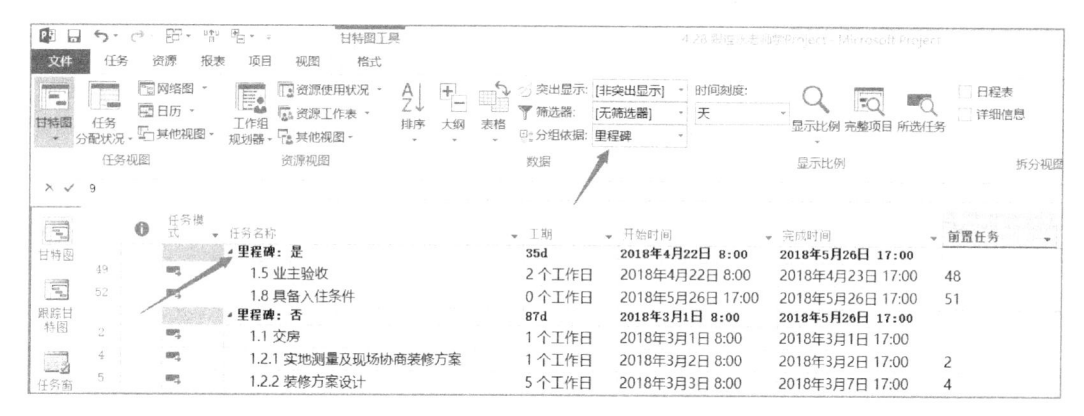

图 4-156

除了刚才举例的分组依据【里程碑】，Project 预置的分组条件还包括以下这些。

★【工期】：就是按照工期的天数不同自动将所有任务分组显示。

★【优先级】：根据任务不同的优先级数值来对任务进行分组显示。关于优先级，将在第 6.2.6 节中讲解。

★【先按工期再按优先级】：就是在按照工期天数分组的情况下，再在小组内按照优先级的不同再次分组。

★【关键性】：单击该分组条件后，所有任务将自动分成两组，一组是关键任务，另外一组是非关键任务。第 6.3 节将讲解关键路径。

★【活动与非活动】：单击该分组条件后，所有任务将分成两组，一组是活动的任务，一组是非激活的任务。所谓的活动任务是相对于【未激活】任务而言的，第 8.13.3 节将讲解什么是未激活任务。目前案例项目中的任务都是活动的任务。

★【任务完成情况】：这个分组条件会将所有任务按照完成百分比来分组，关于完成百分比，将在第 8.3 节中讲解。

★【限制类型】：该分组条件会按照不同的限制类型将所有任务进行分组显示。关于限制类型，将在第 4.29 节讲解。

★【优先级保持大纲结构】：这个看名字比较复杂，意思就是在保持大纲结构不变的情况下，同一层级的任务将按照优先级的不同分组显示。

第 4 章 制订项目计划

★【状态】：按照不同的任务状态（按时、延迟、完成、将来任务）进行分组。关于状态，这是一个很容易被误解的概念，将在第 8.6 节中讲解。
★【资源】：按照任务所调用资源的不同将所有任务分组显示。
★【自动计划与手动计划】：按照任务模式对任务进行分组显示。

4.28.2 自定义分组并永久使用

与筛选器和突出显示类似，对于分组功能，除了可以使用 Project 预置的分组条件，还可以创建自定义分组条件从而永久使用。

假如想查看下个星期即将开始的任务，就可以按照【开始时间】将所有任务按照开始时间进行分组。在【视图】选项卡下单击【分组依据】的下拉菜单，单击【新建分组依据】，就会弹出如图 4-157 所示的窗口。在该窗口中输入要创建的分组条件的名称，比如"1. 按照每周要开始的任务进行分组 - 跟连永老师学 Project"，右侧勾选【显示在菜单中】。接下来需要设定分组的条件，在【分组依据】的【域名】中选择列名称"开始时间"。然后单击【定义分组间隔】，会弹出【定义分组间隔】的小窗口，在该窗口的【分组依据】中选择【周】，【起始值】可以选择项目开始日期（本案例是 2018 年 3 月 1 日）所在那个星期的星期一（即 2018 年 2 月 26 日），【分组间隔】就按照几周进行一次分组，如果是按照每周要开始的任务进行分组，【分组间隔】可以选择 1，然后单击【确定】按钮即可。设置完毕后，单击【应用】按钮，所有任务将按照每周进行分组排序，如图 4-158 所示，这样查看每个星期要开展的任务就非常简单明了，这个功能很实用，希望读者认真学习。

图 4-157

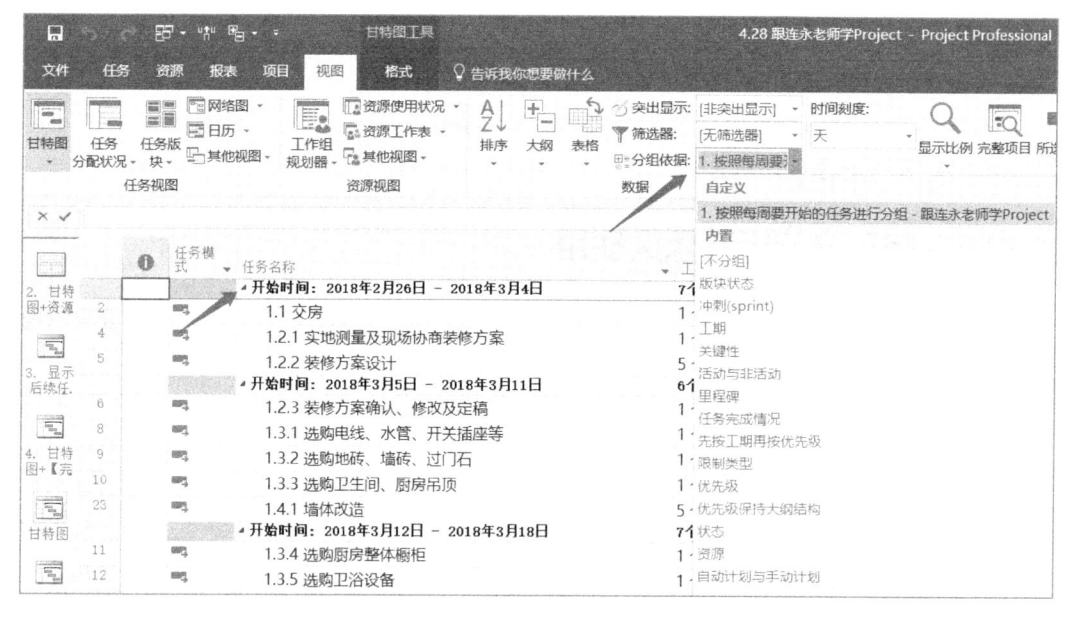

10 天精通 Project 项目管理：从菜鸟到实战高手

图 4-158

如果再单击【视图】选项卡下的【分组依据】下拉菜单，如图 4-158 所示，就会出现【自定义】的分组条件【1. 按照每周要开始的任务进行分组 - 跟连永老师学 Project】。

此时，单击【文件】→【信息】→【管理器】，在【管理器】的【组】中，不论是在当前文件还是在 Project 模板库中，都能看到刚刚创建的分组条件了，如图 4-159 所示。

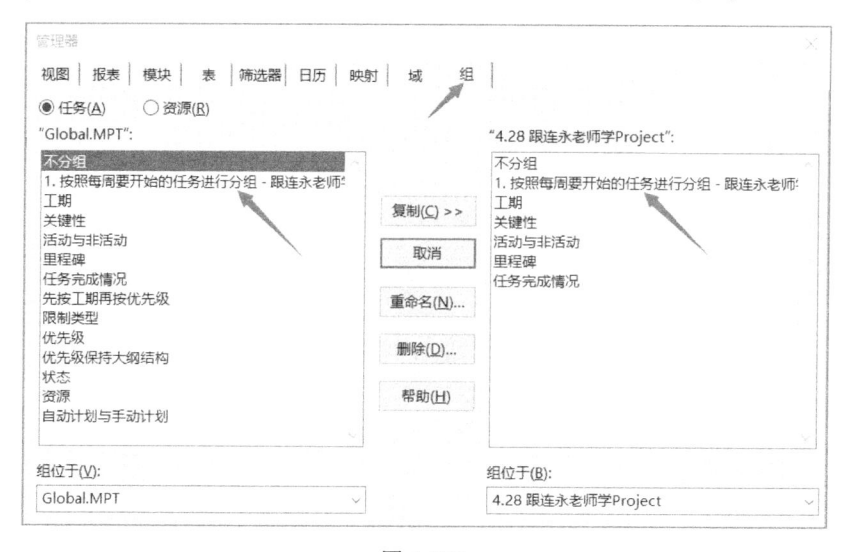

图 4-159

第 4 章　制订项目计划

和第 4.26.3 节讲解的自定义筛选器一样，如果要对已经创建好的分组条件进行修改，可以在【视图】选项卡下的【分组依据】下拉菜单中单击【其他组】，在【其他组】窗口中，首先选择要更改的分组条件名称，再单击右侧的【编辑】按钮，如图 4-160 所示，就进入类似于图 4-157 所示的窗口，然后就可以再次对分组条件进行修改编辑了。这部分内容可以参照第 4.26.3 节，操作方法非常类似。

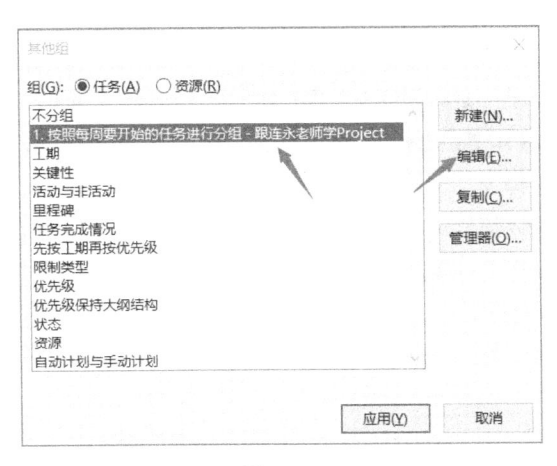

图 4-160

假如对自己创建的分组条件【1. 按照每周要开始的任务进行分组】进行再次修改后，当前文件中的分组条件虽然与【管理器】（Project 模板库）中的分组条件名字相同，但本质不同，这时如果想把修改后的分组条件与 Project 模板库同步更新，就需要在【管理器】中用当前文件的分组条件覆盖 Project 模板库中的同名分组条件。这个操作与第 4.26.3 节中对筛选器的操作非常类似，可以互相参照。

4.29　限制类型与限制条件

【阅读建议】本节的内容是绝大部分 Project 用户都感到困惑的地方，大家可以考虑在学习时暂时先略过本节，等把其他内容全部学完后再返回本节继续学习。

很多 Project 用户感到奇怪的是，自己并没有设置过限制条件，甚至并不清楚什么是限制条件，可为什么计划中却显示有些任务有限制条件。另外，Project 中有哪些限制类型，到底应该怎么用，这都是本节将为大家讲解的主要内容。

> **提醒**　如果任务模式是手动计划，那么将不能对任务设置限制条件，因此本文所讲的限制类型与限制条件只适用于任务模式是"自动计划"的任务。

4.29.1 计划中"自动"出现限制条件的原因

在此建议大家遵循"所有任务越快开始越好"的原则去制订项目进度计划，在 Project 中只需要输入（子）任务的工期，不要输入任务的开始时间或完成时间。但是如果想为个别任务输入开始时间也是可以的。但这时 Project 会假设你可能有一些"难言之隐"而无法遵循"所有任务越早开始越好"的原则，因此就认为该任务有限制条件。

结合本案例，任务 2 "交房"是最早的一个任务，而且它没有前置任务，如图 4-161 所示，Project 计算出来的任务 2 的开始时间就是项目开始日期 2018 年 3 月 1 日，假如在任务 2 的【开始时间】单元格中输入 2018 年 2 月 28 日，就会出现如图 4-162 的提示窗口，该日期比项目开始日期还要早，这时有两个选择：

★ "继续，移动任务以使其在项目开始之前开始。"，此时单击【确定】后任务 2 的开始时间就被设置为 2018 年 2 月 28 日（同时任务将自动添加一个"不得早于……开始"的限制条件），如图 4-163 所示。

★ "取消，不要移动任务。"，也就是放弃该操作。

图 4-161

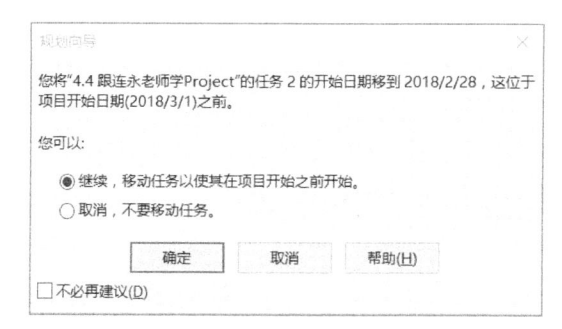

图 4-162

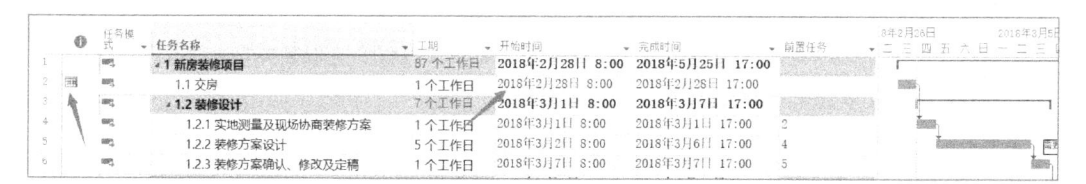

图 4-163

第 4 章 制订项目计划

由此可见，虽然理论上任务可能的最早开始时间应该是项目开始日期，但是如果手动输入的日期比项目开始日期还要早，Project 会进行提示，同时也允许这样操作。笔者只是想以此为例告诉大家，虽然倡导大家在编制 Project 计划时，尽量不要输入任务的开始时间或者完成时间，使计划完全遵从"任务越早开始越好"的原则，但是对于某些任务，想手动输入它的开始时间（或者完成时间）也是可以的。

刚才只是演示，假如现在想把任务 2 的开始时间再改回来该怎么办呢？最简单的方法就是用鼠标单击一下任务 2 的开始时间，然后按 Delete 键即可，这个操作相当于删除了该任务"不得早于……开始"的限制条件。

再来看任务 4 "实地测量及现场协商装修方案"，它的前置任务是任务 2（开始时间为 2018 年 3 月 1 日，工期为 1 天），所以推算出任务 4 的开始时间是 2018 年 3 月 2 日。假如在任务 4 的【开始时间】单元格中输入一个更早的日期 2018 年 3 月 1 日，就会出现如图 4-164 所示的窗口，Project 会提示你该任务和任务 2 "交房"是链接的，当前手动输入的日期（2018 年 3 月 1 日）与 Project 根据链接自动计算出来的日期（2018 年 3 月 2 日）冲突，此时有两个选择：

★ "取消，保持已有的链接。"，也就是放弃该操作。
★ "删除链接并移动……"，意思是可以将任务 4 的开始时间设置为 2018 年 3 月 1 日，但是需要把任务 2 和任务 4 的链接删除。

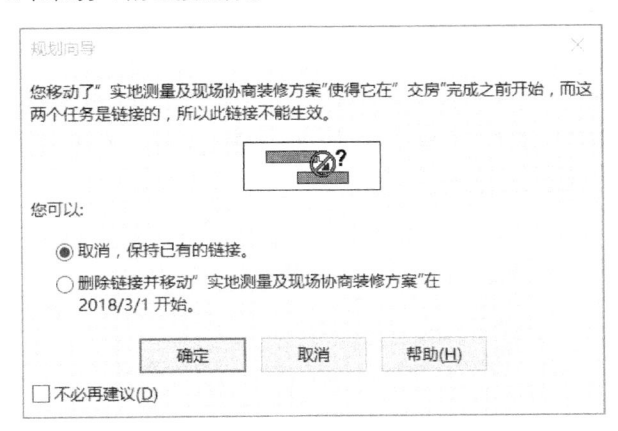

图 4-164

这里单击【取消】，放弃该操作。

目前任务 4 的开始时间是 2018 年 3 月 2 日，假如在它的【开始时间】单元格中输入一个晚一些的日期，比如 2018 年 3 月 3 日，然后就会发现在任务 4 的【标记】列将显示一个类似于日历本的图标，如图 4-165 所示，当把鼠标移动到这个图标上时，会提示该任务有一个"不得早于 2018 年 3 月 3 日开始"的限制条件。本来这个任务最早可以在 2018 年 3 月 2 日开始，但是在人为输入 2018 年 3 月 3 日后，相当于没有遵循"所有任务越早越好"的原则，Project 会默认为该任务应该

>> **10 天精通 Project 项目管理：从菜鸟到实战高手**

有其他原因或者限制条件而不能在 2018 年 3 月 2 日开始，所以自动添加了一个"不得早于……开始"的限制条件。但是，这样的话，在计算任务 4 的总浮动时间（可以理解为安全余量）时，就会比原来减少 1 天。

图 4-165

如果要删除任务 4 的限制条件，按照上文所讲的方法，单击一下任务 4 的开始时间，然后单击 Delete 键即可。

总结起来，一旦给某个任务输入开始时间，就相当于自动添加了一个"不得早于……开始"的限制条件，如图 4-166 所示。同理，一旦给某个任务输入完成时间，也相当于给任务自动添加了一个"不得早于……完成"的限制条件。所以，现在大家清楚了，很多 Project 用户说我并没有（主动）设置什么限制条件，为什么会有一个图标提示？实际上就是因为，如果按照进度管理的第一原则"所有任务越早开始越好"，其实在 Project 中做计划只需要输入任务的工期，不需要输入它们的开始时间或者完成时间。而一旦输入了任务的开始时间或者完成时间，Project 就认为你既然不能遵循"所有任务越早越好"的原则，那一定存在某些原因或者限制条件，所以自动添加了一个"不得早于……开始"或"不得早于……完成"的限制条件。添加了条件没有什么大的问题，只是在计算总浮动时间和资源调配时会有影响。

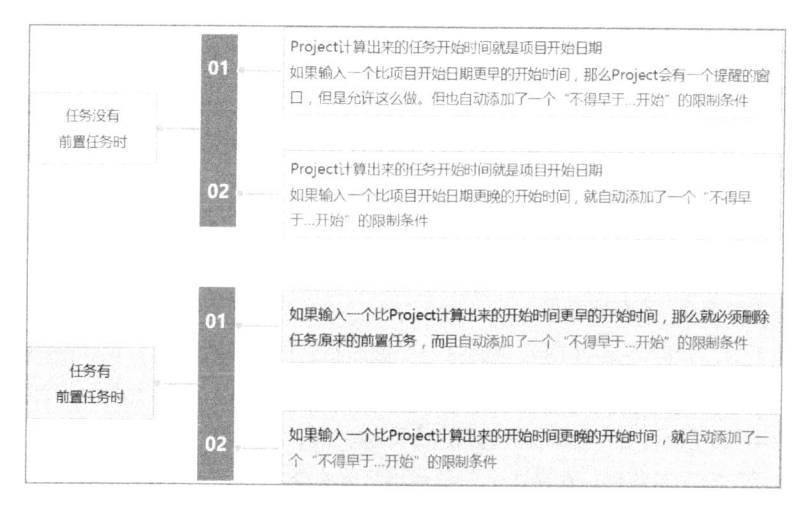

图 4-166

160

第 4 章 制订项目计划

※ 小结与要点回顾

1．很多时候，限制条件不是我们主动添加或者设置的，而是因为我们输入了任务的开始时间或者完成时间。之所以会这样，是因为没有遵循"所有任务越早开始越好"的原则。

2．如果要手动输入某些任务的开始时间或者完成时间，Project 是允许的，唯一需要考虑的就是会影响总浮动时间的计算。

3．如果全部任务都是手动计划，那么日期就可以随便输入而不会自动添加限制条件，但是也会产生其他问题，这在第 4.30.4 节中会详细讲解。

4.29.2 限制类型及使用建议

Project 中任务的限制类型总共有 8 个，本节将分别介绍。前文讲到在一般情况下，本书建议大家遵循"所有任务越早开始越好"的基本原则来制订进度计划，因此，我们通常并不主动设置任务的限制条件，但是如果大家想用这个功能，请一定注意本节给出的建议和注意事项。

1．越早越好

这是 Project 默认的限制类型，其实也相当于没有限制条件，它背后的原理就是"所有任务越早越好"，前文已经讲解，这里不再赘述。笔者建议大家在制订进度计划时尽量遵循这个原则，这样才能使项目的总浮动时间或者余量是最大的，从而降低项目延期的风险。

2．不得早于……开始

可以主动设置这种限制类型，或者如第 4.29.1 节所讲解的，很多时候其实用户并没有主动添加这种限制条件，但是一旦手动输入了任务的开始时间（任务模式是"自动计划"的前提下），就相当于自动为任务添加了一个"不得早于……开始"的限制条件。当然也可以设置这种限制类型并设置限制日期。

给任务设置限制条件，方法有两种。

第一种方法是在【任务信息】窗口设置。

双击该任务，在弹出的【任务信息】窗口的【高级】选项中就可以设置任务的限制类型及限制日期，如图 4-167 所示。

第二种方法是设置工作表区域的【限制类型】列和【限制日期】列。

在工作表区域中右击任何一列，然后在弹出的快捷菜单中选择插入列，在下拉菜单中选择【限制类型】和【限制日期】，如果操作熟练，在进行插入列操作时，可以直接输入列的名称，比如【限制类型】及【限制日期】。然后就可以为任务设置限制条件了，如图 4-168 所示。

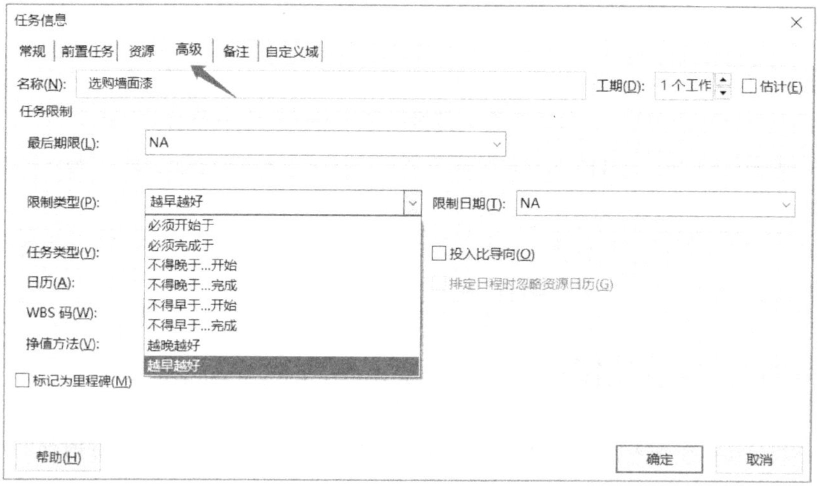

图 4-167

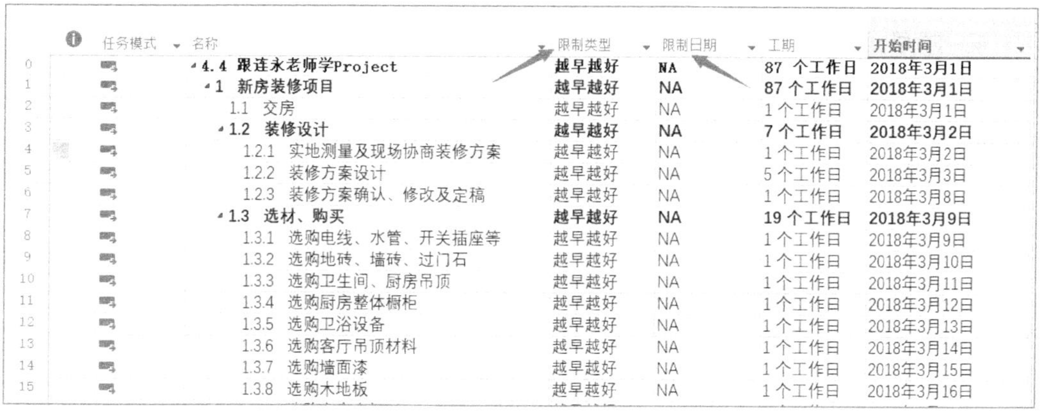

图 4-168

3. 不得早于……完成

可以主动设置这种限制类型，或者如第 4.29.1 节所讲解的，很多时候其实用户并没有主动添加这种限制条件，但是一旦手动输入了任务的完成时间（在任务模式是"自动计划"的前提下），就相当于自动为任务添加了一个"不得早于……完成"的限制条件，当然也可以设置这种限制类型并设置限制日期。

4. 不得晚于……开始

这种限制类型的意思是该任务永远不能晚于"限制日期"开始，在计算任务的总浮动时间时，限制类型是计算条件之一，而且"不得晚于……开始"可能会使任务产生负的总浮动时间。

第 4 章　制订项目计划

如图 4-169 所示，当前的任务 A、任务 B、任务 C 都是按照"越早越好"的原则来排定的，日历为标准日历，任务 B 在任务 A 完成之后才能开始，所以任务 B 的开始时间目前是 2018 年 3 月 5 日。

	信息	任务模式	限制类型	限制日期	任务名称	工期	开始时间	完成时间	前置任务
1			越早越好	NA	A	2 个工作日	2018年3月1日 8:00	2018年3月2日 17:00	
2			越早越好	NA	B	3 个工作日	2018年3月5日 8:00	2018年3月7日 17:00	1
3			越早越好	NA	C	5 个工作日	2018年3月1日 8:00	2018年3月7日 17:00	

图 4-169

假如在【限制类型】列中把任务 B 的限制类型从"越早越好"设置成"不得晚于……开始"，将出现如图 4-170 所示的窗口，选择第 3 个选项【继续，设定不得晚于...开始限制。】，单击【确定】按钮后，在【限制日期】列中默认显示的是任务当前的计划开始时间（2018 年 3 月 5 日）。

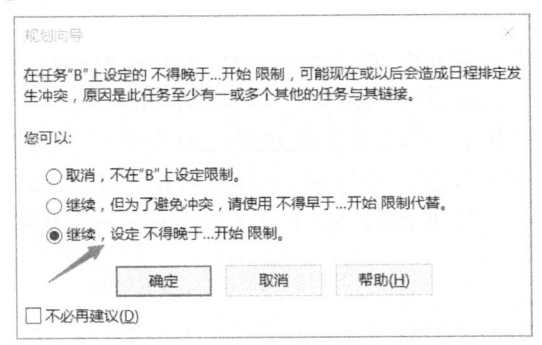

图 4-170

假如再将限制日期改成 2018 年 3 月 2 日，在弹出的窗口（如图 4-171 所示）中就会提示"此操作将会使日程排定发生冲突。"，因为 Project 自动计算出来的任务 B 的最早开始时间是 2018 年 3 月 5 日，而限制条件是"此任务不得晚于 2018 年 3 月 2 日开始"，两者已经发生了冲突。假如暂时不理会这个冲突，继续选择第 2 个选项【继续，允许日程排定的冲突。】，然后单击【确定】按钮。

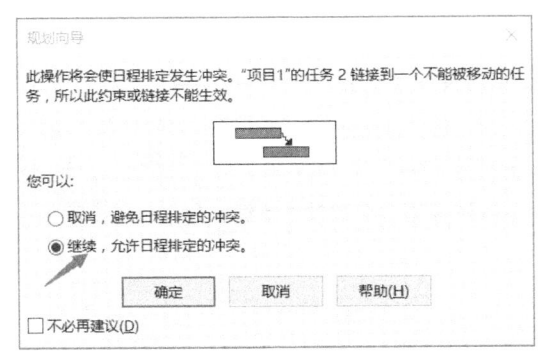

图 4-171

163

那么会发现任务 B 的开始时间会直接从 2018 年 3 月 5 日变成 2018 年 3 月 2 日，如图 4-172 所示，因为这种限制类型的特点就是使任务的开始时间不能晚于限制日期（如果结合第 6.3 节中的相关内容，此时会发现任务 B 的总浮动时间是负 1 天，这里就不解释了）。

图 4-172

5．不得晚于……完成

这种限制类型的意思是该任务永远不能晚于"限制日期"完成，在计算任务的总浮动时间时，限制类型是计算条件之一，而且"不得晚于……完成"可能会使任务产生负的总浮动时间。

如图 4-169 所示，当前的任务 A、B、C 都是按照"越早越好"的原则来排定的，任务 B 在任务 A 完成之后才能开始，所以任务 B 的完成时间目前是 2018 年 3 月 7 日。

假如在【限制类型】列中把任务 B 的限制类型从"越早越好"设置成"不得晚于……完成"，将会出现如图 4-173 所示的提示窗口，选择第 3 个选项【继续，设定不得晚于...完成限制。】，单击【确定】按钮后，在【限制日期】列中默认显示的是任务当前的计划完成时间（2018 年 3 月 7 日）。

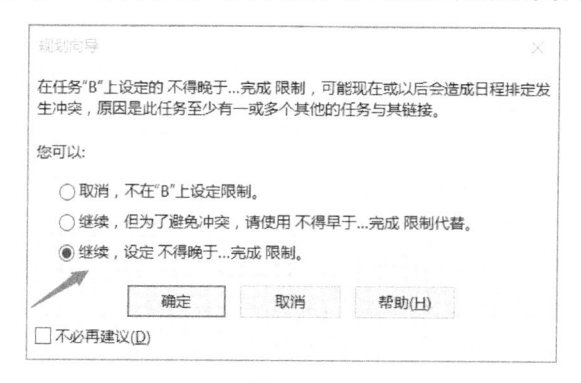

图 4-173

假如再将限制日期改成 2018 年 3 月 6 日，在弹出的窗口中就会提示"此操作将会使日程排定发生冲突。"，如图 4-174 所示。因为 Project 自动计算出来的任务 B 的最早完成时间是 2018 年 3 月 7 日，而限制条件是"此任务不得晚于 2018 年 3 月 6 日完成"，两者已经发生了冲突。假如我们暂时不理会这个冲突，继续选择第 2 个选项【继续，允许日程排定的冲突。】，然后单击【确定】按钮。

第 4 章 制订项目计划

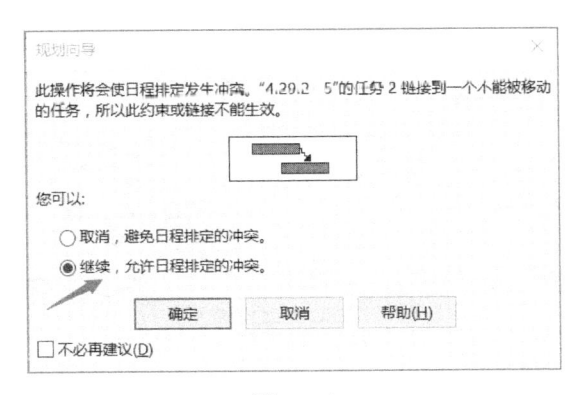

图 4-174

那么将发现任务 B 的完成时间会直接从 2018 年 3 月 7 日变成 2018 年 3 月 6 日，如图 4-175 所示，因为这种限制类型的特点就是使任务的完成时间不能晚于限制日期（如果结合第 6.3 节中的相关内容，此时会发现任务 B 的总浮动时间是负 1 天）。

图 4-175

6．必须开始于

这种限制类型的意思是该任务只能在"限制日期"那一天开始，它也是计算任务总浮动时间的条件之一，"必须开始于"将使任务的总浮动时间只能是零或者负数，而不会出现正数，也就是说，只要是使用"必须开始于"这种限制类型的任务，它就必然成为关键路径。

如图 4-169 所示，当前的任务 A、B、C 都是按照"越早越好"的原则来排定的，任务 B 在任务 A 完成之后才能开始，所以任务 B 的开始时间目前是 2018 年 3 月 5 日。

假如我们在【限制类型】列中，把任务 B 的限制类型从"越早越好"设置成"必须开始于"，将出现如图 4-176 所示的提示窗口，选择第 3 个选项【继续，设定必须开始于限制】，单击【确定】按钮后，在【限制日期】列中默认显示的是任务当前的计划开始时间（2018 年 3 月 5 日）。

假如再将限制日期改成 2018 年 3 月 2 日，在弹出的窗口中就会提示"此操作将会使日程排定发生冲突。"，因为 Project 自动计算出来的任务 B 的最早开始时间是 2018 年 3 月 5 日，而限制条件是"此任务如图 4-177 所示，必须开始于 2018 年 3 月 2 日开始"，两者已经发生了冲突。假如暂时不理会这个冲突，继续选择第 2 个选项【继续，允许日程排定的冲突。】，单击【确定】按钮。

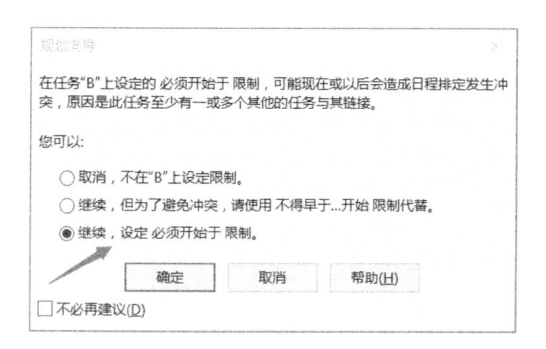

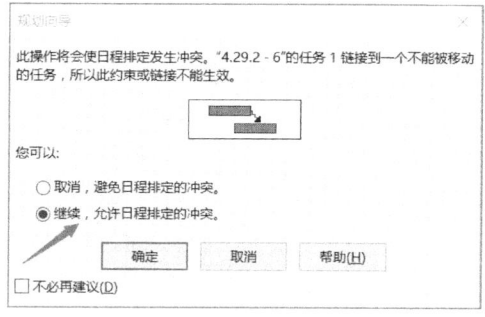

>> 10 天精通 Project 项目管理：从菜鸟到实战高手

图 4-176

图 4-177

那么将发现任务 B 的开始时间会直接从 2018 年 3 月 5 日变成 2018 年 3 月 2 日，如图 4-178 所示，因为这种限制类型的特点就是使任务必须于限制日期那一天开始（如果结合第 6.3 节中的相关内容，此时会发现任务 B 的总浮动时间是负 1 天，这里就不解释了）。

图 4-178

7. 必须完成于

这种限制类型的意思是该任务只能在"限制日期"那一天完成，它也是计算任务总浮动时间的条件之一，"必须完成于"将使任务的总浮动时间只能是零或者负数，而不会出现正数，也就是说，只要是使用"必须完成于"这种限制类型的任务，它必然会成为关键路径。

如图 4-169 所示，当前的任务 A、B、C 都是按照"越早越好"的原则来排定的，任务 B 在任务 A 完成之后才能开始，所以任务 B 的完成时间目前是 2018 年 3 月 7 日。

假如在【限制类型】列中把任务 B 的限制类型从"越早越好"设置成"必须完成于"，将出现如图 4-179 所示的提示窗口，选择第 3 个选项【继续，设定必须完成于限制】，单击【确定】后，在【限制日期】列中默认显示的是任务当前的计划完成时间（2018 年 3 月 7 日）。

假如再将限制日期改成 2018 年 3 月 6 日，在弹出的窗口中就会提示"此操作将会使日程排定发生冲突。"，如图 4-180 所示，因为 Project 自动计算出来的任务 B 的最早完成时间是 2018 年 3 月 7 日，而限制条件是"此任务必须于 2018 年 3 月 6 日完成"，两者已经发生了冲突。假如我们暂时不理会这个冲突，继续选择第 2 个选项【继续，允许日程排定的冲突。】，单击【确定】按钮。

第 4 章 制订项目计划

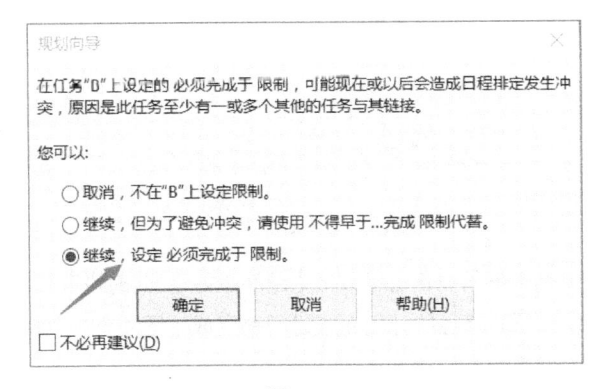

图 4-179

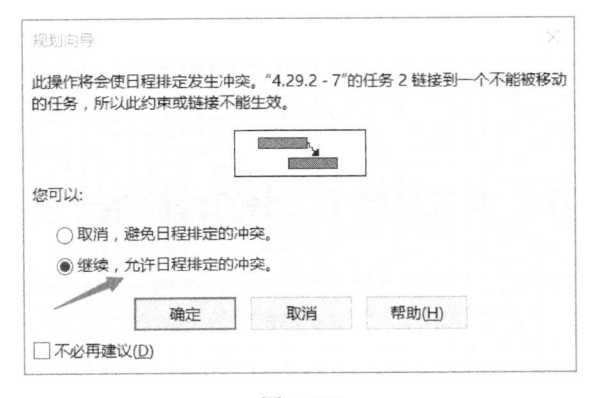

图 4-180

那么我们发现任务 B 的完成时间会直接从 2018 年 3 月 7 日变成 2018 年 3 月 6 日,如图 4-181 所示,因为这种限制类型的特点就是使任务必须在限制日期那一天完成(如果结合第 6.3 节中关键路径的相关内容,此时会发现任务 B 的总浮动时间是负 1 天)。

	❶	任务模式	限制类型	限制日期	任务名称	工期	开始时间	完成时间	前置任务
1			越早越好	NA	A	2 个工作日	2018年3月1日 8:00	2018年3月2日 17:00	
2			必须完成于	2018年3月6日 17:00	B	3 个工作日	2018年3月2日 8:00	2018年3月6日 17:00	1
3			越早越好	NA	C	5 个工作日	2018年3月1日 8:00	2018年3月7日 17:00	

图 4-181

8.越晚越好

这种限制类型的意思是任务的完成时间能多晚就多晚,晚到什么程度呢?只要不影响项目中最晚任务或路径的完成就行,这样它也就和原来的最晚路径一样晚了,都成了最晚路径。采用这种限制类型的任务或者路径通常都变成了关键路径。因为在第 6.3 节中会讲到,计划中的最晚路径是计算关键路径的几个重要条件之一。

如图 4-182 所示,当前的任务 A、B、C 都是按照"越早越好"的原则进行排定的,任务 D

167

是一条单独的路径，而且是项目中最晚的路径，也是按照"越早越好"的原则排定的。

图 4-182

假如在【限制类型】列中把所有任务都改成【越晚越好】，此时没有任何提示窗口，也不需要设置限制日期，那么会发现所有路径的计划完成时间都变成了图 4-182 中最晚路径的完成时间了，如图 4-183 所示，此时任务都会在关键路径上。

图 4-183

4.29.3　删除某个任务或者多个任务的限制条件

在一般情况下，我们不主动给任务设置限制条件，或者偶尔对于个别任务也特意设置它的限制条件。那如果想删除任务的限制条件，该怎么办呢？本节笔者就给大家讲解几种常用的方法。

1. 单击任务的开始时间或者完成时间，然后按 Delete 键

如果任务的开始时间是手动输入的，就相当于给任务自动添加了"不得早于……开始"的限制条件，对于这种情况，直接单击任务的开始时间，再按 Delete 键就可以把限制条件直接删除了。

同理，如果任务有"不得早于……完成"的限制条件，可以单击任务的完成时间，然后按 Delete 键就可以删除该限制条件了。

2. 插入【限制类型】列，然后改成【越早越好】

如图 4-168 所示，可以在工作表中插入【限制类型】列，然后手动将任务的限制类型改成【越早越好】，这个操作比较简单。

如果想删除多个连续任务的限制条件，可以先将第一个任务的限制类型改成【越早越好】，然后将鼠标移动到第一个任务的限制类型单元格右下角，当出现十字架后，直接往下拖动即可。这个方法在第 4.22.1 节中也曾经讲过。

3. 在【多任务信息】窗口中删除任务的限制条件

读者可以参照第 4.22.2 节和第 4.22.3 节，使用【多任务信息】窗口将多个任务或者所有任务的限制类型改成【越早越好】。

4.29.4 限制条件对进度计算的影响

一般情况下可能不会主动使用限制类型或者限制条件，更多的时候是因为（在任务模式是"自动计划"的情况下）手动输入了任务的开始时间或者完成时间，而使 Project 自动为任务添加了"不得早于……开始"或者"不得早于……完成"的限制类型，至于其他的限制类型则很少使用，如果要使用则一定要注意上一节的解释，正确地使用。

那么限制类型或者限制条件会影响到进度计算的哪些方面呢？如下所示。

★ 关键路径的计算。从本质上来讲，限制类型会影响任务的总浮动时间的计算，而这又会影响关键路径的计算。

★ 资源调配。当工时类资源出现过度分配，而用到 Project 本身的资源调配功能时，限制类型或限制条件会影响资源平衡的计算结果。

读者可将这部分内容作为选修内容深入学习一下，在第一遍学习过程中可以选择暂时忽略。

4.30 制订计划中的一些常见问题及解决方法

本节将为大家讲解一些平时使用 Project 编制计划过程中经常会遇到的疑难问题，这些问题都与 Project 的一些计算原理有关，笔者将带大家一步步揭开谜团并指引解决之道。

4.30.1 任务的开始时间不随前置任务变化

比如给任务 B 设置了一个前置任务 A，那么一般情况下当任务 A 出现延迟而工期延长后，任务 B 的开始时间会自动往后顺延。而有些用户却发现，有时任务 B 却并没有随着任务 A 而往后顺延或者提前，这究竟是什么原因呢？主要有两个。

1. 后续任务有限制条件

如图 4-184 所示，任务 A 和任务 B 是一种紧前紧后的关系，但是我们同时给任务 B 手动输入了开始时间 2018 年 3 月 6 日（相当于有一个"不得早于……开始"的限制条件），这样在任务 A 的完成时间与任务 B 的开始时间之间就出现了 1 天的空档。

图 4-184

假如任务 A 提前完成了，工期变成了 1 天，任务 A 的完成时间将是 2018 年 3 月 1 日，如图

4-185 所示，但是任务 B 的开始时间仍然是 2018 年 3 月 6 日，没有任何变化，为什么呢？因为任务 B 有一个限制条件：不得早于 2018 年 3 月 6 日开始，所以任务 B 的开始时间不会往前顺延。

图 4-185

假如任务 A 延迟了 3 天，工期变成了 4 天，那么任务 A 的完成时间将变成 2018 年 3 月 6 日，此时会发现任务 B 的开始时间往后顺延到了 2018 年 3 月 7 日，因为任务 B 虽然有"不得早于 2018 年 3 月 6 日开始"的限制条件，但是可以往 3 月 6 日之后顺延的。

2. 后续任务已经完成了或者有实际完成时间了

如图 4-186 所示，笔者刚刚创建了任务 A 和任务 B，工期都是 2 天，任务 A 和任务 B 是紧前紧后的关系，任务 A 的完成时间是 2018 年 3 月 2 日，任务 B 的开始时间是 2018 年 3 与 5 日（项目使用的是标准日历）。此时如果任务 A 的时间延迟了，任务 B 的开始时间也必然延迟。

图 4-186

但是，假如任务 B 已经完成了，并且在 Project 中输入了任务 B 的【实际开始时间】2018 年 3 月 5 日和【实际完成时间】2018 年 3 月 6 日，如图 4-187 所示，关于更新计划将在第 8 章详细讲解。

图 4-187

当笔者将任务 A 的工期改成 3 天后，任务 A 的完成时间变成了 2018 年 3 月 5 日，但是任务 B 的开始时间却没有顺延到 2018 年 3 月 6 日，仍然是 2018 年 3 月 5 日，如图 4-188 所示。这是为什么呢？因为任务 B 已经完成了，这是既定事实，那么给它设置的那些前置任务也就无效了。如果此时任务 A 还未完成，那么也可以直接删除任务 A 和任务 B 之间的关联关系了。

图 4-188

4.30.2 任务工期的天数不等于完成时间和开始时间的跨度

如果发现 Project 中时间与工期的计算好像不一致，比如工期是 1 天，而完成时间却比开始时间晚一天，这主要与以下两个原因有关。

1. 右击新建 Microsoft Project 文档

在第 4.1 节已经提醒过读者，新建 Project 文档时一定要通过单击 Project 软件程序的图标打开 Project 软件来建立空白项目，而不要在计算机桌面或者计算机的某个文件夹内通过右击新建 Microsoft Project 文档的方式来创建。因为这会暴露 Project 软件本身的一个漏洞，从而导致进度计算的结果和预想的不一致。

假如我们在计算机的某个文件夹内通过右击建立了一个新文件，打开该文件，会发现这个文件的默认任务模式是手动计划，第 2.2 节在选项中做的默认任务模式的设置，在这种情况下会失效，任务模式仍然是手动计划，这是问题一。

随便输入一个任务 A，并把它的任务模式改成自动计划，如图 4-189 所示。此时发现任务 A 的默认工期是 1 个工作日，但是它的开始时间默认为 2009 年 11 月 16 日，这是问题二。

图 4-189

仔细看会发现任务的开始时间是在 2009 年 11 月 16 日的上午 9:00，而通常 Project 里面默认的工作时间是上午 8:00，这是问题三（如果读者在自己操作时发现开始时间不显示具体的几点几分，请按照第 2.3.1 节在选项中设置一下日期格式）。

虽然任务 A 的工期是 1 天，但是它的完成时间却是第二天（2009 年 11 月 17 日），这是问题四。工期明明是 1 天，完成时间却是在开始时间的第二天。这是很多 Project 用户曾经面对的问题，甚至出现了自己都还没有发觉。

究其本质原因，就是通过右击新建 Project 文档的方式不可取，这是 Project 软件本身的一个漏洞，通过这种方式建立的 Project 文件，第一天的开始时间是早上 9:00 而不是通常默认的早上 8:00。那为什么它的完成时间是在开始时间的第二天呢？这与 Project 进度计算的一个重要原理有关系。

通常大家可能认为，既然工期单位是天，那 Project 就会根据天数来计算完成时间，其实这是一个错误的认识！Project 是根据工期换算成的工作小时数来计算进度的，并不是根据天数。当我们输入工期后，Project 会先将工期换算成工作小时数。如果输入的工期是 1 天，Project 会先将工期按照 1 天=8 个工作小时的原则换算成小时数，如图 4-190 所示。一天究竟是多少个小时，取决于在选项里面【每日工期】的设置，可以参照第 2.3.4 节。

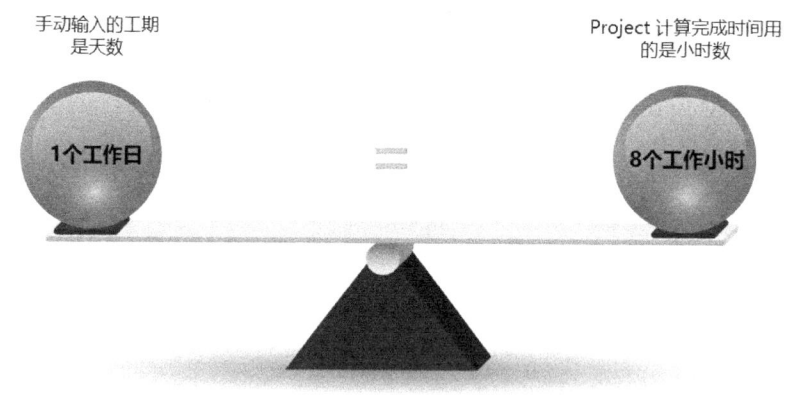

>> 10 天精通 Project 项目管理：从菜鸟到实战高手

图 4-190

再看图 4-189 的计划，工期是 1 天，相当于 8 个小时，开始时间是 2009 年 11 月 16 日上午 9:00，那么在 2009 年 11 月 16 日这一天，该任务上午完成了 9:00—12:00 共 3 个小时，下午 13:00—17:00 共 4 个小时，当天一共完成了 7 个小时，还需要在第 2 天完成剩余工期中的 1 个小时，就是 2009 年 11 月 17 日上午的 8:00—9:00，所以任务的完成时间才会显示为第 2 天。

上述讲到的 Project 工期计算的原理，是非常重要的，在很多时候出现进度计算方面的疑难问题时，这可能是一个很重要的原因。

所以，请读者一定注意，不要通过右击新建 Microsoft Project 文档，而是直接打开 Project 程序新建空白文件。那么假如已经采用右击新建 Project 文档的方式创建了计划，而且任务很多，该如何处理呢？请参见第 4.31.1 节。

2. 日历设置中每天的工作小时数不统一

在第 4.2 节讲解日历设置时，当我们把某一天从非工作时间改成工作时间时，特意过提醒大家，尽量按照 8:00—12:00、13:00—17:00 输入工作时间，因为这样和默认的工作时间是匹配的。

举个例子，大家可以再回顾一下第 4.2.2 节中 6 天工作制日历的设置。当我们把星期六设置成工作时间时，假如没有按照本书的建议输入工作时间，而是直接输入了 8:00—17:00，那么就相当于在星期六这一天从 8:00 一直工作到 17:00，也就是 9 个小时了。会出现什么后果呢？

如果任务 A 使用了这个 6 天工作制日历（星期六工作时间是 8:00—17:00），恰好它的开始时间是星期六，工期是 1 天。Project 将根据 1 天等于 8 个工作小时的算法推算任务的完成时间，也就是从 8:00 工作到 16:00，如图 4-191 所示，任务 A 的完成时间是星期六下午 16:00。如果任务 A 还有一个后续任务 B，那么任务 B 应该也是从星期六下午 16:00 开始，为什么呢？因为星期六下午 16:00—17:00 这段时间在日历中仍然是工作时间，所以任务 B 仍然可以在星期六完成 1 个小时，然后到星期一再完成剩余的 7 个小时（8:00—12:00 共 4 个小时， 13:00—16:00 共 3 个小时）。这

第 4 章 制订项目计划

样截止到下个星期一下午 16:00，任务 B 的 8 个小时才算完成了。这时会发现任务 B 虽然工期是 1 天，但开始时间在星期六，而完成时间却在星期一，跨了 2 个工作日。

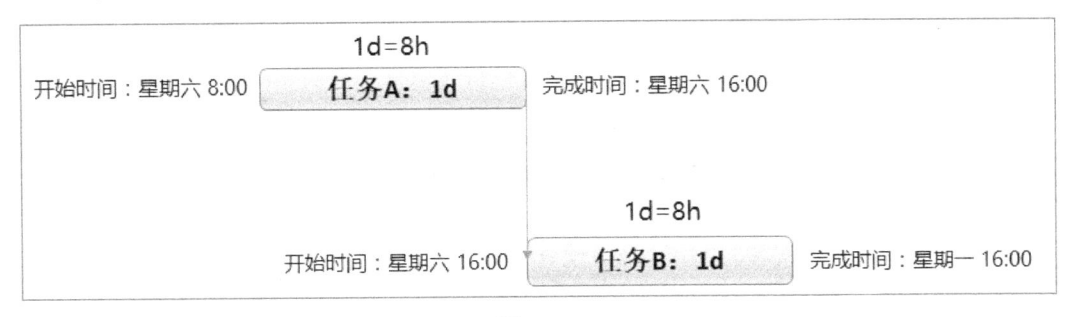

```
1d=8h
开始时间：星期六 8:00    任务A: 1d    完成时间：星期六 16:00

                                1d=8h
           开始时间：星期六 16:00    任务B: 1d    完成时间：星期一 16:00
```

图 4-191

所以，通过这个例子，想再次提醒读者，如果在排定计划时仍然是以天作为工期的单位，工作时间不需要精确到几点几分的情况下，在设置日历的工作时间时尽量遵从默认的 8:00—12:00、13:00—17:00，这样可以保证每天的工作小时都是 8 个小时，从而可以减少很多麻烦。

4.30.3 工期出现小数点的原因

有些 Project 用户可能会感到奇怪，在设置任务工期时明明都输入的是整数，为什么有些任务最后却出现了小数点呢？仔细看的话，其实这些工期出现小数点的任务基本都是摘要任务，到底是什么原因呢？其实出现此类情况，最主要的原因就是日历设置中每天的工作小时数不统一造成的。

举一个与上一节类似的例子，在设置 6 天工作制日历时，假如直接将星期六的工作时间输入为 8:00—17:00，也就是说这一天变成了 9 个连续的工作小时。

假设某摘要任务包含任务 A 和任务 B 两个子任务，项目日历是这个 6 天工作制日历，如图 4-192 所示。任务 A 的开始时间恰好是星期六，工期是 2 天，那么 Project 将根据 2 天（等于 16 个小时）来排定进度，星期六从 8:00—17:00 共完成了 9 个小时，那么任务 A 还需要在星期一再完成 7 个小时（8:00—12:00 共 4 个小时，13:00—16:00 共 3 个小时），这样任务 A 的 16 个小时完成了，最终的完成时间是星期一下午 16:00。假如还有一个任务 B，工期是 1 天，它的开始时间将是星期一，而星期一的工作时间仍然是默认的 8:00—12:00、13:00—17:00，工期 1 天等于 8 个小时，任务 B 的最终完成时间就是星期一下午 17:00。

结合第 4.5.6 节对摘要任务工期的解释，此时摘要任务的开始时间取子任务中的最早开始时间，也就是星期六上午 8:00（任务 A 的开始时间）；摘要任务的完成时间取子任务中的最晚完成时间，也就是星期一下午 17:00（任务 B 的完成时间）。这样，摘要任务的时间跨度是星期六上午 8:00 到星期一下午 17:00，按照当前日历来算，星期六是 9 个工作小时，星期一是 8 个工作小时，

10 天精通 Project 项目管理：从菜鸟到实战高手

摘要任务总共跨了 17 个工作小时。因为选项中默认的每日工时数是 8，所以将摘要任务的 17 个工作小时折算成工期天数，就是 17 除以 8，最后是 2.125 天，由于 Project 中最多显示小数点后两位，最后显示为 2.13 天，小数点就这样出现了，此时虽然任务 A 和任务 B 的工期都是整数，但是它的摘要任务却出现了小数点。

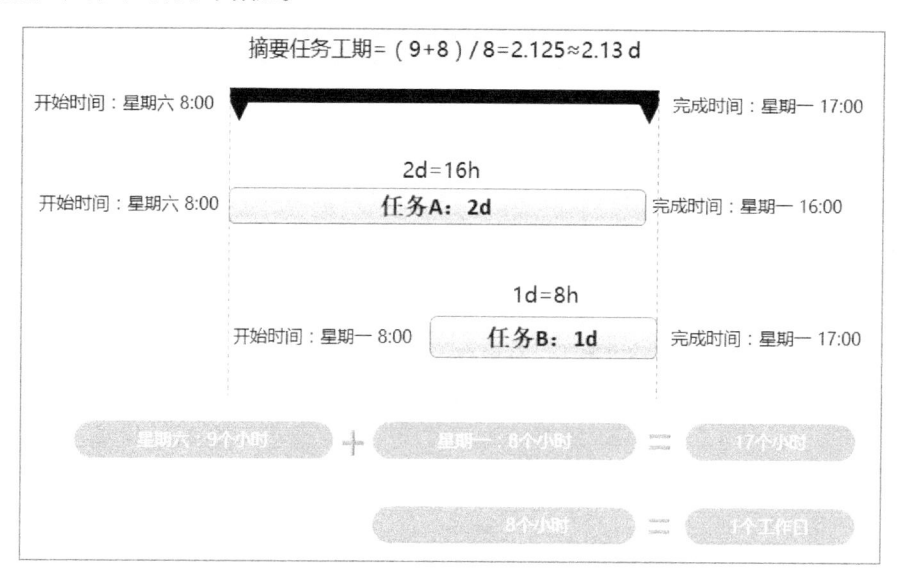

图 4-192

通过这个例子，再次提醒读者，在设置日历的工作时间时尽量遵从默认的 8:00—12:00、13:00—17:00，这样可以保证每天的工作小时都是 8 个小时，从而减少很多麻烦。

4.30.4 使用手动计划的弊端

在第 2.2.1 节中，笔者已经建议大家在选项中把任务模式都设置成自动计划，而不建议使用默认的手动计划，并且在第 2.2.1 节中讲解了部分原因。本节将继续系统地讲解该问题，因为通过前面所有章节的讲解，大家已经对 Project 制订计划有了更深入的理解，现在解释起来更易于读者理解了。

手动计划是从 Project 2010 开始引入的新功能，当然，不可否认的是，手动计划为用户提供了新的选择，而且对于长期使用 Excel 编制计划的用户来讲，可能更习惯使用手动计划，但是使用手动计划将存在以下几个最主要的弊端，这也是笔者不建议使用手动计划的主要原因。

1. 当输入的开始时间或者完成时间不是工作时间时，没有自动提示

参照第 4.2.1 节，我们在"标准+假期"日历中将 2018 年 4 月 5 日（星期四）到 4 月 7 日（星期六）设置成了清明节假期，并且将 4 月 8 日（星期日）设置成了工作时间。

这时打开一个空白的计划，将项目日历设置成【标准+假期】，然后创建一个任务 A，设置任务模式为自动计划，任务工期是 2 天。假如输入任务 A 的开始时间为 2018 年 4 月 5 日，由于 4 月 5 日是假期，就会弹出如图 4-193 所示的【规划向导】窗口并提示"您移动了任务 A，使它在非工作日（2018/4/5）开始"，有这个提示后，一般情况下就会让任务 A 在下一个工作日开始，所以选择第 1 个选项，然后单击【确定】按钮。

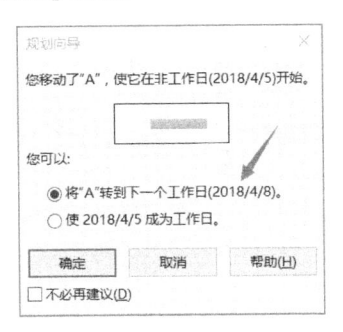

图 4-193

这时任务 A 的开始时间已经自动变成了 2018 年 4 月 5 日的下一个工作日 2018 年 4 月 8 日（一个调休的星期日），完成时间是 2018 年 4 月 9 日（星期一），如图 4-194，这个计划是合理的。

图 4-194

假如再创建一个任务 B，让它采用手动计划，如果手动输入任务 A 的开始时间是 2018 年 4 月 5 日，然后，Project 此时不会提示用户其实 4 月 5 日是一个非工作日，我们依然可以输入任务 B 的工期为 2 天，这时 Project 计算出它的完成时间是 2018 年 4 月 8 日，如图 4-195 所示。实际上这个计划是有严重问题的，因为 4 月 5 日根本不是一个工作日，而采用手动计划时 Project 却把它也计算在工期里面了。

图 4-195

所以，从这个例子可以很明显地看到，如果采用了手动计划，当我们给任务的开始时间或者完成时间输入了一个非工作时间时，Project 完全没有任何提示，而且会把这个非工作时间也算到工期里面去，这是不合理的。因此，笔者反复建议大家不要用手动计划，而是使用自动计划。

2. 摘要任务的时间可能和子任务的时间不匹配

如图 4-196 所示，任务 A 有两个子任务 A1 和 A2，它们都采用自动计划，任务 A 的完成时间是 2018 年 3 月 5 日。

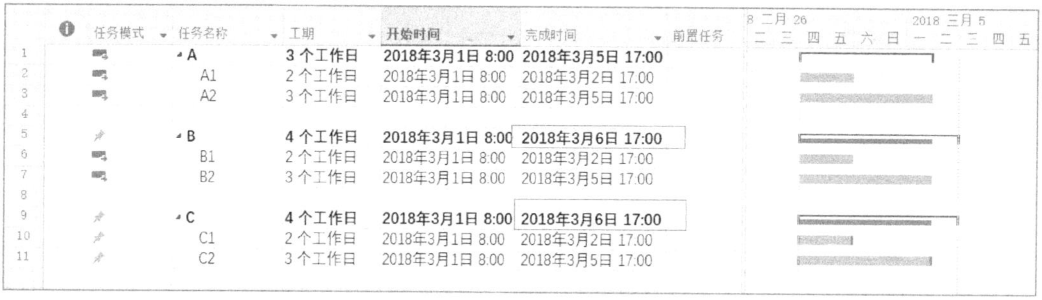

	任务模式	任务名称	工期	开始时间	完成时间	前置任务
1		A	3 个工作日	2018年3月1日 8:00	2018年3月5日 17:00	
2		A1	2 个工作日	2018年3月1日 8:00	2018年3月2日 17:00	
3		A2	3 个工作日	2018年3月1日 8:00	2018年3月5日 17:00	
4						
5		B	4 个工作日	2018年3月1日 8:00	2018年3月6日 17:00	
6		B1	2 个工作日	2018年3月1日 8:00	2018年3月2日 17:00	
7		B2	3 个工作日	2018年3月1日 8:00	2018年3月5日 17:00	
8						
9		C	4 个工作日	2018年3月1日 8:00	2018年3月6日 17:00	
10		C1	2 个工作日	2018年3月1日 8:00	2018年3月2日 17:00	
11		C2	3 个工作日	2018年3月1日 8:00	2018年3月5日 17:00	

图 4-196

同样地，任务 B 也有两个子任务 B1 和 B2，刚开始也都采用自动计划，任务 B 的完成时间也是 2018 年 3 月 5 日，当我们不小心把任务 B 的完成时间修改成 2018 年 3 月 6 日后，任务 B 的任务模式就变成了手动计划，这时它的子任务中最晚的完成时间却是 2018 年 3 月 6 日，摘要任务和子任务的时间已经不匹配了！假如整个项目中都采用自动计划，那么就不应该去修改摘要任务的时间或者工期，而一旦修改了，它就会变成手动计划，这时摘要任务和子任务的时间不匹配的问题就很容易被发现。

而假如整个项目计划都采用手动计划，像图 196 中的任务 C 和它的子任务 C1、C2 一样，如果不小心修改了摘要任务 C 的完成时间，而任务数量比较多时，我们将很难发现这个摘要任务与其子任务时间不匹配的问题。

3. 摘要任务和子任务的时间不匹配可能会造成关键路径计算出现问题

与上文举的例子非常类似，假如一个项目计划中只有任务 C 和它的子任务 C1 和 C2，如图 4-197 所示，它们都采用手动计划，如果不小心把摘要任务 C 的完成时间改成 2018 年 3 月 6 日，这时摘要任务和子任务的时间就不匹配了，而由于任务都采用手动计划，所以用户将无法察觉。

当我们查看关键路径时，在【格式】选项卡下勾选了【关键任务】，如图 4-197 的箭头所示，但是条形图都没有变红。在正常情况下，当勾选了这个选项后，关键任务的条形图会自动显示为红色。当我们通过插入【关键】列查看时发现整个项目计划中只有摘要任务 C 是关键路径，而所有的子任务都不是关键路径，这样就不合理了。因为从本质上来讲，摘要任务可以理解成虚拟的，其实实质的工作内容在子任务上体现的，理论上来讲，如果整个项目计划中都是平级的子任务，没有摘要任务也是可以的，尽管这种（没有摘要任务的）计划不便于查看。所以，当图 4-197 中

第 4 章　制订项目计划

只有一个摘要任务是关键任务时，就显得很不合理。

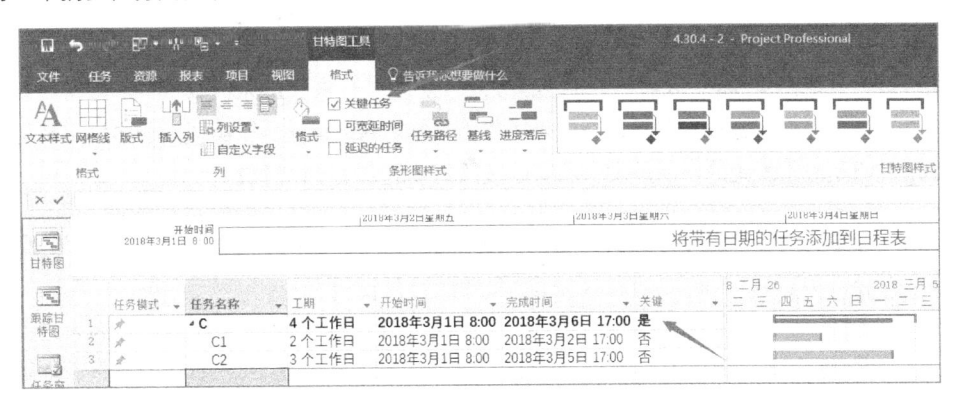

图 4-197

而如果整个项目计划都采用自动计划，则可以很好地避免这种情况发生，或者比较容易发现这种不合理的现象。

4．手动任务无法设置任务类型和限制类型

在图 4-197 中，当我们双击任务 C1 或者 C2 时，在弹出的【任务信息】窗口中，切换到【高级】选项后，会发现任务的限制类型和任务类型都是灰色的，完全无法进行设置，如图 4-198 所示。

图 4-198

本节系统地为大家总结了使用手动计划的主要弊端，所以建议大家使用自动计划而不要使用手动计划，并且在用 Project 做计划时不要隐藏【任务模式】这一列，而是让它显示出来，因为假如有时出现了误操作，可以从这一列中发现重要的信息，如同在第 4.23 节讲的【标记】列。

4.31 Project 常见 bug 及解决办法

每个软件可能都有 bug，只看用户能不能发现了。本节汇总了 Project 软件的一些常见 bug 及解决办法，这部分内容也相当实用，但是可以作为选修内容，等遇到了类似问题再学习也可以。这些 bug 并不是经常发生的，但是发生后可以按照本节的方法予以解决。

4.31.1 通过右击新建 Project 文件后未出现默认时间

在第 4.30.2 节中提到不要通过右击新建 Project 文档的方式来创建新项目，因为这会暴露 Project 的一个 bug，通过这种方式建立的文件，第一天的开始时间是上午 9:00 而不是通常默认的 8:00。那么假如已经按照这种方式建立了一个计划，而又不想从头再来，该如何修改呢？

第一步，将日期格式设置成"日期+几点几分"的形式，具体可参照第 2.3.1 节。

第二步，在项目信息窗口中将项目开始日期里面的 9:00 手动改成 8:00，如图 4-199 所示。

图 4-199

第三步，对于某些有限制条件的任务，其时间可能仍然显示为 9:00，需要手动将它们从 9:00 改成 8:00，如图 4-200 所示。还可以单击该单元格按 F2 键（或 Fn+F2 组合键）直接进行编辑修改，或者在编辑栏进行修改。如果没有显示编辑栏，可以参照第 2.3.3 节的操作将其显示出来。

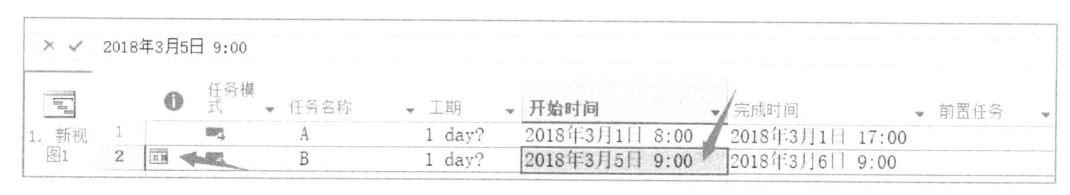

图 4-200

4.31.2 输入日期时提示"此域不支持您输入的日期"

当我们在工作表区域为任务输入开始时间或者完成时间，或者在项目信息窗口输入日期时，可能会弹出如图 4-201 的提示信息——"此域不支持您输入的日期"。这并不是用户设置或者输入

第 4 章　制订项目计划

的时间或日期有问题，通常是软件本身的 bug 造成的，因为正常情况下我们在下拉菜单中选择的日期是不应该有问题的。

图 4-201

解决方法比较简单，首先可以尝试关闭当前文件后重新打开，在大多数情况下这类问题就解决了。如果仍然出现该提示信息，可以尝试重启计算机。

4.31.3　打印预览只显示一行任务

有些 Project 用户偶尔会出现在打印预览中只显示一行任务的情况，如图 4-202 所示，这一般也不是用户设置的问题，而是软件的 bug。

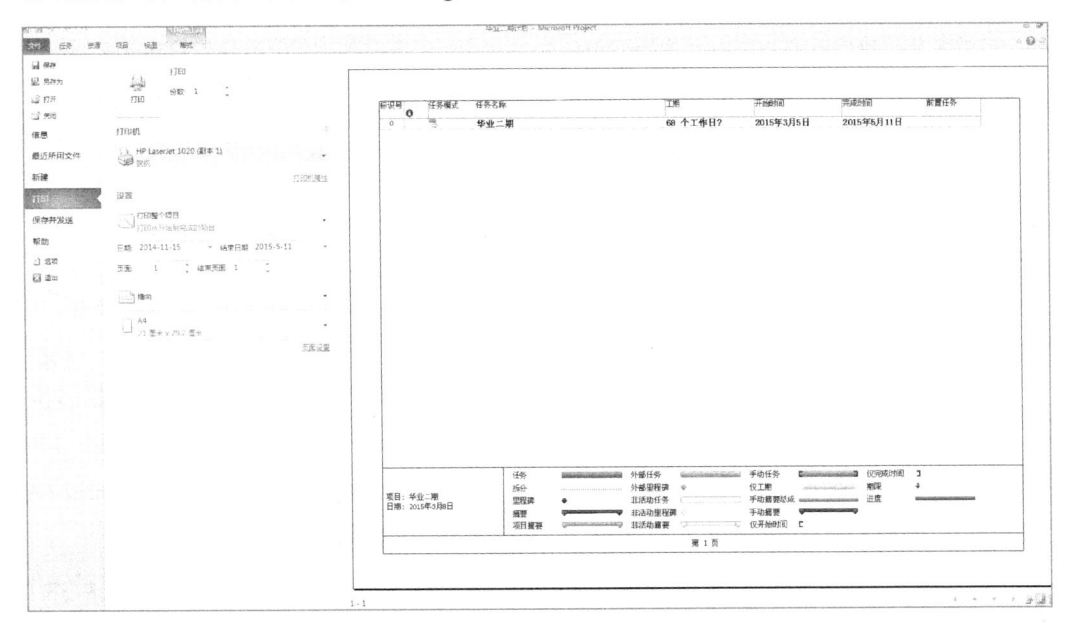

图 4-202

179

解决的办法是，返回【甘特图】视图，选中【任务名称】列，然后单击【任务】选项卡下设置字体为粗体的按钮，如图 4-203 所示，这时整列文字都将显示为粗体。然后再单击【文件】→【打印】，在打印预览中就可以显示出全部任务了。

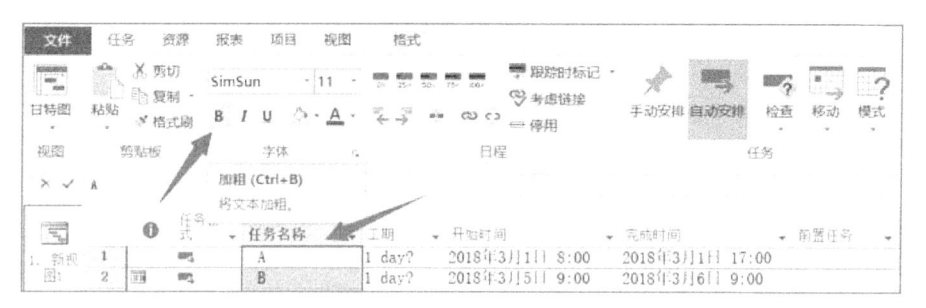

图 4-203

如果打印时并不想将任务名称显示为粗体，这时可以再回到甘特图视图，选中【任务名称】列，然后取消字体为粗体。再次打印时，一般在打印预览中仍然可以显示所有的任务。

4.32 不同 Project 版本生成的文件之间的保存

目前应用比较广泛的 Project 版本是 2010、2013 和 2016，但是也有部分用户仍然在使用 Project 2007。通常，高版本的 Project 软件可以打开低版本的文件，而低版本的未必能打开用高版本软件生成的文件。

4.32.1 Project 各版本生成的文件之间的支持关系

Project 2019、2016、2013 可以打开由目前任何 Project 版本所生成的文件，支持保存最低为 Project 2007 版本的文件，而不支持保存为 Project 2000、Project2003 版本的文件。

虽然微软官网上宣称 Project 2010、2013、2016、2019 全部使用相同的文件格式，生成的文件可以互相支持，而实际情况并非完全如此。Project 2010 可以完美打开 Project 2013 及更低版本的文件，多数时候也可以打开由 Project 2016 或 2019 生成的文件，但有时也未必能打开。Project 2010 支持保存为 Project 2007 版本或者 Project 2000、Project2003 版本的文件。

Project 2007 不能打开 Project 2010 或更高版本生成的文件，也没有可用的转换器，支持保存为 Project 2000、Project2003 版本的文件。

由以上可以得出结论，目前，Project 2013 或更高版本在打开不同版本生成的文件和保存为低版本文件时是最灵活的。

表 4-5 用表格的形式总结了不同版本的 Project 软件可以打开哪些其他版本所生成的文件。

表 4-5

生成文件的 Project 版本	打开文件时使用的 Project 版本		
	Project 2019、2016、2013	Project 2010	Project 2007
Project 2019	可以打开	不一定可以打开	无法打开
Project 2016	可以打开	不一定可以打开	无法打开
Project 2013	可以打开	可以打开	无法打开
Project 2010	可以打开	可以打开	无法打开
Project 2007	可以打开	可以打开	可以打开

4.32.2 保存为 Project 低版本支持的文件

Project 2007 无法打开 Project 2010、Project 2013 和 Project 2016 所生成的文件，也没有转换器可用，这时可能需要将高版本 Project 软件生成的文件保存为低版本所支持的格式。

当使用高版本软件保存为低版本格式时，不要单击【保存】，而是要单击【另存为】，在弹出的窗口中选择好保存的路径后，单击【保存】按钮之前，先单击【保存类型】，从下拉菜单中选择低版本的格式，比如"Microsoft Project 2007"，最后单击【保存】按钮就可以。

4.32.3 将 Project 文件设置成默认保存为低版本

如果你觉得每次都要保存成低版本比较麻烦，那么可以单击【选项】→【保存】，如图 4-204 所示，在【以该格式保存文件】右侧的下拉菜单中选择低版本格式，比如"Microsoft Project 2007"。这样今后 Project 将会把所有生成的文件默认保存为 Project 2007 支持的格式。

图 4-204

4.33 给 Project 文件加密

如果想给 Project 文件加密，则需要单击【另存为】，选择好保存的路径后，在单击【保存】按钮之前，单击图中的【工具】下拉菜单中的【常规选项】，如图 4-205 所示，就会弹出【保存选项】窗口，在此窗口中输入密码即可。

图 4-205

4.34 用 Project 生成和设置单代号网络图

Project 以其直观的横道图计划或者甘特图计划而著称，其默认的视图也是甘特图视图，但是 Project 也可以自动生成网络图计划，在此提醒大家，由于 Project 生成的网络图计划是由一个方框代表一个任务的，所以目前版本的 Project 生成的是单代号网络图，而不能生成双代号网络图。

Project 生成的默认网络图并不是很直观，用户最好进行一些个性化的设置使网络图计划更为简捷、直观，本节也会讲解如何对网路图进行个性化设置。

4.34.1 网络图视图及基本设置

如第 4.24 节图 4-136 所示，在【任务】选项卡下最右侧单击【甘特图】下方的三角形，在下拉菜单中单击【网络图】视图，或者从【视图栏】中找到并单击【网络图】视图。

如图 4-206 所示，进入网络图视图后，我们在甘特图视图中创建的计划将以网络图的形式自动展示出来。

第 4 章 制订项目计划

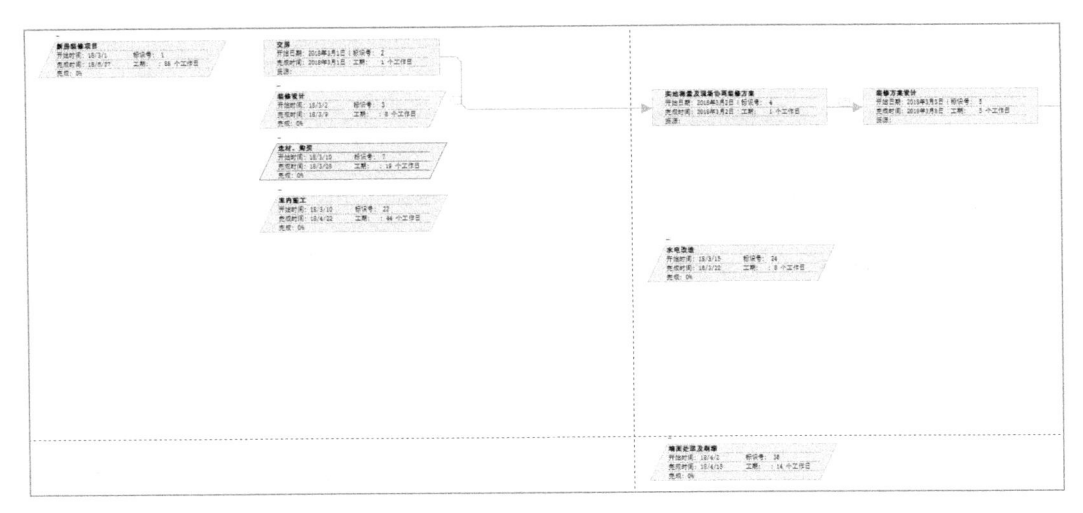

图 4-206

在该视图中，每个方框代表一个任务，不同的方框形状和颜色代表不同类型的任务。比如长方形的红色方框代表关键（子）任务，平行四边形的红色方框代表关键摘要任务，如果要查看不同形状和颜色的方框分别代表什么类型的任务，或者哪一类任务是用什么形状和颜色来表示的，可以在网络图视图中，单击【格式】选项卡下的【方框样式】按钮，如图 4-207 所示，就可以打开【方框样式】窗口，如图 4-208 所示。也可以在网络图视图中通过鼠标右键选择"方框样式"进入【方框样式】窗口。

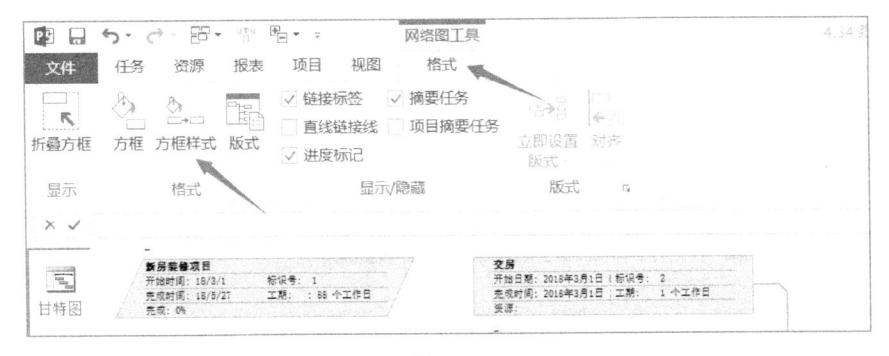

图 4-207

如图 4-208 所示，在【方框样式】窗口中，在左侧【请选择方框类型】中就显示了不同类型的任务，比如关键任务、非关键任务、关键里程碑等，单击其中的任意一个后，在右侧的预览中就显示了这种类型的任务的方框样式。比如对于关键任务，在右侧的预览中将看到，它是一个红色的长方形方框，在方框中显示了 4 行不同的信息，包括任务名称、开始时间、完成时间、任务 ID 号、工期、资源名称等。

图 4-208

如果任务数比较多，要查看和打印网络图都将很不方便。如果不对默认的网络图视图进行一些设置，显示出来的效果也不会很直观。由于每个任务的方框中默认显示的信息很多，所以要完整显示整个计划比较麻烦，打印时也不方便，在接下来的小节中将讲解一些个性化设置，来解决这类问题。

4.34.2 网络图中摘要任务的显示与隐藏

在默认的网络图视图中，所有摘要任务的方框都显示在左侧，当任务比较多时，摘要任务都显示在左侧，而它的子任务却显示在离它很远的右侧，如图 4-206 所示，这样就不是很直观，所以可以选择不让网络图显示摘要任务。

可以在【格式】选项卡下把【摘要任务】的勾选去掉，这样在网络图中将不再显示摘要任务了，如图 4-209 所示。

第 4 章 制订项目计划

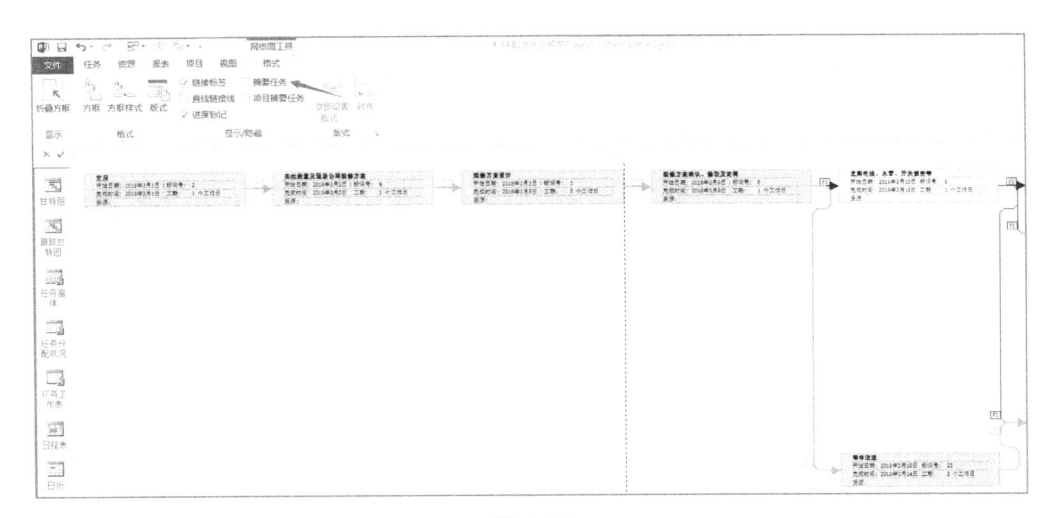

图 4-209

4.34.3 在网络图中显示任务之间的关联关系

在网络图中，方框之间的连接线或者箭头代表了任务之间的关联关系，其实还可以更准确地在网络图上显示任务间的关联关系。在【格式】选项卡下勾选【链接标签】，如图 4-207 所示，该按钮在【摘要任务】按钮的左侧。这样，每个任务的方框之间将显示它们的关联关系，如图 4-210 所示，比如我们在设置每一遍刮腻子的前置任务时还加了 2 天的滞后量，在网络图中也完美地体现出来了。

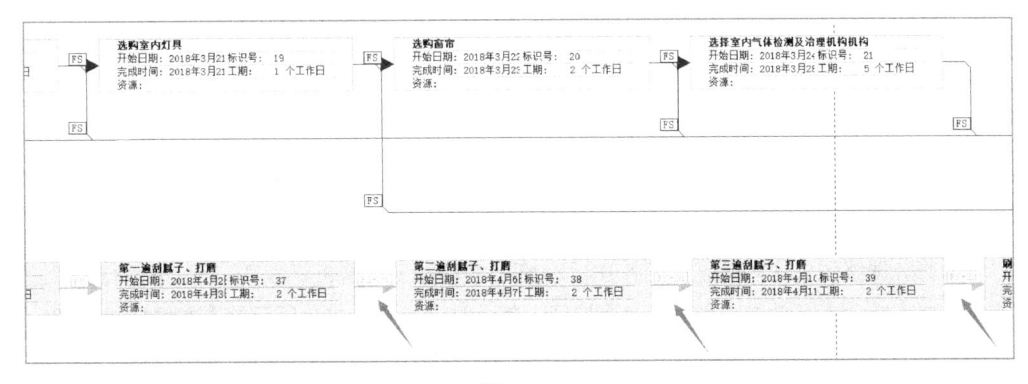

图 4-210

4.34.4 使用折叠方框

如图 4-209 所示，即使不显示摘要任务，方框的数量减少了，但由于每个方框显示的任务信息

185

太多，因此不论是预览还是打印起来都不太方便。这时可以考虑使用网络图中的折叠方框功能。

在网络图视图的【格式】选项卡下，单击最左侧的【折叠方框】按钮，然后所有任务的方框将以非常简捷的方式展示出来，如图 4-211 所示。每个方框将只显示任务的 ID 号，而不显示其他的任务信息。

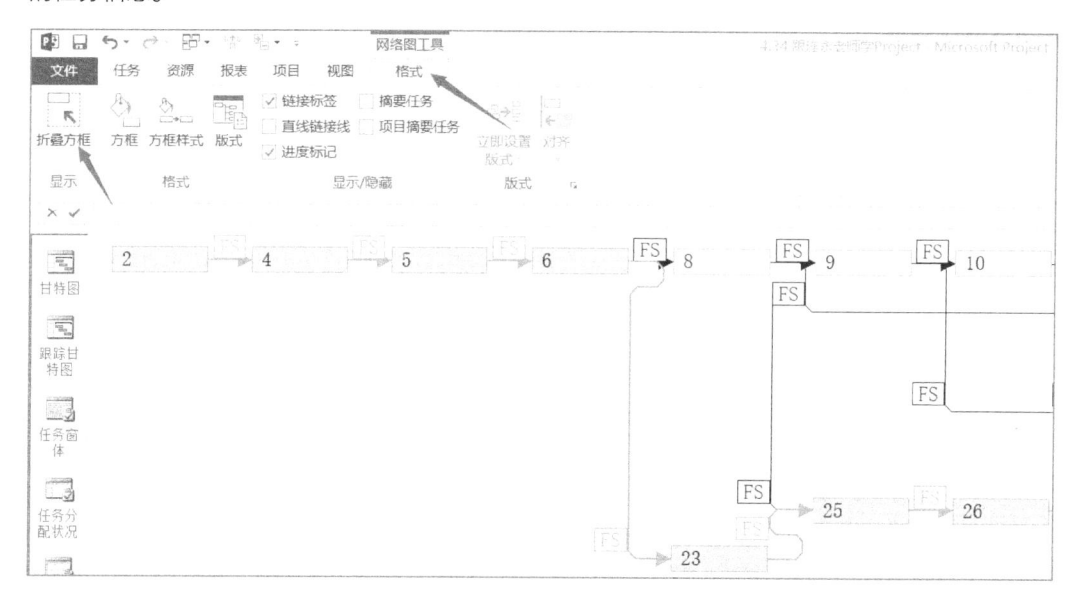

图 4-211

如果要取消折叠方框，在【格式】选项卡下再单击左侧的【折叠方框】按钮即可。

4.34.5 自定义网络图中的方框样式

在网络图视图中，每个任务的方框中默认显示的信息很多，而且显示的任务信息可能还不是我们想要的。如果使用折叠窗口的功能，每个方框中又只显示任务的 ID 号。那么，可不可以根据自己的需要，重新定义网络图视图中每个方框显示的内容呢？在本节笔者将给大家详细讲解。

假如想让网络图中的方框显示任务 ID 号、任务名称与工期这 3 个信息，且分成两行显示。可以在【格式】选项卡下单击【方框样式】按钮，就会弹出如图 4-208 所示的【方框样式】窗口，单击窗口中间位置的【其他模板】，就会弹出如图 4-212 所示的【数据模板】窗口。在该窗口中有一些默认的方框样式，可以自己从中选择，单击某个预置的方框样式（比如【标准】）后，在下方的预览中就能看到该方框会显示的任务信息和效果。如果这些预置的方框样式都不是自己想要的效果，单击右侧的【新建】按钮，就会弹出如图 4-213 所示的窗口。

第 4 章 制订项目计划

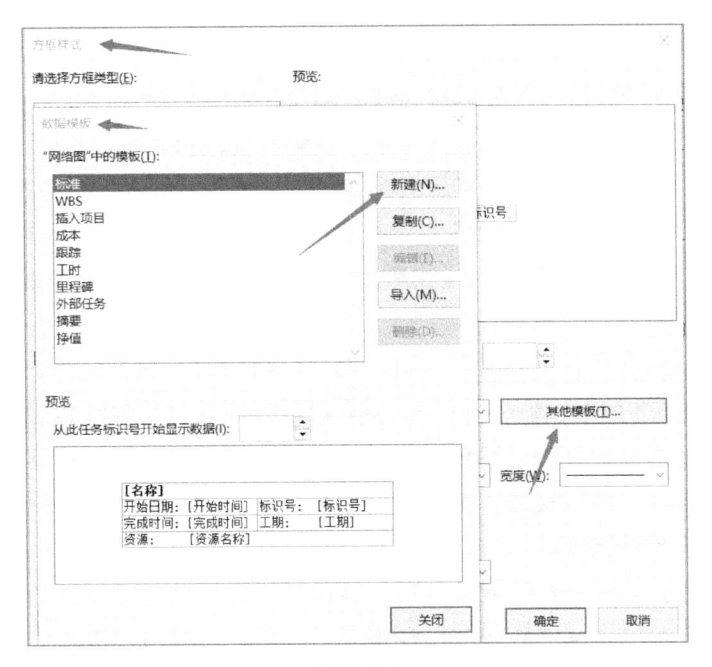

图 4-212

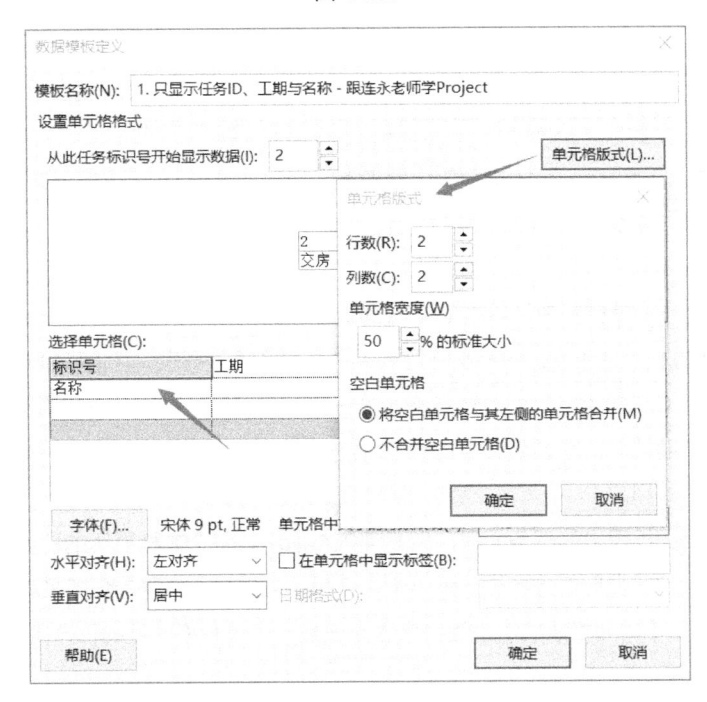

图 4-213

如图 4-213 所示，在【数据模板定义】窗口中，要先给这个方框样式起个名字，比如输入"1. 只显示任务 ID、工期与名称 - 跟连永老师学 Project"。

然后单击其下方的【单元格版式】，在弹出的小窗口中设置显示为几个单元格，比如 2 行 2 列。默认的【单元格宽度】是 100%，如果不想让每个方框显示得那么大，可以把单元格宽度调整一下，比如设置为 50%（最小就是设置为 50%）。再下方是如何处理空白单元格的选项，默认是将空白的单元格与其左侧的单元格合并，当然也可以选择第二个选项，不让空白单元格自动合并，最后单击【确定】按钮即可。

在如图 4-213 所示窗口的【选择单元格】位置，先单击第 1 行第 1 列的单元格，这里只能从 Project 的列中选择而不能随意输入，比如选择列名称【标识号】，然后在第 1 行第 2 列的单元格选择列名称【工期】，在第 2 行第 1 列的单元格中选择列名称【名称】（就是任务名称的意思）。单击其中任意一个单元格，或者按住 Ctrl 键，配合鼠标同时选中多个单元格，再单击下方的【字体】就可以为这些单元格设置字体，或者设置水平对齐和垂直对齐的方式，以及可以选择是否勾选【在单元格中显示标签】，如果勾选了，那么每个单元格除了显示对应列的数据或者内容，还会显示列名称。比如第 1 行第 2 列的单元格显示的列名称是【工期】，如果勾选了【在单元格中显示标签】，那么在单元格中除了显示任务的工期天数，还会显示该列的名称，如，工期：2 个工作日，工期：3 个工作日等。这里暂且选择不勾选【在单元格中显示标签】。

设置完毕后，在【数据模板定义】窗口的最下方单击【确定】按钮，就会再次回到如图 4-212 所示的【数据模板】窗口，不同之处在于，在左侧的方框样式列表中多了一个新面孔，就是刚刚创建的"1. 只显示任务 ID、工期与名称 - 跟连永老师学 Project"，单击右下方的【关闭】按钮。再次回到【方框样式】窗口，如图 4-214 所示。

在上面的步骤中仅仅设置了一个新的方框样式"1. 只显示任务 ID、工期与名称 - 跟连永老师学 Project"，还没有使其生效，现在需要做的就是让网络图中的方框调用新设置的样式。如图 4-214 所示，在【方框样式】窗口中，左侧显示的是方框样式的列表，我们可以从中选择某个类型的任务，或者按住 Ctrl 键用鼠标同时选中不同的任务类型，然后在列表下方的【数据模板】下拉菜单中选择之前创建的"1. 只显示任务 ID、工期与名称 - 跟连永老师学 Project"，最后单击该窗口下方的【确定】按钮。

此时再看网络图视图中的任务方框，如图 4-215 所示，每个方框显示的任务信息与我们预想的就完全一样了。如果发现任务名称显示不全，又想让方框显示完整的任务名称，可以回到如图 4-213 所示窗口，在【单元格版式】小窗口中重新设置一下单元格宽度的百分比。

第 4 章　制订项目计划

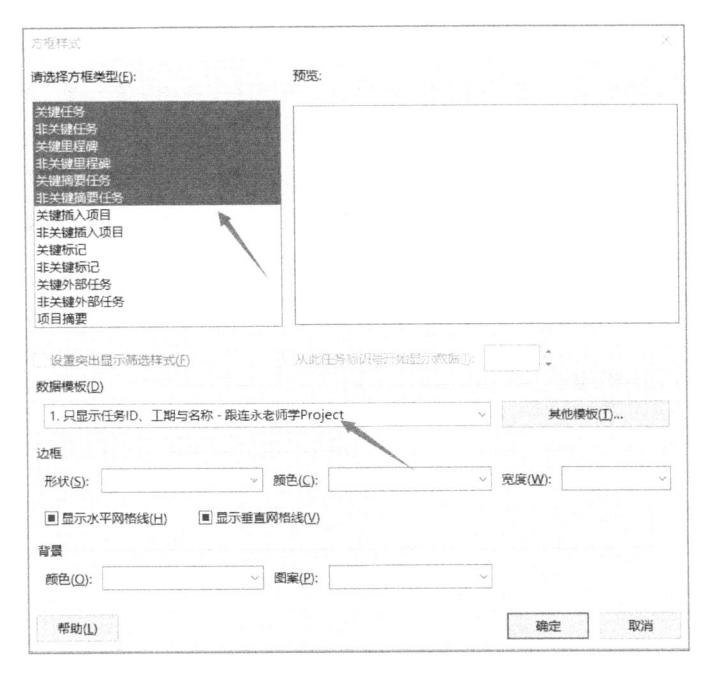

图 4-214

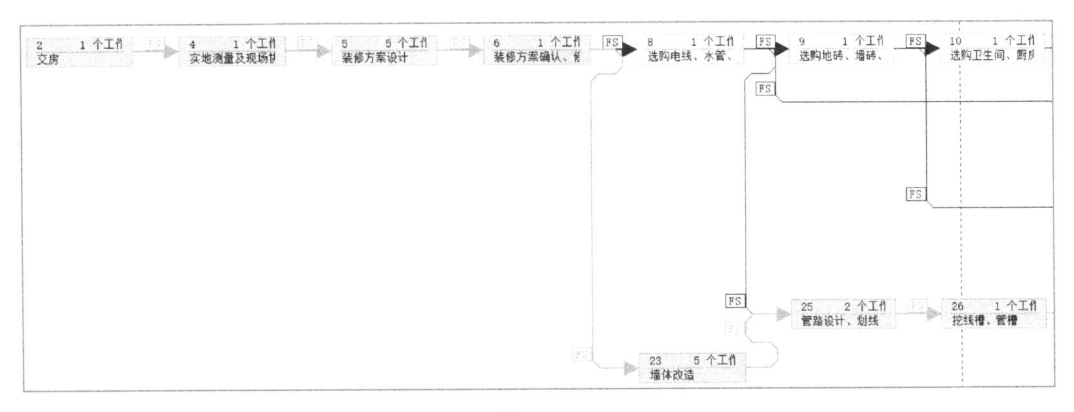

图 4-215

如果要对设置的数据模板"1. 只显示任务 ID、工期与名称 - 跟连永老师学 Project"进行再次编辑或修改，还需要回到如图 4-212 所示的【数据模板】窗口，选中该模板名称，再单击右侧的【编辑】按钮。对该模板不论是进行编辑、重命名还是删除等操作，都是在该窗口中进行的。

4.34.6　设置单个方框的样式

前面在【数据模板】中创建了一个新的方框样式"1. 只显示任务 ID、工期与名称 - 跟连永

>> **10 天精通 Project 项目管理：从菜鸟到实战高手**

老师学 Project"，假如不想让所有任务的方框都显示为这个样式，而只想让某个任务的方框显示为这种样式，只需操作到图 4-213 演示的地方就可以。在网络图视图中右击某个任务的方框，比如任务 27，然后在弹出的快捷菜单中选择【设置方框格式】，如图 4-216 所示，进入如图 4-217 所示的【设置方框格式】窗口。在【设置方框格式】窗口中，只显示任务 27 的预览效果，在下方的【数据模板】下拉菜单中就可以选择不同的方框样式模板了，比如刚创建的"1. 只显示任务 ID、工期与名称 - 跟连永老师学 Project"，最后单击【确定】按钮即可。

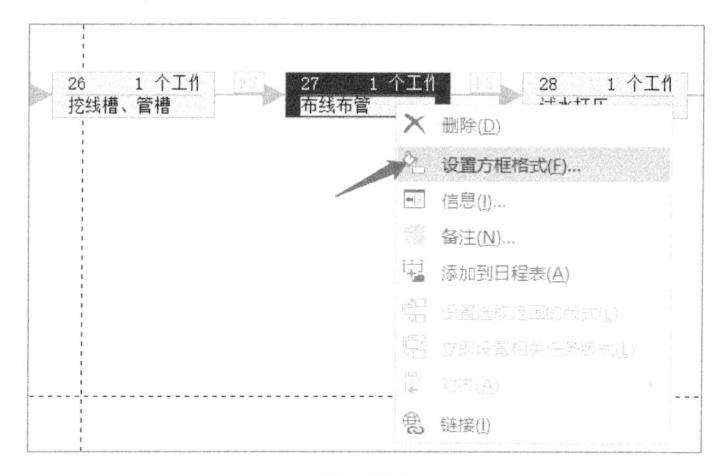

图 4-216

图 4-217

4.34.7 设置网络图计划的版式

在 Project 的网络图视图中，方框的布局并不是一成不变的，可以在【版式】窗口中进行个性化的设置。在【格式】选项卡下单击【版式】按钮，可参见图 4-207，就会弹出【版式】窗口，如图 4-218 所示。

图 4-218

在【放置方式】中有两个选项，默认是【自动放置所有方框】，这样在该视图中，所有任务的方框布局位置由 Project 软件自己决定。如果选择第 2 个选项【允许手动调整方框的位置】，那么在网络图视图中，可以用鼠标将某个任务的方框拖动到新的位置。

在【方框版式】中可以选择【排列方式】，默认显示的是【从左侧开始居中排列】，也可以选择其他的排列方式，比如【自上而下排列 - 关键任务在前】，单击【确定】按钮后，所有任务的方框将重新排列，关键任务的方框都显示在上方，如图 4-219 所示，这样便于查看关键任务的路径。

在【方框样式】下方还有其他一些选项，比较实用的是【间距】，其目的是调整网络图视图中任务方框之间水平方向和垂直方向的间距，数值可以自由调整。

在【链接样式】中可以设置任务之间链接线的画法，链接线就是体现任务之间关联关系的连接线条，与设置的【前置任务】有关。

在【链接颜色】中，可以对上方链接线的颜色进行设置。

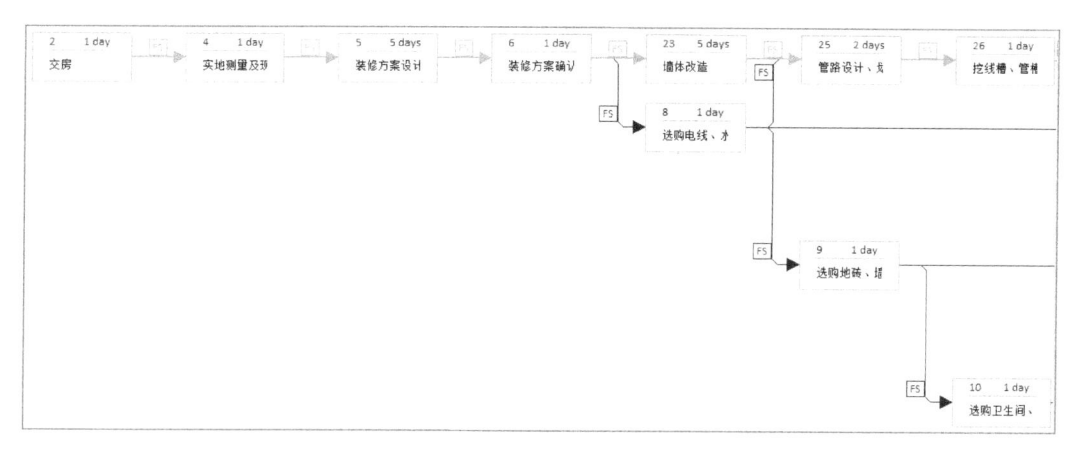

>> **10 天精通 Project 项目管理：从菜鸟到实战高手**

图 4-219

在【图表选项】中可以设置整个网络图视图的背景颜色和背景图案等。还有个选项【标记正在进行和已经完成的任务】，默认被勾选。如果任务的【完成百分比】大于 0%、小于 100%，方框会自动显示一条对角线，表示该任务正在进行；如果任务的【完成百分比】是100%，那么任务的方框会自动显示两条对角线，表示该任务已经完成。由于笔者还没有更新过计划，此时所有任务的完成百分比都是 0%，因此方框中不显示对角线。

第 5 章

制订初始资源和成本计划

【阅读建议】：从本章开始，将陆续为大家引入资源和成本管理的相关知识，正如前文所讲解的，进度计划是一切的基础，资源和成本计划都是依附在进度计划之上的。前面的章节循序渐进地讲解了如何在 Project 中制订一个初始的进度计划，现在要开始将资源与成本的管理融入计划中。

由于现实中很多组织尚未建立起项目成本管理的框架和流程，可能目前很多项目管理者没有管理项目成本的实践经验，因此对于本书中关于资源和成本的部分，建议大家在第一遍学习时考虑先略过这些章节而只关注与进度有关的那些章节。等把进度管理学懂了，可以再回过头来继续学习资源和成本的章节，这不失为一种有效的学习方法。

5.1 创建资源基本信息

5.1.1 案例中项目直接成本的构成

在本案例中，小王已经制订了初始的项目进度计划，并且已经在项目之初大致地评估了整个项目可能会调用的资源。小王与他的项目团队又对工作范围进行了详细的计划，并制订了更为详细的资源成本计划，如表 5-1 所示。

10 天精通 Project 项目管理：从菜鸟到实战高手

表 5-1

序号	大纲数字	任务名称	预估的工期（天）	计划的资源	计划资源的数量
1	1	新房装修项目		风险准备金	10000 元
2	1.1	交房	1		
3	1.2	装修设计			
4	1.2.1	实地测量及现场协商装修方案	1	项目经理	6h
				打车费	100 元
5	1.2.2	装修方案设计	5	设计师	35h
6	1.2.3	装修方案确认、修改及定稿	1	项目经理	8h
				设计师	8h
7	1.3	选材、购买			
8	1.3.1	选购电线、水管、开关插座等	1	电线、水管、开关插座等	1000 元
				采购员	8h
				打车费	50 元
9	1.3.2	选购地砖、墙砖、过门石	1	地砖、墙砖、过门石	3000 元
				采购员	8h
				打车费	50 元
10	1.3.3	选购卫生间、厨房吊顶	1	卫生间吊顶	2000 元
				厨房吊顶	1000 元
				采购员	8h
				打车费	50 元
11	1.3.4	选购厨房整体橱柜	1	厨房整体橱柜	6000 元
				采购员	8h
				打车费	50 元
12	1.3.5	选购卫浴设备	1	卫浴设备	5000 元
				采购员	8h
				打车费	50 元
13	1.3.6	选购客厅吊顶材料	1	客厅吊顶材料	2000 元
				采购员	8h
				打车费	50 元
14	1.3.7	选购墙面漆	1	墙面漆	1000 元
				采购员	8h
				打车费	50 元
15	1.3.8	选购木地板	1	木地板	10000 元
				采购员	8h
				打车费	50 元

第5章 制订初始资源和成本计划

续表

序号	大纲数字	任务名称	预估的工期（天）	计划的资源	计划资源的数量
16	1.3.9	选购室内木门	1	室内木门	5000元
				采购员	8h
				打车费	50元
17	1.3.10	选购壁纸	1	壁纸	800元
				采购员	8h
				打车费	50元
18	1.3.11	选购暖气片	1	暖气片	1000元
				采购员	8h
				打车费	50元
19	1.3.12	选购室内灯具	1	室内灯具	3000元
				采购员	8h
				打车费	50元
20	1.3.13	选购窗帘	2	窗帘	5000元
				采购员	15h
				打车费	50元
21	1.3.14	选择室内气体检测及治理机构	5	采购员	25h
22	1.4	室内施工			
23	1.4.1	墙体改造	5	砌墙费含泥沙砖等材料	2500元
				项目经理	15h
				打车费	50元
24	1.4.2	水电改造		水电改造费	5000元
25	1.4.2.1	管路设计、画线	2	设计师	6h
				打车费	50元
26	1.4.2.2	挖线槽、管槽	1		
27	1.4.2.3	布线布管	1		
28	1.4.2.4	试水打压	1	项目经理	4h
				打车费	50元
29	1.4.2.5	线槽、水管槽填补平整	1		
30	1.4.2.6	防水层施工	2		
31	1.4.3	贴地砖墙砖（阳台、卫生间及厨房）、过门石	3	贴砖工时费（60元/平方米，估计面积为60平方米)	3600元
				项目经理	4h
				打车费	50元

续表

序号	大纲数字	任务名称	预估的工期（天）	计划的资源	计划资源的数量
32	1.4.4	卫生间、厨房吊顶	1	项目经理	4h
				打车费	50元
33	1.4.5	安装厨房整体橱柜	1	项目经理	4h
				打车费	50元
34	1.4.6	安装卫生间设备（坐便器、淋浴间、挂件等）	1	项目经理	4h
				打车费	50元
35	1.4.7	客厅吊顶施工	5	客厅吊顶施工费	2000元
36	1.4.8	墙面处理及刷漆		刮腻子工时费（30元/平方米，含辅料，估计面积为200平方米）	6000元
37	1.4.8.1	第一遍刮腻子、打磨	2		
38	1.4.8.2	第二遍刮腻子、打磨	2		
39	1.4.8.3	第三遍刮腻子、打磨	2		
40	1.4.8.4	刷墙面漆	2	项目经理	4h
				打车费	50元
41	1.4.9	铺地板	2	铺地板工时费（40元/平方米，估计面积为70平方米）	2800元
42	1.4.10	安装室内木门	0.5		
43	1.4.11	贴壁纸	0.5		
44	1.4.12	安装开关插座	0.5		
45	1.4.13	安装暖气片	1		
46	1.4.14	灯具安装（客厅、卧室、餐厅灯）	0.5	安装灯具费	400
47	1.4.15	安装窗帘	0.5		
48	1.4.16	家具家电入场前清扫清洁	2	项目经理	8h
				打车费	50元
49	1.5	业主验收	2	项目经理	8h
				设计师	8h
				打车费	100元
50	1.6	晾晒	30		
51	1.7	检测室内空气是否达标	3	气体检测费	5000元
				项目经理	15h
				打车费	100元
52	1.8	具备入住条件	0		

在项目成本管理中，一般会把项目的直接成本划分成三大类：人工成本、材料成本、其他一

第 5 章 制订初始资源和成本计划

次性费用（有些公司叫作其他直接成本或 ODC）。在表 5-1 中，出现了项目经理、设计师、采购员这些公司内部的人力资源，通常项目在调用这些资源时，计提项目成本是按照工时数量乘以公司统一核算出来的工时费率来计算的。

在表 5-1 中，还有一些是外部的工时费用，比如请的装修工人，我们可以灵活处理这些资源。比如说砸墙这个任务，假如整体外包给一个施工队的话，可以把它当作一次性费用来处理。

其次我们还购买了很多装修材料，这些既可以当作材料类资源来处理，也可以当作一次性费用来处理，在 Project 中这些都是可以灵活运用的，以项目成本计提清楚、简单高效为基本的原则，不必拘泥于形式。

而在表 5-1 中，还有一些费用，比如刮腻子工时费、贴砖工时费、铺地板工时费，这些看似是人工成本或者工时类成本，其实是按照平方米来结算的，类似于这种费用，在 Project 中可以按照材料类资源来处理。当然，为了更为简单地处理这些成本，把它们当作一次性费用也是可以的。

> **注意** 本书的目的是围绕一个案例来讲解如何用 Project 实现对项目整个生命周期不同阶段的管理，在编写本案例时，尽量简化而又贴近项目管理实战环境，因此读者在学习本书时不必讨论项目案例本身的真实性与合理性，重要的是本书将通过案例来讲解 Project 是如何管理项目的进度、资源和成本的。比如在表 5-1 中有一个"打车费"，这其实是为了模拟一些项目的一次性费用，可以把它理解成项目的客户招待费用、咨询费、培训费、保险费、运费、工装模具费用等。在表 5-1 中还有一个"风险准备金"，这也是在进行项目成本管理时的一个非常重要的概念，可以把它放到一次性费用或者其他直接成本里面，这些都是通过 Project 的成本类资源来管理的。

5.1.2 Project 中的 3 个资源类型

在 Project 中，成本的管理基本是通过资源来实现的，当然在 Project 中还有一个固定成本的功能，但主要还是靠资源来实现对成本的计划、跟踪和监控。Project 会把项目的直接成本划分成三类"资源"来实现：工时类、材料类、成本类。

工时类资源就是人工成本或者工时成本，主要就是按照工时来结算或者计提项目成本的那些资源，比如通常大家都能想到的项目团队成员的工时成本。一般情况下公司会以部门为单位核算一个统一的工时费率，而不会针对某个人核算一个工时费率。另外，如果某些设备等也是按照工时来结算成本的，也可以当作工时类资源来处理。

材料类资源一般是指项目从外部所采购的一些材料，比如装修建材、水泥等，从本质上讲，如果材料有固定的单价，而项目在使用这些资源时是按照消耗的数量来结算成本的话，都可以在 Project 中当作材料类资源被处理。由此可见，材料类资源和工时类资源其实是非常类似的，都有固定的单价，在计提项目成本时都是按照数量乘以它的单价来结算的。在后续的章节中，大家会发现，其实工时类资源和材料类资源在处理上还有更多的相似之处。在本书中，会把刮腻子工时费、贴砖工时费、铺地板工时费故意当作材料类资源来讲解。这些资源既可以当作工时类、材料类处理，也可以当作成本类资源处理，本书为了让读者理解资源类型的本质，特意将这3个资源全部作为材料类资源来处理，目的是让大家理解，某一个资源设置成哪种类型并不是固定的，其实可以根据自己的需要来决定。

成本类资源就是指一次性费用，比如项目的运费、咨询费、打车费等，还比如在表5-1中，我们为整个项目还预留了10000元作为风险准备金，这些都可以作为成本类资源来管理。其实从本质上讲，是可以把所有项目的直接成本都通过"成本类资源"来管理的。

小王经过和团队讨论，最终决定按照表5-2在Project中设定资源的类型。

表 5-2

	资源类型	资源名称
1	工时类	项目经理、设计师、采购员
2	材料类	刮腻子工时费、贴砖工时费、铺地板工时费
3	成本类	电线、水管、开关插座等，地砖、墙砖、过门石，卫生间吊顶，厨房整体橱柜，卫浴设备，客厅吊顶材料，墙面漆，木地板，室内木门，壁纸，暖气片，室内灯具，窗帘，砌墙费含泥沙砖等材料，水电改造费，客厅吊顶施工费，安装灯具费，气体检测费 打车费，风险准备金

5.1.3 在资源工作表中创建资源

在Project中使用资源管理的第一步是先在【资源工作表】视图中创建资源的基本信息。

大家可以按照前面讲解的方法，首先切换到【资源工作表】视图，如图5-1所示，在【任务】选项卡下，单击最左侧【甘特图】下方的三角形，在下拉菜单中单击【资源工作表】选项。或者也可以在【视图栏】中直接找到并单击【资源工作表】选项。这样就进入了如图5-2所示的【资源工作表】视图。

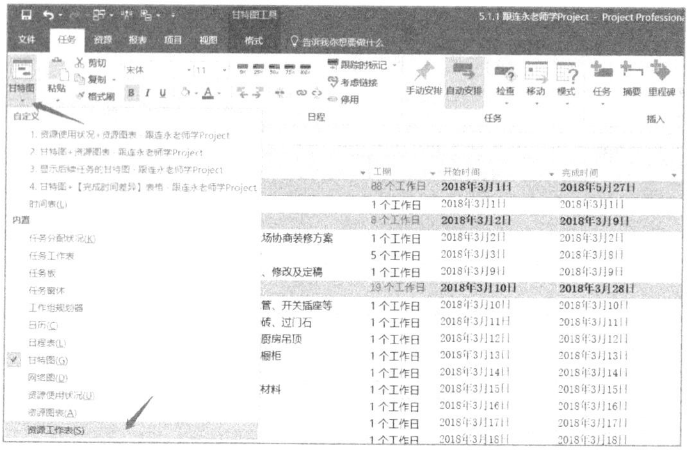

图 5-1

第 5 章 制订初始资源和成本计划

在【资源工作表】视图中，我们看到的是一个表格，在表格中有一些默认显示的列，比如资源名称、类型、材料标签等。无论是刚开始要创建资源信息，还是后期要修改资源的信息，都是在【资源工作表】视图中进行操作。接下来需要根据前几章的内容创建基本的项目信息，在接下来的内容中将分别讲解工时类资源、材料类资源、成本类资源基本信息的含义和设置方法。

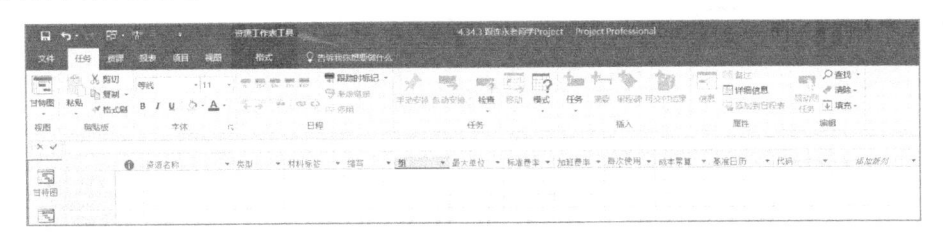

图 5-2

5.1.4 工时类资源需要设置的信息

在表 5-2 中有三个资源是工时类资源：项目经理、设计师、采购员。当在【资源名称】列中依次输入这三个资源后，如图 5-3 所示，有些列的默认值就显示出来了。

图 5-3

【资源名称】列，我们现在输入的是项目经理、设计师、采购员，也可以直接输入项目经理或设计师的名字，名称的目的是便于区分，可以根据自己的需要来输入。

【类型】列，当输入某个资源的名称后，默认的资源类型就是"工时"。

【材料标签】这一列只适用于材料类资源，因此不需要对项目经理、设计师、采购员设置该列。

【缩写】这一列默认取资源名称的第一个字，它的用处并不大，如果大家想用的话，也可以手动修改【缩写】，直接在单元格中输入新名字或者在编辑栏中修改都可以。

【组】的含义是，可以为所有的资源设置不同的资源组名称，便于对不同的资源组进行汇总或者展示等，这是一个很实用的功能，在第 9.6 节将进行详细讲解。

【最大单位】这一列仅适用于工时类资源，意思是该资源的最大数量，默认单位是 100%，也就是 1 个的意思。如果有两个人，则可以在【最大单位】处输入 200%。比如项目中会用到 30 个工人，而这 30 个工人技能无差别、可互相替代，那么在创建这样的资源时，可以只输入一个资源名称"工人"，然后在【最大单位】处输入 3000%。

【标准费率】，如果要使用 Project 的成本管理功能，这一列是必须输入的。根据第 3 章表 3-2 的信息，项目经理 2018 年的标准费率是 50 元/工时，2019 年的标准费率是 55 元/工时。如果资源费率一直是 50 元/工时，那么直接在项目经理的【标准费率】单元格中输入 50 即可，现在先输入 50。如果要将 2019 年项目经理的费率变成 55 元/工时，该怎么设置呢？直接双击该资源名称，会弹出如图 5-4 所示的【资源信息】窗口。单击【成本】选项，默认显示的是成本费率表 A，目前在表格中只会显示一行，也就是所有时段的费率都是 50 元/工时。在第二行中，输入【生效日期】为 2019 年 1 月 1 日，然后在【标准费率】中输入 55 后，单击【确定】按钮即可。

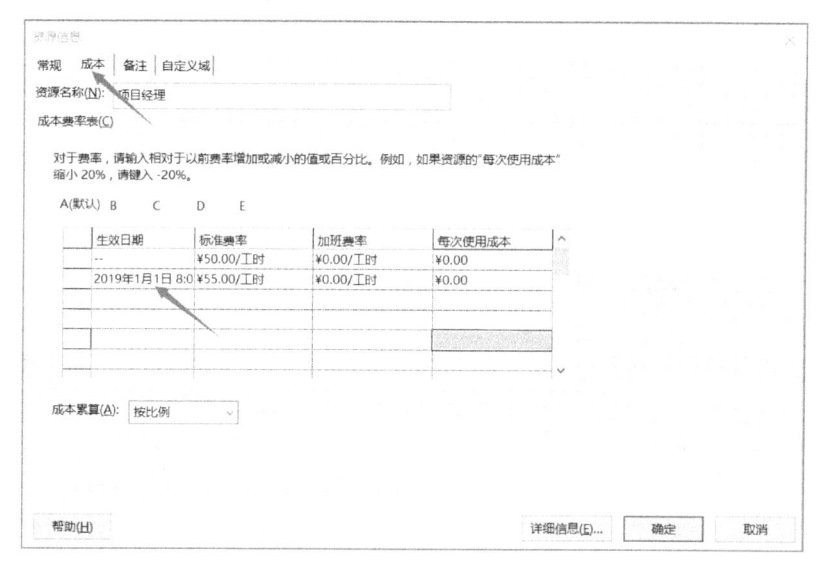

图 5-4

按照上述方法，再设置一下设计师和采购员的标准费率，最终如图 5-5 所示。可以看到，在该视图中，好像只看到了工时类资源的标准费率，这是因为，在【资源工作表】视图中默认显示的费率是当前日期所适用的费率，如果到 2019 年再打开这个文件将默认显示 2019 年对应的费率。设置了不同时间段的费率后，假如某个任务是跨年的，比如从 2018 年 12 月 1 日到 2019 年 1 月 31 日，它调用了项目经理这个资源后，在计算该资源产生的成本时，Project 会自动根据不同时间段的费率来计算，大家也可以自己创建一个这样的任务验证一下。

图 5-5

【加班费率】指的是加班工时对应的费率，一般情况下很少用到。即使有加班工时，但是并不按照加班费率来算的话，这一列无须设置。这里需要提醒大家，一般情况下，公司在进行工时核算时，很少会发布一个统一的加班费率。但是如果大家真想用【加班费率】的话，完全可以使用，在该列输入数值就行，与【标准费率】的设置方法相同，也是可以设置不同时间段的加班费率的。

【每次使用成本】的含义是，只要任务调用了整个资源，不论使用的数量是多少，都要先计提一个项目成本。这和平时打出租车一样，一上车就要先支付一个"起步价"，不同之处在于出租车的起步价可能已经包含了3公里路程，而Project中的【每次使用成本】则不包含这"3公里路程"，相当于，只要"上车"就要先支付【每次使用成本】，而后面的操作会按照【标准费率】来计费。举个例子，如果项目经理的【每次使用成本】是500元，某个任务（完成时间在2018年内）使用了4个小时的项目经理，那么该任务会产生多少成本呢？该任务的成本=500+50×4=700（元），其中，500元是每次使用成本，50×4指的是使用了4个小时的成本，两者相加才是总成本。能用上【每次使用成本】的场景可能不是很多，如果要使用的话，笔者已在本节讲解了它的原理。另外，【每次使用成本】仅适用于工时类资源和材料类资源。刚才仅是举例，我们暂且不设置任何资源的每次使用成本。

【成本累算】，这是一个很容易被误解的概念，准确地讲，它是指当任务调用某个资源后成本在什么时间计提的意思。默认的是"按比例"，这是什么意思呢？假如某个任务的工期是2天，使用了项目经理这个资源，第一天使用了5个小时，第二天使用了8个小时，那么它第一天计提的成本数是5×50=250（元），第二天计提的成本数是8×50=400（元），该任务的总成本是650元。如果【成本累算】方式选择的是"开始"，那么该任务的总成本650元将全部在第一天计提。如果【成本累算】方式选择的是"结束"，那么该任务的总成本650元将全部在任务最后一天计提。【成本累算】的方式不会影响任务或者项目的总成本数，这一列是可选的，也可以不用管它。那它在什么时候会有用呢？当使用Project生成成本报表时，【成本累算】方式将决定报表中每一天的成本分布，关于这部分内容在第9.7.2节和第9.7.3节中还会讲到。

【基准日历】仅适用于工时类资源，默认情况下它和项目日历一样。如果修改资源的基准日历，可能会影响进度的计算，如果按照第2.2.2节的建议将任务类型统一修改成了【固定工期】，那么资源日历就不会影响进度的计算了，此时只有项目日历和任务日历会影响进度计算。

【代码】是可选的，读者可以根据自己的需要决定是否要对每个资源再编一个资源代码。一般情况下不使用该选项，如果读者想用也是完全可以的。

其实设置资源的基本信息，绝不仅仅只有上述这12个默认显示的列，双击任务，在弹出的【资源信息】窗口中也可以设置很多资源的补充信息，比如在第5.2节中设置不同时间段的费率时，就会用到【资源信息】窗口中的更多设置。

5.1.5 材料类资源需要设置的信息

在表5-2中，有3个资源是当作材料类资源来处理的，再次提醒读者，哪个资源按照哪一种类型来管理，并不是固定的，掌握本书所讲的原理后，读者可以灵活地处理资源的类型。这3个材料类资源分别是贴砖工时费、刮腻子工时费、铺地板工时费，首先在【资源工作表】视图中输入这些名称，如图 5-6 所示。

	资源名称	类型	材料标签	缩写	组	最大单位	标准费率	加班费率	每次使用成本	成本累算	基准日历	代码
1	项目经理	工时		项		100%	¥50.00/工时	¥0.00/工时	¥0.00	按比例	全年365天无休	
2	设计师	工时		设		100%	¥45.00/工时	¥0.00/工时	¥0.00	按比例	全年365天无休	
3	采购员	工时		采		100%	¥42.00/工时	¥0.00/工时	¥0.00	按比例	全年365天无休	
4	贴砖工时费	材料	平方米	贴			¥60.00		¥0.00	按比例		
5	刮腻子工时费	材料	平方米	刮			¥30.00		¥0.00	按比例		
6	铺地板工时费	材料	平方米	铺			¥40.00		¥0.00	按比例		

图 5-6

在【类型】列的下拉菜单中把默认的工时改成材料。

【材料标签】列是可选的，比如可以在该列中输入“平方米”，因为这三个资源都是按照面积来计费的。

【最大单位】、【加班费率】和【基准日历】都不适用于材料类资源。

【标准费率】是设置材料类资源的单价，比如“贴砖工时费”，在第 3 章表 3-2 中可以看到，该资源的单价是每平方米 60 元，那么在【标准费率】中直接输入 60 即可。如果要设置该资源在不同时间段的费率，其方法与设置工时类资源的相同，双击该资源，在弹出的【资源信息】窗口中设置即可。

【每次使用成本】和【成本累算】的原理已经在上一节讲过，这里不赘述了。

5.1.6 成本类资源需要和可以设置的信息

在 Project 中设置成本类资源是 3 个资源类型中最简单的一种。根据表 5-2 的信息，直接在【资源工作表】中输入这些成本类资源的名称，然后把【类型】全部从默认的工时改为成本，如图 5-7 所示。可以在修改了第一个成本类资源“打车费”的类型后，将鼠标移动到【类型】单元格的右下角，等到鼠标光标出现十字架后一直往下拖曳即可批量修改资源类型。

	资源名称	类型	材料标签	缩写	组	最大单位	标准费率	加班费率	每次使用成本	成本累算	基准日历	代码
6	铺地板工时费	材料	平方米	铺			¥40.00		¥0.00	按比例		
7	打车费	成本		打						按比例		
8	风险准备金	成本		风						按比例		
9	电线 水管 开关插座等	成本		电						按比例		
10	地砖 墙砖 过门石	成本		地						按比例		
11	卫生间吊顶	成本		卫						按比例		
12	厨房吊顶	成本		厨						按比例		
13	厨房整体橱柜	成本		厨						按比例		
14	卫浴设备	成本		卫						按比例		
15	客厅吊顶材料	成本		客						按比例		
16	墙面漆	成本		墙						按比例		
17	室内木门	成本		室						按比例		
18	木地板	成本		木						按比例		
19	壁纸	成本		壁						按比例		
20	暖气片	成本		暖						按比例		
21	室内灯具	成本		室						按比例		
22	窗帘	成本		窗						按比例		
23	砌墙费含泥砂砖等材料	成本		砌						按比例		
24	水电改造费	成本		水						按比例		
25	客厅吊顶施工费	成本		客						按比例		
26	贴砖工时费	成本		贴						按比例		
27	刮腻子工时费	成本		刮						按比例		
28	铺地板工时费	成本		铺						按比例		
29	家政服务费	成本		家						按比例		
30	气体检测费	成本		气						按比例		

图 5-7

第 5 章 制订初始资源和成本计划

第 4.22 节讲解了批量设置多个任务信息的方法，同理，在 Project 中也可以批量设置多个资源的基本信息。比如在图 5-7 中有很多资源的类型需要从默认的工时改为成本，可以按住 Ctrl 键同时选中需要修改的资源名称或资源行，然后单击【资源】选项卡下的【信息】按钮，如图 5-8 所示，此时会弹出【多重资源信息】窗口，类似于第 4.22 节中讲到的【多任务信息】窗口。在【多重资源信息】窗口的【常规】选项下面，可以批量把这些资源的类型改为成本。

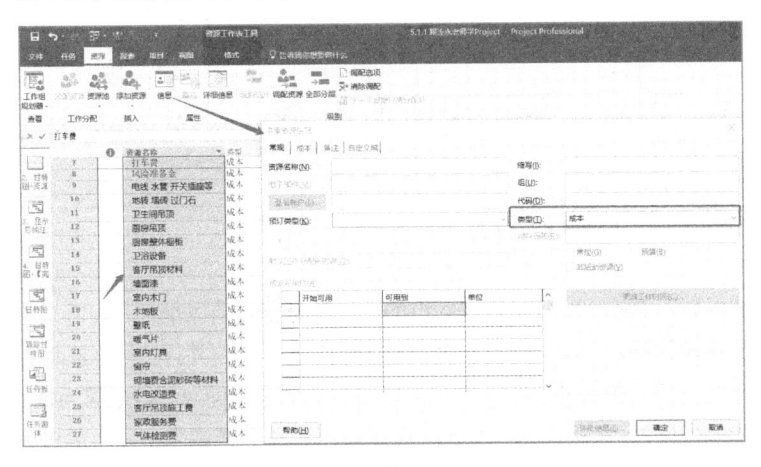

图 5-8

对于成本类资源，除了【类型】是必须设置的，其他如【缩写】、【组】、【成本累算】、【代码】都是可选的，一般也不进行设置。剩余的列比如【材料标签】、【最大单位】、【标准费率】、【加班费率】、【每次使用成本】、【基准日历】对于成本类资源来说都是不适用的。

那为什么不设置成本类资源的单价或者成本数额呢？首先，成本类资源是没有单价的，所以【标准费率】列是无法编辑的。其次，成本类资源的成本金额只有在分配了具体的某个任务时才单独设置。比如打车费，可能很多任务都要通过这个成本类资源来体现打车费，所以必须把这个资源分配给某个具体的任务后再设置该任务的打车费金额，而不能在【资源工作表】中设置它的固定或者统一的金额。

> **注意** 在表 5-1 和表 5-2 中出现了两个新的资源名称：打车费、风险准备金。在创建成本类资源时请输入这两个资源的名称。另外，在计划的任何阶段都可以在【资源工作表】视图中创建新的资源名称，以及对原来的资源进行修改。

5.1.7 不同类型的资源设置小结

前面几节中已经为大家系统地讲解了工时类资源、材料类资源、成本类资源的设置方法和需要设置的每一列的含义，本节将系统地总结一下。

在表 5-3 中，标注√的是必须设置的或会自动弹出默认信息的列，标注×的是不适用的或无法进行设置的列，剩余的则是一些可选项，读者可根据实际的需要而设置。

表 5-3

资源名称	类型	材料标签	缩写	组	最大单位	标准费率	加班费率	每次使用成本	成本累算	基准日历	代码
……	工时	×	可选	可选	√	√	可选	可选	√	√	可选
……	材料	√	可选	可选	×	√	×	可选	√	×	可选
……	成本	×	可选	可选	×	×	×	×	√	×	可选

5.2 设置资源可用性

在现实中资源并不是想用就一定可以到位的，尤其是很多项目都是在矩阵式的组织架构中运行的，团队成员可能并不是全职服务于一个项目，而是多个项目并行。那么在制订计划时就需要考虑资源的可用性问题。在 Project 中，我们可以设置资源在不同时间段的可用性。

假如在本案例项目中，"设计师"这个资源在 2018 年 3 月能够拿出 50%的时间投入本项目，但是从 2018 年 4 月开始可以一直拿出 80%的时间服务于本项目。在第 5.1.4 节中我们给工时类资源设置了统一的最大单位，而本节将讲解如何设置资源在不同时间段的最大单位。

在【资源工作表】视图中双击某个资源，比如"设计师"，就会弹出【资源信息】窗口，如图 5-9 所示。在该窗口的左侧中间位置，可以看到有【资源可用性】的表格。默认情况下，【开始可用】和【可用到】这两列都显示为 NA，然后在【单位】处默认显示为 100%。接下来第 1 行的【可用到】处输入 2018 年 2 月 28 日。然后在第 2 行的【开始可用】输入 2018 年 3 月 1 日，在第 2 行的【可用到】处输入 2018 年 3 月 31 日，在第 2 行的【单位】处输入 50%。在第 3 行的【开始可用】处输入 2018 年 4 月 1 日，在第 3 行的【可用到】处输入 NA，在第 3 行的【单位】处输入 80%。这样就按照刚才的假设，把该资源能投入到本项目的可用性设置好了，然后单击【确定】按钮即可。

> **提醒** 笔者需要特别提醒大家的是，在设置资源可用性时，一定要保证时间段是连续的，比如从 2018 年 3 月份开始，资源可用性是 50%，所以在第 1 行的【可用到】处输入了一个日期——2018 年 2 月 28 日，而且在第 3 行的【可用到】处输入了 NA，仔细看这 3 行的设置，就能看到我们输入的时间段是连续的，这很重要，否则就会出现错误的提示。

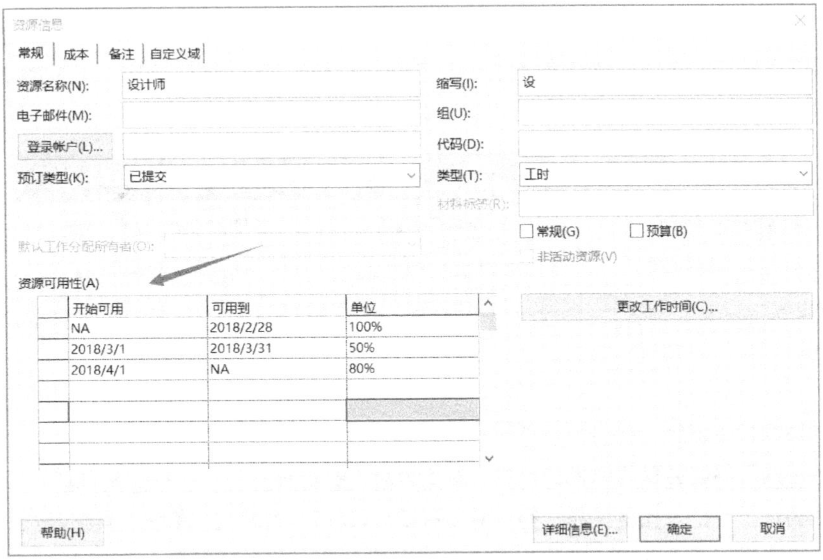

第 5 章 制订初始资源和成本计划

图 5-9

那么，设置完资源在不同时间段的可用性后，会影响到什么呢？当给任务分配了资源，或者说给资源安排了任务，在查看资源负荷时就会有影响了。

5.3 分配资源

前面几节仅仅创建了资源的基本信息，还没有把资源与任务或者进度联系起来。本节将讲解如何给任务分配三种不同类型的资源，并且为大家讲解使用工时类资源时设置任务类型的建议及原因。

5.3.1 任务类型的原理解释及使用建议

在现实的工作中，通常情况下，如果给任务投入的人力资源越多，其工期就会越短，当然并不是所有任务都这样，至少许多任务都是这样。但即便如此，投入的人力资源多了，工期也会缩短，但缩短的程度和投入的资源数量未必是一种严格的比例关系。比如说，一个人完成任务 A 需要 10 天，如果安排两个人同时做，任务 A 的工期可能会缩短，但不见得会因为投入的资源变成了两倍，其工期就必然缩短为原来的一半（5 天），工期可能会变成 6 天、7 天，甚至变成 4 天也是有可能的。

如果大家能理解上面的例子和原理，那么接下来的内容就不难理解了。

在 Project 中有一个功能叫作"任务类型",它的目的是用来约束(工时类)资源的数量与任务工期之间的关系,总共有三种任务类型:固定单位、固定工时、固定工期。图 5-10 总结了三种任务类型的区别,下面还是以本节开头的例子进行解释。

任务类型	把(工时类)资源单位修改成原来的2倍	把任务工期修改成原来的2倍
固定单位 fixed units	任务工期变成原来的1/2	(原工期时间段内的)资源单位不变
固定工时 fixed work	任务工期变成原来的1/2	资源单位变成原来的1/2
固定工期 fixed duration	任务工期不变	(原工期时间段内的)资源单位不变

图 5-10

在【固定单位】的任务类型下,如果把任务 A 所分配的工时类资源由原来的 1 个人变成了 2 个人,那么它的工期就会变成原来的一半,即 5 天。也就是说,当工时类资源的数量发生变化时,任务的工期将以严格的反比例关系进行变化。在 Project 中,资源的"单位"其实是资源数量的意思。当任务的工期发生变化时,如果任务类型是固定单位,那么任务在原工期时间段内调用的资源的数量不会随着工期的变化而变化,因为它是固定的。

在【固定工时】的任务类型下,如果给任务 A 分配了 1 个人的资源后,假如再将它的资源数量从 1 个人变成 2 个人,那么任务 A 的工期也会变成原来的一半,即 5 天。也就是说,当工时类资源的数量发生变化时,任务的工期将以严格的反比例关系进行变化。当任务的工期发生变化时,由于完成任务需要的总工时是固定的,工期比原来延长了,那么该任务所调用资源的数量将按照比例进行相应的减少。

在【固定工期】的任务类型下,如果开始时为任务 A 分配了工时类资源,然后再将它的资源数量从 1 个人变成 2 个人,那么任务 A 的工期依然不变,实际上,在【固定工期】下,无论怎样修改工时类资源的数量,其工期也不会发生变化。反过来,在修改任务的工期时,任务在原工期时间段内所调用的资源数量也不会因此而变化。

这三种类型都各有自己的假设和应用情景,然而 Project 软件默认的任务类型是固定单位,这就造成了一种现象,一旦修改了任务所分配的工时类资源的数量,它的工期将以严格的反比例关系发生变化。而这种情况在现实的项目管理和工作安排中几乎是不存在的,人多了以后工期有可能会缩短,但是很难按照严格的反比例关系去缩短。这就给了我们一个启示,Project 默认的任务类型可能有很大的局限,而且在实际使用中会造成很多的麻烦,因为一旦工时类资源的数量有风吹草动,工期必然马上变化,而且会出现很多小数点。

因此,正如在第 2.2.2 节讲解的,笔者建议大家把任务类型改为固定工期,在这种情况下,即使任务所分配的工时类资源发生了变化,也可以手动调整任务的工期,而不是让 Project 软件自动根据反比例关系去换算,从而可以避免很多麻烦。

第 5 章 制订初始资源和成本计划

前文讲解了手动计划的弊端,而且建议大家直接使用【固定工期】的任务类型,但是当任务模式为手动计划时,任务类型是无法更改的,在修改工时类资源数量时,其工期也不会发生变化,相当于其任务类型就是固定工期。

5.3.2 统一更改当前文件中任务类型的两种方法

正如上一节讲解的,笔者建议大家在刚开始使用 Project 时就把默认的任务类型从固定单位改为固定工期。很多读者看到这里才如梦初醒,于是马上在选项中把当前文件的任务类型改成固定工期,如图 5-11 所示。然而,当后续分配了资源并修改工时类资源的数量时,却发现工期依然自动变化,而且可能出现小数点,这是什么原因呢?

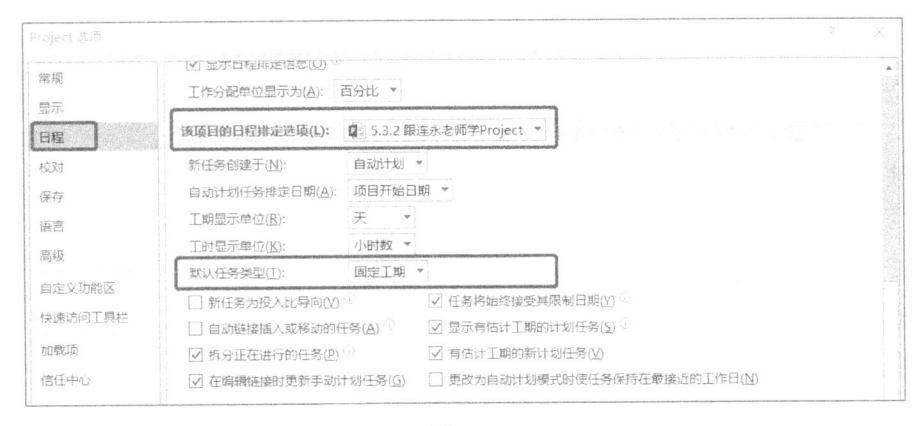

图 5-11

这是因为,如果已经在 Project 软件中创建了 10 个任务,那么按照图 5-11 所示,在选项中修改任务的类型后,它只会对新创建的任务有效,对之前已经创建的那 10 个任务无效。所以最好在刚打开 Project 软件时就在选项中修改默认的任务类型。当我们在工作表区域插入【类型】列后,如图 5-12 所示,就会发现之前创建的那些任务的类型仍然是【固定单位】(摘要任务永远是固定工期),这是因为这里是在创建了所有任务后才在选项中修改了任务类型。

图 5-12

那么要如何批量修改当前计划中的任务类型呢？利用第 4.22 节介绍的两种方法即可：

★ **插入【类型】列修改任务类型。** 如图 5-12 所示，在工作表区域中插入【类型】列，然后在该列中手动把固定单位改成固定工期。

★ **在【多任务信息】窗口中批量修改任务类型。** 选中所有任务，然后在【多任务信息】窗口中把任务类型统一从固定单位改成固定工期。

5.3.3 分配资源的常用视图

在很多视图中都可以对分配资源进行操作，本节就为大家介绍四种常用的视图，但是最方便的视图是【任务分配状况】，因为这个视图本身就是为分配资源而开发设计的。

1．在甘特图视图的【资源名称】列中分配资源

首先看看最常规的方式，在甘特图视图中，可以看到有一列叫作【资源名称】，在这一列的单元格中，可以直接从下拉菜单中选择某个资源或者多个资源，如图 5-13 所示。采用这种方式分配工时类资源时，在一般情况下，任务调用的资源数量（或者是该资源在任务对应的时间段上设置的资源可用性，这在第 5.2 节讲解过）默认是 100%。

图 5-13

2．在【任务信息】窗口的【资源】选项中分配资源

不论在哪个视图中，只要双击该任务，在弹出的【任务信息】窗口中，单击【资源】选项，如图 5-14 所示，在表格的【资源名称】列中就可以从下拉菜单中选择已经在资源工作表中创建好的资源，然后在【单位】列中设置资源的数量。对于工时类资源和材料类资源，只需要设置它们的【单位】，不用设置【成本】，单击【确定】按钮后，Project 会根据工时类资源的标准费率和用户设置的【单位】自动计算相应的成本金额。

3．单击任务名称后，通过【资源】选项卡下的【分配资源】按钮分配资源

也可以在任何一个视图中单击某个任务，然后单击【资源】选项卡下的【分配资源】按钮，

第 5 章　制订初始资源和成本计划

在弹出的【分配资源】窗口中，单击列表中的某个资源名称或者按住 Ctrl 键同时选中几个资源名称，然后单击右侧的【分配】按钮，如图 5-15 所示。这个【分配资源】的窗口在【任务分配状况】视图中还会用到。

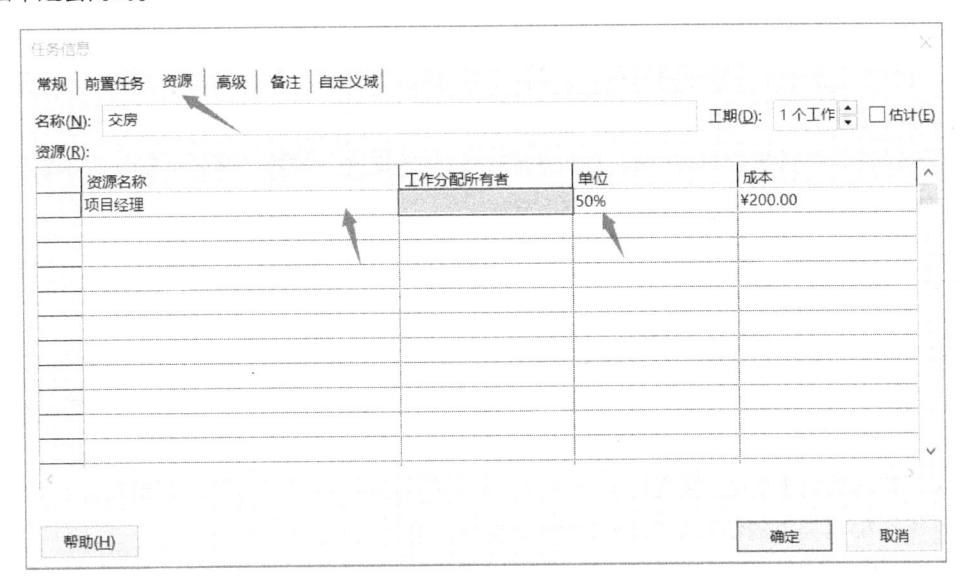

图 5-14

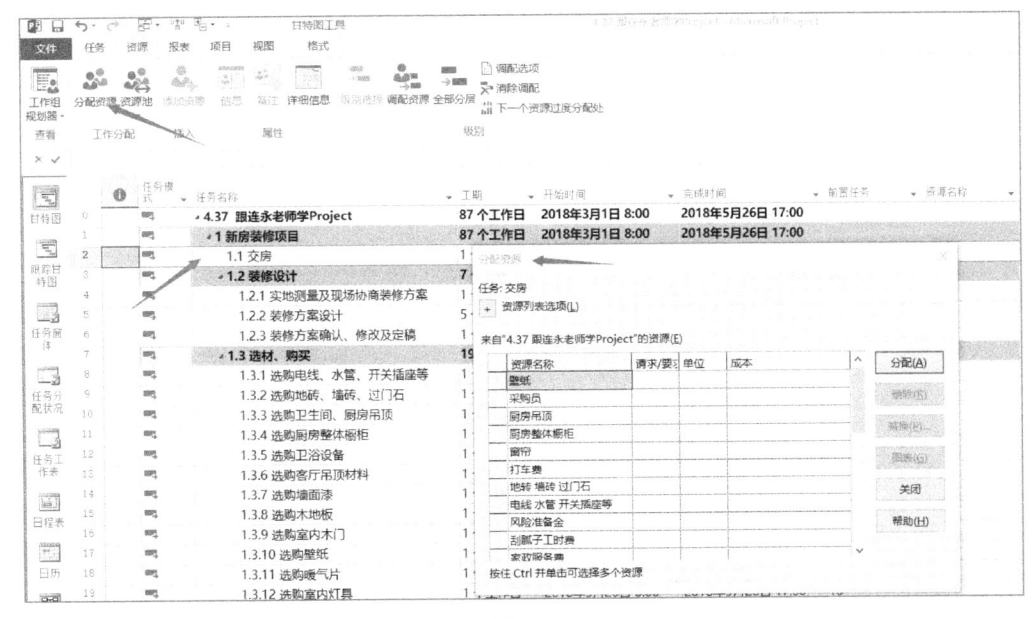

图 5-15

4. 在【任务分配状况】视图中分配资源

在 Project 中给任务分配资源最高效、最专业的视图是【任务分配状态】视图，这个视图就是为分配资源而开发的，分配和设置资源的数量及成本都非常便捷，笔者建议大家在分配资源时使用该视图。

在【任务】选项卡下最左侧单击【甘特图】图标的下拉菜单，然后单击【任务分配状况】视图，或者在【视图栏】中单击【任务分配状况】视图。在该视图中，分成左、右两个区域，中间有一条分隔线，左侧是工作表区域，右侧是带时间刻度的表格。在接下来的小节中，将按照该视图来讲解分配三种不同类型的资源的操作方法。

5.3.4 成本类资源的分配

现在根据表 5-1 以及表 5-2，开始为任务分配相应的资源。

首先对于整个项目来讲，我们设置了一个 10000 元的风险准备金，如果这个风险准备金是为整个项目预留的，那么可以把它分配给任务 1 "新房装修项目"，因为任务 1 是整个项目里唯一的最高级任务，类似于【项目摘要任务】。此时我们无法将风险准备金这个资源分配给项目摘要任务，也就是任务 ID 号是 0 的任务，第 5.6 节将讲解其中的原因。

首先切换到【任务分配状况】视图，单击任务 1 "新房装修项目"，然后单击【资源】选项卡下的【分配资源】按钮，如图 5-16 所示，在弹出的【分配资源】窗口中找到并单击资源名称 "风险准备金"，然后单击右侧的【分配】按钮，然后在该窗口中的【成本】列中直接输入其数值 10000 即可。

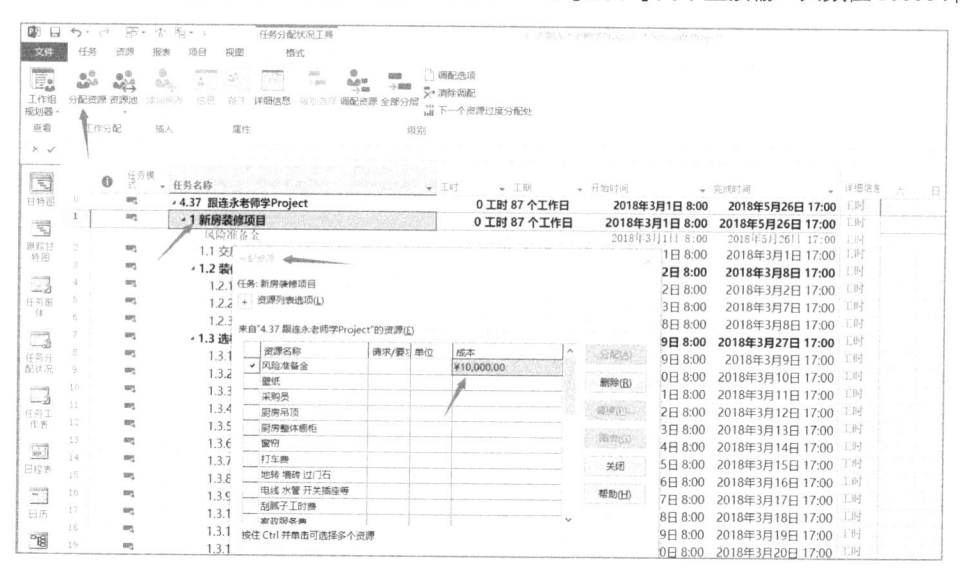

图 5-16

第 5 章　制订初始资源和成本计划

接着在任务分配状况视图的工作表区域插入【成本】列和【工时】列，如图 5-17 所示，此时可以发现任务分配状况视图已经发生了变化。在最左侧的任务 ID 列中，所有带数字的行都是任务名称和它的 ID 号，所有不带数字的行都是该任务下面所分配的资源。同时在【成本】列中发现任务 1 所分配的资源"风险准备金"产生了 10000 元的成本，同时资源的成本全部汇总到了对应的任务成本上，而且一直自下而上地汇总到了项目摘要任务（任务 ID 为 0 的任务）。在"风险准备金"对应的【成本】单元格中可以把当前的成本从 10000 改成任何其他数值（不能是负数），但是千万不要去修改任务 1 "新房装修项目"对应的【成本】单元格中的数值，因为任务的成本是由它所分配的资源产生的，应该通过修改任务的资源数量和资源成本来调整任务的成本。

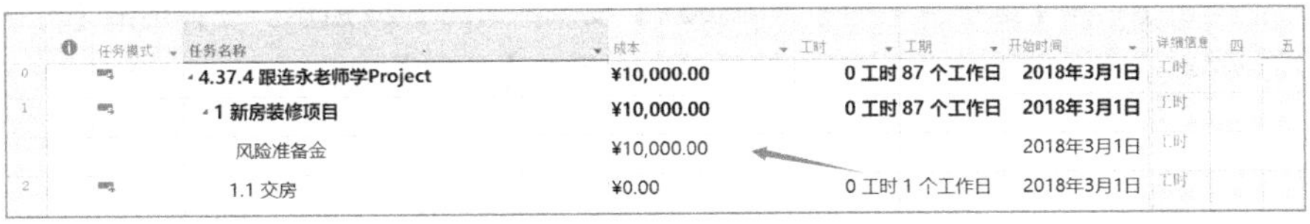

图 5-17

在任务分配状况视图右侧的表格区域中右击，在弹出的快捷菜单中选择【成本】，如图 5-18 所示，单击【确定】按钮后，再查看任务分配状况视图右侧的表格，左侧工作表的一行在右侧的表格中对应的是两行，上面是工时，下面是成本，而且有些日期下的成本行中显示了一些数值，如图 5-19 所示。

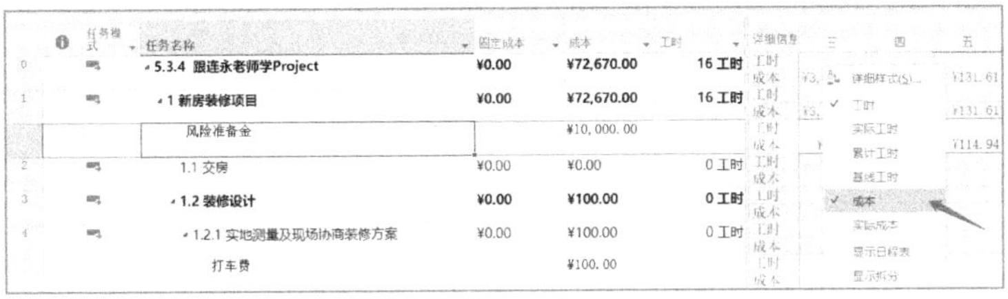

图 5-18

在图 5-19 中，右侧表格的成本行中为什么会出现一些成本数值（比如 114.94）呢？这是因为我们给任务 1 "新房装修项目"分配了一个成本类资源"风险准备金"，成本是 10000 元，而该资源在【资源工作表】中的【成本累算】是【按比例】，所以这 10000 元的成本将默认均摊到任务 1 的 87 天工期中，每天对应的成本就是 10000/87≈114.94（元）。如果在【资源工作表】中把资源"风险准备金"的【成本累算】改成"结束"，那么全部 10000 元风险准备金将在项目的最后一天 2018 年 5 月 27 日一次性计提成本，在此之前每天计提的"风险准备金"就是 0。

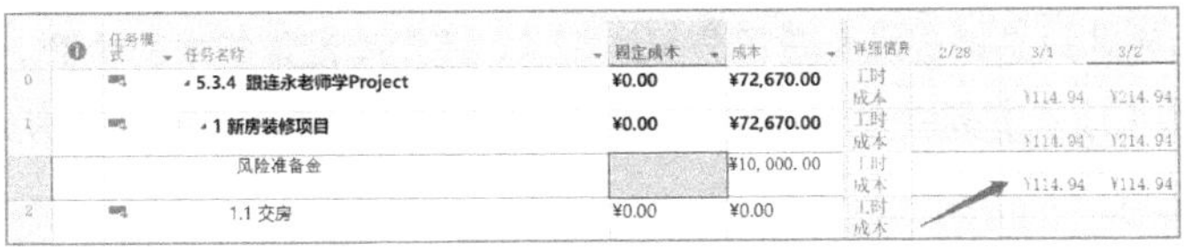

图 5-19

>> 10 天精通 Project 项目管理：从菜鸟到实战高手

其实成本类资源在每天计提的成本也是可以按照实际的计划在不同的时间段手动输入的，后面将用其他成本类资源来举例。

在表 5-1 中，有 25 个任务使用了资源"打车费"，实际上在前文中已经讲解过了，我们设置的打车费是为了模拟现实中项目管理的一些成本类资源，比如运费、委外加工费等。这 25 个任务的序号分别是 4、8、9、10、11、12、13、14、15、16、17、18、19、20、23、25、28、31、32、33、34、40、48、49、51。

现在按住 Ctrl 键同时选中多个任务，比如同时选中上述的这 25 个任务（或者分批次设置），或者先单击任务 4 这一整行，然后按住 Ctrl 键再单击任务 8 这一行，继续一直把这 25 个任务的行全部选中，单击【资源】选项卡下的【分配资源】按钮，如图 5-20 所示。在弹出的【分配资源】窗口中找到并单击资源名称"打车费"，然后单击右侧的【分配】按钮。

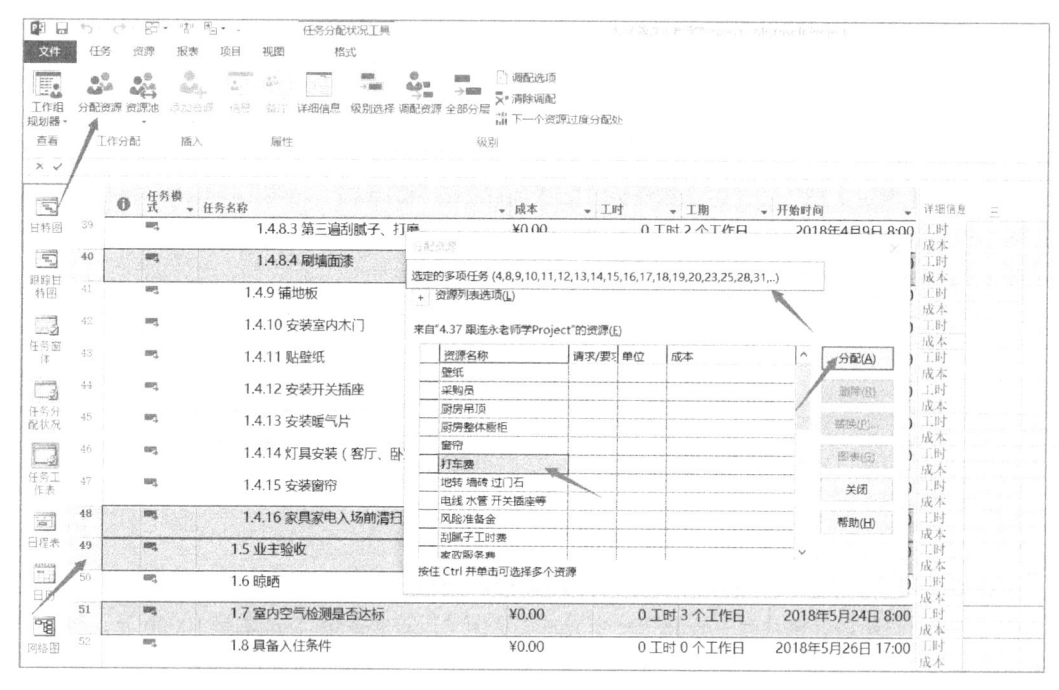

图 5-20

这时可以发现在任务分配状况的工作表区域中，打车费这个资源已经分配给刚才选择的任务了，在【成本】列中显示打车费都是 0 元，同样，在右侧的表格区域对应日期中的打车费成本金额也是 0 元，因为刚才只是把成本类资源分配给任务，还没有设置成本的金额。对照表 5-1，在图 5-21 的工作表区域【成本】列中输入刚才所选任务的打车费金额，如图 5-22 所示。

第 5 章 制订初始资源和成本计划

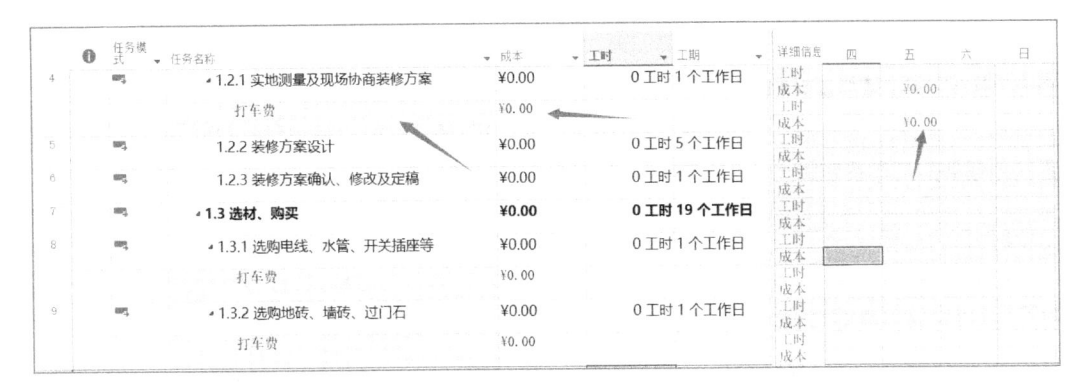

图 5-21

图 5-22

如图 5-22 所示,在【成本】列中分别输入各个任务的打车费金额,然后会发现,任务的成本会随着它所调用的资源的成本金额而变化,下一级任务的成本会自动汇总到上一级任务的成本中,就这样一直汇总到项目的摘要任务上。

由于前面那些使用打车费资源的任务,它们的工期都是 1 天,因此没有给大家演示如何手动设置成本类资源在每一天的成本金额。现在来看任务 20,它的工期是 2 天,打车费总额已经输入了 50,这 50 元打车费会根据资源工作表中默认的【成本累算】方式(按比例)均摊到每一天当中,所以每一天的打车费是 25 元,如图 5-23 所示。

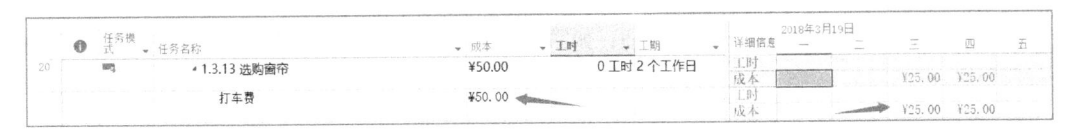

图 5-23

如果任务 20 的打车费都发生在第一天，第二天没有打车费，该怎么设置呢？直接在右侧的表格中，按 F5 键（或者 Fn+F5 组合键）后输入任务标识号 20，单击确定就自动定位到任务 20 对应的日期了。在第一天中输入 50，在第二天中输入 0，如图 5-24 所示，这样就可以了。如果还想设置其他任务的打车费在每一天的分布，可以按照同样的方法进行操作。

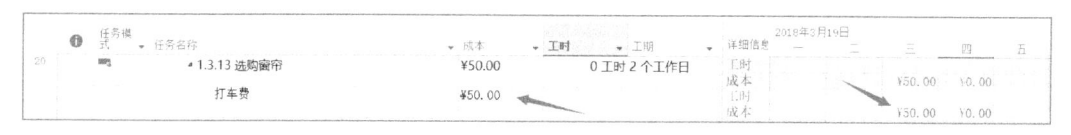

图 5-24

表 5-2 中除了风险准备金、打车费，还有很多成本类资源，现在按照同样的方法把这些成本类资源根据表 5-1 分配到相应的任务上。

操作到这里就会发现在创建成本类资源时，基本上只需要在资源工作表中输入资源的名称并修改它的类型，不需要输入金额，只有将这个成本类资源分配到某个具体任务上时才去设置相应的成本金额。另外，成本类资源分配到任务上后，其成本总额既可以按照默认的成本累算方式（按比例）均摊到任务工期的每一天中，也可以根据自己的需要在任务工期内手动调整其每天发生的成本金额。

建议与提醒 本节讲解的是如何给任务分配资源，假如要把某个任务调用的资源从该任务上删除，方法也是类似的。在如图 5-16 所示的【分配资源】窗口中，选中某个资源，再单击右侧的【删除】按钮，这样该资源就从这个任务上删除了。当然，也可以双击该任务，在弹出的【任务信息】窗口的【资源】选项中删除某个资源。

5.3.5 工时类资源的分配

在给任务分配工时类资源之前，请大家一定根据第 5.3.1 节和第 5.3.2 节中的建议把任务类型改成固定工期，否则在调整资源数量时就会出现工期随之变化的情况，甚至会出现小数点。

在表 5-2 中有三个工时类资源：项目经理、设计师、采购员。

在表 5-1 中总共有 12 个任务使用了项目经理这个资源，这几个任务的序号分别是 4、6、23、28、31、32、33、34、40、48、49、51。在任务分配状况视图的工作表区域中，按住 Ctrl 键依次选中这些任务行，然后单击【资源】选项卡下的【分配资源】按钮，从中找到并单击"项目经理"这个资源，然后单击右侧的【分配】按钮，如图 5-25 所示。还可以分批次选中这些任务，再批量分配资源。

第 5 章 制订初始资源和成本计划

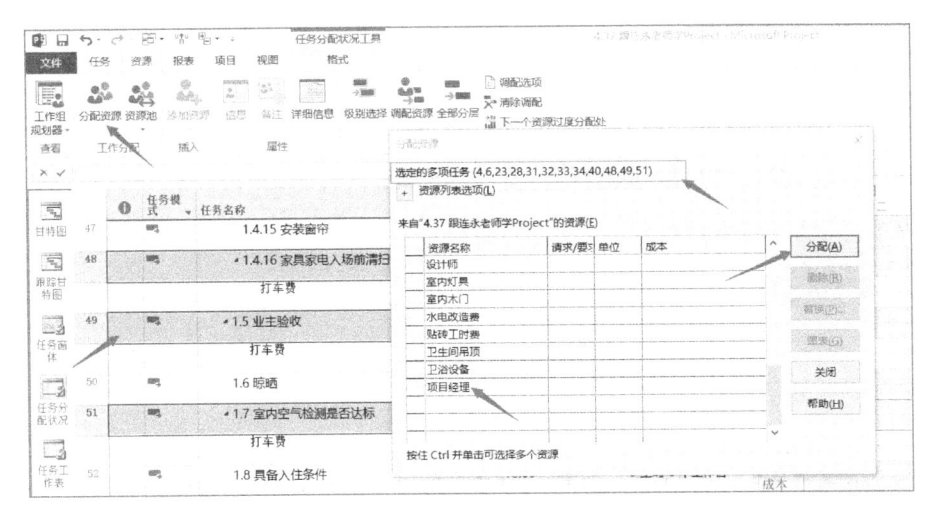

图 5-25

此时在任务分配状况的工作表区域，会发现这些任务下方都已经添加了"项目经理"这个资源，如图 5-26 所示。而且仔细看工作表区域的【成本】列及右侧表格中的工时数量，会发现当把工时类资源分配给任务后，它默认是每天 8 小时的，接下来需要按照表 5-1 调整项目经理在每个任务上的工时数量。

图 5-26

比如任务 4，它被分配了项目经理这个资源，在任务分配状况视图右侧表格对应的【成本】列单元格中，把默认的 8 小时手动改成 6 小时，如图 5-27 所示。然后按照同样的方法把所有其他任务的项目经理工时都根据表 5-1 修改过来。

图 5-27

我们刚才输入的是项目经理的总工时，那能不能修改它在每天的工时分布呢？当然是可以的。其方法与修改成本类资源的工时分布差不多。比如任务 23 "墙体改造"，它的工期是 5 天，项目

215

经理的工时是 15 小时，Project 会默认按照项目经理在资源工作表中的默认【成本累算】方式（按比例）把所有的工时均摊到工期的每一天中。假如在该任务的 5 天工期中，项目经理第一天计划工作 2 个小时，第二天计划工作 0 个小时，第三天计划工作 4 个小时，第四天计划工作 5 个小时，第五天计划工作 4 个小时，就可以在任务分配状况视图右侧的表格中输入每天的工时分布，如图 5-28 所示。

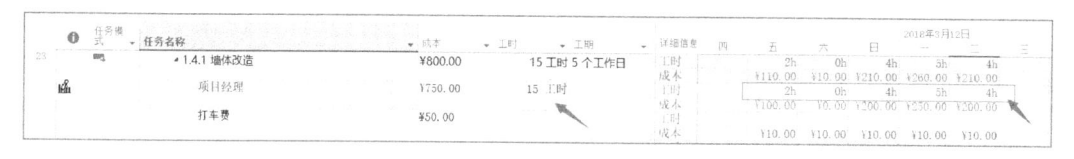

图 5-28

> **注意** 如果想对项目工时进行精细化管理，可以考虑在 Project 中设置每天或者每星期的工时分布，如果不需要管理得这么细致，可以直接在左侧工作表区域的【工时】列中输入总工时。另外，任务分配状况右侧表格上方的时间刻度也是可以更改的，比如把时间刻度的底层显示为日期，1/18、1/19 等，这样调整每天工时分布的操作会更方便。

根据表 5-1，总共有 4 个任务使用了另外一个工时类资源"设计师"，这 4 个任务的序号分别是 5、6、25、49。这里按照上述同样的方法将资源"设计师"分配给这些任务，并且按照表 5-1 修改设计师在各个任务上花费的工时数量。

根据表 5-1，从任务 8 到任务 21，总共有 14 个任务使用了另外一个工时类资源"采购员"。这里也按照上述方法将资源"采购员"分配给这些任务，并且根据表 5-1 修改采购员在各个任务上所花费的工时数量。

5.3.6 材料类资源的分配

在表 5-2 中有 3 个资源被设置成了材料类资源，分别是贴地砖工时费、刮腻子工时费、铺地板工时费。根据表 5-1，任务 31 "贴地砖墙砖（阳台、卫生间及厨房）、过门石"使用了材料类资源"贴砖工时费"。单击任务 31 后，在【资源】选项卡下单击【分配资源】按钮，在【分配资源】窗口中找到并单击资源名称"贴砖工时费"，然后单击右侧的【分配】按钮，如图 5-29 所示。

对于材料类资源，每个任务消耗的数量是通过【工时】列来体现的。刚才把"贴砖工时费"分配给任务 31 后，在【工时】列默认显示的数量是 1，根据表 5-1 的信息，贴墙的面积是 60 平方米，也就是说这个资源的数量是 60，因此在【工时】列的单元格中为"贴砖工时费"输入数量 60，如图 5-30 所示。在该视图右侧的表格中可以同时看到，这 60 平方米的数量在 3 天的工期内是均匀分布的，这与在【资源工作表】视图中创建资源时设置的【成本累算】方式（按比例）有关。

第 5 章 制订初始资源和成本计划

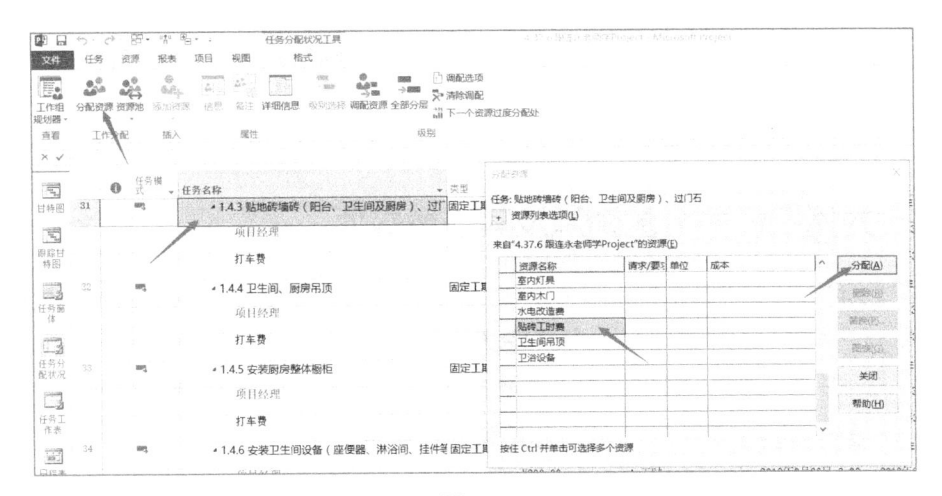

图 5-29

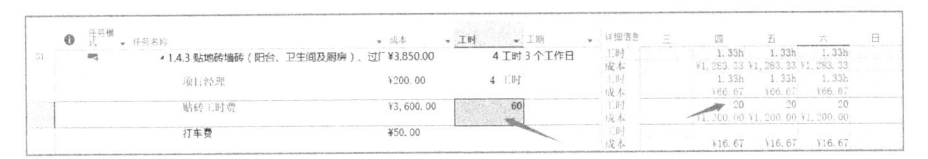

图 5-30

假如第一天贴墙砖的面积是 10 平方米，第二天是 30 平方米，第三天是 20 平方米，那么可以在任务分配状况视图的表格中按照每天的数量来输入，如图 5-31 所示。

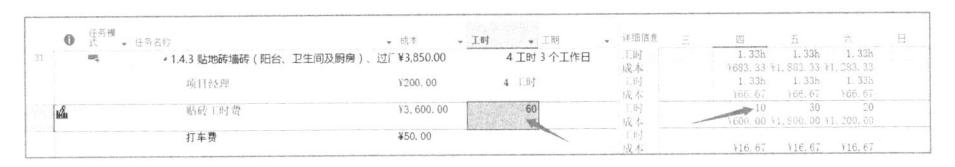

图 5-31

根据表 5-1，按照同样的方式给任务 36 "墙面处理及刷漆" 分配资源 "刮腻子工时费"，数量是 200 平方米，如图 5-32 所示。

图 5-32

根据表 5-1，我们按照同样的方式给任务 41 "铺地板" 分配资源 "铺地板工时费"，数量是 70 平方米。

> 注意 尽管在 Project 中，材料类资源的数量是在【工时】列中体现的，但是材料类资源在【工时】列的数量并不会汇总到任务或者项目的总工时数量里。所以，使用了材料类资源后，任务的【工时】列数量仍然只汇总工时类资源的数量。

5.3.7 为摘要任务分配资源及其注意事项

在第 5.3.4 节中，笔者为任务 1 "新房装修项目" 分配了成本类资源 "风险准备金"，在第 5.3.6 节为任务 36 "墙面处理及刷漆" 分配了材料类资源 "刮腻子工时费"，这两个任务都是摘要任务，可见，在 Project 中是可以为摘要任务分配资源的。但是，笔者这里给大家两个建议。

1．不要给摘要任务和它的子任务重复分配资源

比如任务 36，它是一个摘要任务，假如我们把资源 "刮腻子工时费" 分配给了这个任务，那就不能再将该资源分配给任务 36 的子任务了（任务 37、任务 38、任务 39、任务 40），否则成本会重复计算，因为子任务的成本会自动汇总到摘要任务上，如果摘要任务本身已经分配了这个资源，就等于计算了两次成本。

2．尽量不要给摘要任务分配工时类资源

工时类资源通常是因特定的具体任务而发生的，所以建议把它们分配给具体的子任务，而不建议分配给摘要任务。实际在 Project 中操作是允许给摘要任务分配工时类资源的，但是为了便于管理和易于理解，建议把工时类资源分配给具体的任务，这样资源具体做了哪些具体任务、花费了多少工时，就更加一目了然。

5.4 查看资源的任务计划

第 5.3 节讲解了如何给任务分配所需的资源，那么资源一旦分配给任务，作为项目经理的小王，可能会比较关注如何查看每个资源，尤其是项目团队成员设计师、采购员，包括小王自己的工作计划。笔者将在本节为大家讲解如何在 Project 中查看团队成员的工作分配或者任务安排情况。

5.4.1 在【工作组规划器】视图中查看并调整资源的任务计划

从 Project 2010 开始，Project 软件新增了两个视图，一个是【日程表】，已经在第 4.24 节讲过了，另一个就是【工作组规划器】。建立工作组规划器的目的是为了查看项目计划中所有工时类资源（通常是团队成员）的工作计划。

在【任务】选项卡下单击最左侧的【甘特图】按钮下的下拉菜单，从中单击【工作组规划器】选项，如图 5-33 所示，然后就会进入该视图中，如图 5-34 所示。

第 5 章 制订初始资源和成本计划

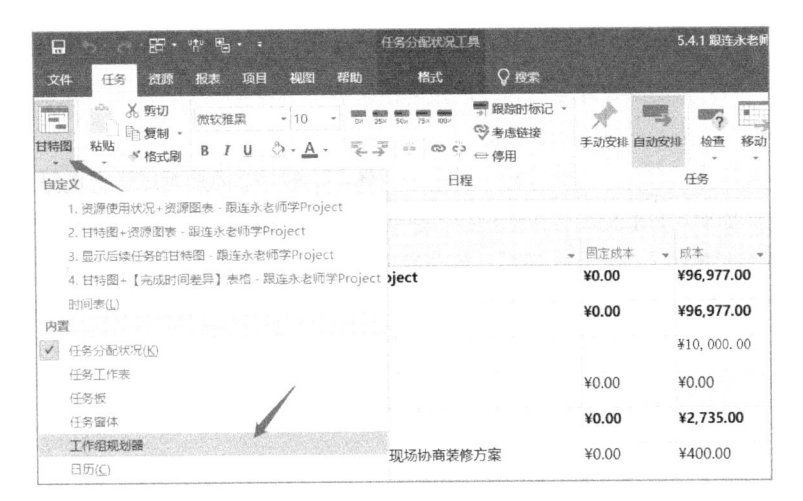

图 5-33

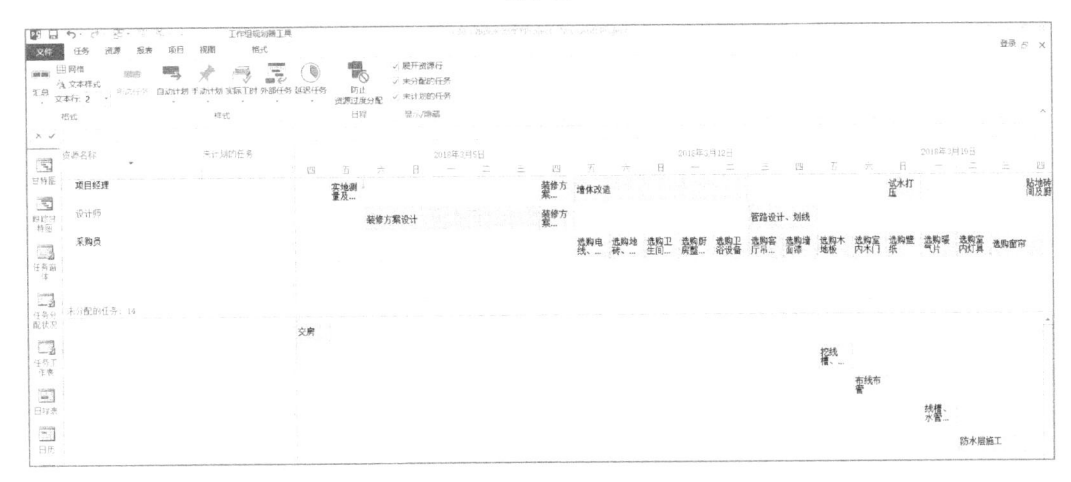

图 5-34

在【工作组规划器】视图中，只显示工时类资源的任务安排，这里的"工作组"就是团队成员的意思，当然 Project 是把资源工作表中的所有工时类资源都视为工作组的，所以如果在资源工作表中把某个设备也设置成了工时类资源，那么它也会出现在工作组规划器视图中。

该视图的左侧显示的是资源名称，右侧对应的是带时间刻度和条形图的任务计划。如果仔细看左侧的资源名称，设计师显示为红色，而在右侧带时间刻度的任务计划中也有些任务有红色的边框，这些都代表有资源过度分配（也叫资源冲突）的情况。另外，在左侧的资源名称后面还显示有"未计划的任务"，这主要指那些手动计划中没有开始时间或完成时间，但也分配了该资源的任务。如果不想显示【未计划的任务】，可以在【格式】菜单下去掉最右侧【未计划的任务】前面的勾选。

在该视图的右侧，上方是时间刻度，下方是带任务名称的条形图。这样，我们就可以查看每

10 天精通 Project 项目管理：从菜鸟到实战高手

个资源在每天、每周或者某个时间段的任务计划了，对于团队成员和项目经理来讲，这个视图都是非常实用的。另外，如果要查看特定时间段内团队成员的任务计划，也可以根据自己的需要调整时间刻度，具体方法可参见第 4.17 节。

在默认情况下，【工作组规划器】视图显示的字体都比较小，但是可以进行调整。在该视图中，单击【格式】选项卡下的【文本样式】按钮，就会弹出【文本样式】窗口。可以把所有文字的字号都设置成 20 号，单击【确定】按钮后，就会发现工作组规划器中所有的文字都变大了，查看计划时会更直观，如图 5-35 所示。

图 5-35

注意，在【文本样式】窗口的【更改的项】中默认显示的是【全部】，如果想对某些类型的文字设置文本样式，则可以在【要更改的项】中选择特定类型，比如只修改"资源名称"等。

有可能一个任务同时调用了"项目经理"和"设计师"这两个资源，比如任务 6 "装修方案设计"，那么在工作组规划器中，这个任务将分别显示在每个资源中。

另外，每个任务的条形图背景颜色也是可以修改的，直接单击某个任务的条形图，然后在【格式】选项卡下单击【所选任务】选项，就可以设置该任务条形图的背景颜色和边框颜色了，如图 5-36 所示。

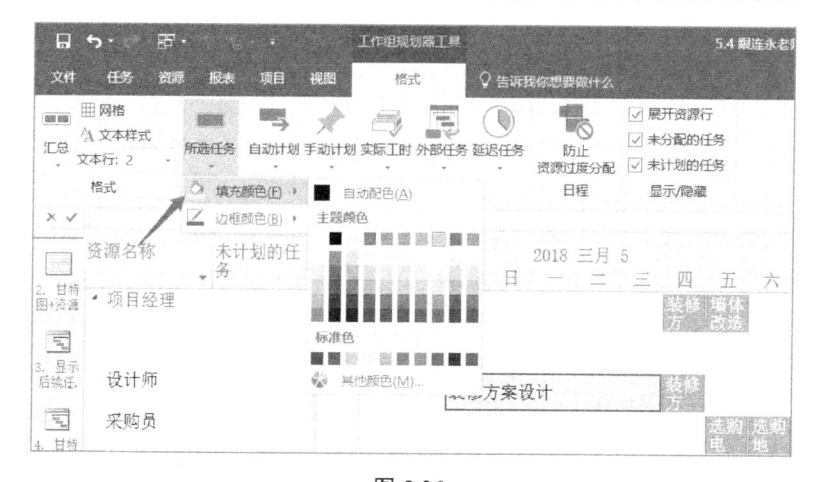

图 5-36

第 5 章 制订初始资源和成本计划

另外，除了可以在【工作组规划器】视图中查看资源的任务计划，也可以直接在该视图中给资源重新安排任务，这样做的好处是，可以直观地看到该资源在哪个时间段是空闲的。如图 5-34 所示，在【工作组规划器】视图中也分成了上、下两个窗口，下方的窗口名字是【未分配的任务】，也就是说，这些任务都没有分配工时类资源，目前属于团队成员还未"认领"的任务。比如在【未分配的任务】窗口中，第一个任务是"交房"，假如这个任务需要项目经理参加，那么可以直接单击任务"交房"，此时鼠标光标会变成十字架，将其拖动到上方窗口中"项目经理"对应的时间刻度下即可，如图 5-37 所示。

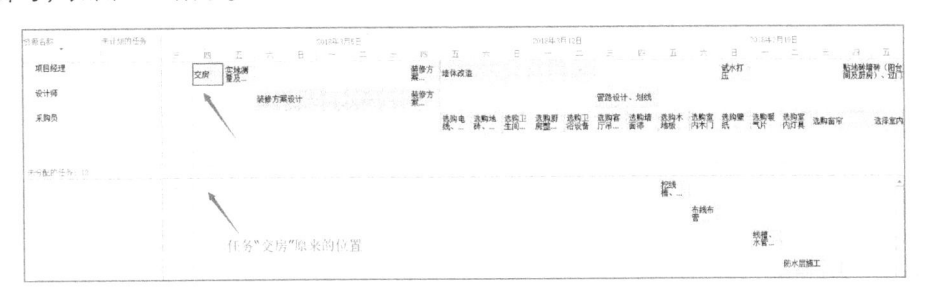

图 5-37

此时我们已经把任务"交房"拖动到了资源"项目经理"下面，也就是说这个任务需要项目经理参与。所以，在【工作组规划器】视图中其实可以直接拖动任务将其安放在资源的可用时间段内，读者们不妨也尝试一下。

当我们在图 5-37 中把任务"交房"拖动到项目经理右侧后，再次返回【任务分配状况】视图，如图 5-38 所示，会发现任务 2 "交房"多了一个资源分配"项目经理"，工期是 1 天，默认的工时是 8 小时，工时类资源产生的成本多了 400 元，所以项目摘要任务的成本也多了 400 元。这里只是为大家演示在【工作组规划器】中其实可以直接用鼠标把任务拖动到资源可用的时间段内，现在再次回到图 5-37 的【工作组规划器】视图，把任务"交房"从项目经理那里拖动到【未分配的任务】，或者在图 5-38【任务分配状况】视图中删除任务"交房"的资源"项目经理"。

图 5-38

在图 5-37 中，项目经理目前被安排了好几个任务，假如有些任务不想安排给项目经理了，该怎么办呢？也可以按照刚才的办法用鼠标将其拖动到【未分配的任务】窗口中或者其他团队成员的右侧。

221

5.4.2 在【资源使用状况】视图中查看资源的任务计划

除了在工作组规划器中查看团队成员的工作计划，还可以考虑使用另一个视图——【资源使用状况】，该视图除了可以查看每个资源分配的任务计划，还可以查看非常多的信息。

在【任务】选项卡下单击最左侧【甘特图】下方的小三角按钮，在下拉菜单中单击【资源使用状况】选项，就进入了【资源使用状况】视图，或者可以从【视图栏】中单击【资源使用状况】视图。

【资源使用状况】视图也分成左、右两个区域，左侧是工作表区域，右侧是带时间刻度的表格区域，这个表格与【任务分配状况】视图中的表格是一样的，中间是一条分隔线。在默认情况下，左侧的工作表区域只显示了两列：资源名称、工时。我们可以手动插入列，比如【WBS】、【成本】、【开始时间】、【完成时间】等。

在第 5.3 节中用到的【任务分配状况】视图中，在左侧的工作表区域中，最左侧有行号的是任务，没有行号的是任务所分配的资源。在【资源使用状况】视图中则恰好相反，在左侧的工作表区域中，最左侧有行号的是资源，没有行号的是该资源所分配的任务，如图 5-39 所示。

在【资源使用状况】视图中，是按照资源名称进行分组显示的，所以可以从该视图中清晰地看到每个资源或者团队成员（比如项目经理、设计师、采购员）的任务计划，包括它们分别产生的工时、成本、任务时间等信息。

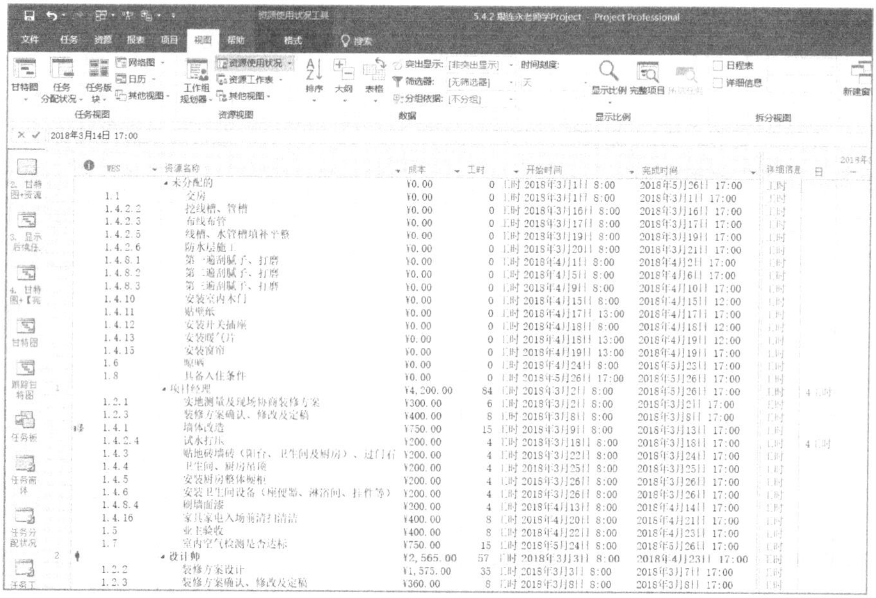

图 5-39

5.4.3 自定义分组查看团队成员每周的任务计划

在【工作组规划器】视图中,我们可以直观地看到每个团队成员在任意时间段内的任务计划,是一个非常实用的功能。如果要查看团队成员每个星期的工作计划,可以直接使用这个视图。

第 5.4.2 节中又讲解了一个新的视图【资源使用状况】,在该视图中一样可以看到每个资源所安排的任务,并且可以看到任务的更多信息,比如成本、工时、时间等。那么在【资源使用状况】视图中到底能不能查看团队成员每个星期的任务计划呢?

在第 4.28.2 节中笔者给大家讲解了如何创建自定义分组来查看每周要进行的任务,但是在第 4.28.2 节中没有考虑资源,只是查看每个星期要进行的任务,现在我们的需求是要查看每个星期每个资源的任务计划。

在【资源使用状况】视图中,单击【视图】选项卡下面的分组依据下拉菜单,如图 5-40 所示,再单击【新建分组依据】选项,就会弹出如图 5-41 所示的窗口。

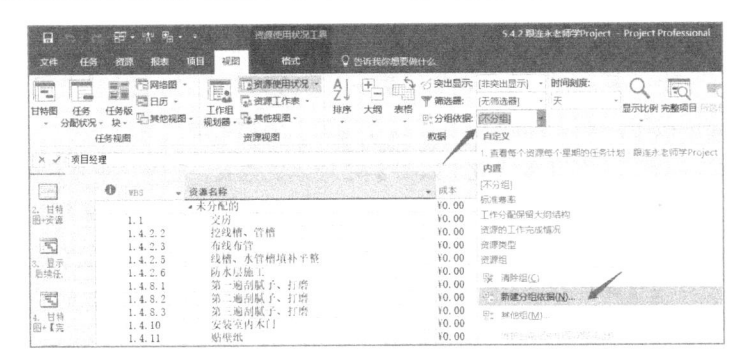

图 5-40

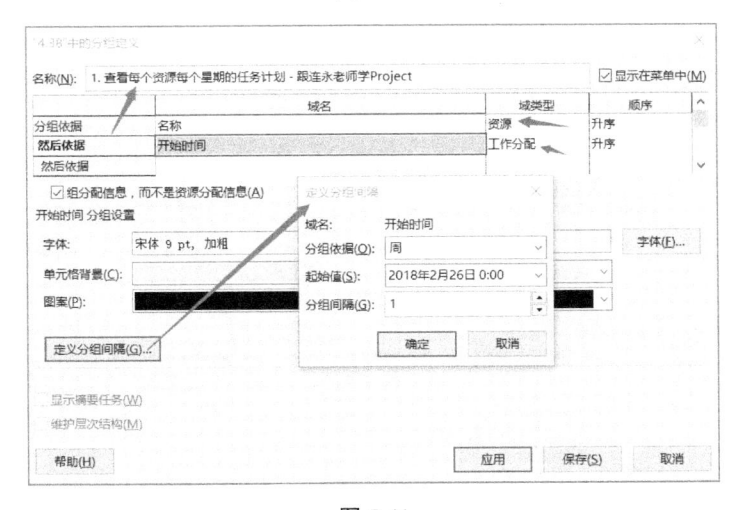

图 5-41

在图 5-41 的分组定义窗口中，首先给这个自定义的分组依据起个名字，比如"1. 查看每个资源每个星期的任务计划 - 跟连永老师学 Project"，注意勾选右侧的【显示在菜单中】。

在下面的表格中需要输入分组的条件，在第一行【分组依据】里【域名】的下拉菜单中找到【名称】，注意这里的名称不再是任务名称了，而是资源名称，因为我们目前使用的【资源使用状况】视图是一个资源类视图（第 8.11 节会讲解哪些是任务类视图，哪些是资源类视图）当中，后面的【域类型】自然就显示为【资源】，是不可更改的。

接着在第二行【分组依据】的【名称】列中选择【开始时间】，单击这一行，再勾选【分组依据】表格下面的【组分配信息，而不是资源分配信息】，这是什么意思呢？因为在资源使用状况视图中，是按照资源名称进行分组的，所以当我们在图 5-41 的第一行【分组依据】中输入【名称】时，它是按照资源名称进行分组的，而第二个分组条件需要对任务的开始时间进行分组，所以应该勾选【组分配信息，而不是资源分配信息】，这时就可以选择第二行分组依据的【域类型】了，这里把【域类型】改成【工作分配】，如图 5-41 中的箭头所示。单击第二行分组依据，然后单击下方的【定义分组间隔】，在弹出的【定义分组间隔】窗口中，把【分组依据】设置成【周】，将起始值设置成项目开始日期所在那个星期的星期一（2018 年 2 月 26 日），【分组间隔】就用默认的 1，单击【确定】按钮，关掉【定义分组间隔】窗口。最后再单击窗口下方的【应用】按钮。

这样，【资源使用状况视图】就变成了如图 5-42 所示的效果，应用了刚才设置的分组条件后，在资源使用状况视图中，首先按照所有的资源名称顺序来排列，然后对于每个资源，比如采购员（如图 5-42 中箭头所示的位置），该资源所安排的所有任务将继续按照设定的【开始时间】及其定义的间隔来显示，这样采购员在每个星期要开展的工作计划就很清晰了，而且还能找这些任务的更多相关信息，比如计划的工时、成本、时间等。

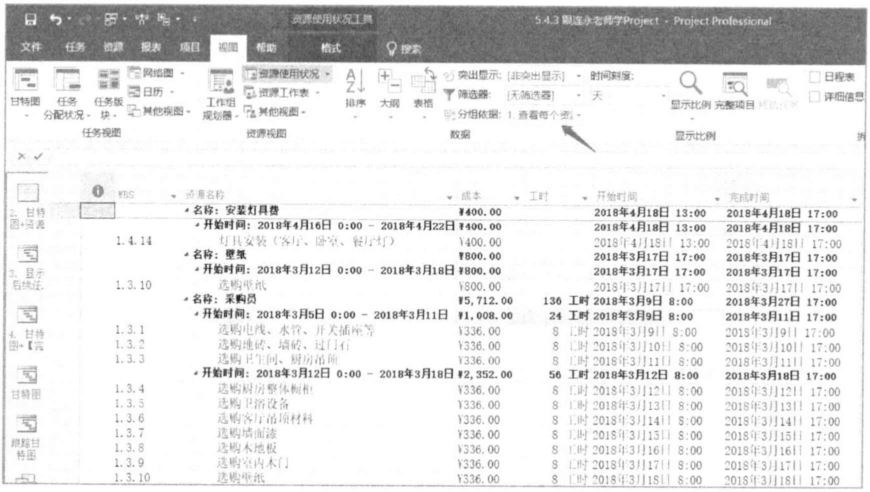

图 5-42

第 5 章 制订初始资源和成本计划

在【视图】选项卡下，单击【分组依据】的下拉菜单，就会在【自定义】中看到刚刚创建的分组条件"1.查看……Project"。如果要取消该分组显示，单击【内置】下面的【不分组】即可。

如果要对刚创建的分组条件进行修改，可以参照第 4.28.2 节的方法，在【其他组】中进行修改。同时 Project 默认会将新创建的分组自动保存到管理器中，参见第 4.26.3 图 4-151。单击【文件】→【信息】→【管理器】，在【管理器】的【组】选项下，好像并没有刚刚创建的分组条件"1.查看每个资源每个星期的任务计划 - 跟连永老师学 Project"，而只有一个在第 4.28.2 节中创建的分组条件。这是因为 Project 的视图分成两类，一类是任务类视图，另外一类是资源类视图，刚刚是在【资源使用状况】视图中创建的分组条件，这个视图属于资源类视图，因此需要在【管理器】→【组】中单击【资源】（图 5-43 中箭头所示的位置），然后就会发现刚创建的分组名称了，如图 5-43 所示。

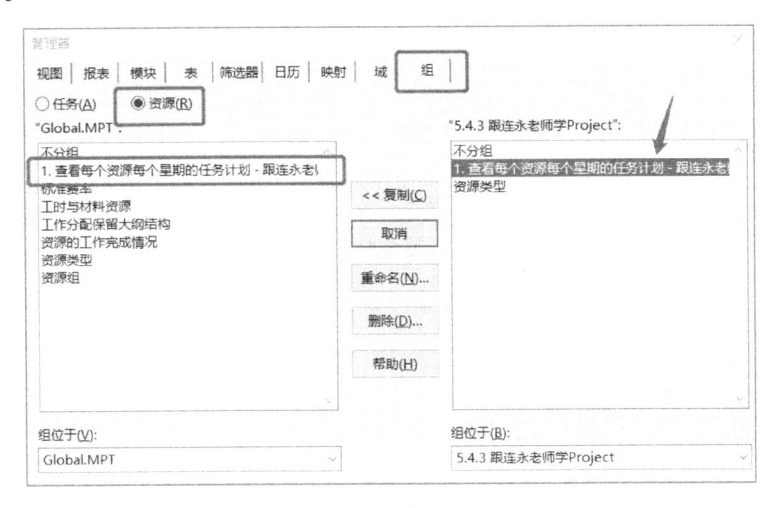

图 5-43

如果要对该分组条件进行重命名或者删除，都是在图 5-43 所示的【管理器】窗口中操作的。

注意 如果想查看每个团队成员在每周应该完成的任务，可以在图 5-41 中将【开始时间】替换为【完成时间】。

5.5 创建成本计划

在前面的很多章节中已经讲到，Project 有三大核心功能：进度、资源、成本。在第 1 章图 1-4 中则更清晰地描述了这三个核心功能之间的关系。进度是一切的基础，我们可以单独用 Project 来管理项目进度计划；资源是依附在进度计划之上的，在第 5.3 节中可以看到，资源需要分配给进度计划之中的任务；成本则依附在资源之上，Project 中的任务成本主要是由资源来产生的，当然，除此之外 Project 还有一个【固定成本】的功能。

5.5.1 任务成本的构成

在前面几个章节中，我们在资源工作表中创建了资源，并且设置了资源的基本信息（包括标准费率等），在第 5.3 节中，当我们把这些资源分配给相应的任务后，就会发现，任务已经产生了成本，这些成本都是根据所调用的资源产生的，而且子任务的成本会汇总到摘要任务上，最终所有成本都自动汇总到了项目摘要任务上，这就是第 2.1.2 节所讲的"成本估算采用自下而上的方式"。比如切换到【任务分配状况】视图，在【格式】选项卡下勾选【项目摘要任务】，这时就能看到当前项目的总成本是 96,977 元，如图 5-44 所示。

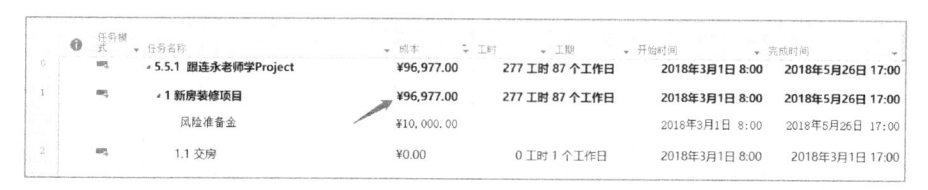

图 5-44

在 Project 中，任务的成本等于任务的资源成本与它的固定成本之和，下面将讲解什么是固定成本。

5.5.2 设置任务的固定成本

假如任务的一部分成本是这样的，它与任务的工期、任务的资源多少都没有关系，只要有这个任务就需要发生一笔固定的支出，我们就可以将这笔支出视为任务的【固定成本】。其实，由于 Project 中已经有了成本类资源这个概念，因此固定成本这个功能，笔者认为是有些多余的，因为所有的固定成本都可以通过成本类资源来表示。当然，如果有【固定成本】这个功能也挺好，用户可以用，也可以弃之不用，总之是多了一个选择。

举个例子，假如我们作为装修公司，一旦给某个小区的业主进行装修，遇到运输水泥、沙子或清理建筑等问题，可能需要向小区物业缴纳一点费用，暂且叫作进场费吧，假设为 500 元。我们可以把它作为任务 23"墙体改造"的固定成本来处理。当然也可以通过其他方式来处理，这里只是为了讲解固定成本的用途。在任务分配状况视图的工作表中插入【固定成本】列，然后输入任务 23"墙体改造"的固定成本，如图 5-45 所示。下面来仔细看一下任务 23 的成本构成，任务 23 所调用的资源"项目经理"产生了 1250 元的成本，所调用的资源"打车费"产生了 50 元的成本，所调用的资源"砌墙费含泥沙砖等材料"产生了 2500 元的成本，那么任务 23 总共的资源成

第 5 章　制订初始资源和成本计划

本是 1250+50+2500=3800（元），而在图 5-45 中却显示任务 23 的成本是 4300 元！为什么会多出 500 元呢？实际上这是该任务的固定成本所产生的，在 Project 中，任务的成本=资源产生的成本 + 固定成本。

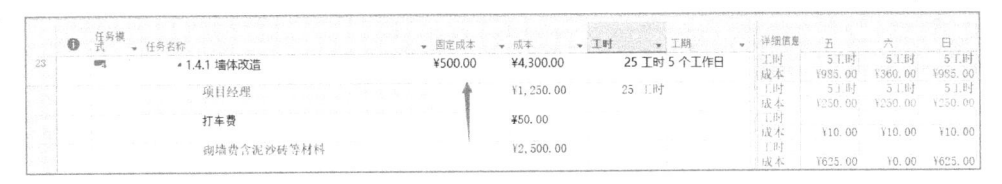

图 5-45

假如我们再给任务 33 "安装厨房整体橱柜"也分配一个固定成本（50 元），这里只是为了增加一个有固定成本的任务而已，并不是说这个任务一定会产生这个固定成本。

此时会发现项目摘要任务的成本也从图 5-44 显示的 96,977 元变成了图 5-46 所示的 97,527 元，多出 550 元，就是因为笔者刚刚给任务 23 增加了 500 元的固定成本，给任务 33 增加了 50 元的固定成本，于是子任务的成本就一层一层汇总到了项目摘要任务上。

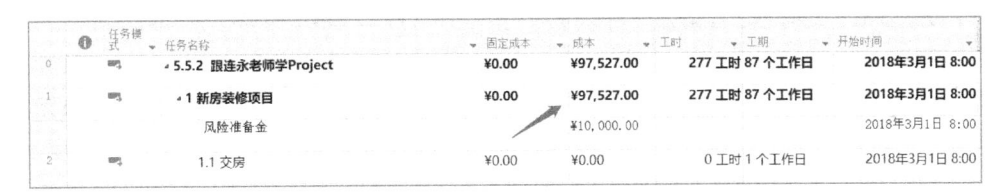

图 5-46

在 Project 中可以为任何任务设置固定成本，包括子任务与摘要任务，甚至是项目摘要任务（任务 ID 号为 0 的那个任务）。

正如本节前言所讲的，Project 中的【固定成本】在功能上增加了一个选择，用户可以自己选择用还是不用。由于这个概念很容易让不同的用户产生理解上的分歧，笔者建议大家谨慎使用。

5.5.3　摘要任务和项目总成本的构成

前面已经介绍过，在 Project 中既可以为子任务分配资源，也可以为摘要任务分配资源；任务的成本等于资源成本与固定成本之和；既可以为子任务设置固定成本，也可以为摘要任务设置固定成本。因此，本书循序渐进地为大家讲解了 Project 中管理成本的基本思路，总结起来，如图 5-47 所示，摘要任务的成本等于所有子任务的成本之和加上摘要任务本身的资源成本与固定成本，而任务 ID 为 0 的项目摘要任务也可以作为一种特殊的摘要任务来理解。以上就是在 Project 中，任务成本、摘要任务成本、项目总成本的构成方式。

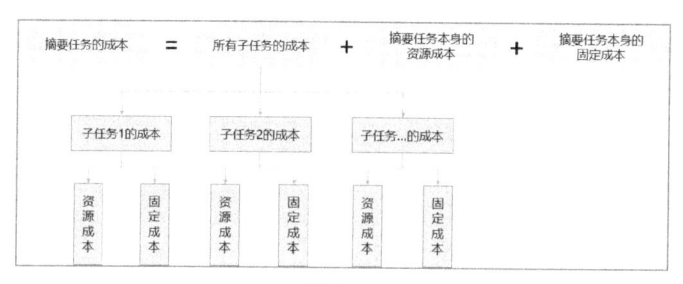

图 5-47

5.6 预算类资源及设置项目预算

在项目的成本管控中，一般会有一个预算成本，比如在第 3 章的案例介绍中，案例项目的预算成本是 10 万元。预算成本的本质含义就是项目在成本控制上的底线，如果项目成本超过了预算成本，至少从成本管控的角度上看，项目是不成功的。而为了有效地控制项目成本，我们还会制订一个成本基准（或者可以理解为"目标成本"），在制订成本基准时通常比预算成本要低一些，目的是预留一部分以备不时之需（这部分成本在 PMBOK 中叫作管理储备）。成本基准是日常项目管理中最看重的指标，也是控制项目成本的目标和努力的方向。比如项目的总预算是 10 万元，我们可能在实际操作中会再制订一个更为严格的目标作为成本基准去控制，比如 9.5 万元，预留 5000 元作为管理储备。所谓管理储备就是为了应对那些无法预料的情况或者风险而预留的准备金，如果我们把 9.5 万元作为目标，一旦发生了突发情况，还有 5000 元的安全余量去应对。

在成本基准中，还要不断地识别风险并为识别的风险预留准备金，这就是 PMBOK（美国项目管理协会的项目管理知识体系）中的应急储备，比如第 5.3.4 节就预留了 10000 元作为风险准备金，也就是应急储备，如图 5-48 所示。这样在平时的项目管理工作中，会一直把成本基准视为项目的目标，尽量按照这个目标去控制成本。而预算成本相当于是最后的底线，如果有突发事件，可以动用一下管理储备，但尽量不逾越预算成本。

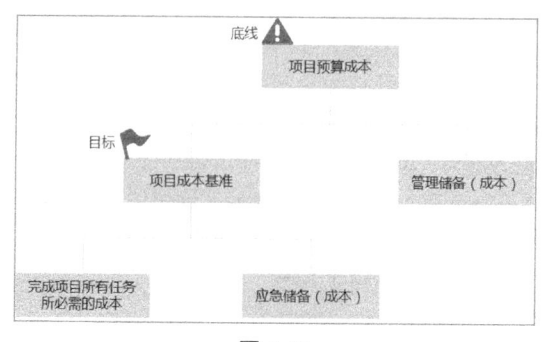

图 5-48

第 5 章　制订初始资源和成本计划

在 Project 中既可以设置成本基准，也可以设置预算成本。

5.6.1　预算类资源

在 Project 中是通过资源来管理成本的，对于项目预算成本，也是类似的思路，Project 是通过预算类资源来体现预算成本的。

既然 Project 使用进度和资源来实现成本的管理，那假如在资源工作表中创建一个成本类资源"项目预算成本"，然后分配给项目摘要任务，以此来体现项目的成本预算，这种方法可行吗？不妨尝试一下，首先在【资源工作表】视图中创建一个成本类资源"项目预算成本"，如图 5-49 所示。

图 5-49

然后把这个资源分配给项目摘要任务，在【任务分配状况】视图中，首先单击任务 ID 号为 0 的项目摘要任务，然后单击【资源】选项卡下的【分配资源】按钮，如图 5-50 所示，在【分配资源】小窗口中找到并单击资源"项目预算成本"，然后单击右侧的【分配】按钮。但此时的【分配】按钮是灰色的，根本无法将该资源分配给项目摘要任务。如果再试着将其他资源分配给项目摘要任务，会发现也是行不通的。

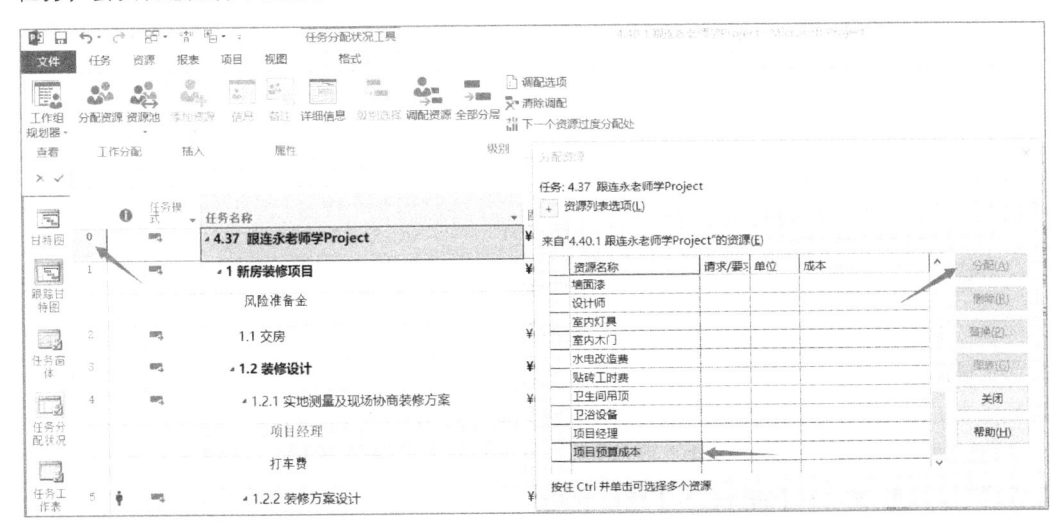

图 5-50

这是因为在 Project 中不能将普通的资源分配给项目摘要任务，只有预算类资源才可以。

那么可不可以把刚才创建的资源"项目预算成本"分配给任务 1"新房装修项目"呢？因为它也包含了后面的所有任务，也能代表整个项目。但这是不行的，因为一旦把资源"项目预算成本"分配给任务 1 并设置成本金额后，"项目预算成本"的资源成本就直接包含在任务 1 的总成本中了，相当于给项目又额外增加了一部分成本，因此也不能作为独立的项目预算进行对比。

试验上述弯路的目的是为了让读者理解 Project 中成本预算的原理，现在讲解在 Project 中是如何通过预算类资源管理项目预算成本的。笔者刚才在【资源工作表】视图中创建了一个成本类资源"项目预算成本"，双击该资源，就会弹出【资源信息】窗口，如图 5-51 所示，首先勾选【预算】的选项，再单击【确定】按钮，这样资源"项目预算成本"就变成了预算类资源。

图 5-51

预算类资源只能分配给任务 ID 号为 0 的项目摘要任务，不能分配给其他任务。假如在【任务分配状况】视图中，把资源名称"项目预算成本"分配给任务 1"新房装修项目"，会发现现在已经无法将资源"项目预算成本"分配给任务 1 了，如图 5-52 所示，这是因为刚才已经把资源"项目预算成本"设置成了预算类成本，而这类资源只能分配给项目摘要任务。

要想创建预算类资源也需要在【资源工作表】视图中先创建资源名称，然后把它的资源类型设置成【成本】，然后在【资源信息】窗口中勾选【预算】，这样就成功创建了预算类资源，在下一节将讲解如何把预算类资源分配给项目摘要任务。

第 5 章 制订初始资源和成本计划

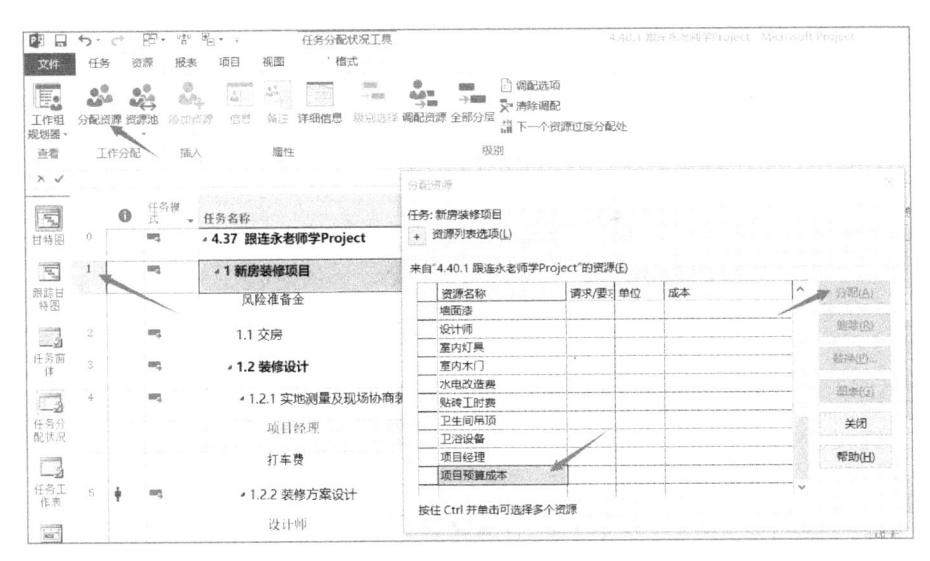

图 5-52

5.6.2 设置项目预算

在如图 5-53 所示的【分配资源】视图中，将资源"项目预算成本"分配给任务 ID 号为 0 的项目摘要任务，对比图 5-50 发现，现在已经可以把资源"项目预算成本"分配给项目摘要任务了，因为它已经变成预算类资源。

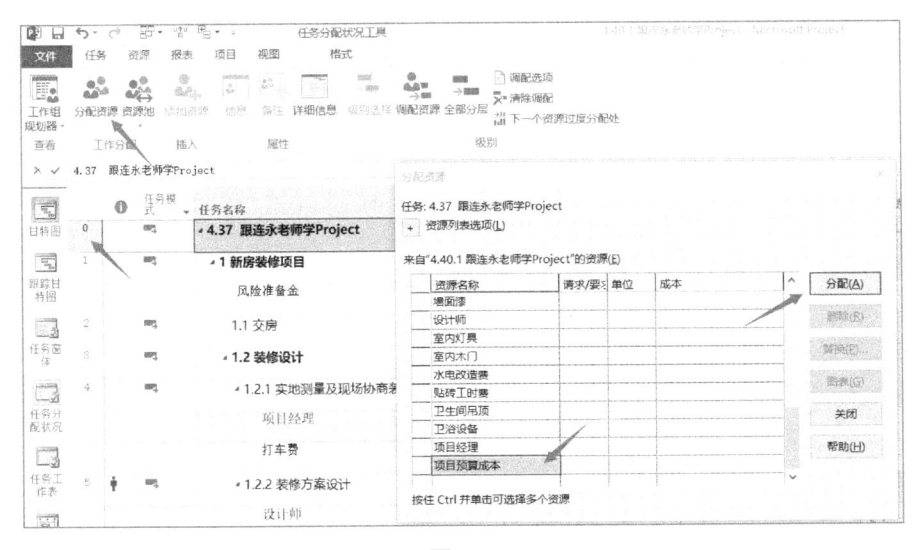

图 5-53

10 天精通 Project 项目管理：从菜鸟到实战高手

把资源"项目预算成本"分配给项目摘要任务后，我们发现并不能在【成本】单元格中输入数值，如图 5-54 所示，那么该怎么设置"项目预算成本"的金额呢？实际上，如果在【成本】单元格中输入数值也是不对的，因为"项目预算成本"的金额又会计算到项目总成本中，等于给项目额外增加了成本，这样就无法独立，也就无法作为预算（底线）对比。

图 5-54

在【任务分配状况】的工作表区域插入【预算成本】列，然后在资源"项目预算成本"对应的【预算成本】单元格中输入金额 100,000 元，如图 5-55 所示，因为在第 3.5 节中提到过，小王的项目预算就是 10 万元。从图 5-55 中可以看到，此时【预算成本】和【成本】是完全独立的，我们在【预算成本】列中输入金额并不会影响【成本】列的金额，这样就可以对比【成本】金额和【预算成本】的金额。

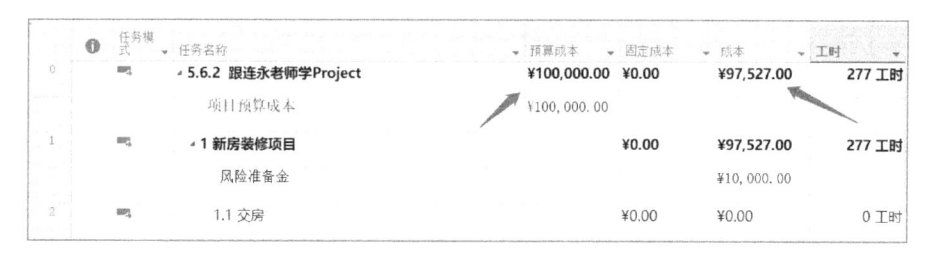

图 5-55

第 6 章

优化项目计划

尽管我们花了大量的精力编制了一个既包含进度又包含资源和成本的项目管理计划,但是制订的初始计划能不能满足项目的要求还是一个问题。比如排定的进度计划能否满足客户的要求?如果不能满足又该如何处理?另外,我们的资源是否充足?资源是否能够支撑项目进度计划?制订的成本计划能否满足项目的预算要求?这些都是本章要为大家讲解的内容。

6.1 查看资源的负荷情况

在前面介绍了给任务分配资源,如何查看资源的工作分配或者任务安排,以及如何查看每个资源,尤其是团队成员所分配的工作计划,但是会不会因安排的任务过多而导致工作量超负荷呢?如何查看任务的负荷情况则是本节要讲解的内容。

在很多视图中都可以看到资源的过度分配或者叫作资源冲突,但是如果要定量查看资源的负荷情况,【资源使用状况】和【资源图表】是最好的视图。

请注意,只有工时类资源才会出现过度分配,因为工时类资源通常指组织内部的人力资源或者机械设备等,这些资源通常都有数量上的瓶颈,也只有工时类资源才会在【资源工作表】中设置它的最大单位和资源可用性,这就限制了它在不同时间段内的可用数量。所以当某一天分配的工作量大于可用数量时,冲突(过度分配)就出现了。材料类资源和成本类资源通常是从外部获取的资源,在【资源工作表】中不能设置最大单位,因此它们永远不会出现过度分配。

6.1.1 在【资源使用状况】视图中查看资源的负荷情况

在【资源使用状况】视图中，有些资源的名称是红色的，这并不是有意设置的，而是 Project 会把出现过度分配（超负荷工作）的资源自动以红色字体展示出来。不仅在工作表区域，在右侧的表格区域中，过度分配的工时数也会以红色字体展示出来，如图 6-1 所示。

图 6-1

在前面章节中，设计师在 2018 年 3 月的可用性是 50%，也就是说，每天只有 4 个小时的可用性；从 2018 年 4 月开始，设计师的可用性是 80%，也就是说，每天有 6.4 个小时的可用性。其实【资源使用状况】视图是可以显示每一天可用的工时数量的。在右侧的表格区域，右击选择【详细样式】，如图 6-2 所示，然后就会进入【详细样式】设置窗口，如图 6-3 所示。

图 6-2

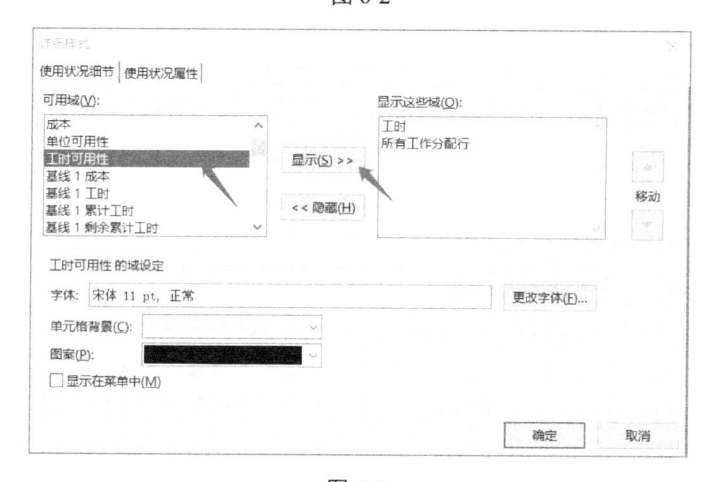

图 6-3

第 6 章　优化项目计划

如图 6-3 所示，在【详细样式】窗口中，在左侧【可用域】中找到【工时可用性】，接着单击中间的【显示】按钮，这样【工时可用性】列就显示在右侧的【显示这些域】中，然后单击【确定】按钮即可。

再次回到【资源使用状况】视图，在右侧的表格区域可以发现，除了默认显示的【工时】，又多了一个【工时可用性】，如图 6-4 所示，而且从 2018 年 3 月 1 日到 2018 年 3 月 31 日这段时间，每天的【工时可用性】显示的都是 4 个小时，而在任务【装修方案设计】的 5 天工期内（从 2018 年 3 月 3 日到 2018 年 3 月 7 日），每天分配的工作量却是 7h，所以才会出现资源过度分配（资源超负荷工作），因此 Project 自动把它们用红色字体显示出来了。另外，任务 6 "装修方案确认、修改及定稿"的工期是 1 天（2018 年 3 月 8 日），它也调用了设计师这个资源，计划的工作量是 8 个小时，而【工时可用性】只有 4 个小时，所以在 2018 年 3 月 8 日这一天也出现了资源过度分配。

图 6-4

如果再更进一步，我们还可以在图 6-3 的【详细样式】窗口中，把【资源过度分配】也显示出来，如图 6-5 所示。而且通过单击最右侧的箭头还可以调整这些域的显示顺序，比如在最上面显示"工时"，接下来显示"工时可用性"，然后显示"资源过度分配"。这样在【资源使用状况】视图中查看资源的负荷情况就更为直接了，如图 6-6 所示。

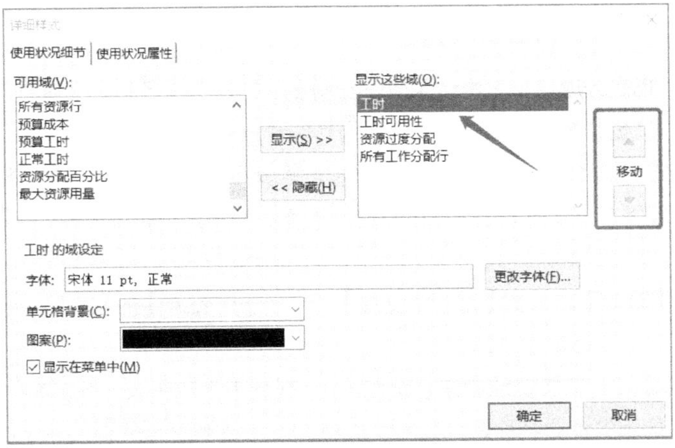

图 6-5

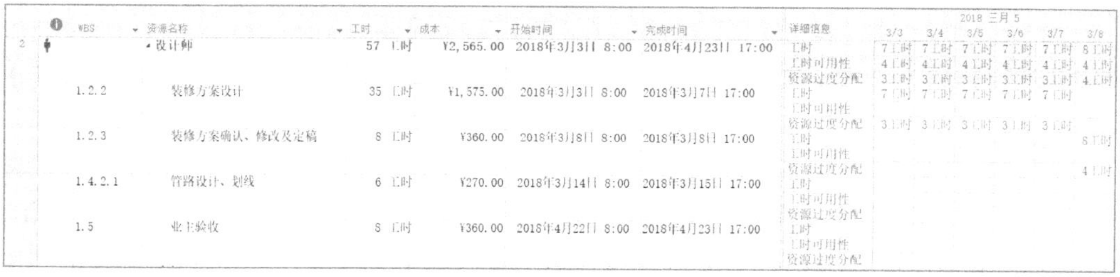

	WBS	资源名称	工时	成本	开始时间	完成时间	详细信息	3/3	3/4	3/5	3/6	3/7	3/8
2		设计师	57 工时	¥2,565.00	2018年3月3日 8:00	2018年4月23日 17:00	工时	7工时	7工时	7工时	7工时	7工时	8工时
							工时可用性	4工时	4工时	4工时	4工时	4工时	4工时
							资源过度分配	3工时	3工时	3工时	3工时	3工时	4工时
	1.2.2	装修方案设计	35 工时	¥1,575.00	2018年3月3日 8:00	2018年3月7日 17:00	工时	7工时	7工时	7工时	7工时	7工时	
							工时可用性						
							资源过度分配	3工时	3工时	3工时	3工时	3工时	
	1.2.3	装修方案确认、修改及定稿	8 工时	¥360.00	2018年3月8日 8:00	2018年3月8日 17:00	工时						8工时
							工时可用性						
							资源过度分配						4工时
	1.4.2.1	管路设计、划线	6 工时	¥270.00	2018年3月14日 8:00	2018年3月15日 17:00	工时						
							工时可用性						
							资源过度分配						
	1.5	业主验收	8 工时	¥360.00	2018年4月22日 8:00	2018年4月23日 17:00	工时						
							工时可用性						
							资源过度分配						

图 6-6

在图 6-6 中可以看到，在右侧的表格区域中，除了显示【工时可用性】、【工时】，还显示了【资源过度分配】，而资源过度分配 = 工时 － 工时可用性，只不过当工时（分配的工作量）小于工时可用性（可用的最大工时数）时，就没有出现过度分配，【资源过度分配】的数值就不再显示了。比如在 2018 年 3 月 5 日这一天，计划的工作量【工时】是 7 个小时，可用的最大工时数【工时可用性】是 4 个小时，所以在【资源过度分配】处会显示有 3 个小时的超负荷工作量。这样查看工时类资源的负荷情况就非常清晰。

在【资源使用状况】视图中可以定量地看到资源的计划工作量或者负荷情况，比如在哪一天出现了什么程度的过度分配，这是一个非常实用、功能很强大的视图，也是本书推荐的查看资源负荷情况的首选视图。

6.1.2 在【资源图表】视图中查看资源的负荷情况

在 Project 中，还有一个视图可以清晰地查看资源的工作量负荷情况，而且是以图表的形式展现的，这就是【资源图表】视图。

在【任务】选项卡最左侧【甘特图】按钮下拉菜单中单击【资源图表】，或者在视图栏中单击【资源图表】，就进入了【资源图表】视图中。

在该视图中，也是分成左、右两个区域，左侧显示的是资源名称，默认显示的是在【资源工作表】中的最后一个资源名称，那么如何切换到其他资源呢？有以下几种方式：

★ 单击左侧的空白区域，然后通过滑动鼠标滑轮就可以自动切换到其他资源。

★ 在左侧区域下方有个滑动条，可以拖动滑动条切换到其他资源名称，如图 6-7 里下方箭头所指位置。

★ 在【格式】菜单下，单击【上一个资源】和【下一个资源】的左右箭头也可以切换到其他资源。

只有工时类资源和材料类资源会在【资源图表】视图中生成图表，而成本类资源是不适用的，比如在图 6-7 中，显示的资源名称是“项目预算成本”，在右侧区域中就提示【此图表不可用于成本资源】。

第 6 章　优化项目计划

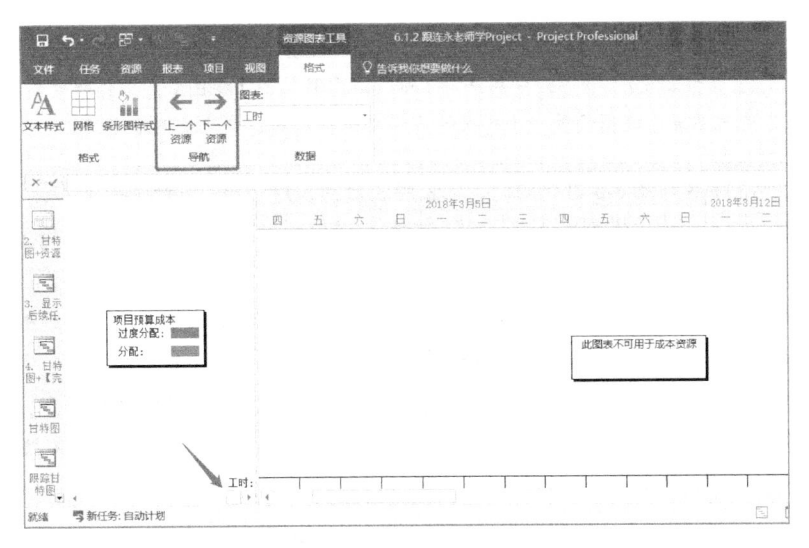

图 6-7

按照刚才讲过的方法，我们在该视图中切换到资源名称【设计师】，如图 6-8 所示，已经显示了设计师的资源直方图，竖轴显示的是工作量分配的百分比情况，横轴显示的是时间。在右侧下方区域拖动滑动条即可调整显示的时间段，这里显示了从 2018 年 2 月底到 2018 年 3 月初的这段时间。从 2018 年 3 月 3 日开始，出现了红色的柱状图，而且图中有一条黑色的线，图中笔者标注了"资源可用性"。所谓资源可用性就是我们在第 5.2 节中为设计师这个资源所设置的不同时间段的可用性，本书之所以特意给设计师设置了不同时间段不同的可用性，就是提醒读者，资源的最大单位（可用的最大数量）不见得是恒定的。

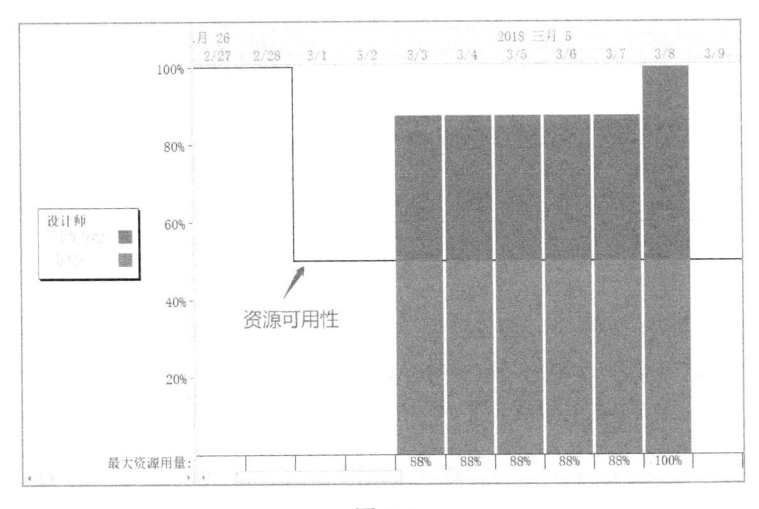

图 6-8

10 天精通 Project 项目管理：从菜鸟到实战高手

> **注意** 图 6-8 的截图已经对文本样式进行了处理，目的是更清晰地展示，所以可能和读者显示的效果略有不同。第 4.15 节和第 5.4.1 节已经分别讲解了如何在【甘特图】视图和【工作组规划器】视图设置文本样式，在【资源图表】视图设置文本样式的方法都是类似的，在此就不赘述了。

我们可以用图 6-8 与图 6-6 进行对比，从 3 月 3 日到 3 月 7 日，设计师每天的计划工作量是 7 个小时，3 月 8 日计划的工作量是 8 个小时，而在 3 月份，设计师每天的最大可用工时是 4 个小时，所以图 6-8 与图 6-6 就完全对应起来了，只是以不同的视角展示出来的，在资源图表视图中是以图表的形式展现的，而在资源使用状况视图中是以具体的数值和任务信息展现的。

在图 6-8 中，设计师的工作量是以百分比的形式展现的，那么能不能通过工时的形式展现呢？其实是可以的。单击【格式】选项卡下最右侧的【图表】下拉菜单，如图 6-9 所示，从中选择并单击【工时】，这样资源图表就马上发生了变化，注意看图 6-9 里下方箭头所指的位置，竖轴现在显示的是工时，而不再像图 6-8 那样显示百分比。

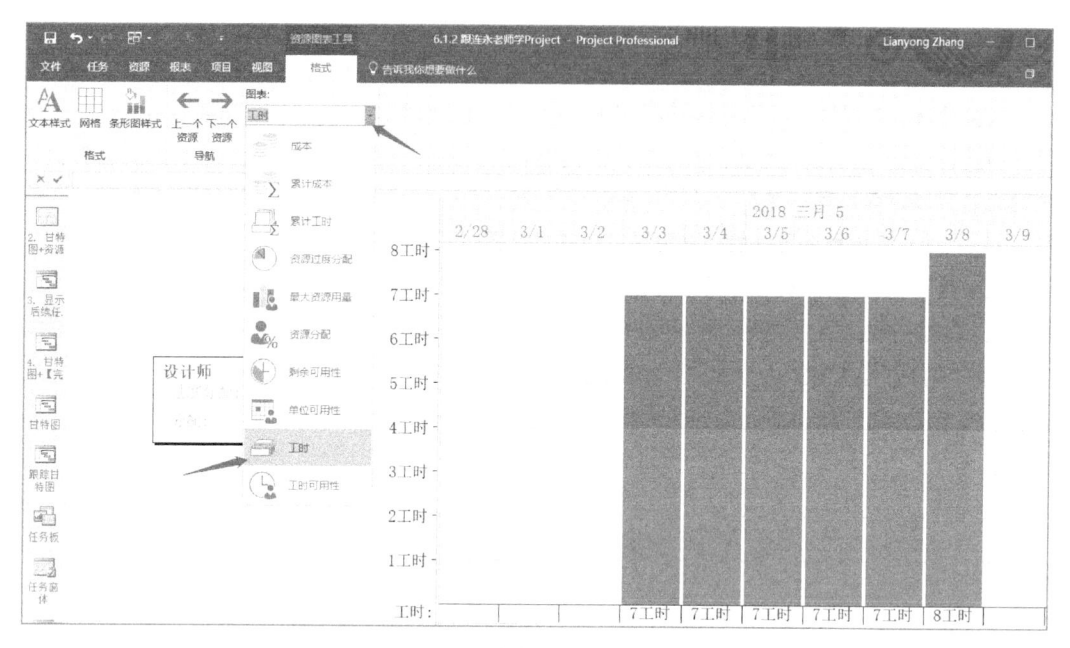

图 6-9

如果仔细对比图 6-9 与图 6-8，会发现除了竖轴的显示方式有区别，还有一个区别就是图 6-8 中显示了一条资源最大单位的黑线，这样会比较清晰地看到资源超出负荷的部分。在图 6-9 中，单击【格式】选项卡下的【条形图样式】，在弹出的【条形图样式】窗口中勾选下方的选项【显示可用性线条】，如图 6-10 所示，然后单击【确定】按钮。

第 6 章　优化项目计划

图 6-10

返回资源图表，如图 6-11 所示，发现图表已经发生了变化，在竖轴显示工时的同时，也显示了该资源工时最大单位（数量）的黑线，这样在哪个时间段超出负荷就更明显了。

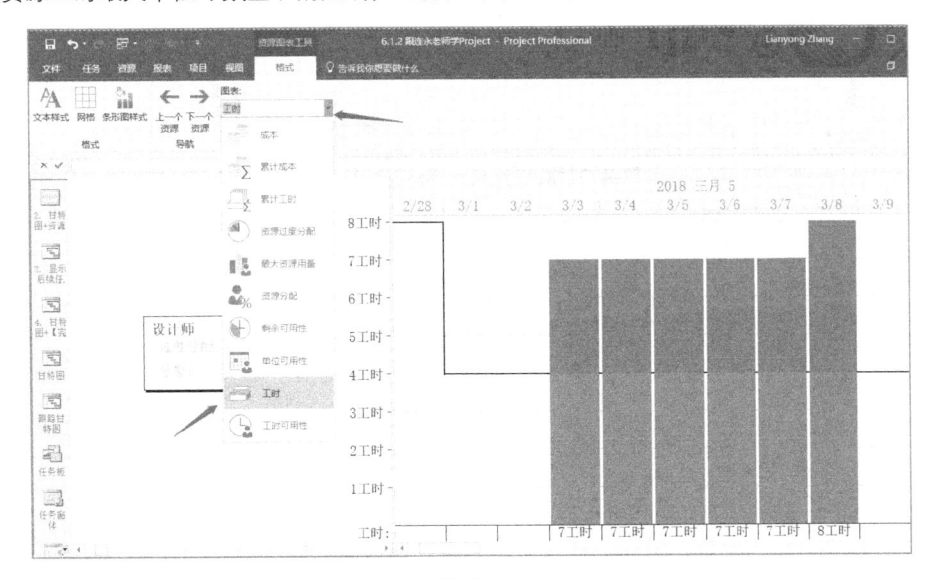

图 6-11

在资源图表视图中可以非常直观地查看资源的工作量负荷情况，因为全部是以图表的形式展现出来的。

6.1.3 【资源图表】视图的其他用途

前文介绍了如何用【资源图表】视图查看工时类资源的工作量负荷情况,这是非常实用的一个视图,同时该视图还可以展示更多的信息,比如成本等。

在【格式】选项卡下最右侧的【图表】下拉菜单中选择【成本】,资源图表显示的将是该资源在时间刻度上每天或者每周所计提的项目成本,如图 6-12 所示。

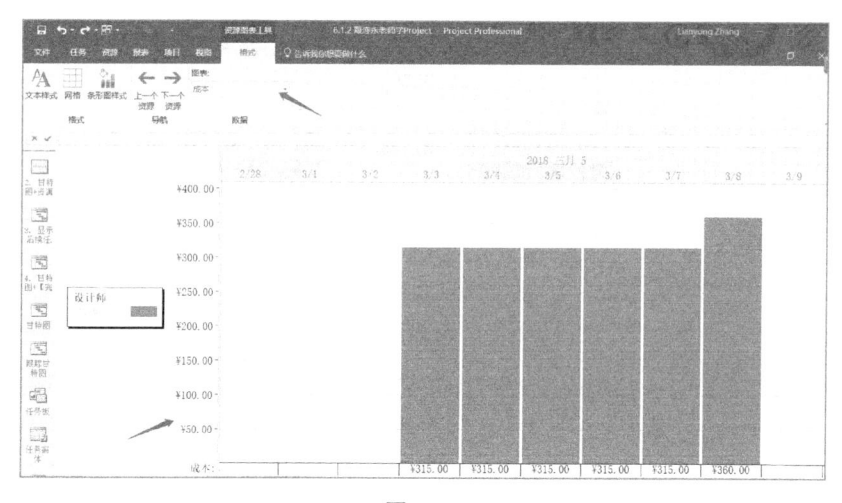

图 6-12

在【格式】选项卡下最右侧的【图表】下拉菜单中选择【累计成本】,资源图表显示的将是该资源在本项目上从项目开始日期截止到当天或者当周的累计成本,如图 6-13 所示。

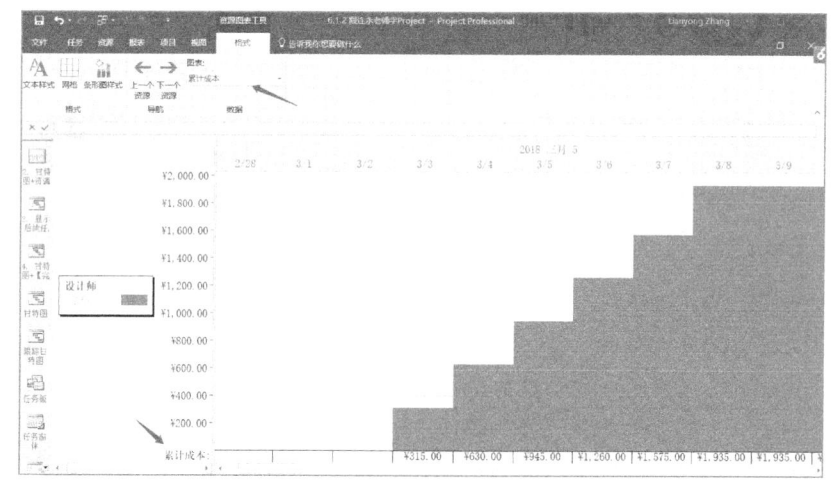

图 6-13

第 6 章　优化项目计划

如果在【格式】选项卡下最右侧的【图表】下拉菜单中选择【累计工时】，那么资源图表显示的将是该资源从项目开始日期截止到当天或者当周的累计工时，如图 6-14 所示，而图 6-11 显示的工时不是累计工时，而是当天或者当周的工时。

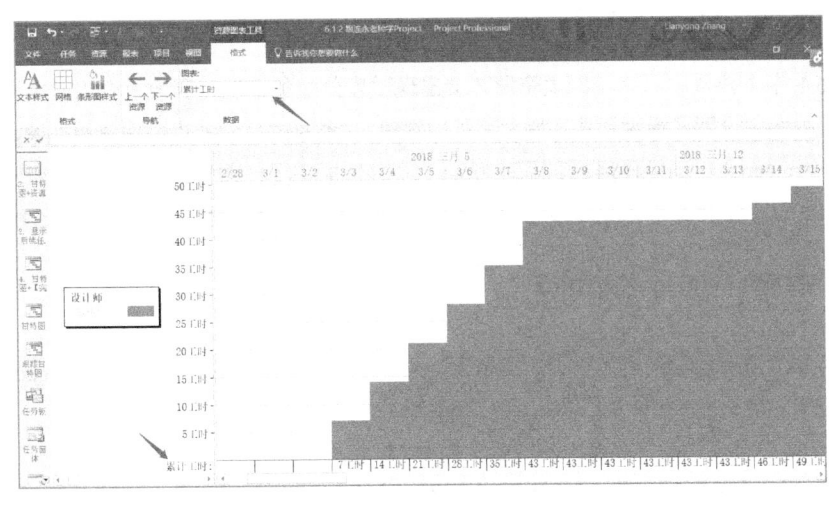

图 6-14

如果在【格式】选项卡下最右侧的【图表】下拉菜单中选择【资源过度分配】，如图 6-15 所示，资源图表将只显示在特定时间段出现资源过度分配的部分，比如 3 月 3 日，最大资源数量是 4h，而分配的工作量是 7h，所以超负荷的部分或者过度分配的部分是 3h。

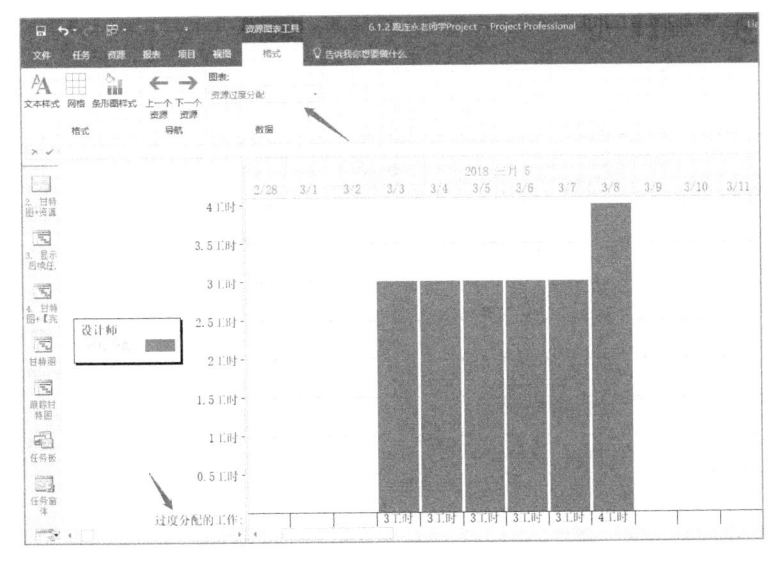

图 6-15

资源图表中还可以显示别的信息，比如工时可用性等，读者可以自己去尝试一下。

6.2 资源冲突与调配

在第 6.1 节中讲到，只有工时类资源才会出现过度分配的情况，因为只有工时类资源在【资源工作表】视图中设置了最大单位（最大可用的数量）。资源过度分配也叫作资源冲突，当这种情况出现时，Project 会自动提醒用户，同时 Project 本身也提供了一部分解决办法，比如软件的资源调配功能。本节主要讲解在 Project 中出现资源冲突的原因、解决办法、应用资源调配功能的建议。

6.2.1 资源出现冲突的原因

本节讲解的所有内容仅适用于工时类资源，因为材料类资源和成本类资源在 Project 中不会出现过度分配或冲突。比如在第 6.1 节所讲的，设计师这个资源在 2018 年 3 月的最大可用量是 50%，即每天 4 个小时，如果分配了超过 4 小时的工作量，就相当于资源过度分配了，就产生了资源冲突。

Project 严格按照在【资源工作表】中设定的资源最大单位及在不同时间段的可用性，来计算资源是否出现过度分配，原理其实非常简单。

当出现过度分配时，在资源类的视图中，比如在【资源工作表】、【资源使用状况】和【资源图表】视图中，资源名称都会以红色字体显示出来，可参见第 6.1.1 节图 6-4。

在任务类视图中，比如【甘特图】、【任务分配状况】视图中，有资源过度分配的任务，在【标记】列也会出现一个红色小人的图标，如图 6-16 所示，可同时参见第 4.23 节。

图 6-16

6.2.2 处理办法 1：检查任务工时的合理性并调整

其实，很多冲突是因为 Project 用户给任务设置的资源工时不合理造成的。比如把工时类资源分配给任务后，通常情况下是按照每天 8 个小时给资源安排工作量，但是，是否需要该资源全天 8 个小时都为这个任务工作是有待商榷的。

比如任务 6 "装修方案确认、修改及定稿"，它的工期是 1 天，调用了 8 个小时的 "设计师"，但是这一天真的需要设计师投入 8 个小时吗？假如经过仔细评估，4 个小时就够了，那么在【任务分配状况】右侧的表格中把这一天的工时修改成 4 之后，该任务的资源过度分配问题就解决了，任务前面出现的小红人图标也就消失了，如图 6-17 所示（此处只是演示，并不是真要把设计师的工时改为 4 个小时）。

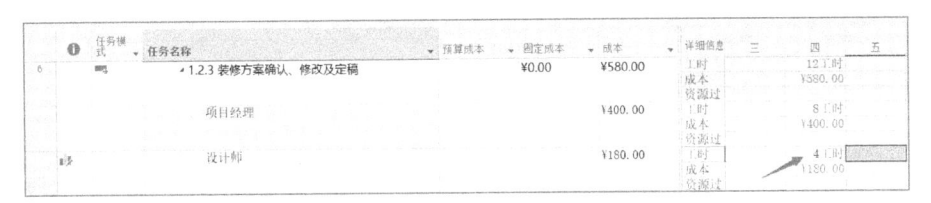

图 6-17

很多 Project 用户在给任务分配了资源后，并没有调整它的默认工时数，等出现了红色小人图标后就忙着尝试 Project 中的"资源调配"功能（在第 6.2.6 节中会讲到），这其实是不对的。应该先检查资源的工时分配是否合理，如果有调整的可能，要先去修改工时的分配及分布。

6.2.3　处理办法 2：增加资源供给

前文讲解了出现资源过度分配的原因，就是一旦在某一天分配的工作量（以工时计算）超过了该资源在这一天的最大可用工时数量，就会出现资源冲突，这个冲突可能是因某个任务在这一天的工作量超负荷导致的，也有可能是由多个任务共同导致的。

要解决资源冲突的话，主要从开源和节流两个角度来想办法。开源的意思是增加资源供给，这样就相当于增加了设置的资源最大单位，当然，在现实中增加人手的可能性不大，但在不增加人手的情况下能不能增加有效的工时数呢？其实现实中经常采用加班的方式，也相当于增加了资源的最大单位；节流就是不要给任务在一天内安排那么多的工作量，可以考虑让工作量安排得更均匀一些，从而尽量避免波峰、波谷的情况，当然如果是由多个任务导致的冲突，可能还需要平衡任务之间的优先性，判断让哪个任务先使用资源。以上就是解决资源冲突最通俗的思路。

下面来讲讲一下增加资源供给的几种方法以及在 Project 中的操作。

1．通过加班增加工时供给

可能谈到增加资源供给，大家的第一反应是增加人手，其实现实中更常用的方法是通过加班变相增加资源。因为人是很有弹性的资源，是灵活的，有时因项目需要甚至会连续加班。

一般情况下，工时类资源默认的最大单位是 100%，如图 6-18 所示，也就是说这个人全职服务于本项目，但是 Project 软件在计算全职时是按照每天工作 8 个小时来计算的。假如能够加班，每天的工作小时数就不止 8 个小时了，可能是 10 个小时甚至更多。这时可以考虑在【资源工作表】中把设计师这个资源的最大单位设置成 120%甚至 150%，也就是每天 9.6 个小时甚至 12 个小时，这样有些任务的过度分配问题可能就解决了。当然，修改资源的最大单位不是唯一的方法，但也值得考虑。

10 天精通 Project 项目管理：从菜鸟到实战高手

	资源名称	类型	材料标签	缩写	组	最大单位	标准费率	加班费率	每次使用	成本累算	基准日历	代码
1	项目经理	工时		项		100%	¥50.00/工时	¥0.00/工时	¥0.00	按比例	全年365天无休	
2	设计师	工时		设		100%	¥45.00/工时	¥0.00/工时	¥0.00	按比例	全年365天无休	
	采购员	工时		采		100%	¥42.00/工时	¥0.00/工时	¥0.00	按比例	全年365天无休	

图 6-18

2．更改资源可用性

笔者之所以把设计师这个资源在 2018 年 3 月份的可用性设置成 50%，是因为他同时服务于多个项目，那么其实这个 50% 是一个非常笼统的界定，在现实中很难说每天都只能把 50% 的时间投入到本项目而把剩余 50% 的时间投入到别的项目，可以跟设计师商量让它在 3 月 3 日到 3 月 8 日临时多投入些时间到本项目中，可能资源冲突的问题就解决了。此时可以在"设计师"的资源信息中修改可用性，比如把 2018 年 3 月份的可用性从 50% 改成 90%，如图 6-19 所示。

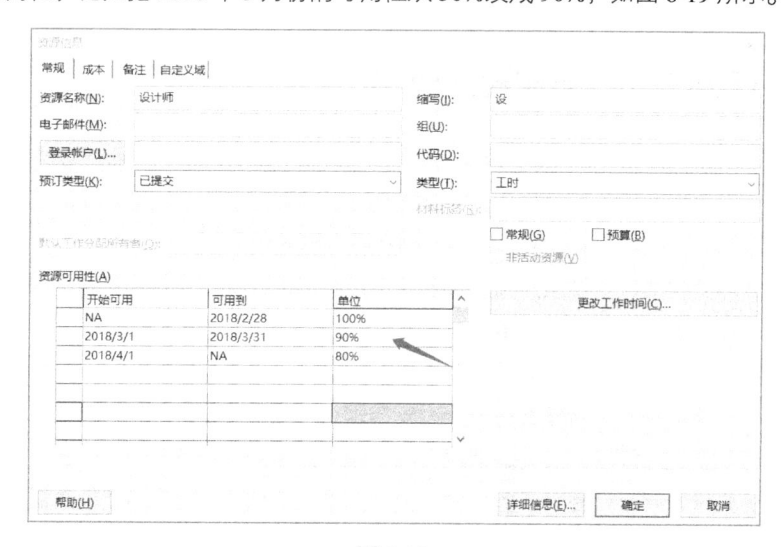

图 6-19

3．加人

如果在本项目中，一个设计师忙不过来，可以想办法增加一个设计师，这可能是项目经理最希望看到的解决方案，如果可行，直接增加资源的话，资源冲突的问题就解决了。此时既可以直接在【资源工作表】中修改"设计师"的最大单位，也可以增加一个设计师 A（可以直接输入设计师的名字）的资源，如图 6-20 所示，然后修改任务的资源分配，把一部分工作量转移给新增的设计师 A，如图 6-21 所示。

	资源名称	类型	材料标签	缩写	组	最大单位	标准费率	加班费率	每次使用	成本累算	基准日历	代码
1	项目经理	工时		项		100%	¥50.00/工时	¥0.00/工时	¥0.00	按比例	全年365天无休	
2	设计师	工时		设		100%	¥45.00/工时	¥0.00/工时	¥0.00	按比例	全年365天无休	
2	设计师A	工时		设		100%	¥45.00/工时	¥0.00/工时	¥0.00	按比例	全年365天无休	

图 6-20

第 6 章　优化项目计划

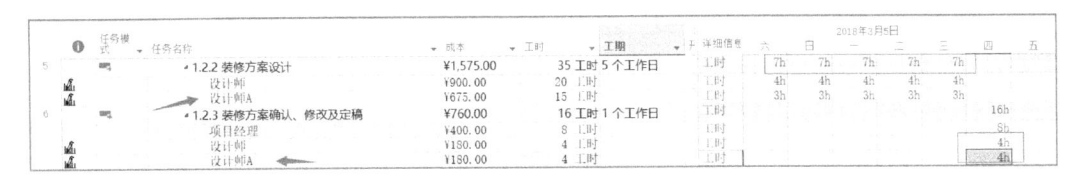

图 6-21

当我们在图 6-20 中把设计师的一部分工作量分配给新增的资源"设计师 A"后，对于任务"装修方案设计"，总的设计人员的工时数仍然是每天 7 个小时，但是由两个人完成，这样设计师的资源过度分配也就解决了。

以上三种方式都是从供给侧来想办法解决资源冲突的问题。

注意　以上操作只是演示，演示完毕后需要全部改回来。

6.2.4　处理办法 3：资源替换

在现实的项目管理工作中，当资源出现瓶颈时，给团队申请加人不见得是最先考虑的选项，如果团队中的现有成员能够临时顶替一下，也是一种可以考虑的方式，尽管团队成员来自不同的职能部门，可能每个成员的职责也不同，但在人手紧缺时，偶尔顶替一下其他团队成员的工作也是时有发生的。比如设计师在 2017 年 3 月 3 日到 3 月 8 日一直有资源过度分配，原因是因为在执行任务"装修方案设计"和"装修方案确认、修改及定稿"过程中，设计师每天只有最多 4 个小时，但是 3 月 3 日到 3 月 7 日却给设计师安排了 7 个小时的工作量，3 月 8 日更是安排了 8 个小时的工作量，如果让其他项目团队的"设计师 A"临时顶替一下"设计师"的工作，可能资源过度分配的问题就解决了。

注意　本书中所举的例子都是为了让大家理解现实中项目管理的某些场景，请领会本书的真实目的，而不要只看表面，误以为从其他项目团队抽调人员就可以解决问题，上文提到的处理方法只是一种可能性。

首先在【资源工作表】视图中创建一个资源名称"设计师 A"，将其资源类型设置成"工时"，设置好标准费率，如图 6-20 所示。然后在【任务分配状况】视图中单击任务 5"装修方案设计"，然后按住 Ctrl 键再单击任务 6"装修方案确认、修改及定稿"，单击【资源】选项卡下的【分配资源】按钮，如图 6-22 所示，在弹出的【分配资源】窗口中，最上面显示的是【选定的多项任务（5，6）】，意思是目前同时选中了多个任务（任务 5 和任务 6），单击资源名称"设计师"，然后单击右侧的【替换】按钮，就会弹出【替换资源】的窗口，如图 6-23 所示。

245

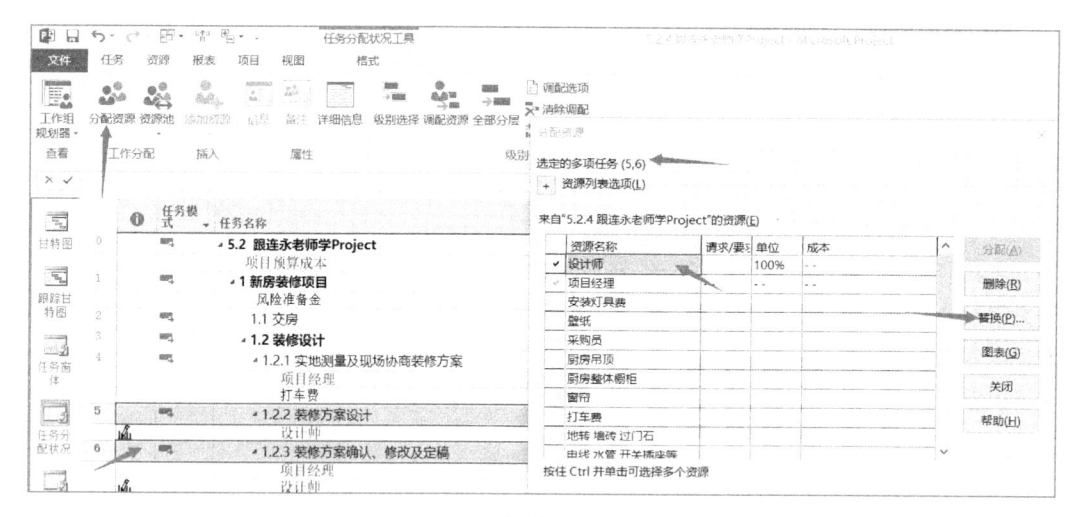

10 天精通 Project 项目管理：从菜鸟到实战高手

图 6-22

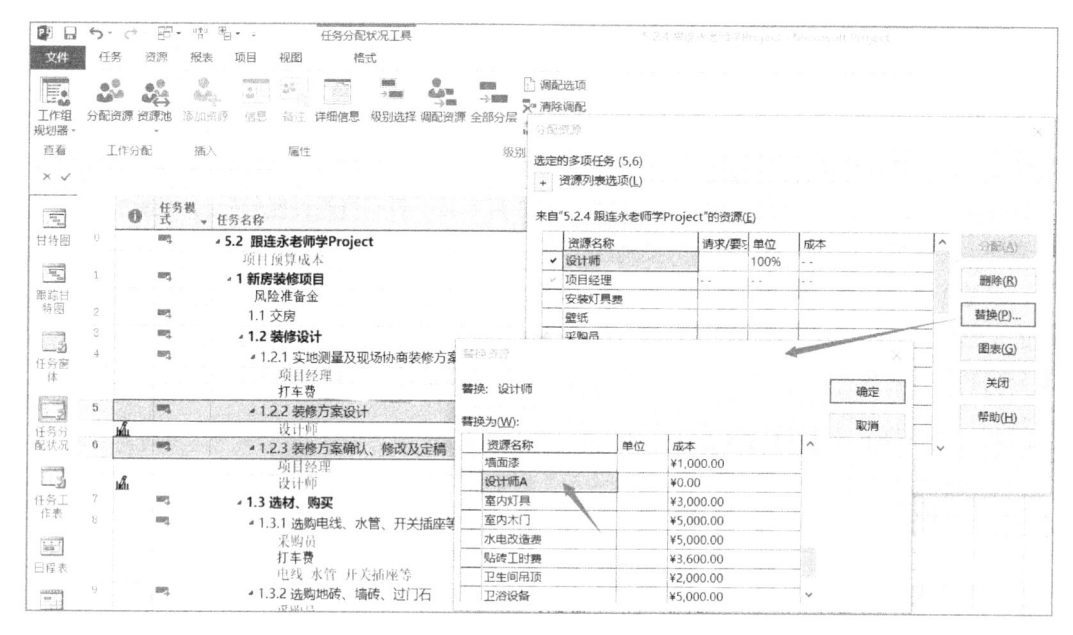

图 6-23

在【替换资源】窗口中，单击资源名称"设计师 A"，然后单击右侧的【确定】按钮，此时会发现在【任务分配状况】视图中，任务 5 和任务 6 原来调用的资源"设计师"已经被新的资源"设计师 A"替换了，如图 6-24 所示。

第 6 章 优化项目计划

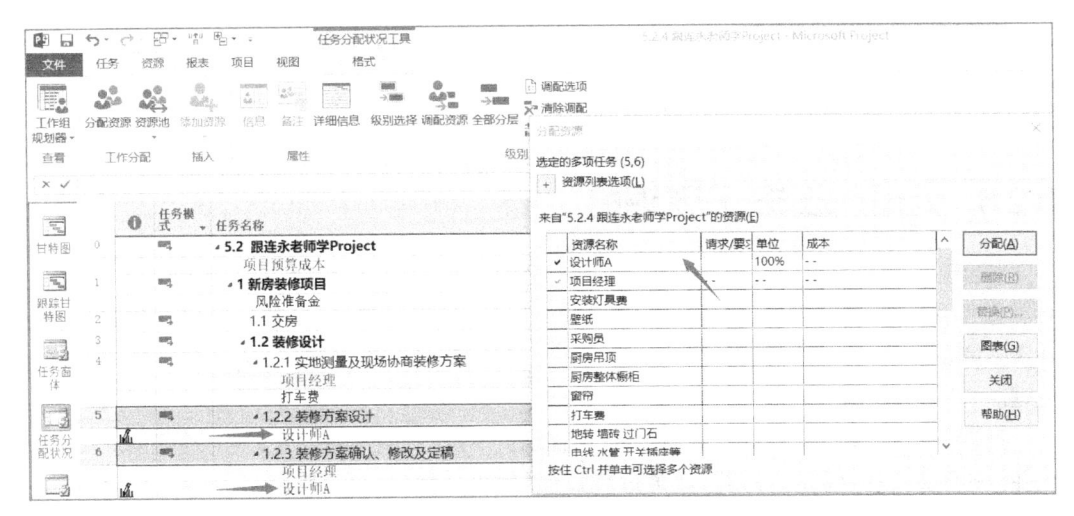

图 6-24

使用 Project 软件中的【替换资源】功能后，在选定的任务 5 和任务 6 上，资源"设计师 A"取代了资源"设计师"，同时，设计师 A 的工时分布与原来设计师的工时分布是一样的，如果有必要，可参见第 5.3.5 节，修改一下设计师 A 的工时分布。

> **提醒** 以上只是演示，演示完毕后需要再改回来，删除新增的资源"设计 A"，再重新给任务 5 和任务 6 分配资源"设计师"。或者可以按照上述方法进行同样的操作，把任务 5 和任务 6 的资源"设计师 A"替换为资源"设计师"，这样等于又变回去了，读者可以自己尝试一下。

6.2.5 处理办法 4：忽略轻微的冲突

通过前面几节的讲解，大家会发现，Project 在计算资源出现冲突时会先设定一个可用工时的上限，这个上限是由两个因素决定的：一个是在【资源工作表】视图中设置的工时类资源的【最大单位】；另一个是在【资源信息】中给工时类资源设置的【资源可用性】。如果计划的工作量超出了上限，Project 会自动提醒，比如上限是每天 8 小时，只要你给这个资源在某一天安排的工作量超过了 8 小时，比如 8.5 个小时，在 Project 中就会出现资源过度分配的提醒，比如红色小人的图标等。

所以，Project 计算资源过度分配是很简单的，或者可以说很机械的，因此即使有时出现了资源过度分配，用户可以自己决定是否有必要进行人为的干预。比如刚才举的例子，如果上限是每天 8 小时，某一天计划的工作量是 8.5 个小时，只超出了 0.5 个小时，可能稍微加一下班就解决了，其实也可以不用处理。因为如果要去处理，还要修改资源那一天的资源可用性等，比较麻烦，像这种轻微的冲突或者过度分配，Project 用户可以自己决定是否要忽略这个冲突。

但是当发生资源过度分配比较严重的情况时，比如计划的工作量已经超过最大可用工时数量的 50%或 100%了（项目团队可以自己决定具体的临界值），那就必须警惕起来，去深入分析造成资源过度分配的具体原因，然后想办法解决，而不能置之不理。

6.2.6　处理办法 5：资源调配

在出现资源过度分配时，首先考虑一下工时分配是否合理（第 6.2.2 节），然后考虑一下通过各种方式增加资源供给（第 6.2.3 节），再考虑一下替换资源（第 6.2.4 节），或者忽略掉轻微的冲突（第 6.2.5 节）。其实 Project 中还自带了一个资源调配的功能，可以让软件协助进行资源的处理。

资源调配这个概念听起来似乎很陌生，然而现实中我们却经常使用它。当一个团队成员有两个并行的任务产生冲突时，如果不能通过增加资源解决，我们经常会做这么一个决定，权衡一下两个任务的重要性，然后选择先完成更重要的那个任务，可能这个决定是由领导拍板决定的，但通常需要由人来决定哪个任务更重要，这就是资源调配的本质含义。就是说，当资源出现瓶颈时，我们选择对任务的重要性进行排序，然后根据任务的重要性投放和配置资源。Project 本身的调配功能也服从这个原理，它会自己计算，对出现冲突的并行任务进行排序，调配的结果是，有些任务会优先使用资源，另外一些任务则在其次使用资源。

需要提醒大家的是，很多 Project 用户认为资源调配功能很智能，从而经常使用它甚至依赖它，这也是不对的，因为资源调配有它自己的原则，要在掌握其原理的情况下再使用，而且有些过度分配是 Project 软件无法解决的。关于这些，笔者将在本节深入讲解。

6.2.6.1　按资源名称进行资源调配

为便于大家理解 Project 中的资源调配功能，本书将以一个任务数量较少的简单案例进行讲解。如图 6-25 所示，假如整个项目中只有 A、B、C、D、E 共 5 个任务。其中任务 A 和任务 D 调用了资源"项目经理"，任务 B、C、E 调用了资源"设计师"。

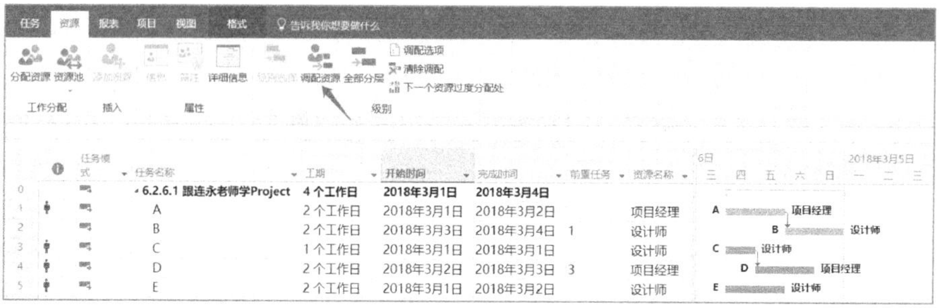

图 6-25

在【甘特图】视图中，由于任务 C 和 E 都在 2018 年 3 月 1 日调用了资源"设计师"，而且在

第 6 章　优化项目计划

默认情况下，两个任务都各自在这一天调用了 8 个小时的"设计师"资源，所以也导致任务 C 和任务 E 出现了资源过度分配的提示，工作表区域的【标记】列中显示了一个红色小人的图标，关于【标记】列的功能请参见第 4.23 节。

同样，由于任务 A 和任务 D 同时在 2018 年 3 月 2 日这一天调用了资源"项目经理"，而且在默认情况下，两个任务都调用了 8 个小时，所以也导致资源"项目经理"出现了过度分配。

查看资源过度分配还有更为直观的方式，可以参见第 6.1.1 节讲解的【资源使用状况】视图和第 6.1.2 节讲解的【资源图表】视图。

假如设计师这个资源比较稀缺，我们想使用 Project 的资源调配功能单独调配一下该资源引起的冲突，则可以在【资源】选项卡下单击【调配资源】选项。

此时会弹出【调配资源】窗口，如图 6-26 所示。单击资源名称【设计师】，再单击该窗口下方的【开始调配】按钮。

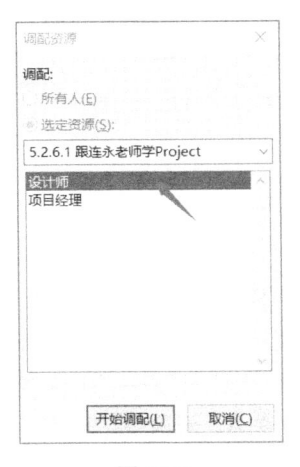

图 6-26

然后在【甘特图】视图中就会发现，与资源"设计师"有关系的任务现在已经被 Project 软件调配过了，如图 6-27 所示，原来任务 C 和任务 E 是同时开始的，资源调配后，任务 E 被安排在任务 B 之后，也就是说，当按照资源名称进行调配时，Project 会把同时使用该资源且产生过度分配的任务进行重新排序，避免任务并行（同时）调用资源从而产生过度分配的问题。

图 6-27

如果要撤销资源调配，可以单击【资源】选项卡下的【清除调配】按钮，现在清除刚才的资源调配。

此类操作可以按照不同的资源名称进行调配，比较灵活，如果想同时调配多个工时类资源，可以在如图 6-26 所示的界面中按住 Ctrl 键同时选中不同的资源名称。

6.2.6.2　对整个项目或者选定任务进行资源调配

在上一节中，只是对资源"设计师"进行了资源调配，如果想一次性对计划中所有出现过度分配的资源和任务进行调配，可以单击【资源】选项卡下的【全部分层】按钮。

单击【全部分层】后，Project 将对当前计划中所有的资源过度分配进行调配处理，结果如图 6-28 所示，任务 D 和任务 E 的顺序都被重新排定了，目的是为了避免多个任务同时调用资源，目前图 6-25 中的红色小人图标全部消失了。当然，Project 并不一定能解决所有的过度分配，有些资源冲突是 Project 软件本身无法解决的，这在下一节将讲到。

图 6-28

除此之外，其实 Project 还允许只对选定的几个任务进行调配，具体方法是，按住 Ctrl 键同时选中多个任务，然后在【资源】选项卡下单击【级别选择】选项，如图 6-29 所示。但是笔者不建议大家使用这种方式，因为任务本来是在一条路径上的，按照资源名称或者整个项目调配时，Project 会综合考虑整条路径上的任务关系、资源冲突等因素，如果只调配选中的几个任务，可能是从几个路径中抽取的任务，Project 在调配时就把它们从原来的路径中割裂开了，计算的结果和按照资源名称调配，或者按整个项目调配的结果可能会有所不同。

图 6-29

第 6 章 优化项目计划

6.2.6.3 资源调配的关键影响因素、局限与使用建议

前面几个章节讲解了 Project 的资源调配功能，既可以按照资源名称调配，也可以对整个项目进行调配，Project 在计算调配结果时会重点考虑这些因素：任务本身设定的优先级（下一节会讲到）、限制条件、是否在关键路径上、开始时间/完成时间及路径的总工期、任务的 ID 等。

当很多任务出现了资源过度分配时，就会使 Project 计算变得非常复杂，计算出来的结果也未必是我们想要的。另外，Project 在进行调配时，主要会调动任务之间的优先顺序，使并行的任务变成前后进行的任务，以及采用任务拆分的方法。但是 Project 的资源调配本身有两个比较明显的局限，如下所示。

★ Project 的资源调配是按照天数将并行的任务变成前后衔接的任务，而不是按照工时来调和矛盾的。举个例子，假如有两个任务 A 和 B，它们的工期都是 1 天，并且同时调用了资源"项目经理"，任务 A 使用 4 个小时，任务 B 使用 5 个小时，这时总工时 9 个小时已经超过了最大单位，资源过度分配就产生了，如图 6-30 所示。

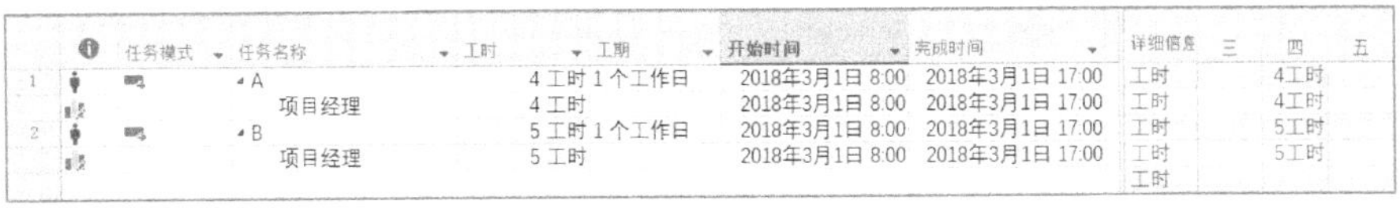

图 6-30

当使用资源调配功能时，Project 会把任务 A 和 B 安排在两天进行，而不是让任务 A 在第一天的上午完成，任务 B 在第一天下午开始，单击【资源】选项卡下的【全部分层】按钮，调配结果如图 6-31 所示。

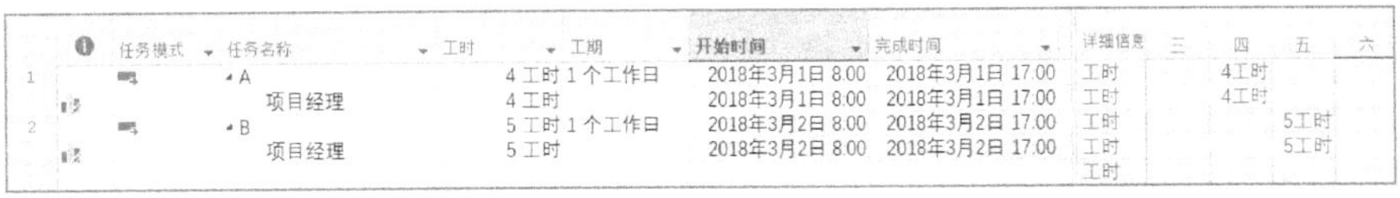

图 6-31

★ 如果资源数量本身就不足，只要有一个任务调用该资源都会产生过度分配，如果在某一天中，计划的工时数量比该资源最大的可用工时数量都多，那 Project 无法进行调配，这不是软件本身的问题，而是现实的项目管理中资源配备不到位的问题。举个例子，在本书的案例中，由于我们设置了资源"设计师"在 2018 年 3 月份的可用性是 50%，也就是每天只有 4 小时的可用工时数，而任务 5 "装修方案设计"在 2018 年 3 月 3 日至 7 日每天需要 7 个小时的工作量，那么它就产生了资源冲突，对于这种情况，Project 的资源调配功能将无能为力。在这种情况下，单击【资源】选项卡下的【全部分层】，会发现计划没有任何变化。

综合上述原因，笔者建议大家千万不要盲目相信 Project 里的资源调配功能，应该谨慎地使用，出现资源过度分配的问题后，要先检查工时分布的合理性并想办法调整，Project 里面的调配资源应该在最后情况下可以考虑使用。而且如果想按照自己的意图去干预资源调配的结果，则需要按照第 6.2.6.4 节的方法谨慎地使用。

6.2.6.4 人为干预资源调配的计算结果

在 6.2.6.3 节中讲到了 Project 在进行资源调配计算时考虑的几个主要因素，Project 会按照自己设定的规则和算法进行调配，其实现实中我们更希望干预资源调配的结果，那能不能实现呢？是可以实现的，而且可以按照自己的意图去干预哪个任务能优先使用紧缺的资源，不过需要先修改一下 Project 默认的资源调配规则。

单击【资源】选项卡下的【调配选项】按钮，就会弹出如图 6-32 所示的窗口。

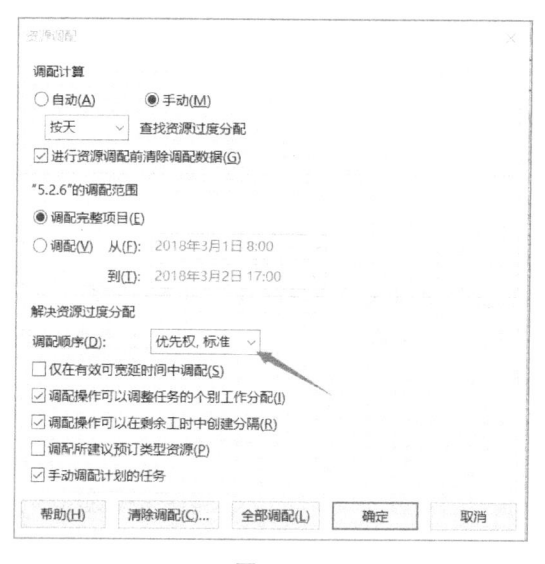

图 6-32

在如图 6-32 所示的【资源调配】窗口中，把【调配顺序】从【标准】改成【优先权，标准】，然后单击【确定】按钮。这里的【标准】就是 Project 自己默认的资源调配规则，而【优先权】指的是任务的【优先级】，这是中文软件翻译的问题，Project 英文版软件里都是 Priority，中文版翻译后两者名字略有差异，第 4.1 节在讲解项目信息窗口的设置时曾经提及过【优先级】。任务的优先级是可以自己调整的，我们可以把自己认为重要的任务的优先级设置为更大的数值，当把资源调配顺序改成按照【优先级，标准】后，Project 在进行资源调配时将先按照优先级对任务进行排序，在有资源冲突的时间段上，优先级高的任务将优先使用资源，这就实现了我们按照自己的意图人为干预资源调配结果的目的，下面用实例来演示一下。

继续使用在第 6.2.6.1 节中讲解的小案例，如图 6-25 展示了未进行资源调配之前的状态，假如按照第 6.2.6.2 节对整个项目进行调配（单击【资源】选项卡下的【全部分层】），调配结果如图 6-28 所示。

对比图 6-25 和图 6-28 可以发现，任务 C 和任务 E 同时使用资源“设计师”，调配的结果是任务 C 优先使用资源，而让任务 E 最后使用资源。假如我们认为在该计划中任务 E 是最重要的，想让它优先使用资源，可以在调配前的计划基础上右击，然后在弹出的快捷菜单中选择插入【优先级】列，然后把任务 E 的优先级从 500 改成 600，如图 6-33 所示。

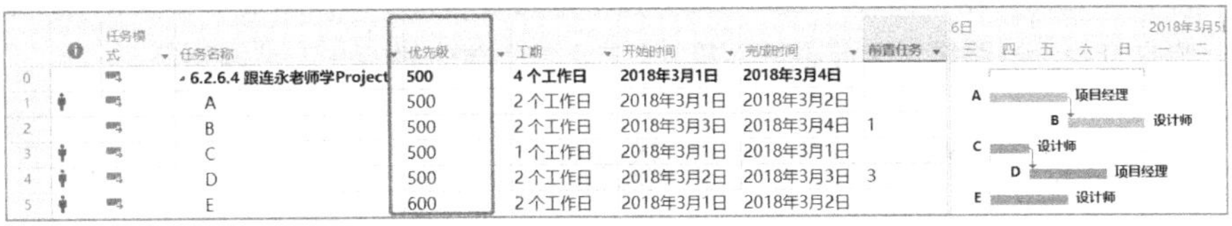

	任务模式	任务名称	优先级	工期	开始时间	完成时间	前置任务
0		6.2.6.4 跟连永老师学Project	500	4 个工作日	2018年3月1日	2018年3月4日	
1		A	500	2 个工作日	2018年3月1日	2018年3月2日	
2		B	500	2 个工作日	2018年3月3日	2018年3月4日	1
3		C	500	1 个工作日	2018年3月1日	2018年3月1日	
4		D	500	2 个工作日	2018年3月2日	2018年3月3日	3
5		E	600	2 个工作日	2018年3月1日	2018年3月2日	

图 6-33

注意确认我们已经在【调配选项】中将调配顺序从【标准】改成了【优先权，标准】。然后单击【资源】选项卡下【全部分层】，结果如图 6-34 所示。此时会发现，由于把任务 E 的优先级改成了 600，比其他任务都高，所以 Project 调配后，当有资源冲突时，比如任务 C 和任务 E，任务 E 被排在了最前面，它最先使用资源，这与图 6-28 的调配结果不同，而这就是我们原本所期望的结果。

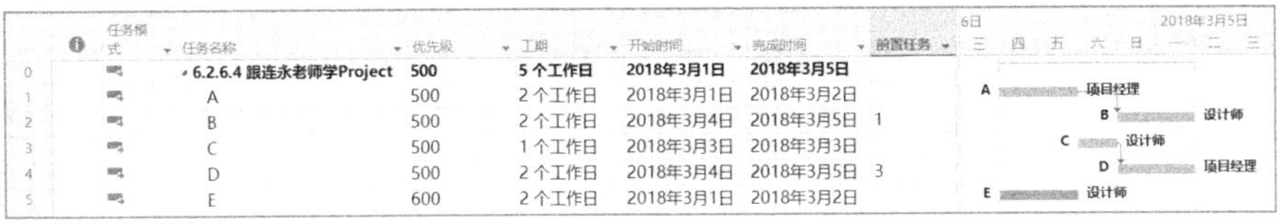

	任务模式	任务名称	优先级	工期	开始时间	完成时间	前置任务
0		6.2.6.4 跟连永老师学Project	500	5 个工作日	2018年3月1日	2018年3月5日	
1		A	500	2 个工作日	2018年3月1日	2018年3月2日	
2		B	500	2 个工作日	2018年3月4日	2018年3月5日	1
3		C	500	1 个工作日	2018年3月3日	2018年3月3日	
4		D	500	2 个工作日	2018年3月4日	2018年3月5日	3
5		E	600	2 个工作日	2018年3月1日	2018年3月2日	

图 6-34

通过上面的例子可以看到，当我们在【调配选项】中把【调配顺序】从【标准】改成【优先权，标准】后，Project 在进行资源调配计算时首先考虑的是任务的优先级，优先级高的任务自然会优先抢占和使用资源。

同时也能发现，其实任务的优先级是 500 还是 600 本身并不重要，重要的是，该任务的优先级是不是比其他任务的高，优先级是一个相对的概念，如果想让一个任务优先使用资源，它的优先级数值不需要有多大，只要比别的任务（尤其是和它有冲突的任务）的优先级高就行。所以，在第 4.1 节中，笔者讲到，在项目信息中设置任务的默认优先级是多少都无所谓，都是 500 或者都是 100 没有任何影响。还要提醒大家，在 Project 中，优先级只能设定从 1 到 1000 的整数。需要注意的是，1000 与 999 有本质的不同，优先级数值 1000 代表该任务在任何情况下都优先使用资源，而不考虑其他条件，比如它是不是在关键路径上等。

> **注意** 在本节结束的时候，我们最终决定按照第 6.2.3 节的方法 2 把资源"设计师"在 2018 年 3 月的可用性从 50%改成 100%，来解决本项目中的资源冲突问题。

6.3 关键路径

在优化计划环节，我们最需要解决的几个问题是：资源冲突、压缩工期、压缩成本等。在第 6.1 节和第 6.2 节已经讲解了资源冲突的问题，接下来将重点关注如何压缩项目的工期。而压缩工期的第一步是查找关键路径，因此在进入第 6.4 节之前，首先讲解一下关键路径。

6.3.1 关键路径的定义及计算原理

关键路径是项目计划中决定项目工期的路径，如果这条路径的任何一点有推迟都将导致整个项目或者关键节点的完工时间延后，这条路径就是关键路径，这是对关键路径的通俗且本质的理解。准确地说，关键路径是总浮动时间小于等于零的路径。所以关键路径是最终的表现，而具体的衡量指标其实是总浮动时间。

那该怎么理解总浮动时间呢？就是路径或者任务在不影响整个项目及关键节点完工时间的情况下，可以往后拖延的余地或者时间量。在很多书籍包括 PMBOK（美国项目管理协会的知识体系指南）上，对于关键路径和总浮动时间的定义都不是非常的严谨，只关注对项目总工期的影响而忽略了对关键节点的影响。在本书中笔者特别强调大家要理解真实的关键路径，除了要考虑整个项目的完工时间，一定也要考虑到关键节点是否能按时完成，因为这些关键节点在项目管理计划中通常都有明确的完工时间要求，在某些项目中这些关键节点的完成时间甚至比整个项目的完工时间更加重要。

比如，举个比较通俗常见的例子，对于一个房地产开发项目而言，竣工交房可能算作是一个项目的完工日期（取决于如何定义项目范围），但是只关注竣工交房的日期是不够的，还需要特别关注开盘日期，开盘销售是整个项目中的一个节点，但是它是一个非常重要的节点，因此对于这种关键节点，项目管理中通常也有要求的完成时间或者里程碑计划。在很多时候，开盘时间能不能保证也许比竣工交房更重要。从这个例子中也能看到，不能只关注整个项目的完成时间，假如只关注竣工交房的时间，但关键节点"开盘销售"的时间延迟了，也等于没有达到项目管理的要求，甚至领导可能认为项目执行是失败的！

当然，有些项目只对整体完工时间有要求，没有对项目中的某个节点强制地提出完成的时间，这样的话，计算关键路径就比较简单，只需要考虑整个计划最晚的路径。

在第 3.5 节中讲到，对于案例项目，除了要保证整个项目必须在 2018 年 5 月 31 日完成，还

第 6 章　优化项目计划

明确要求关键节点"业主验收"必须在 2018 年 4 月 20 日完成，两个条件都要满足，否则就没有达到项目成功的条件。

所以，其实在计算任务或者路径的总浮动时间时，主要考虑两个重要的因素：

★ 整个项目的完工时间（本案例中是 2018 年 5 月 31 日）或者最晚路径的完工时间。

★ 关键节点的完工时间（本案例中是"业主验收"不晚于 2018 年 4 月 30 日）。

在不影响这两个条件的前提下，任务还有拖延的余地，就是总浮动时间，总浮动时间可能是正数，可能是零，有时会是负数。根据两个条件计算出来的任务可以拖延的时间量，取最小值就是任务的总浮动时间。

首先从一个简单的例子出发去理解总浮动时间与关键路径。图 6-35 是一个非常简单的项目计划，只有任务 A、任务 B、任务 C、任务 D，项目从 2018 年 3 月 1 日开始，采用全年 365 天无休日历。

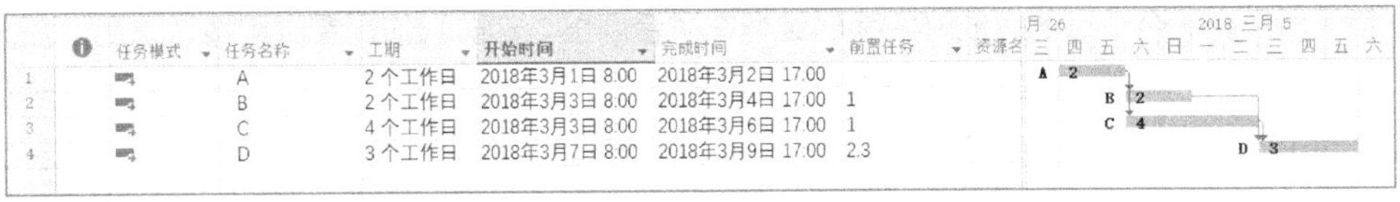

图 6-35

从横道图计划上可以很直观地看到，整个计划的工期取决于路径 A→C→D，这条路径本身就是最晚的路径，它再往后推迟肯定会让整个项目的完工时间往后延迟，所以 A→C→D 就是当前的关键路径。由于它本就是最晚的路径，所以按照条件 1 计算，该路径可以拖延的余地是零，由于图 6-35 中没有提到关键节点的完成时间要求，因此条件 2 不存在，这样路径 A→C→D 的总浮动时间就只能根据条件 1 来计算，结果是零，所以它在关键路径上。

再看任务 B，该任务如果晚 1 天完成，即在 2018 年 3 月 5 日完成的话，路径 A→C→D 仍然是最晚的路径，任务 B 晚 1 天完成不会影响到整个项目的完成，所以它不是关键路径。其实，哪怕任务 B 晚 2 天完成（在 2018 年 3 月 6 日完成），依然不会影响到整个项目工期的完成，因为目前总工期还是取决于路径 A→C→D，因此任务 B 的总浮动时间是 2 天，大于零，所以它不在关键路径上。

总浮动时间是用任务的最晚完成时间减去最早完成时间的时间差，所谓最晚完成时间就是在不影响项目完工时间或者关键节点完工时间的情况下，任务可以拖延到的最后一天，在图 6-35 中，任务 B 的最晚完成时间就是 2018 年 3 月 6 日。根据任务 B 的前置任务和它的工期计算，任务 B 的最早完成时间就是当前的计划完成时间 2018 年 3 月 4 日。因此任务 B 的总浮动时间就是 2018 年 3 月 6 日与 2018 年 3 月 4 日之间的时间差，所以它的总浮动时间就是 2 天。

在 Project 中，总浮动时间叫作"可宽延的总时间"，在 Project 英文版中叫作"Total Slack"。在 Project 中可以直接在工作表区域插入【可宽延的总时间】列来查看任务的总浮动时间，比如在

10 天精通 Project 项目管理：从菜鸟到实战高手

图 6-35 的基础上插入【可宽延的总时间】列，如图 6-36 所示，就可以看到所有任务的总浮动时间了，比如任务 B 的总浮动时间是 2 天。第 6.3.4 节将介绍查找关键路径的一些常用方法。

> **注意** 在插入【可宽延的总时间】列时一定注意看清列名称，因为在 Project 中还有一列叫作【可用可宽延时间】，这是自由浮动时间的意思，不是总浮动时间。

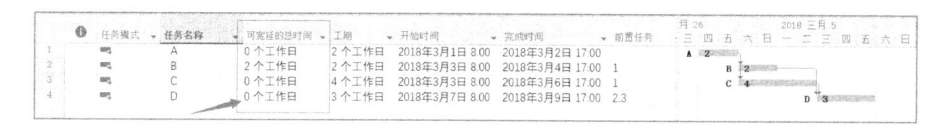

图 6-36

现在再把情况变得稍微复杂一点，也更贴近现实中的某些情况。比如，客户或领导认为任务 B 是个关键节点，要求任务 B 必须在 2018 年 3 月 3 日前完成，如图 6-37 任务 B 条形图中的黑色向下箭头所示，这个节点的完成时间都已经写在了合同里，这时我们需要清醒地认识到，任务 B 是不能晚于 2018 年 3 月 3 日完成的！此时，根据条件 1（与最晚路径相比），任务 B 的最晚完成时间是 2018 年 3 月 6 日；但是根据条件 2，它本身就是关键节点，而且要求的最晚完成时间是 2018 年 3 月 3 日。两个条件都要满足的话，任务 B 的最晚完成时间是 2018 年 3 月 3 日。但是，根据任务 B 的前置任务和它的工期，任务 B 的最早完成时间是 2018 年 3 月 4 日，用最晚完成时间（2018 年 3 月 3 日）减去最早完成时间（2018 年 3 月 4 日），得出总浮动时间是 –1 天，是负数。总浮动时间小于零，说明此任务更是在关键路径上。

图 6-37

讲到这里，或许很多读者就明白了，为什么在 PMBOK 中讲到总浮动时间有小于零的情况，但 PMBOK 却没有详细解释在什么情况下会出现总浮动时间小于零，而上文的举例和解释就是答案。

在 Project 计划中如果没有设置任务的期限，那么 Project 将只按照条件 1（与最晚路径去对比）计算任务的总浮动时间，也就是说 Project 会先找出最晚的路径，然后将所有的路径都与这条最晚的路径进行对比，从而计算出总浮动时间。关于如何在 Project 中设置【期限】来体现关键节点要求的完成时间，以及如何影响总浮动时间的计算，将在下一节进行详细讲解。

上文讲到的两个影响总浮动时间计算的条件，是普遍适用的，那么除此之外，在 Project 中还有一个影响因素，就是在第 4.29 节中讲解的限制条件。大家可以结合本节内容再回顾一下第 4.29.2 节中讲到的限制类型对总浮动时间计算的影响，比如"不得晚于……开始""不得晚于……完成"

256

"必须开始于""必须完成于""越晚越好"。其实我们很少使用这些限制条件，因此，可以不用考虑限制条件对总浮动时间的影响。

6.3.2 对计划中的重要节点设置期限

在上一节讲到的那个简单的例子中，如图 6-37 中，任务 B 是一个有明确完工时间的节点，要求必须在 2018 年 3 月 3 日完成，这样它就变成了关键路径，如何在 Project 中体现客户对任务 B 完成时间的要求呢？这是通过 Project 中的【期限】来实现的，期限在 Project 英文版中叫作【Deadline】。

再次回到图 6-37 的小案例中，来设置一下任务 B 的期限（2018 年 3 月 3 日），有两种方式，如下所示。

1．在任务信息窗口的高级选项中设置

双击任务 B，在弹出的【任务信息】窗口中单击【高级】选项，然后设置【最后期限】的日期 2018 年 3 月 3 日，如图 6-38 所示，单击【确定】按钮后，任务 B 的期限就设置完成了。

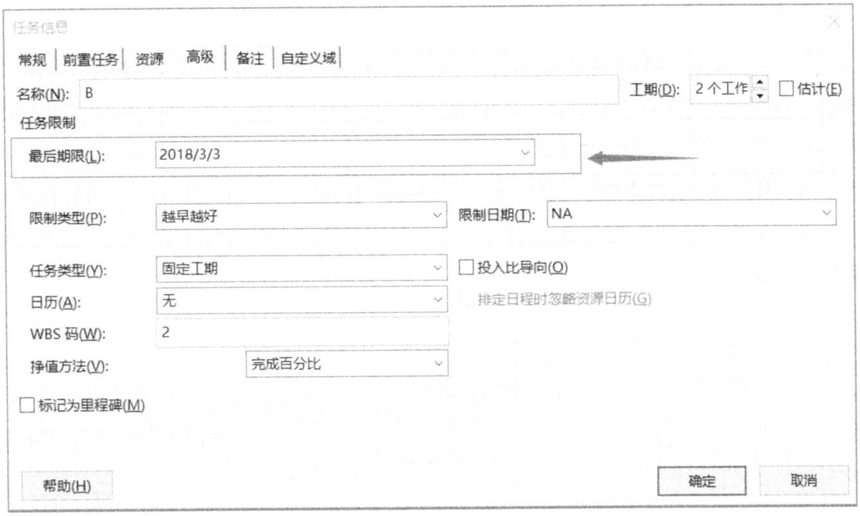

图 6-38

需要注意的是，在 Project 2010 和 Project 2013 的【任务信息】窗口中，图 6-38 窗口中的【最后期限】显示的名称是【期限】，这只是因 Project 中文版的翻译而造成名称不同，在 Project 英文版中，此处的名称一直叫作【Deadline】。

然后我们会发现，任务 B 的总浮动时间（可宽延的总时间）已经变成了–1 天，如图 6-39 所示。所以，任务 B 的期限已经起作用了。而且在【标记】列中会出现一个红色菱形的提示图标，

目的是提醒用户当前的计划完成时间晚于要求的期限日期。

图 6-39

同时可以插入【最早完成时间】列和【最晚完成时间】列，如图 6-40 所示，正如在第 6.3.1 节中所讲的，任务 B 的最早完成时间是当前计划的完成时间（就是【完成时间】列）2018 年 3 月 4 日，最晚完成时间是 2018 年 3 月 3 日，所以用最晚完成时间减去最早完成时间，得出总浮动时间（可宽延的总时间）是–1 天。

图 6-40

2．插入【最后期限】列进行设置

另外，通过插入【最后期限】列同样可以为任务设置期限。不过需要注意的是，在列名称中，期限在 Project 2010 中叫作【期限】，在 Project 2013、Project 2016 及 Project 2019 中文版中则叫作【最后期限】，在 Project 英文版中一直都是【Deadline】。

在 Project 2013、Project 2016 和 Project2019 版本中，在工作表区域右击，然后在弹出的快捷菜单中选择插入【最后期限】列（在 Project 2010 版中则是【期限】），如图 6-41 所示，在该列中可以直接为任务设置期限。

图 6-41

插入这一列的目的主要是反映某些关键节点强制要求的完成时间，这也是我们可以干预 Project 进行关键路径计算的方式。比如在第 3.5 节中，项目中要求"业主验收"不能晚于 2018 年 4 月 20 日，要求"具备入住条件"不能晚于 2018 年 5 月 31 日，现在给这两个任务设置一下期限，图 6-42 显示的是【甘特图】视图。由于任务"业主验收"当前的计划完成时间是 2018 年 4 月 23 日，而期限是 2018 年 4 月 20 日，因此在【标记】列就出现了红色菱形的提示图标，提醒用户当前计划的完成时间晚于要求的完成时间。任务"具备入住条件"当前的计划完成时间没有晚于期限日期，因此就没有出现红色菱形的提示图标。

第 6 章 优化项目计划

	任务模式	任务名称	最后期限	完成时间
49		1.5 业主验收	2018年4月20日 17:00	2018年4月23日 17:00
50		1.6 晾晒	NA	2018年5月23日 17:00
51		1.7 室内空气检测是否达标	NA	2018年5月26日 17:00
52		1.8 具备入住条件	2018年5月31日 17:00	2018年5月26日 17:00

图 6-42

6.3.3 查找关键路径的常用方法

前面两节讲解了总浮动时间和关键路径的计算原理，现在来讲解一下更为实用的内容，如何在 Project 中查找关键路径。其实，在 Project 中查找关键路径的方法有很多种，本节将重点讲解几种常用的方法，如下所示。

1. 在甘特图视图的【格式】菜单下勾选【关键任务】

在甘特图视图中，勾选【格式】选项卡下的【关键任务】，如图 6-43 所示。勾选后会发现在甘特图区域中有些任务的条形图自动变成了红色，这些红色的条形图代表了关键路径上的任务。这种方式其实是通过条形图颜色来区分哪些是关键任务、哪些不是关键任务，也是查找关键路径的常用方式之一。

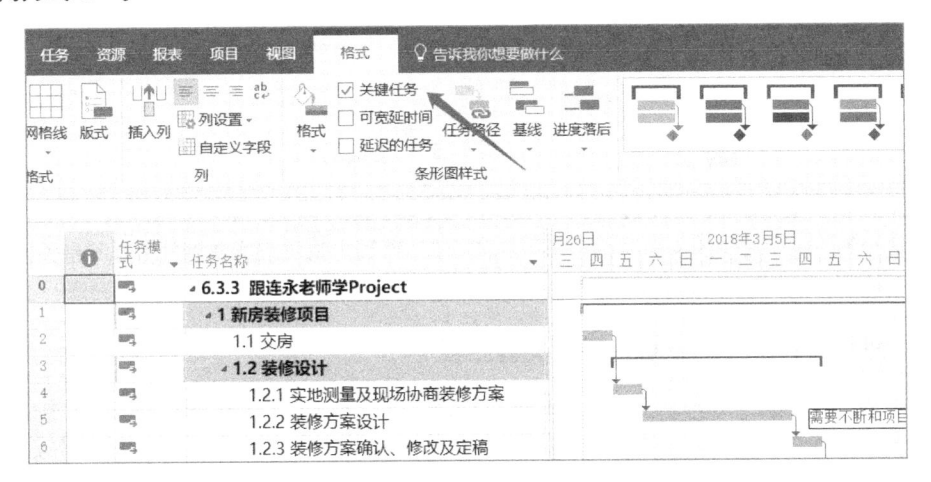

图 6-43

2. 插入【关键】列

在工作表区域插入【关键】列，如图 6-44 所示，这一列完全是自动计算的，不能手动修改。关键路径是根据上文讲到的条件计算出来的，我们可以通过设置任务的期限来人为地影响关键路径的计算，但是不能在【关键】列中直接修改"是"或"否"。

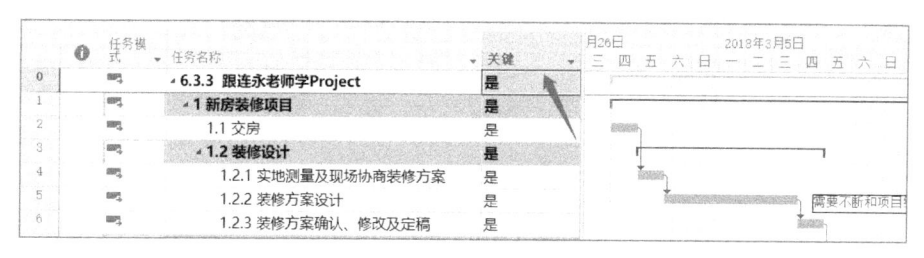

图 6-44

观察图 6-44 会发现，在【关键】列中显示为"是"的任务，其条形图也必然是红色的。

3. 插入【可宽延的总时间】列查看总浮动时间

使用前面两种方法只能看到哪些任务是关键路径，但是看不到关键的程度。第 6.3.1 节介绍过，其实关键路径的本质计算指标是总浮动时间，也就是 Project 中的【可宽延的总时间】，总浮动时间小于等于零的就是关键路径，因此完全可以通过插入【可宽延的总时间】列来查看关键路径，如图 6-45 所示。

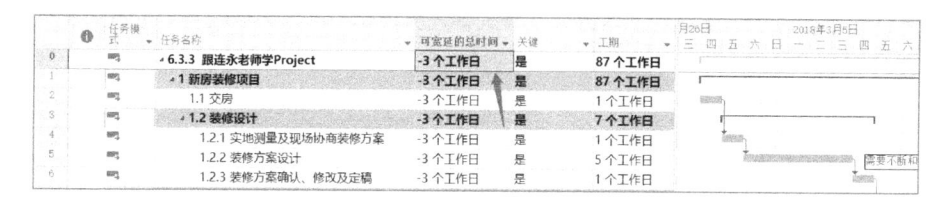

图 6-45

在图 6-45 中，会发现只要是【可宽延的总时间】列中的数值小于等于零的任务，其在【关键】列中都显示为"是"，右侧的条形图都显示为红色。使用这种方法不仅能看到任务是不是关键路径，还能看到每个任务可以拖延的时间量或者可以拖延的余地。

4. 使用【突出显示】功能显示关键路径

第 4.27 节中讲到了 Project 中的【突出显示】功能，其实它也是查看关键路径的一种有效方式。在【视图】选项卡中，单击【突出显示】菜单中的【关键】后，如图 6-46，会发现所有关键任务的背景色都自动变成了黄色，这些突出显示的任务的可宽延的总时间肯定是小于等于零的，而且其【关键】列将显示为"是"，右侧的条形图将显示为红色。

现在撤销突出显示，单击【突出显示】菜单中的【非突出显示】。

5. 使用【分组】功能显示关键路径

在【视图】选项卡下单击【分组】下拉菜单中的【关键性】后，所有任务会自动按照是否为关键路径而重新分组排序显示，如图 6-47 所示。

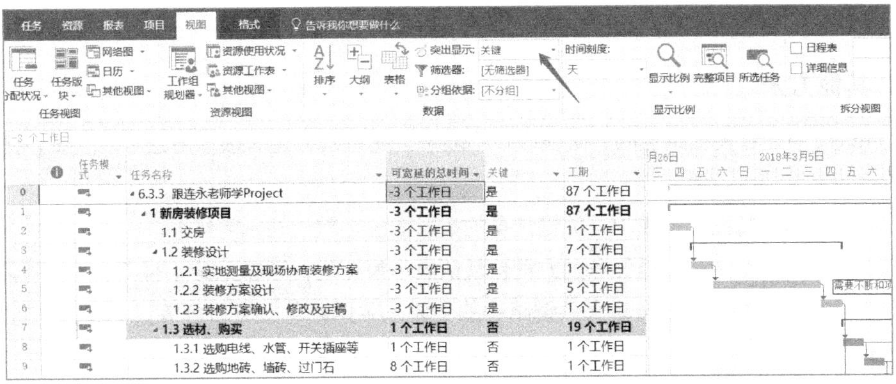

第 6 章　优化项目计划

图 6-46

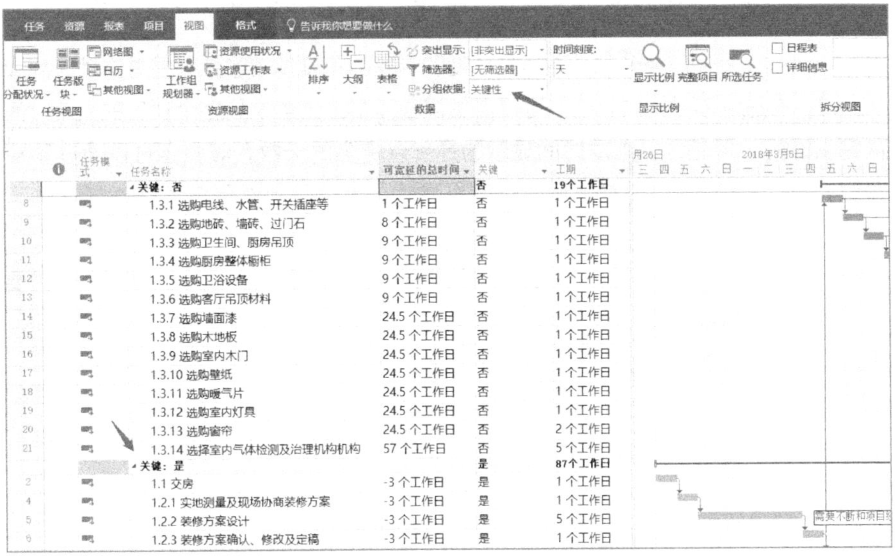

图 6-47

这是一个非常实用的方法，笔者推荐大家学好通过分组查找关键路径的方法，因为前面的几种方法都没有改变任务的顺序，而使用分组功能后，所有的关键路径会自动显示在一个分组中，而且完全不用担心任务的关联关系会不会受到影响，右侧的条形图会根据任务的新顺序自动调整。

使用这个方法唯一需要注意的是，使用分组后将不显示摘要任务了，而只显示具体的子任务，假如给某个摘要任务设置了前置任务，或者某个摘要任务是其他任务的前置任务，使用分组后将无法把摘要任务显示出来。因此在第 4.4.5 节中，笔者建议大家尽量不要给摘要任务设置前置任务，也不要给摘要任务设置前置任务，因为如果那样做的话，使用【分组】功能显示关键路径后，这些任务将无法显示出来。

现在单击【分组】菜单下的【不分组】撤销分组显示。

6. 其他方法

在 Project 中查看关键路径的方法很多，不限于上述方法，还有很多方法可以尝试，比如：
★ 使用筛选器。
★ 在【跟踪甘特图】视图中，关键任务的条形图已经默认显示为红色。
★ 在网络图视图中，关键任务的方框也默认显示为红色，请参见第 4.34 节。
★ 使用文本样式，可以自定义关键路径的字体、字体颜色、背景色等，具体操作可参见第 4.15.2 节。

6.3.4 查看任务的拖延余地：最晚开始和最晚完成时间

在第 6.3.1 节中，我们已经分别从通俗的角度和专业的角度解读了什么是总浮动时间和关键路径，本质上说，在总浮动时间内，任务可以自由浮动而不至于影响到整个项目的完工时间或者关键节点的完工时间。但是，总浮动时间显示的是可以拖延的天数，其实还可以通过查看任务的【最晚开始时间】列和【最晚完成时间】列来更具体、更直观地看到任务到底可以拖延到什么程度。

在工作表区域插入【最晚开始时间】列和【最晚完成时间】列，如图 6-48 所示。需要提醒大家的是，计算出来的拖延余地，不论是总浮动时间，还是最晚开始时间、最晚完成时间，都是基于任务的现有工期来计算的，就是在假设工期不变的情况下，任务可以拖延的余地。

图 6-48

6.3.5 总浮动时间与自由浮动时间的区别

关键路径与总浮动时间（Project 中的【可宽延的总时间】）有关，还有一个概念与总浮动时间的名称非常相似，就是自由浮动时间。自由浮动时间是指，在不影响后续任务开始时间的情况下，任务可以拖延的余地。

还是以第 6.3.1 节中图 6-35 的小项目来举例，任务 D 有两个前置任务，任务 B 和任务 C，任务 C 只要往后延迟一点，必然会造成任务 D 的开始时间延后，所以任务 C 没有自由浮动时间，也就是其自由浮动时间为零。

而任务 B 即使往后延后 1 天或 2 天，都不会影响到任务 D 的开始时间，因此任务 B 的自由浮动时间是 2 天。

在 Project 中，自由浮动时间叫作【可用可宽延时间】，在 Project 英文版中叫作【Free Slack】。可以插入【可用可宽延时间】列来查看，如图 6-49 所示。

图 6-49

注意 尽管，有时任务的自由浮动时间和总浮动时间计算出来的数值相同，但它们是不同的概念，不能混为一谈。总浮动时间可以是正数、零、负数，而在 Project 中自由浮动时间不会出现负数，如图 6-50 所示。

图 6-50

使用自由浮动时间的情况不多，在本书中仅作为选修内容，总浮动时间因为和关键路径有关，因此是重点需要掌握的内容。

6.4 压缩工期

当我们制订了一个初始计划后，经常会发现完成时间无法满足项目的要求，此时就需要压缩项目的工期。对于很多经验不太多的项目经理而言，压缩工期可能是一件头疼的事情，这是因为没有掌握正确的思路与方法。压缩工期的第一步应该是去找关键路径，只有先在关键路径上做文章才是正确的方向，如果把精力投入到非关键路径上，等于在做无用功。这就是为什么在讲解压缩工期之前，笔者先在第 6.3 节中讲解了关键路径的预备知识和方法。

6.4.1　项目工期压缩到什么程度才能设定基准

首先看一下我们的初始计划，整个项目当前的计划完成时间是 2018 年 5 月 26 日，而在第 3.5 节中要求项目必须在 2018 年 5 月 31 日之前完成，这一点目前是可以保证的，但余量只有 5 天。另外，关键节点"业主验收"的当前计划完成时间是 2018 年 4 月 23 日，而要求的完成时间最晚是 2018 年 4 月 20 日，很明显当前计划是满足不了这一点的，因此需要压缩工期。

在真正压缩计划之前，我们首先需要探讨一个问题，计划压缩到什么程度才可以？

项目管理中非常重要的一个理念就是风险意识，比如在本书中多次讲到进度管理的一个最基本的原则，就是所有任务越早开始越好，其实这就是风险思维的体现，只要今天能开始的任务就今天开始，不要拖到明天，因为明天不知道会有什么其他更紧急的事情打乱计划。"取法乎上，仅得乎中"，这是同样的道理，如果希望整个项目在 2018 年 5 月 31 日完成，那么必须定一个更早的目标，比如在 2018 年 5 月 24 日完成，即提前 1 个星期完成，预留 7 天作为缓冲，当一些意外事情发生后还可以用预留的 7 天缓冲期去应对。至于预留的余量应该多大，这可以根据项目的总工期、项目的复杂程度、团队的成熟度等各方面因素来决定。

基于这个原则，假定我们希望将整个项目的完工时间提前到 2018 年 5 月 24 日或之前，将关键节点"业主验收"的完工时间提前到 2018 年 4 月 17 日（提前 3 天）或之前。

如果我们能把计划压缩到这个程度，就可以按照这个目标来控制项目的进度了，因此，也就可以将其设定为本项目的进度基准，在第 7 章中将讲解关于基准的内容。

6.4.2　在 Project 中压缩工期的 3 种方法

首先，再次强调，本章讲到的所有压缩工期的方法都应该先在关键路径的任务上使用，否则将无法达到工期压缩的目的。因此，首先需要按照第 6.3.3 节中讲的方法把关键路径找出来，比如采用按照【关键性】分组显示的方式。

1. 赶工

赶工是项目管理中常用的一个概念，意思是通过增加资源、改善效率或其他方式让任务的工期缩短。比如在本项目中，任务 23 "墙体改造"的工期是 5 天，这个任务在关键路径上，而且是找施工队完成的，我们可以和施工队协商，让他们通过加班加点或加人等方式把工期压缩成 4 天。再比如任务 35 "客厅吊顶施工"它的工期是 5 天，可以通过赶工的方式使工期变成 3 天。

我们直接在 Project 中修改任务的工期即可，如图 6-51 所示。通过压缩这两个任务的工期，

第 6 章　优化项目计划

关键节点"业主验收"的完成时间已经从 2018 年 4 月 23 日变成了 2018 年 4 月 20 日，但是依然没有达到在第 6.4.1 节中制订的新目标 2018 年 4 月 17 日；最晚任务"具备入住条件"的完成时间已经从 2018 年 5 月 26 日变成了 2018 年 5 月 23 日，已经达到了在第 6.4.1 节中制订的新目标 2018 年 5 月 24 日。

图 6-51

需要注意的是，当我们修改了任务的工期后，其所分配和调用的工时类资源数量会自动调整，而成本类资源和材料类资源的数量则不会发生变化。因此，对于任务 23"墙体改造"，由于其使用了工时类资源"项目经理"共 15 个工时，当我们调整了该任务的工期后，"项目经理"在该任务上的工时数量会自动调整，所以我们需要评估一下"项目经理"这个资源在该任务上的计划工时是否真的需要调整，假设评估后认为该任务虽然工期缩短了，但是仍然需要"项目经理"参与 15 个工时，那么需要切换到【任务分配状况】视图中，为任务 23 所调用的"项目经理"资源调整工时，改成 15 个工时，如图 6-52 所示。这样的话，虽然任务的工期有所调整，但是由于这些任务所使用的工时类资源的工时数量依然没变，所以目前项目的总成本没有发生变化。

图 6-52

因为任务 35 没有调用工时类资源，不需要进行其他修改了。

2．快速跟进

所谓快速跟进，就是把原来紧前紧后的任务变成并行的任务，从而达到压缩完成时间的目的。

265

如图 6-53 所示，图中的任务都在关键路径上，水电改造过程中的任务 25 "管路设计、画线"是在任务 23 "墙体改造"完成之后才开始的。

图 6-53

我们设想一下，通常墙体改造只是针对房屋内的部分区域进行改造，所以如果我们在墙体改造彻底完成的前一天就开始水电改造，这样整体的工期就会压缩一些。我们把任务 25 "管路设计、画线"的前置任务改成 23FS-1，如图 6-54 所示。自从针对任务 25 采取了快速跟进的策略后，从图 6-54 中可以看到，水电改造这些任务的时间都提前了 1 天。

图 6-54

此时我们再看看计划，关键节点"业主验收"的完成时间变成了 2018 年 4 月 19 日，仍然没有满足第 6.4.1 节中设定的新目标 2018 年 4 月 17 日，必须继续想办法压缩工期。

如图 6-55 所示，任务 35 "客厅吊顶施工"，是在任务 32 "卫生间厨房吊顶"、任务 33 "安装厨房整体橱柜"、任务 34 "安装卫生间设备"都完成之后才开始的。但是试想一下，客厅吊顶的施工是否必须在这些任务完之后才能开始呢？能不能在任务 31 完成之后就开始呢？

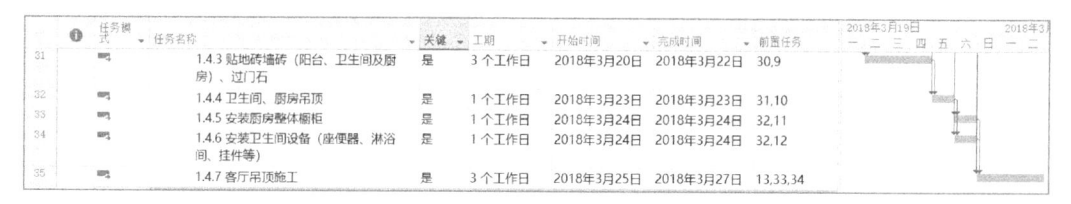

图 6-55

假如是可行的，我们把任务 35 的前置任务中的任务 33 和任务 34 替换成任务 31，结果如图 6-56 所示，此时会发现图中任务的时间都有所提前，而且任务 33 和任务 34 都不是关键路径了。

第6章 优化项目计划

		任务模式	任务名称	关键	工期	开始时间	完成时间	前置任务
31			1.4.3 贴地砖墙砖（阳台、卫生间及厨房）、过门石	是	3 个工作日	2018年3月20日	2018年3月22日	30,9
32			1.4.4 卫生间、厨房吊顶	否	1 个工作日	2018年3月23日	2018年3月23日	31,10
33			1.4.5 安装厨房整体橱柜	否	1 个工作日	2018年3月24日	2018年3月24日	32,11
34			1.4.6 安装卫生间设备（座便器、淋浴间、挂件等）	否	1 个工作日	2018年3月24日	2018年3月24日	32,12
35			1.4.7 客厅吊顶施工	是	3 个工作日	2018年3月23日	2018年3月25日	13,31

图 6-56

再来看关键节点"业主验收"的完成时间已经变成了 2018 年 4 月 17 日，满足了我们在第 6.4.1 节中设定的新目标。

需要特别提醒的是，采用任务并行的方式，可能会面临一定的风险。比如在墙体改造没有彻底完成前就开始水电改造的"管路设计、画线"，可能会在墙体改造结束后发现"管路设计、画线"需要重新返工，这就会造成时间和成本的浪费。所以在采取快速跟进策略时，需要先评估一下由此带来的新风险。

到目前为止，我们对计划采取的措施如表 6-1 所示。

表 6-1

任务	改动前	改动后
任务 23	工期是 5 天	工期是 4 天
任务 35	工期是 5 天	工期是 3 天
任务 25	前置任务是 8、23	前置任务是 8,23FS-1 个工作日
任务 35	前置任务是 13、33、34	前置任务是 13、31

3．更改任务日历

除了上述方法，在 Project 中还可以通过修改任务的日历来缩短工期，其实正如在第 6.2 节所讲的，这些方式都相当于变相地增加了资源供给。由于本项目案例采用的是全年 365 天无休的日历，所以已经没有通过更改任务日历缩短项目完工时间的余地了，现在举一个其他的例子。关于修改任务日历的方法，已经在第 4.8 节讲解过了。

如图 6-57 所示，任务 A 的工期是 6 天，目前采用的是"标准"日历，开始时间是 2018 年 3 月 1 日，完成时间是 2018 年 3 月 8 日。

		任务模式	任务名称	任务日历	工期	开始时间	完成时间
1			A	标准	6 个工作日	2018年3月1日 8:00	2018年3月8日 17:00

图 6-57

现在将任务 A 的日历改成"全年 365 天无休"的日历，如图 6-58 所示，此时任务的工期虽然也是 6 天，但是由于周末也变成了工作时间，因此完成时间提前到了 2018 年 3 月 6 日。

图 6-58

压缩工期的方法主要有以上三种,在实际应用时,可能会同时使用这些方法。

6.4.3　压缩工期的注意事项和建议

关于工期应该压缩到什么程序,其基本的原则已经在第 6.4.1 节中讲到了,压缩工期的具体方法也在第 6.4.2 节中进行了讲解。在压缩工期时,有两条特别提醒大家的注意事项。

1．先找关键路径

关于这一条,已经在前文中多次强调,关键路径是动态的,每一次编辑和修改都可能使关键路径发生变化,但要想压缩工期,就得不断地找关键路径,在关键路径上下功夫才是正确的方向,否则会徒劳无功。

2．先压缩近期的任务,再压缩远期的任务

即使找到了关键路径,也应该先想办法压缩关键路径上近期的任务再压缩远期的任务,这是为什么呢?这也是风险思维的一种体现。因为远期的任务不确定性更大,我们对远期任务的工期估算本身就不如对近期任务估算的准确,如果再盲目压缩远期任务的工期,会使风险变得更大。另外,在第 4.5.3 节中也提醒过大家在估算任务工期时,要树立风险意识,警惕帕金森定律。

6.5　压缩成本

在将项目计划设置为基准并开始实施之前,除了要压缩工期以使项目能够按时交付,还要设定成本基准,关于成本基准与成本预算的区别,已经在第 5.6 节中讲过了。本节重点讲解如何设定成本基准的目标及如何在 Project 中压缩成本。

6.5.1　成本压缩到什么程度才能设定基准

前面介绍过项目预算是底线,为了实现这个要求,和进度控制的原理相似,我们可能会制订一个更加严格的成本目标予以控制,也就是说,通常会把项目成本基准设置成比项目预算更低的一个数值,从而在项目执行过程中进行成本的控制。

第 6 章　优化项目计划

在本例中，我们已经设定了项目预算为 10 万元，比如小王的团队认为，成本基准定在 9.5 万元比较合理，这样就预留了 5000 元作为"管理储备"以备不时之需，而且成本基准其实已经包含了一部分风险准备金了。

6.5.2　压缩任务的成本

上一节制订了成本基准的目标是 95,000 元，而当前计划显示的总成本是 97527 元，如图 6-59 所示，因此，需要进一步压缩项目成本以满足成本基准的目标，即最少要压缩 2527 元。

图 6-59

小王的团队经过讨论，认为可以压缩某些任务的成本计划，如表 6-2 所示。

表 6-2

对应的任务	成本项	改动前	改动后
任务 15 "选购木地板"	木地板	计划成本 10,000 元	计划成本压缩为 9,000 元
任务 1 "新房装修项目"	风险准备金	计划成本 10,000 元	计划成本压缩为 8,473 元

在表 6-2 中要压缩的两个成本项都是成本类资源，而修改计划的成本数是很容易操作的。首先，任务 15 使用了资源"木地板"，如图 6-60 所示，直接将原来的成本 10000 修改成 9000 即可。

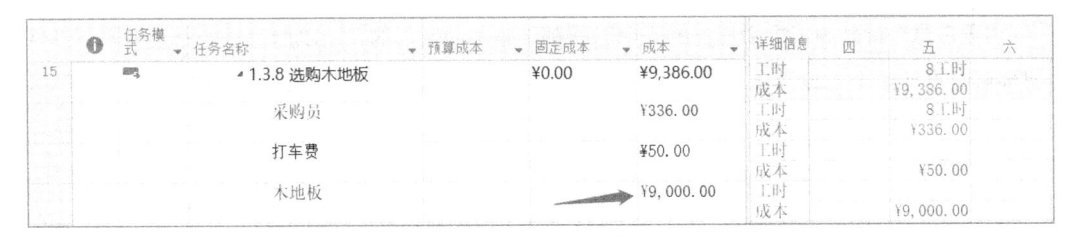

图 6-60

我们之前把"风险准备金"分配给了任务 1，如图 6-61 所示，直接把它的数值从 10000 修改成 8473。现在整个项目的成本已经变成了 95000 元，已经满足了成本基准的要求，压缩成本基本可以结束了。

	任务模式	任务名称	预算成本	固定成本	成本	工时	工期
0		▲ 6.5.2 跟连永老师学Project	¥100,000.00	¥0.00	¥95,000.00	277 工时	81 个工作日
		项目预算成本	¥100,000.00				
1		▲ 1 新房装修项目		¥0.00	¥95,000.00	277 工时	81 个工作日
		风险准备金			¥8,473.00		

图 6-61

6.6 计划做好后如何整体顺延

在前面的所有章节中，我们主要做了两件事，一是制订了一个初始的计划，当然这个初始的计划不一定能满足项目目标的需要，所以又做了第二件事，就是对计划进行了优化，主要是解决资源过度分配、关键路径、压缩工期与压缩成本等关键问题。经过这些操作后，一个计划基本就定型了，可以保存为基准进行项目的执行和监控了。

但是，假如项目突然遇到新的问题，整个项目可能需要延期几个月再开工，比如当前计划在 2018 年 3 月 1 日开工，由于某种原因项目只能在 2018 年 5 月 1 日再开工，那怎么能让计划实现整体顺延呢？

由于当前计划还没有进入实际执行和更新过程，所以此时若想整体顺延计划是非常容易的，只需要在 Project 中进行两个操作就可以了。

1. 更新项目信息中的项目开始日期

打开项目信息窗口，将项目开始日期从 2018 年 3 月 1 日改成 2018 年 5 月 1 日，然后单击【确定】按钮。

由于在这个计划中，每个任务的开始时间都不是手动输入的，所以所有任务都没有限制条件（具体解释可详见第 4.29 节），当我们在项目信息窗口中把项目开始日期改为 2018 年 5 月 1 日后，整个计划就顺延到从 2018 年 5 月 1 日开始，完成时间变成 2018 年 7 月 20 日，如图 6-62 所示，由于整个项目采用的是全年 365 天无休，所以不会受到假期的影响，项目总工期也没有发生变化。

2. 对于有限制条件的任务，手动修改其开始时间或完成时间

假如计划中有些任务的开始时间或者完成时间是手动输入的，这些任务就会有"不得早于……"或"不得早于……完成"的限制条件。对于这些任务，当在项目信息中修改了项目开始日期后，这些任务的时间不会自动顺延，因为限制条件已经把任务定格在某个时间上了，

第 6 章　优化项目计划

所以当整体计划需要顺延时，对于有限制条件的任务，需要手动去修改其开始时间或者完成时间。

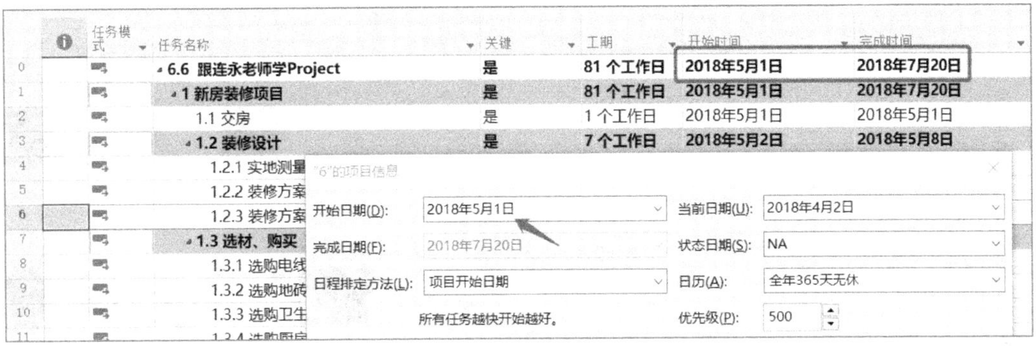

图 6-62

> **注意**　本节的操作只是为了演示项目整体顺延，演示完毕后需要重新把项目的开始日期改回 2018 年 3 月 1 日。

第 7 章

设定项目基准

在前面章节已经排定了一个项目进度及成本计划,并且已经优化到满意的程度,现在我们就可以将其设定为基准。基准可以理解为目标计划,它是静止的,在项目执行过程中,我们要不断监控项目计划,并不断对比当前计划是否是按照基准计划推进的,如果发现偏差或者有偏差的迹象,我们应该及时采取行动进行干预,使其再次回到基准的轨道上。

7.1 基准的含义及设置基准的目的

基准就是项目的目标,所以基准计划是静止的,犹如我们做绩效考核一样,年初制订一个绩效的目标后,一般情况下不会去修改目标,而是不断修正眼前的计划,使其越来越接近绩效目标。在 Project 中设定基准后,一般情况下也不去修改它,而是用它作为项目执行过程中衡量进度提前还是滞后的依据,也是衡量成本是超支还是节余的依据。

在前面把计划优化到满意的程度后,我们就可以把这个计划设定为基准,以后就按照这个目标来控制进度和成本。

注意 在 Project 的各个英文版中,基准叫作 Baseline,在 Project 2010 及之前的中文版中基准被翻译成【比较基准】,是比较贴切的。在 Project 2013、Project 2016 及 Project 2019 中文版中,基准被翻译成"基线",是按照英文直译过来的。所以需要大家留意,Project 2010 中的【比较基准】就是 Project 2013/2016/2019 中的【基线】,也就是英文版中的【Baseline】。

第 7 章 设定项目基准

本节的图是从 Project 2016 和 Project 2013 软件中截取的，如果大家用的是 Project 2010，在自己操作时，所有出现【基线】的地方，请自行对应到 Project 2010 中的【比较基准】。

7.2 设置基准和清除基准

在 Project 中设定和清除基准是很简单的。

在【项目】选项卡下单击【设置基线】，会出现两个下拉选项，一个是【设置基线】，另一个是【清除基线】，如图 7-1 所示，这里选择【设置基线】。

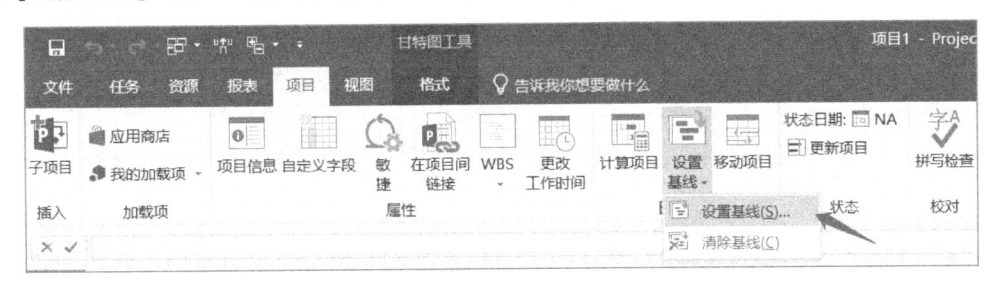

图 7-1

弹出【设置基线】窗口，如图 7-2 所示，当我们第一次设置基线时，这个窗口不用修改任何选项。而且需要提醒大家的是，在【设置基线】下拉菜单中有【基线】、【基线1】、【基线2】等，此时一定不要选择【基线1】等带数字的，应选择图 7-2 中显示的【基线】，单击【确定】按钮即可。（图 7-2 中出现的中期计划将在 7.5 节中讲解。）

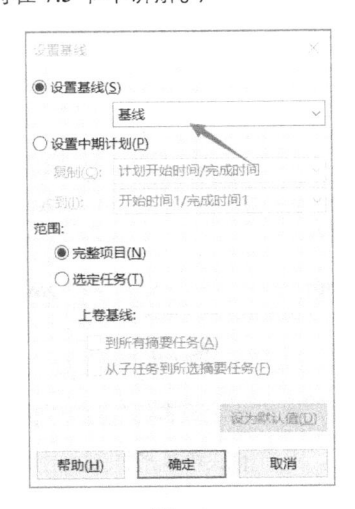

图 7-2

单击【确定】按钮后，在甘特图视图中似乎没有变化。其实 Project 已经把当前计划设定为基线保存起来了，比如，可以在工作表区域插入列【基线开始时间】【基线完成时间】，如图 7-3 所示。注意，不要插入列【基线 1 开始时间】，因为刚才保存的是【基线】，而不是【基线 1】。在图 7-3 中可以看到，由于刚刚设定基准，【基线开始时间】的数据和【开始时间】列中的数据是完全一样的。在刚才的设定基准操作中，相当于 Project 把那个时点的计划数据（开始时间、完成时间、工期、成本、工时等）拍了一张照片保存到基线中。所以，正如在第 6 章所讲的，在设置基准前，要确保计划已经优化到可以设定为基线的条件。

图 7-3

保存基线进入项目执行和监控过程后，会用到一个新的【跟踪甘特图】视图，如图 7-4 所示，在视图栏中单击【跟踪甘特图】，或者在【任务】选项卡下单击左侧【甘特图】按钮下方的小三角图标，然后从视图列表中单击【跟踪甘特图】也可以。

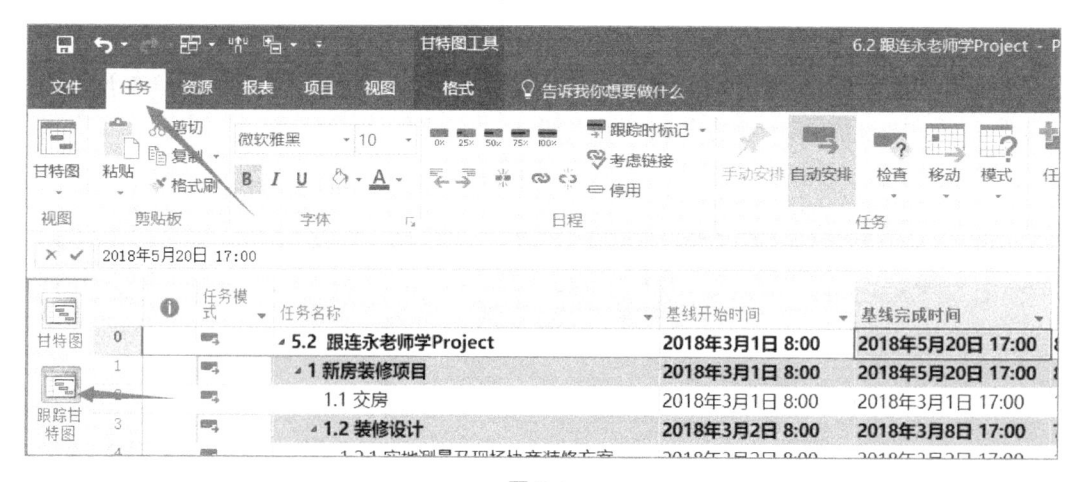

图 7-4

在图 7-5 的跟踪甘特图视图中，我们会发现右侧的甘特图区域与甘特图视图中的不一样，每个任务对应有一上一下两个条形图，下方的灰色条形图就是刚刚设定的基准，上方的条形图代表【开始时间】【完成时间】列中的当前计划数据。由于刚保存基准，所以基准条形图和当前计划条

第 7 章 设定项目基准

形图是完全一致的。在【跟踪甘特图】视图中，对于当前计划中的关键任务，其条形图自动显示为红色，如图 7-5 所示，有些条形图是红色的，那就是关键任务，有些条形图是蓝色的，就是非关键任务。

假如此时修改任务 2 "交房" 的工期从 1 天改为 2 天，如图 7-6 所示，我们看到，【开始时间】、【完成时间】列中的很多数据都发生了变化，而且右侧甘特图中的变化比较明显，当前计划的条形图都随着【开始时间】、【完成时间】列中的数据自动调整或顺延了，而下方的基线是不动的，这样当我们更新计划时，就可以在跟踪甘特图视图中直观地看到当前计划与基准计划之间的差异。在第 8 章中会详细讲解如何更新计划。

图 7-5

图 7-6

假如我们就是想把任务 2 的工期改成 2 天，而且要把现在新的计划设置为基准，不要原来的基准了，这时的操作与第一次设置基准是一样的。单击【项目】选项卡下的【设置基线】菜单（见图 7-1），在弹出的两个选项中单击【设置基线】，弹出【设置基线】窗口，如图 7-7 所示，我们会发现一些新的变化，此时在【设置基线】下拉菜单中显示的依然是【基线】，但是在 "基线" 后面提示在某个时刻已经设置过基线了，如果单击【确定】按钮，会弹出如图 7-8 所示的提示窗口。在图 7-8 的提示窗口中，Project 是想提醒我们，之前已经设置了【基线】，现在是否要用新计划把原来的【基线】覆盖掉，单击【是】按钮即可。

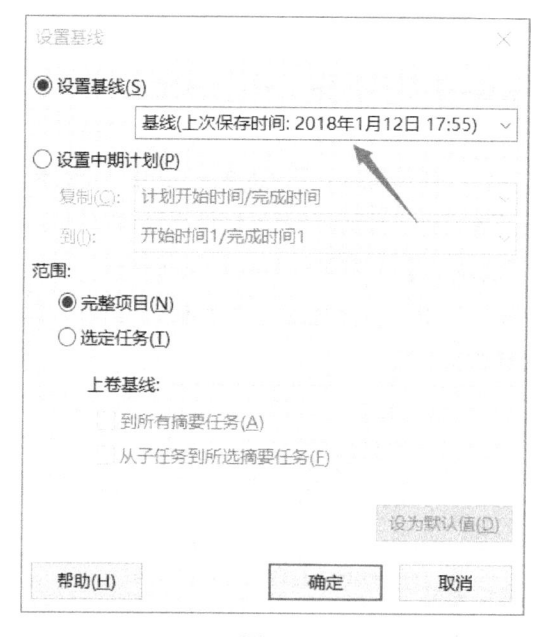

图 7-7

图 7-8

此时再看跟踪甘特图视图，我们会发现，在右侧的甘特图区域有了新变化，对比图 7-9 与图 7-6，由于刚才把新计划设置为了基准，所以现在基线的条形图又和当前计划的条形图完全一样。

图 7-9

第 7 章 设定项目基准

刚才只是演示，如果现在想把基线清除，则在【项目】选项卡下单击【设置基线】按钮，在弹出的两个选项中单击【清除基线】，此时会出现如图 7-10 所示的提示窗口。在该窗口中，也会提示之前在某个时刻曾经设置过一个基准，单击【确定】按钮。

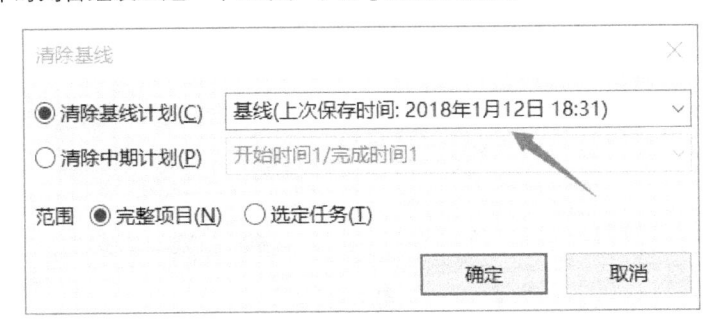

图 7-10

再看跟踪甘特图视图，我们发现右侧甘特图区域中基线的条形图已经不见了，如图 7-11 所示，而且如果在工作表区域插入列【基线开始时间】、【基线完成时间】，我们会发现其中的数据都被清除了。

刚才讲解了如何设置基线与清除基线。现在再将任务 2"交房"的工期改回 1 天，并且重新设置一下基线。

图 7-11

7.3 设定基准所包含的信息

在 Project 中设置基线几乎是一键设定的，其操作非常简单，并且在设置基线时，实际上是同时保存了进度基线与成本基线。下面看看在单击【设置基线】按钮后，Project 会把当前计划中的哪些信息保存到基线中。

图 7-12 列举了 Project 中的基线所保存的数据，包括基线成本、基线工期、基线工时、基线开始时间、基线完成时间和基线固定成本。

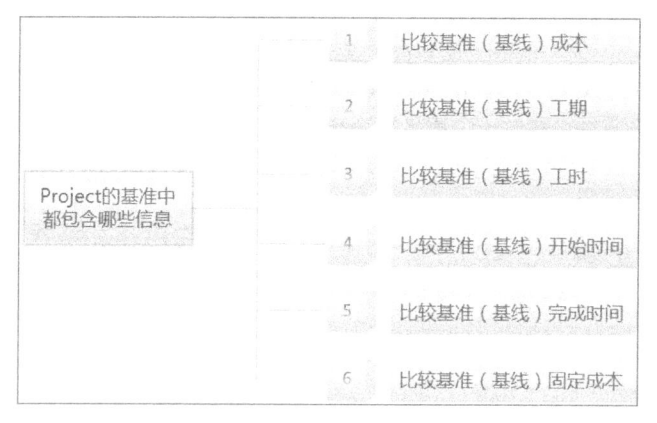

图 7-12

在工作表区域中插入这些列后，会发现这些列全部都有了基线的数据，如图 7-13 所示，而且由于刚刚设置基线，所以这些基线的数据与当前计划中【成本】列、【工期】列、【工时】列、【开始时间】列、【完成时间】列、【固定成本】列中的数据完全一样。

图 7-13

7.4 正确理解多个项目基准

在第 7.2 节设置基线时，在【设置基线】窗口中其实是可以保存为【基线】，以及【基线 1】到【基线 10】共 11 个基线的，如图 7-14 所示。我们一般会选择保存到【基线】，而不保存到【基线 1】那些带数字的基线中，原因将在第 8.4 节详细讲解。

但是前文中已经讲到，在项目管理中一般是不会轻易变更基准的，所以虽然 Project 中可以保存 11 个基准，但我们几乎不会用到这么多基准。基准的变更是项目管理中的重大变更，必须经过正式批准。在第 8.15 节至 8.18 节将详细讲解什么情况下可以设置新的基准，以及如何使用新的基准。

第 7 章　设定项目基准

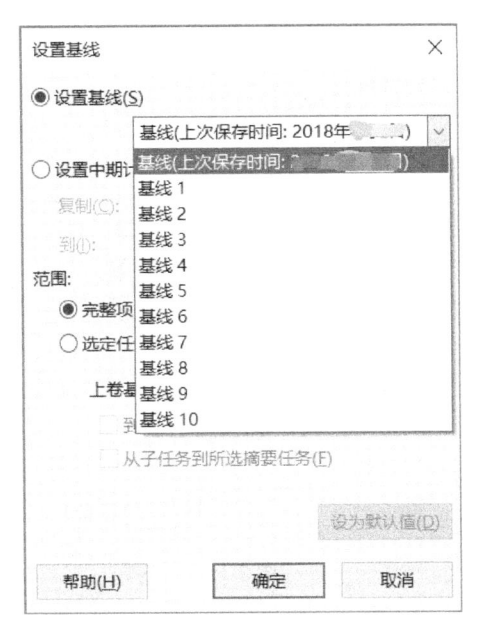

图 7-14

7.5　基准与中期计划的区别

在【设置基线】窗口中还有一个【设置中期计划】选项，如图 7-15 所示，当我们选择这个选项时，它可以把当前计划中的【开始时间】/【完成时间】数据复制到【开始时间 1】/【完成时间 1】中，当然也可以复制到【开始时间 2】/【完成时间 2】中。这个中期计划的目的仅仅是把当前计划的时间拍照保存，它不能作为衡量进度绩效和成本绩效的依据，并且设置基线的目的是不同的。

在图 7-15 所示的窗口中单击【确定】按钮后，再看甘特图或者跟踪甘特图视图中，似乎什么变化都没有，条形图也没有任何变化。但是当我们在工作表区域中插入列【开始时间 1】和【完成时间 1】后，如图 7-16 所示，会发现它们都有数据，这些数据正是刚才设置中期计划后才从当前计划中复制过去的。

> **注意**　当设置中期计划时，只能使用开始时间和完成时间，而不能将其他列的数据复制到中期计划中。比如在图 7-16 中，如果插入列【工期 1】，会发现这一列是空值，通过刚才设置中期计划的操作，并不能把当前计划中的【工期】值复制到【工期 1】列中。

在项目执行过程的某个时点，如果想把当时的计划日期保存下来，可以考虑用中期计划的功能，但是它和基线有本质的区别，表 7-1 总结了中期计划与基线之间的本质区别。

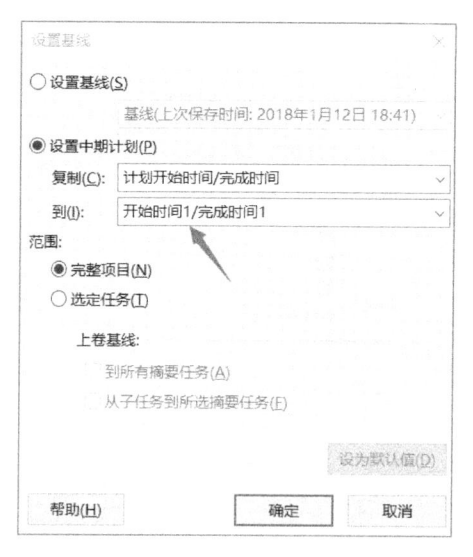

>> **10 天精通 Project 项目管理：从菜鸟到实战高手**

图 7-15

图 7-16

表 7-1

名称	基线或比较基准（Baseline）	中期计划（Interim Plan）
定义	作为进度绩效和成本绩效的依据	不作为衡量绩效的依据
包含的数据	基线成本 基线工期 基线工时 基线开始时间 基线完成时间 基线固定成本	开始时间 完成时间
数量	一般项目中只有一个基准，而且不会轻易变更	可以随便保存多个，无须任何批准

第 8 章

项目更新与监控（仅含进度、不含成本）

当我们制订了计划，并对计划进行优化和设置基准后，项目计划就进入实质性的执行过程了。在项目管理中，我们认为，好的事情不会自然发生，只有坏的事情可以。如果想让计划落实下去，必须对计划进行及时有效的监控。所以，执行过程和监控过程是紧密相关的，在 Project 中更新计划的最终目的是为了监控项目是否是按照基准计划往下推进的，Project 会提供很多预警的功能，可以帮助项目经理提早发现进度的偏差，并及时采取干预措施，以确保项目能按照预定的目标完成。

当用 Project 只管理项目进度计划与同时管理进度和成本相比，更新计划的方式是不同的，而且大多数 Project 用户更多的是使用 Project 管理项目进度。因此，本书将更新与监控分成两章来讲解，第 8 章讲解用 Project 只管理项目进度计划的相关知识与操作，第 9 章将讲解用 Project 同时管理项目进度与成本计划的相关知识与操作。

8.1 更新计划的频率及状态日期

前面已经介绍过，必须对计划进行及时有效地更新和监控，那么，多长时间更新一次项目计划比较合适呢？由于每个项目的范围、周期、详细程度都不相同，因此，这个问题没有统一的答案，但是一般情况下计划更新的频率与以下两个因素关系最大。

1. 整个项目的周期或者时间跨度

如果一个计划的时间跨度是一年或者两年，则可能每个月或者每两星期更新一次计划就足够了；但是如果一个计划总的工期才一个月，那每周更新一次计划都很难有效控制进度的进展情况，可能需要每周更新两次计划才行。所以对于具体的项目，项目团队可以根据项目具体的情况和组织的特定环境去考虑到底应该多久更新一次计划更合适。

2. 项目计划的详细程度

除整个项目的时间跨度外，更新计划的频率还与项目计划的详细程度有关。如果项目计划中每个任务的工期都在几周左右，那么更新计划的频率就可以适当放宽一点。而如果一个项目计划中很多任务的工期在一两天左右，那么更新计划的频率就必须紧凑一些，否则等任务都过期了才发现就太晚了，这样就无法有效地监控项目进展和及时纠偏。

综合以上两个因素，小王和他的团队决定每天关注项目和任务进展，并且每周更新一次计划。

在 Project 中更新项目计划时，还有一个概念需要澄清，那就是【状态日期】。举个例子，小王要求各团队成员每周五下午提交任务的进度数据，每周一上午项目例会时更新计划。假如设计师在周五下午反馈任务 A 目前完成了 50%，并且在原定工期内可能无法完成，所以请求增加 2 天的工期。那么当周一项目经理更新计划时，小王使用的数据实际上是反映上周五的项目状态，而不是更新计划那天（周一）的状态，因此，状态日期应该是上周五，而不是本周一。在更新计划之前，我们首先对【状态日期】达成共识，每次更新计划前，应该首先更新【状态日期】，目的是让别人看明白这次更新的计划反映的是哪一天的进度数据和预测，在第 8.3 节会讲解如何在 Project 中更新【状态日期】。关于【状态日期】，在第 8.3 节还会讲到。如果不想每次都更新【状态日期】，也可以忽略。

8.2 基准计划、当前计划和实际状态之间的关系

更新计划是很多 Project 用户的难点，也是很容易产生各种困惑的环节，一个非常重要的原因就是不了解 Project 中有三个计划（基准计划、当前计划和实际状态）、它们各自的用途以及它们之间的关系。

1. 基准计划

在第 7 章设定基准中，已经介绍了基准计划的目的，它是我们力争要完成的目标计划，是衡量进度绩效和成本绩效的依据，它是静止的。基准计划包含的列有【基线成本】、【基线工时】、【基线工期】、【基线开始时间】、【基线完成时间】和【基线固定成本】。有些 Project 用户比较困惑的一点是：为什么一更新任务的【实际开始时间】,【开始时间】列就自动改变，如果【开始时间】

第 8 章　项目更新与监控（仅含进度、不含成本）

一直变，怎么能看到它与初始计划之间的偏差呢？实际上我们平时所说的初始计划应该理解为基准计划，因为基准计划才是我们衡量进度绩效的依据。

2．当前计划

这是动态的计划，每一次更新计划时，该计划都会发生一些变化，该计划反映的是该项目最新的计划，它包含的列有【开始时间】、【完成时间】、【工期】、【工时】、【成本】、【固定成本】等。在项目执行与监控过程中，我们会不断用当前计划与基准计划去对比，以便及时检查并发现项目有没有按照基准计划去推进。如果有些任务的【实际状态】更新，那么当前计划会自动使用这些数据以反映这些既定事实，同时需要对未完成的任务进行新的预测并更新整体的当前计划。

3．实际状态

如果有些任务实际已经开始或者实际已经完成，那就需要更新它们的实际状态，不需要对实际状态进行过多考虑，基本上是反映事实而已。实际状态包含的列有：【实际开始时间】、【实际完成时间】、【实际工时】、【实际成本】、【完成百分比】。

图 8-1 是对三个计划之间关系的总结。下面举一个简单的例子来演示一下。

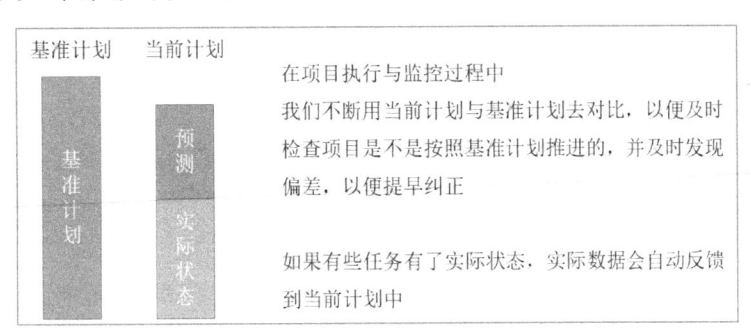

图 8-1

假如一个计划中只有 A、B 两个任务，如图 8-2 所示，项目日历是全年 365 天无休，任务 A 的工期是 5 天，即从 2018 年 3 月 1 日开始到 2018 年 3 月 5 日；任务 B 的工期是 3 天，它必须在任务 A 完成后才能开始，所以任务 B 从 2018 年 3 月 6 日开始到 2018 年 3 月 8 日结束，并且我们把当前计划设置成了基准，图 8-2 所示就是跟踪甘特图的截图。

图 8-2

假如在实际执行中我们发现，任务 A 由于某些原因并没有如期开展，直到 2018 年 3 月 3 日才开工,那么我们就更新任务 A 的【实际开始时间】为 2018 年 3 月 3 日,由于该任务尚未完成,因此不用更新【实际完成时间】,工期如果还是 5 天,也可以不用更新,如图 8-3 所示。

		任务模式	任务名称	工期	开始时间	完成时间	前置任务	实际开始时间	实际完成时间
1			A	5 个工作日	2018年3月3日 8:00	2018年3月7日 17:00		2018年3月3日 8:00	NA
2			B	3 个工作日	2018年3月8日 8:00	2018年3月10日 17:00	1	NA	NA

图 8-3

在图 8-3 中,我们清晰地看到,当我们更新了任务 A 的【实际开始时间】后,任务 A 当前计划中的【开始时间】也自动调用了它的实际开始时间,因为当前计划一定要反映最新的状态和预测,这样任务 A 的当前计划就因为实际开始时间的更新而自动更新了,从甘特图区域能明显看到整个计划往后顺延了,而基准计划仍然是静止的,所以从甘特图区域能看到当前计划的条形图已经落后于基准计划的条形图。正如在上文所讲解的,在项目执行和监控过程中,我们不断对比当前计划与基准计划之间的差异,从而及时发现计划执行是否与基准有偏差,如果出现偏差,则需要及时采取措施进行干预和纠偏。

在后续的章节中,我们将对案例项目进行系统更新,本节是为后续章节做一个铺垫。

8.3 更新实际状态与当前计划

前面讲解了 Project 中三个计划之间的关系,并用一个例子演示了这三个计划之间如何互动、关联和影响。本节将以案例项目为基础,对计划进行系统的更新,并深入讲解更新计划的相关知识及操作。

小王是一个负责任的项目经理,他每天都跟踪项目的进度。在第 8.1 节中介绍了本案例将每周一次更新计划并重新发布,第一个星期后的任务进展情况如表 8-1 所示。

表 8-1

任务 ID	任务名称	实际开始时间	实际完成时间	解释
2	交房	2018 年 3 月 1 日	2018 年 3 月 1 日	已完成
4	实地测量及现场协商装修方案	2018 年 3 月 2 日	2018 年 3 月 3 日	已完成
5	装修方案设计	2018 年 3 月 4 日		已开始但尚未完成,工期预计还是 5 天
	其他任务			都还未开始

首先更新状态日期。该项目在 2018 年 3 月 1 日开始,第一个星期后应该是 2018 年 3 月 8 日,在【项目】选项卡下单击【状态日期】按钮,如图 8-4 所示,输入状态日期是 2018 年 3 月 8 日。关于【状态日期】是否一定要输入,在第 8.3.7 节会有解释。

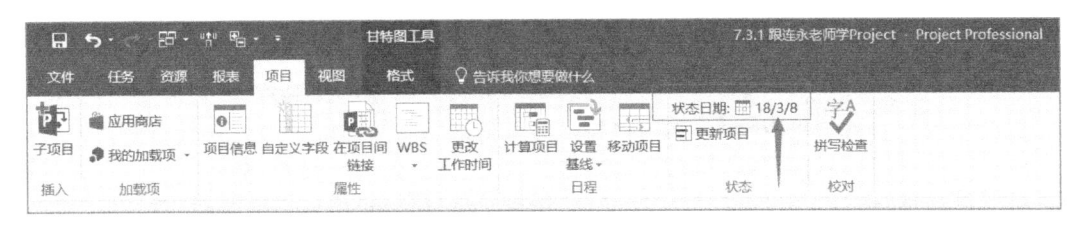

第 8 章　项目更新与监控（仅含进度、不含成本）

图 8-4

8.3.1　更新已开始并完成的任务

如表 8-1 所示，任务 2 和任务 4 这两个任务实际已经完成，我们在 Project 计划中更新这两个任务。在【跟踪甘特图】视图中，插入列【实际开始时间】、【实际完成时间】，然后对任务 2 分别输入它的【实际开始时间】为 2018 年 3 月 1 日和【实际完成时间】为 2018 年 3 月 1 日。对于任务 4，输入它的【实际开始时间】为 2018 年 3 月 2 日、【实际完成时间】为 2018 年 3 月 3 日，如图 8-5 所示。

图 8-5

比如任务 4，当我们输入了它的【实际开始时间】和【实际完成时间】后，其当前计划中的【开始时间】将自动调用【实际开始时间】，【完成时间】也将自动调用【实际完成时间】的数据，从而使这些任务反映实际的情况。而且当任务 4 的完成时间调用了【实际完成时间】后，它的后续任务 (任务 5) 的开始时间也随之顺延到了 2018 年 3 月 4 日，这是因为还没有为任务 5 输入【实际开始时间】，所以其前置任务条件仍然有效。同时，在甘特图区域能看到任务的条形图也出现了相应的变化。不仅是这些任务的后续任务都出现了连锁反应，包括摘要任务也都根据子任务的信息自动计算并调整了。

另外，当任务 2 和任务 4 有了【实际完成时间】后，在左侧的【标记】列中会显示一个 "√" 的图标，标示该任务实际已经完成。

在修改任务 4 的实际完成时间时，由于输入的实际完成时间与原来的完成时间不同。因此会出现如图 8-6 所示的提示窗口，这是因为我们采用的任务类型是【固定工期】，单击【确定】按钮即可。

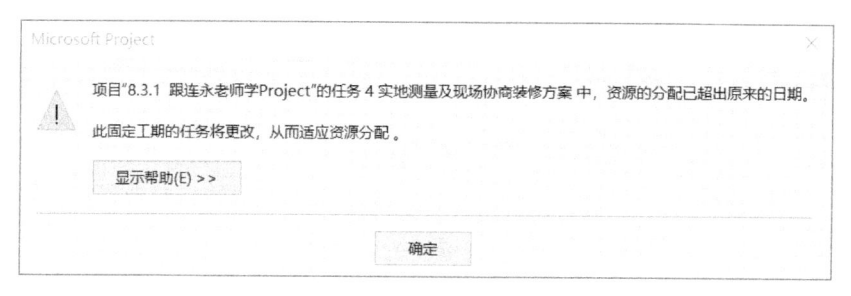

图 8-6

对于实际已经完成的任务,在 Project 中更新时非常简单,直接输入该任务的【实际开始时间】和【实际完成时间】就可以,时间就以实际发生的日期为准。

注意 如果已经输入了任务的【实际开始时间】及【实际完成时间】,任务原来设置的前置任务就失效了,比如任务 4 的前置任务是任务 2,输入了任务 2 的实际完成时间为 2018 年 3 月 1 日后,如果根据前置任务计算,任务 4 应该在 2018 年 3 月 2 日开始。但是如果任务 4 实际上是 2018 年 3 月 1 日当天就开始了,那么在 Project 中输入任务 4 的实际开始时间 2018 年 3 月 1 日后,任务 4 的【开始时间】还是调用实际状态的日期 2018 年 3 月 1 日,而不是根据前置任务计算出来的开始时间为 2018 年 3 月 2 日。

当任务没有实际开始时间或者实际完成时间的情况下,设置的前置任务是有效的,当然还要考虑其他因素,比如限制类型,相关内容可再次回顾一下第 4.30.1 节。

8.3.2 更新已开始但未完成的任务

在表 8-1 中,任务 5 实际已经开始但还没有结束,对于这种任务,在 Project 中更新计划时,应该按照如下步骤。

第 1 步:先更新该任务的【实际开始时间】。这个操作比较简单,在【跟踪甘特图】视图中直接输入任务 5 的【实际开始时间】为 2018 年 3 月 4 日即可,如图 8-7 所示。

图 8-7

第 2 步:重新评估该任务的【工期】,如有必要,则修改调整工期天数。更新任务的【实际开始时间】后,有必要重新评估该任务的工期是否依然有效,经过评估,若任务工期需要延长或者缩短,都在这时更新,更新工期的方式很简单,直接在【工期】列修改任务的工期即可。对

第 8 章 项目更新与监控（仅含进度、不含成本）

于任务 5，在表 8-1 中已经说明，该任务的工期依然是 5 天，所以暂不更新。

第 3 步：如果想使用和更新【完成百分比】，在更新了【实际开始时间】和重新调整【工期】后再更新【完成百分比】。在进度计划更新中，如果一个任务已开始但还未完成，可能领导想了解这个任务现在完成的百分比，这时可以用【完成百分比】列。比如任务 5，假如在【状态日期】为 2018 年 3 月 8 日时，我们认为该任务已经完成了 90%，则可以直接在【完成百分比】列中输入 90（会自动显示为 90%），如图 8-7 所示。完成百分比是估计出来的，很难确保完全准确，大家可以选择性地使用。另外，当更新了任务的【完成百分比】为 90% 后，该任务的条形图长度的前 90% 将显示为深红色或者深蓝色，这代表它的进度，也就是任务的完成百分比，深红色代表关键任务的完成百分比，深蓝色代表的是非关键任务的完成百分比。

> **注意** 上文我们用到的列是【完成百分比】，而不是【实际完成百分比】，请读者留意两者的区别，将在第 8.3.4 节进行讲解。

对于已开始但尚未完成任务的进度更新，就遵循如上 3 个步骤，图 8-8 是一个总结。如果把第 2 步和第 3 步颠倒过来，会出现一点问题，在第 8.3.5 节中将进行讲解。

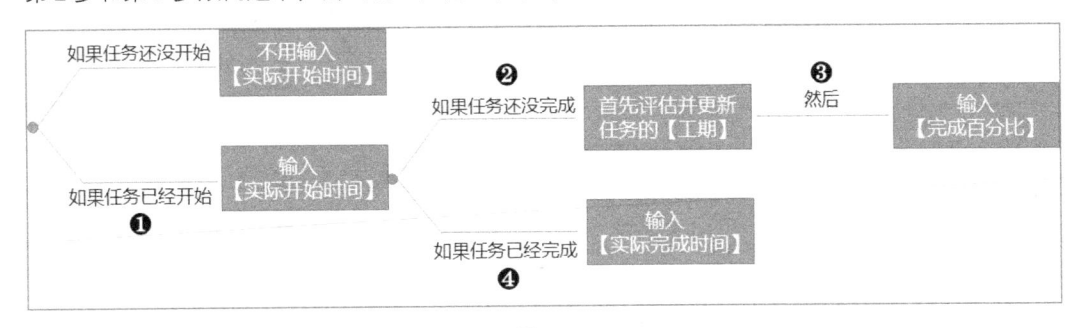

图 8-8

8.3.3　检查当前计划与基准计划的差异并更新尚未开始的任务

虽然我们已经按照表 8-1 更新了已经完成的任务和已经开始但还未完成的任务，但是整个计划并没有更新完毕。为什么呢？因为我们每次更新计划后，必须检查当前计划和基准计划之间的差异，如果项目的当前计划完成时间早于基准的完成时间，那么剩余的任务可能不需要再更新，假如当前计划已经晚于基准计划，则必须继续更新计划，使当前计划重新回到基准计划的轨道上，可能会发现偏差或者潜在的偏差，这正是我们定期更新计划的目的。

在【跟踪甘特图】视图中插入列【完成时间差异】，然后检查整个项目以及关键节点的完成时间是否落后于基准计划。

【完成时间差异】=【完成时间】−【基线完成时间】

以项目摘要任务为例，【基线完成时间】是 2018 年 5 月 20 日，而当前计划的【完成时间】是 2018 年 5 月 21 日，因此，【完成时间差异】是 1 天，从图 8-9 中也能看出，这也就说明当前计划晚于基准计划。

		任务模式	任务名称	完成时间差异	工期	开始时间	完成时间	前置任务	实际开始时间	实际完成时间
0			8.3.3 跟连永老师学Project	1 个工作日	82 个工作日	2018年3月1日	2018年5月21日		2018年3月1日	NA
1			1 新房装修项目	1 个工作日	82 个工作日	2018年3月1日	2018年5月21日		2018年3月1日	NA
2	✓		1.1 交房	0 个工作日	1 个工作日	2018年3月1日	2018年3月1日		2018年3月1日	2018年3月1日
3			1.2 装修设计	1 个工作日	8 个工作日	2018年3月2日	2018年3月9日		2018年3月2日	NA
4	✓		1.2.1 实地测量及现场协商装修方案	1 个工作日	2 个工作日	2018年3月2日	2018年3月3日	2	2018年3月2日	2018年3月3日
5			1.2.2 装修方案设计	1 个工作日	5 个工作日	2018年3月4日	2018年3月8日	4	2018年3月4日	NA
6			1.2.3 装修方案确认、修改及定稿	1 个工作日	1 个工作日	2018年3月9日	2018年3月9日	5	NA	NA

图 8-9

当发现当前计划落后于基准计划时，就必须马上采取措施使项目重新回到基准计划的轨道上来。由于任务 2、任务 4 已经都实际完成，因此这些任务已经是既定事实，无法改变了，那么我们就需要继续压缩其他未完成任务的工期，使整个项目以及关键节点的计划与基准计划保持一致，或者能提前更好，压缩工期所采用的方法在第 6.4 节已经讲解过了。小王与他的项目团队分析后，认为可以将任务 23“墙体改造”的工期继续压缩 1 天，变成 3 天，如表 8-2 所示。

表 8-2

任务	改动前	改动后
任务 23	工期是 4 天	工期是 3 天

我们在 Project 中将该任务的工期输入 3 天，如图 8-10 所示，这样整个项目的完成时间又回到了 2018 年 5 月 20 日，并且关键节点“业主验收”的完成时间也回到了 2018 年 4 月 17 日。此时再看【完成时间差异】列，虽然有些任务的【完成时间差异】是 1 天代表落后了，比如，任务 4、任务 5、任务 6，但是项目摘要任务和关键节点“业主验收”的【完成时间差异】是 0，代表整个项目计划虽然有局部的延迟，但是整体计划和关键节点仍然得到了很好的控制，没有延迟。

		任务模式	任务名称	完成时间差异	工期	开始时间	完成时间	前置任务	实际开始时间	实际完成时间
0			8.3.3 跟连永老师学Project	0 个工作日	81 个工作日	2018年3月1日	2018年5月20日		2018年3月1日	NA
1			1 新房装修项目	0 个工作日	81 个工作日	2018年3月1日	2018年5月20日		2018年3月1日	NA
2	✓		1.1 交房	0 个工作日	1 个工作日	2018年3月1日	2018年3月1日		2018年3月1日	2018年3月1日
3			1.2 装修设计	1 个工作日	8 个工作日	2018年3月2日	2018年3月9日		2018年3月2日	NA
7			1.3 选材、购买	1 个工作日	19 个工作日	2018年3月10日	2018年3月28日		NA	NA
22			1.4 室内施工	0 个工作日	37 个工作日	2018年3月9日	2018年4月15日		NA	NA
23			1.4.1 墙体改造	0 个工作日	3 个工作日	2018年3月9日	2018年3月12日	6	NA	NA
24			1.4.2 水电改造	0 个工作日	8 个工作日	2018年3月12日	2018年3月19日		NA	NA

图 8-10

从上面的讲解中大家也能看到，其实每次更新计划也相当于是一次优化计划的过程，一旦发

第 8 章 项目更新与监控（仅含进度、不含成本）

现整个项目或者关键节点出现了延后，必须通过对剩余任务压缩工期，从而使得当前计划再次回到基准计划的轨道上。所谓剩余任务，就是那些还未完成的任务，因为已经完成的任务是历史，已经无法改变了，只能从那些尚未完成的任务上想办法压缩工期。另外，即使要压缩未完成任务的工期，也要采取合理的方法，在第 8.3.7 节中会有一些要注意的问题。

8.3.4 【完成百分比】与【实际完成百分比】的区别

在第 8.2 节中讲解了 Project 中三个计划之间的关系：基准计划、当前计划和实际状态。实际状态包含的列有【实际开始时间】、【实际完成时间】、【完成百分比】等，那么，既然实际状态中的时间列都带有"实际"二字，我们为什么不用【实际完成百分比】，而用【完成百分比】呢？

在 Project 中有一列的确叫作【实际完成百分比】，但是这一列在软件开发的初衷仅是用于挣值分析的，而【完成百分比】才真正是用来反映任务当前完成的百分比的。【实际完成百分比】列在英文版软件中叫作【Physical % Complete】，中文翻译里的"实际"对应的是英文【Physical】，而【实际开始时间】中文翻译中的"实际"对应的是英文【Actual】。假如有些 Project 用户非要用【实际完成百分比】来代表任务的进度百分比，是否可行呢？我们来全面总结一下【完成百分比】和【实际完成百分比】的区别。

区别一：更新【完成百分比】后任务的条形图会自动显示进度

在图 8-7 中，当我们更新了任务 5 "装修方案设计"的【完成百分比】为 90%后，我们会发现其条形图自动发生了变化，条形图长度的前 90%自动显示为深红色，这个深红色的部分就代表该任务的完成百分比情况。如果该任务不是关键路径，那么其条形图长度的前 90%将显示为深蓝色。

假如我们插入列【实际完成百分比】，并更新了任务 5 "装修方案设计"的【实际完成百分比】为 90%后，其条形图长度的前 90%不会有任何变化。

区别二：更新【完成百分比】后其摘要任务的完成百分比会自动更新

在图 8-7 中，当我们更新了任务 5 "装修方案设计"的【完成百分比】为 90%后，我们会发现其摘要任务（任务 3 "装修设计"）的完成百分比是自动更新的。也就是说，摘要任务的完成百分比会根据子任务的工期与其完成百分比自动计算出来。

假如插入列【实际完成百分比】，并更新了任务 5 "装修方案设计"的【实际完成百分比】为 90%后，它的摘要任务的【实际完成百分比】依然是 0，不会根据子任务的数据而自动计算。

以上是【完成百分比】与【实际完成百分比】最大的区别。所以，如果大家想用百分比来体现任务已经完成的程度，请使用列【完成百分比】，而不要使用【实际完成百分比】。

8.3.5 修改任务工期后，任务完成百分比会自动变化

在第 8.3.2 节中，对于实际已经开始但尚未完成的任务，我们是按照三步依次更新的，首先输入其【实际开始时间】，然后更新任务的【工期】，最后更新任务的【完成百分比】，如图 8-8 所示。那能否把第 2 步与第 3 步的顺序颠倒过来呢？那样做会出现新的麻烦，这与 Project 软件的设计逻辑和计算原理有关系。

我们来举个简单的例子解释这个问题。假如有个任务 A，它的工期是 10 天，如果我们首先更新了它的【完成百分比】为 30%，如图 8-11 所示。如果再更新任务的工期，比如改成 12 天，那么它的【完成百分比】就会自动变化，变成 25%，如图 8-12 所示。

图 8-11

图 8-12

这是为什么？因为在 Project 中有一个算法，当首先更新任务的【完成百分比】为 30%后，Project 将在后台计算出任务 A 的【实际工期】=【工期】×【完成百分比】=10×30%=3 天。当再次更新任务的工期为 12 天后，【完成百分比】又会自动计算一次，【完成百分比】=【实际工期】/【工期】=3/12=25%。所以，提醒大家在第 8.3.2 节中一定按照图 8-8 所示的顺序来更新，而不要首先更新【完成百分比】，再更新任务的【工期】，这一点请大家特别留意。如果不按这个顺序更新，那么可能最后还需要重新调整一遍【完成百分比】，就会多一些操作，有时可能还会忘记再次更新【完成百分比】。

8.3.6 正确理解和使用【实际工期】

在 8.3.5 节，我们澄清了一个常见的问题，就是当更新某个已经开始但尚未完成的任务时，要首先更新其【工期】，然后更新【完成百分比】，并且讲到了如果把顺序颠倒过来，第一次输入的完成百分比将会再次计算一遍，其中提到了一个概念，就是 Project 中的【实际工期】。

其实如果一个任务在没有完成的情况下，【实际工期】一列虽然可以插入并显示在工作表中，但是这一列实际是没有什么意义的。只有当这个任务全部完成后，【实际工期】才是一个真实的数据，可以用【实际工期】和【基线工期】对比。当然，如果任务已经完成，那么其【工期】与【实际工期】的数值也将完全一样，道理与【开始时间】和【实际开始时间】类似，当实际发生后，

第 8 章　项目更新与监控（仅含进度、不含成本）

当前计划就会自动调用实际状态的数据。

如图 8-13 所示，我们分别插入列【完成百分比】、【基线工期】、【实际工期】、【工期差异】等列。比如任务 2，该任务的完成百分比是 100%，已经完成，它的【实际工期】是 1 天，其【工期】自然会调用实际状态的数据，因此也是 1 天。再看其【基线工期】也是 1 天，其【工期差异】=【工期】–【基线工期】=0 天，这说明，该任务在实际执行时，它的工期与目标工期（基线工期）是一致的，当然这并不能说明该任务没有延迟，只能说明工期长度没有超出原来计划的基准工期。

		任务模式	任务名称	工期	完成百分比	实际工期	基线工期	工期差异
0			▲ 8.3.6 跟连永老师学Project	81 个工作日	8%	6.17 个工作日	81 个工作日	0 个工作日
1			▲ 1 新房装修项目	81 个工作日	8%	6.17 个工作日	81 个工作日	0 个工作日
2	✓		1.1 交房	1 个工作日	100%	1 个工作日	1 个工作日	0 个工作日
3			▲ 1.2 装修设计	8 个工作日	81%	6.5 个工作日	7 个工作日	1 个工作日
4	✓		1.2.1 实地测量及现场协商装修方案	2 个工作日	100%	2 个工作日	1 个工作日	1 个工作日
5			1.2.2 装修方案设计	5 个工作日	90%	4.5 个工作日	5 个工作日	0 个工作日
6			1.2.3 装修方案确认、修改及定稿	1 个工作日	0%	0 个工作日	1 个工作日	0 个工作日

图 8-13

再看任务 4，其【工期】是 2 天，而【基线工期】是 1 天，所以其【工期差异】是 1 天，说明该任务在实际执行后工期长度比基准工期延长了 1 天。在任何时候，工期差异是正数，只能说明实际执行中该任务需要更长的时间，并不能说明它延迟，如果实际开始时间比基线开始时间早，即使工期比基线工期延长了，任务的完成时间相对于基线完成时间，有可能是晚了，也可能是早了，还有可能完全一样。总之，任务是否出现了延迟应该考查【完成时间差异】，而不是看【工期差异】，在第 8.4 节还会再次解释和强调。

因此，大家需要特别注意，【实际工期】仅在任务已经完成的情况下（完成百分比为 100%或者已经有了【实际完成时间】）才有意义。当任务还未完成的情况下，虽然在【实际工期】列中也会显示一个数值，但是这个数值是用【工期】乘以【完成百分比】得出的，在项目进度监控过程中并没有什么用途。

8.3.7　更新进度计划需要注意的事项

在前面章节中，我们给大家演示并解释了如何更新计划，包括已经完成的任务、实际已开始但未完成的任务，以及尚未开始的任务。但是在实际操作时，大家仍然会有一些错误的操作以及一些经验上的错误认识，本节将总结更新进度计划过程中需要注意的问题。

1. 不要更新摘要任务的工期或者时间

与制订计划时一样，对于摘要任务，我们不需要更新它的工期、开始时间、完成时间或者完成百分比，因为摘要任务的这些列将会根据子任务的信息而自动计算。一旦不小心更新了摘要任务的工期或者时间，该摘要任务的任务模式就自动从【自动计划】变成了【手动计划】，同时会出现一些问题，比如摘要任务的工期与子任务无法匹配以及关键路径计算出现问题等。

在第 8 章中只讲解如何更新 Project 中的进度计划，也就是只用 Project 管理进度而不管理成本的情况下如何更新的问题。这种情况下，我们只需要更新子任务，而不需要更新摘要任务，因为摘要任务都是自动计算的。在第 9 章将讲解用 Project 同时管理进度和成本的情况下如何更新计划，会有一些不同之处，比如当摘要任务本身也分配了资源时，那么还需要对摘要任务的资源分配进行更新，这里仅做铺垫。

> **注意** 如果摘要任务本身没有分配资源，那我们只需要更新其子任务的实际状态和当前计划，摘要任务将会根据子任务的信息自动更新，不需要手动更新摘要任务的时间或工期；如果摘要任务本身也分配了资源，那么除要更新子任务外，还需要更新摘要任务所使用的资源分配的实际状态和预测。本章假设项目计划中没有资源和成本，只是一个进度计划，所以这个问题暂时不需要考虑。

2. 更新计划后，如果（未完成）任务的计划完成时间在【状态日期】之前是不合理的

如果我们更新了计划的状态日期是 2018 年 3 月 8 日，则表示当前日期已经是 2018 年 3 月 8 日或者更往后的日期，所以假如更新计划后，有些未完成任务的计划完成时间是 2018 年 3 月 7 日，就不合理，因为 2018 年 3 月 7 日已经过去，再将某个任务"计划"在这一天完成（说明它还没有完成）是不可能的。如图 8-14 所示，假如状态日期是 2018 年 3 月 8 日，而任务 4 的计划完成时间却是在状态日期之前，就是错误的，如果这个任务确实还没有完成，那么它计划的完成时间肯定晚于今天，此时就需要更新该任务的工期。

图 8-14

3.【状态日期】是否是必须输入的

按照更新计划的原则，每次更新计划应该先更新【状态日期】，这会让看计划的人清楚该计划

第 8 章　项目更新与监控（仅含进度、不含成本）

反映的是状态日期这一天的进度数据和预测，而不是打开计划来看计划那一天的进度和预测。

很多用户可能有疑问，为什么一定要更新【状态日期】，能不能忽略这一步？其实，如果大家在操作的时候不输入【状态日期】，可能会发现对计划也没有影响，但在 Project 的计算中，【状态日期】主要影响到两个值：第一，【状态】列的计算结果，在第 8.6 节将会详细讲解。第二，挣值管理中的计划值 BCWS，在第 9.8 节将会讲解。由于【状态】列是一个很有误导性的功能，因此建议大家少用。而挣值管理在实际应用中还有很多实际的问题需要考虑，在第 9.8 节会详细讲解挣值管理的计算原理和局限，因此也建议大家谨慎使用。综上所述，【状态日期】主要影响到的两个功能在实际工作中使用的情形并不多，即使【状态日期】不输入，也可能对大家的计划没有任何影响。之所以建议大家使用【状态日期】，是因为这是 Project 的项目管理原理和计算逻辑的一个体现，而且让懂 Project 的人更容易看明白计划。

8.3.8　第二次更新计划

现在我们再次更新计划，假如项目已经过去两周，目前已经来到了 2018 年 3 月 15 日，小王根据实际的进展情况做了表 8-3 的记录。

表 8-3

任务 ID	任务名称	实际开始时间	实际完成时间	解释
2	交房	2018 年 3 月 1 日	2018 年 3 月 1 日	已完成
4	实地测量及现场协商装修方案	2018 年 3 月 2 日	2018 年 3 月 3 日	已完成
5	装修方案设计	2018 年 3 月 4 日	2018 年 3 月 7 日	已完成
6	装修方案确认、修改及定稿	2018 年 3 月 8 日	2018 年 3 月 9 日	已完成
8	选购电线、水管、开关插座等	2018 年 3 月 7 日	2018 年 3 月 7 日	已完成
9	选购地砖、墙砖、过门石	2018 年 3 月 9 日	2018 年 3 月 9 日	已完成
10	选购卫生间、厨房吊顶	2018 年 3 月 10 日	2018 年 3 月 10 日	已完成
11	选购厨房整体橱柜	2018 年 3 月 11 日	2018 年 3 月 11 日	已完成
12	选购卫浴设备	2018 年 3 月 12 日	2018 年 3 月 12 日	已完成
13	选购客厅吊顶材料	2018 年 3 月 13 日	2018 年 3 月 13 日	已完成
14	选购墙面漆	2018 年 3 月 14 日	2018 年 3 月 14 日	已完成
23	墙体改造	2018 年 3 月 9 日	2018 年 3 月 11 日	已完成
25	管路设计、画线	2018 年 3 月 11 日	2018 年 3 月 12 日	已完成
26	挖线槽、管槽	2018 年 3 月 13 日	2018 年 3 月 13 日	已完成
27	布线布管	2018 年 3 月 14 日	2018 年 3 月 14 日	已完成
	其他任务			尚未完成

我们将【状态日期】修改为 2018 年 3 月 15 日，然后根据表 8-3 的数据进度数据更新 Project 计划，目前显示项目的整体进度和关键节点"业主验收"的完成时间差异都是–1 天，如图 8-15 所示。尽管有些任务有延迟，但是整体的当前计划和关键节点都比基线计划提前了 1 天，项目处于非常可控的状态，这样其他任务就暂时不需要更新了。

需要注意的是，任务 8 "选购电线、水管、开关插座等"的前置任务是任务 6 "装修方案确认、修改及定稿"，任务 6 的【实际完成时间】是 2018 年 3 月 9 日，而任务 8 的【实际开始时间】却是 2018 年 3 月 7 日，为什么任务 8 的开始时间没有按照前置任务去计算呢？在第 8.3.1 节中已经解释过了，假如没有输入任务 8 的【实际开始时间】，那么任务 8 的开始时间应该在任务 6 结束后马上开始，即 2018 年 3 月 10 日，此时设置的前置任务是有效的。但是，一旦我们输入了任务 8 的【实际开始时间】后，当前计划就直接按照实际状态去计算，而前置任务就会失效。

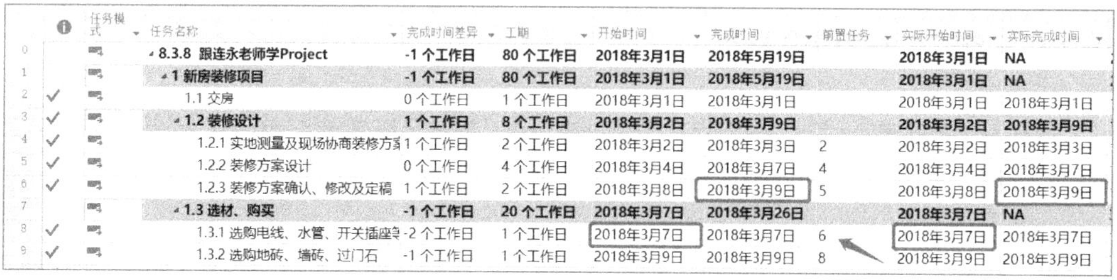

图 8-15

8.4 对比当前计划与基准之间的差异

前文反复讲到，当我们讲一个计划是提前还是延迟了，通常是和基准计划去比较的。在第 8.3 节中每次更新计划时，我们已经开始使用【完成时间差异】来检查当前计划与基准计划之间的偏差了。

8.4.1 完成时间差异、开始时间差异、工期差异等

在 Project 中可以直接调用【完成时间差异】、【开始时间差异】、【工期差异】这些列，来查看当前计划与基准计划之间的关系。

【完成时间差异】=【完成时间】–【基线完成时间】

【开始时间差异】=【开始时间】–【基线开始时间】

【工期差异】=【工期】–【基线工期】

以上这三个指标其实是互相印证的。比如在第 8.3 节中，任务 4 的【实际完成时间】是 2018

第 8 章 项目更新与监控（仅含进度、不含成本）

年 3 月 3 日，所以【完成时间】就调用了【实际完成时间】，也是 2018 年 3 月 3 日。而任务 4 的【基线完成时间】是 2018 年 3 月 2 日，所以其【完成时间差异】用 3 月 3 日减去 3 月 2 日，就是 1 天，说明该任务相对于基线计划晚完成了 1 天，如图 8-16 所示。

	任务模式	任务名称	基线完成时间	实际完成时间	完成时间	完成时间差异
4	✓	1.2.1 实地测量及现场协商装修方案	2018年3月2日	2018年3月3日	2018年3月3日	1 个工作日

图 8-16

还是看任务 4，如图 8-17 所示，其【实际开始时间】是 2018 年 3 月 2 日，所以其【开始时间】就调用了【实际开始时间】，也是 2018 年 3 月 2 日，而其【基线开始时间】也是 2018 年 3 月 2 日，所以【开始时间差异】就等于零，说明尽管该任务完成时间晚了 1 天，但它是按时开始的（按照【基线开始时间】开始）。

	任务模式	任务名称	基线开始时间	实际开始时间	开始时间	开始时间差异
4	✓	1.2.1 实地测量及现场协商装修方案	2018年3月2日	2018年3月2日	2018年3月2日	0 个工作日

图 8-17

其实从以上的推理中可以看到，任务 4 是按照【基线开始时间】开始的，但是比【基线完成时间】晚完成了 1 天，说明任务 4 的工期也就比【基线工期】延长了 1 天，即【工期差异】等于 1 天。它的【基线工期】是 1 天，【工期】是 2 天，所以直接计算的话，也能验证其【工期差异】等于 1 天，如图 8-18 所示。

	任务模式	任务名称	基线工期	完成百分比	实际工期	工期	工期差异
4	✓	1.2.1 实地测量及现场协商装修方案	1 个工作日	100%	2 个工作日	2 个工作日	1 个工作日

图 8-18

这三个指标各有各的用途，一定要正确理解，最常用的是【完成时间差异】。以下要点是为了让大家加深对这三个指标的认识和理解。

- 【完成时间差异】能真正说明任务的完成时间比基准计划是提前了还是落后了。
- 【开始时间差异】只能证明该任务起步晚了，但不能说明该任务完成时间比基准计划晚，如果它的工期比基准计划缩短了，有可能还会比基准计划提前完成。
- 【工期差异】只能证明该任务的持续时间长度比基准计划长了，但不能说明该任务完成时间比基准计划晚，如果它的开始时间比基准计划早，也有可能也会比基准计划提前完成。

8.4.2 计算完成时间差异时用当前计划和基准比较的原因

有很多 Project 用户经常问的一个问题是：【完成时间差异】为什么不用【实际完成时间】减去【基线完成时间】，而用【完成时间】减去【基线完成时间】呢?

【完成时间差异】的目的是为了检查目前的计划是不是按照基准计划完成的，如果用【完成时间】减去【基线完成时间】，不仅可以看到已完成任务是否按时完成，而且还可以看到未完成的那些任务能不能按时完成。假如使用【实际完成时间】减去【基线完成时间】，就只能看到已完成任务是否按时完成，由于未完成任务的【实际完成时间】是空值，所以就不能看到未完成任务能否按时完成。

另外，对于那些已经完成的任务，其【完成时间】会自动调用【实际完成时间】，此时用两个值减去【基线完成时间】，得出的结果也是相同的。

综上所述，Project 中计算【完成时间差异】用【完成时间】减去【基线完成时间】是非常合理的，而如果用【实际完成时间】减去【基线完成时间】就有很多局限，因为人们无法查看未完成任务能否按基准计划完成。

8.4.3 使用突出显示和筛选器查看进度落后的任务

在前面章节介绍了如何使用【完成时间差异】查看整个计划以及某个任务是否按照基准计划去完成的。除此之外，在 Project 中，我们还可以使用更多更直观的方式来查看进度落后的任务。

在第 4.27.2 节中我们创建了一个自定义的突出显示"2. 完成时间差异大于零的任务 - 跟连永老师学 Project"，在【视图】选项卡下单击【突出显示】下拉菜单中自定义的"2. 完成时间差异大于零的任务 - 跟连永老师学 Project"，如图 8-19 所示。然后所有【完成时间差异】大于零的任务将以黄色背景突出显示。

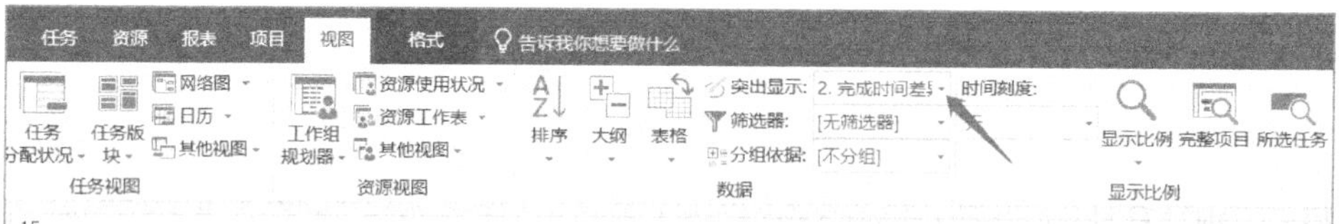

		任务模式	任务名称	完成时间差异	工期	开始时间	完成时间	前置任务
0			**8.4.3 跟连永老师学Project**	**-1 个工作日**	**80 个工作日**	**2018年3月1日**	**2018年5月19日**	
1			**1 新房装修项目**	**-1 个工作日**	**80 个工作日**	**2018年3月1日**	**2018年5月19日**	
2	✓		1.1 交房	0 个工作日	1 个工作日	2018年3月1日	2018年3月1日	
3	✓		1.2 装修设计	1 个工作日	8 个工作日	2018年3月2日	2018年3月9日	
4	✓		1.2.1 实地测量及现场协商装修方案	1 个工作日	2 个工作日	2018年3月2日	2018年3月3日	2
5	✓		1.2.2 装修方案设计	0 个工作日	4 个工作日	2018年3月4日	2018年3月7日	4
6	✓		1.2.3 装修方案确认、修改及定稿	1 个工作日	2 个工作日	2018年3月8日	2018年3月9日	5
7			**1.3 选材、购买**	**-1 个工作日**	**20 个工作日**	**2018年3月7日**	**2018年3月26日**	
8	✓		1.3.1 选购电线、水管、开关插座等	-2 个工作日	1 个工作日	2018年3月7日	2018年3月7日	6
9	✓		1.3.2 选购地砖、墙砖、过门石	-1 个工作日	1 个工作日	2018年3月9日	2018年3月9日	8

图 8-19

第 8 章 项目更新与监控（仅含进度、不含成本）

也可以用筛选器查看进度落后的任务。在【视图】选项卡中单击【筛选器】下拉菜单中自定义的"2. 完成时间差异大于零的任务 - 跟连永老师学 Project"，如图 8-20 所示。然后在工作表区域将只显示【完成时间差异】大于零的任务，也就是【完成时间】晚于【基线完成时间】的任务。

图 8-20

当不使用筛选器时，在【视图】选项卡下单击【筛选器】下拉菜单中的【无筛选器】，这样所有任务就再次完整显示出来了。

8.4.4 设置警示灯显示计划是否延迟

在 Project 中可以通过多种方式查看当前计划是否是按照基准计划完成的，比如，可以用设置警示灯的方式直观地显示每个任务的状态，这需要用到自定义字段的功能。其实在第 4.13 节和 4.14 节已经使用了一些自定义字段最基础的功能。

右击工作表区域的任意一列，然后在弹出的快捷菜单中选择"自定义字段"，或者在【格式】选项卡下单击【自定义字段】按钮，就会弹出【自定义域】窗口，如图 8-21 所示。

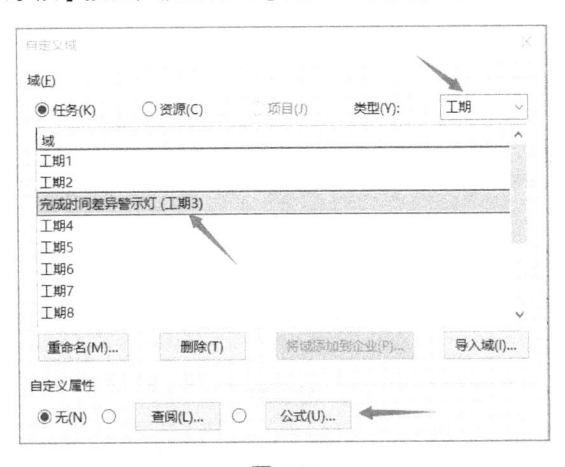

图 8-21

297

在【自定义域】窗口中，首先要选择域类型，这里选择域类型为【工期】，如图 8-21 右上角所示。然后我们可以在工期的自定义列中任意挑选一个尚未占用的列，比如【工期 3】，单击下方的【重命名】可以给这一列起个新的名字，比如"完成时间差异警示灯"。再单击【自定义属性】中的【公式】，此时弹出如图 8-22 所示的窗口。

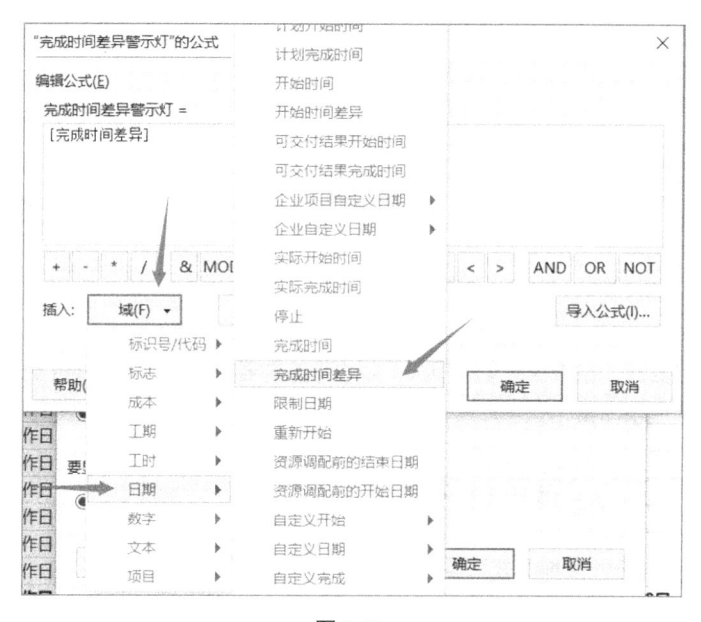

图 8-22

在公式设置的窗口中，单击下方的【域】按钮，然后在【日期】右侧的菜单中选择【完成时间差异】，最后单击【确定】，会弹出图 8-23 所示的提示窗口，提示用户如果给【工期 3】这一列设置公式后，且该列原来有数据，则将会被设置的公式计算出来的结果所覆盖，此时单击【确定】按钮。

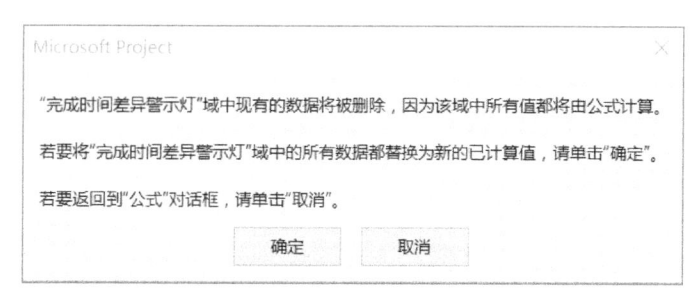

图 8-23

设置完公式后，在【计算任务和分组摘要行】中勾选【使用公式】，如图 8-24 所示。然后在

第 8 章　项目更新与监控（仅含进度、不含成本）

【要显示的值】中单击【图形标记】，就会弹出如图 8-25 所示的【"完成时间差异警示灯"的图形标记】设置窗口。

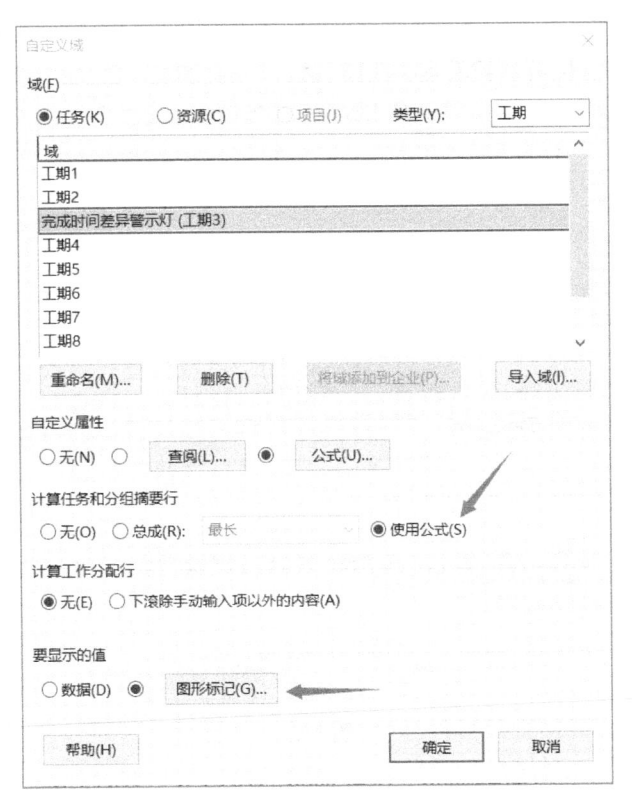

图 8-24

在图 8-25 中，【标记规则用于】下方默认勾选的是【非摘要行】，也就是子任务的意思，下方的【摘要行】就是摘要任务的意思，这里不需要修改设置。在窗口中部是【"完成时间差异警示灯"的测试条件】，比如在表格的第一行，我们从下拉菜单中选择"小于或等于"，在第二列【值】中输入"0"，在第三列【图标】中选择一个合适的图标，由于完成时间差异等于零都是代表任务按时或者提前完成的，所以选择一个绿灯的图标。

在第二行第一列中，我们在下拉菜单中选择【大于或等于】，然后在第二行第二列【值】中输入"3"，意思是完成时间差异大于或等于 3 的要特别警示，在右侧的【图标】中选择一个红灯的图标。

在第三行第一列中，我们在下拉菜单中选择【介于两者之间】，然后在第三行第二列【值】中输入"0,3"，注意 0 与 3 之间的逗号一定是英文状态下的逗号，在右侧的【图标】中选择黄灯图标。

上面的这些设置是为了让所有相对于基准计划晚 3 天或者 3 天以上完成的任务用红灯警示出

来，相对于与基准计划晚 1 天或者 2 天完成的任务用黄灯警示出来，按照基准计划完成的或者提前完成的任务用绿灯标注出来。

此时我们设置完了【非摘要行】，如果让摘要任务也遵从这个规则，则在【标记规则用于】下方再勾选一下【摘要行】，并且勾选下方的【摘要行沿用非摘要行的规则】，如果项目摘要任务也遵从这一规则，也做同样的操作。最后单击改窗口下方的【确定】按钮。

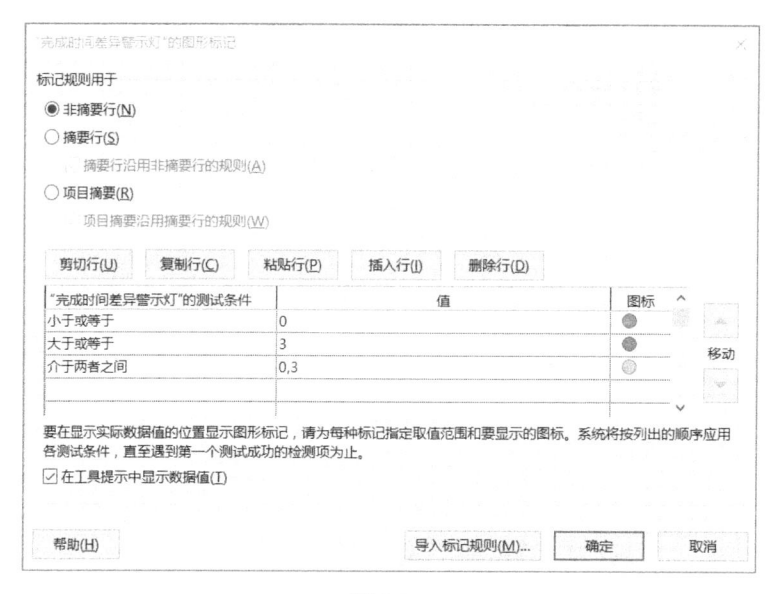

图 8-25

【图形标记】是【自定义域】设置的最后一步，操作完毕后，单击【自定义域】下方的【确定】按钮此时已经完成了对【工期 3】进行了自定义的设置。下面在工作表区域插入列【工期 3】后，如图 8-26 所示，在【工期 3】(完成时间差异警示灯) 列中就显示出了不同颜色的警示灯。当把鼠标移动到警示灯符号上时，还会显示它的具体值，显示的值与右侧的【完成时间差异】列完全一样。

图 8-26

第 8 章　项目更新与监控（仅含进度、不含成本）

在 Project 中自定义的列也可以保存到 Project 模板库中永久使用，在第 8.18.3 节中将会讲到，大家也可以直接跳到第 8.18.3 节中学习这部分内容。

8.5　更新计划后发现延迟的处理方法

在第 8.3.3 节中，当我们输入任务 2 和任务 4 的实际完成时间后，再检查整个计划的【完成时间差异】以及关键节点的【完成时间差异】时，发现当前计划已经落后于基准计划，于是我们就及时采取措施对偏差进行了纠正，把任务 23 的工期进一步从 4 天压缩成了 3 天，从而使整个项目以及关键节点的【完成时间差异】都小于或等于零，再次回到基准计划的轨道上来了。

这就是我们监控计划的目的，及早发现进度的偏差并及时干预进行纠偏。

8.5.1　重新寻找关键路径

更新计划后，发现当前计划的进度落后于基准计划时，我们肯定需要想办法压缩剩余任务的工期，比如，把任务 23 的工期从 4 天压缩到 3 天。但是之所以选择任务 23 并不是盲目的，而是因为它是在关键路径上，压缩该任务的工期有助于缩短整个项目或者关键节点的完成时间。

所以，每一次更新计划的过程也是一个优化计划的过程，就是当需要压缩工期时，第一步是先确定当时的关键路径，只有在关键路径上下功夫才能有效地缩短工期，而如果在非关键路径上采取赶工、快速跟进、更改任务日历等措施，则没有把好钢用在刀刃上，甚至是在做无用功。

8.5.2　已完成的任务不再计算为关键路径

在 8.5.1 节已介绍，当更新计划后发现有偏差需要先找关键路径进行压缩工期，而当我们再次去寻找关键路径时，就会发现，此时关键路径显示的将不再是一个完整的路径，而是从中间某个任务就开始断开的路径。

如图 8-27 所示，我们会发现任务 28 是关键路径，然而其前置任务（任务 27）却不是关键路径，而且任务 28 只有这一个前置任务，看起来似乎比较奇怪。

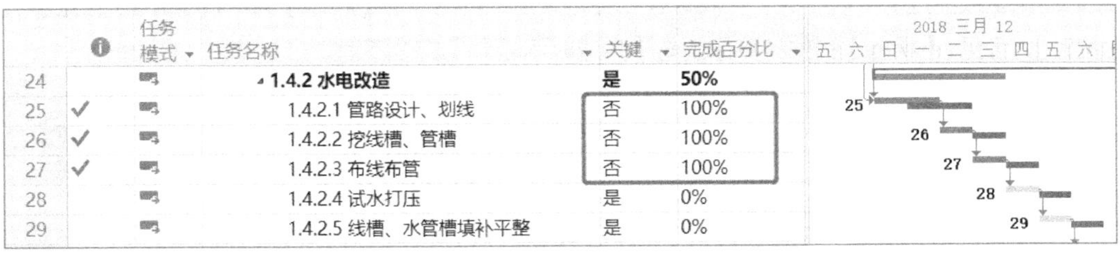

图 8-27

实际上，如果一个任务已经完成，比如输入了【实际完成时间】或者【完成百分比】为 100% 后，这个任务就不再被视为关键路径。从通俗的角度也比较容易理解，这些任务都已经完成了，是既定事实，已经无法改变，所以再把它作为关键路径已经毫无意义。

8.5.3 压缩工期

如果找到了关键路径，需要压缩工期时，一般采用的方法已经在第 6.4 节介绍过了，在此不再细说。

8.6 正确理解【状态】列的含义及"延迟的任务"

在第 8.4 节讲解了如何查看当前计划与基准计划之间的差异，当【完成时间差异】大于零时，我们就认为该任务已经落后于基准计划，代表该任务延迟，与基准计划比较才是衡量任务是否真正延迟的标准。

然而在 Project 中有一列叫作【状态】，当插入该列时，如图 8-28 所示，也会自动计算出四种结果：完成、按时、延迟、将来任务。很多 Project 用户误以为可以用这一列来衡量任务或者计划是否有延迟，其实这是错误的理解。

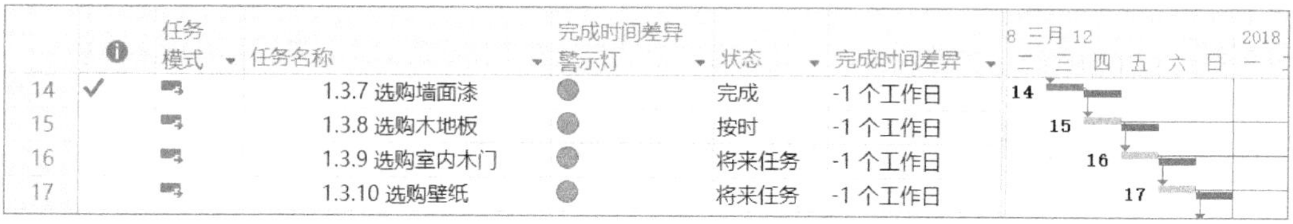

图 8-28

下面演示一种情景解释为什么使用【状态】列并不能真实反映任务相对于基准计划是否延迟。如图 8-28 所示，假如把任务 15 "选购木地板"的工期从 1 天改成 3 天，如图 8-29 所示。这时发现图 8-29 中任务 15、任务 16、任务 17 的【完成时间差异】都是 1 天。也就是说，当前计划的完成时间比基线完成时间晚 1 天，代表这些任务是延迟的。然而在【状态】列中，任务 15 却显示为【按时】，可见，【状态】列的计算原则与【完成时间差异】完全不同。

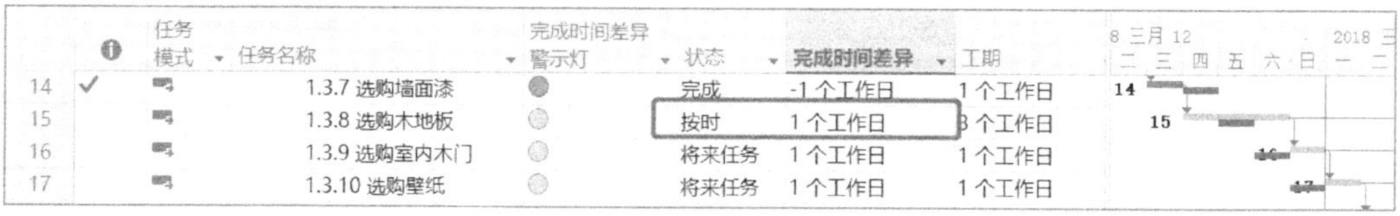

图 8-29

第 8 章　项目更新与监控（仅含进度、不含成本）

> **注意**　在本节，我们把任务 15 "选购木地板" 的工期从 1 天改成了 3 天，如表 8-4 所示。

表 8-4

任务	改动前	改动后
任务 15 "选购木地板"	工期是 1 天	工期是 3 天

另外，需要特别提醒大家的是，在 Project 中很多地方显示的"延迟"其实也存在如上问题。比如在图 8-29 的基础上，我们在【视图】选项卡下单击【突出显示】下拉菜单中的【延迟的任务】，会发现完全没有反应，因为此处的【延迟的任务】实际上就是【状态】列中计算结果为【延迟】的那些任务，而【状态】列的计算原理与【完成时间差异】又不同。如果在【筛选器】下拉菜单中单击【延迟的任务】，将会发现筛选的结果和【完成时间差异】也是迥然不同的。

所以大家在使用 Project 中【突出显示】、【筛选器】、【状态】列，以及【报表】中出现的【延迟的任务】时，一定要警惕，这里的延迟与基准计划没有任何关系，与【完成时间差异】计算的原理是不一样的。现在我们将用一个简单的小项目来解释【状态】列的真正含义及计算原理。

如图 8-30 所示，假设一个项目中只有 A、B、C、D 四个任务，之前彼此没有任何关系，整个项目采用全年 365 天无休日历，任务 A、B、C 的开始时间都是 2018 年 3 月 1 日，任务 D 的开始时间是 2018 年 3 月 6 日，所有任务的工期都是 10 天。插入列【完成百分比】，默认显示都是 0，然后再更新【状态日期】为 2018 年 3 月 5 日。

当我们插入列【状态】后，如图 8-30 所示，任务 A、B、C 都显示为【延迟】，任务 D 显示为【将来任务】。然后分别输入任务 A、B、C、D 的完成百分比为 100%、40%、39%、0%，如图 8-31 所示。再看【状态】列中的显示就发生变化了，任务 A 显示为【完成】，任务 B 显示为【按时】，而任务 C 显示为【延迟】，任务 D 显示为【将来任务】。我们没有设置过任何基准，只是设置过【状态日期】和【完成百分比】，可见【状况】列的计算结果与基准计划没有关系，而与【状态日期】和【完成百分比】有关。

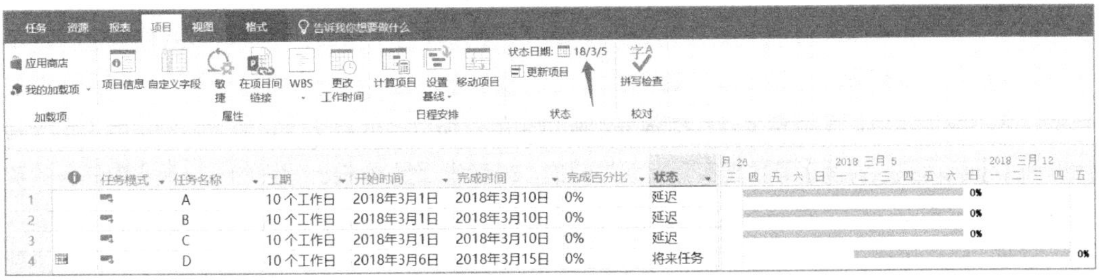

图 8-30

		任务模式	任务名称	工期	开始时间	完成时间	完成百分比	状态
1	✓		A	10个工作日	2018年3月1日	2018年3月10日	100%	完成
2			B	10个工作日	2018年3月1日	2018年3月10日	40%	按时
3			C	10个工作日	2018年3月1日	2018年3月10日	39%	延迟
4			D	10个工作日	2018年3月6日	2018年3月15日	0%	将来任务

图 8-31

实际上,【状态】列在计算时有以下两个重要假设。

假设 1：假设任务在工期内每一天的工作量或者进度是均匀分布的，比如任务 A~任务 D 的工期都是 10 天，【状态】列在计算时就假设每个任务每天需要完成 10%。

假设 2：当输入状态日期为 2018 年 3 月 5 日（项目开工的第 5 天）后，Project 的【状态】列就假设任务至少应该完成前 4 天的工作量，就是【状态日期】当天的进度不用考虑。对于任务 A、任务 B、任务 C 来讲，它们的计划开始时间都是 2018 年 3 月 1 日，目前是项目开工的第 5 天，这些任务需要至少完成前 4 天的工作量，由于假设每天的工作进度是平均的，也就是每天要完成 10%，所以，Project 的【状态】列认为这些任务需要至少完成 40%的进度。

任务 A 的【完成百分比】是 100%，代表任务已经完成，所以在【状态】列显示为【完成】。

任务 B 的【完成百分比】是 40%，达到了 40%的进度要求，所以【状态】列显示的是【按时】。

任务 C 的【完成百分比】是 39%，没有达到 40%的要求，所以【状态】列就显示为【延迟】。

任务 D 的计划开始时间晚于状态日期，所以它在【状态】列显示为【将来任务】。

通过上面的解释和演示，我们就清楚了【状态】列的真实含义，它并不是与基准计划去对比，而是用当前的【完成百分比】与【状态】列的两个假设计算出来的 "计划完成百分比" 相比，以此为依据计算出【状态】列的四个结果：完成、按时、延迟、将来任务。

8.7 定期手动更新每个任务

在本书中我们提倡大家定期去更新项目计划，每次手动更新各任务的进展和预测，就像在第 8.3 节中所讲的那样，而不要图省事使用 Project 中的自动更新功能。如图 8-32 所示，在【项目】选项卡下有个【更新项目】按钮，单击以后会弹出【更新项目】窗口，这里可以对任务进行批量更新。但是批量更新项目的数据是不真实的，【更新项目】只是起到一个批量更新整个项目计划的目的，它不管现实中任务究竟是什么时候开始和结束的，所以当使用这个功能时，任务的【实际开始时间】、【实际完成时间】等数据实际上都是假的，或者说都是 Project 假设的，与现实中任务的实际时间不一定相同，如果去分析这样的数据（比如阶段性经验总结分析时），是没有任何意义的。

因此，特意提醒大家，尽量不要使用 Project 中的批量更新计划的功能，在第 8.14 节将会用到【更新项目】这个功能。

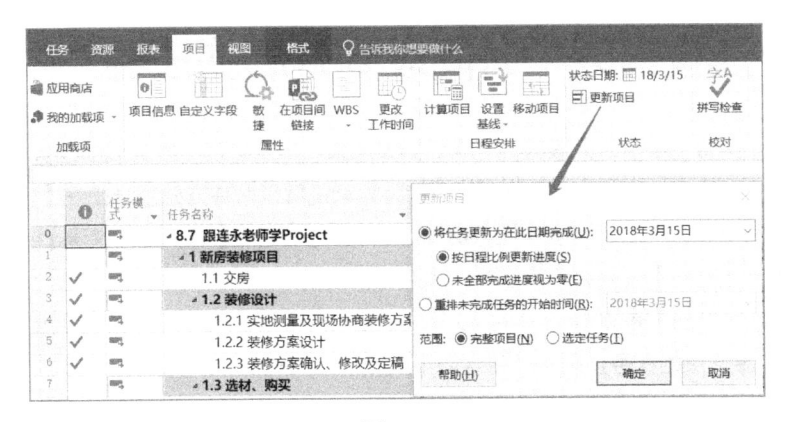

第 8 章　项目更新与监控（仅含进度、不含成本）

图 8-32

8.8　用任务备注记录执行过程中的更多信息

在第 4.3.4 节已经讲过，可以多使用任务的【备注】来记录更多关于任务的信息，尤其是在项目执行与监控阶段，我们同样可以利用任务的【备注】记录项目执行过程中该任务所发生的一些事情，其目的是为了更好地记录项目执行过程中的问题，这样在项目阶段性收尾或者项目收尾时可以利用这些信息更好地分析经验教训。

比如，任务 6 "装修方案确认、修改及定稿"，它实际上耗费了 2 天时间，比原定计划多了 1 天，至于其原因，我们可以在该任务的备注中做记录，如图 8-33 所示，这样在后期阶段性总结时就可以回顾该任务拖期的原因。如果不及时记录任务的这些信息，很可能过一段时间后，项目团队都已经无法记清该任务当时由于什么原因而延期了。

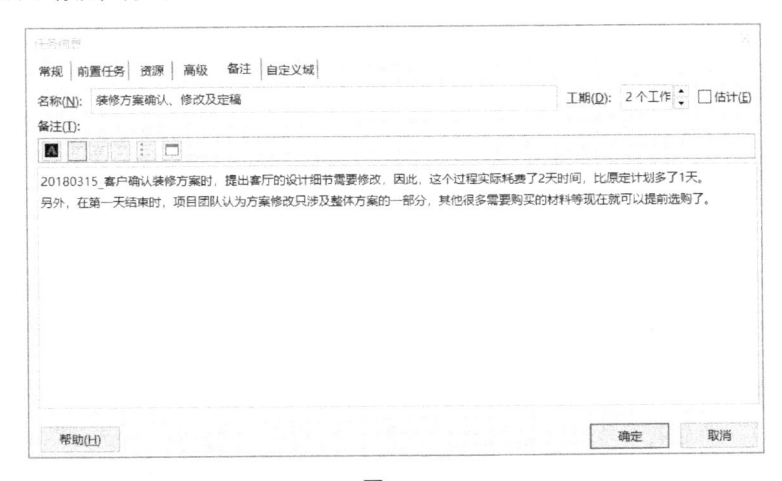

图 8-33

8.9 快速查询某个时间段要开展的任务

如果想要快速查询某个时间段内的任务，比如未来一周或者两周要开展的任务，在 Project 中可以通过很多方式实现，比如，在第 5.4 节中就为大家讲解了两种方法：一是在【工作组规划器】视图中查看不同资源在不同时间段的任务安排；另一种方法是在【资源使用状况】视图中按照【开始时间】和【完成时间】分组显示来查看。本节将再讲解一种新的方法。

目前的【状态日期】是 2018 年 3 月 15 日，假如要查看未来 7 天内（包含今天，截止到 2018 年 3 月 21 日）要开展的任务，则可能包含以下几种不同的类型。

① 已经开始，但会在未来 7 天内完成的任务。
② 已经开始，要跨过接下来的 7 天，在 7 天之后的某个时间才能完成的任务。
③ 尚未开始，但是会在接下来的 7 天内开始，也会在这 7 天内完成的任务。
④ 尚未开始，但是会在接下来的 7 天内开始，并且在 7 天之后的某个时间才能完成的任务。

上述四种类型的任务在图 8-34 中已经展现出来了。

在图 8-34 中已经为大家总结了这四种任务的共同特征：一是任务的【完成时间】大于或等于今天，即 2018 年 3 月 15 日，二是任务的【开始时间】小于或等于 2018 年 3 月 21 日。有了这样的总结，我们就可以在 Project 中根据这两个条件进行筛选。

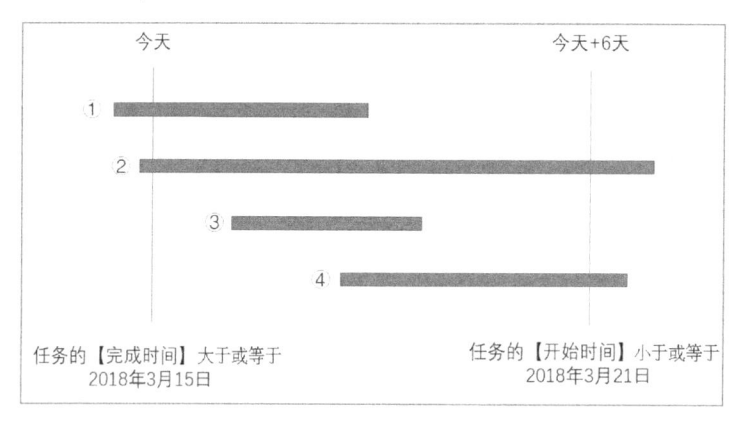

图 8-34

注意 需要提醒大家的是，大家自己在练习或者平时使用 Project 中可能要查看某个时间段内的任务，比如截止到月底的任务，或者未来 10 天内的任务，都可以按照本章节的方法去操作，重要的是学会举一反三。

参照第 4.26.1 节的讲解，我们可以对【开始时间】列和【完成时间】列的数据进行筛选。单击【完成时间】列标题右下角的三角形图标，如图 8-35 所示，然后取消勾选日期小于 3 月 15 日的项。接着再按此方法取消勾选【开始时间】列中日期大于 3 月 21 日的项，或者在【开始时间】

第 8 章　项目更新与监控（仅含进度、不含成本）

列中先将【全选】去掉，然后只勾选日期小于或等于 3 月 21 日的，两种操作都可以。

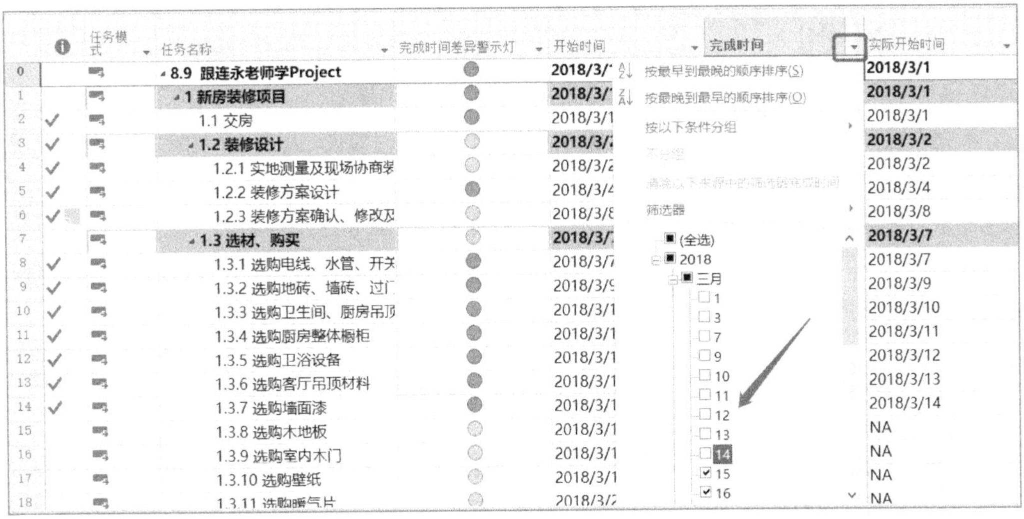

图 8-35

上述操作完成后，整个计划将只显示在 2018 年 3 月 15 日到 2018 年 3 月 21 日这个时间段内在进展的任务，如图 8-36 所示，我们看到除摘要任务外，所有筛选出来的子任务都符合图 8-34 总结的筛选条件。

图 8-36

假如在对列的数据进行筛选时发现，列标题名称右下角并没有出现可以筛选的三角图标，那么可能是关闭了【显示自动筛选】，在【视图】主菜单下的【筛选器】下拉菜单中单击【显示自动筛选】，那么工作表中的列标题右下角就会出现可以用来筛选的三角图标了。

8.10 创建自定义表格并快速从不同视角查看项目计划

所谓表格，就是 Project 中工作表区域的表格，比如，在甘特图、跟踪甘特图、任务分配状况、资源使用状况这些视图左侧的工作表区域，或者是在资源工作表中它本身就是一个表格。不过有的视图是"任务"类视图，有些视图是"资源"类视图，在第 8.11 节中将会介绍。

在 Project 中既可以使用内置的表格，也可以自己创建新的表格，而且创建的表格还可以保存到模板中永久使用。

8.10.1 使用内置的表格并对其进行编辑

【跟踪甘特图】是一个任务类的视图，在【视图】选项卡下单击【表格】按钮后，如图 8-37 所示，我们会看到当前默认的表格是【项】，当然，在该表格中实际上可能已经在原来的表格上添加了很多新列，也调整过列之间的顺序。假如单击下拉菜单中的表格【差异】，则工作表区域将显示为如图 8-38 所示的效果。

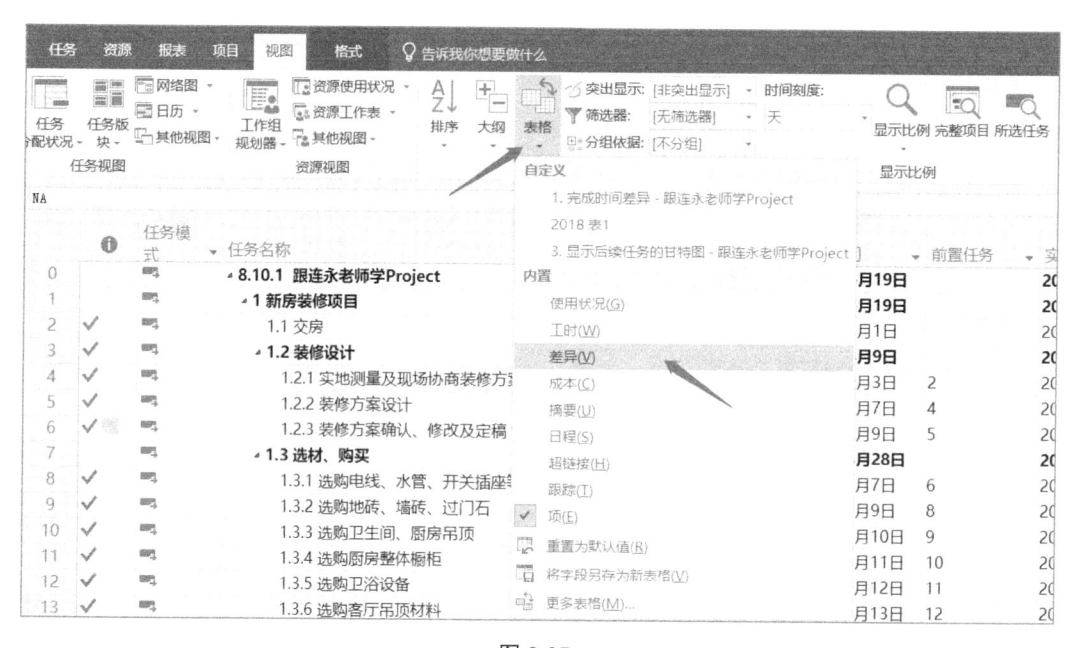

图 8-37

第 8 章 项目更新与监控（仅含进度、不含成本）

	任务模式	任务名称	开始时间	完成时间	基线开始时间	基线完成时间	开始时间差异	完成时间差异	添加新列
0		▲ 8.10.1 跟连永老师学Project	2018年3月1日	2018年5月19日	2018年3月1日	2018年5月20日	0 个工作日	-1 个工作日	
1		▲ 1 新房装修项目	2018年3月1日	2018年5月19日	2018年3月1日	2018年5月20日	0 个工作日	-1 个工作日	
2	✓	1.1 交房	2018年3月1日	2018年3月1日	2018年3月1日	2018年3月1日	0 个工作日	0 个工作日	
3	✓	▲ 1.2 装修设计	2018年3月2日	2018年3月9日	2018年3月2日	2018年3月8日	0 个工作日	1 个工作日	
4	✓	1.2.1 实地测量及现场协商装修方案	2018年3月2日	2018年3月3日	2018年3月2日	2018年3月2日	0 个工作日	1 个工作日	
5	✓	1.2.2 装修方案设计	2018年3月4日	2018年3月7日	2018年3月3日	2018年3月7日	1 个工作日	0 个工作日	
6	✓	1.2.3 装修方案确认、修改及定稿	2018年3月8日	2018年3月9日	2018年3月8日	2018年3月8日	0 个工作日	1 个工作日	

图 8-38

在图 8-38 默认的【差异】表格中，显示的列内容有：标识号、任务模式、名称、开始时间、完成时间、基线开始时间、基线完成时间、开始时间差异、完成时间差异。当然，在此基础上，我们如果想添加新列、调整列的顺序、修改列名称都是可以的。

比如，我们想在【差异】表格中添加【工期】列、【基线工期】列、【工期差异】列，并且今后所有的文件再次调用该表格时，都直接显示最新修改的包含【工期】、【基线工期】、【工期差异】的表格，那可以在【视图】选项卡下单击【表格】→【更多表格】，将出现【其他表】窗口，在该窗口中单击左侧的表名称【差异】，然后单击右侧的【编辑】按钮，就会出现如图 8-39 所示的表定义窗口。

在图 8-39 所示的表定义窗口中，如果想在【开始时间】列前面显示【工期】列，可以在【域名】列中单击【开始时间】，然后单击上方的【插入行】，就会在【名称】和【开始时间】之间增加一个空白行，在这一行的【域名】中输入【工期】。同样，我们在【基线开始时间】前面插入行【基线工期】，在【开始时间差异】前面插入行【工期差异】，如图 8-40 所示。

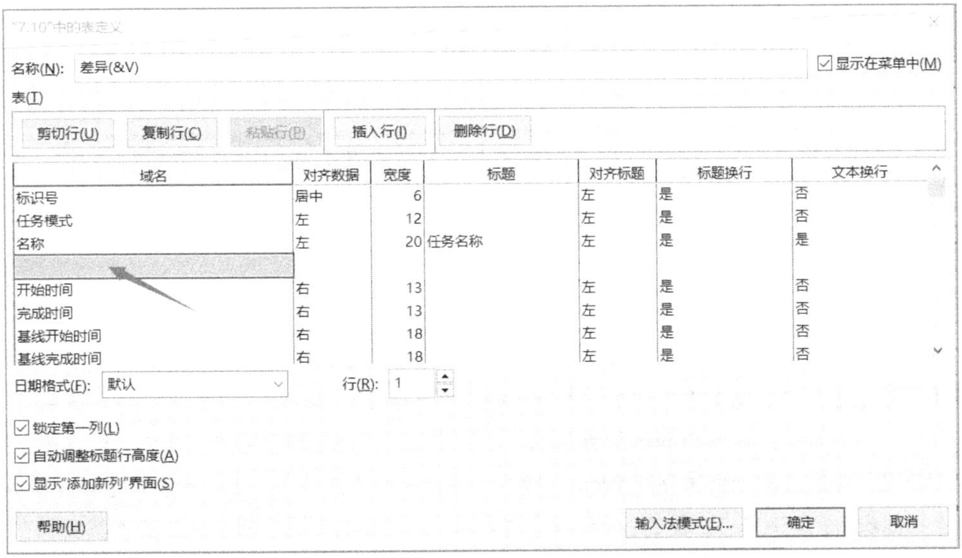

图 8-39

309

10 天精通 Project 项目管理：从菜鸟到实战高手

大家应该会注意到还可以在这个窗口中设置很多内容，比如该列的数据对齐方式、列宽度、标题（显示列的新名称）、标题的对齐方式、标题是否换行、该列的文本内容是否自动换行等。

操作完成后，单击图 8-40 窗口下方的【确定】按钮即可。这时又回到【其他表】窗口，单击下方的【应用】按钮，此时工作表区域将显示新修改的【差异】表格，如图 8-41 所示。

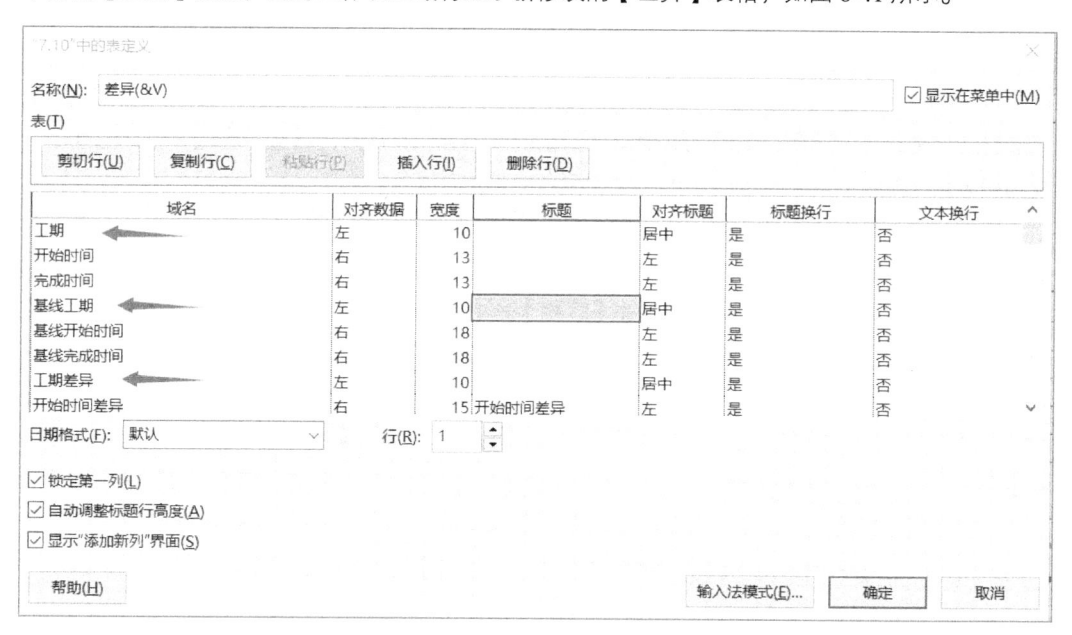

图 8-40

图 8-41

此时在【跟踪甘特图】的工作表区域中已经显示了新的【差异】表格，如图 8-41 所示，新增加的【工期】、【基线工期】、【工期差异】列已经显示出来了。修改的【差异】表格只在当前文件中修改了，今后如果让其他 Project 文件调用【差异】表格时也是最新修改的表格，可以在【管理器】中把这个修改过的表格保存到 Project 模板库中。单击【文件】→【信息】→【管理器】，或者在【其他表】窗口中单击右侧的【管理器】也可以，如图 8-42 所示。接下来的操作其实和在【管理器】中保存日历、筛选器等操作类似，该窗口左侧显示为"Global.MPT"指的是 Project 模板库，右侧显示的当前文件。单击【表】选项卡，在右侧单击名称【差异】，然后中间的【复制】按钮就

第 8 章 项目更新与监控（仅含进度、不含成本）

会显示为向左的箭头，单击【复制】按钮后，由于 Project 模板库中也有一个叫作【差异】的表格，因此会弹出如图 8-43 所示的提示窗口。

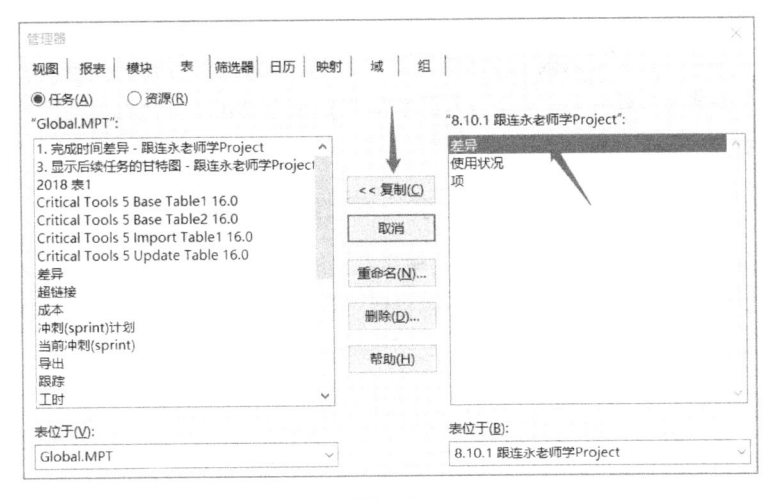

图 8-42

图 8-43 所示的窗口就是提示用户，在 Project 模板库中已经有了一个叫作【差异】的表格，提醒用户是否用当前文件中的表【差异】替换模板库中的表【差异】，此时单击【是】。这样 Project 模板库中的表【差异】已经和当前文件中一样了，也就是说，包含了列【工期】、【基线工期】、【工期差异】，今后再打开新的 Project 文件中调用表格【差异】时，就是新修改的表格。

图 8-43

以上我们介绍了如何调用 Project 中内置的表格，并且如何修改内置的表格，以及如何将修改的表格同步到 Project 模板库中永久使用。

如果想在不同的表格之间切换，可以参照图 8-37，在【视图】选项卡下单击【表格】，然后从下拉菜单中选择即可。

8.10.2 创建自定义表格并保存为模板永久使用

除调用 Project 内置的表格外，还可以根据自己的需要创建一个新的表格，同时也可以将新创建的表格同步到 Project 模板库中以备将来使用。

比如，我们要创建一个"完成时间差异"表格，在该表格中希望按以下顺序显示列名称：标识号、标记、任务模式、名称、前置任务、开始时间、完成时间、基线完成时间、完成时间差异。当然，这里只是举例，大家可以根据自己的需要，按照本节讲解的方法创建新的表格。

在【视图】选项卡下单击【表格】→【更多表格】，就会弹出【其他表】窗口。如果要自己创建一个表格，有以下两种方式。

方式 1：在现有某个表格的基础上进行再次编辑和修改。

比如，单击左侧的表格名称【差异】，再单击右侧的【复制】按钮，将会弹出如图 8-44 所示的窗口。在图 8-44 的表定义窗口中，我们可以重新对【名称】进行重命名，剩余的操作与第 8.10.1 节中对原来的【差异】列进行修改一样，在此不再赘述。

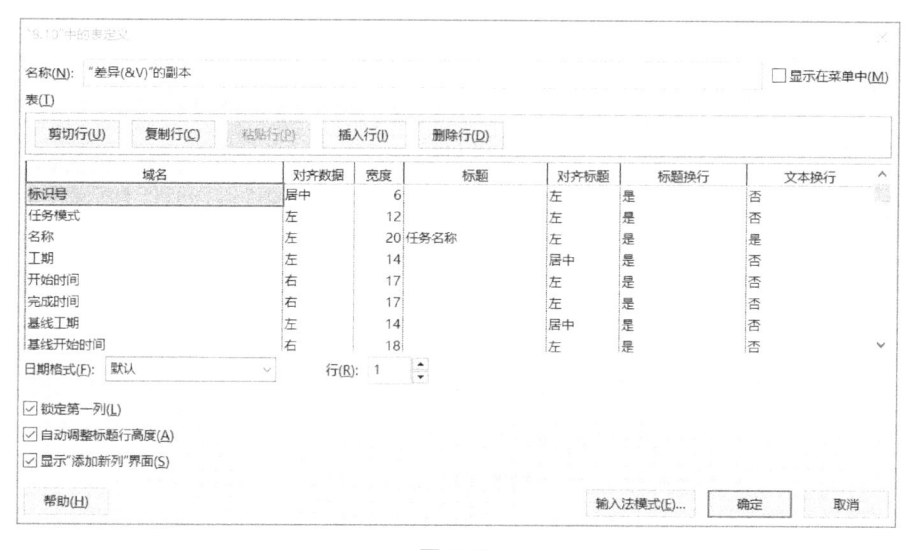

图 8-44

方式 2：从一个完全空白的表格基础上进行编辑。

在【视图】选项卡下单击【表格】→【更多表格】，在弹出的【其他表】窗口中，单击右侧的【新建】按钮，就会弹出如图 8-45 所示的窗口。可以看到，这是完全空白的表格。

在图 8-45 中【名称】处可以输入一个新名字，比如 "1. 完成时间差异 - 跟连永老师学 Project"，然后勾选右侧的【显示在菜单中】，如图 8-46 所示。在中间表格中的【域名】列中依次从下拉菜单中选择或者输入：标识号、标记、任务模式、名称、前置任务、开始时间、完成时间、基线完成时间、完成时间差异。

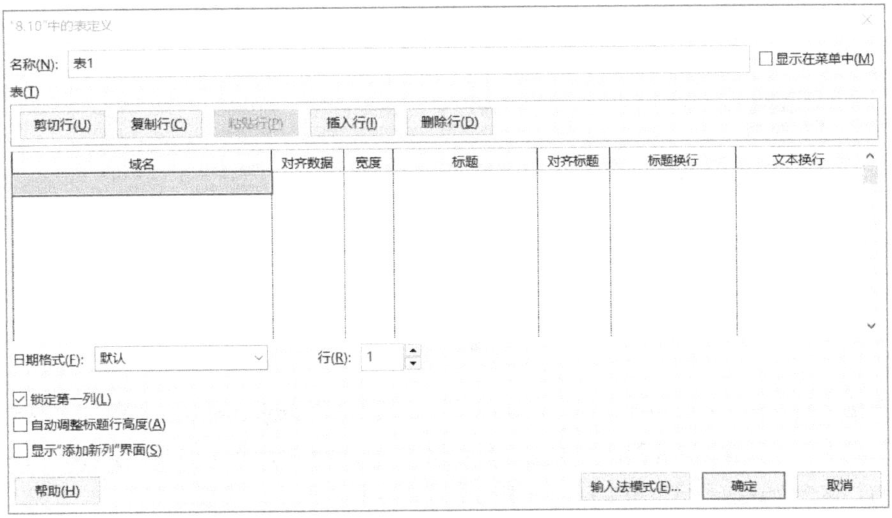

第 8 章 项目更新与监控（仅含进度、不含成本）

图 8-45

假如除【名称】列和【前置任务】列外，其他列的数据都居中显示，那么就可以在【对齐数据】列中进行选择和设置，如图 8-46 中的箭头所示。另外，其他的宽度、标题（新的列名称）、对齐标题、标题换行、文本换行等都可以进行设置，比如宽度，由于任务名称列通常文字较多，我们可以把宽度设置成 30。还可以在图 8-46 表定义窗口的左下角勾选【显示"添加新列"界面】，这样在表格的最后一列将显示为【添加新列】，在图 8-47 中可以看到。

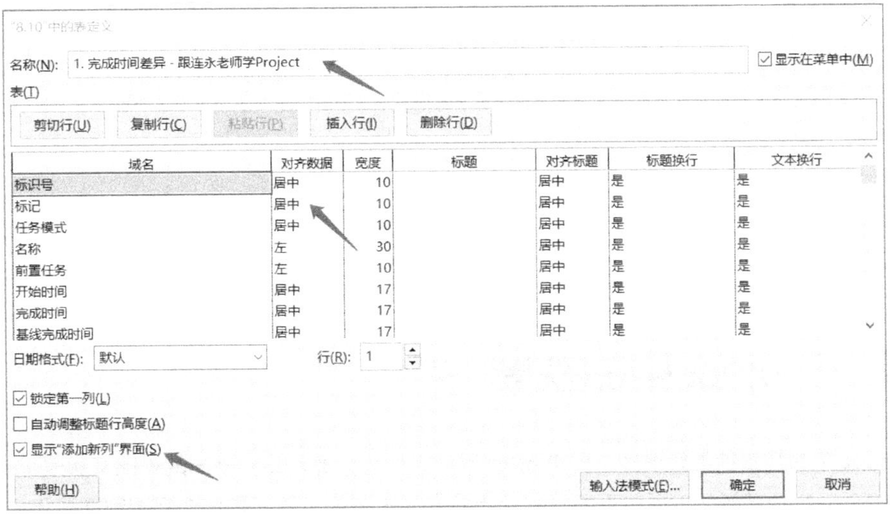

图 8-46

进行上述操作后，单击右下角的【确定】按钮后，再次回到【其他表】窗口，单击下方的【应用】按钮。然后在甘特图或者跟踪甘特图等任务类视图中，工作表区域显示的结果如图 8-47 所示。

图 8-47

现在这个新表格已经在当前文件中创建成功了，同时由于 Project 默认会把新创建的表格自动保存到管理器中（可参见第 4.26.3 节图 4-151），所以当打开【管理器】的【表】选项（如图 8-48 所示）时，这个新建的表格也将会自动出现在【管理器】的 Project 模板库中。

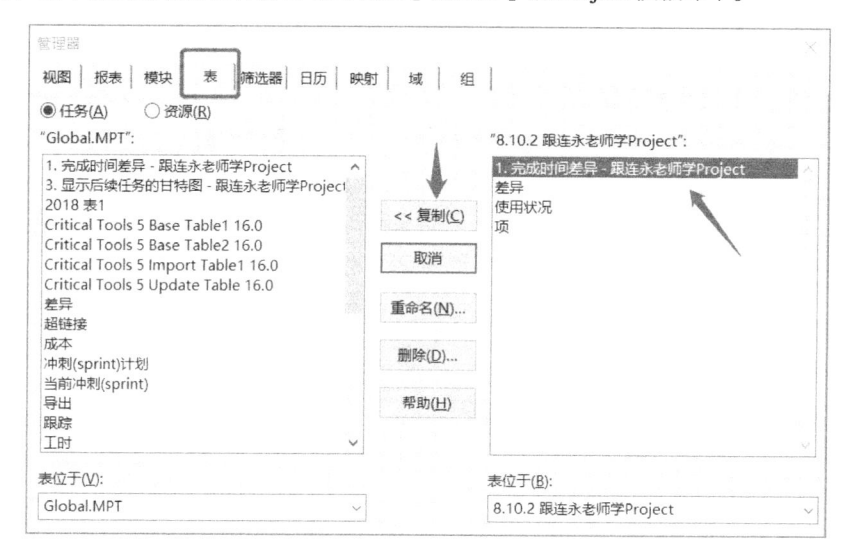

图 8-48

8.11　Project 中的视图

Project 中的视图种类有很多，而 Project 用户并不会全部用到。不同的视图其实是 Project 利用后台的项目数据重新加工后以不同的视角重新展现出来的，并不是每个视图都需要用户去创建或者修改，很多视图是可以直接拿来使用的。

第 8 章 项目更新与监控（仅含进度、不含成本）

8.11.1 常用视图

Project 本身自带的视图有很多，表 8-5 总结了 Project 2007/2010/2013/2016/2019 不同版本中自带的视图。从中可以看到，从 Project 2010 开始增加了三个新的视图：日程表、包含日程表的甘特图和工作组规划器，这三个视图在 Project 2007 中没有，Project 2010/2013/2016/2019 版本中自带的视图至少包含表 8-5 中的这些，Project 2019（或 Project 2016 自动更新后的版本）还增加了一些敏捷项目管理的几个视图（没有体现在表 8-5 中）。

表 8-5

	视图名称	Project 2007	Project 2010	Project 2013	Project 2016	Project 2019
1	日程表		√	√	√	√
2	包含日程表的甘特图		√	√	√	√
3	工作组规划器		√	√	√	√
4	多比较基准甘特图	√	√	√	√	√
5	甘特图	√	√	√	√	√
6	跟踪甘特图	√	√	√	√	√
7	关系图	√	√	√	√	√
8	里程碑日期总成	√	√	√	√	√
9	里程碑总成	√	√	√	√	√
10	描述性网络图	√	√	√	√	√
11	任务窗体	√	√	√	√	√
12	任务分配状况	√	√	√	√	√
13	任务工作表	√	√	√	√	√
14	任务名称窗体	√	√	√	√	√
15	任务数据编辑	√	√	√	√	√
16	任务详细信息窗体	√	√	√	√	√
17	日历	√	√	√	√	√
18	条形图总成	√	√	√	√	√
19	调配甘特图	√	√	√	√	√
20	网络图	√	√	√	√	√
21	详细甘特图	√	√	√	√	√
22	资源窗体	√	√	√	√	√
23	资源分配	√	√	√	√	√
24	资源工作表	√	√	√	√	√
25	资源名称窗体	√	√	√	√	√
26	资源使用状况	√	√	√	√	√
27	资源图表	√	√	√	√	√

下面介绍一下常用的视图。

- 【日程表】视图：在第 4.24 节中已详细讲解了该视图的设置和用途，在此不再详细介绍。
- 【甘特图】视图：这是 Project 中最多的一个视图，它的左侧是工作表区域，也就是一个表格，右侧是带时间刻度的甘特图区域。其他很多视图其实是通过在【甘特图】中设置的任务信息以不同的视角重新加工而成的。
- 【包含日程表的甘特图】视图：就是在【甘特图】视图的基础上在上方又显示了一个【日程表】视图，是 Project 2010/2013/2016/2019 默认的视图，我们可以手动隐藏上方的【日程表】，使其变成和【甘特图】视图完全一样。
- 【跟踪甘特图】视图：从进入第 7 章开始，这个视图被频繁使用，它和【甘特图】视图的区别是，在右侧的甘特图区域中，每个任务对应有两个条形图，一个是当前计划条形图，另一个是基准计划的条形图。而且在【跟踪甘特图】视图中，关键任务的条形图默认显示为红色。其实，这两个视图并无本质的区别，完全可以通过条形图样式的设置将【甘特图】视图显示的效果变成和【跟踪甘特图】的完全一样。
- 【任务数据编辑】：它本身是一个复合视图，在第 4.25.1 节中已经介绍过，我们可以在【甘特图】视图的基础上创建一个复合视图，使其变成【任务数据编辑】视图。
- 【任务窗体】视图：单独使用这个视图是没有意义的，但是在使用复合视图中，这个视图可以作为复合视图的一部分，比如在第 4.25.1 节中所讲解的。
- 【任务工作表】视图：这个视图和【甘特图】视图左侧的工作表区域是一样的。比如当我们在打印 Project 计划时，如果不想打印甘特图只想打印任务信息，就可以直接切换到【任务工作表】视图再打印。
- 【工作组规划器】视图：在 5.4.1 节中已经详细讲解了这个视图的设置以及用途。
- 【资源工作表】视图：这是创建资源必须用到的一个视图，在第 5.1 节中详细讲解过这个视图的使用和设置。
- 【任务分配状况】视图：当使用 Project 的资源和成本功能时，这个视图将会经常用到，从第 5.3 节分配资源开始，这个视图在本书中经常出现。
- 【资源图表】视图：在第 6.1 节、6.2 节已经详细讲解了该视图的使用和设置。
- 【资源使用状况】视图：在第 5.4.2、5.4.3 节中都详细讲解过该视图，并在该视图中创建了自定义分组。
- 【关系图】视图：在第 4.25.1 节中已经讲解过该视图的用途。
- 【网络图】视图：在 4.34 节已经详细讲解了这个视图的设置和用途。
- 【描述性网络图】视图：该视图完全可以通过在网络图的基础上根据第 4.34 节讲解的方法自己创建。
- 【日历】视图：这个比较好理解，就是所有计划的任务将自动排列在日历视图中，在第 4.10.1

第 8 章 项目更新与监控（仅含进度、不含成本）

节中曾介绍过这个视图。

8.11.2 任务类视图与资源类视图

有些视图的左侧有工作表区域或者叫作表格，这时需要注意，带工作表或者表格的有些视图是任务类视图，比如【甘特图】视图、【跟踪甘特图】视图、【任务分配状况】视图等，有些则是资源类视图，比如【资源工作表】视图、【资源使用状况】视图等。在任务类视图中创建的筛选器、突出显示、分组、表格等，在资源类视图中将无法使用，比如在第 4.26.3 节中我们是在任务类视图中创建的筛选器，这些筛选器在资源类视图中将不能调用。同样，在资源类视图中创建的筛选器、突出显示、分组、表格等也无法在任务类视图中使用，比如在第 5.4.3 节中在【资源使用状况】视图中创建的分组，在任务类视图中也不能使用。

8.11.3 创建复合视图的 3 种方法

除 Project 本身自带的视图外，我们还可以用这些自带的视图进行自由组合创建新的复合视图，创建复合视图的方法主要有 3 种。

方法 1：直接调用【任务数据编辑】视图，然后在此基础上修改。

我们可以直接调用 Project 自带的【任务数据编辑】视图，这个视图本身就是一个复合视图，它的上方是【甘特图】视图，下方是默认的【任务窗体】视图，当然还可以将下方的【任务窗体】视图修改成其他视图。具体方法可以参见第 4.25.1 节，在此不再赘述。

方法 2：在某个视图的基础上单击【视图】选项卡下的【详细信息】。

比如在【资源使用状况】视图中，单击【视图】选项卡下的【详细信息】，然后在后面的下拉菜单中选择视图【资源图表】，如图 8-49 所示。当单击其中一个（工时类）资源，比如"项目经理"后，在上方的【资源使用状况】视图中能看到该资源所安排的任务、工时等信息，在下方的【资源图表】视图中则可以看到对应时间段的工时负荷情况，这个视图是比较实用的。

方法 3：新建自定义复合视图。

在【视图】选项卡下单击【其他视图】下拉菜单底部的【其他视图】，就会弹出如图 8-50 所示的【其他视图】窗口，单击右侧的【新建】按钮。在弹出的【定义新视图】窗口中，选择第二个选项【组合视图】，然后单击【确定】按钮。

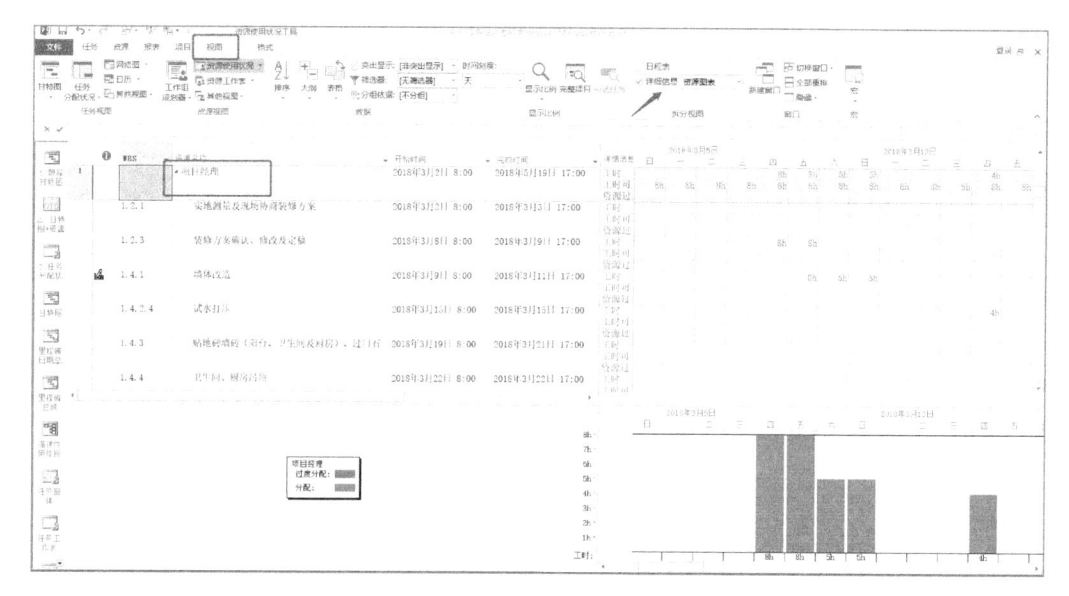

>> **10 天精通 Project 项目管理：从菜鸟到实战高手**

图 8-49

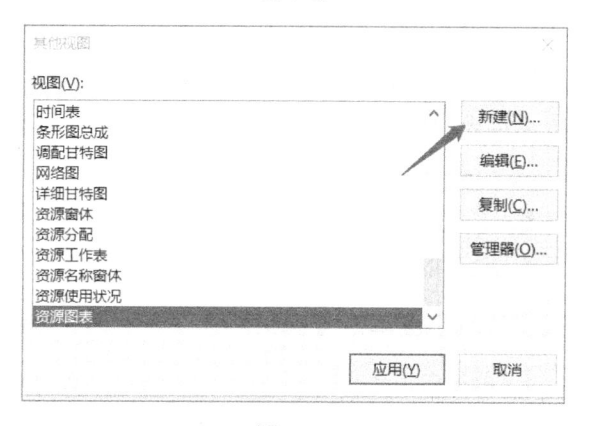

图 8-50

在弹出的视图定义窗口中，我们给它取个新的名字，比如叫作"1. 资源使用状况+资源图表 - 跟连永老师学 Project"，如图 8-51 所示，然后在【主视图】中选择一个视图，比如"资源使用状况"视图，在【详细信息窗格】中选择另外一个视图，比如"资源图表"，在下方可以勾选【显示在菜单中】，最后单击【确定】按钮。此时又回到了【其他视图】窗口，在左侧单击刚刚创建的新视图名称，如图 8-52 所示，然后单击下方的【应用】按钮。

单击图 8-52 中的【应用】按钮后，Project 会显示出一个刚刚新建的复合视图，如图 8-53 所示。

第 8 章 项目更新与监控（仅含进度、不含成本）

图 8-51

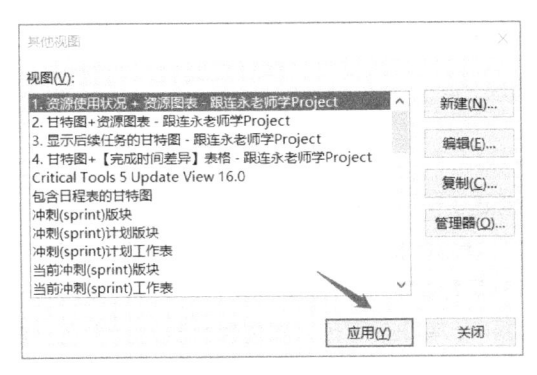

图 8-52

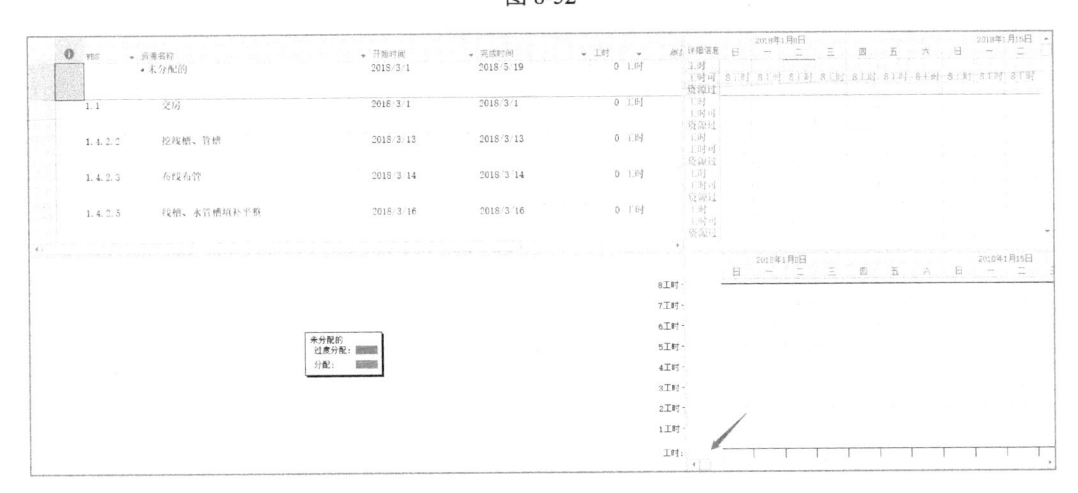

图 8-53

当我们在上方的【资源使用状况】视图中单击某个资源名称后，比如项目经理，然后在图 8-53 底部标注的箭头处用鼠标向右拖动，使其显示到有工时分布的时间段，这样在下方的【资源图表】视图中就可以自动生成该资源的直方图，如图 8-54 所示，而且上下两个视图右侧的时间刻度是完全吻合的。

319

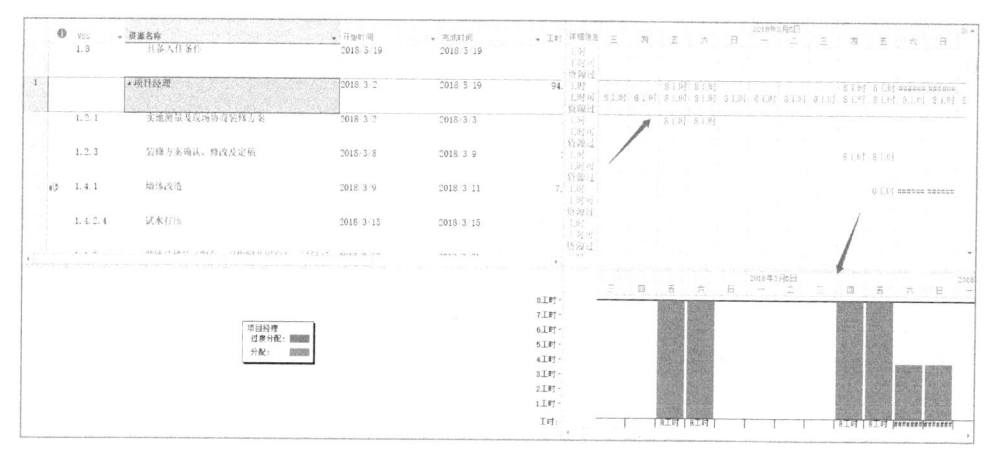

图 8-54

这样就在当前文件中新建了一个视图"1. 资源使用状况+资源图表 - 跟连永老师学 Project"，同时该视图也已经同步到了 Project 模板库中，因为 Project 默认设置是将新建的视图自动保存到管理器中，可参见第 4.26.3 节图 4-151。打开【管理器】窗口，如图 8-55 所示，可以看到不论是在当前文件中还是在管理器中，都出现了刚才新创建的复合视图"1. 资源使用状况+资源图表 - 跟连永老师学 Project"。

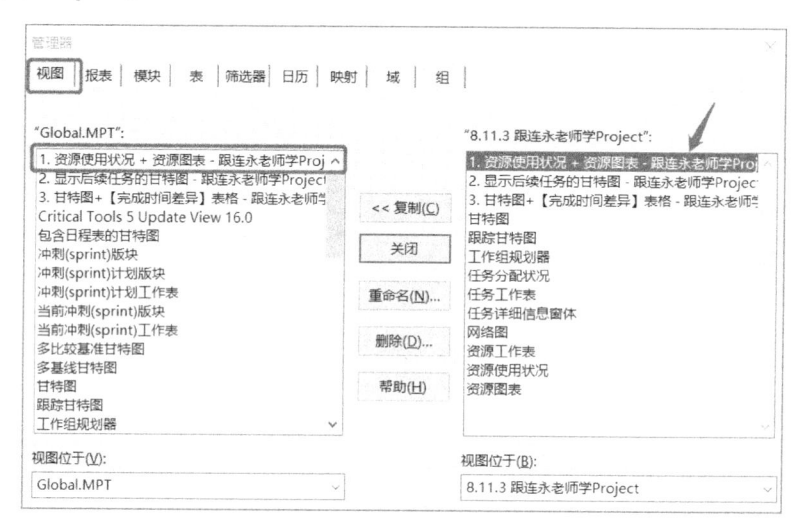

图 8-55

8.11.4 创建新的自定义单一视图的两种方法

除可以在 Project 中创建新的复合视图外，还可以根据自己的习惯和偏好创建新的视图。

第 8 章 项目更新与监控（仅含进度、不含成本）

方法 1：设置好理想的视图样式，然后保存视图

假如我们在默认的【甘特图】基础上，在工作表区域的【前置任务】后插入一列【后续任务】，并且想让今后的甘特图视图都显示列【后续任务】。则可以首先在【甘特图】视图中调整好，如图 8-56 所示，在【前置任务】列后面插入了列【后续任务】。

任务模式	任务名称	工期	开始时间	完成时间	前置任务	后续任务	资源名称
0	▲ 8.11.4 跟连永老师学Project	80 个工作日	2018年3月1日	2018年5月19日			项目预算成本
1	▲ 1 新房装修项目	80 个工作日	2018年3月1日	2018年5月19日			风险准备金[¥8,3
2	1.1 交房	1 个工作日	2018年3月1日	2018年3月1日		4	
3	▲ 1.2 装修设计	8 个工作日	2018年3月2日	2018年3月9日			
4	1.2.1 实地测量及现场协商装修方	2 个工作日	2018年3月2日	2018年3月3日	2	5	打车费[¥100.00],
5	1.2.2 装修方案设计	4 个工作日	2018年3月4日	2018年3月7日	4	6	设计师
6	1.2.3 装修方案确认、修改及定稿	2 个工作日	2018年3月8日	2018年3月9日	5	8,23	项目经理,设计师

图 8-56

单击【视图】选项卡下的【其他视图】→【保存视图】，弹出【保存视图】窗口，我们取个新的名字，比如 "2. 显示后续任务的甘特图 - 跟连永老师学 Project"，然后单击【确定】按钮。

这样就在当前文件中新建了一个视图 "2. 显示后续任务的甘特图 - 跟连永老师学 Project"，同时该视图也已经同步到了 Project 模板库中，打开【管理器】窗口即可看到，如图 8-57 所示。

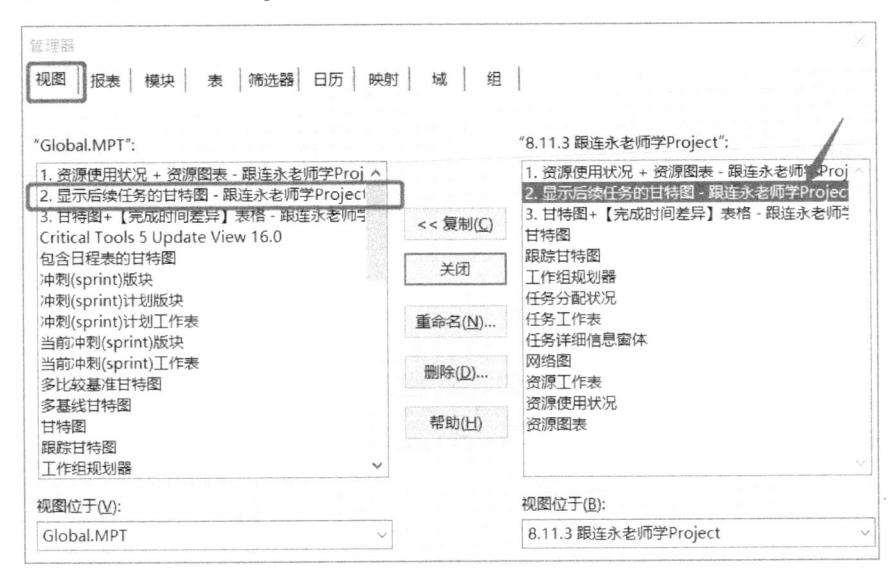

图 8-57

方法 2：在【其他视图】窗口中新建视图

在 8.10.2 节中创建了一个自定义的表格【1. 完成时间差异 - 跟连永老师学 Project】，假如我们让甘特图的工作表区域直接显示这个自定义的表格，可以考虑创建一个新的视图，既可以参照

321

10 天精通 Project 项目管理：从菜鸟到实战高手

上述方法 1 创建，也可以按照将要讲解的方法 3 创建。

在【视图】选项卡单击【其他视图】，在弹出的【其他视图】窗口中单击右侧的【新建】按钮。在弹出的【定义新视图】窗口中，选择【单一视图】，单击【确定】按钮。

在弹出的视图定义窗口中，如图 8-58 所示，我们首先给这个视图取个名字，比如 "3. 甘特图+【完成时间差异】表格 - 跟连永老师学 Project"，然后在【屏幕】中选择【甘特图】，在【表】中选择之前已经创建的表格【1. 完成时间差异 - 跟连永老师学 Project】。

需要注意的是，下方的【分组】和【筛选器】是必须选择的，比如在【分组】下拉菜单中选择【不分组】，在【筛选器】中选择【所有任务】。也就是说，我们在这个视图中不进行分组和筛选的显示。

在窗口左下方可以勾选【显示在菜单中】，然后单击【确定】按钮。此时又回到了【其他视图】窗口，在视图名称中单击刚创建的视图，如图 8-59 所示，然后单击下方的【应用】按钮。Project 就会显示新创建的视图，如图 8-60 所示，工作表区域显示的是第 8.10.2 节中创建的表格 "1. 完成时间差异 - 跟连永老师学 Project"，其他显示与默认的甘特图视图是一样的。

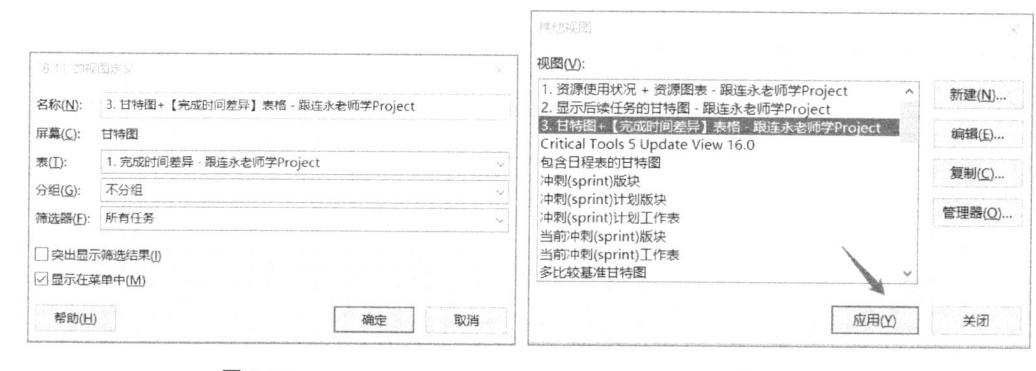

图 8-58

图 8-59

图 8-60

这样就在当前文件中新建了一个视图 "3. 甘特图+【完成时间差异】表格 - 跟连永老师学 Project"，同时该视图也已经同步到了 Project 模板库中，打开【管理器】窗口即可看到，如图 8-61 所示。

322

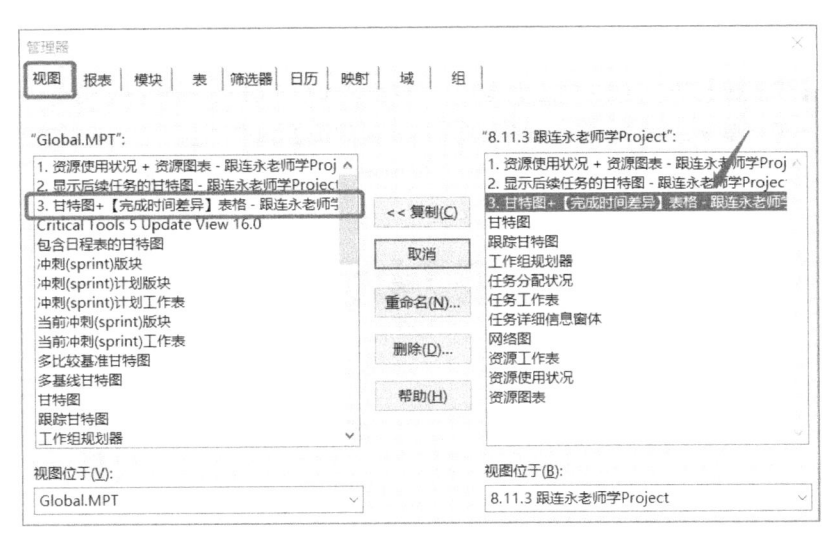

第 8 章 项目更新与监控（仅含进度、不含成本）

图 8-61

8.11.5 修改 Project 默认的视图

Project 中默认的视图也是可以修改的，比如，想把在 8.11.4 节中创建的新视图 "3. 显示后续任务的甘特图 - 跟连永老师学 Project" 设置成默认视图，是完全可以的。

单击【文件】→【选项】→【常规】，在【默认视图】的下拉菜单中选择 "3. 显示后续任务的甘特图 - 跟连永老师学 Project"，然后单击该窗口下方的【确定】按钮。

这样今后新打开的 Project 空白文档中，将默认显示这个新的视图，会在原来甘特图的基础上自动显示列【后续任务】。

8.12 项目报表

从 Project 2013 版本开始，Project 将报表的功能独立成一个单独的主菜单，并且极大地丰富了 Project 的报表功能，可以不必将 Project 中的数据导入到 Excel 中再生成报表，而是直接在 Project 中就可以非常方便地创建报表。提示：本节的内容适用于 Project 2013、Project 2016 和 Project 2019 版本。

8.12.1 使用 Project 中的内置报表并编辑和保存

Project 本身自带了一些预置报表的模板可以直接使用，单击【报表】选项卡，如图 8-62 所示，会看到有【新建报表】【仪表板】【资源】【成本】【进行中】【入门】等按钮，其中【新建报表】是根据自己的需要完全从头开始创建自定义报表,其他按钮则是 Project 本身预置的报表模板。比如,单击【仪表板】中的【项目概述】模板,就会出现如图 8-63 所示的报表。在这个预置报表中将展现项目的整体概况,比如,项目当前计划的开始时间是 2018 年 3 月 1 日,完成时间是 2018 年 5 月 19 日,整个项目的【完成百分比】是 23%。同时显示即将到期的里程碑任务清单,当前显示了两个里程碑任务"业主验收"和"具备入住条件",右侧显示有一个图标,是完成百分比的图表。

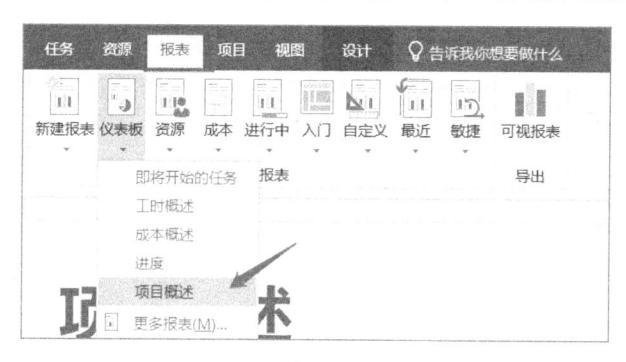

图 8-62

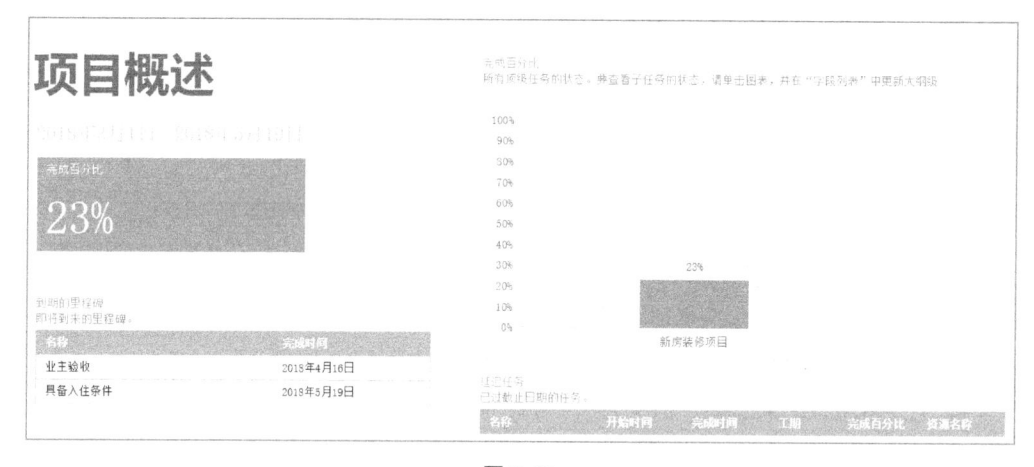

图 8-63

对于图 8-63 中显示的里程碑清单,假如除了显示【完成时间】,还要显示里程碑任务的【最后期限】、【基线完成时间】、【完成时间差异】等信息,则完全可以在预置报表的基础上进行再次编辑。

单击图 8-63 中的里程碑表格,如图 8-64 所示,然后该窗口的右侧将出现【字段列表】窗口,字段也就是 Project 中的列,有【任务】列和【资源】列,该表格是任务列,右侧默认显示的是【任务】。然后在【选择域】下的【日期】→【自定义】中找到并勾选【最后期限】、【基线完成时间】,在【工期】→【自定义】下找到并勾选【完成时间差异】,这样在里程碑清单中将会显

第 8 章　项目更新与监控（仅含进度、不含成本）

示更完整的信息。

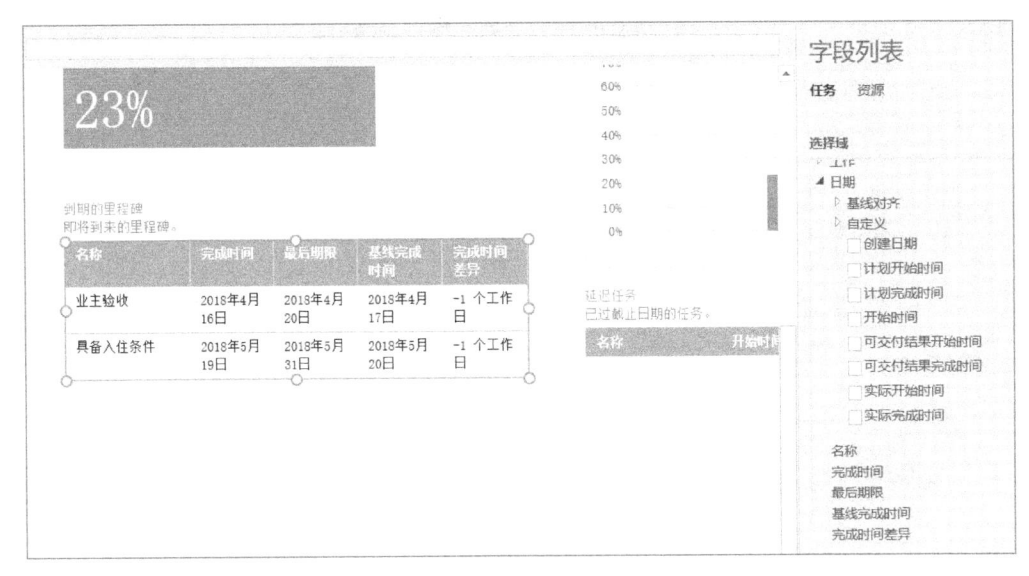

图 8-64

如果要让该表格的列依次显示为：名称、最后期限、基线完成时间、完成时间、完成时间差异，则可以在右侧的【字段列表】中调整要显示的列的顺序，如图 8-65 所示，单击【完成时间】右键，选择【下移】，通过这种方法可以对列的显示顺序进行调整。

图 8-65

对于图 8-63 中的完成百分比图表，目前显示的是整个项目的完成百分比，假如要显示更多任务的完成百分比图表，则可以单击该图表，如图 8-66 所示，在右侧的【字段列表】窗口下方的【大纲级别】右侧下拉菜单中选择【级别 2】，然后在左侧的图表中将显示所有大纲级别是 2 级的任务的完成百分比图表。当然，也可以选择其他大纲级别。

如果想把完成百分比图表从柱状图改成其他图表，则可以右击该图表，然后在弹出的快捷菜单中选择【更改图表类型】，然后可以选择其他想要的图表类型，在此不做演示了，大家可以自己尝试。

10 天精通 Project 项目管理：从菜鸟到实战高手

另外，还可以修改表格、图表的颜色、字体等显示效果，大家都可以自己尝试，操作的方法与 Excel 中图表的操作差不多，由于篇幅所限，在此不做详细演示。

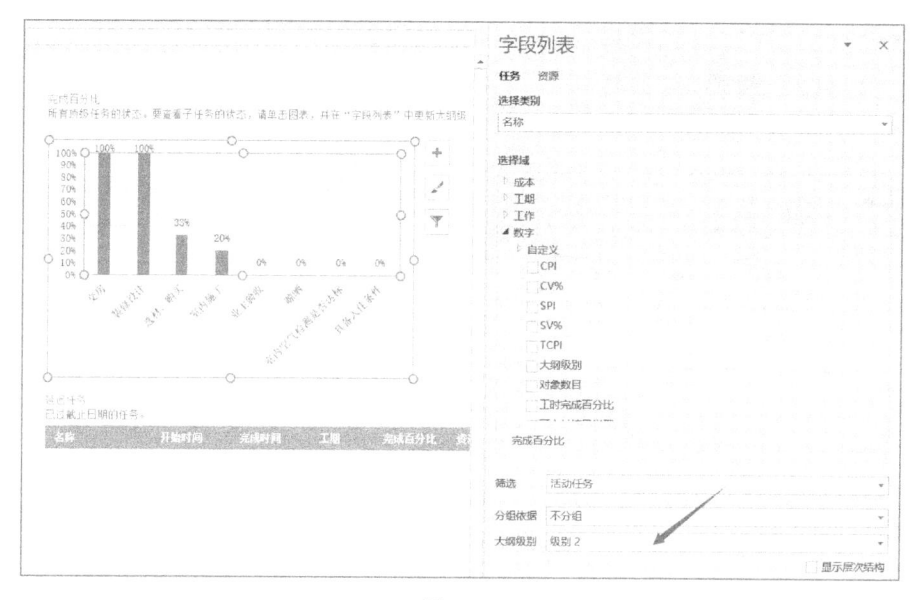

图 8-66

现在我们已经对 Project 的预置报表【项目概述】进行了修改，假如要保存该报表并且今后其他项目再调用该报表时也显示为已经修改的报表样式，则可以在【管理器】中将其保存到 Project 模板库中。打开【管理器】窗口，如图 8-67 所示，在【报表】选项卡下，右侧显示的是当前文件中的【项目概述】报表，这是已经修改过的，单击该报表名称，然后单击中间的【复制】按钮。

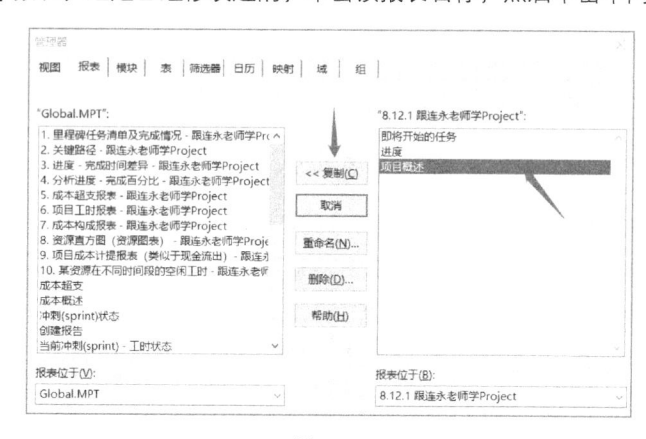

图 8-67

由于当前文件和 Project 模板库中都存在一个名为【项目概述】的报表模板，因此会出现如

第 8 章 项目更新与监控（仅含进度、不含成本）

图 8-68 所示的提示窗口，单击【是】，就将刚才对该报表的修改同步到了 Project 模板库中。

图 8-68

8.12.2 自定义报表 1：新建"任务的完成时间差异"报表

除使用 Project 中的预置报表外，还可以根据自己的需要新建自定义报表，比如，要创建一个显示任务的完成时间差异报表来查看任务与基准的偏差，操作如下。

单击【报表】选项卡下的【新建报表】→【空白】，在弹出的【报表名称】窗口中，可以给该报表取个名字，比如 "1. 完成时间差异报表 - 跟连永老师学 Project"，然后单击【确定】按钮。

此时就会出现一个空白的报表，当前只会显示报表的名称，其他什么都没有。单击【设计】选项卡下的【图表】按钮，如图 8-69 所示，会弹出【插入图表】窗口，选择【条形图】，然后单击【插入图表】窗口的【确定】按钮。就会出现一个条形图的图表，如图 8-70 所示，但是这个图表并不是我们想要的。在横轴上我们不需要显示【剩余工时】和【实际工时】，单击该图表后，在右侧的【字段列表】中取消勾选【剩余工时】和【实际工时】，同时在【工期】→【自定义】中勾选【完成时间差异】。

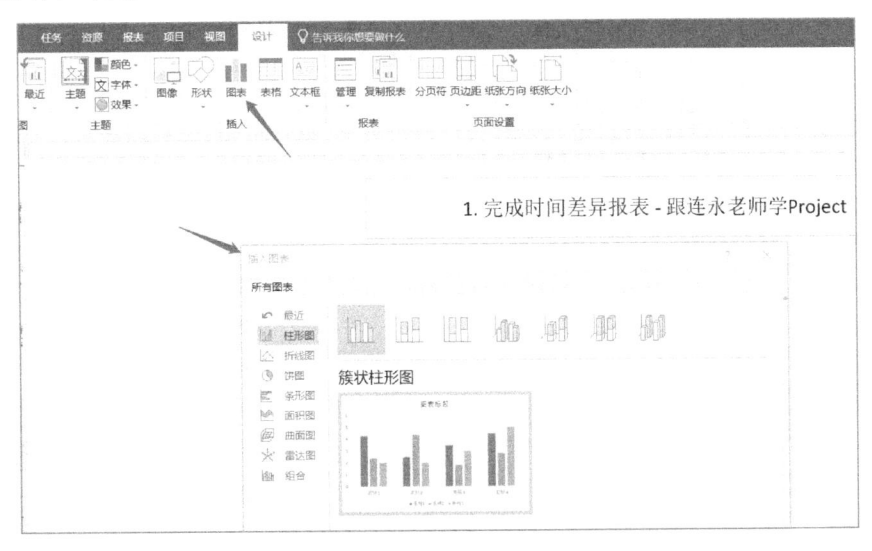

图 8-69

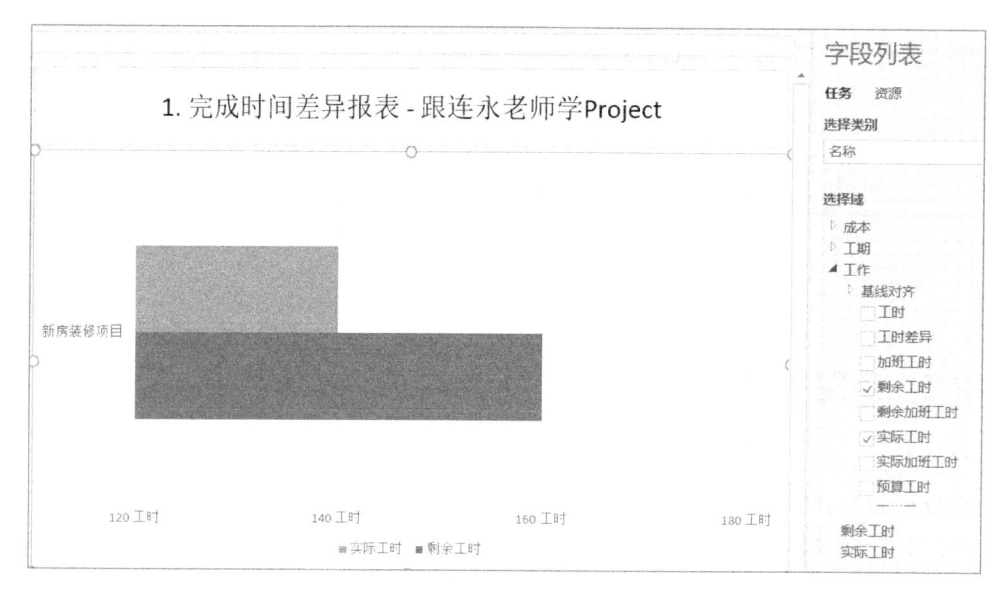

图 8-70

目前横轴显示的已经是【完成时间差异】，在【字段列表】中可以将大纲级别选择成【级别2】，如图 8-71 所示。这样该报表显示的就是大纲级别是 2 级的任务的完成时间差异图表。

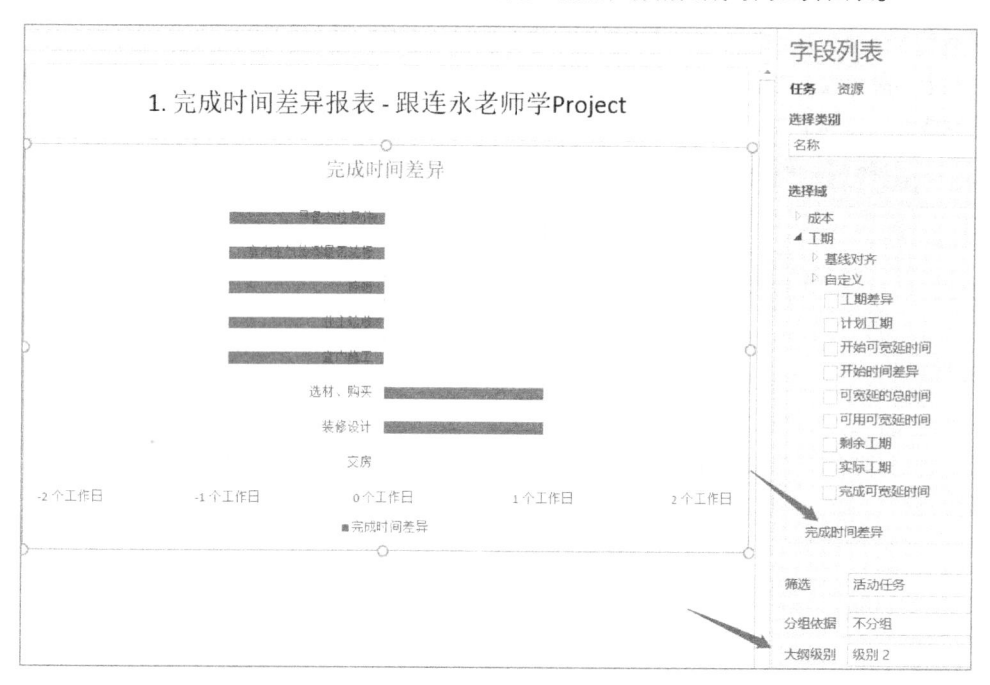

图 8-71

第 8 章 项目更新与监控（仅含进度、不含成本）

横轴上显示的时间单位是可以修改的，右击图表的横轴区域，在弹出的快捷菜单中选择【设置坐标轴格式】，如图 8-72 所示。

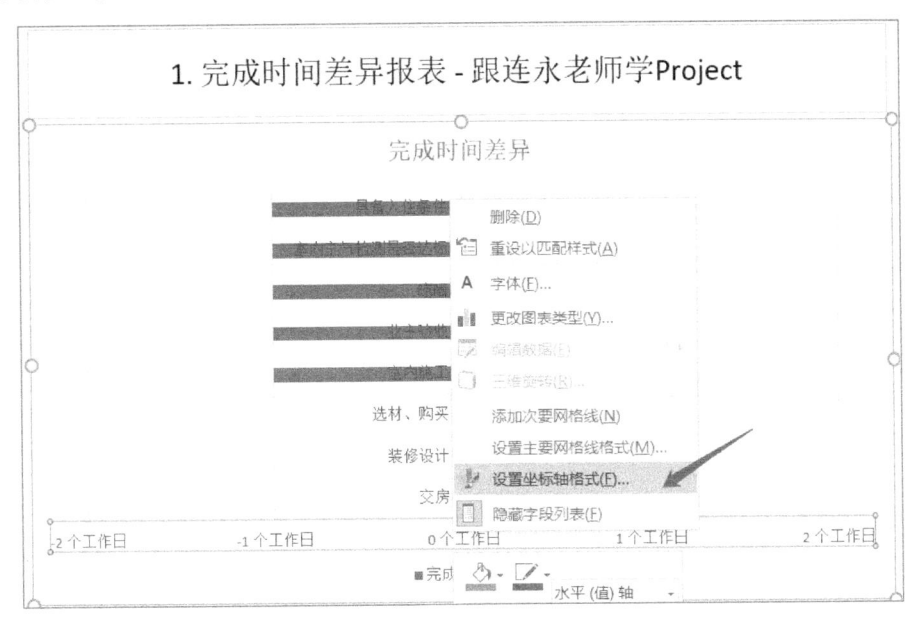

图 8-72

在弹出的【设置坐标轴格式】右侧窗口中，在【单位】下将数值修改成 1，如图 8-73 所示，这样这个报表就基本达到了我们期望的效果。当然，还可以继续对图表进行其他美化，比如背景色、字体等。另外，还可以在报表中插入文本框等内容，大家可以自己尝试一下。

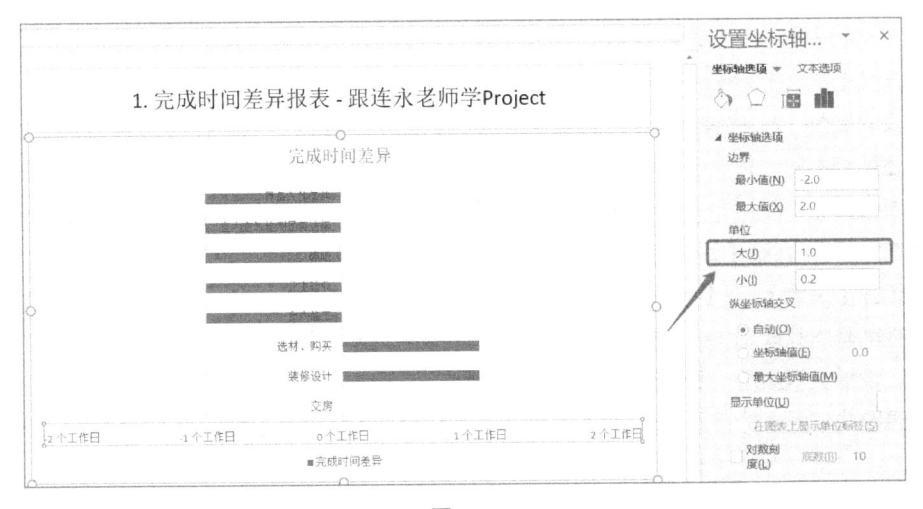

图 8-73

目前我们已经在当前文件中新创建了这个报表，如果想保存它以便将来可以直接调用，可以打开【管理器】窗口，如图 8-74 所示，单击右侧当前文件中的报表名称"1. 完成时间差异报表 - 跟连永老师学 Project"，然后单击中间的【复制】按钮，这个新建的报表就保存到了 Project 模板库中，将来可以随时直接调用。

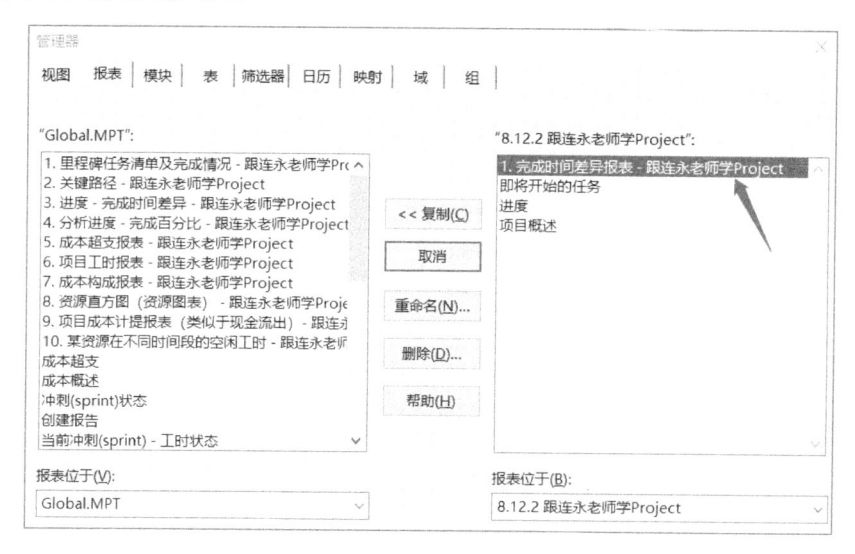

图 8-74

8.12.3　自定义报表 2：新建"关键路径清单"报表

在前面我们新建了一个图表类型的报表，我们还可以创建一个表格类型的报表，正如在第 8.12.1 节中对里程碑任务清单那样。

首先在【报表】选项卡下单击【新建报表】→【空白】，就会弹出【报表名称】窗口，我们给这个报表取名为"2. 关键任务清单报表 - 跟连永老师学 Project"，然后单击【确定】按钮。此时的报表还是空白的，只显示一个报表的名称。在【设计】选项卡下单击【表格】按钮，然后单击出现的表格后，如图 8-75 所示，在右侧的【字段列表】中，在【选择域】的【其他域】中找到并勾选【前置任务】，在【工期】→【自定义】中找到并勾选【可宽延的总时间】。在【筛选】下拉菜单中选择【关键】，在【大纲级别】下拉菜单中选择【所有子任务】。

这样就基本完成了关键任务清单报表的创建，当然还可以对报表进行一些美化，例如，添加文本框，设置文本颜色、字体等，大家可以尝试一下。

如果要将该报表保存到 Project 模板库中，同样是在【管理器】窗口中进行保存，如图 8-76 所示。

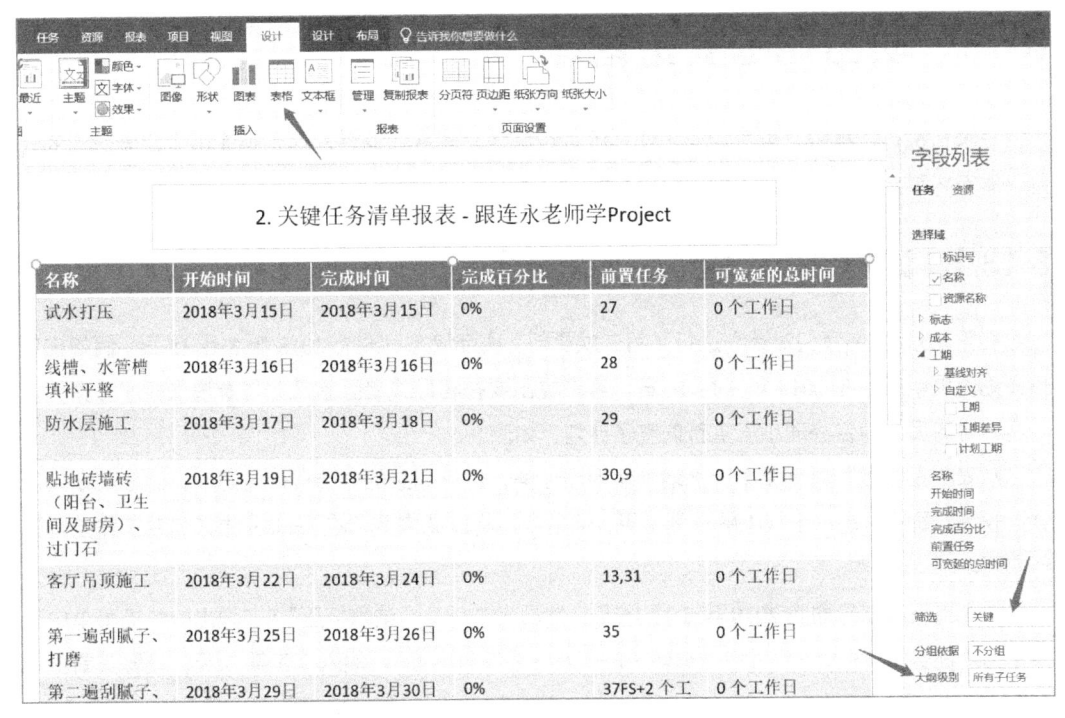

第 8 章 项目更新与监控（仅含进度、不含成本）

图 8-75

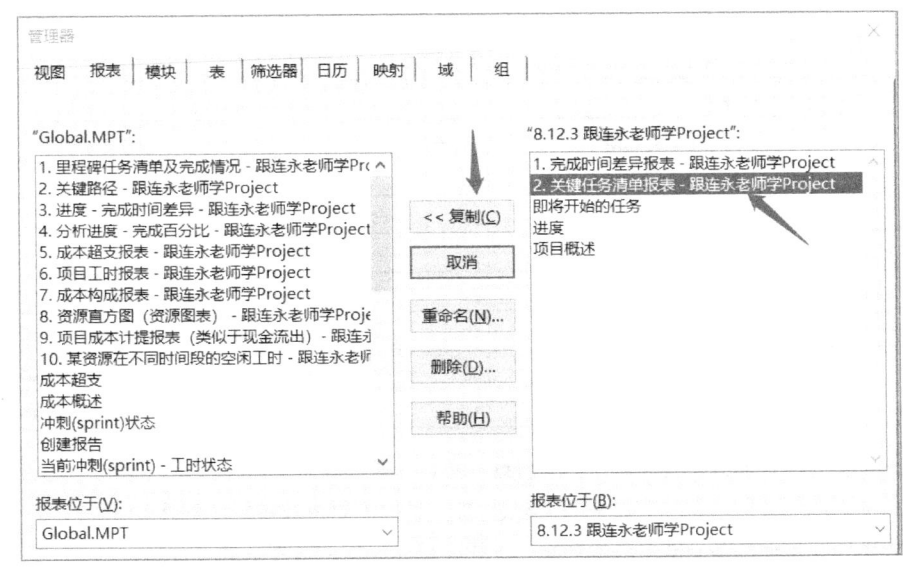

图 8-76

8.13 项目范围变更管理

在项目执行过程中，难免会对工作范围进行增加、删减和调整，这是现实中一定会遇到的问题，本节将重点讲解工作范围发生变更后如何处理 Project 计划。

8.13.1 计划执行过程中增加新任务

在第 8.3.8 节中我们对计划进行了第二次更新，项目状态日期为 2018 年 3 月 15 日。假如在项目计划刚更新后，在 2018 年 3 月 16 日，客户提出要在客厅或者卧室某些位置增加插座开关等。与客户协商后，项目经理小王重新调整了计划，如表 8-6 所示。

从表 8-6 中我们看到整个计划增加了两项任务，对计划必然会造成一些影响，比如工期可能会延长等。虽然这是一个很小的计划变更，但是我们将以此来演示在 Project 中如何对工作范围进行变更。

首先更新状态日期为 2018 年 3 月 16 日。然后右击任务"试水打压"，在弹出的快捷菜单中选择【插入任务】，输入任务名称"与客户协商新布线布管方案"，输入其工期 1 天，设置其前置任务为 27，如图 8-77 所示。再次右击任务"试水打压"，在弹出的快捷菜单中选择【插入任务】，输入任务名称"重新布线布管"，输入其工期 1 天，设置其前置任务为 28。

表 8-6

原计划				新计划			
原任务ID号	原任务名称	任务工期（天）	前置任务	新任务ID号	新任务名称	任务工期（天）	前置任务
27	布线布管	1	26	27	布线布管	1	26
28	试水打压	1	27	28	与客户协商新布线布管方案	1	27
29	线槽、水管槽填补平整	1	28	29	重新布线布管	1	28
30	防水层施工	2	29	30	试水打压	1	29
				30	线槽、水管槽填补平整	1	30
				31	防水层施工	2	31

同时，我们需要重新调整其他任务的前置任务，比如任务"试水打压"，这是一个老任务，在该任务前插入新任务后，它的前置任务仍然是 27，我们需要将其前置任务修改成 29，如图 8-77 所示。如果还有其他任务受新任务的影响，都需要重新调整前置任务的设置。

第 8 章　项目更新与监控（仅含进度、不含成本）

		任务模式	名称	工期	前置任务	开始时间	完成时间
26	✓		1.4.2.2 挖线槽、管槽	1 个工作日	25	2018年3月13日	2018年3月13日
27	✓		1.4.2.3 布线布管	1 个工作日	26	2018年3月14日	2018年3月14日
28			1.4.2.4 与客户协商新布布	1 个工作日	27	2018年3月15日	2018年3月15日
29			1.4.2.5 重新布线布管	1 个工作日	28	2018年3月16日	2018年3月16日
30			1.4.2.6 试水打压	1 个工作日	29	2018年3月17日	2018年3月17日
31			1.4.2.7 线槽、水管槽填补平	1 个工作日	30	2018年3月18日	2018年3月18日
32			1.4.2.8 防水层施工	2 个工作日	31	2018年3月19日	2018年3月20日
33			1.4.3 贴地砖墙砖（阳台、卫生间及厨房）、过门石	3 个工作日	32,9	2018年3月21日	2018年3月23日

图 8-77

即使插入了新任务，并且调整了所有任务的关联关系（前置任务）后，这个计划也仍然没有更新完。在第 8.3 节已经讲解了，每一次更新计划后我们都需要检查新的当前计划是否满足基准计划的要求，如果有偏差，就需要及时纠正。

我们通过检查整个项目以及重要节点的完成时间差异，如图 8-78 所示，发现当前计划和关键节点都落后于基准计划 1 天。这就需要重新查找关键路径，想办法压缩项目的工期，使其再次回到基准计划的轨道上。

		任务模式	名称	完成时间差异	工期	开始时间	完成时间	前置任务
0			8.13.1 跟连永老师学Project	1 个工作日	82 个工作日	2018年3月1日	2018年5月21日	
1			1 新房装修项目	1 个工作日	82 个工作日	2018年3月1日	2018年5月21日	
51			1.5 业主验收	1 个工作日	2 个工作日	2018年4月17日	2018年4月18日	50
54			1.8 具备入住条件	1 个工作日	0 个工作日	2018年5月21日	2018年5月21日	53

图 8-78

小王的团队经过讨论后，认为有必要对近期某个关键路径上的任务压缩工期，如表 8-7 所示。

表 8-7

任务	改动前	改动后
任务"贴地砖墙砖（阳台、卫生间及厨房）、过门石"	工期是 3 天	工期是 2 天

小王在 Project 计划中把这个任务的工期从 3 天修改成 2 天后，整个项目以及关键阶段的完成时间差异变成了 0 天，也就是和基准计划总体上是一致的，如图 8-79 所示，此时计划更新告一段落。

333

>> 10 天精通 Project 项目管理：从菜鸟到实战高手

ID	任务模式	名称	已标记	完成时间差异	工期	开始时间	完成时间	前置任务
0		▲ 8.13.1 跟连永老师学Project	否	0 个工作日	81 个工作日	2018年3月1日	2018年5月20日	
1		▲ 1 新房装修项目	否	0 个工作日	81 个工作日	2018年3月1日	2018年5月20日	
22		▲ 1.4 室内施工	否	0 个工作日	38 个工作日	2018年3月9日	2018年4月15日	
33		1.4.3 贴地砖墙砖（阳台、卫生间及…	是	0 个工作日	2 个工作日	2018年3月21日	2018年3月22日	32,9
51		1.5 业主验收	是	0 个工作日	2 个工作日	2018年4月16日	2018年4月17日	50
54		1.8 具备入住条件	是	0 个工作日	0 个工作日	2018年5月20日	2018年5月20日	53

图 8-79

注意 在图 8-79 中，为了让截图中能看到任务"贴地砖墙砖（阳台、卫生间及厨房）、过门石"，所以没有按照像图 8-78 那样根据【里程碑】来筛选，而是插入了列【已标记】，将该任务标记为【是】，同时将原来的里程碑任务"业主验收"和"具备入住条件"也标记为【是】，最后再在列【已标记】中只筛选显示结果为【是】。其实处理的方法有很多种，也可以再回顾一下第 4.21.4 节中在只打印特定任务时讲到的方法。

8.13.2 增加新任务后需要注意的问题

在第 8.13.1 节中，我们假设了一种情形，就是项目计划中增加了新的任务，在上一节讲解了如何调整该计划，本节将再次总结一下增加新任务后需要注意的问题。

1. 重新检查并调整任务之间的关联关系

当我们在第 8.13.1 节中增加了新的任务后，很多任务之间的关联关系就需要重新调整，从表 8-7 中也能看出，任务"试水打压"的前置任务需要从 27 修改成 29，同时其他任务的前置任务也需要再次调整。

需要提醒大家的是，增加新任务后，原有任务之间的关系是继续存在的。比如图 8-77 中，任务"线槽、水管槽填补平整"，它的前置任务是"试水打压"，由于任务"试水打压"前面增加的两个任务，所以它的任务 ID 号从 28 变成了 30，此时任务"线槽、水管槽填补平整"的前置任务仍然是"试水打压"，只不过前置任务的 ID 号从 28 自动变成了 30。

2. 检查当前计划以及关键节点是否仍然符合基准计划的要求

当增加新任务并重新修正了任务之间的关联关系后，当前计划已经发生了一些变化，此时需要再次检查它和基准计划之间是否有偏差，可以通过【完成时间差异】进行快速检查。这个工作是每一次更新计划都需要做的，如图 8-78 和图 8-79 所示。

3. 如果发现和基准计划有偏差则需要重新压缩项目工期

如果计划更新了，发现和基准计划有偏差，则需要立即采取措施纠正这个偏差，使计划重新回到基准计划的轨道上。关于如何压缩工期，在第 6.4 节已经讲解过，方法和理念都是相同的，

第 8 章　项目更新与监控（仅含进度、不含成本）

首先肯定需要找关键路径。

8.13.3　处理原来计划中已经无效的任务

在第 8.13.1 节给出的案例中只涉及增加新的任务，现实中可能还会出现有些任务已经无效或者不再需要的情形，本节将讲解这种情况在 Project 中如何处理。

1．使用"停用任务"处理无效的任务

为了方便讲解和易于理解，我们假设一种简单的情形。假如项目采用全年 365 天无休日历，项目开始日期是 2018 年 3 月 1 日，计划中只有 A、B、C、D 四个任务，工期分别是 1、2、3、4 天，如图 8-80 所示。

图 8-80

假如在更新计划时发现，任务 B 已经不需要了，那么我们可以使用 Project 中的任务停用功能。单击任务 B，然后单击【任务】选项卡下的【停用】按钮，如图 8-81 所示。此时任务 B 就会显示为灰色，而且更重要的是，该任务已经与其他所有的任务无关，尽管任务 C 的前置任务中还显示了该任务，但是在计算进度时，任务 B 将不再纳入计算的因素，它不会再影响到计划中的任何时间计算。

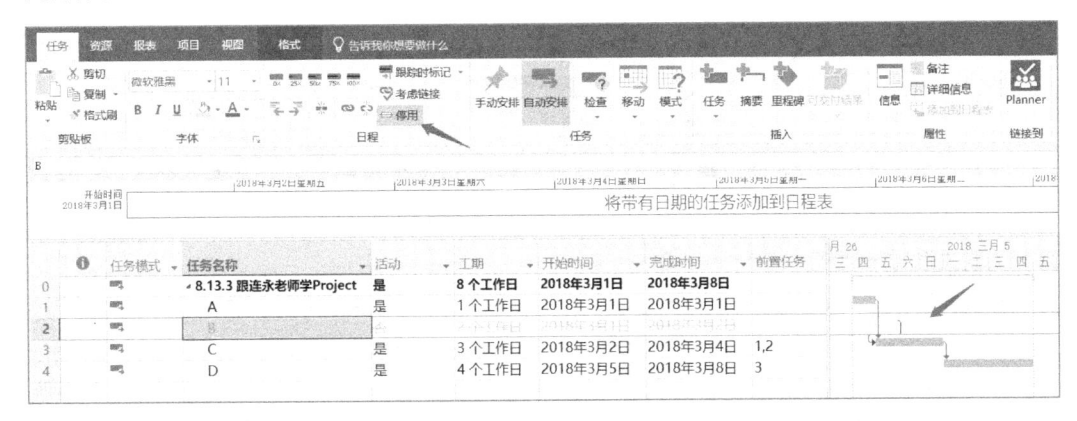

图 8-81

这时任务 B 在 Project 中称为【非活动】任务，也就是被停用的任务，而其他任务都是活动的任务，在图 8-81 中我们插入列【活动】后，会发现在【活动】列中任务 B 显示为【否】，实际上，也可以直接在【活动】列中通过修改【否】和【是】来将任务停用或者重新启用。在第 4.26 节至 4.28 节中讲解筛选器、突出显示和分组功能时，曾经介绍了活动任务与非活动任务。

2．不建议直接删除无效的任务

在上一章节中，既然任务 B 不再需要了，为什么不直接删除这个任务呢？如果将该任务删除了，将再也看不到该任务的信息，而如果使用"停用任务"的功能，它仍然还可以显示在项目计划中，但是它又不会影响到进度、成本的计算。这样更能反映项目的真实情况，在项目阶段性收尾或者总结时，也可以让团队更清楚地认识到，这个任务以前认为是需要的，但实际执行中不需要了，或许在总结时会提供一些有用的信息。

8.14　计划暂停后重新启动如何更新 Project 计划

在第 8.13.1 节的基础上，我们再假设一种情形，在 2018 年 3 月 16 日，小王接到客户的电话，要求对设计方案进行更改，除要更改开关插座外，还需要更改其他内容。设计方案的更改将会影响到后面所有的采购和施工工作。假如客户打完电话后，由于特殊原因，小王再也无法联系到客户，所以设计方案更改的内容一直没有敲定，由于可能还会涉及其他设计内容的更改。因此小王就暂停了所有工作，包括正在进行的水电改造工作和尚未完成的采购工作，以免造成额外的损失。

在 2018 年 3 月 31 日，客户忽然出现并联系小王，双方最终敲定了方案的变更，仍然只是对开关插座的位置进行微调，此时计划中新的实际状态变化如表 8-8 所示。

表 8-8

任务 ID	任务名称	实际开始时间	实际完成时间	解释
28	与客户协商新布线布管方案	2018 年 3 月 15 日	2018 年 3 月 31 日	已完成

首先小王重新更新了计划，将项目状态日期更新为 2018 年 3 月 31 日，如图 8-82 所示，同时更新了任务"与客户协商新布线布管方案"的实际完成时间为 2018 年 3 月 31 日，其他任务的工期和关联关系暂未调整。

在项目暂停时，只有任务 28 处于已经开始但未完成的状态，其他采购工作以及后续的水电改造和室内施工都尚未开始。在 2018 年 3 月 31 日，任务 28 已经完成，并且已经更新它的实际完成时间。对于其他尚未开工的任务，它们的开始时间都需要在 2018 年 3 月 31 日之后开始，也就是最早为 2018 年 4 月 1 日。

在 Project 中可以批量更新这些任务。在【项目】选项卡下单击【更新计划】按钮，在弹出的

第 8 章　项目更新与监控（仅含进度、不含成本）

【更新计划】窗口中勾选【重排未完成任务的开始时间】，输入 2018 年 3 月 31 日，单击【确定】按钮，如图 8-83 所示。

图 8-82

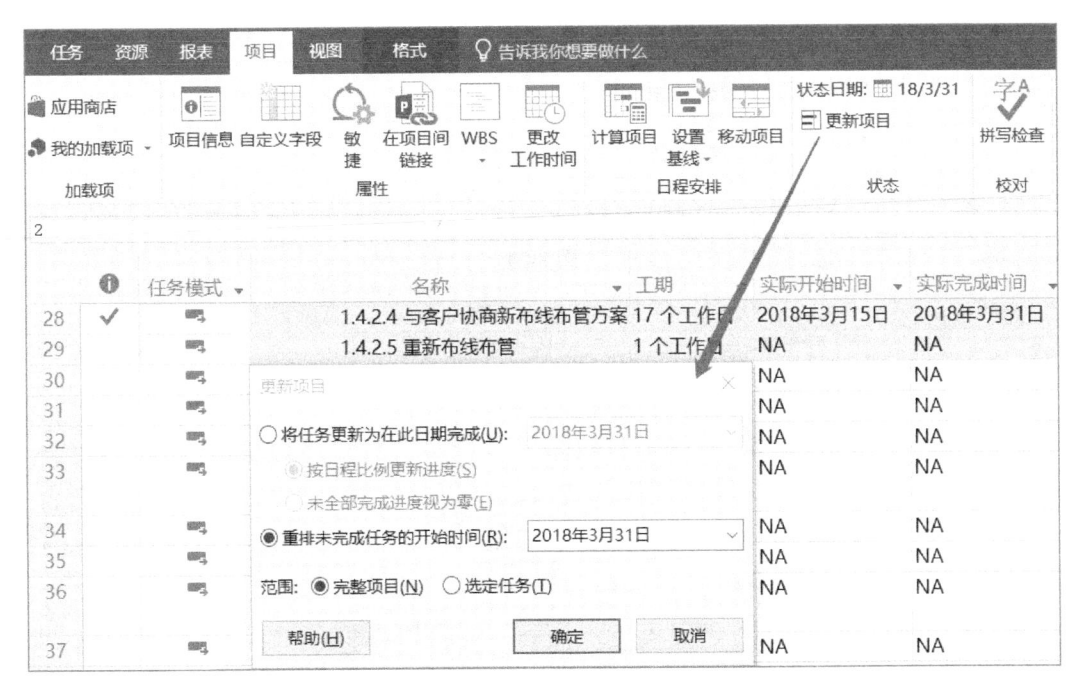

图 8-83

有人可能会问，在图 8-83 的【更新项目】窗口中，未完成任务的开始时间不应该是 2018 年 4 月 1 日吗？为什么要输入 2018 年 3 月 31 日呢？这里涉及 Project 中文版的翻译问题，中文版实际

337

10 天精通 Project 项目管理：从菜鸟到实战高手

上是从英文版翻译过来的，而在 Project 英文版中，此处的本义是【Reschedule umcompleted work to start after】，如图 8-84 所示，可见，这里的意思是"重排未完成任务使其开始时间在（某个日期）之后"，所以此处应该输入 2018 年 3 月 31 日，那么未完成任务的开始时间就成了 2018 年 4 月 1 日，这是 Project 中文版软件翻译造成的问题。

在【更新项目】窗口操作完毕并单击【确定】按钮后，再次回到【跟踪甘特图】视图，如图 8-85 所示，对于那些还未完成的任务，比如任务"选购木地板"，它的开始时间就变成了 2018 年 4 月 1 日，而任务"选购室内木门"则根据它的前置任务计算出新的开始时间，同样，任务"重新布线布管"也是根据它的前置任务自动计算出开始时间。

图 8-84

图 8-85

如果还需要对计划进行一些其他更新，仍然可以继续手动更新该计划中的任务信息，比如任

第 8 章　项目更新与监控（仅含进度、不含成本）

务重新评估的工期、关联关系等。

当项目执行中出现特殊情况（暂停又重新启动）时，上述方法只是更新 Project 计划的一种方式，并不是说只能采取这种方式，也可以手动更新某些任务的信息比如开始时间等，这一点希望大家理解。其实通过本书的讲解，大家可能会发现，实现一个目的方法并不是唯一的，而是可以在掌握 Project 原理的情况下灵活处理。

8.15　计划严重推迟时保存新的基准

在第 8.14 节中由于一些特殊原因，项目暂停一段时间后又重新启动，我们使用了 Project 中批量更新计划的功能，对计划进行了重新排定。

此时再来看整个项目以及关键节点的完成时间差异，如图 8-86 所示，项目时间出现了较大的变化，比基准计划晚了 16 天。而且在左侧的【标记】列中出现了提示的图标，意思是当前计划的完成时间已经超过了设置的【最后期限】日期。

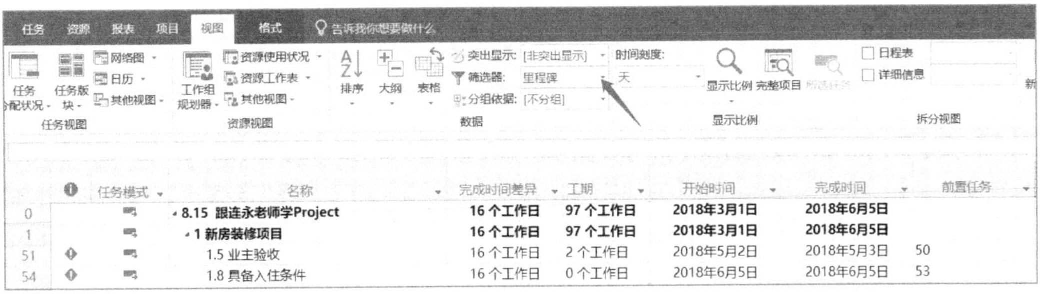

图 8-86

由于这是客户失联原因造成的，客户对项目的延误表示理解，并同意按照现在新的计划继续往下推进。由于计划的整体推迟，在项目之初与客户约定的关键节点"业主验收"和"具备入住条件"的完成日期都已无法保证，小王根据目前最新的计划与客户商定了新的项目节点日期，如表 8-9 所示。

表 8-9

关键节点	改动前	改动后
业主验收（任务 51）	2018 年 4 月 20 日	2018 年 5 月 5 日
具备入住条件（任务 54）	2018 年 5 月 31 日	2018 年 6 月 10 日

当前计划是满足表 8-9 新项目节点要求的，于是小王决定把当前的计划设置成新的基准来进行跟踪监控。

>> 10 天精通 Project 项目管理：从菜鸟到实战高手

在 Project 中设置新的基准与最初设置基准的方法差不多，单击【项目】选项卡下的【设置基线】按钮，会弹出如图 8-87 所示的【设置基线】窗口，由于计划之前保存了【基线】，此时需要保存新的基准，可以选择【基线 1】，然后单击【确定】按钮。

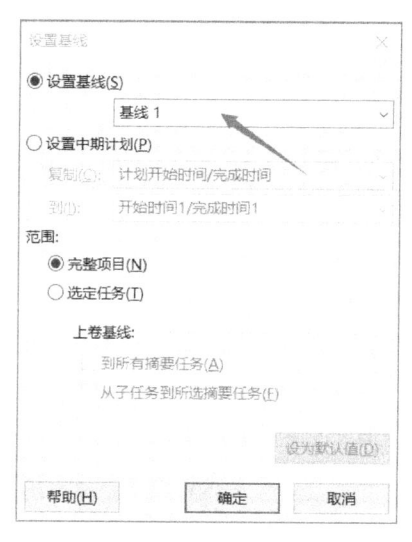

图 8-87

其实这样新的基线就已经保存了，我们可以在工作表区域插入列【基线 1 开始时间】、【基线 1 完成时间】、【基线开始时间】、【基线完成时间】，如图 8-88 所示，我们会发现，基线 1 的时间和基线的时间是不同的。但是【完成时间差异】仍然是根据最初的【基线】计算出来的，在第 8.18 节将会详细讲解。

		任务模式	名称	基线 1 开始时间	基线开始时间	基线 1 完成时间	基线完成时间	完成时间差异
0			8.15 跟连永老师学Project	2018年3月1日	2018年3月1日	2018年6月5日	2018年5月20日	16 个工作日
1			▲ 1 新房装修项目	2018年3月1日	2018年3月1日	2018年6月5日	2018年5月20日	16 个工作日
2	✓		1.1 交房	2018年3月1日	2018年3月1日	2018年3月1日	2018年3月1日	0 个工作日
3			▲ 1.2 装修设计	2018年3月2日	2018年3月2日	2018年3月9日	2018年3月8日	1 个工作日
4	✓		1.2.1 实地测量及现场协商装修方案	2018年3月2日	2018年3月2日	2018年3月3日	2018年3月2日	1 个工作日
5	✓		1.2.2 装修方案设计	2018年3月4日	2018年3月3日	2018年3月7日	2018年3月7日	0 个工作日
6	✓		1.2.3 装修方案确认、修改及定稿	2018年3月8日	2018年3月8日	2018年3月9日	2018年3月8日	1 个工作日
7			▲ 1.3 选材、购买	2018年3月7日	2018年3月9日	2018年4月14日	2018年3月27日	18 个工作日
8	✓		1.3.1 选购电线、水管、开关插座等	2018年3月7日	2018年3月9日	2018年3月7日	2018年3月9日	-2 个工作日
9	✓		1.3.2 选购地砖、墙砖、过门石	2018年3月9日	2018年3月10日	2018年3月9日	2018年3月10日	-1 个工作日
10	✓		1.3.3 选购卫生间、厨房吊顶	2018年3月10日	2018年3月11日	2018年3月10日	2018年3月11日	-1 个工作日
11	✓		1.3.4 选购厨房整体橱柜	2018年3月11日	2018年3月12日	2018年3月11日	2018年3月12日	-1 个工作日
12	✓		1.3.5 选购卫浴设备	2018年3月12日	2018年3月13日	2018年3月12日	2018年3月13日	-1 个工作日
13	✓		1.3.6 选购客厅吊顶材料	2018年3月13日	2018年3月14日	2018年3月13日	2018年3月14日	-1 个工作日
14	✓		1.3.7 选购墙面漆	2018年3月14日	2018年3月15日	2018年3月14日	2018年3月15日	-1 个工作日
15			1.3.8 选购木地板	2018年4月1日	2018年3月16日	2018年4月1日	2018年3月16日	18 个工作日
16			1.3.9 选购室内木门	2018年4月4日	2018年3月17日	2018年4月4日	2018年3月17日	18 个工作日
17			1.3.10 选购壁纸	2018年4月5日	2018年3月18日	2018年4月5日	2018年3月18日	18 个工作日
18			1.3.11 选购暖气片	2018年4月6日	2018年3月19日	2018年4月6日	2018年3月19日	18 个工作日

图 8-88

第 8 章 项目更新与监控（仅含进度、不含成本）

8.16 计划严重推迟更新基准后再更新关键节点的期限

虽然在第 8.14 节中我们更新了项目计划，但是原来要求的项目节点日期（通过任务的期限来体现）并没有在计划中进行更新，如图 8-89 所示，此时 Project 软件会提醒用户当前计划的完成时间已经超过了期限要求的日期，在【标记】列中会出现一个图标（红色菱形内有一个叹号的标志）（见图 8-89 箭头所指处）。

图 8-89

其实小王已经注意到了这个问题，并且在第 8.15 节中与客户商定了新的项目节点完成日期，如表 8-9 所示。小王重新设置了任务 51 和任务 54 的期限日期，如图 8-90 所示。由于当前计划满足新期限日期的要求，所以图 8-89 中在【标记】列出现的提示图标（红色菱形内有一个叹号的标志）已经消失。

图 8-90

更新期限的目的是为了让 Project 软件提醒我们当前计划能否满足这些节点的要求，并且它会影响到关键路径的计算。

8.17 在甘特图区域显示新基准的条形图

在第 8.15 节中保存了新的基准【基线 1】，并且在工作表区域中通过插入列【基线 1 开始时间】、【基线 1 完成时间】可以看到基线 1 的数据，由于刚刚设置【基线 1】，因此基线 1 的数据和当前计划是完全一样的。

然而当我们看甘特图区域时，如图 8-91 所示，在【跟踪甘特图】视图中，显示的仍然是原来

341

>> 10 天精通 Project 项目管理：从菜鸟到实战高手

的基线条形图，并没有自动显示基线 1 的条形图，因为目前基线 1 的数据和当前计划的数据一致。所以，如果显示的是基线 1 的条形图，那么它应该和当前计划的条形图是吻合的。

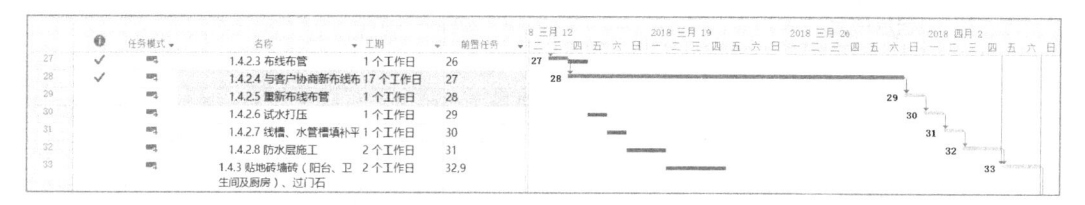

图 8-91

在【格式】选项卡下单击【基线】→【基线 1】，如图 8-92 所示，这样在甘特图区域将自动显示为基线 1 的条形图，由于刚刚保存【基线 1】，因此，它的条形图和当前计划是吻合的。

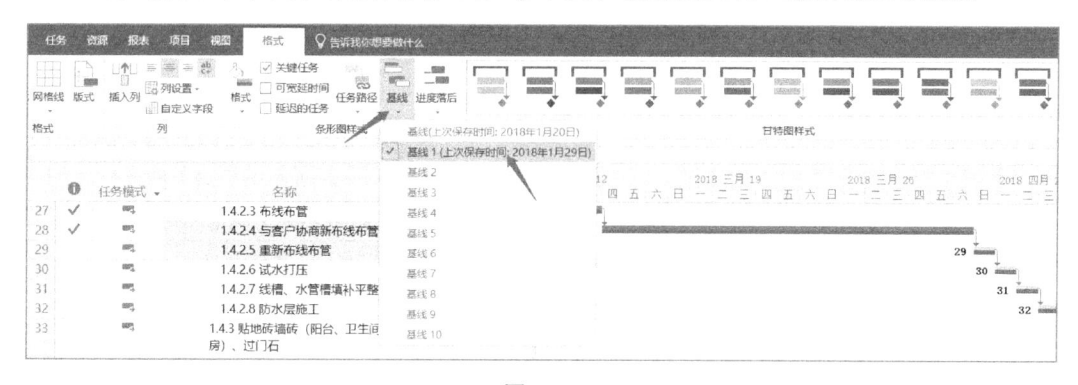

图 8-92

如果要在甘特图区域上显示不同基准计划的条形图，就可以按照上述方法进行操作，可以自由切换不同基准的条形图。

8.18 对比当前计划与新基准之间的差异

在 8.4 节介绍了可以通过列【完成时间差异】、【开始时间差异】、【工期差异】、【成本差异】等来轻松地对比当前计划与基准计划之间的差异。但是这些列都是与原始的基准【基线】之间的对比，在第 8.15 节保存了【基线 1】，本节将讲解如何对比当前计划与新基准计划之间的差异。

8.18.1 当前计划与新基准之间在完成时间、开始时间上的差异

在前面章节我们已经知道：

【完成时间差异】=【完成时间】−【基线完成时间】

第 8 章　项目更新与监控（仅含进度、不含成本）

【完成时间差异】列对比的是当前计划的【完成时间】与【基线完成时间】之间的差异，并不能对比和【基线 1 完成时间】之间的差异，而 Project 中也并没有【完成时间差异 1】这一个预置列，因此需要通过自定义列来实现。

在【跟踪甘特图】视图的工作表区域右击任意一列，在弹出的快捷菜单中选择【自定义字段】，此时会弹出【自定义域】窗口，如图 8-93 所示，在【自定义域】窗口中，首先选择【类型】，由于是两个日期之间的差异，计算出来的是一个时间段，因此在【类型】中选择【工期】。然后选择一个自定义工期列，比如选择【工期 1】，单击【工期 1】后，再单击【重命名】，比如新名称叫作"完成时间差异 1"。

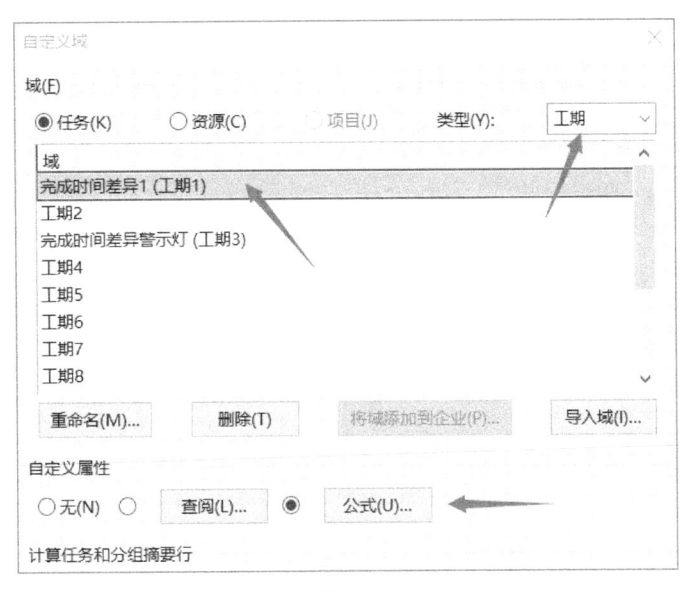

图 8-93

在【自定义属性】栏下单击【公式】，如图 8-94 所示，单击下方的【函数】按钮，依次单击【Microsoft Project】→【ProjectDateDiff(日期 1， 日期 2，日历)】。为什么要用这个公式呢？因为在 Project 中计算的工期都是用日历中的工作日来计算的，所以必须要使用这个公式来计算两个日期之间在某个日历中的工作日天数。注意，千万不要直接在【编辑公式】窗口中输入【完成时间】-【基线 1 完成时间】，这样计算出来的结果是错的，哪怕我们现在用的是全年 365 天无休日历，计算的结果也是错的，这与 Project 中的数据类型换算有关系。

在 ProjectDateDiff 函数中有三个字段：日期 1、日期 2 和日历。这个函数是用日期 2 减去日期 1 得到在"日历"中的工作日天数，由于该函数是用日期 2 减去日期 1，因此日期 1 应该是【基线 1 完成时间】，日期 2 是【完成时间】。用鼠标选中【编辑公式】窗口中的【日期 1】，如图 8-95 所示，然后单击下方的【域】→【日期】→【基线完成时间】→【基线 1 完成时间】。接着用鼠标

343

10 天精通 Project 项目管理：从菜鸟到实战高手

选中【编辑公式】窗口中的【日期 2】，单击下方的【域】→【日期】→【完成时间】。该函数的第三个字段【日历】不是必需的，如果删除第三个字段，则函数会自动调用任务日历，这里我们选择删除这个字段。

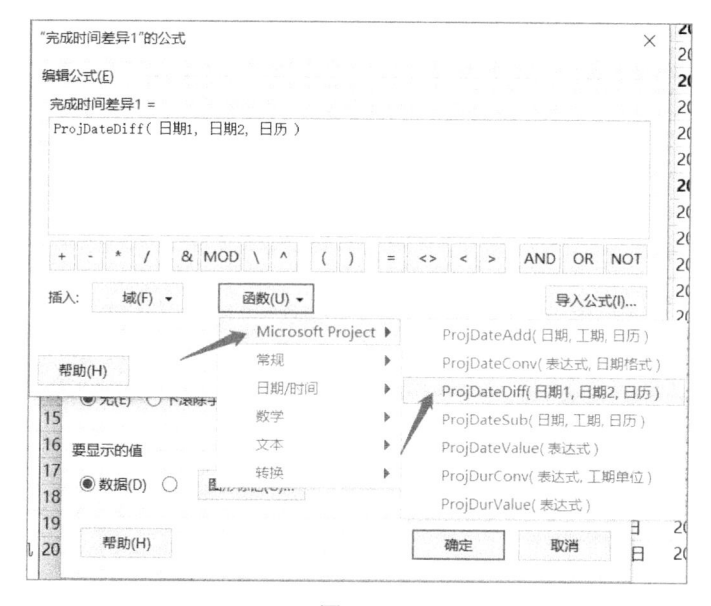

图 8-94

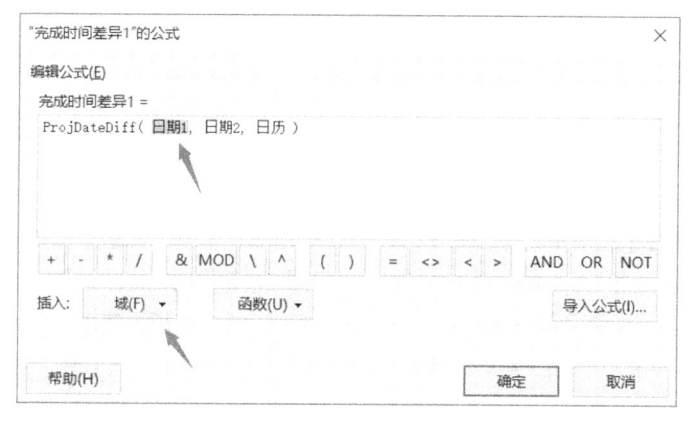

图 8-95

上述操作完成后，【编辑公式】窗口中显示的结果如图 8-96 所示，然后单击【确定】按钮。此时会弹出一个提示窗口，提示用户如果设置了公式，那么【工期 1】这一列的数据将会被公式计算的结果所替代，单击【是】。

第 8 章　项目更新与监控（仅含进度、不含成本）

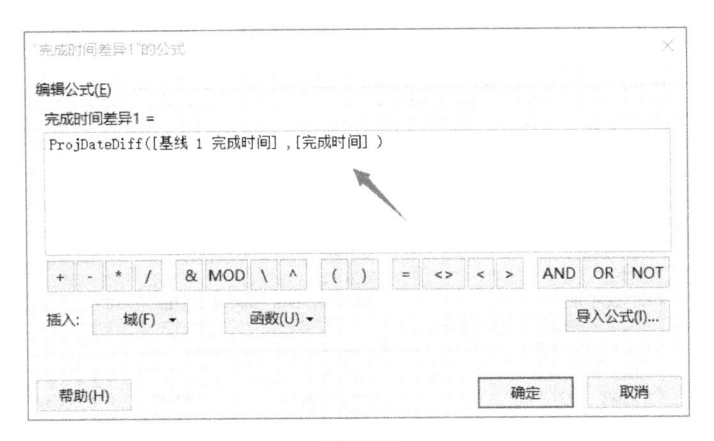

图 8-96

返回【自定义域】设置窗口后，在【计算任务和分组摘要行】下面勾选【使用公式】，如图 8-97 所示，最后单击该窗口下方的【确定】按钮。

图 8-97

345

在【跟踪甘特图】视图中依次插入列【完成时间】、【基线 1 完成时间】、【完成时间差异 1】（也是【工期 1】），如图 8-98 所示，我们发现【完成时间差异 1】列中显示所有的任务都为 0，这是因为我们刚刚保存了【基线 1】，当前计划的完成时间和基线 1 完成时间是完全一样的。

		任务模式	名称	完成时间	基线 1 完成时间	完成时间差异1	工期
0			▲ 8.18.1 跟连永老师学Project	2018年6月5日	2018年6月5日	0 个工作日	97 个工作日
1			▲ 1 新房装修项目	2018年6月5日	2018年6月5日	0 个工作日	97 个工作日
2	✓		1.1 交房	2018年3月1日	2018年3月1日	0 个工作日	1 个工作日
3			▲ 1.2 装修设计	2018年3月9日	2018年3月9日	0 个工作日	8 个工作日
4	✓		1.2.1 实地测量及现场协商装修方案	2018年3月3日	2018年3月3日	0 个工作日	2 个工作日
5	✓		1.2.2 装修方案设计	2018年3月7日	2018年3月7日	0 个工作日	4 个工作日
6	✓		1.2.3 装修方案确认、修改及定稿	2018年3月9日	2018年3月9日	0 个工作日	2 个工作日
7			▲ 1.3 选材、购买	2018年4月14日	2018年4月14日	0 个工作日	39 个工作日
8	✓		1.3.1 选购电线、水管、开关插座等	2018年3月7日	2018年3月7日	0 个工作日	1 个工作日
9	✓		1.3.2 选购地砖、墙砖、过门石	2018年3月9日	2018年3月9日	0 个工作日	1 个工作日
10	✓		1.3.3 选购卫生间、厨房吊顶	2018年3月10日	2018年3月10日	0 个工作日	1 个工作日
11	✓		1.3.4 选购厨房整体橱柜	2018年3月11日	2018年3月11日	0 个工作日	1 个工作日
12	✓		1.3.5 选购卫浴设备	2018年3月12日	2018年3月12日	0 个工作日	1 个工作日
13	✓		1.3.6 选购客厅吊顶材料	2018年3月13日	2018年3月13日	0 个工作日	1 个工作日
14	✓		1.3.7 选购墙面漆	2018年3月14日	2018年3月14日	0 个工作日	1 个工作日
15			1.3.8 选购木地板	2018年4月3日	2018年4月3日	0 个工作日	3 个工作日
16			1.3.9 选购室内木门	2018年4月4日	2018年4月4日	0 个工作日	1 个工作日
17			1.3.10 选购壁纸	2018年4月5日	2018年4月5日	0 个工作日	1 个工作日
18			1.3.11 选购暖气片	2018年4月6日	2018年4月6日	0 个工作日	1 个工作日

图 8-98

假如我们把任务 15 "选购木地板" 的工期从 3 天改成 5 天，那么这个任务就往后延迟了，如图 8-99 所示，【完成时间差异 1】就显示为 2 天，意思是该任务相对于基线 1 晚了 2 天完成，这也说明我们设置的公式是正确的。

		任务模式	名称	完成时间	基线 1 完成时间	完成时间差异1	工期
14	✓		1.3.7 选购墙面漆	2018年3月14日	2018年3月14日	0 个工作日	1 个工作日
15			1.3.8 选购木地板	2018年4月5日	2018年4月3日	2 个工作日	5 个工作日
16			1.3.9 选购室内木门	2018年4月6日	2018年4月4日	2 个工作日	1 个工作日

图 8-99

以上只是演示，我们再次把任务 15 的工期改回 3 天。

按照同样的方法，我们也可以自定义一列【开始时间差异 1】，使其等于【开始时间】减去【基线 1 开始时间】，大家可以自己尝试一下。

8.18.2 当前计划与新基准之间在工期和成本上的差异

如果要对比当前计划的工期与【基线 1】工期之间的差异，也需要通过自定义列来实现。打开【自定义域】窗口，【类型】选择为【工期】，将【工期 2】重命名为【工期差异 1】，如图 8-100 所示。

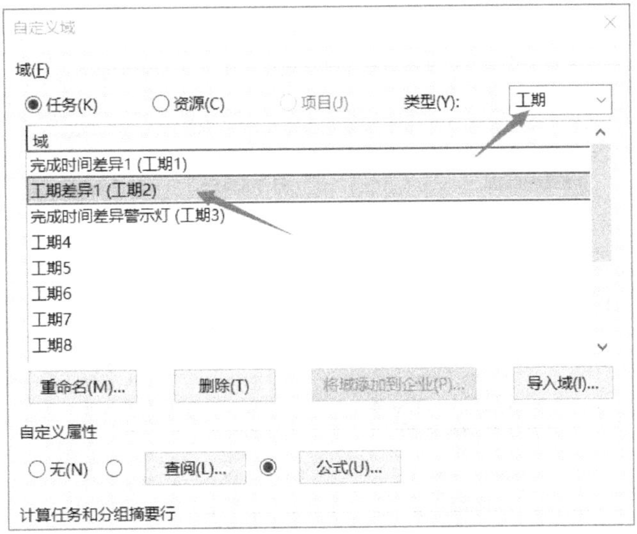

第 8 章 项目更新与监控（仅含进度、不含成本）

图 8-100

单击【自定义属性】下面的【公式】，在图 8-101 所示的窗口中，在【编辑公式】下单击【域】→【工期】→【工期】，单击【编辑公式】下方的减号按钮，再单击【域】→【工期】→【基线 1 工期】，单击【确定】按钮结束公式的设置。此时该自定义列的数据类型是工期，要计算的值也是两个工期之差，因此不需要用到其他函数了。

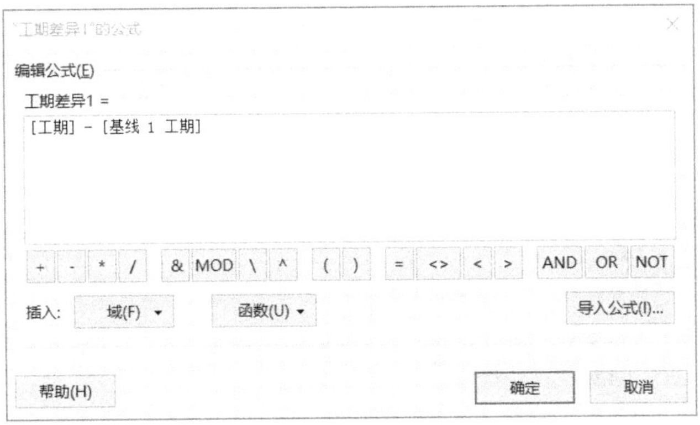

图 8-101

此时也会出现一个提示窗口，提示该列原来的数据将被公式所替代，单击【是】，再次返回【自定义域】窗口。注意，在【计算分组和摘要行】下面勾选【使用公式】（可参见图 8-97），最后单击该窗口右下角的【确定】按钮。

在【跟踪甘特图】视图的工作表区域依次显示列【工期】、【基线 1 工期】、【工期差异 1】（也

347

是【工期 2】），如图 8-102 所示。由于当前计划和基线 1 的数据完全一致，因此【工期差异 1】的值都是 0。

图 8-102

按照同样的方法，我们也可以自定义一列【成本差异 1】，使其等于【成本】减去【基线 1 成本】。注意，在【自定义域】的【类型】中一定要选择【成本】，如图 8-103 所示。

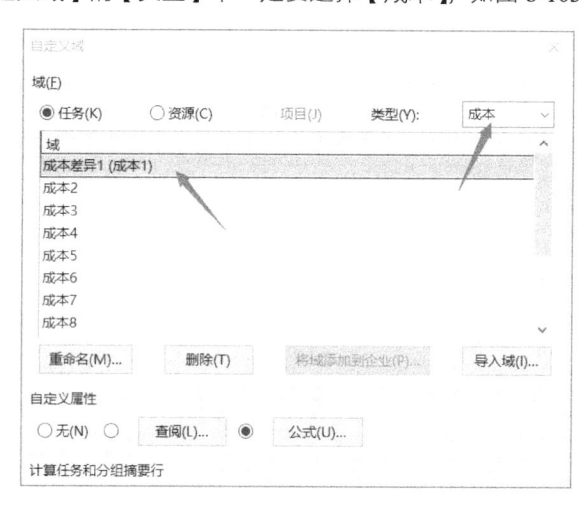

图 8-103

在【编辑公式】栏下不需要使用预置的函数，如图 8-104 所示。

其他操作与设置【完成时间差异 1】和【工期差异 1】非常类似。需要特别提醒的是，当编辑完公式返回【自定义域】窗口后，一定要在【计算任务和分组摘要行】下面勾选【使用公式】（可参见图 8-97）。

第 8 章 项目更新与监控（仅含进度、不含成本）

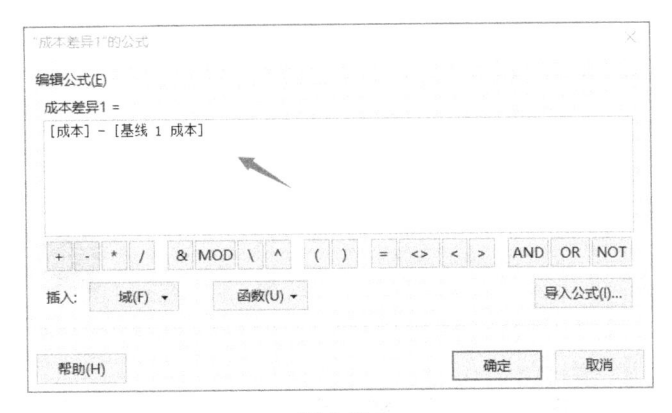

图 8-104

8.18.3 将自定义列保存到 Project 模板库中

大家可能会发现，在对比当前计划与新基准之间的差异时，需要用到自定义字段才能查看完成时间、开始时间、工期、成本等方面的差异数值，设置自定义字段，尤其是设置公式时可能比较复杂。其实我们可以把这些自定义字段（自定义域）也保存到 Project 模板库中，这样今后在别的计划中可以直接调用刚刚自定义的列【完成时间差异 1】、【工期差异 1】、【成本差异 1】等。

打开【管理器】窗口，在【域】选项卡下选中右侧当前文件中的自定义列名称，如图 8-105 所示，然后单击中间的【复制】按钮，这样这些自定义列都保存到了 Project 模板库中，可以在今后所有的项目文件中直接进行调用。

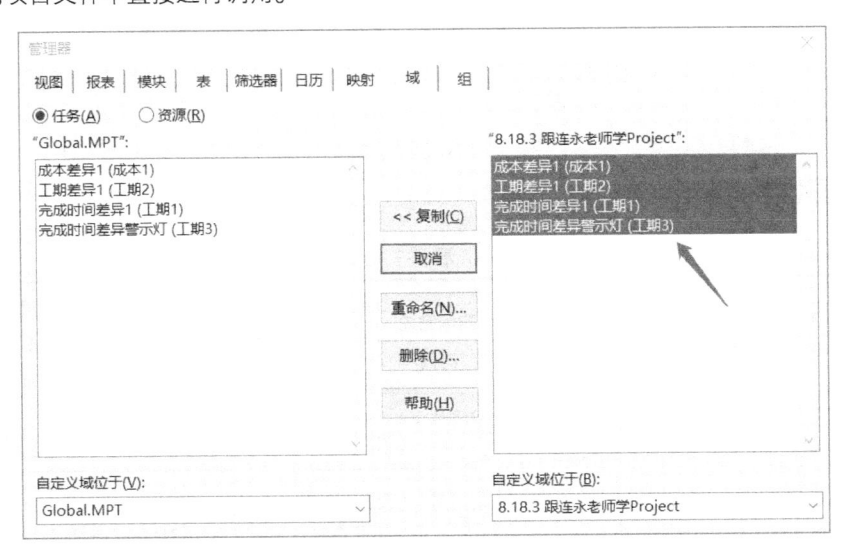

图 8-105

第 9 章

项目更新与监控（进度+成本）

在第 8 章介绍了只用 Project 管理进度的情况下如何更新与监控项目计划，本章将讲解使用 Project 同时管理进度和成本的情况下如何更新与监控计划。

9.1 更新实际已经完成的任务

在第 8 章讲解了只用 Project 管理进度的情况下如何更新已经完成的任务，本节将在此基础上讲解如何更新已完成任务的成本数据。

本节将主要使用【任务分配状况】视图，在这个基础上，假设目前的状态日期已经到了 2018 年 4 月 7 日。小王根据实际的任务进展，对任务的执行情况做了记录，如表 9-1 所示，本节将以表 9-1 的数据为基础进行计划更新。

表 9-1

任务 ID	大纲数字	任务名称	实际开始时间	实际完成时间	计划的资源	计划资源的数量	实际使用资源的数量	解释
2	1.1	交房	2018 年 3 月 1 日	2018 年 3 月 1 日				已完成
4	1.2.1	实地测量及现场协商装修方案	2018 年 3 月 2 日	2018 年 3 月 3 日	项目经理	6h	5h	已完成
					设计师	NA	5h	
					打车费	100 元	90 元	

第9章 项目更新与监控（进度+成本）

续表

任务ID	大纲数字	任务名称	实际开始时间	实际完成时间	计划的资源	计划资源的数量	实际使用资源的数量	解释
5	1.2.2	装修方案设计	2018年3月4日	2018年3月7日	设计师	35h	45h	已完成
6	1.2.3	装修方案确认、修改及定稿	2018年3月8日	2018年3月9日	项目经理	8h	15h	已完成
					设计师	8h	15h	
8	1.3.1	选购电线、水管、开关插座等	2018年3月7日	2018年3月7日	电线、水管、开关插座等	1000元	900元	已完成
					采购员	8h	8h	
					打车费	50元	60元	
9	1.3.2	选购地砖、墙砖、过门石	2018年3月9日	2018年3月9日	地砖、墙砖、过门石	3000元	2900元	已完成
					采购员	8h	8h	
					打车费	50元	50元	
10	1.3.3	选购卫生间、厨房吊顶	2018年3月10日	2018年3月10日	卫生间吊顶	2000元	1800元	已完成
					厨房吊顶	1000元	1500元	
					采购员	8h	8h	
					打车费	50元	40元	
11	1.3.4	选购厨房整体橱柜	2018年3月11日	2018年3月11日	整体橱柜	6000元	5800元	已完成
					采购员	8h	8h	
					打车费	50元	100元	
12	1.3.5	选购卫浴设备	2018年3月12日	2018年3月12日	卫浴设备	5000元	5200元	已完成
					采购员	8h	8h	
					打车费	50元	100元	
13	1.3.6	选购客厅吊顶材料	2018年3月13日	2018年3月13日	客厅吊顶材料	2000元	1500元	已完成
					采购员	8h	8h	
					打车费	50元	60元	
14	1.3.7	选购墙面漆	2018年3月14日	2018年3月14日	墙面漆	1000元	1100元	已完成
					采购员	8h	8h	
					打车费	50元	50元	
15	1.3.8	选购木地板	2018年4月1日	2018年4月2日	地板	9000元	9900元	已完成
					采购员	8h	8h	
					打车费	50元	50元	
16	1.3.9	选购室内木门	2018年4月3日	2018年4月3日	室内门	5000元	5500元	已完成
					采购员	8h	8h	
					打车费	50元	60元	

>> 10天精通Project项目管理：从菜鸟到实战高手

续表

任务ID	大纲数字	任务名称	实际开始时间	实际完成时间	计划的资源	计划资源的数量	实际使用资源的数量	解释
17	1.3.10	选购壁纸	2018年4月4日	2018年4月4日	壁纸	800元	750元	已完成
					采购员	8h	8h	
					打车费	50元	80元	
18	1.3.11	选购暖气片	2018年4月5日	2018年4月5日	暖气片	1000元	900元	已完成
					采购员	8h	8h	
					打车费	50元	0元	
19	1.3.12	选购室内灯具	2018年4月6日	2018年4月6日	室内灯具	3000元	3000元	已完成
					采购员	8h	8h	
					打车费	50元	60元	
20	1.3.13	选购窗帘	2018年4月6日	2018年4月7日	窗帘	5000元	4500元	已完成
					采购员	15h	20h	
					打车费	50元	50元	
23	1.4.1	墙体改造	2018年3月9日	2018年3月11日	砌墙费含泥沙砖等材料	2500元	3000元	已完成
					项目经理	15h	20h	
					打车费	50元	50元	
24	1.4.2	水电改造			水电改造费	5000元	4500元	摘要任务
25	1.4.2.1	管路设计、画线	2018年3月11日	2018年3月12日	设计师	6h	6h	已完成
					打车费	50元	50元	
26	1.4.2.2	挖线槽、管槽	2018年3月13日	2018年3月13日				已完成
27	1.4.2.3	布线布管	2018年3月14日	2018年3月14日				已完成
28	1.4.2.4	与客户协商新布线布管方案	2018年3月15日	2018年3月31日	项目经理	NA	20h	已完成
					设计师	NA	15h	
29	1.4.2.5	重新布线布管	2018年4月1日	2018年4月1日				已完成
30	1.4.2.6	试水打压	2018年4月2日	2018年4月2日	项目经理	4h	8h	已完成
					打车费	50元	100元	
					设计师	NA	8h	
31	1.4.2.7	线槽、水管槽填补平整	2018年4月3日	2018年4月3日				已完成

第 9 章 项目更新与监控（进度+成本）

续表

任务 ID	大纲数字	任务名称	实际开始时间	实际完成时间	计划的资源	计划资源的数量	实际使用资源的数量	解释
32	1.4.2.8	防水层施工	2018年4月4日	2018年4月4日				已完成
33	1.4.3	贴地砖墙砖（阳台、卫生间及厨房）、过门石	2018年4月5日	2018年4月6日	贴砖工时费（35元/平方米，估计面积为60平方米）	2100元	75平方米	已开始
					项目经理	4h	4h	
					打车费	50元	50元	
		其他任务						尚未开始

9.1.1 更新任务的实际开始和实际完成时间

在表 9-1 中，任务 2、4、5、6、8、9、10、11、12、13、14、15、16、17、18、19、20、23、24、25、26、27、28、29、30、31、32、33 都已经实际完成了，对于这些任务，我们可以根据表 9-1 的数据首先更新它们的实际开始时间和实际完成时间。

操作方法非常简单，直接在【任务分配状况】视图（或者在【跟踪甘特图】视图也可以）中插入列【实际开始时间】和【实际完成时间】，然后根据表 9-1 的数据，对每个任务输入它的实际开始时间和完成时间即可。

更新任务的实际开始时间和实际完成时间比较简单，但是更新实际的资源和成本数据则要复杂地多，因此在接下来的章节我们将分别讲解工时类资源（第 9.1.2 节）、成本类资源（第 9.1.3 节）、材料类资源（第 9.1.4 节）、摘要任务的资源（第 9.1.5 节）、固定成本（第 9.1.6 节）的更新方法。

9.1.2 更新任务调用的工时类资源的实际工时和剩余工时

在【任务分配状况】视图中，首先需要插入并显示一些必要的列，比如【实际开始时间】、【实际完成时间】、【成本】、【实际成本】、【剩余成本】、【固定成本】、【工时】、【实际工时】、【剩余工时】等，如图 9-1 所示。

对于任务 4 "实地测量及现场协商装修方案" 而言，该任务在基准计划中调用了一个工时类资源 "项目经理"，同时调用了一个成本类资源 "打车费"。在第 8.3.1 节之前，任务 4 原本的计划工期是 1 天，而且它所使用的资源 "项目经理" 的计划工时是 6h，但是在第 8.3.1 节中输入该任务的实际开始时间 2018 年 3 月 2 日、实际完成时间 2018 年 3 月 3 日后，该任务的工期变成了 2

天，同时它的工时也自动变成了 16h，如图 9-1 所示。在第 8.3.1 节中我们只关注如何更新进度计划，没有调整该任务所耗用的资源数量的变化。

		任务模式	任务名称	工期	实际开始时间	实际完成时间	成本	实际成本	剩余成本	固定成本	工时	实际工时	剩余工时
0			**9.1.2 跟连永老师学Project**	**96 个工作日**	**2018/3/1**	**NA**	**¥95,083.64**	**¥16,919.84**	**¥78,163.80**	**¥0.00**	**279.67 工时**	**199.67 工时**	**80 工时**
			项目预算成本		NA	NA							
1			**1 新房装修项目**	**96 个工作日**	**2018/3/1**	**NA**	**¥95,083.64**	**¥16,919.84**	**¥78,163.80**	**¥0.00**	**279.67 工时**	**199.67 工时**	**80 工时**
			风险准备金		2018/3/1	NA	¥8, 368. 31	¥1, 914. 51	¥6, 453. 80				
2	✓		1.1 交房	1 个工作日	2018/3/1	2018/3/1	¥0.00	¥0.00	¥0.00	¥0.00	0 工时	0 工时	0 工时
3	✓		**1.2 装修设计**	**8 个工作日**	**2018/3/2**	**2018/3/9**	**¥3,680.00**	**¥3,580.00**	**¥100.00**	**¥0.00**	**76 工时**	**76 工时**	**0 工时**
4	✓		1.2.1 实地测量及现场协商装修方案	2 个工作日	2018/3/2	2018/3/3	¥900.00	¥800.00	¥100.00	¥0.00	16 工时	16 工时	0 工时
			项目经理		2018/3/2	2018/3/3	¥800. 00	¥800. 00	¥0. 00		16 工时	16 工时	0 工时
			打车费		2018/3/2	NA	¥100. 00	¥0. 00	¥100. 00				
5	✓		1.2.2 装修方案设计	4 个工作日	2018/3/4	2018/3/7	¥1,260.00	¥1,260.00	¥0.00	¥0.00	28 工时	28 工时	0 工时
			设计师		2018/3/4	2018/3/7	¥1, 260. 00	¥1, 260. 00	¥0. 00		28 工时	28 工时	0 工时

图 9-1

在表 9-1 中，我们看到任务 4 实际使用的“项目经理”的工时数量为 5h，在任务 4 的【实际工时】列中输入 5，然后在它【剩余工时】列中输入 0，如图 9-2 所示。

		任务模式	任务名称	工期	实际开始时间	实际完成时间	成本	实际成本	剩余成本	固定成本	工时	实际工时	剩余工时
0			**9.1.2 跟连永老师学Project**	**96 个工作日**	**2018/3/1**	**NA**	**¥94,533.64**	**¥16,369.84**	**¥78,163.80**	**¥0.00**	**268.67 工时**	**188.67 工时**	**80 工时**
			项目预算成本		NA	NA							
1			**1 新房装修项目**	**96 个工作日**	**2018/3/1**	**NA**	**¥94,533.64**	**¥16,369.84**	**¥78,163.80**	**¥0.00**	**268.67 工时**	**188.67 工时**	**80 工时**
			风险准备金		2018/3/1	NA	¥8, 368. 31	¥1, 914. 51	¥6, 453. 80				
2	✓		1.1 交房	1 个工作日	2018/3/1	2018/3/1	¥0.00	¥0.00	¥0.00	¥0.00	0 工时	0 工时	0 工时
3			**1.2 装修设计**	**8 个工作日**	**2018/3/2**	**NA**	**¥3,130.00**	**¥3,030.00**	**¥100.00**	**¥0.00**	**65 工时**	**65 工时**	**0 工时**
4			1.2.1 实地测量及现场协商装修方案	2 个工作日	2018/3/2	NA	¥350.00	¥250.00	¥100.00	¥0.00	5 工时	5 工时	0 工时
			项目经理		2018/3/2	2018/3/2	¥250. 00	¥250. 00	¥0. 00		5 工时	5 工时	0 工时
			打车费		2018/3/2	NA	¥100. 00	¥0. 00	¥100. 00				
5	✓		1.2.2 装修方案设计	4 个工作日	2018/3/4	2018/3/7	¥1,260.00	¥1,260.00	¥0.00	¥0.00	28 工时	28 工时	0 工时
			设计师		2018/3/4	2018/3/7	¥1, 260. 00	¥1, 260. 00	¥0. 00		28 工时	28 工时	0 工时

图 9-2

注意 在更新任务 4 的实际工时后，一定要再更新一下它的剩余工时。在 Project 中，【工时】=【实际工时】+【剩余工时】。

假如对于任务 4，我们想在计划中精确地体现它在 2018 年 3 月 2 日实际使用了“项目经理”的工时为 2h，在 2018 年 3 月 3 日实际使用了“项目经理”的工时为 3h，那么可以右击【任务分配状况】视图右侧的表格，在弹出的快捷菜单中选择“实际工时”，如图 9-3 所示。为了更容易在右侧表格中对应到具体的日期，建议把底层的时间刻度显示单位设置为天，日期形式为 3/1、3/2 等，如图 9-3 所示。然后在如图 9-4 所示的右侧表格的【实际工时】一行中，输入 2018 年 3 月 2 日的实际工时为 2h，2018 年 3 月 3 日的实际工时为 3h。如果不需要如此精准地管理工时，图 9-4 这一步操作可以省略。

第 9 章 项目更新与监控（进度+成本）

图 9-3

同时还需要注意到，在基准计划中，任务 4 只计划了工时类资源"项目经理"，而在表 9-1 中，实际执行过程中，"设计师"也参与了该任务，实际使用的工时为 5h。那么单击任务 4，单击【资源】选项卡下的【分配资源】按钮，然后分配资源"设计师"。最后在如图 9-5 所示的右侧表格中，在【实际工时】一行输入"设计师"的实际工时数量，比如，在 2018 年 3 月 3 日这一天输入实际工时数为 5h。

图 9-4

图 9-5

注意 在原来的基准计划中，任务 4 并没有使用资源"设计师"，只是在实际执行过程中确实用到了这个资源，所以我们在更新计划中需要将该资源重新分配给任务4，并设置它的实际工时。

对于任务 5 "装修方案设计"，在基准计划中，该任务调用了一个工时类资源"设计师"，它原本的计划工期是 5 天，但是在第 8.3.8 节中输入了该任务的实际开始时间 2018 年 3 月 4、实际完成时间 2018 年 3 月 7 日后，该任务的工期变成了 4 天，同时在该任务上，"设计师"的总工时变成了 28h。在表 9-1 中，我们发现任务 5 实际使用的"设计师"工时为 45h，假如我们在任务 5 的【实际工时】列中直接输入 45h，如图 9-6 所示，就会出现一个提示，提醒 Project 用户，当前分配的实际工时 45h 已经超出了工期。为什么呢？因为正常情况下每天的工作小时数是 8h，那么 4 天最多是 32h，此时我们输入 45h，就超出了原来的日期。因此，如果执行此操作，工期就会顺延。

在图 9-6 中单击【确定】按钮，看一下会出现什么情况。如图 9-7 所示，实际工时虽然变成了 45h，但是实际完成时间却顺延到了 2018 年 3 月 10 日。为什么？在图 9-8 中其实已经给出了解释，该任务由于原本的工时分布每天是 7h，当输入了实际开始时间和实际完成时间后，工期变成了 4 天，这样前 4 天只有 28 个工时。为了完成实际 45 个小时的工作量，它需要在第 5 天完成 8 个工时，第 6 天完成 8 个工时，剩下最后 1 个工时在第 7 天完成，所以实际完成时间顺延到了 2018 年 3 月 10 日。而在现实生活中，一个团队成员在 4 天内发生了 45 个小时的工时是有可能的，比如，他为了完成工作而选择每天加班。这时我们直接在【实际工时】列中输入总的实际工时数是不可行的，因为它会导致任务的时间发生混乱。

图 9-6

图 9-7

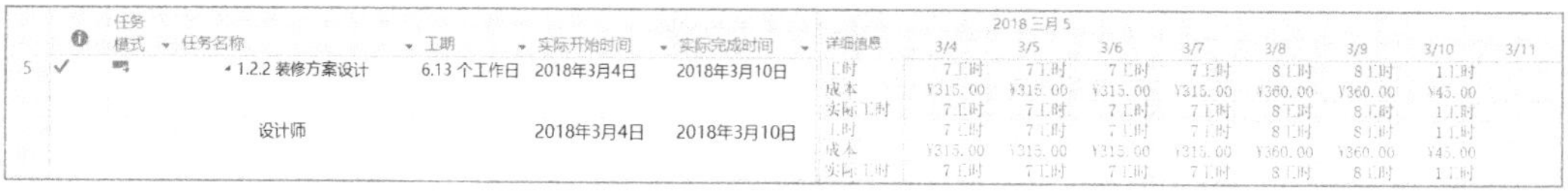

图 9-8

第 9 章 项目更新与监控（进度+成本）

以上所有的演示和假设只是为了告诉大家，在用 Project 管理工时的情况下，更新实际工时、将来工时应该在【任务分配状况】视图右侧的表格中操作。

现在，我们首先撤销刚才的操作，使任务 5 的实际工时再次回到 28h、实际完成时间再次回到 2018 年 3 月 7 日的状态下，如图 9-9 所示。

图 9-9

如图 9-10 所示，在右侧表格中分别输入"设计师"在任务 5 上每一天的工时，比如前 3 天每天的实际工时都是 12h，第 4 天的实际工时是 9h，这样总的工时数量是 45h。

图 9-10

按照这种方法，我们再看任务 6，在基准计划中，该任务计划的工期是 1 天，而实际工期是 2 天，这样也会造成该任务所调用的两个工时类资源"项目经理"和"设计师"的工时自动调整。根据表 9-1 的数据，"项目经理"和"设计师"分别在任务 6 上实际花费了 15 个工时，如图 9-11 所示，我们在【任务分配状况】视图右侧的表格中分别对两个资源在 2018 年 3 月 8 日输入实际工时 8h、2018 年 3 月 9 日输入实际工时 7h。（当然也可以输入 3 月 8 日的实际工时为 1h，3 月 9 日的实际工时是 14h。这里只是演示，大家在练习时也可以输入其他数值。）

图 9-11

注意 我们在第 8 章中对任务的时间、工期的任何调整都会影响到它所调用的资源数量，在第 8 章中由于我们只关注进度计划的更新，所以没有重新调整资源的数量和分布，但是本章需要对每个任务仔细检查并按照实际情况进行更新。

按照上述方法，我们可以根据表 9-1 的数据对其他任务所使用的工时类资源的实际数量进行

10 天精通 Project 项目管理：从菜鸟到实战高手

更新。需要特别注意的是，如果任务原来的工时多，现在的实际工时少，那么一定要注意把剩余工时清零，如图 9-2 所示。

任务 8，如图 9-12 所示，输入其【实际开始时间】和【实际完成时间】为 2018 年 3 月 7 日，并在右侧表格区域将资源"采购员"在 3 月 7 日的实际工时修改为 8。任务 9 到任务 14 的工期都是 1 天，操作方法与任务 8 类似，大家可以自己根据任务 8 的方式操作。

图 9-12

注意 在更新任务 8 时，我们发现当输入了其【实际开始时间】和【实际完成时间】为 2018 年 3 月 7 日时，可以发现其工时变成了 0，这是因为原来该任务在 2018 年 3 月 9 日开始，当实际时间修改成 2018 年 3 月 7 日后，Project 默认自动调取了 3 月 7 日的工时值，所以为 0，所以我们需要在【任务分配状况】视图右侧的表格中手动更新资源"采购员"的【实际工时】为 8。

任务 15 如图 9-13 所示，实际工期是 2 天，假设每天的实际工时是 4h。任务 16 到任务 19 的工期也都是 1 天，操作方法与任务 8 类似。

图 9-13

任务 20 如图 9-14 所示，实际工期是 2 天，假设每天的实际工时都是 10h。

任务 23 如图 9-15 所示，实际工期是 3 天，假设第 1 天的实际工时是 8h，第 2 天的实际工时是 8h，第 3 天的实际工时是 4h。

任务 25 如图 9-16 所示，实际工期是 2 天，假设每天的实际工时都是 3h。

第 9 章 项目更新与监控（进度+成本）

图 9-14

图 9-15

图 9-16

任务 28 如图 9-17 所示。这是后来新增的一个任务，我们需要重新给它分配资源并输入实际工时。这个任务持续时间很长，"项目经理"在这个任务上总的实际工时是 20h，假设前 2 天每天的实际工时是 8h，最后 1 天的实际工时是 4h，其余时间每天的实际工时都是 0（客户失联，项目暂停）。"设计师"在这个任务上的总实际工时是 15h，假设前 2 天以及最后 1 天的实际工时是 5h，其余时间每天的实际工时都是 0。

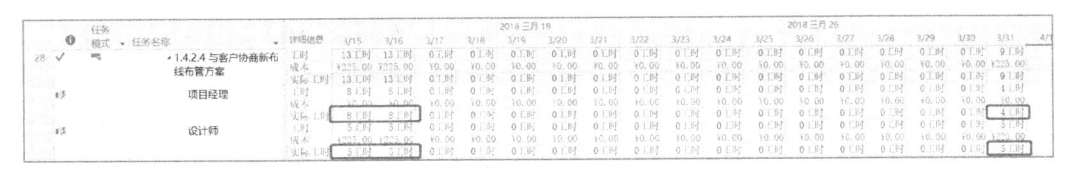

图 9-17

任务 30 如图 9-18 所示。该任务在实际执行过程中新增了一个资源"设计师"，实际工时是 8h。

10 天精通 Project 项目管理：从菜鸟到实战高手

图 9-18

任务 26、任务 27、任务 29、任务 31、任务 32 都没有调用资源，直接输入它们的实际开始时间和实际完成时间即可。对于任务 33，我们暂且只更新它的实际开始时间、实际完成时间，以及在【任务分配状况】视图右侧的表中输入它的实际工时，可参照图 9-22，该任务所调用的成本类资源将在后面章节更新，其所调用的材料类资源将在第 9.1.4 节进行更新。

9.1.3 更新任务分配的成本类资源的实际成本与剩余成本

对于任务 4 而言，除调用了工时类资源外，它还有一个打车费的成本，是通过成本类资源"打车费"体现的。在表 9-1 中我们发现，任务 4 原计划的打车费用是 100 元，而实际上该任务结束后发现只花费了 90 元。如图 9-19 所示，我们在【实际成本】列中输入任务 4 的打车费为 90 元，并且一定注意把【剩余成本】修改成 0，因为这个任务已经结束。

当成本类资源的【剩余成本】为 0 时，它的【实际完成时间】就自动变成该任务的实际完成时间。假如【剩余成本】不为零，就代表该任务还需要继续产生成本，此时成本类资源的【实际完成时间】将显示为 NA。

图 9-19

同样，根据表 9-1 的数据更新任务 8。该任务在"电线 水管 开关插座等"上原计划花费 1000 元，但实际只花费了 900 元，实际花费比计划的少；原计划使用打车费 50 元，而实际使用了 60 元，实际花费比计划的多。如图 9-20 所示，我们在"电线 水管 开关插座等"的【实际成本】列

第 9 章　项目更新与监控（进度+成本）

中输入实际金额 900 元，然后在【剩余成本】列中输入 0，这一步不要忘记；同时在"打车费"的【实际成本】列中输入实际金额 60 元，由于实际花费比计划的多，所以此时【剩余成本】将自动变为 0，不需要额外更新。

	任务模式	任务名称	工期	实际开始时间	实际完成时间	成本	实际成本	剩余成本
8	✓	▲ 1.3.1 选购电线、水管、开关插座等	1 个工作日	2018年3月7日	2018年3月7日	¥1,296.00	¥1,296.00	¥0.00
		采购员		2018年3月7日	2018年3月7日	¥336.00	¥336.00	¥0.00
		打车费		2018年3月7日	2018年3月7日	¥60.00	¥60.00	¥0.00
		电线 水管 开关插座等		2018年3月7日	2018年3月7日	¥900.00	¥900.00	¥0.00

图 9-20

从以上操作来看，对于已经完成的任务，其成本类资源的更新相对比较简单，只需要输入【实际成本】和【剩余成本】的金额即可，需要特别注意的是【剩余成本】，一定不要忘了更新其剩余成本，尤其是当实际消耗的成本比原计划少时，一定要记得把【剩余成本】修改成 0。按照同样的方法更新其他已经完成的任务：任务 9 到任务 17。

任务 18 如图 9-21 所示。注意该任务原计划的打车费用是 50 元，而实际执行过程中没有用到打车费，所以它的【实际成本】修改成 0，【剩余成本】也修改成 0。

	任务模式	任务名称	工期	实际开始时间	实际完成时间	成本	实际成本	剩余成本
18	✓	▲ 1.3.11 选购暖气片	1 个工作日	2018年4月5日	2018年4月5日	¥1,236.00	¥1,236.00	¥0.00
		采购员		2018年4月5日	2018年4月5日	¥336.00	¥336.00	¥0.00
		打车费		2018年4月5日	NA	¥0.00	¥0.00	¥0.00
		暖气片		2018年4月5日	2018年4月5日	¥900.00	¥900.00	¥0.00

图 9-21

任务 19、任务 20、任务 23、任务 25、任务 30 的更新方法在上文已经讲解过了，大家可以自己操作。

由于任务 24 是一个摘要任务，而且调用了资源，其更新方法稍微不同，将在第 9.1.5 节中讲解。

任务 33 如图 9-22 所示。我们暂时先更新该任务所调用的成本类资源的成本，尤其它还调用了一个材料类资源，该部分的更新将在第 9.1.4 节中进行讲解。

[表格图示]

图 9-22

9.1.4 更新任务分配的材料类资源的实际工时与剩余工时

任务 33 "贴地砖墙砖（阳台、卫生间及厨房）、过门石"同时调用了工时类资源、成本类资源和材料类资源，且该任务已经完成。我们已经在第 9.1.2 节和第 9.1.3 节中更新了其【实际开始时间】【实际完成时间】，以及它所调用的工时类资源和成本类资源的实际消耗情况。

对于材料类资源的更新，其本质上与工时类资源的更新方法是相同的。如图 9-23 所示，在【任务分配状况】视图右侧的表格中，在 2018 年 4 月 5 日输入其实际工时为 30，2018 年 4 月 6 日实际工时为 45，这样其总工时就与表 9-1 的数据一致。注意，大家在操作时，也可以在右侧表格中的 4 月 5 日和 4 月 6 日中输入其他的【实际工时】数值，只要总工时是 75 即可。

[表格图示]

图 9-23

9.1.5 更新摘要任务所分配资源的时间与成本

任务 24 "水电改造"是一个摘要任务，它的所有子任务都已完成，按理说摘要任务的时间会根据子任务自动计算，但是如图 9-24 所示，任务 24 的【实际完成时间】却是空的，而且即使想手动输入也会发现根本无法输入。为什么？这是因为任务 24 这个摘要任务本身也调用了资源，它使用了一个成本类资源"水电改造费"，只有当更新了该资源的时间与成本后，它的【实际完成时间】才会自动变化与更新。

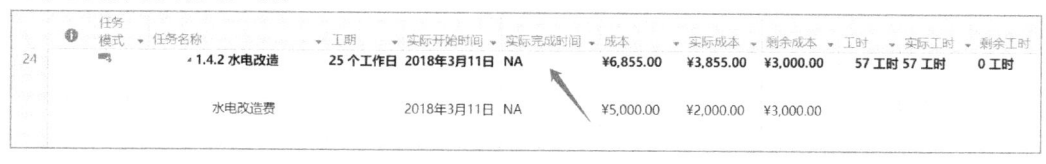

[表格图示]

图 9-24

第 9 章 项目更新与监控（进度+成本）

根据表 9-1，该任务的水电改造费实际花费了 4500 元。如图 9-25 所示，我们在该资源的【实际成本】列中输入实际金额 4500 元，在【剩余成本】中输入 0，这样任务 24 的【实际完成时间】就自动变成了 2018 年 4 月 4 日，正是它所有子任务中最晚的完成时间。

图 9-25

9.1.6 更新任务的（实际）固定成本

在第 5.5.2 节中我们给任务 23 "墙体改造" 分配了固定成本 500 元、给任务 35 "安装厨房整体橱柜" 分配了固定成本 50 元。目前任务 23 已经完成，我们也需要更新它的实际固定成本。

在 Project 中，固定成本并没有所谓的【实际固定成本】和【剩余实际成本】，其预测值和实际值都是通过【固定成本】这一列来体现的，所以更新【固定成本】就非常简单。

假如对于任务 23，我们实际上只交了 400 元的所谓进场费，注意本案例是通过这个进场费来演示如何使用固定成本的功能，并不是说这个成本一定要通过固定成本来实现，其实也可以通过成本类资源来体现。那么直接在任务 23 的【固定成本】列中输入新的数值 400 元即可，如图 9-26 所示。当我们更新了固定成本的数值后，其【成本】与【实际成本】都自动发生了变化。

图 9-26

对于任务 35 的固定成本，我们将在第 9.2.5 节进行更新。

9.2 更新实际已经开始但尚未完成的任务

在第 9.1 节的基础上，假如项目已经来到了 2018 年 4 月 25 日（首先将项目状态日期更新到这一天），小王根据实际情况做了表 9-2 的记录（在表 9-1 中已经完成的任务没有在表 9-2 中再次体现）。

10 天精通 Project 项目管理：从菜鸟到实战高手

表 9-2

任务 ID	大纲数字	任务名称	实际开始时间	实际完成时间	计划的资源	计划资源的数量	实际使用资源的数量	解释
21	1.3.14	选择室内气体检测及治理机构	2018 年 4 月 8 日	2018 年 4 月 15 日	采购员	25h	30h	已完成
34	1.4.4	卫生间、厨房吊顶	2018 年 4 月 7 日	2018 年 4 月 7 日	项目经理	4h	4h	已完成
					打车费	50 元	50 元	
35	1.4.5	安装厨房整体橱柜	2018 年 4 月 8 日	2018 年 4 月 8 日	项目经理	4h	4h	已完成
					打车费	50 元	50 元	
36	1.4.6	安装卫生间设备(坐便器、淋浴间、挂件等)	2018 年 4 月 8 日	2018 年 4 月 8 日	项目经理	4h	4h	已完成
					打车费	50 元	50 元	
37	1.4.7	客厅吊顶施工	2018 年 4 月 7 日	2018 年 4 月 9 日	客厅吊顶施工费	2000 元	2000 元	已完成
38	1.4.8	墙面处理及刷漆			刮腻子工时费（25 元/平方米含辅料，估计面积为 200 平方米）	5000 元	200 平方米	摘要任务
39	1.4.8.1	第一遍刮腻子、打磨	2018 年 4 月 10 日	2018 年 4 月 11 日				已完成
40	1.4.8.2	第二遍刮腻子、打磨	2018 年 4 月 14 日	2018 年 4 月 15 日				已完成
41	1.4.8.3	第三遍刮腻子、打磨	2018 年 4 月 18 日	2018 年 4 月 19 日				已完成
42	1.4.8.4	刷墙面漆	2018 年 4 月 22 日	2018 年 4 月 23 日	项目经理	4h	4h	已完成
					打车费	50 元	50 元	
43	1.4.9	铺地板	2018 年 4 月 25 日		铺地板工时费（45 元/平方米，估计面积为 70 平方米）	3150 元	已铺完 20 平方米，剩余还有 50 平方米	已开始，预计工期需要3天，到2018年4月27日才能完成
					项目经理	NA	实际工时 8h，预计还需要 10h	
					打车费	NA	实际 50 元，预计还需要 100 元	
44	1.4.10	安装室内木门	2018 年 4 月 24 日	2018 年 4 月 24 日				已完成
		其他任务						未开始

第 9 章 项目更新与监控（进度+成本）

9.2.1 更新任务的实际开始时间和工期

在表 9-2 中，除任务 43 之外，其他任务都已经完成了，我们按照第 9.1 节所讲解的方法更新这些任务的实际开始时间、实际完成时间以及资源实际消耗的情况，在此省略具体操作细节。

任务 21 如图 9-27 所示，我们在【任务分配状况】视图中输入了每天的实际工时。任务 34 和任务 35，如图 9-28 所示，任务 36 和任务 37 如图 9-29 所示，任务 38、任务 39、任务 41 和任务 42 如图 9-30 所示。在实际操作时，建议先更新子任务 39、子任务 40、子任务 41、子任务 42，最后再更新摘要任务 38。

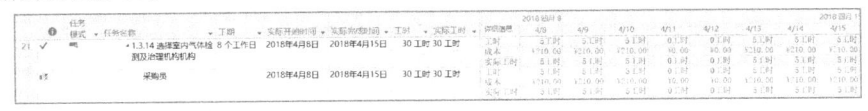

图 9-27

图 9-28

图 9-29

图 9-30

对任务 43 "铺地板"而言，该任务已经于 2018 年 4 月 25 日开始，但是根据目前的进度，该任务需要 3 天的工期，而不是原计划的 2 天时间，也就是说，根据当前的预测，该任务要到 2018 年 4 月 27 日才能完成。如图 9-31 所示，我们更新任务 43 的【实际开始时间】和【工期】。在接下来的章节我们将更新任务 43 所调用资源的实际消耗情况和预测。

任务模式	任务名称	工期	实际开始时间	实际完成时间	成本	实际成本	剩余成本	工时	实际工时
43	▲1.4.9 铺地板	3 个工作日	2018年4月25日	NA	¥2,800.00	¥0.00	¥2,800.00	0 工时	0 工时
	铺地板工时费		2018年4月25日	NA	¥2,800.00	¥0.00	¥2,800.00	70	0

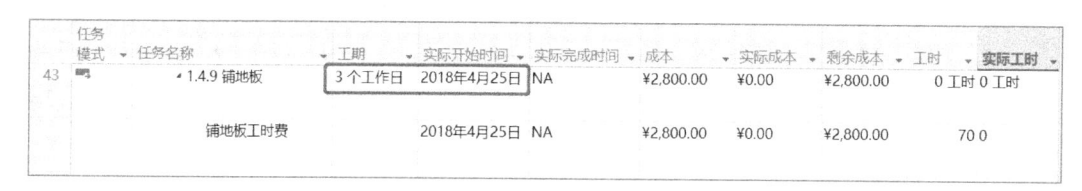

图 9-31

最后再根据表 9-2 更新任务 44，大家可以自己操作一下，在此省略截图。

9.2.2 更新任务分配的工时类资源的实际工时与剩余工时

在基准计划中，虽然任务 43 "铺地板"只计划使用一个材料类资源工时类"铺地板工时费"，但是根据表 9-2，该任务在实际执行过程中也调用了一个工时类资源"项目经理"，在 2018 年 4 月 25 日时，"项目经理"已经实际花费了 8h，而且在未来 2 天还要发生 10h 的工时。

首先给任务分配资源"项目经理"，然后在【任务分配状况】视图右侧的表格中，在 2018 年 4 月 25 日的【工时】单元格中输入 8h，然后在 2018 年 4 月 26 日和 4 月 27 日的【工时】行中分别输入 5h 和 5h，然后在 2018 年 4 月 25 日的【实际工时】单元格中输入 8h，如图 9-32 所示。

任务模式	任务名称	工期	实际开始时间	实际完成时间	详细信息	4/24	4/25	4/26	4/27	4/28
43	▲1.4.9 铺地板	3 个工作日	2018年4月25日	NA	工时		8 工时	5 工时	5 工时	
					成本		¥1,333.33	¥1,183.33	¥1,183.33	
					实际工时		8 工时			
	项目经理		2018年4月25日	NA	工时		8 工时	5 工时	5 工时	
					成本		400.00	250.00	250.00	
					实际工时		8 工时			
	铺地板工时费		2018年4月25日	NA	工时					
					成本		23.33	23.33	23.33	
					实际工时		933.33	933.33	933.33	
							0			

图 9-32

9.2.3 更新任务分配的成本类资源的实际成本与剩余成本

在表 9-2 中，任务 43 "铺地板"还使用了一个成本类资源"打车费"，并且在 2018 年 4 月 25 日已经发生了 50 元的实际成本，在未来 2 天内预计还要发生 100 元的打车费。

首先给任务分配资源"打车费"，然后在如图 9-33 所示的【任务分配状况】视图的右侧表格中右击，在弹出的快捷菜单中选择【实际成本】，具体操作方式也可以参照图 9-3，这样在图 9-33 中我们就可以看到右侧表格又增加了一行叫作【实际成本】。在 2018 年 4 月 25 日的【实际成本】

第 9 章 项目更新与监控（进度+成本）

单元格中输入 50，在 2018 年 4 月 26 日的【成本】单元格输入 100，在 2018 年 4 月 27 日的【成本】单元格中输入 0。当然，4 月 26 日和 4 月 27 每天的成本金额也可以输入其他数值，只要保证这两天的总金额是 100 元即可。

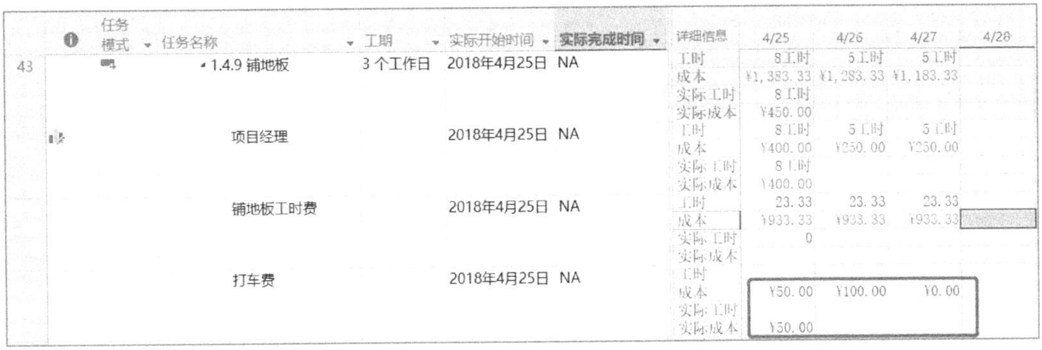

图 9-33

9.2.4 更新任务分配的材料类资源的实际工时与剩余工时

任务 43"铺地板"在原计划中就使用了一个材料类资源"铺地板工时费"，如图 9-34 所示，在【任务分配状况】视图的右侧表格中，在 2018 年 4 月 25 日的【工时】单元格中输入 20，在 2018 年 4 月 26 日的【工时】单元格中输入 30，在 2018 年 4 月 27 日的【工时】单元格中输入 20，然后在 2018 年 4 月 25 日的【实际工时】单元格中输入 20。当然，4 月 26 日和 4 月 27 每天的预计工时数也可以输入其他数值，只要保证这两天的总工时是 50 即可，这样就与表 9-2 的数据一致了。

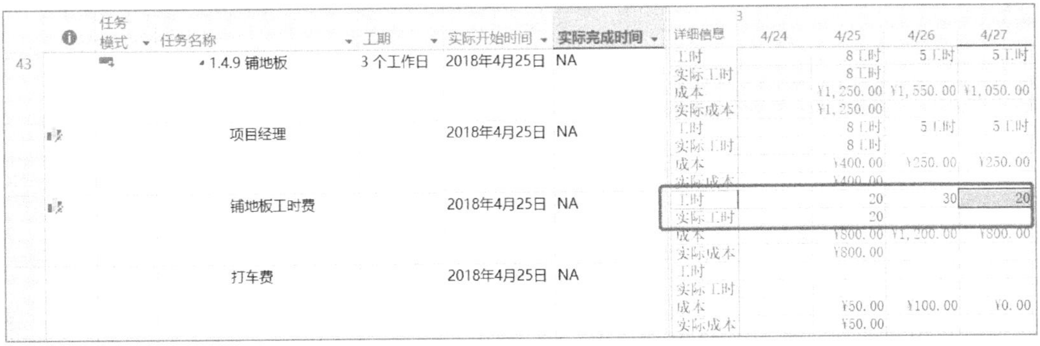

图 9-34

9.2.5 更新任务的固定成本

任务 35 还有一个固定成本需要更新，原计划的固定成本是 50 元，假如实际发生的固定成本

367

是 80 元，那么可以直接在任务 35 的【固定成本】中输入 80 即可，如图 9-35 所示。这与第 9.1.6 节的操作类似。当更新【固定成本】后，会发现其【实际成本】和【成本】金额都相应地发生了变化。

图 9-35

第 9.2 节讲解的是如何更新已开始但未完成的任务，假如这样的任务中有些也有固定成本，其【固定成本】的更新方法也是一样的。

9.2.6 工时完成百分比与完成百分比

在使用 Project 同时管理进度和成本的情况下，【完成百分比】是根据任务工期中有实际工时数的天数除以总工期天数得出来的。如图 9-36 所示，对任务 43 而言，有实际工时数的天数是 1 天，总工期天数是 3 天，所以其【完成百分比】显示为 33%。

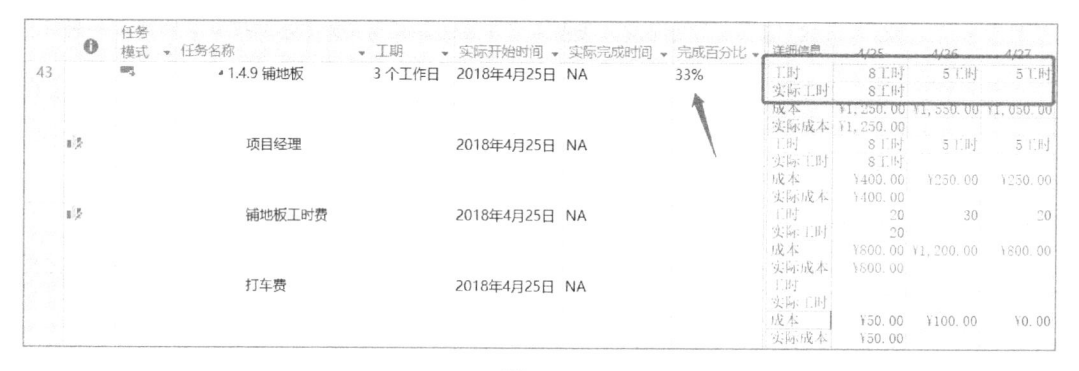

图 9-36

在 Project 中还有一个概念叫作【工时完成百分比】，它是用实际工时数量除以总工时数量得出的。如图 9-37 所示，任务 43 的实际工时数是 8，总工时数是 18，所以其【工时完成百分比】是 44%。

需要注意的是，尽管在 Project 中材料类资源的数量也是在【工时】列中体现的，但是材料类资源的数量并不会汇总到【工时】或者【实际工时】列中。

	任务名称	工期	实际开始时间	实际完成时间	完成百分比	工时完成百分比	详细信息	4/25	4/26	4/27
43	1.4.9 铺地板	3 个工作日	2018年4月25日	NA	33%	44%	工时	8工时	5工时	5工时
							实际工时	8工时		
							成本	¥1,250.00	¥1,550.00	¥1,050.00
							实际成本	¥1,250.00		
	项目经理		2018年4月25日	NA		44%	工时	8工时	5工时	5工时
							实际工时	8工时		
							成本	¥400.00	¥250.00	¥250.00
							实际成本	¥400.00		
	铺地板工时费		2018年4月25日	NA		29%	工时	20	30	20
							实际工时	20		
							成本	¥800.00	¥1,200.00	¥800.00
							实际成本	¥800.00		
	打车费		2018年4月25日	NA		33%	工时			
							实际工时			
							成本	¥50.00	¥100.00	¥0.00
							实际成本	¥50.00		

图 9-37

9.3　对比当前计划与基准之间的差异

在第 9.1 和第 9.2 节中我们对已经完成的任务和已开始但未完成的任务进行了更新，包括进度和成本的同时更新。那么还有一些尚未开始的将来任务该如何更新呢？在更新这些任务之前，我们有必要检查一些当前计划与基准之间的差异，已确定应该如何更新将来任务的进度和成本。

9.3.1　检查进度的完成时间差异

在【跟踪甘特图】视图中插入列【最后期限】、【完成时间】、【完成时间差异】和【完成时间差异 1】，如图 9-38 所示。如果按照最初的基准计划去对比，看【完成时间差异】，当前计划落后于基准 16.5 天。而该项目在实际执行中由于客户原因造成项目延迟后，与客户商定了新的基准计划（基线 1），因此，如果与基线 1 去比较，看【完成时间差异 1】，当前计划落后于新基准 0.5 天。此时我们发现了偏差，需要采取一些措施进行纠正，参见第 8.5 节。

	标记	名称	完成时间差异	完成时间差异1
0		**9.3.1 跟连永老师学Project**	**16.5 个工作日**	**0.5 个工作日**
1		**1 新房装修项目**	**16.5 个工作日**	**0.5 个工作日**
2	✓	1.1 交房	0 个工作日	0 个工作日
3	✓	**1.2 装修设计**	**1 个工作日**	**0 个工作日**
7	✓	**1.3 选材、购买**	**19 个工作日**	**1 个工作日**
22		**1.4 室内施工**	**16.5 个工作日**	**0.5 个工作日**
51		1.5 业主验收	16.5 个工作日	0.5 个工作日
52		1.6 晾晒	16.5 个工作日	0.5 个工作日
53		1.7 室内空气检测是否达标	16.5 个工作日	0.5 个工作日
54		1.8 具备入住条件	16.5 个工作日	0.5 个工作日

图 9-38

小王和他的团队认为，虽然现在有 0.5 天的偏差，但是由于项目已经到后期，他们认为后续的任务不会再出现延迟，而且目前计划仍然早于关键节点的【最后期限】日期，此时可以适当考虑接受目前进度的偏差。当然，采取这种策略的前提是，该项目已经到了项目后期，而且团队认为后续的未完成任务是完全可控的，所以一定要谨慎采取接受进度偏差的策略。

9.3.2 检查成本差异

在【任务分配状况】视图（或者在【甘特图】及【跟踪甘特图】视图）中插入列【预算成本】、【成本】、【成本差异】、【成本差异1】，如图 9-39 所示。此时我们发现，从【成本差异】上看，项目当前的成本不仅超过了最初的基准成本，从【成本差异1】上看，当前成本也超过了新基准（基线 1）的成本，而对比【预算成本】，当前计划甚至都已经超过了项目预算成本（底线），此时必须采取一些措施压缩项目成本。

图 9-39

> **注意** 由于在第 8 章中仅讲解进度计划的更新，没有同时更新资源和成本，所以在第 8.15 节设置的新基线中虽然也有新的基线成本数据，但当时任务的成本是 Project 根据进度数据的变化自动更新的，我们当时并未对成本数据进行修正或调整，所以项目的新基线成本才出现了小数点，从而造成图 9-39 中【成本差异1】的数据也相应地出现了小数点，这个问题暂且可以不予理会。

由于已完成任务的成本已经成为既定事实，此时只需要压缩尚未完工任务的成本。

小王和他的团队认为，项目已经进入后期，风险越来越小，可以适当减少项目的风险准备金，于是把风险准备金降为 3500 元，如图 9-40 所示，这样项目的当前成本已经小于比【基线 1 成本】，所以【成本差异1】是负数。

第 9 章 项目更新与监控（进度+成本）

任务模式	任务名称	预算成本	成本	成本差异	成本差异1	工期
	▲ 9.3.1 跟连永老师学Project	¥100,000.00	¥95,702.00	¥702.00	¥1,339.06	97.5 个工作日
	项目预算成本	¥100,000.00		¥0.00		
	▲ 1 新房装修项目		¥95,702.00	¥702.00	¥1,339.06	97.5 个工作日
	风险准备金		¥3,500.00	-¥4,973.00	¥0.00	

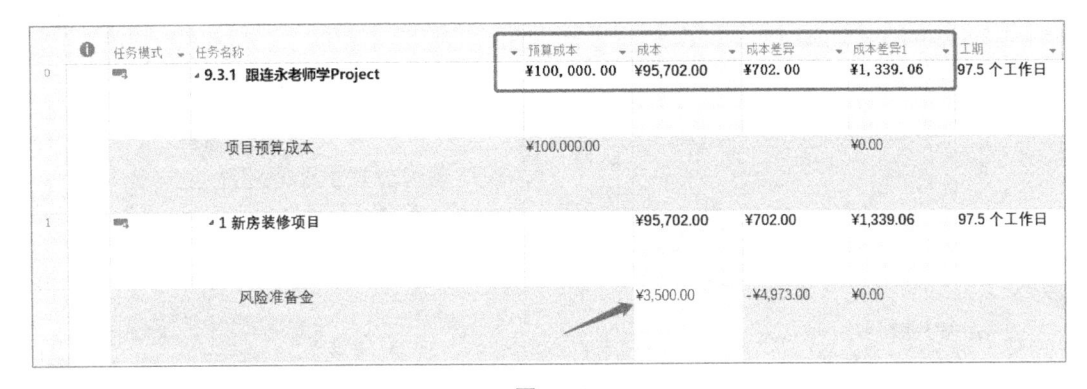

图 9-40

如果与最初的基准计划相比，当前成本略高于【基线成本】，但仍然小于项目预算成本，小王的团队决定接受这种成本偏差。与第 9.3.1 节类似，如果决定采取接受成本偏差，必须充分评估项目后期的风险，而不能盲目采取接受偏差的策略。

9.4 使用突出显示和筛选器查看成本超支的任务

在第 4.26 和 4.27 节中介绍了如何使用自定义突出显示和筛选器，查看完成时间差异大于零（拖期）的任务。我们可以用类似的方法筛选成本差异大于零（成本超支）的任务。

切换到【跟踪甘特图】视图，在【视图】选项卡下单击【突出显示】下拉菜单中的【新建突出显示筛选】，如图 9-41 所示，首先给这个突出显示起个名字，比如叫作 "4. 成本超支的任务 - 跟连永老师学 Project"，勾选右侧的【显示在菜单中】。然后设置筛选条件，在【域名】中选择列名称【成本差异】，如果是相对于基线 1 的成本差异，则可以在【域名】中选择自定义的列【成本差异 1】，条件设置为大于零，单击右下角的【应用】按钮。然后在【跟踪甘特图】视图就会看到所有相对于基线计划（不是基线 1）成本超支的任务，其背景色将自动显示为黄色，如图 9-42 所示（截图进行了裁剪，未显示所有筛选出的任务）。

同样，前文已经讲到，筛选器和突出显示本质上是一样的，当在【视图】选项卡下单击【筛选器】下拉菜单的名称 "4. 成本超支的任务 - 跟连永老师学 Project" 后，将只显示相对于最初的基准计划成本超支的那些任务。

如果要将这个自定义的突出显示保存起来永久使用，则可以单击【文件】→【信息】→【管理器】，在【管理器】窗口中将其保存到 Project 模板库中，具体操作步骤在此省略。

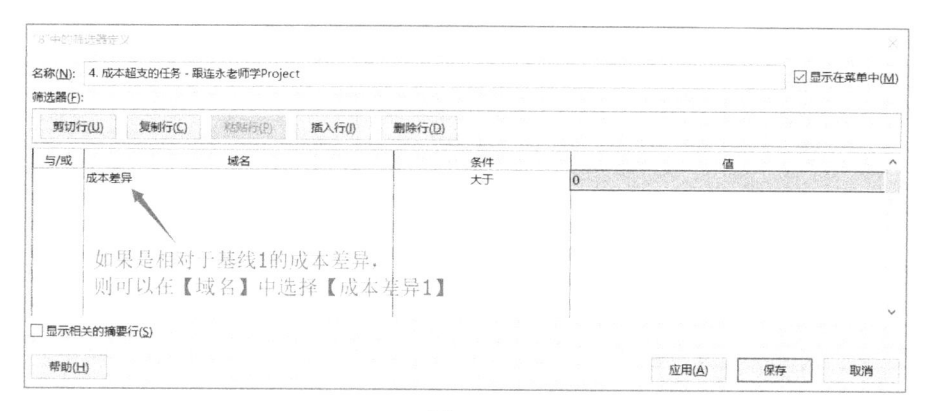

>> 10天精通Project项目管理：从菜鸟到实战高手

图 9-41

图 9-42

9.5 设置警示灯显示成本超支的任务

在第8.4.4节介绍了如何设置警示灯显示当前计划相对于基准计划是否有延迟，本节可以采取类似的方法设置成本超支的警示灯，比如，相对于基线1计划成本超支的任务都用红灯显示。

比如，在【跟踪甘特图】的工作表区域右击任意一列，然后在弹出的快捷菜单中选择【自定义字段】，此时会弹出【自定义域】窗口，如图9-43所示，域类型选择为【成本】，将【成本2】

第 9 章　项目更新与监控（进度+成本）

列重命名为【成本差异 1 警示灯】，然后单击【自定义属性】下面的【公式】按钮，就会弹出如图 9-44 所示的窗口。

图 9-43

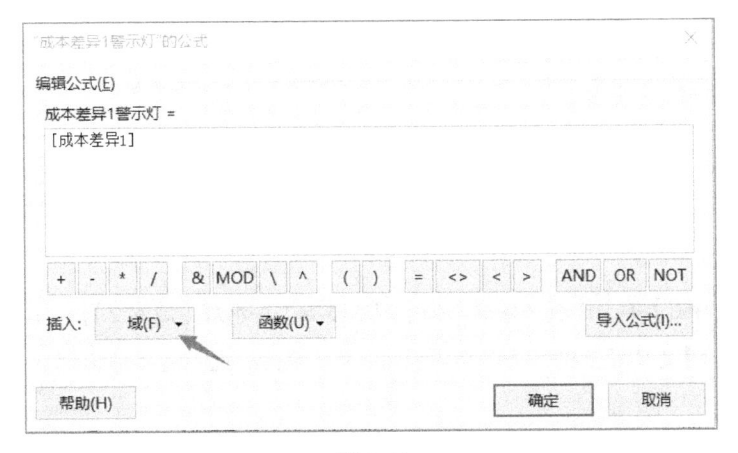

图 9-44

>> **10 天精通 Project 项目管理：从菜鸟到实战高手**

在图 9-44 所示的公式设置窗口中，单击【域】→【成本】→【自定义成本】→【成本差异 1（成本 1）】，然后单击【确定】按钮，会出现一个提示，提醒 Project 用户设置公式后，【成本差异 1 警示灯（成本 2）】列的数据将被公式所覆盖，单击【是】。再次回到图 9-43 所示的自定义字域窗口，在【计算任务和分组摘要行】下面勾选【使用公式】，然后在【要显示的值】下面勾选【图形标记】，即可弹出如图 9-45 所示的窗口。

在图 9-45 的图形标记窗口中，设置好测试条件后，再单击【摘要行】→【摘要行沿用非摘要行的规则】，然后也可以设置该条件适用于项目摘要任务（ID 号为 0），单击【项目摘要】→【项目摘要沿用摘要行的规则】，之后单击该窗口底部的【确定】按钮后，将再次回到自定义域窗口，最后单击【确定】按钮。

图 9-45

在【跟踪甘特图】的工作表区域插入列【成本差异 1 警示灯（成本 2）】，如图 9-46 所示，所有相对于【基线 1】成本超支的任务就会显示为红灯，反之，显示为绿灯。

374

第 9 章 项目更新与监控（进度+成本）

		任务模式	任务名称	成本	基线 1 成本	成本差异 1	成本差异 1 警示灯
0			▲ 9.5 跟连永老师学Project	¥95,702.00	¥95,734.64	-¥32.64	
1			▲ 1 新房装修项目	¥95,702.00	¥95,734.64	-¥32.64	
2	✓		1.1 交房	¥0.00	¥0.00	¥0.00	
3	✓		▲ 1.2 装修设计	¥4,015.00	¥3,680.00	¥335.00	
4	✓		1.2.1 实地测量及现场协商装修方案	¥565.00	¥900.00	-¥335.00	
5	✓		1.2.2 装修方案设计	¥2,025.00	¥1,260.00	¥765.00	
6	✓		1.2.3 装修方案确认、修改及定稿	¥1,425.00	¥1,520.00	-¥95.00	
7			▲ 1.3 选材、购买	¥52,642.00	¥51,498.00	¥1,144.00	
8			1.3.1 选购电线、水管、开关插座等	¥1,296.00	¥1,050.00	¥246.00	
9			1.3.2 选购地砖、墙砖、过门石	¥3,286.00	¥3,386.00	-¥100.00	
10			1.3.3 选购卫生间、厨房吊顶	¥3,676.00	¥3,386.00	¥290.00	
11			1.3.4 选购厨房整体橱柜	¥6,236.00	¥6,386.00	-¥150.00	
12			1.3.5 选购卫浴设备	¥5,636.00	¥5,386.00	¥250.00	
13			1.3.6 选购客厅吊顶材料	¥1,896.00	¥2,386.00	-¥490.00	
14	✓		1.3.7 选购墙面漆	¥1,486.00	¥1,386.00	¥100.00	
15	✓		1.3.8 选购木地板	¥10,286.00	¥10,058.00	¥228.00	

图 9-46

9.6 对项目资源和成本进行分组统计

在 Project 中还可以分组汇总资源和成本的数据，比如，我们将资源工作表中的所有资源成本分成三类：内部成本、建材采购成本和外包施工成本，如表 9-3 所示。需要提醒大家的是，此处的分组是为了演示 Project 中分组的功能而随意设置的，大家可以根据自己的需要设置每个资源属于哪个分组条件。

表 9-3

资源名称	类型	组
项目经理	工时	内部成本
设计师	工时	内部成本
采购员	工时	内部成本
贴砖工时费	材料	外包施工成本
刮腻子工时费	材料	外包施工成本
铺地板工时费	材料	外包施工成本
打车费	成本	内部成本
风险准备金	成本	内部成本
电线 水管 开关插座等	成本	建材采购成本
地转 墙砖 过门石	成本	建材采购成本
卫生间吊顶	成本	建材采购成本
厨房吊顶	成本	建材采购成本

375

续表

资源名称	类型	组
厨房整体橱柜	成本	建材采购成本
卫浴设备	成本	建材采购成本
客厅吊顶材料	成本	建材采购成本
墙面漆	成本	建材采购成本
室内木门	成本	建材采购成本
木地板	成本	建材采购成本
壁纸	成本	建材采购成本
暖气片	成本	建材采购成本
室内灯具	成本	建材采购成本
窗帘	成本	建材采购成本
砌墙费含泥沙砖等材料	成本	建材采购成本
水电改造费	成本	外包施工成本
客厅吊顶施工费	成本	外包施工成本
家政服务费	成本	外包施工成本
气体检测费	成本	外包施工成本
安装灯具费	成本	外包施工成本

根据表 9-3 的组分类，在【资源工作表】的【组】列中输入相应的分组名称。注意，我们在本例中创建了一个预算类资源"项目预算成本"，不需要对该资源进行分组。

在【资源工作表】视图中，插入列【成本】、【实际成本】、【剩余成本】、【工时】、【实际工时】、【剩余工时】，如图 9-47 所示（截图已裁剪，未显示所有资源）。然后单击【视图】选项卡，在【分组依据】右侧的下拉菜单中单击【资源组】后，【资源工作表】视图将显示为如图 9-48 所示的统计结果。

	资源名称	类型	组	成本	实际成本	剩余成本	工时	实际工时	剩余工时
1	项目经理	工时	内部成本	¥5,850.00	¥3,800.00	¥2,050.00	137 工时	96 工时	41 工时
2	设计师	工时	内部成本	¥4,590.00	¥4,230.00	¥360.00	102 工时	94 工时	8 工时
3	采购员	工时	内部成本	¥6,132.00	¥6,132.00	¥0.00	146 工时	146 工时	0 工时
4	贴砖工时费	材料	外包施工成本	¥4,500.00	¥4,500.00	¥0.00	75	75	0
5	刮腻子工时费	材料	外包施工成本	¥6,000.00	¥6,000.00	¥0.00	200	200	0
6	铺地板工时费	材料	外包施工成本	¥2,800.00	¥800.00	¥2,000.00	70	20	50
7	打车费	成本	内部成本	¥1,700.00	¥1,350.00	¥350.00			
8	风险准备金	成本	内部成本	¥3,000.00	¥1,914.51	¥1,085.49			
9	电线 水管 开关插座等	成本	建材采购成本	¥900.00	¥900.00	¥0.00			
10	地砖 墙砖 过门石	成本	建材采购成本	¥2,900.00	¥2,900.00	¥0.00			
11	卫生间吊顶	成本	建材采购成本	¥1,800.00	¥1,800.00	¥0.00			

图 9-47

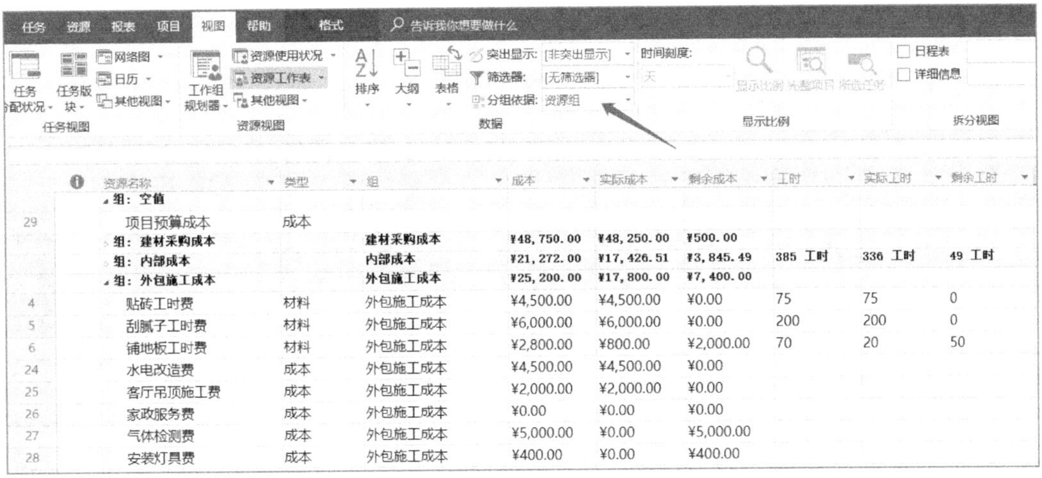

第 9 章　项目更新与监控（进度+成本）

图 9-48

9.7　项目报表

前面已经讲解了一些 Project 报表的使用，在本节将介绍更多报表的应用。

9.7.1　使用 Project 内置报表：项目现金流量表

单击【报表】选项卡下的【成本】→【现金流量】，如图 9-49 所示，这是 Project 内置的一个现金流量表，我们可以在这个表的基础上继续编辑。

我们可以拖动图表将其拉大，单击该图表后，在如图 9-50 右侧所示的【字段列表】中，【选择类别】中选择【时间】，然后单击其右侧的【编辑】，在弹出的【编辑时间刻度】小窗口中，【单位】选择为【周】，日期格式可以选择一个自己喜欢的格式，然后单击【确定】按钮。这样就出现了图 9-50 左侧的所示图表，这是一个双竖轴的图表，柱状图显示的是每周的【成本】数，对应的是左侧的竖轴。折线图显示的是每周的【累计成本】数，对应的是右侧的竖轴。

> **注意**　本节只是教大家创建图表的方法，一些具体的参数设置可以根据自己的需要设定。

>> **10 天精通 Project 项目管理：从菜鸟到实战高手**

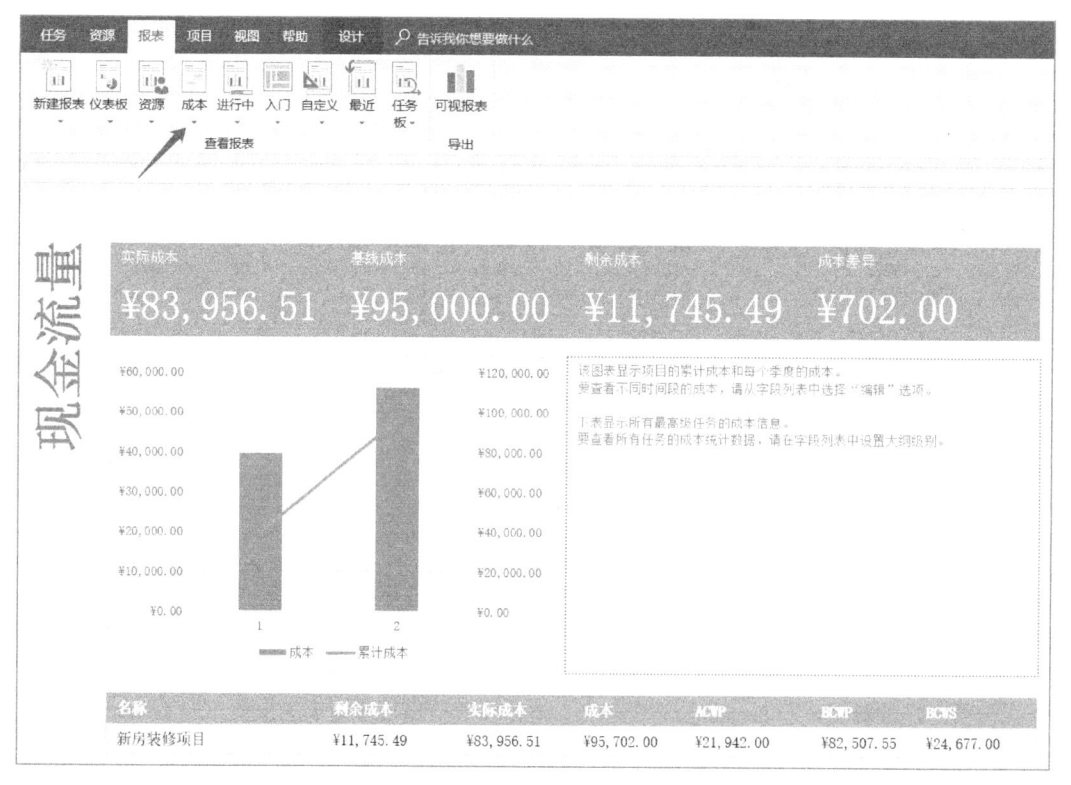

图 9-49

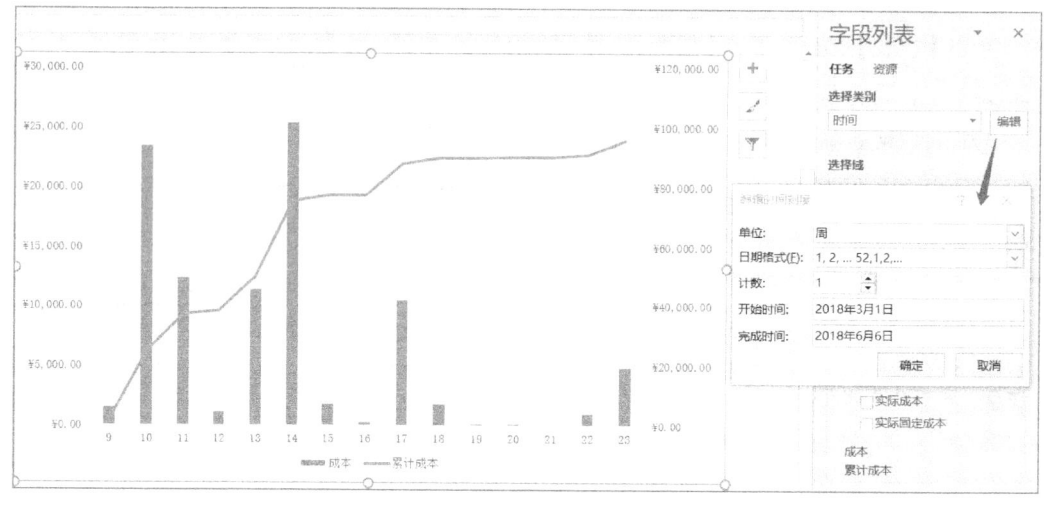

图 9-50

9.7.2 自定义报表1：新建现金流量表

其实图 9-50 所示的现金流量表完全可以从一个空白报表中自己创建出来，也可用到自定义报表。

在【报表】选项卡下单击【新建报表】→【空白】，在弹出的【报表名称】窗口中输入一个报表名称，比如"3. 自定义现金流量表 - 跟连永老师学 Project"，然后单击【确定】按钮。接着单击【设计】选项卡下的【图表】按钮，在弹出的【插入图表】窗口中选择一个柱状图，如图 9-51 所示，单击【确定】。

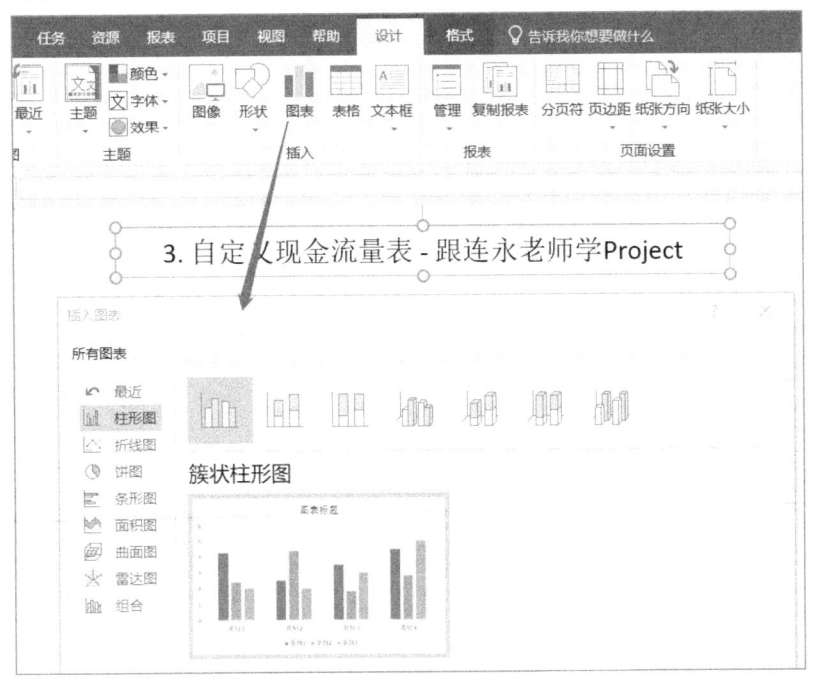

图 9-51

然后会弹出一个默认的图表，单击该图表，在右侧的【字段列表】视图中，首先按照第 9.7.1 节中的方法设置【选择类别】为【时间】，【编辑时间刻度】为【周】，然后在【选择域】中只勾选【成本】下面的【成本】与【累计成本】，去掉勾选其他列，如图 9-52 所示。

此时在图 9-52 所示的图表中，【成本】和【累计成本】都显示为了柱状图。我们可以单击图表下方的标签【累计成本】，注意只单击【累计成本】，然后右击，在弹出的快捷菜单中选择【更改系列图表类型】，这样就弹出了如图 9-53 所示的【更改图表类型】窗口，在下方的【累计成本】右侧，从下拉菜单中选择【折线图】，同时勾选右侧的【次坐标轴】，最后单击【确定】按钮。

经过上述操作后，图表的最终显示效果与图 9-53 的预览效果是一样的，此处略去截图，大家可以自己操作练习一下。

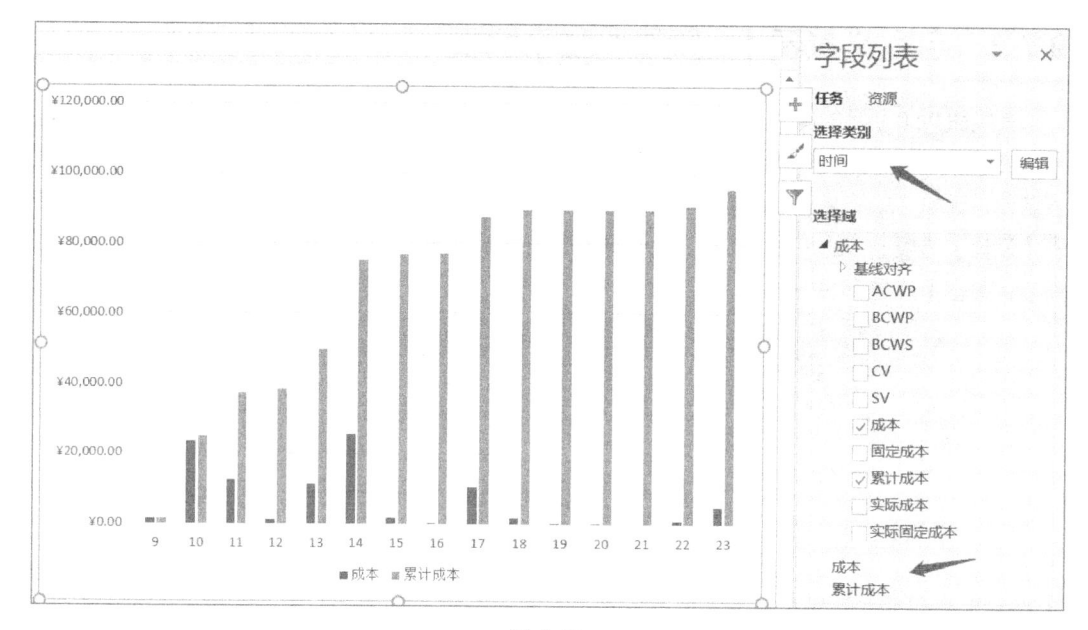

图 9-52

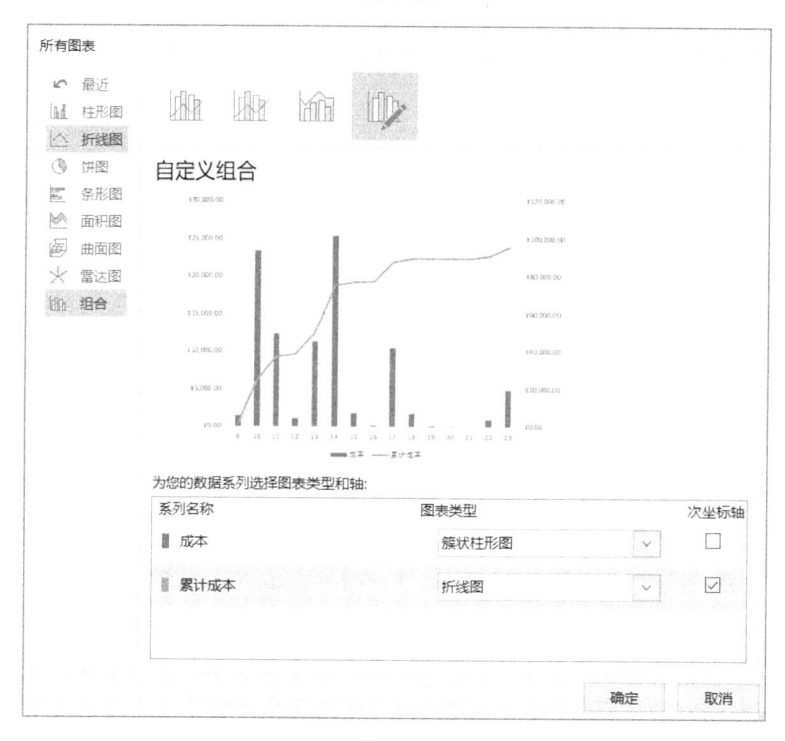

图 9-53

第 9 章 项目更新与监控（进度+成本）

9.7.3 正确理解 Project 中的现金流量表

需要特别提醒大家的是，尽管在第 9.7.1 节中使用内置报表生成了一个"现金流量"图表，但这并不是一个真正的项目现金流量表。这个报表与公司财务意义上的现金流量表不是一回事，因为 Project 中的现金流量表并不代表真正的现金流出，而只是根据任务分配的资源信息以及资源的【成本累算】方式计算出来的项目在每个时间段"计提"的项目成本而已。

所以，大家在使用这个视图的时候一定要特别注意，这并不是一个真正意义上的项目现金流量表，而是一个项目在不同时间段计提项目成本的图表。

9.7.4 自定义报表 2：新建:工时报表

与第 9.7.2 节所讲的自定义现金流量表图表类似，我们可以从空白报表完成一个自定义的工时报表，如图 9-54 所示。然后在这个报表中，再次单击【设计】→【图表】按钮，插入一个新的柱状图图表，这次在右侧的【字段列表】中单击【资源】，而不是【任务】，如图 9-55 所示，然后在【选择域】中只勾选【工时】，在【字段列表】下方的【筛选】下拉菜单中选择【资源】→【工时】，这样就生成了一个所有工时类资源的工时数量报表。同时还可以对图表进行美化，比如更改柱状图的颜色，显示数据标签等，这些操作与在 Excel 中图表的设置基本一样，在此不详细讲解。

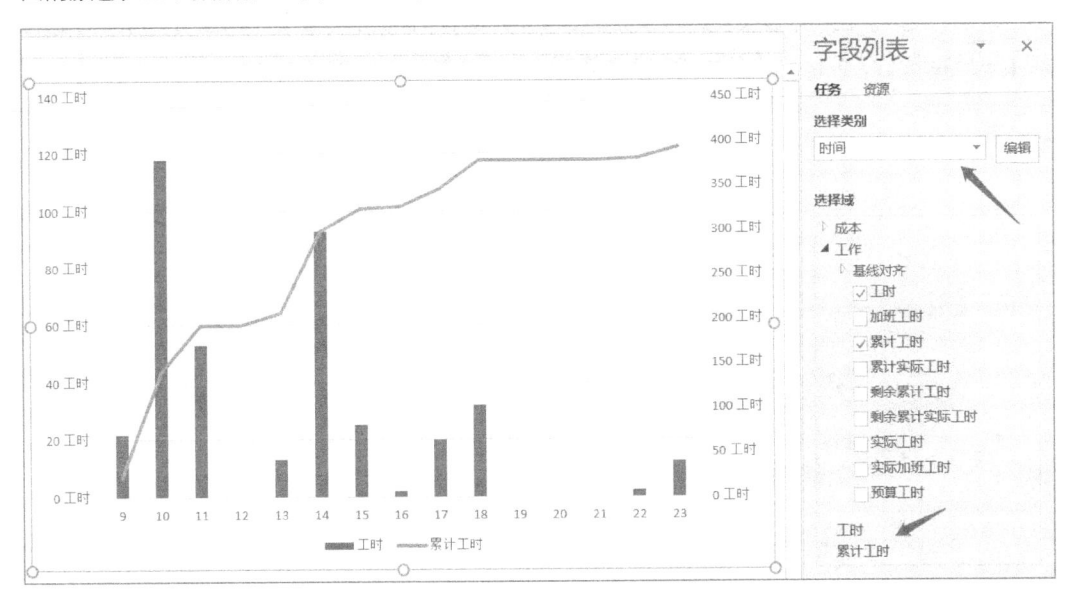

图 9-54

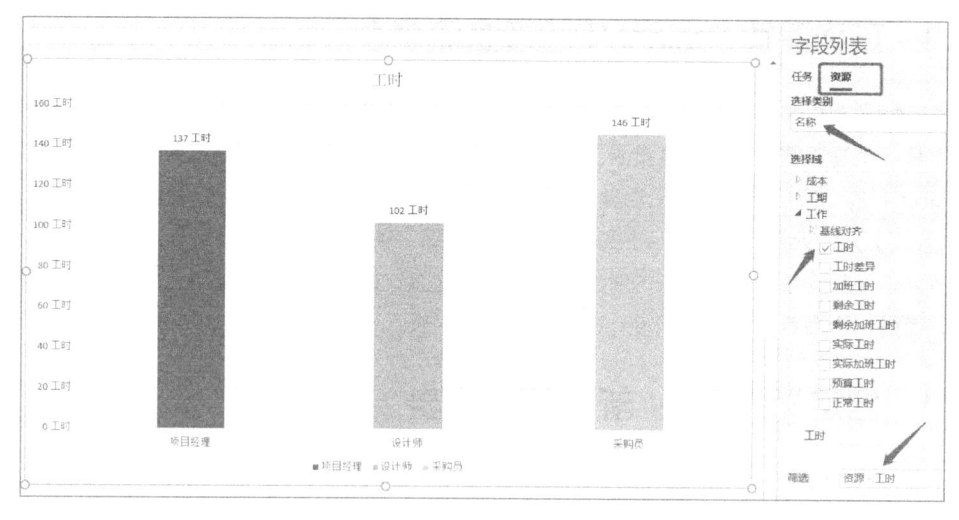

图 9-55

9.7.5 自定义报表 3：新建成本报表

按照第 9.7.4 节中创建第二个图表的方法，我们可以创建如图 9-56 所示的按照资源类型汇总项目成本的图表。在创建该报表时，注意在【字段列表】中选择【资源】，而不是【任务】，【选择域】中只勾选【成本】，在【分组依据】中选择【资源类型】。

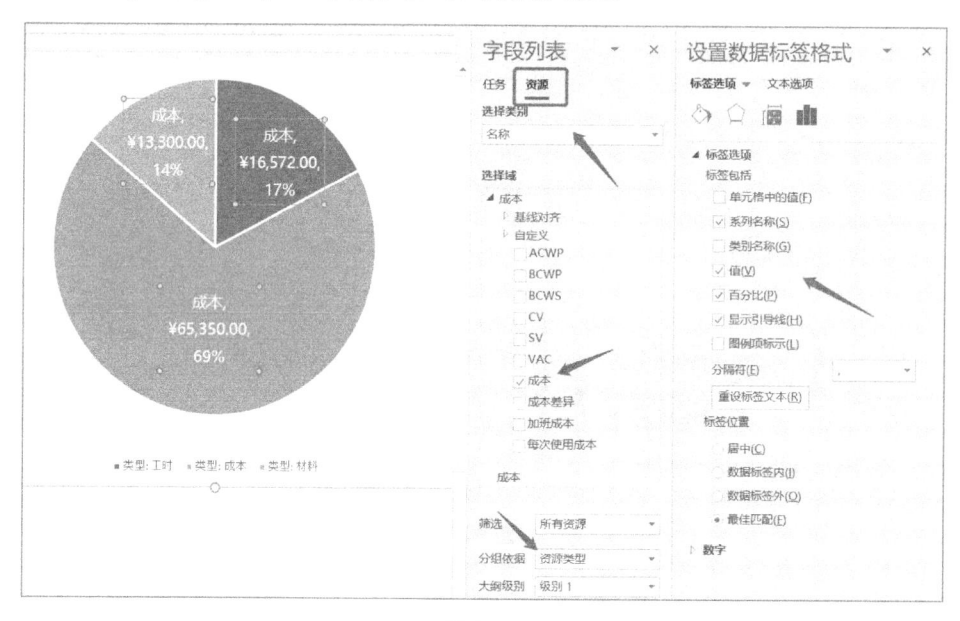

图 9-56

第 9 章 项目更新与监控（进度+成本）

在此基础上还可以对图表进行美化，比如右击饼图后，在弹出的快捷菜单中选择【添加数据标签】，然后右击标签上的文字，在弹出的快捷菜单中选择【设置数据系列格式】，然后在右侧除了显示【字段列表】，还会显示【设置数据标签格式】，按照如图 9-56 所示可以勾选【系列名称】、【值】、【百分比】等。关于图表的美化，大家可以多尝试一下。

按照同样的方法，我们也可以创建一个按照资源分组（参见第 9.6 节）的方式查看项目成本构成的报表，如图 9-57 所示。

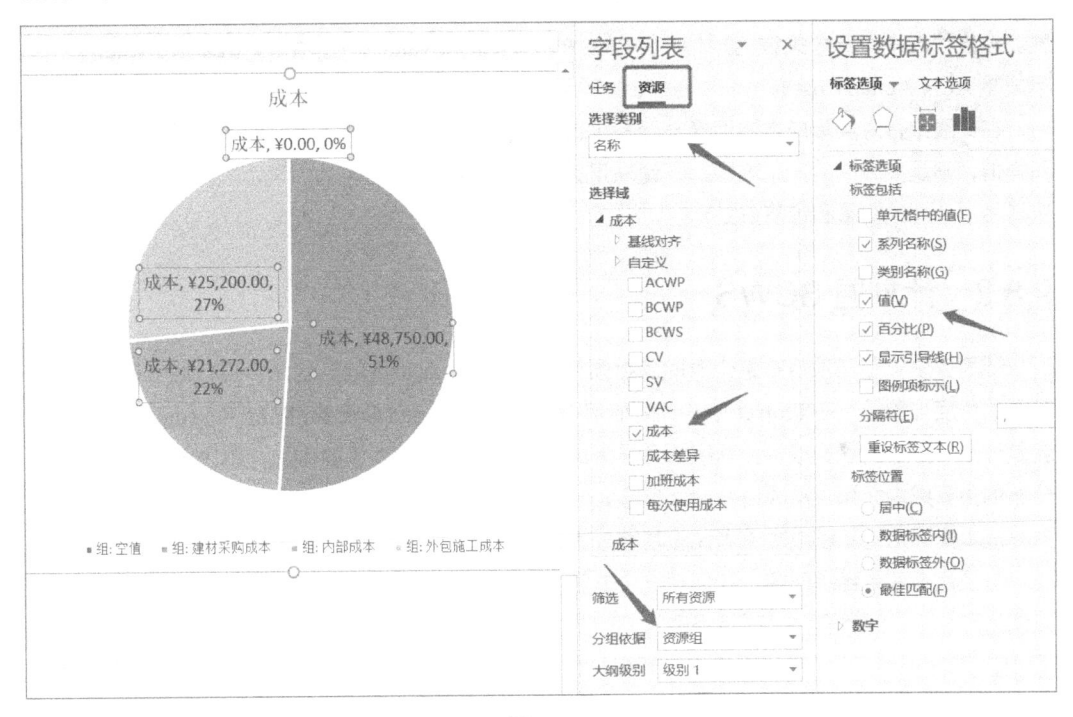

图 9-57

9.8 Project 中的挣值分析

本节将介绍如何应用 Project 中挣值管理的分析方式去衡量项目的进度和成本绩效。挣值管理被美国项目管理协会的 PMBOK 所推崇，很多 PMP 学员对此也非常感兴趣，但同时也感到非常困惑，虽然有一知半解，但并不知道如何应用在实际中。挣值管理在现实中落地仍然有很大的难度和局限性，但是挣值管理是项目绩效考核的方式之一，对于项目管理者也是一种新的思路。所以，本节的目的是让大家清楚 Project 中挣值管理的具体计算方法以及在 Project 中如何处理挣值管理本身的局限，借此让大家深入思考和理解挣值管理。本书并不建议大家去使用 Project 中的挣值管理，在实践中大家一定要深刻理解它的原理及局限，而不要盲目使用。

9.8.1 挣值分析基本解释

挣值管理（Earned Value Management）是对项目进度和成本进行综合衡量和控制的一种方法，在某些项目中可能会采用这种方法进行项目绩效测量。挣值分析法的核心是将项目在任一时间点的计划指标、完成情况和成本消耗情况进行综合度量，全部转化成货币的形式，包括进度。挣值管理中有三个关键的指标：计划值 PV（Planned Value）、挣值 EV（Earned Value）和实际成本 AC（Actual Cost）。

在实践中，对实际成本的度量一般是比较容易的，但如何找到比较科学的方式去衡量计划值和挣值，则是实践中的一个难题。不论采用哪种方法，都不能说绝对科学，只能说从某个角度来选择相对合理的衡量和计算方式。

9.8.2 计划值 BCWS

计划值 PV 是指项目在某个时间点上预算的工作量，以货币的形式来体现，通常是按照成本基准的角度去测量。在 Project 中，计划值用 BCWS（Budgeted Cost for Work Scheduled）来体现，就是计划工作量的预算成本，从字面意思上比较贴切地反映计划值的本质，BCWS 是按照时间段分布的预算成本之和，从项目开始之日起，一直累算到项目状态日期。在 Project 的挣值管理中，预算成本实际上是基线成本或者比较基准成本，并不是在第 5.6 节中讲解的【预算成本】。

为了让大家更容易理解，我们举一个非常简单的示例来解释。假如某个任务的工期是 8 天，只调用了一个工时类资源"项目经理"，每天的计划工时都是 10h，项目经理的标准费率是 100 元/小时。如表 9-4 所示，该项目每天的预算成本就是 1000 元，而计划值 BCWS 是一个累计值，当来到项目第 5 天时，BCWS 就是 5000 元。

表 9-4

	Day 1	Day 2	Day 3	Day 4	Day 5	Day 6	Day 7	Day 8
预算工时	10	10	10	10	10	10	10	10
预算费率	100	100	100	100	100	100	100	100
预算成本（每天）	1000	1000	1000	1000	1000	1000	1000	1000
计划值 BCWS	1000	2000	3000	4000	5000	6000	7000	8000

我们在 Project 中创建一个任务，设置为全年无休日历，工期为 8 天，从 2018 年 3 月 1 日开始到 2018 年 3 月 8 日结束。该任务调用了项目经理这个资源，其标准费率是 100 元/小时，每天的工时是 10h，如图 9-58 所示（【任务分配状况】视图）。

第 9 章　项目更新与监控（进度+成本）

图 9-58

要应用挣值分析，必须为项目设置基准，单击【项目】选项卡下的【设置基线】按钮，为项目设置基准。假设项目来到了第 5 天，我们输入项目的【状态日期】为 2018 年 3 月 5 日。在【任务分配状况】视图右侧的表格中右击，在弹出的快捷菜单中选择【详细样式】，在弹出的【详细样式】窗口中，从左侧的【可用域】中找到列【基线成本】，单击中间的【显示】按钮，这样该列就会显示到当前视图中。同理，把列【BCWS】也显示出来，如图 9-59 所示，单击【确定】按钮。

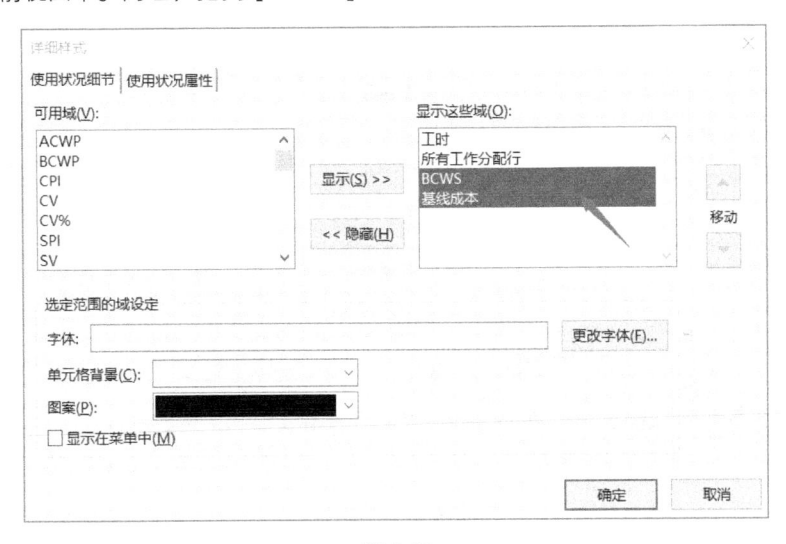

图 9-59

再次回到【任务分配状况】视图，如图 9-60 所示，我们看到该任务每天的【比较基准成本】为 1000 元，BCWS 是截止到某一天的累计值。因此，在第 5 天时，BCWS 为 5000 元。

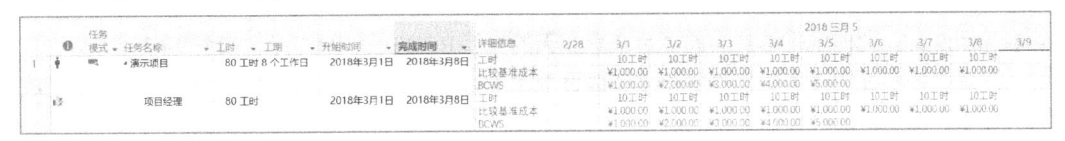

图 9-60

注意　虽然在图 9-59 的【详细样式】窗口中我们选择的域名称为【基线成本】，但是回到【任务分配状况】视图后显示的中文名称为【比较基准成本】，这是中文版软件翻译不一致造成的，实际是同一列，英文版中都是 Baseline Cost。

385

9.8.3 挣值 BCWP

挣值 EV 是指项目在某个时间点上已完成工作量的预算成本（基线成本），也是用货币的形式来体现，通常用基线成本乘以测算出来的一个完成百分比得出。在 Project 中，挣值 EV 用 BCWP（Budgeted Cost for Work Performed）来体现，从字面上也比较贴切地反映了挣值的本质，就是已完成工作量的预算成本，它是用【基线成本】乘以在状态日期的【完成百分比】得出的。在第 9.2.6 节中已经讲解了在用 Project 同时管理进度和成本的情况下【完成百分比】是如何计算的。

假设在状态日期 2018 年 3 月 5 日时，重新更新了整个计划，此时认为项目需要 10 天才能完成，而且前 5 天的实际工时分别是 8h、8h、8h、10h、10h，后 5 天每天预计的工时都是 10h，如表 9-5 所示。这样有实际工时的天数是 5 天，总工期是 10 天，因此，【完成百分比】是 50%，所以在第 5 天时的挣值用基线成本 8000 元乘以 50%，得出 4000 元。

表 9-5

	Day 1	Day 2	Day 3	Day 4	Day 5	Day 6	Day 7	Day 8	Day 9	Day 10
预算工时	10	10	10	10	10	10	10	10		
预算费率	100	100	100	100	100	100	100	100		
预算成本（每天）	1000	1000	1000	1000	1000	1000	1000	1000		
计划值 BCWS	1000	2000	3000	4000	5000	6000	7000	8000		
实际工时与工期	8	8	8	10	10					
预测工时与工期						10	10	10	10	10
挣值 BCWP	800	1600	2400	3200	4000					

按照第 9.2 节讲解的方法，我们在 Project 中更新了实际工时和未来的预计工时，如图 9-61 所示。

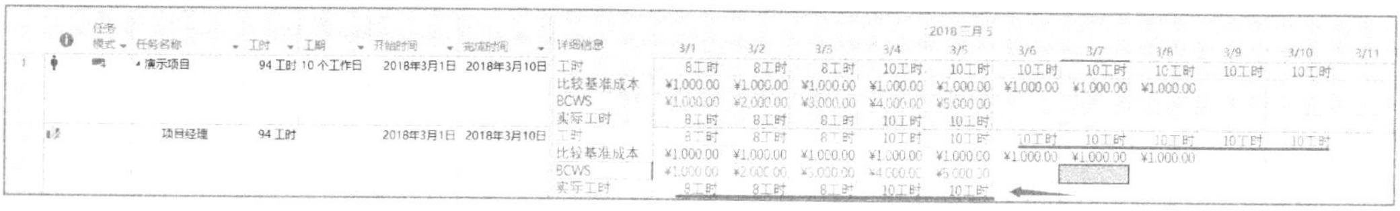

图 9-61

在【任务分配状况】视图右侧的表格中，在【详细样式】窗口中把挣值 BCWP 列显示出来，可参见图 9-59，此时我们看到当前项目在第 5 天的挣值 BCWP 是 4000 元，如图 9-62 所示。

注意，Project 中任务的挣值是用【完成百分比】计算的，而资源分配的挣值是用【工时完成百分比】计算的，此时我们衡量的是任务的整体情况。因此，需要看任务的挣值。

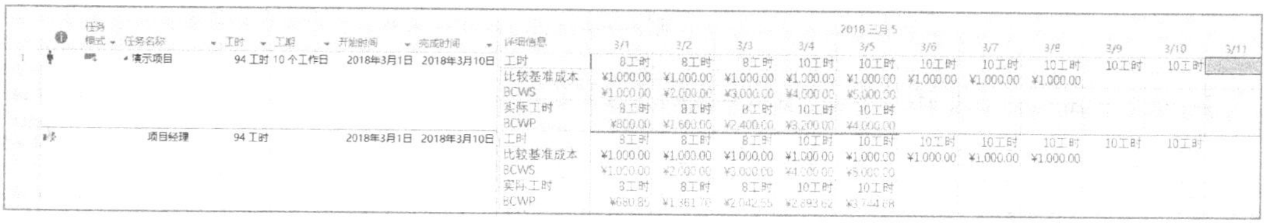

图 9-62

9.8.4 实际成本 ACWP

实际成本 AC 是指项目在某个时间点上已完成工作量的实际成本，也是用货币的形式来体现，通常直接测算已完成工作量所花费的实际成本即可。在 Project 中，实际成本 AC 用 ACWP（Acutal Cost for Work Performed）来体现，从字面上也比较贴切地反映了实际成本的本质，就是已完成工作量的实际成本，它直接用资源所发生的实际成本。

在表 9-6 中可以看到，在状态日期 2018 年 3 月 5 日，实际花费的工时数量是 44h，工时费率是 100 元/小时，所以得出状态日期的实际成本 ACWP 为 4400 元。

表 9-6

	Day 1	Day 2	Day 3	Day 4	Day 5	Day 6	Day 7	Day 8	Day 9	Day 10
预算工时	10	10	10	10	10	10	10	10		
预算费率	100	100	100	100	100	100	100	100		
预算成本（每天）	1000	1000	1000	1000	1000	1000	1000	1000		
计划值 BCWS	1000	2000	3000	4000	5000	6000	7000	8000		
实际工时与工期	8	8	8	10	10					
预测工时与工期						10	10	10	10	10
挣值 BCWP	800	1600	2400	3200	4000					
实际成本 ACWP	800	1600	2400	3400	4400					

在【任务分配状况】视图右侧的表格中，将【详细样式】窗口中的实际成本 ACWP 列显示出来，此时我们看到当前项目在第 5 天的实际成本 ACWP 是 4400 元，如图 9-63 所示。

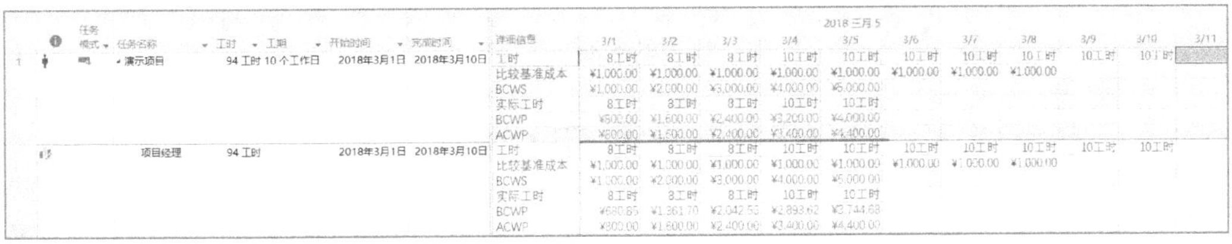

图 9-63

9.8.5 衡量进度绩效的指标：SV 和 SPI

在挣值管理中，衡量进度绩效有两个指标：进度偏差 SV（Schedule Variance）和进度绩效指数 SPI（Schedule Performance Index），其本质是一样的，只不过计算方式不同。我们用目前的示例来继续演示一下。

进度偏差 SV = 挣值 BCWP − 计划值 BCWS = 4000 − 5000 = − 1000 < 0

挣值 BCWP 代表的是已完成工作量的预算成本，而计划值 BCWS 代表的是计划工作量的预算成本，两者相减得出进度偏差，可以理解为已完成工作量减去计划工作量，这样更容易理解为什么用货币的形式来体现进度。所以，当进度偏差 SV 大于零时，说明已完成工作量大于计划工作量，代表进度是提前的；反之，当进度偏差 SV 小于零时，说明已完成工作量小于计划工作量，代表进度是滞后的。

当前得出的进度偏差是 –1000，小于零，说明进度是落后的。

进度绩效指数 SPI ＝ 挣值 BCWP / 计划值 BCWS = 4000 / 5000 = 0.8 < 1

由此可见，进度绩效指数 SPI 和进度偏差 SV 从本质上是一致的，只不过 SPI 采用除法计算，而 SV 采用减法计算。

当进度绩效指数 SPI 大于 1 时，说明已完成工作量大于计划工作量，代表进度是提前的；反之，当进度绩效指数 SPI 小于 1 时，说明已完成工作量小于计划工作量，代表进度是滞后的。

当前得出的进度绩效指数是 0.8，小于 1，说明进度是落后的。

在【任务分配状况】视图的工作表区域，分别插入列【BCWP】、【BCWS】、【SV】、【SPI】，如图 9-64 所示，就得出和上述解释完全一样的数值。

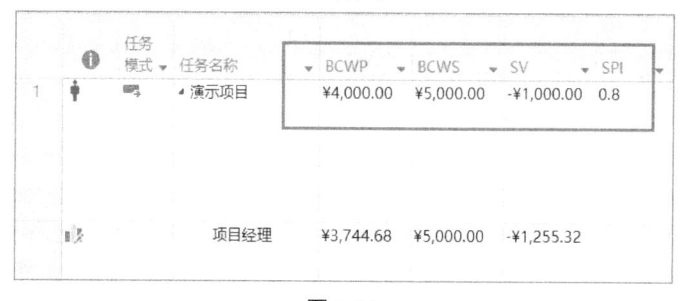

图 9-64

9.8.6 衡量成本绩效的指标：CV 和 CPI

在挣值管理中，衡量成本绩效也有两个指标：成本偏差 CV（Cost Variance）和成本绩效指数 CPI（Cost Performance Index），其本质是一样的，只不过计算方式不同。我们用目前的小示例来继续演示一下。

成本偏差 CV ＝ 挣值 BCWP － 实际成本 ACWP = 4000 – 4400 = – 400 < 0

挣值 BCWP 代表的是已完成工作量的预算成本，而实际成本 ACWP 代表的是已完成工作量的实际成本，两者相减得出成本偏差，可以理解为已完成工作量的预算成本减去实际成本。所以，当成本偏差 CV 大于零时，说明已完成工作量的预算成本大于实际成本，也可以理解成实际成本小于预算成本，代表成本是有所节余的；反之，当成本偏差 CV 小于零时，说明已完成工作量的预算成本小于实际成本，也可以理解为实际成本大于预算成本，代表成本是超支的。

第9章 项目更新与监控（进度+成本）

当前得出的成本偏差是–400，小于零，说明成本是超支的。

进度绩效指数 CPI = 挣值 BCWP / 实际成本 ACWP = 4000 / 4400 ≈ 0.91 < 1

由此可见，成本绩效指数 CPI 和成本偏差 CV 从本质上是一致的，只不过 CPI 采用除法计算，而 CV 采用减法计算。

当成本绩效指数 CPI 大于 1 时，说明已完成工作量的预算成本大于实际成本，代表成本是有所节余的；反之，当成本绩效指数 CPI 小于 1 时，说明已完成工作量的预算成本小于实际成本，代表成本是超支的。

当前得出的成本绩效指数是 0.91，小于 1，说明成本是超支的。

在【任务分配状况】视图的工作表区域，分别插入列【BCWP】、【ACWP】、【CV】、【CPI】，如图 9-65 所示，就得出和上述解释完全一样的数值。

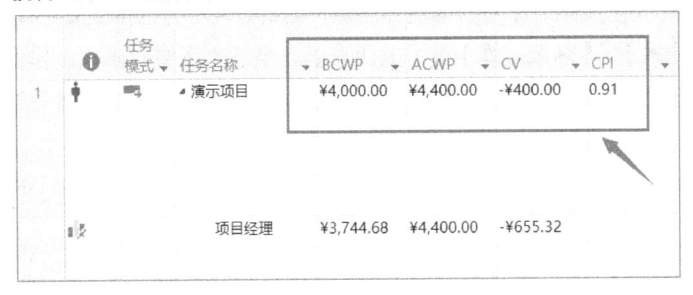

图 9-65

按照第 8.12 和第 9.7 节中所讲解的在 Project 中创建报表的方法，我们可以直接在 Project 中创建一个挣值分析报表，如图 9-66 所示。

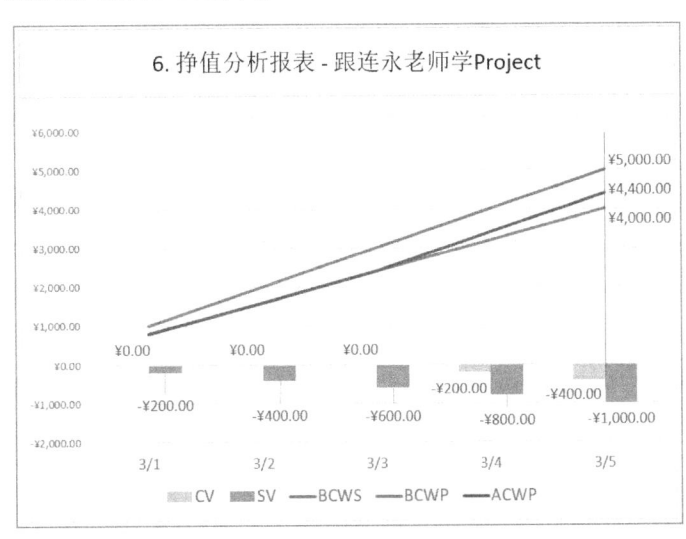

图 9-66

9.8.7　Project 中完工估算的两种方法

在不使用挣值管理的方式时，我们预测项目的完工估算成本是通过实际成本加上预估的剩余成本得出的，也就是 Project 中的【（当前）成本】=【实际成本】+【剩余成本】。如果采用这种方法，根据表 9-6 的信息，实际成本等于 4400 元，剩余工时数为 50h，剩余成本等于剩余工时 50h 乘以工时费率 100 元/小时，得出 5000 元，所以完工成本等于 4400 元加 5000 元，即 9400 元。

在挣值管理中，完工估算成本 EAC（Estimate at Completion）则使用预算成本（也就是基线成本的意思，Baseline Cost）除以当前的成本绩效指数得出的，也就是假设成本绩效从现在（状态日期）到项目结束，既不改善，也不恶化，将一直按照这个成本绩效指数完成该项目。所以，在我们的示例中，EAC = 基线成本 / CPI = 8000 / 0.91 = 8000/（4400/4400）= 8800。

通过以上讲解，我们能看出，在计算完工估算成本时，两种方法的逻辑不同，从准确性上看，【成本】=【实际成本】+【剩余成本】的方式更准确，当然也需要对未来工作进行全部的预测。而用挣值管理的方法，计算完工估算成本比较快，但它是基于一种假设，就是当前的成本绩效指数会一直维持下去，既不变好，也不变坏。

两种方法计算出来的结果也不相同，因为两种方法采取的角度和假设都不同，都有一定的合理性。

在【任务分配状况】视图的工作表区域中，依次插入列【基线成本】、【CPI】、【EAC】、【成本】、【实际成本】、【剩余成本】，如图 9-67 所示。

	任务模式	任务名称	基线成本	CPI	EAC	成本	实际成本	剩余成本
1		▲演示项目	¥8,000.00	0.91	¥8,800.00	¥9,400.00	¥4,400.00	¥5,000.00
		项目经理	¥8,000.00			¥9,400.00	¥4,400.00	¥5,000.00

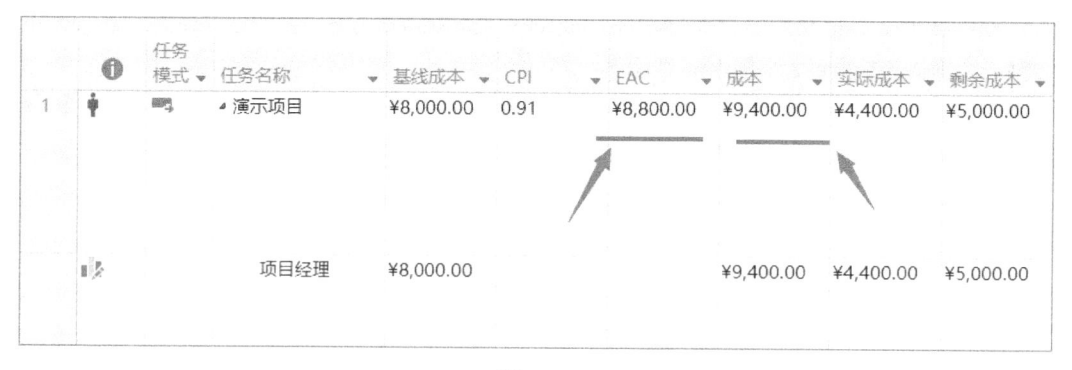

图 9-67

9.8.8　挣值分析在实际应用中的注意事项和建议

在第 9.8.2 节到 9.8.4 节中，我们采用了一个非常简单的项目来演示，它只使用一个工时类资源，而没有材料类资源（材料成本）和成本类资源（一次性费用）。假如项目在不同时间段上有计划的材料成本和一次性费用，由于材料类成本或者一次性费用可能在某一天就会发生几万元甚至

第9章 项目更新与监控（进度+成本）

更多的费用，而工时类资源的成本可能累计只有几千元，这样就会严重影响到计划值 PV（BCWS）的计算。当成本分布在时间段上出现大的波峰波谷时，应用挣值管理的缺陷就比较明显，状态日期可能只差一天，但是进度和成本绩效却相差巨大，这就有些不合理，因为绩效不可能在一天之间就出现巨大的变化。

Project 软件在设计挣值管理的功能时，实际上也考虑到了上述的复杂情况，由于成本类资源的成本金额数值可能会出现非常大的波峰波谷，为了剔除这个因素对挣值管理中计划值和实际成本的影响，Project 在挣值管理中不计算成本类资源的成本，只计算工时类资源和材料类资源的成本。所以，挣值管理在实践中有很多复杂的因素需要考虑，绝对不能盲目使用。

另外，如何准确地测算项目的完工百分比也是一个现实的难题，Project 在默认情况下使用了一个最简单的测算方法，就是用【完成百分比】乘以基线成本，而这个【完成百分比】是通过天数来计算的，对于工作量（可以理解为工时）分布不均匀、有较大的波峰和波谷时，用这种方法测算项目的完工百分比也不一定合理。Project 软件本身还提供了另外一种计算挣值的方式，就是不采用默认的【完成百分比】，而采用【实际完成百分比】乘以基线成本，这样就允许我们可以在【实际完成百分比】列中手动输入任务的完成比例。其实，如果大家深入研究会发现，Project 即使在使用【完成百分比】计算挣值时，其计算结果也会出现不统一和错误的情况。所以，本书提醒大家千万不要盲目使用 Project 里面的挣值分析功能，但是可以借助本书的解释进一步理解挣值分析的逻辑、原理和方法。

第 10 章

项目收尾及多项目管理

10.1 项目收尾

有效的阶段性收尾和项目收尾会产生很多经验和教训,形成组织过程资产,最终目的是持续改进,使将来的项目少走弯路。

10.1.1 分析历史数据,总结经验教训

阶段性总结或者项目收尾最好基于准确的数据,大家如果按照本书讲解的方法用 Project 管理项目计划,Project 将会为项目团队提供很多有价值的数据,可供项目团队分析原因,总结经验和教训。

Project 可以保存基准计划的数据以及项目结束后的实际数据,对比这些数据可能会发现很多问题。比如,最初制订的计划工期是否合理,原来制订的成本预算是否合理,任务为什么出现了延期,成本为什么会有超支,所有这些都可以直接调用 Project 中大量的项目数据进行分析。

另外,任务备注是一个很好的记录任务信息的方式,对任务的详细描述、假设、变更、执行情况都可以记录在任务备注中。

10.1.2 保存常用日历、筛选器、视图、报表等

在第 4.2 节中创建了不同的自定义日历，在第 4.26 节、第 4.27 节创建了不同的自定义筛选器并突出显示，在第 4.28 节中创建了自定义分组，在第 8.4 节、第 8.18 节、第 9.5 节创建了自定义域（自定义字段），在第 8.10 节创建了自定义表格，在第 8.11 节创建了自定义视图，在第 8.12 节、第 9.7 节创建了自定义报表。

以上创建的所有自定义日历、筛选器、分组、域、表格、视图、报表都可以通过【管理器】保存到 Project 模板库中，并永久使用。

10.2 共享资源库及多项目管理

Project Professional 在管理单项目上的功能非常强大，如果要管理共享资源和多项目，则可以考虑使用 Project Online 或者 Project Server 版本。

Project Professional 单机版软件也可以做一些简单的共享资源及多项目管理。

10.2.1 创建共享资源库文件

创建的共享资源库文件不用于创建项目计划，仅作为一个共享资源库文件，让其他项目文件调用该项目文件中的资源，以便对资源进行统筹管理和汇总统计。

这里假设创建一个名叫"0 共享资源库"的 Project 文件，首先设置项目信息，此时不需要设置项目的开始日期，只需要设置项目日历即可，比如，采用【全年 365 天无休】日历，此处设置项目日历的主要目的并不是让任务的日历默认为项目日历，而是让以后创建的资源默认采用项目日历。然后在该文件的【资源工作表】视图中创建资源，比如，可以直接复制本书项目案例中的资源工作表，如图 10-1 所示。注意，暂时不要关闭该项目文件。

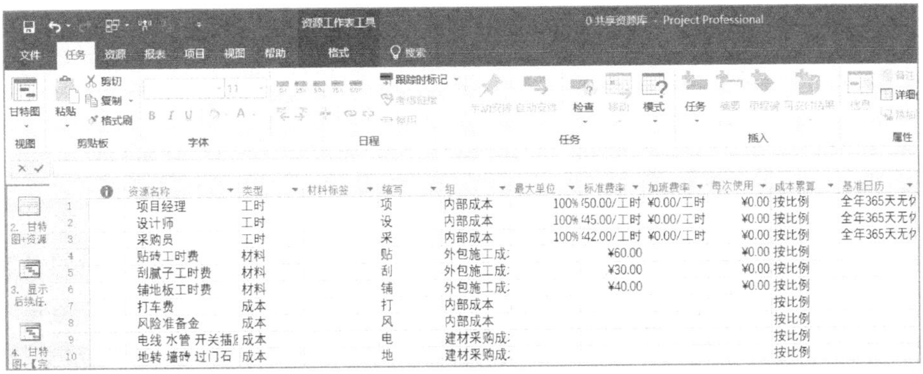

图 10-1

10.2.2 其他项目文件调用共享资源库中的资源

假设再创建一个新的项目文件"1 项目 1"，项目采用全年无休日历，从 2018 年 3 月 1 日开始，项目中有三个任务 A1、B1、C1，如图 10-2 所示。

图 10-2

切换到【任务分配状况】视图，任意单击某个任务，此时如果单击【资源】选项卡的【分配资源】按钮，会发现当前项目文件中没有资源可用，因为在当前文件中没有创建过资源。我们现在开始调用 10.2.1 节创建的文件"0 共享资源库"中的资源。

单击【资源】选项卡下【资源池】→【共享资源】，弹出【共享资源】窗口，如图 10-3 所示。勾选第二个选项【使用资源（需要至少一个开放的资源池）】，然后在下方的下拉菜单中选择文件"0 共享资源库"，单击【确定】按钮。

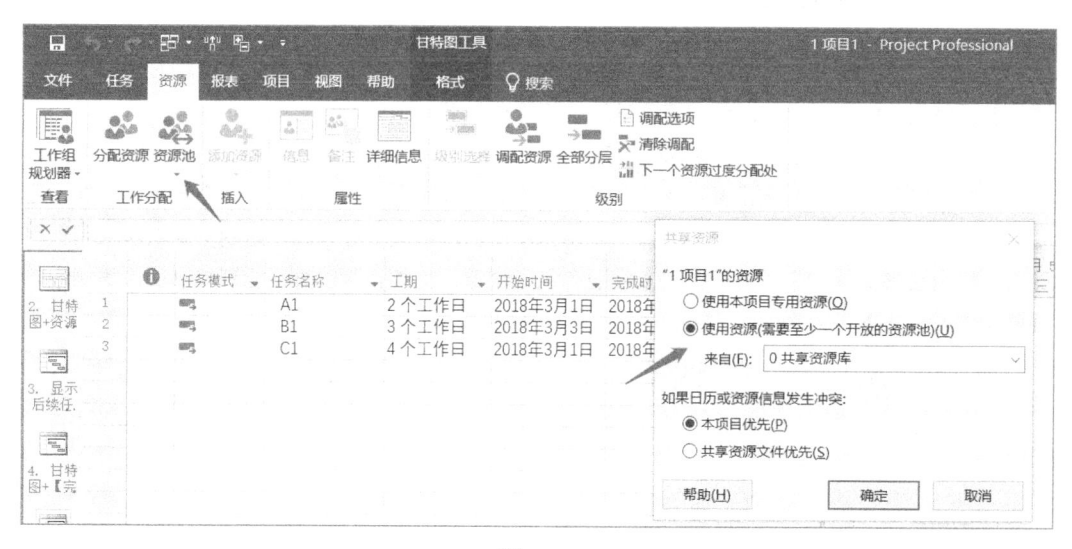

图 10-3

上述操作完毕后似乎没有反应，此时选中任务 A1 和 B1，再单击【资源】选项卡下的【分配资源】按钮，就会弹出如图 10-4 所示的【分配资源】窗口，此时发现在资源列表中已经出现了很多资源名称，这些资源就来自于文件"0 共享资源库"。然后给任务 A1 和 B1 分配资源"项目经理"，给任务 C1 分配资源"设计师"。

第 10 章　项目收尾及多项目管理

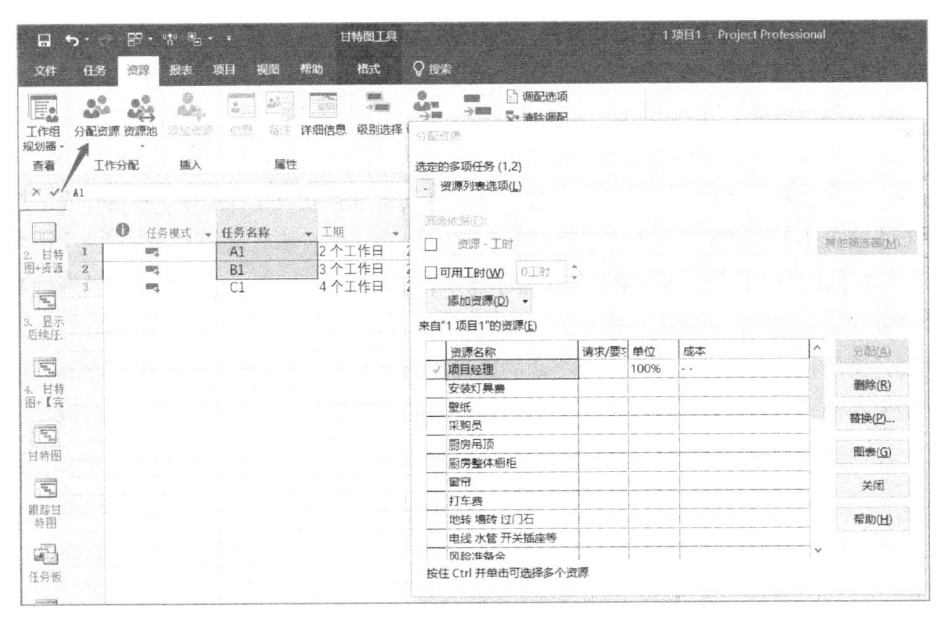

图 10-4

再创建一个新的项目文件 "2 项目 2"，项目同样采用全年无休日历，从 2018 年 3 月 1 日开始，项目中有三个任务 A2、B2、C2，如图 10-5 所示。按照上面同样的方法，单击【资源】选项卡下【资源池】→【共享资源】，在弹出的【共享资源】窗口中勾选第二个选项【使用资源（需要至少一个开放的资源池）】，然后在下方的下拉菜单中选择文件 "0 共享资源库"，单击【确定】按钮。这样文件 "2 项目 2" 就已经调用了文件 "0 共享资源库" 中的资源，并且给任务 A2、B2 分配资源 "项目经理"，给任务 C2 分配资源 "设计师"。此时我们会发现，在【标记】列出现了红色小人的图标，如图 10-6 所示，代表出现了过度分配的状况，而文件 "2 项目 2" 本身并不会出现资源冲突，原因在于它和另外一个文件 "1 项目 1" 在同一时间段调用了共享资源。

图 10-5

图 10-6

395

10.2.3 查看共享资源的整体负荷情况

在"0 共享资源库""1 项目1"或者"2 项目2"三个文件的任意一个文件中，按照第5.4.1节讲解的方法切换到【工作组规划器】视图中，就可以看到资源来自不同任务的安排情况，如图10-7所示。或者按照第5.4.2节讲解的方法，切换到【资源使用状况】视图中，在工作表区域中依次插入列【项目】、【开始时间】、【完成时间】、【工时】，在右侧表格区域的【详细样式】中依次把【工时可用性】、【工时】、【资源过度分配】显示出来，如图10-8所示，也可以非常清晰地看到资源来自不同项目、不同任务的安排情况。

需要注意的是，通过上述方法查看资源的整体负荷情况时。要保证这些文件都在同一台计算机中，或者在同一个共享公共盘的文件夹中，这样才方便管理。

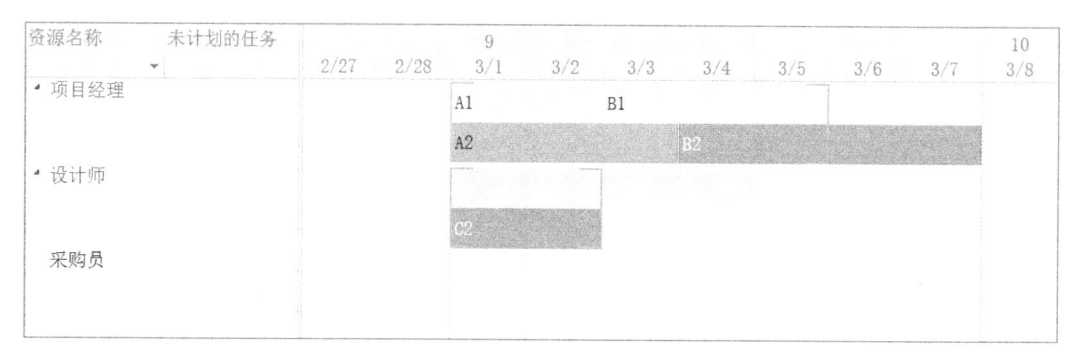

图 10-7

图 10-8

第 10 章 项目收尾及多项目管理

10.2.4 插入子项目并设置不同项目中任务的依赖关系

Project 中也是允许插入子项目进行多项目管理的。比如，创建一个多项目管理的文件"3 主项目"，然后单击【项目】选项卡下面最左侧的【子项目】按钮，找到并插入文件"1 项目1"和文件"2 项目2"，如图 10-9 所示。任务 C1 和 C2 来自两个项目文件，假如任务 C2 需要在任务 C1 完成之后才能开始，应该如何设置这两个任务之间的依赖关系呢？最简单的办法是首先单击任务 C1，并在按住 Ctrl 键的同时单击任务 C2，然后单击【任务】选项卡下的一个链条按钮，如图 10-10 箭头所指的位置，任务 C1 和任务 C2 的完成开始（FS）关系就设置好了。

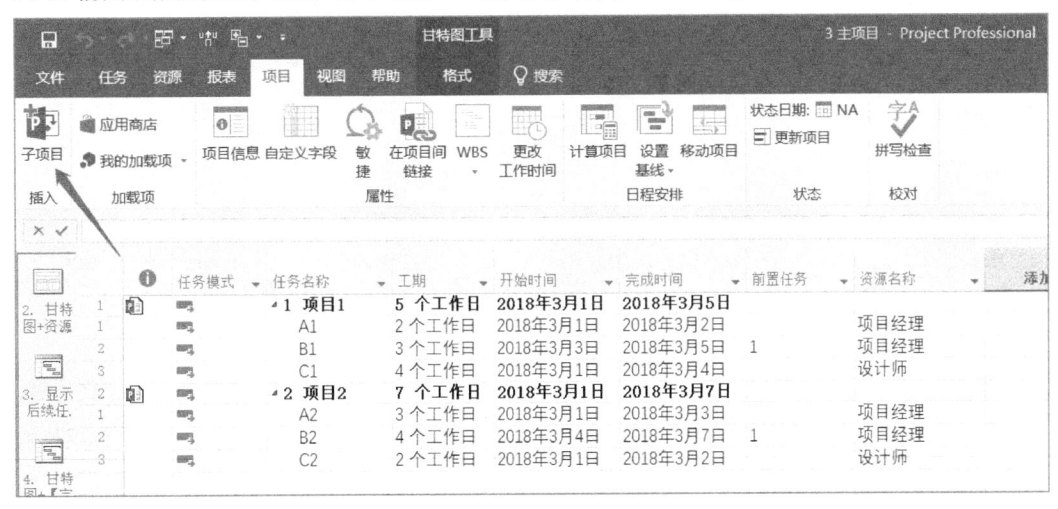

图 10-9

如果需要设置提前量或者滞后量，或者想把完成开始（FS）的关系改成其他关系，比如 SS，可以双击任务 C2，在弹出的【任务信息】窗口中继续编辑，如图 10-11 所示。提示：设置 C1、C2 的依赖关系还有其他方式，但是这种方式是最快捷的。

图 10-10

>> **10 天精通 Project 项目管理：从菜鸟到实战高手**

图 10-11

当我们想关闭文件"3 主项目""0 共享资源库""1 项目 1""2 项目 2"其中任何一个文件时，都会出现一个提示窗口，提示你是否要把刚才的修改也同时保存到与之关联的文件中，如果是的话，可以单击【全部】按钮。

假如多项目管理文件"3 主项目"只是想把所有的子项目汇总起来，并不想在这个主项目文件中进行编辑，以避免对子项目文件的误操作，可以将子项目文件在主项目中设置为只读。具体方法是：将子项目的任务都折叠起来，然后在【甘特图】视图的工作表区域插入列【子项目只读】，最后在该列中对相应的子项目选择【是】，如图 10-12 所示。或者可以双击子项目名称，如图 10-13 所示，在弹出的【插入项目信息】窗口中【高级】选项卡下勾选【只读】选项。

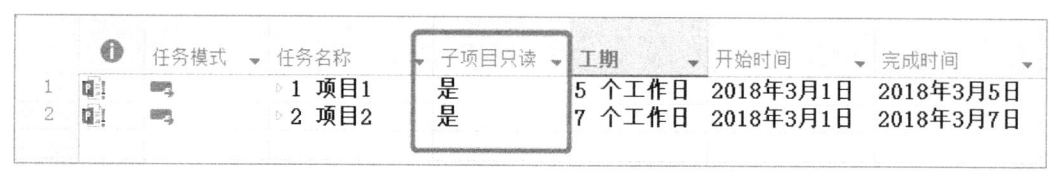

图 10-12

第 10 章 项目收尾及多项目管理

图 10-13

10.2.5 多项目管理中需要注意的问题

当在文件"3 主项目"中插入两个子项目后，该文件相当于是一个主项目。需要特别注意的是，子项目文件在主项目文件中相当于是一个大任务，所以，它在主项目文件中实际上只占用一个任务 ID 号。

由于子项目在主项目文件中相当于是一个任务，所以这些子项目又重新构成了一个新项目计划，而 Project 会根据任务的信息重新计算路径。比如，图 10-14 中，任务 C1 和任务 C2 还没有设置依赖关系前，我们看整个主项目计算出来一条关键路径，就是路径 A2—B2，而子项目"1 项目1"的所有任务都不在关键路径上了。

图 10-14

>> **10 天精通 Project 项目管理：从菜鸟到实战高手**

所以，此时如果想查看某个子项目单独的关键路径，可以采取两种方法。方法一，打开子项目文件进行查看，比如单独打开文件"1 项目 1"和文件"2 项目 2"，而不要在主项目文件中查看某个子项目文件的关键路径。方法二，在【文件】→【选项】→【日程】→【该项目的计算选项】中将【将插入的项目作为摘要任务计算】前面默认的勾选去除，如图 10-15 所示，这样插入的子项目将在主项目中作为独立的一个项目显示关键路径，在计算关键路径时就不与其他子项目合并计算了。

图 10-15

当我们按照图 10-15 进行了选项设置后，再来查看项目文件"3 主项目"的关键路径时，就会发生变化了，如图 10-16 所示。如果仔细对比图 10-14 与图 10-16，可以发现在图 10-16 中各个子项目将独立计算自己的关键路径，而不会互相影响。

第 10 章　项目收尾及多项目管理

图 10-16

另外需要提醒大家的是，假如就像在第 10.2.4 节中重新把任务 C1 设置为任务 C2 的前置任务后，再次打开子项目文件"2 项目 2"，如图 10-17 所示，我们会发现任务 C1 也出现在任务列表中。但是任务 C1 显示为灰色，是无法编辑的，当在工作表区域插入列【外部任务】后，任务 C1 会显示为【是】，这就是【外部任务】，该任务不是本项目文件中的链接任务。同时，当双击任务 C1 时，就会自动打开任务 C1 所在的文件"1 项目 1"。

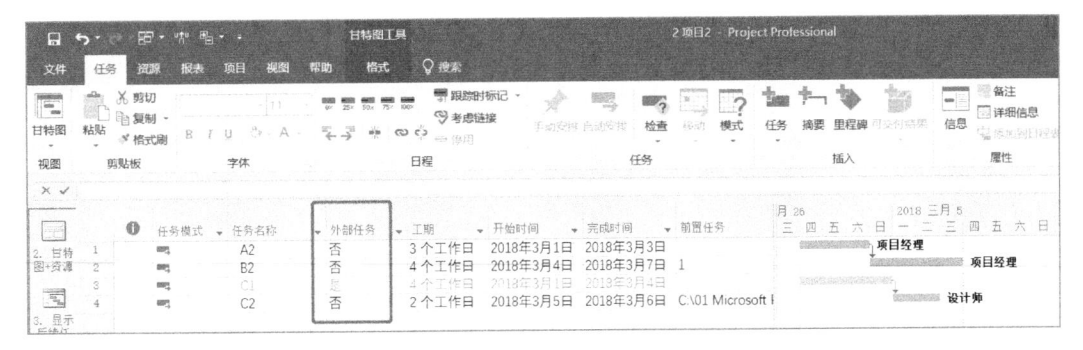

图 10-17

401